Questa letera.B. si compone de doi tōdi equello desotto sie lo piu grando de li noue parti luna cioe uolesser li cinque nōi de la sua alteza p̄ diametro. Equella desopra uol esser li quatro noni medesimamente per diametro cóme qui desopra proportionataméte negliochi te sa presente.

MODERNA GRAMÁTICA PORTUGUESA

Evanildo Bechara

*Professor Titular e Emérito da Universidade
do Estado do Rio de Janeiro (UERJ)
e da Universidade Federal Fluminense (UFF)
Membro da Academia Brasileira de Letras e
da Academia Brasileira de Filologia
Sócio Correspondente da Academia das Ciências de Lisboa
Representante brasileiro do novo Acordo Ortográfico*

MODERNA GRAMÁTICA PORTUGUESA

Prefácio do Acadêmico
Ricardo Cavaliere

Nova edição revista
e ampliada pelo autor
*Com Caderno Especial
Comemorativo*
*Todos os pontos gramaticais cobrados
em concursos e em sala de aula*

40.ª EDIÇÃO

EDITORA
NOVA
FRONTEIRA

EDITORA
LUCERNA

© 2024 by Evanildo Bechara

Direitos de edição da obra em língua portuguesa no Brasil adquiridos pela Editora Nova Fronteira Participações S.A. Todos os direitos reservados. Nenhuma parte desta obra pode ser apropriada e estocada em sistema de banco de dados ou processo similar, em qualquer forma ou meio, seja eletrônico, de fotocópia, gravação, etc., sem a permissão do detentor do copirraite.

Editora Nova Fronteira Participações S.A.
Av. Rio Branco, 115 – Salas 1201 a 1205 – Centro – 20040-004
Rio de Janeiro – RJ – Brasil
Tel.: (21) 3882-8200

Moderna Gramática Portuguesa

1.ª a 36.ª edição – Companhia Editora Nacional
37.ª edição – abril 1999 – Editora Lucerna
38.ª edição – maio 2015 – Editora Nova Fronteira / Editora Lucerna
39.ª edição – setembro 2019 – Editora Nova Fronteira / Editora Lucerna
40.ª edição – novembro 2024 – Editora Nova Fronteira / Editora Lucerna

Imagens da primeira capa:
- Deposit Photos
- Estudo de Jean Truchet, letra "B" do Romain du Roi, ca.1700 - Gallica, Biblioteca da França.
- Lotus_Studio Shutterstock

Imagens da quarta capa:
- Shutterstock
- Deposit Photos

Imagem da lombada:
- VerisStudio Shutterstock

Dados Internacionais de Catalogação na Publicação (CIP)

B391m   Bechara, Evanildo
           Moderna Gramática Portuguesa/Evanildo Bechara. – 40.ª ed. – Rio de Janeiro: Nova Fronteira, 2024.
           728 p.; 15,5 x 23 cm

           ISBN: 978.65.5640.886-6

           1. Língua portuguesa–gramática. I. Título.

                                               CDD: 469.09
                                               CDU: 811.134

André Felipe de Moraes Queiroz – CRB-4/2242

Conheça outros livros do autor:

À memória de

M. SAID ALI (1861-1953),
mestre e amigo

Aos mestres e amigos

EUGENIO COSERIU (1921-2002)
JOSÉ G. HERCULANO DE CARVALHO (1924-2001)
J. MATTOSO CÂMARA JR. (1904-1970)
EMILIO ALARCOS LLORACH (1922-1998)
a cujas lições fui colher o que de
melhor existe nesta nova versão

CADERNO ESPECIAL COMEMORATIVO

Este Caderno contou com a pesquisa de Clarice Bechara, Ricardo Cavaliere, Feiga Fiszon, Maria Oliveira e Michael Félix. Todos os esforços foram feitos para identificar corretamente a origem das imagens deste livro. Teremos prazer em creditar, nas próximas impressões, as fontes eventualmente não citadas.

Primeira comunidade sírio-libanesa em Recife no início da década de 1930. Evanildo Bechara, ainda criança, ao centro. De pé, no canto esquerdo, a avó, a mãe e, atrás das duas, o pai do Autor. [Arquivo do Autor.]

Evanildo Bechara no concurso para catedrático do Colégio Pedro II em 1954. [Arquivo de Ricardo Cavaliere.]

Da esquerda para a direita: Ismael de Lima Coutinho, Antenor Nascentes e Evanildo Bechara. [Arquivo Múcio Leão, da Academia Brasileira de Letras. Foto: Orlando Abrunhosa.]

Evanildo Bechara em palestra. [Arquivo do Autor.]

Da esquerda para a direita: Evanildo Bechara, Leodegário A. de Azevedo Filho e Eugenio Coseriu no I Congresso Nacional de Etnolinguística em João Pessoa (PB). [Arquivo de Ricardo Cavaliere.]

Da esquerda para a direita: Leodegário A. de Azevedo Filho, Maximiano de Carvalho e Silva e Gladstone Chaves de Melo. À direita, Evanildo Bechara (de terno claro) entre Sílvio Elia e João Malaca Casteleiro (na ponta). [Arquivo Múcio Leão, da Academia Brasileira de Letras. Foto: Orlando Abrunhosa.]

Evanildo Bechara e Ricardo Cavaliere em congresso. Coimbra, Portugal, 1998. [Arquivo de Ricardo Cavaliere.]

Evanildo Bechara com a família na cerimônia de posse na Academia Brasileira de Letras. [Arquivo do Autor.]

Evanildo Bechara toma posse na Academia Brasileira de Letras, em 25 de maio de 2001. [Arquivo Múcio Leão, da Academia Brasileira de Letras.]

Evanildo Bechara na solenidade de entrega do Grande Prêmio Literário Pen Clube do Brasil – 2023, pelo conjunto de obras em benefício da língua portuguesa. Ao lado, os Acadêmicos Ricardo Cavaliere e Merval Pereira. Rio de Janeiro, 2024. [Foto: Michael Félix.]

Na carta, lê-se: Rio de Janeiro, 24 de maio de 1960. Prezado Prof.or Evanildo Bechara: Em 11 do corrente completei 77 anos. Essa idade avançada, com a vista já enfraquecida e a cabeça bastante cansada, não me permite entregar-me a leitura longa, embora feita aos poucos. E isso me está acontecendo, mesmo com um livro como as suas "Lições de Português pela análise sintática", belo pela aparência e não menos belo pelo conteúdo. Não o li na íntegra, mas li-o o suficiente para dizer ao S.or que o acho claro, seguro, abundante de matéria, instrutivo de doutrina, metódico na exposição e encadeamento dos assuntos, ameno e prático. Por todas estas qualidades lhe dou os parabéns e desejo ao seu trabalho a acolhida que ele merece. Colega e admirador obrigado, Sousa da Silveira. [Arquivo do Autor.]

CARLOS DRUMMOND DE ANDRADE

Rio de Janeiro, 29 de março de 1977.

Prezado Prof. Evanildo Bechara:

Em resposta à sua atenciosa consulta de 24 deste, comunico-lhe que nada tenho a opor à reprodução do meu poema "Isso é Aquilo" no vol. I da série "Língua e Literatura do Brasil em Texto e Contexto". Ficar-lhe-ei grato se, oportunamente, puder obsequiar-me com um exemplar dessa obra. Cordialmente, cumprimenta-o seu admirador atento

Carlos Drummond de Andrade

No cartão, lê-se: Rio de Janeiro, 29 de março de 1977. Prezado Prof. Evanildo Bechara: Em resposta à sua atenciosa consulta de 24 deste, comunico-lhe que nada tenho a opor à reprodução do meu poema "Isso é Aquilo" no vol. I da série "Língua e Literatura do Brasil em Texto e Contexto". Ficar-lhe-ei grato se, oportunamente, puder obsequiar-me com um exemplar dessa obra. Cordialmente, cumprimenta-o seu admirador atento. Carlos Drummond de Andrade. [Arquivo do Autor.]

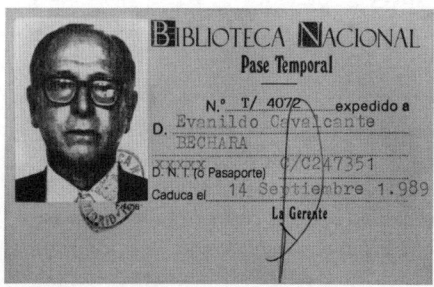

Carteira de identificação da Biblioteca Nacional de Madri, 1989. [Arquivo do Autor.]

Uma das muitas respostas de Evanildo Bechara a consulentes do ABL Responde, serviço de consultoria linguística da Academia Brasileira de Letras: "O correto é daqui a três semanas. Aqui o a é uma preposição. Há é verbo haver, que não cabe nesse contexto. Está surgindo um erro que consiste em não usar a preposição a depois de daqui: daqui três dias, daqui uma semana, daqui três meses, etc.". [Arquivo do Autor.]

Uma das muitas respostas de Evanildo Bechara a consulentes do ABL Responde, serviço de consultoria linguística da Academia Brasileira de Letras: "Sendo o verbo residir acompanhado da preposição em (residir no Rio, residir na montanha, etc.), a construção gramatical será 'Residir na Rua Josafá Marinho'. A construção com a foi motivada pelo contágio com outra circunstância: estar à mesa, à janela, ao portão. Tem seu curso na língua moderna, mas prefira-se a primeira, com em". [Arquivo do Autor.]

Sumário

Nota editorial 21
Prefácio da 40.ª edição 23
Prefácio da 39.ª edição 25
Prefácio da 38.ª edição 26
Prefácio da 37.ª edição 27
Prefácio da 1.ª edição (1961) 29

Introdução

Breve história externa da língua portuguesa 31
Teoria gramatical 36
A) LINGUAGEM: SUAS DIMENSÕES UNIVERSAIS 36
  1 – Linguagem 36
  2 – Dimensões universais da linguagem 37
  3 – Atos linguísticos 38
B) PLANOS E NÍVEIS DA LINGUAGEM COMO ATIVIDADE CULTURAL 39
  1 – Planos e níveis da linguagem 39
  2 – Juízos de valor 41
  3 – Três tipos de conteúdo linguístico 43
C) LÍNGUA HISTÓRICA E LÍNGUA FUNCIONAL 44
  1 – Língua histórica 44
  2 – Língua funcional 46
  3 – Estrutura e arquitetura 46
  4 – Conhecimento da língua e conhecimento das "coisas" 47
  5 – Linguagem e metalinguagem 47
  6 – Sincronia e diacronia 48
  7 – Estado da língua real e sincronia 48
  8 – Técnica livre do discurso e discurso repetido 49
D) SISTEMA, NORMA, FALA E TIPO LINGUÍSTICO 49
  1 – Os quatro planos de estruturação 49
  2 – A norma 50
  3 – O sistema 50
  4 – O tipo linguístico 51
E) PROPRIEDADES DOS ESTRATOS DE ESTRUTURAÇÃO GRAMATICAL 52
  1 – Os estratos gramaticais 52
  2 – Propriedades dos estratos de estruturação gramatical 53
  3 – Hipertaxe ou superordenação 53
  4 – Hipotaxe ou subordinação 54
  5 – Parataxe ou coordenação 55
  6 – Antitaxe ou substituição 56

F) DIALETO – LÍNGUA COMUM – LÍNGUA EXEMPLAR. CORREÇÃO E EXEMPLARIDADE. GRAMÁTICAS CIENTÍFICAS E GRAMÁTICA NORMATIVA. DIVISÕES DA GRAMÁTICA E DISCIPLINAS AFINS. LINGUÍSTICA DO TEXTO 57
   1 – Língua comum e dialeto 57
   2 – O exemplar e o correto 58
   3 – Gramática descritiva e gramática normativa 59
   4 – Âmbitos de estudo da gramática 59
      4.1 – Fonética e fonologia 60
      4.2 – Sistema gráfico 60
      4.3 – Alfabeto fonético 60
      4.4 – Gramática e estilística 61
      4.5 – Morfossintaxe 61
      4.6 – Lexicologia 61
      4.7 – Outra vez a estilística 62
      4.8 – Outros tipos de gramática 62

I - Fonética e fonologia

A) PRODUÇÃO DOS SONS E CLASSIFICAÇÃO DOS FONEMAS 64
   Fonema, fone e alofone 64
   Fonemas não são letras 64
   Fonética e fonologia 65
   Aparelho fonador 66
   Como se produzem os fonemas 67
   Tipologia dos sons linguísticos 67
   Transcrição fonética 69
   Vogais e consoantes 70
   Classificação das vogais 71
   Vogais orais em sílaba tônica 71
   Vogais orais em sílaba pretônica 72
   Vogais orais em sílaba postônica 74
   Vogais nasais 75
   Semivogais. Encontros vocálicos: ditongos, tritongos e hiatos 76
   Consoantes 80
   Classificação das consoantes 80
   Encontro consonantal 83
   Sílaba 84
   Padrões silábicos 84
   Posição da consoante na sílaba 85
   Apêndice: Fonética Expressiva ou Fonoestilística 86
   Os fonemas com objetivos simbólicos 86
      Aliteração 86
      Onomatopeia 86
      Vocábulo expressivo 87
   Encontros de fonemas que produzem efeito desagradável ao ouvido 87
      Colisão 87

    Eco 87
    Hiato 87
    Cacofonia ou cacófato 88
B) ORTOÉPIA OU ORTOEPIA 88
  Vogais 88
  Consoantes 91
  Dígrafo 93
  Letra diacrítica 93
  Ortografia e ortoépia 94
C) PROSÓDIA 94
  Constituição da sílaba 94
  Quantidade 95
  Acentuação 95
  Acento de intensidade 96
  Posição do acento tônico 96
  Acento de intensidade e significado da palavra 97
  Acento principal e acento secundário 97
  Acento de insistência e emocional 97
  Acento de intensidade na frase 98
  Vocábulos tônicos e átonos: os clíticos 99
  Consequência da próclise 100
  Palavras que oferecem dúvidas quanto à posição da sílaba tônica 100
  Palavras que admitem dupla prosódia 101
D) ORTOGRAFIA 101
  I – Alfabeto 102
  II – K, W, Y 102
  III – H 102
  IV – Consoantes mudas 103
  V – SC 104
  VI – Letras dobradas 104
  VII – Vogais nasais 104
  VIII – Ditongos 105
  IX – Hiatos 105
  X – Parônimos e vocábulos de grafias diferentes 106
  XI – Nomes próprios 107
  XII – Acentuação gráfica 107
  XIII – Apóstrofo 108
  XIV – Hífen 110
  XV – O trema 116
  XVI – Acento grave 116
  XVII – Supressão dos acentos em palavras derivadas 117
  XVIII – Divisão silábica 117
  XIX – Emprego das iniciais maiúsculas 118
  XX – Sinais de pontuação 122
  XXI – Regras de acentuação 122

II - Gramática descritiva e normativa
As unidades no enunciado

A) FORMAS E FUNÇÕES 127
   Introdução 127
      Classes de palavras e categorias gramaticais 127
      Classe de palavra e classe verbal 129
   1 – Substantivo 130
      Concretos e abstratos 130
      Próprios e comuns 131
      Passagem de nomes próprios a comuns 132
      Contáveis e não contáveis 132
      Estrutura interna do substantivo 135
      Número 135
      A flexão de número dos substantivos 136
      Gênero 150
      Inconsistência do gênero gramatical 151
      A mudança de gênero 152
      O gênero nas profissões femininas 152
      Formação do feminino 154
      Gênero estabelecido por palavra oculta 158
      Mudança de sentido na mudança de gênero 158
      Gênero de compostos 159
      Gêneros que podem oferecer dúvida 159
      Aumentativos e diminutivos 160
      Aumentativos e diminutivos afetivos 161
      Função sintática do substantivo 161
      Grafia dos nomes próprios estrangeiros 162
   2 – Adjetivo 162
      Instrumentos gramaticais da determinação nominal 163
      Locução adjetiva 164
      Substantivação do adjetivo 165
      Flexões do adjetivo 165
      Número do adjetivo 166
      Formação do plural dos adjetivos 166
      Gênero do adjetivo 167
      Formação do feminino dos adjetivos 167
      Gradação do adjetivo 168
      Alterações gráficas no superlativo absoluto 170
      Comparativos e superlativos irregulares 171
      Repetição de adjetivo com valor superlativo 173
      Comparações em lugar do superlativo 173
      Adjetivos diminutivos 173
      Posição na sequência dos adjetivos 174
   3 – Artigo 174
      Emprego do artigo definido 175
      Emprego do artigo indefinido 182
      O artigo partitivo 183

4 – Pronome 183
   Pessoas do discurso 184
   Classificação dos pronomes 185
   Pronome substantivo e pronome adjetivo 185
   Pronomes pessoais 185
   Pronomes possessivos 188
   Pronomes demonstrativos 189
   Pronomes indefinidos 190
   Locução pronominal indefinida 191
   Pronomes interrogativos 192
   Pronomes relativos 193
   Emprego dos pronomes 195
   Pronome pessoal 195
      Pronome e termos oracionais 195
      Emprego de pronome tônico pelo átono 196
      Ele *como objeto direto* 197
      Ordem dos pronomes pessoais 197
      Jogos estilísticos de mudança de tratamento 198
      O pronome se *na construção reflexa* 198
      Concorrência de si *e* ele *na reflexividade* 201
      Combinação de pronomes átonos 201
      Função do pronome átono em construções como dar-se ao trabalho, dar-se ao luxo 203
      Pronome pessoal átono e adjunto adverbial 203
   Pronome possessivo 204
      Seu *e* dele *para evitar confusão* 204
      Posição do pronome possessivo 205
      Possessivo para indicar ideia de aproximação 206
      Valores afetivos do possessivo 206
      Emprego do pessoal pelo possessivo 207
      Possessivo expresso por uma locução 207
      O possessivo em referência a um possuidor de sentido indefinido 207
      Repetição do possessivo 207
      Substituição do possessivo pelo artigo definido 208
      O possessivo e as expressões de tratamento do tipo Vossa Excelência 209
   Pronome demonstrativo 210
      Demonstrativos referidos à noção de espaço 210
      Demonstrativos referidos à noção de tempo 211
      Demonstrativos referidos a nossas próprias palavras 212
      Reforços de demonstrativos 213
      Outros demonstrativos e seus empregos 214
      Posição dos demonstrativos 215
   Pronome indefinido 216
      Empregos e particularidades dos principais indefinidos 216
   Pronome relativo 222
      Relativo universal 224
      Anacoluto no relativo 224

5 – Numeral 226
  Leitura dos numerais cardinais 229
  Concordância com numerais 229
  Ordinais 230
  Ordinais e cardinais 231
  Multiplicativos 233
  Fracionários 233
  Escrita dos numerais 235
6 – Verbo 237
  A – *A distinção de verbos nocionais e relacionais* 237
  B – *Categorias verbais segundo Roman Jakobson* 238
  C – *Tempo e aspecto segundo Eugenio Coseriu* 241
  As pessoas do verbo 248
  Os tempos do verbo 248
  Os modos do verbo 248
  As vozes do verbo 249
  Voz passiva e passividade 249
  Formas nominais do verbo 251
  Conjugar um verbo 252
  Verbos regulares, irregulares e anômalos 252
  Verbos defectivos e abundantes 254
  Locução verbal. Verbos auxiliares 257
  Auxiliares causativos e sensitivos 260
  Elementos estruturais do verbo: desinências e sufixos verbais 260
  Tempos primitivos e derivados 263
  A sílaba tônica nos verbos: formas rizotônicas e arrizotônicas 266
  Alternância vocálica ou metafonia 267
  Verbos notáveis quanto à pronúncia ou flexão 271
  Verbos terminados em *-zer*, *-zir*: como *fazer* e *traduzir* 273
  Variações gráficas na conjugação 273
  Verbos em *-ear* e *-iar* 274
  Quando grafar *-ear* ou *-iar* 275
  Erros frequentes na conjugação de alguns verbos 276
  Paradigma dos verbos regulares 278
  Conjugação de verbos auxiliares mais comuns 283
  Conjugação do verbo *pôr* 287
  Conjugação de um verbo composto na voz passiva: *ser amado* 289
  Conjugação de um verbo *pronominal*: *apiedar-se* 291
  Conjugação de um verbo com pronome oblíquo átono
    (sem ser pronominal): tipo *pô-lo* 294
  Conjugação dos verbos irregulares 296
  1.ª Conjugação 296
  2.ª Conjugação 296
  3.ª Conjugação 300
  Emprego do verbo – Emprego de tempos e modos 304
    1) Indicativo 304
    2) Subjuntivo 309
    3) Imperativo 312

Emprego das formas nominais 312
   A – *Infinitivo histórico* 312
   B – *Emprego do infinitivo (flexionado e sem flexão)* 313
Apêndice: passagem da voz ativa à passiva e vice-versa 315
7 – Advérbio 316
   Combinações com advérbios 317
   Advérbio e preposição 318
   Locução adverbial 318
   Circunstâncias adverbiais 319
   O plano "transfrástico" e os advérbios 321
   Advérbios de base nominal e pronominal 322
   Adverbialização de adjetivos 323
   Intensificação gradual dos advérbios 324
8 – Preposição 325
   Preposição e significado 326
   Unidades convertidas em preposições 328
   Locução prepositiva 330
   Preposições essenciais e acidentais 330
   Acúmulo de preposições 331
   Combinação e contração com outras palavras 332
   A preposição e sua posição 334
   Principais preposições e locuções prepositivas 335
   Emprego da preposição 335
      1) A 335
         Emprego do à acentuado 338
         A e há 341
      2) Até 342
      3) Com 342
      4) Contra 343
      5) De 343
      6) Em 346
      7) Entre 348
      8) Para 348
      9) Por (e per) 349
      10) Sobre e *Sob* 351
9 – Conjunção 351
   Conector e transpositor 351
   Conectores ou conjunções coordenativas 352
   Conjunções aditivas 352
   Conjunções alternativas 353
   Conjunções adversativas 354
   Unidades adverbiais que não são conjunções coordenativas 354
   Transpositores ou conjunções subordinativas 355
   Que e locuções: as chamadas locuções conjuntivas 356
   Que excessivo 362
   Conjunções e expressões enfáticas 362
10 – Interjeição 363
   Locução interjetiva 364

B) ESTRUTURA DAS UNIDADES: ANÁLISE MÓRFICA 364
1 – Estrutura das Palavras – Palavra e Morfema 364
Palavra e vocábulo: conceito 364
Palavra e morfema 366
Tipos de morfema na estrutura das palavras 367
Morfemas aditivos 367
Morfemas subtrativos 367
Morfemas modificativos 367
Os elementos mórficos 368
Tema 369
Afixos: prefixos e sufixos. Interfixos 369
Diferença entre flexão e derivação 372
Conceito de raiz ou radical primário 373
Base lexical real e base lexical teórica 373
Palavras cognatas 373
Constituintes imediatos 374
A parassíntese ou circunfixação 374
Hibridismo 375
Haplologia na formação de palavras 375
Variantes dos elementos mórficos 375
Neutralização e sincretismo 376
Graus de coesão de morfemas 378
Subtração nos elementos mórficos 378
Morfema zero 379
Acumulação nos elementos mórficos 379
Fusão nos elementos mórficos 380
Suplementação nos elementos mórficos 381
A intensidade, a quantidade, o timbre e os elementos mórficos 381
2 – Formação de palavras do ponto de vista constitucional 382
Renovação do léxico: criação de palavras 382
Conceito de composição e de lexia 383
A composição é uma transformação sintática em expressão nominal 385
Palavras indivisíveis e divisíveis 386
Palavras divisíveis simples e compostas 386
Processos de formação de palavras 386
Derivação 388
Sufixos 389
Prefixos 396
Prefixos e elementos latinos 397
Prefixos e elementos gregos 400
Correspondência entre prefixos e elementos latinos e gregos 401
Outros processos de formação de palavras 402
Radicais gregos mais usados em português 405
Famílias etimológicas de radical latino 411
3 – Estudo estrutural do léxico: A lexemática 415
Outras disciplinas *semânticas* 415
A lexemática e as palavras lexemáticas 416
Estruturas paradigmáticas 417

    Os dois tipos de estruturas primárias 417
    Classe léxica 418
    Estruturas secundárias 419
    Estruturas sintagmáticas: as solidariedades 419
  4 – Formação de palavras do ponto de vista do conteúdo 420
    Os três tipos fundamentais de formação de palavras 422
    Combinações dos procedimentos formativos 423
    Subtipos dos procedimentos de formação de palavra 424
    Generalização do significado no desenvolvimento 425
    Homofonias em desenvolvimento 425
  5 – Alterações semânticas 425
    Espécies de alteração semântica 431
    A – *Extensão do significado* 431
    B – *Enobrecimento do significado* 432
    C – *Enfraquecimento do significado* 432
    Pequena nomenclatura de outros aspectos semânticos 432
C) ESTRUTURA DO ENUNCIADO OU PERÍODO. A ORAÇÃO E
    A FRASE 436
  1 – A oração e as funções oracionais 436
    Enunciado ou período 436
    Oração e frase 437
    Sujeito e predicado 441
    Conhecendo melhor o sujeito: núcleo e determinantes 441
    1) Determinantes, pré-determinantes e pós-determinantes 443
    2) Termos nucleares e marginais 443
    3) Termos argumentais e não argumentais 444
    4) Termos opcionais e não opcionais 445
    5) Termos integráveis e não integráveis 446
    Conhecendo melhor o predicado: núcleo e determinantes 446
    1) Os tipos de argumentos determinantes do predicado complexo 448
    2) Vale a pena distinguir predicado verbal e predicado nominal? 457
    3) A posição do predicativo 459
    4) Outro tipo de predicativo: *anexo predicativo* 460
    5) O infinitivo e o gerúndio como predicativo 463
    6) O complemento de agente ("agente da passiva") 465
    7) Construção passiva e o predicativo 467
    Os determinantes circunstanciais ou adverbiais 467
    Os principais tipos de adjuntos adverbiais 471
    Ainda uma vez os determinantes nominais 481
    1) Adjunto adnominal 481
    2) Complemento nominal 483
    3) O aposto 487
    4) Aposição com *de* x adjunto adnominal 489
    5) As construções *uma joia de pessoa* e *o pobre do rapaz* 489
    6) Graus de coesão nos grupos nominais 490
    7) O aposto com expressões do tipo *pôr nome* 491
    8) Aposto referido a uma oração 491
    9) Vocativo: uma unidade à parte 491

2 – Orações complexas e grupos oracionais: a subordinação e
   a coordenação 493
  A justaposição 493
  Subordinação: oração complexa 493
  Oração complexa e grupos oracionais 493
  Que: marca de subordinação oracional 494
  Orações complexas de transposição substantiva 495
  Orações subordinadas resultantes de substantivação:
   as interrogativas e exclamativas 495
  Orações complexas de transposição adjetiva 496
  Orações adjetivas explicativas e restritivas 497
  Adjetivação de oração originariamente substantiva 498
  Substantivação de oração originariamente adjetiva 499
  Mais uma construção de oração já transposta 501
  Orações complexas de transposição adverbial 502
  As subordinadas adverbiais propriamente ditas 502
  Outras particularidades nos transpositores das orações adverbiais 503
  As subordinadas adverbiais comparativas e consecutivas 504
  Os diversos tipos de comparativas 505
  Outras unidades comparativas 505
  As orações subordinadas consecutivas 505
  Outras unidades consecutivas 506
  Grupos oracionais: a coordenação 507
  Os tipos de orações coordenadas e seus conectores 508
  Enlaces adverbiais em grupos de orações 509
  Justaposição ou assindetismo 509
  A chamada "coordenação distributiva" 510
  Orações intercaladas 510
  Aparentes orações complexas 512
  Particularidades outras das orações transpostas substantivas 513
  Características da oração subjetiva e predicativa 515
  Omissão da conjunção integrante 516
  Pleonasmos da conjunção integrante 516
  Particularidades sobre as *orações transpostas adjetivas* 517
  Outras particularidades das orações adverbiais 522
  Orações justapostas de valor contextual adverbial 538
  Composição do enunciado 539
  Decorrência de subordinadas 540
  Concorrência de subordinadas: equipolência interoracional 541
  Concorrência de termo + oração subordinada 543
3 – As chamadas orações reduzidas 543
  Que é oração reduzida 543
  Nota sobre o conceito de oração reduzida 544
  O desdobramento das orações reduzidas 545
  Orações substantivas reduzidas 546
  Orações adjetivas reduzidas 547
  Orações adverbiais reduzidas 549
  Orações reduzidas fixas 557

Quando o infinitivo não constitui oração reduzida 559
O gerúndio e o particípio não constituem oração reduzida 562
Construções particulares com o infinitivo 562
A omissão do pronome átono em *eu os vi afastar daqui* em vez
   de *afastar-se daqui* 565
A posição do sujeito nas orações reduzidas 565
Reduzidas decorrentes e concorrentes 566
4 – As frases: enunciados sem núcleo verbal 567
   Oração e frase 567
   Frases unimembres: interjeição 568
   Etiquetas e rótulos 569
   Frases assertivas bimembres 569
5 – Concordância 569
   Considerações gerais 569
   A concordância pode ser *nominal* ou *verbal* 570
   Concordância nominal 571
   A – *Concordância de palavra para palavra* 571
   B – *Concordância de palavra para sentido* 573
   C – *Outros casos de concordância nominal* 574
      1) Um e outro, nem um nem outro, um ou outro 574
      2) Mesmo, próprio, só 575
      3) Menos *e* somenos 576
      4) Leso 576
      5) Anexo, apenso *e* incluso 576
      6) Dado *e* visto 576
      7) Meio 576
      8) Pseudo *e* todo 577
      9) Tal *e* qual 577
      10) Possível 577
      11) A olhos vistos 578
      12) É necessário, é bom, é preciso 578
      13) Adjetivo composto 578
      14) Alguma coisa boa *ou* alguma coisa de bom 578
      15) Um pouco de/ Uma pouca de + substantivo 579
      16) Concordância do pronome 579
      17) Nós *por* eu, vós *por* tu 579
      18) Alternância entre adjetivo e advérbio 579
      19) Particípios que passaram a preposição e advérbio 580
      20) A concordância com numerais 581
      21) A concordância com os adjetivos designativos de nomes de cores 581
   Concordância verbal 582
   A – *Concordância de palavra para palavra* 582
   B – *Concordância de palavra para sentido* 583
   C – *Outros casos de concordância verbal* 584
      1) Sujeito constituído por pronomes pessoais 584
      2) Sujeito ligado por série aditiva enfática 584
      3) Sujeito ligado por com 584
      4) Sujeito ligado por nem... nem 585

5) *Sujeito ligado por ou* 585
6) *Sujeito representado por expressão como* a maioria de,
   a maior parte de + nome no plural 586
7) *Sujeito representado por* cada um de, nem um de, nenhum
   de + plural 586
8) *Concordância do verbo* ser 587
9) *A concordância com* mais de um 589
10) *A concordância com* que de 590
11) *A concordância com* quais de vós, de nós 590
12) *A concordância com os pronomes relativos* 590
13) *A concordância com os verbos impessoais* 592
14) *A concordância com* dar *(e sinônimos) aplicado a horas* 593
15) *A concordância com o verbo na reflexiva de sentido passivo* 593
16) *A concordância na locução verbal* 593
17) *A concordância com a expressão* não (nunca)... senão *e sinônimas* .. 594
18) *A concordância com títulos no plural* 595
19) *A concordância no aposto* 595
20) *A concordância com* haja vista 595
21) *A concordância do verbo com sujeito oracional* 596
22) *Concordância nas expressões de porcentagem* 596
23) *Concordância em* Vivam os campeões! 597
24) *Concordância com* ou seja, como seja 597
25) *Concordância com* a não ser 598
26) *Concordância nas expressões* perto de, cerca de *e equivalentes* 598
27) *Concordância com a expressão* que é de 598
28) *Concordância com a expressão* que dirá 598
29) *Concordância com* Bem haja 599
30) *Concordância em* Já vão, Já vai 599
6 – Regência 599
   1) A construção *pedir para* 600
   2) A construção *dizer para* 602
   3) A construção *para eu fazer* 602
   4) A construção *é da gente rir* 602
   5) Migrações de preposição 605
   6) Repetição de prefixo e preposição 606
   7) Complementos de termos de regências diferentes 606
   8) Termos preposicionados e pronomes átonos 607
   9) Pronomes relativos preposicionados ou não 608
   10) Relação de regências de alguns verbos e nomes 608
7 – Colocação 618
Sintaxe de colocação ou *de ordem* 618
Colocação dos termos na oração e das orações no período 622
Colocação e clareza 624
Colocação dos pronomes pessoais átonos e do demonstrativo
   o é questão de fonética sintática 624
Critérios para a colocação dos pronomes pessoais átonos e do
   demonstrativo *o* 625

  A – Em relação a um só verbo 625
  B – Em relação a uma locução verbal 627
 Posições fixas 628
 Explicação da colocação dos pronomes átonos no Brasil 629
 Apêndice 630
1 – FIGURAS DE SINTAXE (OU DE CONSTRUÇÃO) 630
 1) Elipse 630
 2) Pleonasmo 632
 3) Anacoluto 634
 4) Antecipação ou prolepse 634
 5) Braquilogia 634
 6) Haplologia sintática 635
 7) Contaminação sintática 635
 8) Expressão expletiva ou de realce 636
 9) Anáfora 637
 10) Anástrofe 637
 11) Assíndeto 637
 12) Hipérbato 638
 13) Polissíndeto 638
 14) Silepse 638
 15) Sínquise 638
 16) Zeugma 638
2 – VÍCIOS E ANOMALIAS DE LINGUAGEM 639
 1) Solecismo 639
 2) Barbarismo 639
 3) Estrangeirismo 640
 Anomalias de linguagem 644

III – Pontuação

 Os diversos tipos de sinais de pontuação 645
 A pontuação e o entendimento do texto 647
 Ponto 647
 Ponto parágrafo 648
 Ponto de interrogação 648
 Ponto de exclamação 649
 Reticências 649
 Vírgula 650
 Dois-pontos 653
 Ponto e vírgula 653
 Travessão 654
 Parênteses e colchetes 654
 Aspas 655
 Alínea 656
 Chave 656
 Apêndice 656

IV – Noções elementares de Estilística

Estilística 657
Que é estilo nesta conceituação 657
Estilística e Gramática 657
Estilística e a Retórica 657
Análise literária e análise estilística 658
Traços estilísticos 659
Traço estilístico e erro gramatical 660
Campo da Estilística 660
Apêndice: Dois exemplos de análise estilística 663
1) *Um soneto de Antônio Nobre* 663
2) *Um soneto de Machado de Assis* 667

V – Noções elementares de versificação

Poesia e prosa 670
Pausa final. Cavalgamento 671
Versificação 671
1 – Número fixo de sílabas 672
    Como se contam as sílabas de um verso 672
    Só se conta até a última sílaba tônica: versos agudos, graves e esdrúxulos 672
    Fenômenos fonéticos correntes na leitura dos versos 673
    O ritmo e a pontuação do verso 675
    Expedientes mais raros na contagem das sílabas 675
2 – Número fixo de sílabas e pausas 676
    Cesura 677
    Versos de uma a doze sílabas 677
3 – Rima: perfeita e imperfeita 681
    Rimas consoantes e toantes 683
    Disposição das rimas 683
4 – Aliteração 684
5 – Encadeamento 685
6 – Paralelismo 685
7 – Estrofação 686
8 – Verso de ritmo livre 686
9 – Recitação ou declamação 686

Abreviatura de Autores e Obras Citadas 687
Índice de Assuntos 704
Sobre o autor 724

Nota editorial

Com mais de meio milhão de exemplares vendidos apenas nas duas últimas edições, a *Moderna Gramática Portuguesa*, em sua 40.ª edição, continua sendo a obra de referência mais indicada por professores e especialistas para orientação no estudo de nossa língua e uso do idioma.

Todo este mérito cabe à verve incansável do autor, que reúne em si a *expertise* didática do educador, o espírito investigativo do pesquisador e o conhecimento profundo do professor emérito na concepção de uma obra sem par no universo das gramáticas de língua portuguesa.

Empenhado na constante atualização da obra, Evanildo Bechara dedicou-se ao levantamento e à análise de novas ocorrências de fatos linguísticos, para retratar como a língua está sendo usada nos dias de hoje e o que é aceitável no universo dos concursos, da vida escolar e acadêmica, dentro do ambiente de trabalho e em diversos espaços sociais.

O capítulo "Fonética e Fonologia" foi atualizado, já na edição anterior, pelo professor e membro da Academia Brasileira de Letras Ricardo Cavaliere, procurando atender às exigências teóricas e didáticas, com a indicação mais fiel dos símbolos gráficos do Alfabeto Fonético Internacional, para dar ao leitor uma visão mais apurada dos fenômenos de que tratam as duas disciplinas.

Todas as páginas foram revistas, com a permanente colaboração da lexicógrafa e editora Shahira Mahmud, no sentido de aprofundar, quando necessário, o entendimento de certos usos – muitas vezes condenados por puristas – e registrar fatos atuais que refletem a evolução da língua, com abonações de grandes escritores do nosso tempo. Também houve o acréscimo de observações sobre as possibilidades gramaticais abrangidas pela norma culta, as formas populares, os desvios mais comuns a serem evitados, além de orientações para que todos possam produzir textos escritos de qualidade e discursos orais com segurança, certos de estarem dominando os usos fundamentais da língua portuguesa.

Esta *Moderna Gramática Portuguesa*, ampliada com pontos que não haviam sido tratados nas edições anteriores e que agora ganham seu devido espaço, traz também fotos, manuscritos, correspondência e outras recordações do arquivo pessoal de Evanildo Bechara, em celebração ao autor e à 40.ª edição, reunidos em um Caderno Especial – que contou com a pesquisa e seleção de Clarice Bechara, Ricardo Cavaliere e Feiga Fiszon, aos quais vivamente agradecemos.

Rio de Janeiro, 2024

Prefácio da 40.ª edição

O êxito editorial de uma gramática está não apenas no conteúdo de suas páginas, como também, e sobretudo, em sua aceitação pelo público consulente. Com esta 40.ª edição, a *Moderna Gramática Portuguesa* (MGP), de Evanildo Bechara, consolida uma trajetória que ultrapassa seis décadas de serviços prestados à difusão e ao cultivo da língua portuguesa, acatada como obra de referência na descrição da língua exemplar tanto pelo especialista em assuntos linguísticos, quanto pelo leitor leigo que busca informação confiável e precisa. Renovada conceitualmente a partir da 37.ª edição, em que passam a predominar as teses de Eugenio Coseriu, a MGP mantém-se hoje na vanguarda da descrição do português que atinge público diversificado, seja pela análise rigorosa do fato linguístico, seja pela segura prescrição de uso da língua-padrão na variante brasileira.

No prefácio da 1.ª edição, o Autor revela ter o intuito de levar ao magistério brasileiro um compêndio escolar baseado nas doutrinas modernas, que facilitasse a tarefa do docente em sala de aula. É um momento em que seu escopo maior residia no labor pedagógico, fato que se há de acatar naturalmente em um texto gramatical escrito por quem dedicou a vida à sala de aula e, portanto, vê-se plenamente habilitado para traduzir em lições programáticas a experiência vasta como professor de língua portuguesa. Este intuito inicial, no entanto, foi ampliado em face da aceitação da MGP como obra descritiva do português com fundamento sólido na lição de linguistas consagrados, tais como Manuel Said Ali e Joaquim Mattoso Camara Jr.

Com a 37.ª edição, o Autor reconhece a maior amplitude alcançada pela MGP, agora não apenas um manual pedagógico de índole normativa, senão um texto de cunho descritivo em que todas as seções das edições anteriores passaram por rigorosa revisão conceitual sob o manto da linguística coseriana. Nas palavras do Autor, a diretriz agora adotada resultava da convicção de que uma nova orientação teórica poderia ser implementada em uma obra que "alia a preocupação de uma científica descrição sincrônica a uma visão sadia da gramática normativa". Com efeito, todo preceito agasalhado pelo Autor, em consonância com a língua-padrão em sua vertente brasileira, escuda-se em *corpora* de autores literários contemporâneos, uma impositiva questão de método para qualquer trabalho de descrição linguística.

As grandes mudanças por que passara o texto da MGP a partir de sua 37.ª edição, entretanto, não haviam alcançado o capítulo de "Fonética e Fonologia", fato que se justifica pela renovada concepção da gramática de uma língua como conjunto de regras morfossintáticas que atuam na construção de frases, ou seja, uma visão da gramática que não inclui o sistema de sons em seus domínios. Por sinal, o Autor, nesta 37.ª edição, já vinha dispondo a teoria gramatical em capítulo autônomo da descrição fonológica, em respeito a esta nova concepção da gramática de uma língua.

Assim, considerando a necessidade de atualização dos conceitos teóricos atinentes à descrição do sistema de sons em português e, sobretudo, o imperativo comentário sobre fenômenos que caracterizam a fala dos brasileiros em sua ampla diversidade diatópica, o Autor opta por profunda modificação do capítulo de "Fonética e Fonologia" a partir da 39.ª edição, em que se implementa o estudo das vogais em face de seu posicionamento silábico, a análise de fenômenos relevantes como o alçamento e a neutralização vocálica em posição pretônica, a verificação de fatos idiossincráticos do português brasileiro no tocante à pronúncia de ditongos, entre outros aspectos de especial importância. Tudo isto mediante referência aos fonemas do português fazendo uso dos símbolos do alfabeto fonético internacional, de tal sorte que os consulentes tenham uma ideia precisa de suas características articulatórias.

Chegamos, pois, a esta 40.ª edição revista e ampliada pelo Autor, comemorativa de seus 96 anos de vida, em que se oferece ao leitor um caderno especial com fotos, manuscritos, correspondência e outros documentos colhidos ao arquivo pessoal do Autor. São testemunhos de uma longeva dedicação à causa do ensino e da pesquisa em língua vernácula, de que não apenas o Autor, mas também todos os brasileiros devem orgulhar-se por com ele compartilhar a nacionalidade. Trata-se, portanto, de uma edição que, além de consolidar o exitoso percurso da MGP por tantos anos, revela-se um documento histórico que marca simbolicamente a presença e a excelência da MGP no cenário da gramaticografia brasileira.

Ricardo Cavaliere[1]
Setembro de 2024

---

[1] Doutor em Língua Portuguesa pela UFRJ e pós-doutor em História da Gramática no Brasil pela UERJ. Membro da Academia Brasileira de Letras, ocupante da cadeira 8, e da Academia Brasileira de Filologia, é também sócio correspondente da Academia das Ciências de Lisboa. Foi professor da UFF e atua no Conselho do Real Gabinete Português de Leitura. Entre suas obras, destacam-se *A gramática no Brasil* (2014) e *História da gramática no Brasil: séculos XVI a XIX* (2022). Recebeu a Medalha do Mérito Filológico, da Academia Brasileira de Filologia, e o Prêmio Celso Cunha, da União Brasileira de Escritores.

Prefácio da 39.ª edição

No espaço de mais de meio século em que esta MGP procurou ser útil aos utentes da Língua Portuguesa, quer na condição de estudante, pesquisador, professor ou outro profissional, sempre foi nosso propósito estar atento às lições oferecidas pela Linguística Teórica bem como pela investigação dos meios de expressão no exemplário dos chamados mestres do idioma, os escritores mais atentos à língua exemplar.

Neste momento tivemos oportunidade de atualizar o capítulo de Fonética e Fonologia, com a contribuição efetiva e competente do colega Professor Ricardo Cavaliere. Este capítulo reformulado procura atender às exigências teóricas e didáticas, com a indicação mais fiel dos símbolos gráficos do Alfabeto Fonético Internacional, para dar ao leitor uma visão mais apurada dos fenômenos de que tratam as duas disciplinas, além de uma atenção particular aos traços, neste setor, do português do Brasil.

Pudemos ainda rever todas as páginas, no sentido de aprofundar, quando necessário, as razões de certos usos – muitas vezes condenados por puristas – e registrar fatos atuais que refletem a evolução da língua, abonando-os com os melhores escritores do nosso tempo. Esforçamo-nos ainda por enriquecer esta edição com pontos que não haviam sido tratados anteriormente e que hoje ganham seu devido lugar. Nesta revisão tivemos sempre a colaboração de muitos competentes amigos e estudiosos, dentre os quais cabe, de justiça, ressaltar o diálogo frutuoso com a editora Shahira Mahmud.

Assim, acreditamos que esta edição chega renovada às mãos não só dos nossos antigos visitantes, mas também daqueles de uma nova geração que procura na MGP orientação para o melhor uso do idioma. Não poderíamos terminar sem uma palavra de agradecimento às várias editoras – de 1961 a 1998, Companhia Editora Nacional; de 1999 a 2008, Lucerna; e de 2009 aos dias atuais, Nova Fronteira – que se esmeraram na produção deste nosso livro.

Evanildo Bechara
14/3/2019

Prefácio da 38.ª edição

A *Moderna Gramática Portuguesa*, começada sua aventura em 1961, chega à 38.ª edição, além de inúmeras reimpressões, sempre fiel aos dois propósitos iniciais: reunir para o leitor o maior número de fatos da nossa língua e descrevê-los ou apresentá-los segundo as melhores doutrinas, hauridas em mestres consagrados, nacionais e estrangeiros. Até a 36.ª edição, na Editora Nacional, as fontes teóricas estavam preferencialmente radicadas nas obras de Manuel Said Ali, Epifânio Dias, Mário Barreto e J. Mattoso Câmara Jr.

A partir da 37.ª edição, em 1999, revista e consideravelmente ampliada, já na Editora Lucerna, alargamos e aprofundamos a doutrina extraída nas lições, principalmente, de Eugenio Coseriu, J.G. Herculano de Carvalho e Emilio Alarcos Llorach. Não menos proveitosa tem sido a colaboração de colegas e leitores na ajuda para explicitar melhor a exposição e a documentação da matéria tratada. A todos estes temos demonstrado nosso reconhecimento nos respectivos prefácios. Nesta nova edição continua cabendo menção especial à participação da colega Shahira Mahmud, a quem voltamos a repetir os mais sinceros agradecimentos.

Mais recentemente, em 2014, passamos a contar com a importante contribuição de numerosos linguistas portugueses que deram régua e compasso a um sonho da Fundação Calouste Gulbenkian, concretizado na elaboração da *Gramática do Português* (2 volumes de 2.407 páginas e um terceiro prometido para sair proximamente), destinada a um público não profissional interessado em encontrar melhores respostas do que as discutidas em conceituadas gramáticas, além de questões que nessas não se acham tratadas.

O nosso constante esforço em aumentar a referência a fatos da língua e em buscar o amparo da boa doutrina nos permite continuar atribuindo o título de *moderna* a esta obra, oferecendo um diálogo – ainda que preliminar – com a melhor bibliografia moderna. Que esta nova edição continue a ser de prestimoso auxílio a professores, alunos e a todos aqueles que desejam penetrar nas riquezas e potencialidades da língua portuguesa.

A 38.ª edição era um sonho acariciado pelo filho Evanildo, editor da Lucerna, tão cedo roubado ao convívio da família. A ele *in memoriam* é carinhosamente dedicada esta edição.

Evanildo Bechara
Janeiro de 2015

Prefácio da 37.ª edição

Entregamos aos colegas de magistério, aos alunos e ao público estudioso de língua portuguesa esta edição, revista, ampliada e atualizada, levados que estamos pelos mesmos propósitos que nos fizeram, em 1961, trazer à luz a *Moderna Gramática Portuguesa*.

Amadurecido pela leitura atenta dos teóricos da linguagem, da produção acadêmica universitária, das críticas e sugestões gentilmente formuladas por companheiros da mesma seara, e da leitura demorada de nossos melhores escritores, verá facilmente o leitor que se trata aqui de um novo livro.

Dificilmente haverá seção da *Moderna Gramática Portuguesa* que não tenha passado por uma consciente atualização e enriquecimento: atualização no plano teórico da descrição do idioma, e enriquecimento por trazer à discussão e à orientação normativa a maior soma possível de fatos gramaticais levantados pelos melhores estudiosos da língua portuguesa, dentro e fora do país, entre os quais cabe menção honrosa a Mário Barreto e Epifânio Dias.

É de toda justiça – e por isso esta edição é a eles dedicada – lembrar aqui, em primeiro lugar, nosso inesquecível mestre e amigo M. Said Ali, e, não menos presentes, este teórico profundo e admirável que é Eugenio Coseriu, ao lado de seu ilustre colega de reflexão linguística, que é J.G. Herculano de Carvalho, e do nosso primeiro linguista, J. Mattoso Câmara Jr., guia seguro desde o lançamento inicial da *Moderna Gramática Portuguesa*.

O arcabouço teórico desta obra poderia bem orientar-se por outros modelos válidos, seguidos pelos nossos melhores linguistas em atuação nos centros universitários brasileiros. A orientação aqui adotada resulta da nossa convicção de que ela também pode oferecer elementos de efetiva operacionalização para uma proposta de reformulação da teoria gramatical entre nós, especialmente quando aplicada a uma obra da natureza desta *Moderna Gramática Portuguesa*, que alia a preocupação de uma científica descrição sincrônica a uma visão sadia da gramática normativa, libertada do ranço do antigo *magister dixit* e sem baralhar os objetivos das duas disciplinas.

Acreditamos que, neste sentido, os colegas de magistério e pesquisa encontrarão úteis sugestões ou temas de reflexão para uma proposta de melhoria da vigente nomenclatura gramatical em nossos compêndios escolares.

Estivemos também atentos à produção de textos gramaticais destinados a outras línguas, especialmente às românicas, e aí vale ressaltar o contributo dos espanhóis, dos franceses e dos italianos. Desejamos sintetizar nossa homenagem a esses colegas na figura excelsa de Emilio Alarcos Llorach, recentemente falecido.

Temos consciência de que ainda há muito que acrescentar e rever, e para tanto convocamos a ajuda dos colegas que neste sentido desejarem pronunciar-se.

Dar-nos-emos por bem pagos se o leitor benévolo continuar encontrando nestas páginas os fundamentos que alicercem seu interesse e conhecimento reflexivo da língua portuguesa, traço que é da nacionalidade e elo fraterno da lusofonia.

Evanildo Bechara
Rio de Janeiro, 11 de março de 1999

Prefácio da 1.ª edição (1961)

Ao escrever esta *Moderna Gramática Portuguesa*, foi nosso intuito levar ao magistério brasileiro, num compêndio escolar escrito em estilo simples, o resultado dos progressos que os modernos estudos de linguagem alcançaram no estrangeiro e em nosso país. Não se rompe de vez com uma tradição secular: isto explica por que esta *Moderna Gramática* traz uma disposição da matéria mais ou menos conforme o modelo clássico. A nossa preocupação não residiu aí, mas na doutrina. Encontrarão os colegas de magistério, os alunos e quantos se interessam pelo ensino e aprendizado do idioma um tratamento novo para muitos assuntos importantes que não poderiam continuar a ser encarados pelos prismas por que a tradição os apresentava. Com a humildade necessária a tais empresas, sabemos que as pessoas competentes poderão facilmente verificar que fizemos uma revisão em quase todos os assuntos de que se compõe este livro, e muitos dos quais encontraram aqui um desenvolvimento ainda não conhecido em trabalho congênere. Por outro lado, a esta altura do progresso que a matéria tem tido, não poderíamos escrever esta *Moderna Gramática* sem umas noções, ainda que breves, sobre fonêmica e estilística. Isto nos permitiu, na última, tratar da *análise literária*, que entre nós passa às vezes confundida com *análise estilística*; ressaltamos os objetivos desta e convidamos os nossos colegas de disciplina a que dela se sirvam num dos escopos supremos de sua missão: educar o sentimento estético do aluno. Na parte relativa à estruturação dos vocábulos e sua formação, pretendemos trazer para a gramática portuguesa os excelentes estudos que a linguística americana tem feito sobre tão importante capítulo. Seguimos a *Nomenclatura Gramatical Brasileira*. Os termos que aqui se encontrarem e lá faltam não se explicarão por discordância ou desrespeito; é que a *NGB* não tratou de todos os assuntos aqui ventilados.

A orientação científica por que se norteia esta nossa *Moderna Gramática* não seria possível sem a lição dos mestres (seria ocioso citá-los) que, dentro e fora do Brasil, tanto têm feito pelo desenvolvimento da disciplina. Devemos-lhes o que de melhor os leitores encontrarem neste livro, e a eles, em cada citação, prestamos sincera homenagem. Elegemos, entre eles, um dos mais ilustres para dedicar-lhe o nosso trabalho de hoje, aquele que para nós é tão caro pelo muito que contribuiu para nossa formação linguística: M. Said Ali. No ano em que seus discípulos e admiradores comemoram o 1.º centenário de seu nascimento, não poderíamos deixar de levar ao mestre e amigo o testemunho de nossa profunda amizade e gratidão.

Evanildo Bechara

INTRODUÇÃO

Breve história externa da língua portuguesa

> "As armas e padrões portugueses postos em África e em Ásia e em tantas mil ilhas fora da repartiçam das três partes da terra, materiaes sam, e pode-as o tempo gastar: peró nã gastará doutrina, costumes, linguagem, que os portugueses nestas terras leixarem."
>
> (João de Barros, *Diálogo em Louvor da Nossa Linguagem*)

A língua portuguesa é a continuação ininterrupta, no tempo e no espaço, do latim levado à península Ibérica pela expansão do império romano, no início do século III a.C., particularmente no processo de romanização dos povos do oeste e noroeste (lusitanos e galaicos), processo que encontrou tenaz resistência dos habitantes originários dessas regiões.

Depois do processo de romanização, sofreu a península a invasão dos bárbaros germânicos, em diversos momentos e com diversidade de influências, que muito contribuíram para a fragmentação linguística da Hispânia: em 409 foi a vez dos alanos, vândalos e suevos; em 416, dos visigodos. Deste contacto encontramos como resultado a visível influência germânica, especialmente dos visigodos, no léxico e na onomástica.

No século VIII, em 711, voltou a península a ser invadida pelos árabes, consumando a série de fatores externos que viriam a explicar a diferenciação linguística do português no mosaico dialetal que hoje conhecemos; apesar do largo contributo na cultura e na língua – especialmente no léxico –, a permanência muçulmana não teve força suficiente para apagar as indeléveis marcas de romanidade das línguas peninsulares.

O longo movimento de Reconquista anti-islâmico, começado já em 718, prolongou-se por séculos. Já no século X este processo tinha favorecido o nascimento de núcleos cristãos na parte norte e noroeste da península, lançando os fundamentos de uma divisão linguística bem próxima da divisão administrativa: 1 – Condado da Galiza (galego-português); 2 – Reino de Leão e das Astúrias (ásturo-leonês); 3 – Condado de Castela (castelhano); 4 – Reino de Navarra (basco e navarro-aragonês); 5 – Reino de Aragão e Condado de Barcelos (catalão).

Em 1095, Afonso VI concede autonomia à Província Portucalense, e, em 1139, Afonso Henriques se proclama o primeiro rei de Portugal.

Foi este falar comum à Galiza e ao território portucalense que o processo de Reconquista propagou em direção ao sul, sobrepondo-se aos dialetos moçárabes aí correntes. Já com a ajuda de cruzados ingleses, alemães, franceses e flamengos, e sob a bandeira portuguesa prossegue a reconquista de novas cidades do sul, tomadas aos muçulmanos: Santarém, em março de 1147, e Lisboa, em outubro do mesmo ano. Até o século XV, segundo Orlando Ribeiro, o Minho ainda não constituía limite linguístico entre o galego e o português.

O português, na sua feição originária galega, surgirá entre os séculos IX-XII, mas seus primeiros documentos datados só aparecerão no século XIII: o *Testamento de Afonso II* e a *Notícia de torto*. Curiosamente, a denominação "língua portuguesa" para substituir os antigos títulos "romance" ("romanço"), "linguagem", só passa a correr durante os escritores da Casa de Avis, com D. João I. Foi D. Dinis que oficializou o português como língua veicular dos documentos administrativos, substituindo o latim.

Entre os séculos XV e XVI, Portugal ocupa lugar de relevo no ciclo das grandes navegações, e a língua, "companheira do império", se espraia pelas regiões incógnitas, indo até o fim do mundo, e, na voz do Poeta, "se mais mundo houvera lá chegara" (*Os Lusíadas*, VII, 14).

Depois da expansão interna que, literária e culturalmente, exerce ação unificadora na diversidade dos falares regionais, mas que não elimina de todo essas diferenças refletidas nos dialetos, o português se arroja, na palavra de indômitos marinheiros, pelos mares nunca d'antes navegados, a fim de ser o porta-voz da fé e do império. São passos dessa gigantesca expansão colonial e religiosa, cujos efeitos, além da abertura dos mares, especialmente o Atlântico e o Índico, foram, segundo afirmação de Alexander von Humboldt, uma duplicação do globo terrestre.

1415 – expedição a Ceuta sob o comando do próprio rei
1425-1439 – Madeira e Açores
1444 – Cabo Verde, com início de povoamento em 1462
1446 – Guiné
1483-1486 – Angola (primeiros contatos) e colonização de S. Tomé e Príncipe
1498 – Vasco da Gama chega à Índia e passa por Moçambique
1500 – Brasil
1511 – Malaca e Malucas
1512 – Saião e Bornéu
1515 – Ormuz
1518 – Colombo
1536 – Damão
1547 – Macau
além das ilhas de Samatra, Java e Timor.

Tomado o século XIII como início da fase a que Leite de Vasconcelos chamou *português histórico*, isto é, documentado historicamente, podemos dividi-lo em períodos linguísticos, cujas delimitações não conseguem, entre os estudiosos, concordância unânime. A dificuldade de consenso advém de vários fatores: o terem as propostas fundamento em textos escritos que, como sabemos, mascaram a realidade e as mudanças linguísticas; o não terem os fenômenos sua data de nascimento e morte; e, finalmente, constitui elemento perturbador nesta ordem de estudos a influência de fatores estético-literários que, conforme sua orientação conservadora ou progressista, atrasa ou acelera determinadas tendências linguísticas. Foi o que aconteceu com o chamado latim literário sob a influência grega; com o português europeu sob o influxo do Humanismo e Renascimento, e com o português do Brasil, sob a ação iconoclasta inicial do Modernismo.

Adotaremos aqui a seguinte proposta, incluindo na primeira fase a realidade galego-portuguesa:

a) *português arcaico*: século XIII ao final do século XIV
b) *português arcaico médio*: 1.ª metade do século XV à 1.ª metade do século XVI
c) *português moderno*: 2.ª metade do século XVI ao final do século XVII (podendo-se estender aos inícios do século XVIII)
d) *português contemporâneo*: século XVIII aos nossos dias

Ao primeiro período pertencem, além dos textos administrativos de leis, forais e ordenações, a poesia palaciana encerrada nos Cancioneiros medievais (Ajuda, Vaticana e Biblioteca Nacional, antigo Colocci Brancuti), as *Cantigas de Santa Maria*, algumas vidas de santos (Barlaão e Josafá, S. Aleixo, etc., traduções, em geral, de textos latinos, que chegaram até nós, quase sempre, em cópias mais modernas), o *Livro das Aves*, o *Fabulário de Esopo*, a *Demanda do Santo Graal*, *Corte Imperial*, entre muitas.

Ao segundo período pertencem o *Livro da Montaria*, de D. João I, *Leal Conselheiro* e *Livro da Ensinança de Bem Cavalgar toda Sela*, de D. Duarte, as crônicas de Fernão Lopes (*D. João I, D. Pedro, D. Fernando*), de Zurara (*Crônica dos Feitos da Guiné, Crônica da Tomada de Ceuta*), a *Crônica dos Frades Menores*, as crônicas de Rui Pina, entre muitas outras obras.

Ao terceiro período pertencem as obras históricas de João de Barros, Diogo do Couto, Fernão Lopes de Castanheda, Damião de Góis, Gaspar Correia, o *Palmeirim de Inglaterra*, de Francisco de Morais, a *Etiópia Oriental*, de Frei João dos Santos, a obra literária de Sá de Miranda e o teatro clássico de António Ferreira, a prosa mística da *Imagem da Vida Cristã*, de Heitor Pinto, os *Diálogos*, de Amador Arrais, os *Trabalhos de Jesus*, de Tomé de Jesus, e a *Consolação às Tribulações de Israel*, de Samuel Usque, a *Peregrinação*, de Fernão Mendes Pinto, Pero Magalhães de Gandavo, mas a todos excede Luís de Camões que, não sendo "propriamente o criador do português moderno (...), libertou-o de alguns arcaísmos e foi um artista consumado e sem rival em burilar a frase portuguesa, descobrindo e aproveitando todos os recursos de que dispunha o idioma para representar as ideias de modo elegante, enérgico e expressivo. Reconhecida a superioridade da linguagem camoniana, a sua influência fez-se sentir na literatura de então em diante até os nossos dias" [SA.2, 4].

Com muita razão, concede Said Ali, do ponto de vista linguístico, um lugar à parte na literatura quinhentista às comédias, autos e farsas do chamado teatro de medida velha que tem em Gil Vicente seu principal representante, produções de grande importância para o conhecimento da variedade coloquial e popular da época. Pertencem a este gênero especial os *Autos* de Antônio Prestes, de Chiado, de Jerônimo Ribeiro, a *Eufrosina* e *Ulissipo*, de Jorge Ferreira de Vasconcelos, sobrelevando-se a todos eles as obras deste genial pintor da sociedade e dos costumes do século XVI em Portugal, que foi Gil Vicente.

No século XVII assistimos ao aperfeiçoamento da prosa artística com Frei Luís de Sousa, cuja linguagem representa uma fase de transição entre os dois momentos do português moderno. É o período em que ressaltam os *Sermões* do Padre Antônio Vieira, os *Apólogos Dialogais*, de Francisco Manuel de Melo, a prosa religiosa do Padre Manuel Bernardes, os quadros bucólicos de *Corte na Aldeia*, de Rodrigues Lobo, além dos representantes da historiografia de Alcobaça.

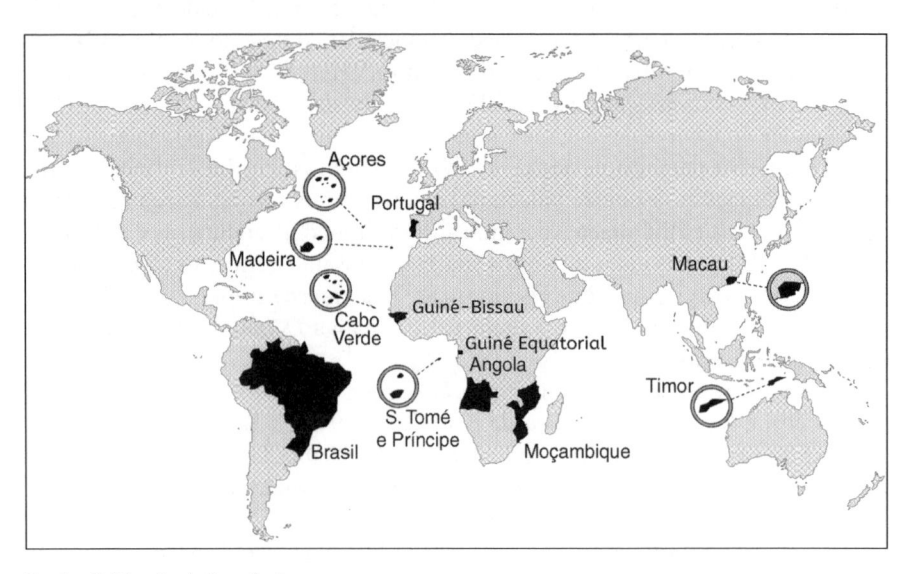

Fig. 1 – O Mundo da Lusofonia.

O século XVIII não é só o século das academias literárias, mas de todo um esforço na renovação da cultura e da instrução pública, sob o influxo dos ideais do neoclassicismo francês, que culminou na reforma pombalina da Universidade, em 1772. Assiste-se a um reflorescimento da poesia com Pedro Antônio Correia Garção, Antônio Dinis da Cruz e Silva, Filinto Elísio, Tomás Antônio Gonzaga e os poetas árcades brasileiros, e Barbosa du Bocage.

Do ponto de vista linguístico, o português contemporâneo, fixado no decorrer do século XVIII, chega ao século seguinte sob o influxo de novas ideias estéticas, mas sem sofrer mudanças no sistema gramatical que lhe garantam, neste sentido, nova feição e nova fase histórica.

Os escritores dos séculos XIX e XX de todos os quadrantes da Lusofonia souberam garantir este patrimônio linguístico herdado de tanta tradição literária.

Em Portugal, no Brasil, em Angola, Cabo Verde, Guiné-Bissau, Moçambique, São Tomé e Príncipe, Timor-Leste, Guiné Equatorial e Macau, a língua portuguesa, patrimônio cultural de todas estas nações, tem sido, e esperamos seja por muito tempo, expressão da sensibilidade e da razão, do sonho e das grandes realizações.

Patrimônio de todos e elo fraterno da Lusofonia de mais de 250 milhões de falantes espalhados por todos os continentes, continuemos a formular os votos de Antônio Ferreira, no século XVI:

> **Floresça, fale, cante, ouça-se e viva**
> **A portuguesa língua, e já onde for,**
> **Senhora vá de si, soberba e altiva!**

Teoria gramatical

A) LINGUAGEM: SUAS DIMENSÕES UNIVERSAIS

"dizer as coisas como são"
(Platão)

I - Linguagem

Entende-se por *linguagem* qualquer sistema de signos simbólicos empregados na intercomunicação social para expressar e comunicar ideias e sentimentos, isto é, conteúdos da consciência.

A linguagem se realiza historicamente mediante sistemas de isoglossas comprovados numa comunidade de falantes, conhecidos com o nome de *línguas*, como veremos adiante.

Tal conceituação envolve as noções preliminares do que seja *sistema*, *signo*, *símbolo* e *intercomunicação social*.

Sistema é todo conjunto de unidades, concretas ou abstratas, reais ou imaginárias, que se encontram organizadas e que se ordenam para a realização de certa ou de certas finalidades [HCv.1, 264].

Entende-se por *signo* ou *sinal* a unidade, concreta ou abstrata, real ou imaginária, que, uma vez conhecida, leva ao conhecimento de algo diferente dele mesmo: as nuvens negras e densas no céu *manifestam* ou são o *sinal* de chuva iminente; o *-s* final em *livros* é o signo ou sinal de pluralizador, assim como em *cantas* é o signo de 2.ª pessoa do singular. Por isso mesmo se diz que tais unidades são *simbólicas*, já que se entende em geral por *símbolo* aquilo que, por convenção, manifesta ou leva ao conhecimento de outra coisa, a qual substitui. Assim, o cordeiro é o "símbolo" da mansidão; o macaco, da astúcia. No que toca estritamente à linguagem humana, pois só ela é a linguagem objeto da *Linguística*, os signos linguísticos diferem dos símbolos porque estes não constituem necessariamente sistema e podem sozinhos e sem nenhuma oposição "simbolizar". A oposição é um princípio fundamental para a determinação da existência dos signos linguísticos, como veremos adiante.

Por fim, *intercomunicação social*, porque a linguagem é sempre um estar no mundo com os outros, não como um indivíduo particular, mas como parte do todo social, de uma comunidade.

2 - Dimensões universais da linguagem

A linguagem, entendida como atividade humana de falar, apresenta cinco dimensões universais: *criatividade* (ou *enérgeia*), *materialidade, semanticidade, alteridade* e *historicidade.*

Criatividade, porque a linguagem, forma de cultura que é, se manifesta como atividade livre e criadora, ou "do espírito", isto é, como algo que vai mais além do aprendido, que não simplesmente repete o que já foi produzido.

Materialidade, porque a linguagem é, primeiramente, uma atividade condicionada fisiológica e psiquicamente, pois implica, em relação ao falante, a capacidade de utilizar os órgãos de fonação, produzindo signos fonéticos articulados (fonemas, grafemas, quando representados na escrita, etc.) com que estabelece diferenças de significado (por exemplo, *Pala, Vala, Mala, Tala, Rala,* etc.); enquanto, em relação ao ouvinte, implica a capacidade de perceber tais fonemas e interpretar o percebido como referência ao conteúdo configurado pelo falante mediante os signos fonéticos articulados. É o nível biológico da linguagem.

Semanticidade, porque a cada forma corresponde um conteúdo significativo, já que na linguagem tudo significa, tudo é semântico.

Alteridade, porque o significar é originariamente e sempre um "ser com outros", próprio da natureza político-social do homem, de indivíduos que são homens juntos a outros e, por exemplo, como falantes e ouvintes, são sempre cofalantes e coouvintes.

Historicidade, porque a linguagem se apresenta sempre sob a forma de *língua*, isto é, de tradição linguística de uma comunidade histórica. Não existe *língua* desacompanhada de sua referência histórica: só há *língua portuguesa, língua francesa, língua inglesa, língua espanhola, língua latina,* etc.

Geralmente se ouve que a língua é imposta ao homem, porque este é obrigado a dizer que determinado objeto conhecido por sua comunidade como livro é *livro*, e não *lápis* ou *mesa*. Tal fato não constitui uma limitação ou negação da liberdade do falante; é sim a dimensão histórica da linguagem, que coincide com a própria historicidade do homem. Trata-se de uma obrigação aceita livremente, e não de uma imposição. Este é o significado original da palavra latina *obligatio* [ECs.8, 216]. A língua não é "imposta" ao homem; este "dispõe" dela para manifestar sua liberdade expressiva. As atividades livres implicam um próprio "dever ser", isto é, uma série de normas intrínsecas.

Destas cinco dimensões, a criatividade e a materialidade são universais de todas as formas da cultura, pois são todas atividades criadoras que se realizam no mundo de forma material, sem o que não poderiam existir nem passar ao conhecimento dos outros membros da comunidade. A semanticidade é a "*differentia specifica*" da linguagem em relação às outras formas de cultura. A alteridade é o traço distintivo do significar linguístico em relação aos outros tipos de "conteúdo" das formas de expressão e é, por sua vez, fundamento da historicidade da linguagem [ECs.8, 15-16].

Por fim, há de se levar em conta, na capacidade geral de expressão, a execução de atividades que acompanham e às vezes até a substituem, já que não falamos só com as unidades linguísticas, com a língua concreta. Estas são formas de expressão extralinguísticas, tais como a mímica, a entonação, o ritmo, as pausas e silêncios, os gestos, os recursos gráficos e outros. O emprego da maiúscula serve para estabelecer antíteses entre o verdadeiro e bom e o menos bom e verdadeiro, quando dizemos:

Ele é um *Professor* com *P* maiúsculo, ou a referência à forma gráfica distingue homônimos, como em:

Chegamos na *hora h*.

Há momentos em que expressões só são inteligíveis se acompanhadas de determinado gesto:

"Um anjo, meu pateta, um anjo sem asas. Imagina uma moça assim, *desta altura*, viva como um azougue, e uns olhos..." [MA.1, 92].

À mímica corporal junte-se a vocal, a entoação especial com que se proferem certas palavras ou frases inteiras, que o escritor procura reavivar na escrita com a utilização de variados recursos gráficos:

"Não vou daqui sem uma resposta definitiva, disse meu pai. *De-fi-ni-ti-va!* repetiu, batendo as sílabas com o dedo." [MA.1, 88].

"Os dois garotos, porém, esperneiam com a mudança de mãe: – Mentira!... *Mentiiiira!*... *Mentiiiiiiiiiira!* – berra cada um para seu lado" [HC.1, 32].

3 - Atos linguísticos

A linguagem humana articulada se realiza de maneira concreta por meio de formas específicas chamadas *atos linguísticos*, que se organizam em *sistemas de isoglossas* (*isos* = igual; *glossa* = língua) denominados tradicionalmente *línguas*. Embora o ato linguístico, por sua natureza, seja individual, está vinculado indissoluvelmente a outro indivíduo pela natureza finalística da linguagem, que é sempre um falar com os outros, consoante a dimensão *alteridade*, a que aludimos anteriormente.

Só de modo ideal se pensa em linguagem como um só sistema de signos; na realidade, há na linguagem diversos sistemas de signos – isto é, de línguas –, diversidade que varia entre países, entre comunidades sociais ou outros grupos de falantes.

A realidade concreta da linguagem, como dissemos, é o ato linguístico, quer dizer, é cada unidade de comunicação da linguagem humana, seja uma palavra ou uma frase. Os atos linguísticos não se realizam idênticos de falante para falante de uma mesma comunidade linguística, e até num só falante, em circunstâncias diferentes. Essa diversidade não se dá somente na forma material do ato linguístico, isto é, na sua *expressão*, mas também no seu significado, isto é, no seu *conteúdo*.

Para que se proceda a uma análise coerente e uniforme da linguagem humana, tem-se de considerar idealmente que os atos linguísticos são mais ou menos idênticos na expressão (forma material) e no conteúdo (significado), e é isto que realmente ocorre, porque, se não houvesse essa aparente identidade, não seria possível a comunicação entre os indivíduos, já que a comunicação é a finalidade fundamental da linguagem.

O conjunto sistêmico de atos linguísticos comuns considerados idênticos realizados numa comunidade linguística e por ela comprovada na consciência de seus falantes ("ele fala como eu", "o português dele é diferente do nosso") se acha delimitado por uma linha ideal, imaginária, *isoglossa*, de modo que se pode definir *língua: um sistema de isoglossas comprovado numa comunidade linguística.*

Esse sistema de isoglossas pode ser extensíssimo que abarque uma língua histórica de todos os falantes de uma larga comunidade, considerada no seu conjunto geográfico, social e individual (*língua portuguesa, língua espanhola, língua francesa, língua latina*, etc.); pode ser menos extenso, principalmente quando a língua histórica é falada por mais de um país (*língua portuguesa da modalidade europeia* – "português de Portugal" / *língua portuguesa da modalidade americana* – "português do Brasil", bem como *língua portuguesa da África; língua inglesa da Inglaterra / língua inglesa dos Estados Unidos; francês da França / francês da Bélgica / francês do Canadá*); pode ser ainda menos extenso do ponto de vista espacial (*português do Rio de Janeiro / português de Lisboa; francês de Paris; alemão da Baviera*); pode ser ainda menos extenso espacial, social e estilisticamente (*português fluminense rural / português paulista familiar / português literário do romantismo brasileiro*); pode abarcar um só falante (*português de Machado de Assis / português de Eça de Queirós; português de um analfabeto*).

Assim, o conceito de língua, considerada como um sistema de isoglossas, varia de acordo com o entendimento mais largo ou mais estreito que se atribui à extensão do conjunto de atos linguísticos comuns.

B) PLANOS E NÍVEIS DA LINGUAGEM COMO ATIVIDADE CULTURAL

I - Planos e níveis da linguagem

A linguagem, como atividade humana universal do falar, que se realiza individualmente, mas sempre de acordo com tradições de comunidades históricas, pode diferenciar-se em três planos relativamente autônomos:

a) *Universal* ou do falar em geral, já que se apresenta como prática universalizada não determinada historicamente, isto é, todo ser humano adulto e normal fala. É a referência ao plano do *falar em geral*, e a ele se alude, quando se diz que *esta criança ainda não fala* (note-se que não se quer dizer que ela ainda não fala português ou espanhol, por exemplo). Alude-se ainda a este plano quando se declara que *os animais não falam*. Aqui, como no exemplo anterior, não se refere a uma língua concreta, mas à capacidade de falar. O plano universal alude àquilo que faz parte de todo falar, não importa em que língua.

b) *Histórico* ou da língua concreta, já que, ao falar, o homem o faz mediante uma língua determinada: *falar português, falar espanhol*, etc. Como já se disse, não há *língua* sem adjetivo; só há *língua portuguesa, língua espanhola*, etc., onde o adjetivo pátrio aponta para uma tradição histórica determinada. Até as línguas inventadas, como o esperanto, se constroem e representam uma nova tradição do falar. Este é o plano de uma língua concreta determinada. O falante tem consciência desse saber ao afirmar, por exemplo, que alguém não fala bem o português.

c) *Individual*, já que é sempre um indivíduo que fala mediante uma língua determinada, e o faz, cada vez segundo uma circunstância determinada. A atividade de falar de um indivíduo segundo a conveniência de uma circunstância determinada chama-se *discurso*. Não confundir *discurso*, nessa aplicação à atividade, com *texto*, que será entendido como produto dessa atividade, produto do discurso. O discurso – assim o texto como seu produto – está determinado por quatro fatores: o *falante*, o *destinatário*, o *objeto* ou *tema* de que se fala e a *situação*.

Como toda atividade cultural, a atividade real de falar pode ser considerada sob três pontos de vista diferentes [ECs.8, 88]:

a) Como a própria *atividade*, como falar e entender, isto é, como atividade criadora que se serve de um saber já presente para dizer algo novo e com capacidade de criar um saber linguístico. É este o sentido próprio de *enérgeia*. Uma língua é "forma" e "potência" de uma *enérgeia*.

b) Como o *saber* que está subjacente à atividade, isto é, como a *competência* ou como o que Aristóteles chamava *dýnamis*.

c) Como o *produto* criado pela atividade do falar individual, isto é, como obra ou *érgon*: o *texto*.

Como toda atividade, o falar é uma atividade que revela um saber; assim a estes três níveis correspondem três planos ou tipos de saber linguístico:

a) Ao falar em geral mediante cada língua corresponde o *saber elocutivo*, ou *competência linguística geral*, que não é saber falar uma língua particular, mas, ao falar com qualquer língua, fazê-lo segundo os princípios da *congruência* em relação aos padrões universais do pensamento e ao conhecimento geral que o homem tem do "mundo", do mundo empírico. Na discutida frase "*A mesa quadrada é redonda*", não há propriamente desconhecimento de língua, e sim de formulação do pensamento por desconhecer a realidade do mundo empírico, uma vez que "ser quadrado" é diferente de "ser redondo".

b) Ao falar (em) uma língua particular corresponde o saber histórico denominado *saber idiomático*, ou *competência linguística particular*, que é falar (em)

uma língua determinada de acordo com a tradição linguística historicamente determinada de uma comunidade.
c) Ao falar individual e relacionado com a maneira de elaborar textos segundo situações determinadas corresponde o chamado *saber expressivo* ou *competência textual*; é um saber técnico (gr. *téchnē*), isto é, um saber que se manifesta no próprio fazer, um saber fazer gramatical que se manifesta numa língua particular e que pode ir além do já criado nessa língua.

A linguagem se realiza, portanto, de acordo com um saber adquirido e se apresenta sob forma de fatos objetivos ou *produtos*. Mas, como bem caracterizou Humboldt em termos aristotélicos, a linguagem não é na essência *érgon* 'produto', 'coisa feita', mas *enérgeia*, 'atividade', atividade criadora, isto é, que vai além da técnica "aprendida", além do seu saber (*dýnamis*).

Assim, também do ponto de vista do produto se distinguem esses três planos:

a) O produto do falar em geral é a "totalidade de todas as manifestações", empiricamente infinita, *o* falado; não só a totalidade do que já foi dito, mas ainda a totalidade do que se pode dizer, se considerada sempre como "coisa feita".
b) O produto do falar (em) uma língua particular é a língua particular *abstrata*, isto é, a língua deduzida do falar e concretizada em uma gramática e em um dicionário, ou, em outras palavras, o que no falar se reconhece como constante e que é objeto da linguística das línguas como descrição e como história.
c) O produto do falar individual é o *texto*, tal como pode ser anotado ou escrito.

2 – Juízos de valor

Frequentemente se ouve um falante nativo dizer que "isso não é português" ou "isso não se diz assim em português" ou "seria melhor dizer assim em português", o que demonstra que os aspectos de juízos de valor devem merecer especial atenção do falante nativo, bem como do linguista e do gramático normativo. Infelizmente, em vista de confusões que Coseriu procurou deslindar, o assunto tem sido mal posto em discussão e, por isso, mal resolvido, de modo que as incoerências e os desencontros são responsáveis pela ideia muito difundida, mas errada, de que o tema não é científico, e fica sujeito ao capricho de pessoas despreparadas e intransigentes.

Entende-se por *norma* todo uso que é normal numa variedade de língua (língua funcional), isto é, todo uso que é preferencial e constante entre os falantes e os escritores.

Distinguem-se três tipos de juízos de valor referentes às conformidades do falar com o respectivo saber linguístico:

a) Ao saber elocutivo corresponde a *norma da congruência*, isto é, os procedimentos em consonância com os princípios do pensar, autônomos ou independentes dos juízos que se referem à língua particular e ao texto. Neste plano do falar em geral temos não só a norma da congruência e da coerência, mas ainda a norma de *conduta da tolerância*, já que, muitas vezes, diante de frases "desconexas", a incongruência pode ser anulada pela tradição da língua particular e pela intenção do discurso. Assim, quando a canção diz que *"Tudo em volta está deserto, tudo certo/ Tudo certo como dois e dois são cinco"*, não se interpreta como falar incongruente por conhecerem os falantes o procedimento da anulação metafórica: o que a canção quer dizer metaforicamente é que nada vai bem entre os tais namorados, como a soma de dois mais dois igual a cinco não está bem.

b) Ao saber idiomático corresponde a *norma da correção*, isto é, a conformidade de falar (em) uma língua particular segundo as normas de falar historicamente determinadas e correntes na comunidade que a pratica. Sendo uma língua histórica (todo o português) um conjunto de várias línguas comunitárias, haverá mais de uma norma de correção (o português do Brasil, o português de Portugal, o português exemplar, o português comum, o português familiar, o português popular, etc.). Por falta das distinções até aqui estabelecidas, têm-se atribuído à língua particular ou ao saber idiomático qualidades e atributos que antes pertencem ao plano do falar em geral ou saber elocutivo ("coerência", "eficácia", "concisão", "clareza", "harmonia", etc.) ou ao plano individual ou saber expressivo ("adequado", "apropriado", "elegante", "expressivo", etc.). O juízo de valor concernente à *correção* é juízo de "suficiência" ou "conformidade" somente com o saber idiomático historicamente determinado para uma comunidade.

c) Ao saber expressivo corresponde a *norma de adequação* à constituição de textos levando em conta o falante, o destinatário, o objeto ou a situação, critério mais complexo, e independente do critério de correção em relação à língua particular e do critério de congruência em relação ao falar em geral. A adequação ao discurso e à constituição de textos pode levar em conta o objeto representado ou o tema (e aí será considerada *adequada* ou *inadequada*), o destinatário (então será considerada *apropriada* ou *inapropriada*) ou a situação ou circunstâncias (e aí será considerada *oportuna* ou *inoportuna*).

A competência, ou saber, não se manifesta igualmente em todos os planos do linguístico. Na língua particular ela ocorre com mais frequência; nos outros planos – no saber elocutivo e principalmente no saber expressivo – o domínio da competência só se alcança depois de cuidada educação linguística. Muitas vezes se diz que "alguém escreve mal o português", quando, na realidade se quer fazer referência ao saber elocutivo ou ao expressivo, porque escreve sem congruência ou sem coerência, ou ainda com pouca clareza. Quando se diz que "o francês é uma língua clara", a rigor, não se quer fazer referência a características da língua francesa, mas à capacidade de estruturar o pensamento, o discurso ou o texto com clareza e logicidade mais do que o normal, em virtude de uma larga tradição do falar nessa comunidade, tradição que começa no ensino escolar francês, e que deveríamos cultivar entre nós.

Cabe ainda lembrar o que foi aqui antes esboçado: conforme a intenção do falante, a adequação relativa a um discurso ou a um texto pode anular a incorreção idiomática, enquanto a adequação relativa à correção idiomática pode anular a incongruência ou incoerência do saber elocutivo.

3 - Três tipos de conteúdo linguístico

Aos três planos linguísticos correspondem ainda três tipos diferentes de conteúdo linguístico:

a) Ao plano linguístico geral corresponde a *designação* (ou *referência*), isto é, a referência a uma "realidade" extralinguística, a um estado de coisas extralinguístico. Assim em *A porta está fechada* e *A porta não está aberta* faz-se referência à mesma realidade extralinguística. As orações não são *sinônimas*; são *equivalentes* na referência à designação.
b) Ao plano linguístico particular corresponde o *significado*, isto é, o conteúdo dado linguisticamente em uma língua particular, ou, em outras palavras, a especial configuração da designação numa língua particular.
c) Ao plano do discurso corresponde o *sentido*, que é o "dito" por meio do texto, isto é, o especial conteúdo linguístico que se expressa mediante a designação e o significado, sentido que, num discurso individual, vai além desses outros conteúdos e que corresponde às atitudes, intenções ou suposições do falante. Por exemplo, nas expressões *dar com os burros n'água* ou *torcer o nariz* o sentido é, respectivamente, "ter insucesso" e "rejeitar". Numa anedota, mediante a designação e o significado, atinge-se o *sentido* quando se "pega" o chamado "espírito da coisa". Uma visita de cerimônia ao dizer ao dono da casa "Hoje está quente" pode ter a intenção de querer dizer "Por favor, abra a janela", que é o verdadeiro "sentido" da sua primeira frase. Quando dizemos a uma pessoa, pela manhã, "Bom dia!" não queremos dizer-lhe que o dia está agradável, mas tão somente cumprimentá-la; esse é o "sentido" da frase. Pode até o tempo estar chuvoso ou ameaçador; porém, é assim que tradicionalmente a nossa comunidade saúda alguém pela manhã. O sentido, portanto, se manifesta no plano individual do discurso.

Assim como o significado pode coincidir com a designação, como ocorre na linguagem técnica, onde tudo o que existe na tradição linguística concernente a ela é "nomenclatura", à medida que vai além do saber linguístico e implica um saber relativo às coisas mesmas, assim também o sentido pode coincidir com o significado, quando o texto é só informativo, e não artístico ou literário ("simbólico"). Mesmo em determinadas formas de "literatura", os fatos designados e significados são informativos, como ocorre na novela policial, que só muito excepcionalmente se alça à literatura artística [ECs.8, 291-292].

O quadro a seguir sintetiza tudo o que vimos até aqui:

PLANO	PONTOS DE VISTA					
	ATIVIDADE *enérgeia*	SABER (competência) *dýnamis*	PRODUTO (texto) *érgon*	JUÍZO	CONTEÚDO
UNIVERSAL: falar em geral; atividade humana universal	falar em geral	saber elocutivo	totalidade das manifestações	congruente / incongruente	designação (referência)
HISTÓRICO: língua concreta; tradições comunitárias	língua particular	saber idiomático	(língua particular abstrata)	correto / incorreto	significado
INDIVIDUAL: discurso; execução individual	discurso	saber expressivo	texto (obras)	adequado / inadequado	sentido

C) LÍNGUA HISTÓRICA E LÍNGUA FUNCIONAL

I - Língua histórica

Quando nos referimos a *língua portuguesa*, *língua espanhola*, *língua alemã* ou *língua latina*, fazemos alusão a uma língua como produto cultural histórico, constituída como unidade ideal, reconhecida pelos falantes nativos ou por falantes de outras línguas, e praticada por todas as comunidades integrantes desse domínio linguístico. Entendido assim, esse produto cultural recebe o nome de *língua histórica*. Esse amplo e diversificado espaço cultural, historicamente relacionado, está presente na frase de Fernando Pessoa: *Minha pátria é a língua portuguesa*.

Fácil é concluir que uma língua histórica encerra em si várias tradições linguísticas, de extensão e limite variáveis, em parte análogas e em parte divergentes, mas historicamente relacionadas. São analogias e divergências fonéticas, gramaticais e léxicas; por isso se diz que uma língua histórica nunca é um sistema único, mas um conjunto de sistemas.

Os sistemas que integram a língua histórica apresentam três aspectos fundamentais de diferenças internas:

a) No espaço geográfico, constituindo os diferentes *dialetos*. Essa diversidade no espaço se diz *diatópica* (do grego *diá* 'através de', *tópos* 'lugar'), enquanto a relativa uniformidade no espaço se diz *sintópica* (do grego *sýn* 'reunião').
b) No nível sociocultural, constituindo os diferentes *níveis* de língua e estratos ou camadas socioculturais. Essa diferença no estrato sociocultural se diz *diastrática* (do latim *stratum* 'estrato', 'camada'), enquanto a relativa uniformidade correspondente se diz *sinestrática* ou *sinstrática*, também conhecida por *dialeto social*.
c) No estilo ou aspecto expressivo, isto é, em relação a diferentes situações do falar e estilos de língua. Essa diferença se diz *diafásica* (do grego *fásis* 'expressão'), enquanto a relativa uniformidade correspondente se diz *sinfásica* ou homogeneidade estilística.

As diferenças diatópicas ou os dialetos sempre mereceram as atenções dos estudiosos, o que nem sempre ocorreu com as diferenças de níveis (diastráticas) e de estilos de língua (diafásicas). Nem todas as línguas históricas têm muito marcadas as diferenças dialetais como ocorre, por exemplo, na Itália. No português essas diferenças são muito menos profundas do que no italiano. Alguns linguistas chegam, no caso do português, a preferir *falares* a *dialetos*.[1]

As diferenças diastráticas são mais marcadas em comunidades onde os estratos sociais se apresentam muito distanciados, como na antiga Índia, ou onde a rede escolar se encontra fragilizada ou inexistente entre as camadas populares. Nas comunidades modernas, existem diferenças diastráticas na distinção entre o nível popular (como ocorre no francês e inglês), bem afastado das formas "cultas" ou exemplares destas línguas, ou, com menos intensidade, no espanhol e no italiano populares. Menos intensa é ainda a distância entre o chamado português popular e o padrão ou culto.

As diferenças diafásicas se manifestam quando se comparam língua falada e língua escrita, língua usual e língua literária, língua corrente e língua burocrática ou oficial, etc. Nenhuma dessas variedades diafásicas se apresenta homogeneamente; até a língua literária acusa gradações, às vezes bem nítidas, como é o caso das divergências entre a prosa e a poesia (em verso), entre a poesia épica e a lírica, etc. Incluem-se nas diferenças diafásicas as que ocorrem, num mesmo estrato sociocultural, entre grupos "biológicos" (homens, mulheres, jovens, crianças) e profissionais.

Uma língua que apresenta só um estilo já não é uma língua viva; a que apresenta um ou poucos estilos é uma língua morta e funciona como veículo de comunicação

---

[1] No excelente *Dicionário de Filologia e Gramática* do saudoso e competente linguista Mattoso Câmara, é possível entender a complexidade da questão em face dos diversos conceitos aplicados a dialeto: "Do ponto de vista puramente linguístico, os dialetos são línguas regionais que apresentam entre si coincidências de traços linguísticos fundamentais. Cada dialeto não oferece, por sua vez, uma unidade absoluta em todo o território por que se estende, e pode dividir-se em subdialetos." Também, segundo Mattoso, a este conceito linguístico se acrescenta um conceito extralinguístico de ordem psíquica, social ou política, isto é, "a existência de um sentimento linguístico comum".

para comunidades determinadas que têm sua própria língua, e se destina a finalidades culturais e profissionais, como tem sido o caso do latim na Igreja e, desde a Idade Média, na filosofia, na filologia, na medicina e outros domínios das ciências, e de especiais praxes acadêmicas universitárias (em cerimônias na outorga do título de doutor *honoris causa*, por exemplo a *laudatio*).

Há, contudo, uma realidade linguística idealmente homogênea e unitária, isto é, que se apresenta sintópica, sinstrática e sinfásica; em outras palavras, uma língua unitária quanto ao dialeto, ao nível e ao estilo: é a *língua funcional*, assim chamada porque é a modalidade que de maneira imediata e efetiva funciona nos discursos e textos.

2 - Língua funcional

É bem verdade que num discurso e texto pode aparecer mais de uma língua funcional, principalmente se se mudam as circunstâncias e fatores (destinatário, objeto, situação). Todo falante de uma língua histórica é plurilíngue, porque domina ativa ou passivamente mais de uma língua funcional, embora não consiga nunca saber toda a extensão de uma língua histórica; e o sucesso da educação linguística é transformá-lo num "poliglota" dentro de sua própria língua nacional. Mas na constituição do discurso e do texto há sempre *uma* língua funcional que se sobrepõe às demais. Mesmo uma língua comum o mais possível unificada e codificada com muita rigidez, como ocorre com o francês "oficial", não corresponde exatamente a essa realidade de língua funcional, em face das diferenças estilísticas nele existentes.

Como por exigência metodológica e de coerência interna só se pode descrever uma realidade homogênea e unitária, é a língua funcional o objeto próprio da descrição estrutural e funcional. Uma gramática como produto desta descrição nunca é o espelho da língua histórica; é apenas a descrição de *uma* das suas línguas funcionais. Por isso não se há de exigir desta gramática o registro de fatos que pertençam a línguas funcionais diferentes: nisto consiste a diferença entre estrutura e arquitetura.

3 - Estrutura e arquitetura

Estrutura é a descrição das oposições funcionais na expressão e no conteúdo de mesma técnica idiomática, isto é, a homogeneidade de uma língua funcional. *Arquitetura* é o registro da diversidade interna de uma língua histórica, onde coexistem para funções análogas formas distintas e vice-versa, isto é, diversidade de línguas funcionais. Por exemplo, a descrição do emprego dos pronomes *o* e *lhe* no português exemplar ou padrão é um fato de *estrutura*; a comparação do emprego de *o* no português padrão e do correspondente *ele* no português popular ou familiar ou do pronome *lhe* nessas modalidades é um fato de *arquitetura* do português do Brasil.

Para se chegar com coerência ao conceito de língua funcional e à essência do objeto próprio da descrição de uma técnica linguística é necessário fazer, além da distinção entre estrutura e arquitetura, uma série de outras, quase sempre não levadas em consideração na gramática tradicional e em algumas linguísticas modernas: 1) conhecimento da língua e conhecimento das "coisas" (incluídos aí os seres vivos); 2) linguagem e metalinguagem; 3) sincronia e diacronia; 4) técnica livre e "discurso repetido". [ECs.8, 288].

4 – Conhecimento da língua e conhecimento das "coisas"

No plano do saber histórico não contamos somente com fatos linguísticos, mas também com outras tradições ligadas a "coisas" ou ao mundo extralinguístico. Assim, por exemplo, diante de frases do tipo "Macaco velho não mete a mão em cumbuca" ou de expressão como "macaco velho", não se pode dizer que *macaco* ou *macaco velho* evocam em português a ideia de 'prudência', 'sagacidade'. Relativamente à língua portuguesa, *macaco* está relacionado a outros animais, como *mico*, *chimpanzé*, etc.; pela evocação a 'prudência' não é responsável a língua portuguesa, até porque em muitas comunidades lusófonas o animal *macaco* não está relacionado com essa ideia. A evocação resulta exclusivamente do conhecimento que temos do animal, da sua participação em histórias, especialmente do folclore brasileiro.

5 – Linguagem e metalinguagem

A metalinguagem é um uso linguístico cujo objeto é também uma linguagem; por exemplo quando se fala de palavras e seus componentes ou de orações: "*linguagem é uma palavra derivada de língua*", "*linguagem é um substantivo feminino em português e masculino em espanhol e francês*", "*-ção é um sufixo formador de substantivo*", "*Cadeira tem três sílabas*", etc. A metalinguagem não apresenta unidades estruturais nem pode ser estruturada no nível do saber idiomático; nem por isso seu estudo deixa de merecer o cuidado da ciência.

A linguagem, também chamada *linguagem primária*, não é uma linguagem que tem por objeto uma linguagem.

Esta distinção tem importância especial para a gramática. Por exemplo, qualquer palavra, grupo de palavras, parte de palavras, uma oração inteira, todo um texto tomado materialmente na metalinguagem pode ser considerado uma "palavra", um substantivo masculino por ser nome de algo: "*-mente* é um sufixo", "*lá* marca distância do falante", "Terrível palavra é um *não*", "*Não roubar* é um mandamento divino".

A metalinguagem pode manifestar uma técnica, um saber próprio em uma determinada tradição linguística. Por exemplo, na metalinguagem, em português, diz-se sem artigo "Homem é um dissílabo", enquanto na linguagem primária se diz com artigo "O homem trabalha".

6 - Sincronia e diacronia

Outra distinção essencial, por sinal a primeira que se deve fazer no estudo das línguas, é a que se estabelece entre *sincronia* e *diacronia*. Por *sincronia* entende-se, em princípio, a referência à língua em um dado momento do seu percurso histórico, "sincronizada" sempre com seus falantes, e considerada no seu funcionamento no falar como descrição sistemática e estrutural de um só sistema linguístico ("língua funcional"), enquanto por *diacronia* se entende a referência à língua através do tempo, isto é, no estudo histórico das estruturas de um sistema ("gramática histórica"), e como história da língua. Todavia, neste último aspecto, sincronia e diacronia não são correlativos, pois se se levar em conta o caráter parcialmente inovador de todo ato linguístico, toda língua viva está num perpétuo devenir, já que o aspecto sincrônico, para uma língua considerada na sua totalidade, metodologicamente imposto e necessário, é apenas uma abstração científica para estudar como a língua funciona e os traços que, entre dois momentos do seu desenvolvimento, se mostram constantes. Até para fins práticos necessitamos considerar a língua como algo estável e constante. Assim, a descrição sincrônica prescinde da história, no sentido de que não a abarca, mas a diacronia não pode prescindir das sincronias. Por fim, não se pode perder de vista que a descrição da língua num momento do seu desenvolvimento é uma parte da história dessa língua. Uma língua viva nunca está plenamente feita, mas se faz continuamente graças à atividade linguística.

À sincronia corresponde não só a descrição de sistemas unitários (isto é, a disciplina "gramática" em sua acepção mais ampla, abarcando ainda a fonologia e a semântica léxica estrutural ou lexemática), mas também a descrição dos três tipos de variedade já vistos feita por três outras disciplinas ("dialetos" → *dialetologia*, "níveis" → *sociolinguística* e "estilos" → *estilística da língua*).

7 - Estado da língua real e sincronia

Convém distinguir entre *estado de língua real* e *sincronia*, considerada de modo absoluto. No estado de língua também está implícita uma dimensão diacrônica, já que os falantes, principalmente de comunidades com larga tradição de língua escrita, têm consciência de que certas formas são mais antigas que outras; que algumas já não se usam e que outras são recentes. Todavia essa "diacronia dos falantes" – que pode ser bem diferente da diacronia do historiador – não importa em relação ao funcionamento da língua, porque todo fato de "diacronia" subjetiva tem de ser descrito no seu funcionamento, isto é, na sua própria sincronia [ECs.8, 296].

À história da língua compete também referir-se ao aspecto sincrônico à medida que tem de socorrer-se dos vários "estados de língua" sucessivos, pois a "gramática histórica" é a comparação entre os vários sistemas estáticos compreendidos nos limites estabelecidos para estudo. No caso de uma língua românica como o português, pode-se começar pelos diversos sistemas do latim (clássico, vulgar, etc.) e continuar pelos sistemas sucessivos do português ou fases históricas (medieval, clássico, etc.), ou então partir do próprio português como língua já estabelecida e reconhecida pelos seus falantes e pelos falantes de outras comunidades linguísticas.

Pelo que vimos até aqui, e para evitar equívocos que elas implicam, seria melhor fugir às denominações *linguística sincrônica* e *linguística diacrônica* e, em vez delas, usar *descrição* e *história da língua*, porque ambas estão compreendidas no nível histórico da linguagem e constituem juntas a *linguística histórica*. Desligam-se, desta maneira, as noções de sincronia e diacronia da interpretação meramente temporal, como as entendia Saussure, em cuja lição sincronia estava circunscrita a um só momento e diacronia a vários momentos [ECs.8, 281].

8 - Técnica livre do discurso e discurso repetido

Outra distinção necessária no estudo "sincrônico" de língua é a que se faz entre *técnica livre do discurso* e *discurso repetido*, porque as tradições linguísticas não só contêm técnica para falar, mas ainda linguagem já falada.

A técnica livre abarca os elementos constitutivos da língua e as regras "atuais" relativas à sua modificação e combinação, isto é, abarca as "palavras" e os instrumentos e procedimentos léxicos e gramaticais.

O discurso repetido abarca tudo aquilo que, no falar de uma comunidade, se repete mais ou menos uniformemente, como algo "já dito": algo já fixado num discurso e que pode ser repetido noutro discurso como "expressão", "giro", "modismo", frase ou locução cujos elementos constitutivos não são nem substituídos nem aceitam ser dispostos noutra ordem conforme permitem as regras de funcionamento da língua, ficando, assim, por não se submeterem a qualquer estruturação – pois só a técnica é estruturável –, fora do objeto da gramática e da lexicologia sincrônicas.

Assim, *bom professor* e *boa semana* pertencem à técnica livre do discurso, enquanto *bom samaritano* e *bom dia* (para a saudação matinal) são exemplos de discurso repetido.

D) SISTEMA, NORMA, FALA E TIPO LINGUÍSTICO

I - Os quatro planos de estruturação

Uma língua funcional apresenta diversos planos de estruturação. Distinguem-se quatro planos de estruturação: o *falar* (que é o plano da realização, isto é, uma técnica idiomática efetivamente realizada), e três planos de técnica ou de saber enquanto tal: a *norma*, o *sistema* e o *tipo linguístico*, que dizem respeito exclusivamente à estruturação de uma mesma técnica idiomática, em oposição à *arquitetura*, que, como já vimos, diz respeito à diversidade interna da língua histórica, com seu conjunto de línguas funcionais, em parte coincidentes e em parte diferentes umas das outras.

2 - A norma

A *norma* contém tudo o que na língua não é funcional, mas que é tradicional, comum e constante, ou, em outras palavras, tudo o que se diz "assim, e não de outra maneira". É o plano de estruturação do saber idiomático que está mais próximo das realizações concretas. O sistema e a norma de uma língua funcional refletem a sua estrutura.

3 - O sistema

O *sistema* contém apenas as oposições funcionais, isto é, contém unicamente os traços distintivos necessários e indispensáveis para que uma unidade da língua (quer no plano da expressão, quer no plano do conteúdo) não se confunda com outra unidade.

Assim, no sistema dos relativos em português, *que* e *o qual* se opõem ambos a *quem* e *cujo*, por exemplo; mas a norma usual da língua prefere unicamente *o qual*, e não *que*, depois de preposição com mais de duas sílabas:

Os caminhos *de que* (ou *dos quais*) lhe falei...

mas:

As razões *segundo as quais* (e não *segundo que*).

O sistema verbal português marca a 1.ª pessoa do singular do presente do indicativo com o morfema -*o*: eu cant*o*, vend*o*, part*o*.

Crianças e adultos que usam incorretamente a forma verbal *seio* (por *sei*) são levados a fazê-lo por força do sistema, mas desconhecem a norma.

O sistema do português conta, além de outros, com o sufixo -*ção* para formar substantivos, em geral denotadores de ação, oriundos de verbos: *coroar → coroação; colocar → colocação.*

Todavia, a norma prefere *casamento* a *casação*, *livramento* a *livração*, *tomada* a *tomação* ou *tomamento*, etc. Outras vezes, a norma agasalha ambas as formas possibilitadas pelo sistema: *cessação* ou *cessamento*.

No domínio da sintaxe também se comprova a distinção entre norma e sistema. Os chamados complementos verbais quando constituídos por substantivos normalmente se dispõem na ordem *direto + indireto* (Dei *um livro ao primo*), mas quando aparece, numa dessas funções ou nas duas, pronome pessoal, a norma é vir primeiro o indireto: (Dei-*lhe um livro*) / Dei-*lho* (lhe + o).

O falante domina o sistema de uma língua quando está em condições de criar nela. Relativamente à norma, o seu domínio é muito mais complexo e exige do falante uma aprendizagem por toda a vida.

A norma pode coincidir com o sistema quando este oferece uma só possibilidade de realização.

O distanciamento entre sistema e norma de realização se manifesta quando a "novidade" criada à luz do sistema inexiste na norma, na tradição já realizada e, por isso mesmo, não se encontra registrada nos dicionários e nas gramáticas. Foi o caso, entre nós, de *imexível*, nascido com procedimentos do sistema do mesmo modo que *intocável*, *infalível*, etc., mas não ainda realizado na norma. Esqueceram-se os críticos de que uma língua viva não está feita, isto é, que não só estrutura seus atos por modelos precedentes, mas faz-se e refaz-se constantemente, encerra formas feitas e tem potencialidade para criar formas novas, e está sempre a serviço das necessidades expressivas de qualquer falante. É nisto que consiste a dimensão criatividade já aludida aqui anteriormente.

Como também pode conter traços não pertinentes do ponto de vista de oposição funcional, a norma, em certo sentido, tem maior amplitude que o sistema, já que este só contém traços distintivos necessários e indispensáveis para que uma unidade da língua se diferencie de outra unidade. Por outro lado, o sistema é mais amplo do que a norma, porque propicia também possibilidades inéditas, não realizadas na norma da língua.

4 - O tipo linguístico

O *tipo linguístico* é o mais alto plano que se pode comprovar da técnica da língua. É o conjunto coerente de categorias funcionais e de tipos de procedimentos materiais que configuram um sistema ou diferentes sistemas: compreende as categorias de oposições de expressão e de conteúdo e os tipos de funções. Enquanto o sistema é sistema de possibilidades em relação à norma, o tipo é sistema de possibilidades em relação ao sistema.

No processo histórico, a norma pode modificar-se permanecendo inalterável o sistema, bem como o sistema pode modificar-se conservando no tipo seus princípios de configuração. As numerosas semelhanças que se podem apontar nas línguas românicas não se explicam somente pela origem comum e influências recíprocas, mas também porque, com exceção do francês, se configuraram em vários pontos por princípios funcionais análogos de tipo linguístico [ECs.14, 53-54].

Por fim, cabe esclarecer que a tipologia linguística está nos seus começos; alguns estudos que se têm realizado com seu nome nada mais são do que gramática contrastiva no nível dos sistemas e classificação de procedimentos idiomáticos.

No tocante às relações conceituais de fala, norma, sistema e tipo linguístico no quadro teórico de E. Coseriu e de F. de Saussure, fala corresponde mais ou menos à *parole*; a norma e o sistema da língua correspondem, no seu conjunto, mais ou menos à *langue*, enquanto o tipo linguístico não foi identificado como tal pelo linguista genebrino.

E) PROPRIEDADES DOS ESTRATOS DE ESTRUTURAÇÃO GRAMATICAL[2]

I - Os estratos gramaticais

Em português, os estratos gramaticais possíveis são, pela ordem ascendente: o *elemento mínimo* (ou *monema*), a *palavra* gramatical, o *grupo de palavras*, a *cláusula*, a *oração* e o *texto*:

⬆ texto
  oração
  cláusula
  grupo de palavras
  palavra
  monema

Do ponto de vista de sua função gramatical, *casa-* e *-s* são "monemas"; já *casas*, na oposição *casa / casas*, é uma "palavra gramatical" com sua função "plural", uma vez que *-s* é o "pluralizador" e *casa-* o "pluralizado", e o sintagma inteiro *casas* é o "plural". Em português, a "explicação" e a "especificação" são funções do nível do grupo de palavras e se expressam mediante a posição do adjetivo. No grupo substantivo + adjetivo *o manso boi*, *o vasto oceano*, o adjetivo é explicativo (já que não separa classes menores dentro das classes "boi" e "oceano"; apenas expressa propriedades inerentes a estas classes); no entanto, em *o boi manso*, o adjetivo é "especificativo" (porque serve para opor um boi manso a outros bois não mansos). Como no exemplo anterior, *manso* é "explicador" e *boi* o termo "explicado", e o sintagma inteiro *o manso boi* é um "explicativo".

A oposição correspondente às funções "comentário" e "comentado" ocorre no estrato funcional a que Coseriu dá o nome convencional cláusula, que é o estrato que, no interior de uma só e mesma oração, estabelece a referida oposição. O chamado "advérbio de oração", que não passa de uma cláusula "comentário", ocorre nesse nível de estruturação. Em *Eu sei certo*, só temos uma oração, sem nenhum comentário, porque significa simplesmente 'eu sei com segurança', 'com certeza'. Já na oração *Certamente, eu sei*, há duas cláusulas: a cláusula comentário *certamente* e a cláusula *eu sei*, e o conteúdo do enunciado oracional é equivalente a 'certamente, eu o sei', 'é certo que eu o sei', 'eu o sei, e este fato é certo'. Assim, *certamente* não determina o valor lexical de *eu sei*, mas assegura a realidade mesma do fato de saber.

O estrato gramatical da oração é caracterizado pela função "predicativa". Nela, o "sujeito" e o "predicado" são funções sintagmáticas e puramente relacionais: o predicado é o termo "referido", e o sujeito, o termo "referente", a

---

[2] E. Coseriu [ECs.15, 22; ECs.4, 172].

função sintagmática é a de "referência", e a unidade resultante é a "predicação referida", que se opõe, neste nível, à "predicação não referida". Em *O aluno estuda* temos uma predicação referida; em *Chove* e *Faz calor*, uma predicação não referida. Registre-se aqui, de passagem, que a oração dita complexa não constitui um estrato superior da oração. O estrato superior da oração – simples ou complexa – é o texto.

No estrato do texto, como estrato gramatical idiomático – e não como outras estruturas, por exemplo, o "soneto", a "crônica", a "novela" –, podemos ter casos como a oposição entre "pergunta não repetida" e "pergunta repetida". Se se pergunta *Você vai bem?*, no nível do texto, isto significa que se faz a pergunta pela primeira vez, ou pela qual não se manifesta se ela se diz pela primeira vez ou não. Mas já em *E você, como vai?* ou *E você vai bem?* ou *Que você vai bem?*, trata-se, sem dúvida, de uma pergunta repetida, ou porque, depois de uma primeira pergunta, agora se quer saber acerca do nosso interlocutor, ou então porque este não compreendeu a primeira pergunta sobre como passava de saúde ou de situação. Trata-se aqui de uma oposição no nível do discurso ou do texto, e não no nível da oração.

O número dos estratos gramaticais nem sempre é igual de língua para língua. Segundo Halliday, citado por Coseriu, só dois estratos são imprescindíveis, o do monema e o da oração.

2 - Propriedades dos estratos de estruturação gramatical

São quatro estas propriedades: a *superordenação* (ou *hipertaxe*), a *subordinação* (ou *hipotaxe*), a *coordenação* (ou *parataxe*) e a *substituição* (ou *antitaxe*).

Tais propriedades podem ser assim representadas graficamente:

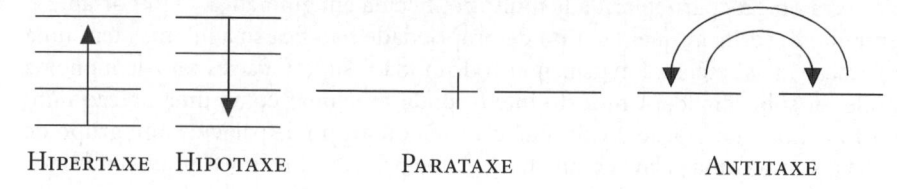

| Hipertaxe | Hipotaxe | Parataxe | Antitaxe |

3 - Hipertaxe ou superordenação

A hipertaxe é a propriedade pela qual uma unidade de um estrato inferior pode funcionar por si só – isto é, combinando-se com zero – em estratos superiores, podendo chegar até o estrato do texto e aí opor-se a unidades próprias desse novo estrato. Assim, um monema pode, em princípio, funcionar como palavra; uma palavra como grupo de palavras, e assim sucessivamente.

Tomando o exemplo *casa – casas*, o elemento mínimo *casa* funciona como "singular" no nível da palavra gramatical, por oposição a *casas*, por estar "combinado" com zero. Em *casa – a casa*, a palavra *casa*, já determinada como "singular", funciona no nível do grupo de palavras como "virtual, inatual" – em oposição ao "atual" *a casa*. Em *Certamente! Claro!*, estamos diante de uma superordenação da palavra no nível da cláusula, e desta no nível da oração e do texto.

As línguas conhecem restrições na manifestação dessa propriedade; por exemplo, a superordenação de palavras ou grupos de palavras no nível do texto é mais reduzida nas perguntas do que nas respostas. Uma resposta como *Isabel* é muito normal, diante da pergunta *Quem acabou de sair?*. Por outro lado, uma pergunta como *(E) Isabel?* é certamente possível, mas exige um contexto especial. Salvo num caso de uma retomada de discurso anterior ou de emprego metalinguístico, as palavras morfemáticas, isto é, de significado puramente instrumental (artigos, preposições, conjunções), estão em geral impossibilitadas de se superordenar em nível de texto. Entretanto, nas retomadas de discurso anterior, e na metalinguagem, pode-se superordenar no nível da oração e do texto um monema, uma palavra morfemática ou até uma palavra, como, por exemplo, ocorre com *sem* na resposta à pergunta do tipo: *Viajarás com ou sem teus pais? – Sem*. Ou então o sufixo *-ção* na resposta diante da dúvida: *É condenação ou condenamento? – Ção*.

Na maioria dos casos reais da chamada *elipse* o que se tem, na verdade, é uma forma de superordenação (quase sempre combinada com uma substituição por retomada).

4 - Hipotaxe ou subordinação

A hipotaxe é a propriedade oposta à hipertaxe: consiste na possibilidade de uma unidade correspondente a um estrato superior poder funcionar num estrato inferior, ou em estratos inferiores. É o caso de uma oração passar a funcionar como "membro" de outra oração, particularidade muito conhecida em gramática. O importante é, entretanto, verificar que este tipo de propriedade não fica só aqui, mas tem uma aplicação mais extensa. Em princípio, toda unidade superior ao estrato do monema pode ser subordinada. Um texto inteiro pode funcionar como uma oração num outro texto; uma oração como uma cláusula ou grupo de palavras; um grupo de palavras como uma palavra gramatical, e uma palavra como um elemento mínimo.

Em *Verdadeiramente ele disse isso*, a cláusula comentário (*verdadeiramente*), por hipertaxe, passa a oração (é verdade), enquanto temos hipotaxe da cláusula comentada (*ele disse isso*). As palavras compostas, do tipo de *planalto*, e as perífrases lexicais ('locução ou frase que expressa um conceito'), como *pé de valsa* ('exímio dançarino') são, do ponto de vista gramatical, subordinações ou hipotaxes de grupos de palavras no nível da palavra; por outro lado, locuções do tipo *por meio de*, *por causa de* funcionam no nível de elementos mínimos (aproximadamente como *com, por*).

Vista pelo prisma da hipotaxe, percebe-se que a ideia de conceber as "conjunções subordinativas" como elementos que "unem" orações nasce do falso paralelismo entre subordinação (hipotaxe) e coordenação (parataxe). Na realidade, em línguas como o português, as conjunções subordinativas não são mais que morfemas de subordinação ou ainda preposições combinadas com esses morfemas. Em princípio, para subordinar orações ou cláusulas de estrutura oracional, temos necessidade de dois instrumentos: um para marcar a subordinação, isto é, para indicar que uma estrutura oracional de verbo flexionado funciona como membro de uma oração e não como oração independente, e outro instrumento para indicar a função que esta estrutura exerce na oração complexa. No português essa marca de subordinação é *que*. Em se tratando de função sintagmática não marcada na oração ("sujeito", "complemento direto"), só se emprega esta marca *que*. Pode-se prescindir desta marca se o sintagma oracional subordinado já se acha indicado por um pronome, um advérbio interrogativo (ou exclamativo) ou pela conjunção *se* da interrogação geral: É preciso *que venhas*. Ela espera *que venhas*. Ela sabe *quem vem*. Os alunos não sabem *quando saem* os resultados. O professor não sabe *se haverá feriado nesta semana*.

Se se trata de função sintagmática introduzida (no caso de uma palavra ou de um grupo de palavras) por preposição, a chamada conjunção subordinada é normalmente constituída por essa preposição com *que*: *para acabar / para que acabe*; *antes da* (de a) *guerra começar / antes de que a guerra comece*, etc.

Pelos exemplos, vê-se que primeiro se subordina mediante o instrumento de subordinação (*que*) e depois se introduz o sintagma subordinado pela preposição correspondente à função sintagmática respectiva.

5 - Parataxe ou coordenação

Consiste a parataxe na propriedade mediante a qual duas ou mais unidades de um mesmo estrato funcional podem combinar-se nesse mesmo nível para constituir, no mesmo estrato, uma nova unidade suscetível de contrair relações sintagmáticas próprias das unidades simples deste estrato. Portanto, o que caracteriza a parataxe é a circunstância de que unidades combinadas são equivalentes do ponto de vista gramatical, isto é, uma não determina a outra, de modo que a unidade resultante da combinação é também gramaticalmente equivalente às unidades combinadas. Não sobem a estrato de estruturação superior. Assim, duas palavras combinadas persistem no nível da palavra e não constituem um "grupo de palavras", como se passassem ao nível imediatamente superior.

Podem-se coordenar orações que apresentam uma mesma função textual, palavras e grupos de palavras de mesmas funções (tais como sujeito, complemento, adjunto) e até preposições e conjunções do estrato de monemas, como *com* e *sem*, *e* e *ou*. A única condição a ser respeitada é que se trate de unidades pertencentes ao mesmo estrato ou transpostas ao mesmo estrato em virtude de hipertaxe ou de hipotaxe. Daí que estruturas do tipo [*ricos homens*] *e mulheres* / [*ricos*] *homens e mulheres*, conforme a ordem de operações levadas a cabo na estruturação da expressão: constituição do grupo de palavras *ricos homens* e depois coordenação com *mulheres* ou, ao contrário, primeiro coordenação de *homens e mulheres*, no nível da palavra, por hipotaxe, e em seguida constituição do grupo de palavras por meio da determinação com *ricos*.

Pode-se, outrossim, coordenar uma palavra com uma oração que funciona como membro de outra oração desde que exerçam a mesma função, como em: Ele agora sabe *a verdade* e *que eu não lhe havia mentido*. Mas para isso foi necessário que a oração subordinada passasse ao estrato de grupo de palavras e de palavra gramatical, por meio da hipotaxe, para então ser possível a coordenação no mesmo nível da palavra.

Tem a parataxe sido vista apenas em relação à coordenação de orações, especialmente a parataxe aditiva com um só verbo flexionado, como se fosse o somatório com apagamento dos elementos idênticos nas orações coordenadas. Isto realmente ocorre em casos como *João e Maria leem*, que corresponde a *João lê e Maria lê*, mas já duvidosa em *João e Maria se casaram*, que pode corresponder a *João casou* e *Maria casou* ou *João casou com Maria*, e impossível, por absurda, em *João e Maria se parecem*, que não vale por *João é parecido* + *Maria é parecida*. Na realidade, em todos estes casos se trata apenas da *ordem operacional* seguida na constituição da expressão, ordem que na interpretação deve ser refeita às avessas. Assim, tem-se inicialmente a coordenação *João e Maria* e depois a predicação constitutiva da oração.

Outro ponto que há de merecer a nossa atenção é o fato de que, partindo dos três tipos fundamentais e opositivos de coordenação em português (a aditiva, a adversativa e a alternativa), estas construções podem ainda exprimir relações internas de "dependência", o que, à primeira vista, parece paradoxal, porque é o mesmo que dizer que "a parataxe inclui a hipotaxe" ou que "a parataxe também é hipotaxe". Na realidade, o que temos nesses casos é, a uma só vez, parataxe e hipotaxe, mas não no mesmo nível de estruturação gramatical. No nível da oração tais construções são paratáticas; mas exprimem ao mesmo tempo relações internas de dependência no que diz ao *sentido do discurso* e, por isso, manifestam funções sintagmáticas no nível do texto: os segundos elementos dessas construções se acham coordenados no nível da oração, mas são subordinados aos primeiros elementos enquanto *unidades textuais*. É o mesmo caso que ocorre com as orações introduzidas por *pois, porquanto, por isso, por conseguinte, logo*, a que a gramática tradicional e escolar chama orações "conclusivas" e "causais-explicativas". Embora exprimindo estados de coisas comparáveis aos das orações subordinadas, são consideradas, não sem razão, orações "principais" ou "independentes". Na realidade, são independentes no nível da oração, mas são elementos subordinados do ponto de vista de unidades de conteúdo no nível superior do texto.

6 – Antitaxe ou substituição

É a propriedade mediante a qual uma unidade de qualquer estrato gramatical já presente ou virtualmente presente ("prevista") na cadeia falada pode ser representada – retomada ou antecipada – por outra unidade de outro ponto da cadeia falada (quer no discurso individual, quer no diálogo), podendo a unidade que substitui ser parte da unidade substituída, com idêntica função ou mesmo zero. É o fenômeno muito conhecido no domínio dos pronomes que "substituem" (= "representam") lexemas (palavras ou grupos de palavras), inclusive lexemas inexistentes como tais na língua, como é o caso dos pronomes "neutros" (*isto, isso, aquilo*), que podem referir-se a um fato, a uma circunstância ou a uma situação.

O fenômeno da antitaxe, entretanto, é uma realidade de muito maior amplitude e diz respeito, em princípio, a todos os estratos gramaticais. Assim, a retomada mediante *sim, não*, diz respeito aos níveis da oração e do texto; e a não repetição (retomada por zero) de uma preposição na coordenação dos complementos ou do pronome sujeito na coordenação de dois ou mais verbos diz respeito ao estrato de elementos mínimos.

No interior da antitaxe, podemos distinguir, do ponto de vista constitucional (cf.) a antecipação e a retomada (ou "anáfora", "catáfora"), isto é, a representação "antes" e "depois", sendo esta válida até para a representação zero.

Do ponto de vista funcional, é preciso distinguir a antitaxe puramente material em que a unidade que substitui, além de representar a unidade substituída, tem também uma função particular, própria ao domínio da substituição. Assim, no português *clara e duramente*, temos uma antitaxe puramente material (o zero antecipador de *clara* tem exatamente a mesma função que *-mente* em *duramente*), enquanto na retomada por meio de *sim, não*, estamos diante de uma antitaxe funcional, já que tais unidades, além de representar o que foi dito pelo interlocutor (constituindo por isso "proorações" ou "protextos" e não meramente advérbios), exprimem também uma tomada de posição por parte do falante: a concordância ou a discordância com o conteúdo de consciência manifestado pelo interlocutor.

A rigor, a antitaxe é um fenômeno "transfrásico", um fenômeno do plano do "discurso" ou do "texto", uma parte porque concerne à constituição do discurso como tal, à estruturação material e funcional da cadeia falada, conforme as relações presentes na própria cadeia, e por outra parte, porque ela ignora as fronteiras entre as orações, funcionando independentemente dessas fronteiras tão bem numa só e mesma oração como em várias orações ao mesmo tempo e, quase sempre, além dos limites entre as orações. Daí este fenômeno pertencer ao domínio da linguística do texto. Entretanto, deve a antitaxe ser também estudada e descrita na gramática das línguas, mesmo numa "phrase-grammar", porque a expressão substituída apresenta procedimentos, materiais e funções que lhe são próprias e porque as línguas, como sistemas paradigmáticos, apresentam uma grande diversidade a este respeito.

F) DIALETO - LÍNGUA COMUM - LÍNGUA EXEMPLAR. CORREÇÃO E EXEMPLARIDADE. GRAMÁTICAS CIENTÍFICAS E GRAMÁTICA NORMATIVA. DIVISÕES DA GRAMÁTICA E DISCIPLINAS AFINS. LINGUÍSTICA DO TEXTO

I - Língua comum e dialeto

Já vimos que uma língua histórica, como o português, está constituída de várias "línguas" mais ou menos próximas entre si, mais ou menos diferenciadas, mas que não chegam a perder a configuração de que se trata "do português" (e não do galego, ou do espanhol, ou do francês, etc.), quer na convicção de seus falantes nativos, quer na convicção dos falantes de outros idiomas. Há uma *diversidade* na *unidade*, e uma *unidade* na *diversidade*.

Os falantes dessas diversidades, por motivações de ordem política e cultural, tendem a procurar, graças a um largo período histórico, um veículo comum de comunicação que manifeste a unidade que envolve e sedimenta as várias comunidades em questão. Geralmente, nessas condições, se eleva um dialeto – em geral o que apresenta melhores condições políticas e culturais – como veículo de expressão e comunicação que paire sobre as variedades regionais e se apresente como espelho da unidade que deseja refletir o bloco das comunidades irmanadas.

Esta unidade linguística ideal – que nem sempre cala o prestígio de outros dialetos nem afoga localismos linguísticos – chama-se *língua comum*.

No caso de Portugal, o dialeto falado na região Entre Douro e Minho (dialeto interamnense) – sede do governo e da instrução superior – alçou à condição de língua comum. Como a língua comum recebe, em geral, o nome da língua histórica (isto é, daquela que engloba as variedades dialetais de que vimos falando), em nosso caso particular a língua comum é denominada *língua portuguesa* ou, simplesmente, *português*. Isto ocorre por toda a parte; assim é que o dialeto de Paris (franciano) passou a denominar-se *francês*, o de Florença (toscano florentino), *italiano*, o de Castela, *castelhano* ou *espanhol*. Por isso é que se diz que entre *língua* e *dialeto* não há diferença de natureza, e sim de prestígio político e cultural, além do fato da maior extensão geográfica da língua comum. Algumas vezes a língua comum desbanca os primitivos dialetos, como ocorreu com a *koiné* grega.

Por motivações de ordem cultural e para conter, na medida do possível e do razoável, a força diferenciadora, centrífuga, que caracteriza o perpétuo devenir das línguas, pode-se desenvolver dentro da língua comum um tipo de outra língua comum, mais disciplinada, normatizada idealmente, mediante a eleição de usos fonético-fonológicos, gramaticais e léxicos como padrões exemplares a toda a comunidade e a toda a nação, a serem praticados em determinadas situações sociais, culturais e administrativas do intercâmbio superior. É a modalidade a que Coseriu chama língua exemplar, mais relativamente uniforme do que a língua comum, porque está normatizada intencionalmente [ECs.8, 164-165]. Esta uniformidade relativa é mais frequente quando a língua comum é usada em países diferentes. É o que acontece entre nós, onde se registra uma exemplaridade do português do Brasil ao lado de uma exemplaridade do português de Portugal, em grande parte de delineação complexa, porque a exemplaridade do português – e não fato exclusivo do nosso domínio – não está claramente fixada em suas formas, conteúdos e procedimentos [ECs.8, 35].

2 - O exemplar e o correto

Há de distinguir-se cuidadosamente o *exemplar* do *correto*, porque pertencem a planos conceituais diferentes. Quando se fala do exemplar, fala-se de uma forma eleita entre as várias formas de falar que constituem a língua histórica, razão por que o eleito não é nem correto nem incorreto.

Já quando se fala do correto, que é um juízo de valor, fala-se de uma conformidade com tal ou qual estrutura de uma língua funcional de qualquer variedade diatópica, diastrática ou diafásica. Por ele se deseja saber se tal fato está em conformidade com um modo de falar, isto é, com a língua funcional, com a tradição idiomática de uma comunidade, fato que pode ou não ser o modo exemplar de uma língua comunitária.

O modo exemplar pertence à arquitetura da língua histórica, enquanto o correto (ou incorreto) se situa no plano da estrutura da língua funcional. Cada língua funcional tem sua própria correção à medida que se trata de um modo de falar que existe historicamente.

3 - Gramática descritiva e gramática normativa

Daí é fácil concluir que não devemos confundir dois tipos de gramática: a *descritiva* e a *normativa*.

A gramática descritiva é uma disciplina científica que registra e descreve (daí o ser *descritiva*, por isso não lhe cabe definir) um sistema linguístico em todos os seus aspectos (fonético-fonológico, morfossintático e léxico).

Cabe tão somente à gramática descritiva registrar como se diz numa língua funcional.

Por ser de natureza científica, não está preocupada em estabelecer o que é certo ou errado no nível do saber elocutivo (➚ 41), do saber idiomático (➚ 42) e do saber expressivo (➚ 42).

A gramática descritiva se reveste de várias formas segundo o que examina mediante uma metodologia empregada, formas que não cabe aqui explicitar, mas tão somente enumerar: *estrutural, funcional, estrutural e funcional, contrastiva, distribucional, gerativa, transformacional, estratificacional, de dependências, de valências, de usos*, etc. A gramática estrutural funcional concebida por E. Coseriu aplica-se à depreensão e descrição dos paradigmas do significado gramatical, das estruturas gramaticais de uma língua particular.

Cabe à *gramática normativa*, que não é uma disciplina com finalidade científica e sim pedagógica, elencar os fatos recomendados como modelares da exemplaridade idiomática para serem utilizados em circunstâncias especiais do convívio social.

A gramática normativa recomenda como se deve falar e escrever segundo o uso e a autoridade dos escritores corretos e dos gramáticos e dicionaristas esclarecidos.

4 - Âmbitos de estudo da gramática

Como vimos, a gramática descritiva registra e descreve todos os aspectos de uma língua particular, homogênea e unitária. Por isso, aparece diversificada nos capítulos pelos quais costuma ser apresentada: *fonética* e *fonologia, morfologia* e *sintaxe* (melhor *morfossintaxe*), *semântica, estilística*.

4.1 - Fonética e fonologia

A fonética e a fonologia estudam o aspecto físico-fisiológico, isto é, o aspecto fônico. A fonética se ocupa do aspecto acústico e fisiológico dos sons reais e concretos dos atos linguísticos: sua produção, articulação e variedades.

Já para a fonologia, a unidade básica não é o som, mas o *fonema*, visto como unidade acústica que desempenha função linguística distintiva de unidades linguísticas superiores dotadas de significado. Assim, em *tinta*, a fonética, levando em conta a realidade acústica na pronúncia carioca, distingue dois sons diferentes de *t*, enquanto a fonologia considera funcionalmente um só *t*, pois, apesar de articulado diferentemente nas várias realizações, o falante se considera diante de uma mesma palavra: *tinta*.

4.2 - Sistema gráfico

Nas línguas em que, ao lado da realidade *oral*, existe a representação escrita de um sistema convencional dessa oralidade chamado *sistema gráfico* ou *ortografia*. Este sistema se regula, em geral, ora pela fonética, ora pela fonologia, o que conduz a uma primeira dificuldade para se chegar a um sistema ideal, que exigiria uma só unidade gráfica para um só valor fônico. Neste particular tornou-se necessário não se confundir *letra* com *som* da fala; letra é a representação gráfica com que se procura reproduzir na escrita o som, o que não significa identificá-los. O sistema fonológico do português tem sete fonemas vocais orais tônicos para cuja representação temos apenas cinco letras (**a** - **e** - **i** - **o** - **u**). Costuma-se hoje chamar *grafema* à unidade gráfica (letra) da escrita.

Em se tratando de línguas modernas que adotaram um sistema gráfico aproveitando o alfabeto latino, como ocorre com a maioria dos idiomas modernos, três fatores contribuem para que não se alcance uma ortografia ideal, apesar de entrarem em seu socorro recursos de letras e sinais diacríticos não existentes em latim:

a) adoção de alfabeto estranho, como o latino, nem sempre capaz de atender à representação de fonemas das novas línguas;
b) mudança através do tempo de fonemas das novas línguas, depois de adotado o alfabeto latino;
c) permanente indecisão das convenções ortográficas entre a opção fonético-fonológica e a "etimológica" (este, pelo prestígio dos hábitos da escrita latina).

4.3 - Alfabeto fonético

Para fins científicos e pedagógicos (principalmente nas gramáticas e dicionários destinados a estrangeiros), usam-se *alfabetos fonéticos* que procuram na transcrição representar fielmente cada unidade fônica por meio de um sinal gráfico, escolhido entre as letras já existentes no alfabeto, e mais sinais especiais criados para atingir a fidelidade acústica desejada.

4.4 - Gramática e estilística

A gramática pode estudar tanto o aspecto da pura comunicação (chamada linguagem enunciativa ou intelectiva) quanto o aspecto afetivo, de exteriorização psíquica e apelo (linguagem emotiva).

De modo geral, aplica-se a gramática propriamente dita aos aspectos da linguagem intelectiva, ficando a linguagem emotiva para tarefa de uma disciplina chamada *estilística*, de que falaremos mais adiante.

4.5 - Morfossintaxe

A parte central da gramática pura é a morfossintaxe, também com menos rigor estudada como dois domínios relativamente autônomos: a *morfologia* (estudo da palavra e suas "formas") e a *sintaxe* (estudo das combinações materiais ou funções sintáticas). Ocorre que, a rigor, tudo na língua se refere sempre a combinações de "formas", ainda que seja combinação com zero ou ausência de "forma"; assim, toda essa pura gramática é na realidade sintaxe, já que a própria oração não deixa de ser uma "forma" (na lição tradicional, ela não pertence ao domínio da morfologia). Melhor seria se adotássemos a proposta de Eugenio Coseriu que já estava presente numa lição de Gabelentz; a gramática se comporia de três seções: a) "constitucional" (que descreveria a configuração material da "forma" gramatical, abrangendo por forma também o grupo de palavras, a oração e o período); b) "funcional" (que investiga as funções dos diferentes estratos de estruturação gramatical, comprovando os paradigmas que funcionam em cada estrato); c) "relacional" (que estuda as relações entre os diferentes paradigmas pelos quais se expressam funções designativas análogas) [ECs.4, 262-263].

4.6 - Lexicologia

Outro domínio dos estudos gramaticais que, pela sua especificidade e extensão, também constitui uma disciplina autônoma é a *lexicologia*.

É tarefa da lexicologia o estudo dos *lexemas*, suas estruturas e variedades e suas relações com os significantes. Entende-se por lexema a unidade linguística dotada de *significado léxico*, isto é, aquele significado que aponta para o que se apreende do mundo extralinguístico mediante a linguagem. Assim, em *amor, amante, amar, amavelmente* o significado léxico é comum a todas as palavras da série.

Levando-se em conta o plano da expressão (significante) e o plano do conteúdo (significado), a lexicologia abarcará quatro disciplinas subsidiárias [ECs.12, 46-48]:

a) *lexicologia da expressão*: estudo das relações entre os vários significantes léxicos enquanto tais, por exemplo, *amar* ↔ *amante, falar* ↔ *falante* ao lado de *saltar* ↔ *saltador*.
b) *lexicologia do conteúdo*: estudo das relações entre os significados léxicos enquanto tais: *salário, ordenado, provento, honorário, soldo, mesada*; ou *sair* x *chegar*, etc. (sinônimos, antônimos).
c) *semasiologia*: estudo da relação entre os dois planos partindo da expressão para o conteúdo: o significante *hóspede* com os significados de 'aquele que

dá a hospedagem' e 'aquele que recebe a hospedagem'; *nora* 'esposa de filho em relação aos pais dele' e *nora* 'aparelho para tirar água de poço, cisterna'. Tradicionalmente é este estudo que se reconhece em geral como a disciplina semântica ou semântica lexical.

d) *onomasiologia*: estudo da relação dos dois planos, partindo do conteúdo: para o significado 'dinheiro' há os significantes *prata, massa, erva, caraminguá, arame, mango* (quase todos populares ou familiares).

Há disciplinas lexicológicas preocupadas com a origem das palavras. Aí temos a *etimologia* (estudo da origem delas), a *onomástica* (estudo histórico dos nomes próprios, dividida em *antroponímia* – história dos nomes de pessoas – e *toponímia* – história dos nomes de lugares).

4.7 - Outra vez a estilística

A seguir, temos a estilística, a qual, conforme dissemos anteriormente, é o estudo dos aspectos afetivos que envolvem e caracterizam a linguagem emotiva que perpassa todos os fatos de língua. Pode tanto aplicar-se àqueles usos da esfera afetiva e emotiva generalizados na língua, por exemplo, os diminutivos, os aumentativos, as hipérboles, etc. (a chamada *estilística da língua* de Charles Bally), ou então às criações estéticas originais e inéditas de um autor ou de uma obra (a chamada *estilística da fala* da escola idealista alemã de Karl Vossler, Leo Spitzer e seguidores).

4.8 - Outros tipos de gramática

Além da gramática descritiva, são também gramáticas científicas, isto é, sem finalidade prescritiva ou normativa, e com objeto e metodologia próprios:

a) *gramática geral* (mais impropriamente chamada *gramática universal*): estudo dos fundamentos teóricos dos conceitos gramaticais (e por isso mesmo lhe cabe a definição desses conceitos), ou, noutro sentido, procura os fatos gramaticais comuns e gerais a vários sistemas linguísticos. Também é denominada *teoria gramatical*. Esta gramática investiga o plano universal da linguagem e, por isso, não tem como objeto uma língua particular, como as gramáticas seguintes, que investigam o plano histórico da linguagem, uma vez que estudam línguas históricas, isto é, técnicas (saberes) historicamente determinadas.

b) *gramática comparada*: estudo comparado de línguas pertencentes a um tronco ou "família" procedente de uma fonte comum primitiva, com vista a estabelecer os fatos manifestados pela relação de "parentesco".

c) *gramática histórica* (considerada em sentido estrito): estudo diacrônico de um só sistema idealmente homogêneo.

d) *história interna da língua*: estudo diacrônico de uma língua histórica.

Citem-se mais as seguintes disciplinas linguísticas:

1) *dialetologia*: estudo das diferenças regionais de uma língua; sua aplicação, mediante método particular para cada uma, se faz com duas subdisciplinas: *geografia linguística* e *paleontologia linguística*.
2) *sociolinguística*: estudo da variedade e variação da linguagem em relação com a estrutura social das comunidades.
3) *etnolinguística*: estudo da variedade e variação da linguagem em relação com a civilização e a cultura [ECs.15, 29].
4) *psicolinguística*: estuda o aspecto psíquico da atividade linguística.

Até aqui, as gramáticas e disciplinas que investigam os fatos de uma língua ou de línguas particulares são disciplinas que se aplicam ao plano idiomático da linguagem.

Por fim, cabe aludir à *linguística do texto*, campo recente de estudo, que visa a examinar o sentido do texto considerado como entidade autônoma da linguagem. Investiga o plano individual da linguagem. É o estudo da hermenêutica do sentido. Para Coseriu, enquanto as disciplinas que estudam a língua se aplicam ao exame da estrutura do significante e à descrição da estrutura do significado, a linguística do texto se aplica à interpretação do significante e do significado da língua como expressão do sentido [ECs.3].

I - Fonética e fonologia

A) PRODUÇÃO DOS SONS E CLASSIFICAÇÃO DOS FONEMAS

Fonema, fone e alofone

Chamam-se *fonemas* as unidades combinatórias que pertencem ao sistema de sons de uma língua, dotados de valor distintivo, nas palavras que o homem produz para expressar e comunicar ideias e sentimentos. Os fonemas estão em plano abstrato, no sentido de que só existem como uma *imagem acústica* armazenada no cérebro do falante [FS.1, 98]. A realização física do fonema, mediante emissão de ondas sonoras pelo aparelho fonador, denomina-se *fone*. Há casos em que um determinado fonema é realizado fisicamente por mais de um fone, de que decorre falar-se em *alofones* de um só fonema.

Os fonemas de uma língua caracterizam-se por estar em *oposição fonológica pertinente* ou *distintiva*. Este é o caso, por exemplo, da oposição entre /a/ e /i/ em português: o /a/ tônico de *fala* não pode ser trocado pela vogal /i/, pois da troca resultaria outra palavra, *fila*. Conclui-se, assim, que /a/ e /i/ são dois fonemas do português. Se, entretanto, em vez de pronunciarmos a palavra *carta* com um [R] vibrante, optarmos por um [ɻ] retroflexo, típico do interior paulista, ou um [h] fricativo, típico do falar carioca, concluiremos que há entre esses sons *oposição fonológica impertinente*, pois o efeito das mudanças físicas se restringe a pronúncias diferentes da mesma palavra. Conclui-se, assim, que [R], [ɻ] e [h] são alofones do fonema /R/.[1]

Fonemas não são letras

Desde logo uma distinção se impõe: não se há de confundir *fonema* ou *fone* com *letra*. Fonema, conforme já observamos, é uma unidade fonológica que existe no plano abstrato, ao passo que o fone é sua realização articulatória, percebida pelo nosso aparelho auditivo. *Letra* é o sinal empregado para representar na escrita o sistema sonoro de uma língua. Não há identidade perfeita, muitas vezes, entre os

---

[1] Por convenção, transcrevem-se os fonemas entre barras inclinadas e os alofones entre colchetes.

fonemas e a maneira de representá-los na escrita, o que nos leva facilmente a perceber a impossibilidade de uma *ortografia* ideal, entendida como a representação gráfica de um fonema por uma só e única letra. Temos, no português do Brasil, como veremos mais adiante, *sete* vogais orais tônicas: /a/, /e/, /ɛ/, /i/, /o/, /ɔ/, /u/; no entanto, tais fonemas são representados graficamente por apenas *cinco* letras: *a, e, i, o, u*. Quando queremos distinguir um /e/ (fechado) de um /ɛ/ (aberto), geralmente utilizamos sinais gráficos subsidiários: o acento agudo (*fé*) ou o circunflexo (*vê*). Há letras que se escrevem por várias razões, mas que não se pronunciam, e portanto não representam a vestimenta gráfica do fonema; é o caso do *h* em *homem* ou em *oh!*. Por outro lado, há fonemas que não se acham registrados na escrita; assim, no final de *cantavam*, há um ditongo em *-am* cuja semivogal não vem assinalada: [aˈmavãw̃]. A escrita, graças ao seu convencionalismo tradicional, nem sempre espelha a evolução fonética, como também não traça distinção entre os alofones de um fonema.

OBSERVAÇÃO: Quando falamos de fonema, fone e alofone, devemos representá-los na escrita de maneira diferente utilizando os símbolos fonéticos entre barras inclinadas (/ /) e entre colchetes ([ ]), precedendo-os ou não de acento ou apóstrofo. A exigência se deve a uma técnica de transcrição fonética ou fonológica usada nos manuais especializados de fonética. O critério, de modo geral, é o seguinte: transcreve-se o fonema usando-se o respectivo símbolo fonético entre barras, como, por exemplo, /a/, /b/, /p/. Já para a indicação do fone usa-se o colchete, como, por exemplo, [a], [b], [p]. Também ficam entre colchetes as cadeias fônicas; para a indicação da sílaba tônica, usamos um apóstrofo antes dela: [ˈkaRtɑ].

Fonética e fonologia

Na atividade linguística, o importante para os falantes é o fonema, e não a série de movimentos articulatórios que o determina. Assim sendo, enquanto a análise fonética se preocupa tão somente com a articulação, a fonológica atenta apenas para o fonema que, reunindo um feixe de traços que o distingue de outro fonema, permite a adequada comunicação linguística. A fonética pode reconhecer, e realmente o faz, diversas realizações para o /t/ da série [ta] [te] [tɛ] [ti] [to] [tɔ] [tu]; a fonologia não leva em conta as variações, ou seja, os alofones, porque delas não tomam conhecimento os falantes de língua portuguesa. Um fonema pode admitir uma gama variada de realizações fonéticas que vai até a conservação da integridade-limite do vocábulo: já quando isto não ocorre, diz-se que houve mudança de fonema. O /l/ admite várias realizações no Brasil – seus alofones – de norte a sul, e estas variantes não interessam à análise fonológica, análise que deve ter primazia em nosso estudo de língua. Como bem ensina Mattoso Câmara, "o fonema, entendido como um feixe de traços distintivos, individualiza-se e ganha realidade gramatical pelo seu contraste com outros feixes em idênticos ambientes fonéticos. Não é, pois, a diferença articulatória e acústica que distingue primariamente dois fonemas, senão a possibilidade de determinarem significações distintas numa mesma situação fonética. Compreende-se, assim, que um mesmo fonema possa variar amplamente na sua realização, conforme o ambiente fonético ou as peculiaridades do sujeito falante" [MC.7, 44-45].

Portanto, fonologia não se opõe a fonética: a primeira estuda o número de oposições utilizadas e suas realizações mútuas, enquanto a fonética experimental determina a natureza física e fisiológica das distinções observadas [BM.1, 116]. Ambas as disciplinas pertencem ao nível biológico do falar condicionado psicofisicamente.

Aparelho fonador

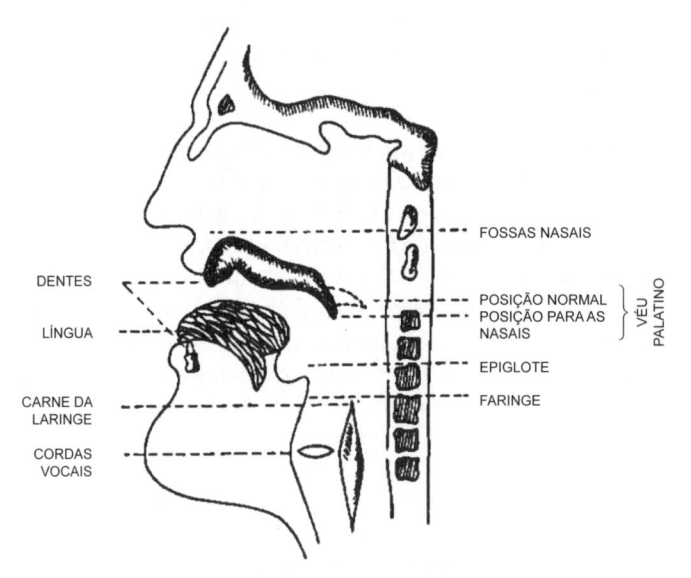

Nós não temos um aparelho especial para a fala; produzimos os fonemas servindo-nos de órgãos do aparelho respiratório e da parte superior do aparelho digestivo, que só secundariamente se adaptaram às exigências da comunicação, numa aquisição lenta do homem. A esses órgãos da fala, constitutivos do aparelho fonador, pertencem, além de músculos e nervos: os *brônquios*, a *traqueia*, a *laringe* (com as cordas vocais), e a *faringe*, as *fossas nasais* e a *boca* com a *língua* (dividida em ápice, dorso e raiz), as *bochechas*, o *palato duro* (ou céu da boca), o *palato mole* (ou véu palatino) com a *úvula* ou *campainha*, os *dentes* (somente os superiores) com os *alvéolos*, e os *lábios*.

Em português, como na maioria dos idiomas, os fonemas são produzidos graças à modificação que esses órgãos da fala impõem à *corrente de ar que sai dos pulmões*. Línguas há, entretanto, que se servem da corrente inspiratória (entrando o ar nos pulmões) para produzir fonemas, que são conhecidos pelo nome de *cliques*. Produzimos cliques quando fazemos os movimentos bucais, acompanhados da sucção de ar na boca, para o beijo, o muxoxo e certos estalidos, como o que serve para animar a caminhada dos cavalos; mas não os utilizamos como sons da fala em português.

Como se produzem os fonemas

A corrente de ar que vem dos pulmões passa pela *traqueia* e chega à sua parte superior que se chama *laringe,* conhecida vulgarmente como *pomo de adão.* Na laringe, a parte mais valiosa e mais complexa do aparelho fonador, se acham, horizontalmente, duas membranas mucosas elásticas, à maneira de lábios: as *cordas vocais,* por cujo estreito intervalo, denominado *glote,* a corrente de ar tem de passar para ganhar *a faringe,* e daí, ou totalmente pela *boca (fonemas orais),* ou parte pela boca e parte pelas fossas nasais *(fonemas nasais),* chegar à atmosfera. É esta corrente expiratória que, modificada pelos órgãos da fala, é responsável pela produção dos fonemas.

As diferenças que se notam entre vozes diversas dos sexos, das idades e das pessoas baseiam-se em geral nas dimensões da laringe.

Tipologia dos sons linguísticos

Considerando as modalidades de articulação, os sons que integram o sistema fonético-fonológico do português podem ser identificados segundo o *modo de articulação,* o *ponto de articulação,* o *fluxo do ar* e o *vozeamento.*

1) Quanto ao modo de articulação, assim se classificam os sons linguísticos do português:

a) **sons livres** – são os que se articulam mediante passagem livre do fluxo de ar pela cavidade bucal, como ocorre no caso típico das vogais;
b) **sons oclusivos** – articulam-se mediante obstrução total da passagem do ar, quase sempre provocada pelo toque da língua em um determinado ponto da cavidade bucal, como ocorre no /t/ em *tatu*;
c) **sons fricativos** – são os que se produzem mediante aproximação da língua a um dado ponto da cavidade, de que resulta um chiamento semelhante à fricção, como o presente no início da palavra *seda*;
d) **sons africados** – caracterizam-se por uma breve oclusão seguida de fricção, caso do alofone do fonema /t/ perante a vogal /i/,[2] como em *tipo*;
e) **sons laterais** – produzem-se mediante toque do dorso da língua no palato duro, de que resulta a passagem do fluxo de ar pelas paredes da cavidade bucal, caso, por exemplo, do fonema /l/ em *lata*;

---

[2] Os alofones africados dos fonemas /t/ e /d/, transcritos, respectivamente, como [tʃ] e [dʒ], são comumente identificados como típicos da pronúncia do Rio de Janeiro, embora já se tenham disseminado por várias regiões linguísticas brasileiras.

f) **sons vibrantes** – são assim denominados pelo fato de sua articulação implicar uma alta frequência de toques da língua em dado ponto da cavidade bucal, conforme se observa na pronúncia sulista da consoante inicial de *roda, rua,* etc.;

g) **sons retroflexos** – caracterizam-se pela flexão da ponta da língua para trás, mediante aproximação do palato duro. A rigor, temos apenas um som retroflexo, transcrito pelo símbolo /ɻ/, que se realiza como um alofone de /ʀ/ em áreas linguísticas do interior de São Paulo e sul de Minas Gerais;

h) **o tepe (ou flape)** – identifica-se atualmente como tepe o som que a tradição gramatical do português vem denominando *vibrante simples* ou *vibrante alveolar,* como o *r* intervocálico em *aro, hora, ira,* etc. A denominação de tepe justifica-se pelo fato de que efetivamente não se trata de um fonema vibrante, mas de um som decorrente de um único e rápido toque da língua na região dos alvéolos, à semelhança de uma "chicotada".

2) Quanto ao ponto de articulação, os sons linguísticos do português seguem a seguinte classificação:

a) **sons bilabiais** – articulados mediante toque dos dois lábios, como o /p/ de *pai*;

b) **sons labiodentais** – produzidos pelo toque do lábio inferior na arcada dentária superior, como no /f/ de *fazer*;

c) **sons alveolares** – resultam da aproximação do ápice da língua à região dos alvéolos, conforme se observa no /s/ inicial de *seda*;

d) **sons linguodentais** – produzidos mediante toque do ápice da língua na arcada dentária superior, como no caso do /t/ em *teto* e do /d/ em *dado*;[3]

e) **sons palatais** – são assim denominados por serem articulados mediante aproximação do dorso da língua ao palato duro (céu da boca), caso do /ʃ/ em *chuva, xícara,* etc.;

f) **sons velares** – articulados mediante toque da raiz da língua no véu palatino, como na consoante inicial de *gato, queda,* etc.

3) Quanto à via do fluxo de ar, os sons do português basicamente se classificam em *orais,* caso em que o ar passa exclusivamente pela cavidade bucal, e *nasais,* caso em que o ar flui simultaneamente pelas fossas nasais e pela cavidade bucal.

4) Quanto ao vozeamento, os sons linguísticos são ditos *vozeados (sonoros),* se produzidos mediante vibração das cordas vocais, e *desvozeados (surdos),* se produzidos sem vibração das cordas vocais. Em muitos casos, podemos perceber a vibração das cordas vocais, pondo de leve a ponta do dedo no pomo de adão e proferindo um fonema sonoro, como /z/, /v/, /ʒ/, tendo o cuidado de não acompanhá-lo de vogal. Sentimos nitidamente um tremular que denota a vibração das cordas vocais.

---

[3] Muitos falantes articulam tais sons na região dos alvéolos, de que resulta considerá-los alveolares.

Se proferimos um fonema surdo, como /s/, /f/, /ʃ/, com o cuidado apontado acima, não sentimos o tremular. Podemos ainda repetir a experiência tapando os ouvidos. Só com os fonemas sonoros ouvimos um zumbido característico da vibração das cordas vocais.

A oposição entre um traço vozeado e um traço desvozeado é suficiente para distinguir dois fonemas em português, como ocorre no par opositivo *pato* e *bato*, em que /p/ e /b/ só se distinguem devido ao fato de /p/ ser um fonema desvozeado e /b/ ser vozeado.

Quando nos referimos a um dado som linguístico, devemos fazê-lo mediante identificação de suas características articulatórias vistas anteriormente. Assim, referimo-nos ao /p/ de *pote* como consoante oclusiva bilabial desvozeada oral; já o /z/ em *zebra* é identificado como uma consoante fricativa alveolar vozeada oral, e o /m/ de *mãe* como uma consoante oclusiva bilabial vozeada nasal.

Transcrição fonética

A tarefa de representar na escrita a exata pronúncia de um dado som linguístico impõe ao analista o emprego de um *alfabeto fonético*, que se caracteriza por estabelecer uma relação biunívoca entre o som e o símbolo que o representa, isto é, um dado som é representado por apenas um símbolo, e um símbolo só representa um único som. Na transcrição fonética, procura-se a maior fidelidade possível da representação gráfica dos sons, razão por que os símbolos fonéticos dizem respeito aos fones, não aos fonemas.

Se, por exemplo, transcrevemos foneticamente a palavra *tipo*, o resultado será [ˈtipʊ], se pronunciada por um falante pernambucano, ou [ˈtʃipʊ], se pronunciada por um carioca. Nas duas transcrições, os alofones [t] e [tʃ] são realizações do fonema /t/. Convém não confundir o alfabeto fonético com o *alfabeto ortográfico*, aquele que usamos ordinariamente no texto escrito. Optamos, entre vários modelos, por utilizar os símbolos fonéticos do *Alfabeto Fonético Internacional* com algumas adaptações e na medida em que interesse ao estudo descritivo dos sons do português.

Eis os símbolos adotados:

[a] – p**á**, m**á**
[ɑ] – c**a**sa, v**a**la
[e] – v**ê**, c**e**do
[ɛ] – p**é**, n**e**to
[i] – v**i**, p**i**lha
[ɪ] – f**i**car, av**e**
[o] – av**ô**, **o**vo
[ɔ] – p**ó**, n**ó**
[u] – **u**va, l**u**ta
[ʊ] – p**u**lar, lad**o**
[y] – pa**i**, va**i**
[w] – ma**u**, pa**u**

[b] – boi, bola
[d] – dado, dia
[dʒ] – consoante africada, perante a vogal /i/ em algumas regiões linguísticas do Brasil, como em dia
[g] – gato, guia
[p] – pai, pele
[t] – tu, tipo
[tʃ] – consoante africada, perante a vogal /i/ em algumas regiões linguísticas do Brasil, como em tipo
[k] – casa, queda
[m] – mãe, mato
[n] – não, nada
[ɲ] – ninho, unha
[l] – luta, lei
[ʟ] – consoante lateral velar, em regiões do sul do Brasil, como em mal, mel,
[ʎ] – calha, olho
[ɾ] – aro, hora
[R] – rio, rota
[ɻ] – consoante retroflexa, em dadas regiões do Brasil, como em mar, parte
[h] – consoante fricativa velar, comum no Rio de Janeiro, como em par, marca
[f] – faca, fila
[v] – vela, vida
[s] – cedo, seda
[z] – asa, zebra
[ʃ] – xícara, chuva
[ʒ] – jarro, agir

OBSERVAÇÃO: Os sons acima listados são, no plano fonético, fones que correspondem a fonemas no plano fonológico, sendo que alguns desses sons são alofones de um único fonema. Assim, [a] e [ɑ] são alofones de /a/; [t] e [tʃ] são alofones de /t/; [R], [ɻ] e [h] são alofones de /R/; [l] e [ʟ] são alofones de /l/, etc. Tais fatos serão mais detidamente cuidados ao descrevermos as vogais e as consoantes do português.

Vogais e consoantes

A voz humana se compõe de *tons* (sons musicais) e *ruídos,* que o nosso ouvido distingue com perfeição. Caracterizam-se os tons, quanto às condições acústicas, por suas vibrações periódicas. Esta divisão corresponde, em suas linhas gerais, às vogais (= tons) e às consoantes (= ruídos). As consoantes podem ser ruídos puros, isto é, sem vibrações regulares (correspondem às consoantes surdas), ou ruídos combinados com um tom laríngeo (consoantes sonoras) [BM.1, 20].

Quanto às condições fisiológicas de produção, as vogais são fonemas durante cuja articulação a cavidade bucal se acha completamente livre para a passagem do ar. As consoantes são fonemas durante cuja produção a cavidade bucal está total ou parcialmente fechada, constituindo, assim, num ponto qualquer, um obstáculo à saída da corrente expiratória.

OBSERVAÇÃO: Só por suas condições acústicas e fisiológicas de produção é que se distinguem as vogais das consoantes. Por imitação dos gregos, os antigos gramáticos definiam a vogal pela sua função na sílaba: elemento necessário e suficiente para formar uma sílaba. E daí chegavam à conceituação deficiente de consoante: fonema sem existência independente, que só se profere com uma vogal. Sabemos de idiomas em que há sílabas constituídas apenas de consoantes, e em que uma consoante pode fazer as vezes de vogal [LR.1, 75].

Na língua portuguesa a *base da sílaba* ou o *elemento silábico* é a vogal; os elementos *assilábicos* são a consoante e a semivogal, que estudaremos mais adiante.

Classificação das vogais

A tarefa de classificar as vogais portuguesas impõe algumas considerações. Primeiro, convém observar que o traço de intensidade, tradicionalmente atribuído à articulação das vogais, é, a rigor, um traço silábico, razão por que não se deve falar em *vogal tônica* e *vogal átona*,[4] senão em *sílaba tônica* e *sílaba átona*. Em segundo lugar, o *timbre* e a *altura*, previstos na proposta de classificação da *Nomenclatura Gramatical Brasileira* (NGB), são, na realidade, desdobramentos do mesmo traço articulatório, pois ambos levam em conta a elevação da língua na cavidade bucal.

Tais considerações levam-nos a uma proposta de classificação que descreve as vogais em posições silábicas distintas, pois, conforme veremos adiante, tanto no plano fonético quanto no plano fonológico, o quadro vocálico em sílaba tônica não corresponde totalmente ao quadro das sílabas pretônicas e postônicas. Por outro lado, também as vogais orais e nasais devem ser descritas em quadros distintos, visto que sua natureza fonológica, mesmo em sílaba tônica, vai além do que pressupõe uma mera atribuição de traço de oralidade ou nasalidade a um dado fonema vocálico.

Vogais orais em sílaba tônica

Em posição tônica, as vogais portuguesas classificam-se segundo dois traços articulatórios: a *zona de articulação* e a *altura*. Com a boca ligeiramente aberta e a língua na posição quase de repouso, proferimos o fonema /a/, que é o que exige menor esforço e constitui a vogal *central*. Se daí passarmos à série /ɛ/ /e/ /i/ /ɔ/ /o/ /u/, notaremos que a ponta da língua se eleva, avançando em direção ao palato

---

[4] Entretanto, do ponto de vista didático, as denominações *vogal tônica* e *vogal átona* cumprem relevante papel simplificador no ensino do português em nível básico.

duro, o que determina uma diminuição da abertura bucal e um aumento da abertura da faringe. A série /ɛ/ /e/ /i/ constitui as vogais *anteriores*. Se passarmos da vogal média /a/ para a série /ɔ/ /o/ /u/, notaremos que o dorso da língua se eleva, recuando em direção ao véu do paladar, o que provoca uma diminuição da abertura bucal e um arredondamento[5] progressivo dos lábios. A série /ɔ/ /o/ /u/ forma as vogais *posteriores*.

A progressiva elevação da língua de /a/ a /i/, na zona anterior, e de /a/ a /u/, na zona posterior, revela as quatro alturas que caracterizam o quadro vocálico em sílaba tônica, de que resulta a seguinte classificação: /a/ vogal *baixa*, /ɛ/ /ɔ/, vogais *médias* de 1.º grau, /e/ /o/ vogais *médias* de 2.º grau, /i/ /u/, vogais *altas*.

OBSERVAÇÃO: Não temos no Brasil a oitava vogal dos portugueses, o /ɐ/ fechado oral tônico, como em *cada, para, mas*. Desta diferença resultam alguns fatos fonéticos que vão repercutir na sintaxe e na fonética sintática, como veremos mais adiante neste livro.

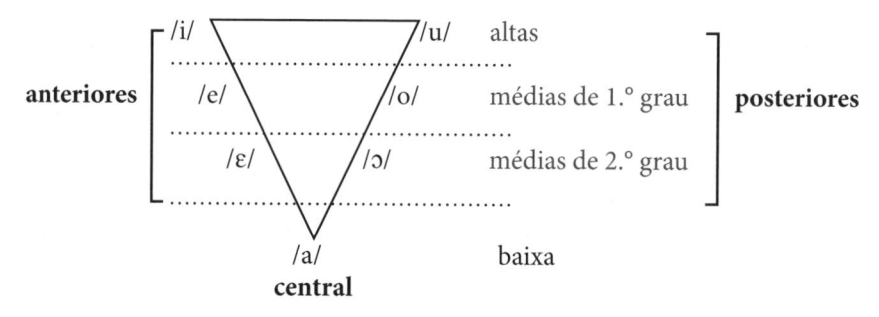

$$\begin{bmatrix} & /i/ & & /u/ & \text{altas} \\ \text{anteriores} & /e/ & & /o/ & \text{médias de 1.º grau} & \textbf{posteriores} \\ & /\varepsilon/ & & /\mathfrak{o}/ & \text{médias de 2.º grau} \\ & & /a/ & & \text{baixa} \\ & & \textbf{central} & & \end{bmatrix}$$

Quadro 1: Vogais orais em sílaba tônica

Vogais orais em sílaba pretônica

Em posição átona pretônica, o quadro de vogais orais do português reduz-se, do ponto de vista fonológico, visto que as vogais médias anteriores /e/ e /ɛ/ e as médias posteriores /o/ e /ɔ/ perdem diferenciação entre si, ou seja, sofrem *neutralização de traços distintivos*. Assim, não há oposição distintiva entre [peˈgadɐ] e [pɛˈgadɐ], [leˈvadʊ] e [lɛˈvadʊ], [koˈbɾah] e [kɔˈbɾah], [moˈɾah] e [mɔˈɾah], etc., razão por que, nesses casos, só se pode falar em *oposição fonética*, típica da variação de pronúncias que caracteriza os usos linguísticos, mas não em *oposição fonológica*.

---

[5] Torna-se dispensável a classificação das vogais em arredondadas e não arredondadas, visto que, em português, somente as vogais posteriores são arredondadas. Em outros termos, não há em português pares mínimos (= duas sequências fônicas que se distinguem por apenas um fonema) decorrentes do traço de arredondamento dos lábios.

No plano teórico, verifica-se que, da neutralização entre /e/ e /ɛ/, decorre um arquifonema[6] /E/. Semelhantemente, da neutralização entre /o/ e /ɔ/, decorre um arquifonema /O/ [MC.7, 58]. Chega-se, assim, ao seguinte quadro de vogais orais em posição pretônica:

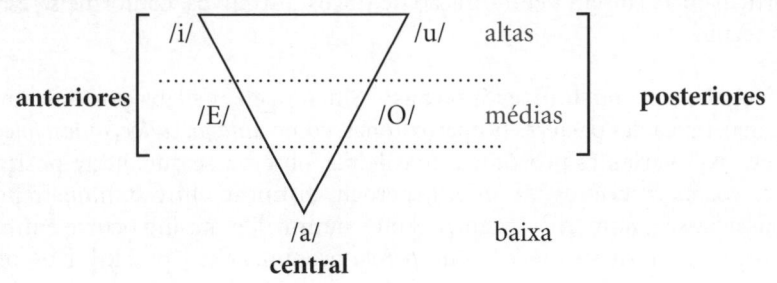

$$\textbf{anteriores} \begin{bmatrix} /i/ & & /u/ & \text{altas} \\ /E/ & /O/ & \text{médias} \\ & /a/ & & \text{baixa} \\ & \textbf{central} & & \end{bmatrix} \textbf{posteriores}$$

Quadro 2: Vogais orais em sílaba pretônica

OBSERVAÇÃO 1: Note-se que o comportamento das vogais médias orais pretônicas difere em palavras derivadas com sufixo -*inho*, -*issimo* e -*mente*. A palavra *terreno*, por exemplo, admite pronúncia de /e/ ou /ɛ/ pretônicos, mas em *terrinha* a norma prosódica só admite /ɛ/. Também em *somente* a pronúncia da vogal oral pretônica é obrigatoriamente /ɔ/. A explicação está em que, nessas sufixações, há uma força prosódica que vincula o timbre da vogal pretônica do nome derivado à vogal tônica do nome primitivo, a que a teoria de Mattoso Câmara Jr. denomina *memória morfológica* [MC. 10, 35].

OBSERVAÇÃO 2: No português do Brasil, a intensa variação de pronúncia pode provocar perda de distinção entre vogais orais pretônicas médias e altas da mesma zona de articulação: *menino* pronuncia-se [meˈninʊ] ou [mɪˈninʊ]; *poleiro* pronuncia-se [poˈleyrʊ] ou [pʊˈleyrʊ]. Nesses casos, entretanto, não se pode falar em neutralização de traços distintivos, pois o fato não é sistêmico. Basta notar que, em outras duplas vocabulares, a distinção se mantém: *pecar* [peˈkah] e *picar* [pɪˈkah], *polar* [poˈlah] e *pular* [puˈlar], etc. Melhor se identificam esses casos como de *alçamento vocálico* (= pronúncia de uma vogal alta em lugar da média correspondente quanto à zona articulatória, de que decorre admitir-se que a vogal média "alçou-se" para a posição superior), cuja repercussão na língua escrita provoca intensa dúvida ortográfica quanto ao emprego das letras *e* ou *i* e *o* ou *u*.

---

[6] Chamamos de *arquifonema* a abstração decorrente da neutralização entre dois ou mais fonemas, com permanência apenas dos traços distintivos comuns.

Vogais orais em sílaba postônica

O estudo das vogais em sílabas postônicas revela um quadro ainda menor do que o verificado em posição pretônica, pois aqui as vogais médias e altas da mesma zona articulatória sofrem neutralização de traços distintivos, conforme se especifica a seguir.

a) **Vogais orais postônicas internas** – Situam-se em sílaba postônica não final, típica das palavras proparoxítonas, como *âmago*, *cálice*, *ápice*, *fôlego*, etc. Nas variantes prosódicas brasileiras, observa-se que, nesta posição, as vogais anteriores /ɛ/ /e/ e /i/ perdem distinção entre si: *número* pronuncia-se [ˈnumɛɾʊ], [ˈnumeɾʊ] ou [ˈnumɪɾʊ]; o mesmo ocorre entre as vogais posteriores /ɔ/ /o/ e /u/: *pérola* pronuncia-se [ˈpɛɾɔla], [ˈpɛɾola] ou [ˈpɛɾʊla]. No plano teórico, diz-se que o quadro vocálico em posição postônica interna tem uma vogal baixa /a/ e dois arquifonemas /I/ e /U/.

Observação 1: A vogal em posição postônica interna é suscetível de síncope na pronúncia distensa do português, fato que se testemunha historicamente em formas como calidu > caldo, polivu > polvo, etc. Na língua contemporânea surgem exemplos como abóbora > abobra (de que deriva *abobrinha*), xícara > xicra, córrego > corgo, etc.

Observação 2: Quando a pronúncia canônica da palavra pede a vogal alta /i/ e /u/, a pronúncia com as vogais médias costuma ser rejeitada pelo falante do português, e só se realiza, a rigor, em casos de hipercorreção ou ultracorreção (= equívoco de uma forma no intuito de falar melhor). Por exemplo, *vítima* não se pronuncia "vítema", *ápice* não se diz "ápece", e *cúpula* não se pronuncia "cúpola".

b) **Vogais postônicas finais** – Nesta posição silábica, repete-se o quadro das vogais postônicas internas, de tal sorte que as vogais médias e a alta de mesma zona de articulação sofrem perda de distinção, ou seja, ocorre neutralização de traços distintivos entre /ɛ/, /e/ e /i/, que no plano teórico se expressa pelo arquifonema /I/, e entre /ɔ/, /o/ e /u/, que no plano teórico se expressa pelo arquifonema /U/. Os dois arquifonemas são representados, respectivamente, pelas letras *e* e *o*. Assim *carro* pronuncia-se [ˈkaʀo] ou [ˈkaʔʀu] e *vale* pronuncia-se [ˈvale] ou [ˈvalɪ], tendo em vista a variação prosódica em plano diatópico. A realização de /ɛ/ e /ɔ/ em sílaba postônica final só se observa hodiernamente em palavras eruditas, de pouco emprego na língua corrente, tais como *prócer*, *éter*, *sóror*, etc.

Chega-se, assim, ao quadro vocálico em sílaba postônica que se resume a uma vogal central baixa e a dois arquifonemas altos, resultantes da neutralização entre as vogais médias e altas de cada uma das zonas articulatórias.

```
        /I/ \‾‾‾‾‾‾‾‾‾‾‾/ /U/
             \         /
              \       /
               \     /
                \   /
                 \ /
                 /a/
```

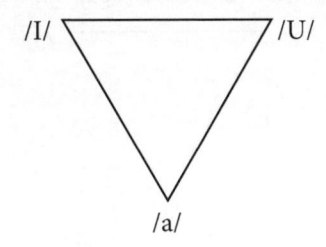

Quadro 3: Vogais orais em sílaba postônica

Vogais nasais

São *nasais* as vogais que, em sua produção, *ressoam nas fossas nasais*. Há cinco vogais nasais (/ã/, /ẽ/, /ĩ/, /õ/ e /ũ/): *lã, canto, campina, vento, ventania, límpido, vizinhança, conde, condessa, tunda, pronunciamos*. É o fenômeno da ressonância, e não da saída do ar, o que opõe os fonemas orais aos nasais.[7]

OBSERVAÇÃO 1: Na pronúncia normal brasileira, soam quase sempre como nasais as vogais seguidas de *m, n* e principalmente *nh*: *cama, cana, banha, cena, fina, homem, Antônio, úmido, unha*. Em outros casos, a pronúncia é hesitante, com ou sem o traço nasal, em face da variação diatópica, isto é, regional: *caniço, panela, janela*, etc. Por este motivo, não distinguimos as formas verbais terminadas em *-amos* e *-emos* do presente e do pretérito do indicativo: *agora cantamos, ontem cantamos; agora lemos, ontem lemos*. Tais casos, que a teoria fonológica vem denominando *nasalação* [MC. 9, 32], distinguem-se dos casos de *nasalidade*, em que o traço nasal tem efetivo valor distintivo em relação ao traço oral: *canto* em oposição a *cato, conto* em oposição a *coto, minto* em oposição a *mito*, etc.

OBSERVAÇÃO 2: No plano fonético, percebe-se no Brasil uma tendência para ditongação das vogais nasais /ẽ/ e /õ/ que passam, assim, a pronunciar-se [ẽỹ] e [õw̃]: pente [ˈpẽỹtʃɪ], bom [ˈbõw̃]. Por outro lado, em sílaba pretônica, há uma tendência de substituir-se a vogal /ẽ/ por sua correspondente alta /ĩ/, mormente quando está sozinha na sílaba, de que decorrem as pronúncias [ẽˈpadɐ] ou [ĩˈpadɐ] para *empada*, [ẽlaˈtadʊ] ou [ĩlaˈtadʊ] para *enlatado*, etc.

---

[7] Segundo Mattoso Câmara Jr., o português não tem propriamente vogal nasal, senão uma vogal oral "fechada por consoante nasal" /m/, /n/ ou /ɲ/ que se neutralizam fonologicamente. A neutralização é representada pelo arquifonema nasal /N/ [MC.9, 30].

Chega-se, assim, ao seguinte quadro de vogais nasais:

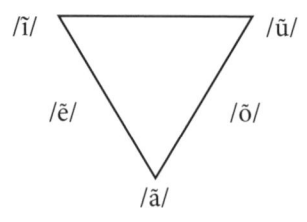

/ĩ/ /ũ/
/ẽ/ /õ/
/ã/

Quadro 4: Vogais nasais

Semivogais. Encontros vocálicos: ditongos, tritongos e hiatos

Chamam-se *semivogais* os fonemas vocálicos /y/ e /w/ (orais ou nasais) que acompanham a vogal numa mesma sílaba. Os encontros de vogais e semivogais dão origem aos *ditongos e tritongos,* ao passo que o encontro de vogais dá origem aos *hiatos.* Graficamente, a semivogal /y/ é representada pelas letras *i* (*cai*, *lei*, *fui*, *Uruguai*, etc.) nos ditongos e tritongos orais, e pela letra *e* (*mãe*, *pães*, etc.) nos ditongos nasais; a semivogal /w/ é representada pela letra *u* (*pau*, *céu*, *viu*, *guaucá*) nos ditongos e tritongos orais, e pela letra *o* (*pão*, *mão*, *saguão*, etc.) nos ditongos e tritongos nasais.

DITONGO é o encontro de uma vogal e de uma semivogal, ou vice-versa, na mesma sílaba: *pai, mãe, água, cárie, mágoa, rei.*

Sendo a vogal a base da sílaba ou o elemento silábico, é ela o som vocálico que, no ditongo, se ouve mais distintamente. Nos exemplos dados, são vogais: p**a**i, m**ã**e, águ**a**, cár**i**e, mág**o**a, r**e**i.

OBSERVAÇÃO: Os ditongos, como os demais encontros vocálicos, podem ocorrer no interior da palavra (dizem-se *intraverbais*: *pai, vaidade*), ou pela aproximação, por fonética sintática, de duas ou mais palavras (dizem-se *interverbais*): *Porto Alegre* [pohtwa'lɛgrɪ], *parte amarga* [pahtya'mahgɑ].

Os ditongos podem ser:

a) crescentes ou decrescentes
b) orais ou nasais

Crescente é o ditongo em que a semivogal vem antes da vogal: *água, cárie, mágoa.*
Decrescente é o ditongo em que a vogal vem antes da semivogal: *pai, mãe, rei.*
Como as vogais, os ditongos são *orais* (*pai, água, cárie, mágoa, rei*) ou *nasais* (*mãe*).
Os ditongos nasais são sempre fechados, enquanto os orais podem ser *abertos* (*pai, céu, rói, ideia*) ou *fechados* (*meu, doido, veia*).
Nos ditongos nasais, são nasais a vogal e a semivogal, mas só se coloca o til sobre a vogal: *mãe.*

Principais ditongos crescentes:

Orais:
1) [ya]: *glória, pátria, diabo, área, nívea*
2) [ye]: (= yi): *cárie, calvície*
3) [yɛ]: *dieta*
4) [yo]: *vário, médio, áureo, níveo*
5) [yɔ]: *mandioca*
6) [yo]: *piolho*
7) [yu]: *miudeza*
8) [wa]: *água, quase, dual, mágoa, nódoa*
9) [wi]: *linguiça, tênue*
10) [wɔ]: *quiproquó*
11) [wo]: *aquoso, oblíquo*
12) [we]: *coelho*
13) [wɛ]: *equestre, goela*

Observação: Em muitos destes casos pode ser discutível a existência de ditongos crescentes "por ser indecisa e variável a sonoridade que se dá ao primeiro fonema. Certo é que tais ditongos se observam mais facilmente na hodierna pronúncia lusitana do que na brasileira, em que a vogal [hoje semivogal], embora fraca, costuma conservar sonoridade bastante sensível" [SA.2, I 7]. De qualquer maneira registre-se o descompasso entre a realidade fonética (ora hiato, ora ditongo) e a maneira invariável de grafar *miúdo* com acento agudo no *u*, quer seja proferido como dissílabo (e ditongo, portanto) ou como trissílabo (e hiato). Também palavras como *série, glória*, que podem ser proferidas como dissílabas (mais usual) ou trissílabas, não têm os encontros vocálicos separados na divisão silábica: *sé-rie, gló-ria*, em ambos os casos de pronúncia. No plano fonético, o ditongo [ye] pode pronunciar-se como [yi], devido à neutralização entre /e/ e /i/ em sílaba átona final: *série* [ˈsɛɾyɪ]. O mesmo fenômeno ocorre com o ditongo [wo], que pode pronunciar-se como [wu] devido à neutralização entre /o/ e /u/ em sílaba átona final: *oblíquo* [oˈblikwu].

Nasais:
1) [ỹã]: *criança*
2) [ỹẽ]: *paciência*
3) [ỹõ]: *biombo*
4) [ỹũ]: *médium*
5) [w̃ã]: *quando*
6) [w̃ẽ]: *frequente, quinquênio, depoente*
7) [w̃ĩ]: *arguindo, quinquênio, moinho*

Os principais ditongos decrescentes são:

Orais:
1) [ay]: *pai, baixo*
2) [aw]: *pau, cacaus, ao*

3) [ɛy]: *réis, coronéis*
4) [ey]: *lei, jeito, fiquei*
5) [ɛw]: *céu, chapéu*
6) [ew]: *leu, cometeu*
7) [iw]: *viu, partiu*
8) [ɔy]: *herói, anzóis*
9) [oy]: *boi, foice*
10) [ow] *vou, roubo, estouro*
11) [uy] *fui, azuis*

OBSERVAÇÃO 1: O ditongo [ay], diante de sílaba iniciada por consoante nasal, pode assimilar o traço de nasalidade em algumas regiões linguísticas do Brasil, de cujo fato decorre uma pronúncia [ãỹ], como em *faina, paina, andaime*, etc.

OBSERVAÇÃO 2: No plano fonético, devido ao processo da monotongação, o ditongo [ow] perde a semivogal na linguagem coloquial, vindo a pronunciar-se /o/: *pouco* diz-se [ˈpowkʊ] ou [ˈpokʊ]. Também os ditongos [ay] e [ey] podem sofrer monotongação para /a/ e /e/ na pronúncia coloquial, o primeiro perante /ʒ/ ou /ʃ/, e o segundo perante /ʒ/, /ʃ/ ou /ɾ/: *caixa, baixo, queijo, freira*, etc.

OBSERVAÇÃO 3: Devido ao processo de vocalização do /l/ na maior parte das regiões linguísticas do Brasil, verifica-se, no plano fonético, a ocorrência dos ditongos [ɔw], como em *sol, anzol, atol*, e [uw], como em *azul, sul, culpa*, etc.

Nasais:
1) [ãỹ]: *alemães, cãibra*
2) [ãw̃]: *pão, amaram*
3) [ẽỹ]: *bem, ontem*
4) [õỹ]: *põe, senões*
5) [ũỹ]: *mui, muito*

NOTA: Nos ditongos nasais decrescentes [ẽỹ], [ãy] e [ãw̃] (cf SS.3, 320. 18, onde *vãs* rima com *mães*), a semivogal pode não vir representada na escrita. Escrevemos a interjeição *hem!* ou *hein!*, sendo que, a rigor, a primeira grafia é mais recomendável.

TRITONGO é o encontro vocálico em que uma vogal se situa entre duas semivogais numa mesma sílaba. Os tritongos podem ser *orais* e *nasais*.

Orais:
1) [way]: *quais, paraguaio*
2) [wey]: *enxaguei, averigueis*
3) [wiw]: *delinquiu*
4) [wow]: *apaziguou*

Nasais:
1) [w̃ãw̃]: *mínguam, saguão, quão*
2) [w̃ẽỹ]: *delinquem, enxáguem*
3) [w̃õỹ]: *saguões*

Observação 1: Nos tritongos nasais [w̃ãw̃ e w̃ẽỹ] a última semivogal pode não vir representada graficamente: *mínguam, enxáguem*.

Observação 2: Entre portugueses, por não haver o maior relevo da primeira vogal – fato que se observa entre brasileiros –, o grupo de vogal seguida de um ditongo pode constituir-se num tritongo: *fiéis, poeira, pião*.

Hiato é o encontro de duas vogais em sílabas diferentes por guardarem sua individualidade fonética: *saída, caatinga, moinho*. Isto se dá porque a passagem da primeira para a segunda se faz mediante um movimento brusco, com interrupção da voz [MN. 1, 55].

Em português, como em muitas outras línguas, nota-se uma tendência para evitar o hiato, pela presença da ditongação ou da crase.

Observação 1: Desenvolvem-se uma semivogal /y/ e uma semivogal /w/ nos encontros formados por ditongo decrescente seguido de vogal final ou ditongo átono: praia ['prayyɑ], cheia [ʃeyyɑ] tuxaua [tu'ʃawwɑ], goiaba [goy'yabɑ].

Observação 2: Nos hiatos cuja primeira vogal for *u* e cuja segunda vogal for final de vocábulo (seguida ou não de *s* gráfico), o desenvolvimento de /w/ variará de acordo com as necessidades expressionais ou as peculiaridades individuais: nua = ['nua] ou ['nuwa]; recue = [ʀe'kue] ou [ʀe'kuwe]; amuo = [a'muo] ou [a'muwo].

Observação 3: Os encontros *ia, ie, io, ua, ue, uo* finais, átonos, seguidos ou não de *s*, classificam-se quer como ditongos, quer como hiatos, uma vez que ambas as emissões existem no domínio da língua portuguesa: histó-ri-a e histó-ria; sé-ri-e e sé-rie; pá-ti-o e pá-tio; ár-du-a e ár-dua; tê-nu-e e tê-nue; vá-cu-o e vá-cuo. Lembrando que, para efeito de divisão silábica, esses encontros finais não se separam.

Nos encontros vocálicos costumam ocorrer dois fenômenos: a *diérese* e a *sinérese*.

Chama-se DIÉRESE à passagem de semivogal a vogal, transformando, assim, o ditongo num hiato: *trai-ção = tra-i-ção; vai-da-de = va-i-da-de*.

Chama-se SINÉRESE à passagem de duas vogais de um hiato a um ditongo crescente: *su-a-ve = sua-ve; pi-e-do-so = pie-do-so; lu-ar = luar*.

A sinérese é fenômeno bem mais frequente que a diérese. A poesia antiga dava preferência ao hiatismo, enquanto, a partir do século XVI, se nota acentuada predominância do ditonguismo (sinérese). É claro que os poetas modernos continuaram a usar a diérese, mormente como efeito estilístico-fônico para a ênfase, a ideia de grandeza, etc. No conhecido verso de Machado de Assis, do soneto "Círculo vicioso", *auréola* com quatro sílabas acentua o tamanho descomunal ressaltado pela leitura lenta: "Pesa-me esta brilhante *auréola* de nume...".

Consoantes

Denominam-se consoantes os fonemas que se articulam mediante obstrução total ou parcial do fluxo de ar que sai dos pulmões e passa pela cavidade bucal. Em português, diz-se que as consoantes são fonemas *assilábicos*, visto que não há sílaba constituída apenas por sons consonantais.

Classificação das consoantes

Classificam-se as consoantes segundo os seguintes critérios:

a) modo de articulação – comportamento dos órgãos do aparelho fonador na articulação da consoante;
b) zona de articulação – lugar da cavidade bucal em que se articula a consoante;
c) vozeamento[8] – ocorrência ou não ocorrência de vibração das cordas vocais;
d) fluxo do ar[9] – modo pelo qual o ar flui para o exterior na articulação da consoante.

Quanto ao MODO DE ARTICULAÇÃO, as consoantes podem ser *oclusivas, fricativas, africadas, laterais, vibrantes*, além do *tepe* e da *retroflexa*.

O obstáculo que, na cavidade bucal, os órgãos impõem à corrente expiratória pode ser de dois tipos: ou os órgãos da boca estão dispostos de tal modo que impedem *completamente* a saída do ar, ou permitem *parcialmente* que a corrente expiratória chegue à atmosfera. No primeiro caso, dizemos que as consoantes são *oclusivas*: [p] em *pato*, [k] em *casa*; no segundo, são *fricativas* quando a corrente expiratória, passando por entre os órgãos que formam o obstáculo parcial, produz um atrito à maneira de fricção: [f] em *faca*, [s] em *saia*, etc. As *africadas* caracterizam-se por uma articulação complexa, em que uma leve oclusão é acompanhada de fricção, caso do [tʃ] pronunciado pelos falantes do Rio de Janeiro junto à vogal /i/: *tia, tipo*, etc. São *laterais* quando a passagem da corrente expiratória, obstruída pela aproximação do ápice ou dorso da língua aos alvéolos da arcada dentária superior ou ao palato, escapa pelos lados da cavidade bucal: [l] em *lata*, [ʎ] em *lhe*. São *vibrantes* quando a raiz da língua contra o véu do paladar executa movimento vibratório rápido, abrindo e fechando a passagem à corrente expiratória: /ʀ/ em *rua*.

Ainda quanto ao modo de articulação, o português brasileiro apresenta o *tepe*,[10] caracterizado por um "chicotear" da língua na região pré-palatal, cuja ocorrência se faz em ambiente intervocálico: *hora, ira, ara*, etc. Por fim, há também no português

---

[8] A tradição gramatical denomina "papel das cordas vocais".
[9] A tradição gramatical denomina "papel das cavidades bucal e nasal".
[10] A tradição gramatical refere-se a este som como *vibrante simples* ou *vibrante alveolar*. A rigor, não há vibração no tepe, pois sua articulação implica um único e rápido toque do ápice da língua na região alveolopalatal.

brasileiro uma consoante *retroflexa*, representada pelo símbolo [ɻ] e grafada com a letra *r*, cuja articulação implica a flexão da ponta da língua em direção à garganta.[11]

Quanto à ZONA DE ARTICULAÇÃO, as consoantes podem ser:
1) *bilabiais* (lábio contra lábio): [p], [b], [m];
2) *labiodentais* (lábio inferior e arcada dentária superior): [f], [v];
3) *linguodentais* (língua contra a arcada dentária superior): [t], [d], [n];
4) *alveolares* (língua em direção ou contra os alvéolos): [s], [z], [l];
5) *alveolopalatais* (língua em direção à região pré-palatal): [tʃ], [dʒ], [r];
6) *palatais* (dorso da língua contra o palato duro): [ʃ], [ʒ], [ʎ], [ɲ];
7) *velares* (raiz da língua contra o véu do paladar): [k], [g], [ʀ], [h], [ʟ].

Quanto ao VOZEAMENTO, as consoantes podem ser *vozeadas*, também denominadas *sonoras*, e *desvozeadas*, também denominadas *surdas*. As consoantes que se distinguem apenas pelo traço de vozeamento são denominadas *homorgânicas*.
1) desvozeadas: [p], [f], [t], [s], [tʃ], [ʃ], [k], [h];
2) vozeadas: [b], [m], [v], [d], [n], [z], [l], [dʒ], [r], [ʒ], [ʎ], [ɲ], [g], [ʀ],[ʟ].

Quanto ao fluxo de ar, as consoantes podem ser *orais*, se o ar passa apenas pela cavidade bucal, ou *nasais*, se o ar passa pela cavidade bucal com ressonância nas fossas nasais.

Tendo em vista estes critérios, chega-se ao seguinte quadro de consoantes:

Consoante	Classificação	Exemplos
[p]	oclusiva bilabial desvozeada oral	**p**ai
[b]	oclusiva bilabial vozeada oral	**b**ala
[t]	oclusiva linguodental desvozeada oral[12]	**t**apa, **t**ipo[13]
[d]	oclusiva linguodental vozeada oral	**d**ata, **d**ia[14]
[k]	oclusiva velar desvozeada oral	**c**ola, **qu**eda
[g]	oclusiva velar vozeada oral	**g**ato, **gu**ia
[tʃ]	africada alveolopalatal desvozeada oral	**t**ipo[15]
[dʒ]	africada alveolopalatal vozeada oral	**d**ia[16]
[f]	fricativa labiodental desvozeada oral	**f**aca

---

[11] A consoante retroflexa é conhecida popularmente como "r caipira". Sua ocorrência é típica das regiões interioranas do Sudeste, do Sul e do Centro-Oeste.
[12] Muitos falantes articulam este fone com traço alveolar.
[13] Perante qualquer vogal, inclusive /i/, nos estados do Nordeste brasileiro.
[14] Idem.
[15] Apenas perante /i/ na maior parte das regiões linguísticas brasileiras.
[16] Idem.

Consoante	Classificação	Exemplos
[v]	fricativa labiodental vozeada oral	vaca
[s]	fricativa alveolar desvozeada oral	seda, missa
[z]	fricativa alveolar vozeada oral	zelo, asa
[ʃ]	fricativa palatal desvozeada oral	xícara, chuva
[ʒ]	fricativa palatal vozeada oral	jarra, gelo
[x]	fricativa velar desvozeada oral	rua, mar[17]
[m]	oclusiva bilabial vozeada nasal	mão
[n]	oclusiva linguodental vozeada nasal	nada[18]
[ɲ]	fricativa palatal vozeada nasal	banho
[ɾ]	tepe alveolopalatar vozeado oral	aro
[R]	vibrante velar vozeada oral	rua, mar[19]
[ɽ]	retroflexa palatal vozeada oral	mar[20]
[l]	lateral alveolar vozeada oral	lata, canal
[L]	lateral velar vozeada oral	canal
[ʎ]	lateral palatal vozeada oral	lhe, alho

Quadro 5: Classificação das consoantes.

OBSERVAÇÃO 1: A classificação das consoantes se faz no plano fonético, em que se discriminam suas especificidades articulatórias. Em outras palavras, classificam-se *fones* consonantais, não *fonemas* consonantais, já que estes últimos só existem no plano abstrato. Como observado no Quadro 5, há sons consonantais que, por não terem diferenciação entre si, figuram como *alofones* de um só fonema. Deste modo, diz-se que o fonema /t/ em *tipo* pode realizar-se foneticamente pelo alofone oclusivo [t], comum em estados da região Nordeste, ou pelo alofone africado [tʃ], mais presente na região Sudeste. Já o fonema /l/ manifesta-se pelo alofone [l] em início de sílaba, como em *lata, livro*, mas pode manifestar-se pelos alofones [l] ou [L] em travamento de sílaba,[21] como em *sinal, sul*, etc.

---

[17] Típica da pronúncia do Rio de Janeiro. Em travamento silábico, ocorre mais comumente no Rio de Janeiro uma consoante fricativa glotal desvozeada – também denominada "rótico aspirado" – que se transcreve foneticamente com o símbolo [h].
[18] Muitos falantes articulam este fone com traço alveolar.
[19] Predominante no interior dos estados do Sul.
[20] Típico das regiões interioranas do Sudeste, do Sul e do Centro-Oeste.
[21] O português, como tantas outras línguas, apresenta, quanto à estrutura, **sílabas abertas**, cujo último elemento é vocálico, e **sílabas travadas**, cujo último elemento é consonantal. Assim, em *calor*, a primeira sílaba é aberta, porque termina no [ɑ] pretônico, e a segunda é travada, pois é cerrada pela consoante /R/.

Observação 2: O estudo das consoantes deve conferir especial atenção ao fonema /R/, que se realiza foneticamente por, pelo menos, três alofones: [R] vibrante velar vozeado oral, [x] fricativo velar desvozeado oral e [ɻ] retroflexo palatal vozeado oral. A distribuição desses alofones indica maior incidência de [R] no interior sulista, predominância de [x] no Sudeste – com incidência da glotal desvozeada [h] sobretudo em travamento de sílaba – e presença expressiva de [ɻ] nas regiões interioranas do Sudeste, do Sul e do Centro-Oeste.

Observação 3: As consoantes vibrantes e laterais têm excepcional traço de vozeamento, razão por que se aproximam acusticamente das vogais. Por tal motivo, muitos linguistas as denominam *soantes* [CCh. 1, 43].

Observação 4: Em travamento silábico, as consoantes /s/, /z/, /ʃ/ e /ʒ/ perdem diferenciação entre si, de que resulta a presença de um arquifonema sibilante [MC.9, 29], transcrito pelo símbolo /S/.

Observação 5: Em português, algumas consoantes são grafadas com a mesma letra, fato que provoca dúvidas ortográficas: /ʒ/ aparece em **j**arro e **g**elo; /z/ aparece em **z**elo e a**s**a, etc. Por outro lado, há letras que representam mais de um fonema: **x** representa /z/ em e**x**ame, /ʃ/ em en**x**ada, [ks] em ó**x**ido, etc.

Observação 6: Conforme já referido na Observação 3 do estudo sobre os ditongos decrescentes orais, em várias regiões linguísticas do Brasil ocorre perda de diferenciação entre a consoante /l/ e a semivogal /w/ em travamento silábico, de que resulta a homofonia entre *alto* e *auto*, *mal* e *mau*, etc.

Encontro consonantal

Assim se chama o seguimento imediato de duas ou mais consoantes de um mesmo vocábulo. Há encontros consonânticos pertencentes a uma sílaba, ou a sílabas diferentes: *li-**vr**o;* ***bl**u-sa;* ***pr**o-sa;* ***cl**a-mor;* *ri**t-m**o;* *pa**c-t**o;* *a**f-t**a, a**d-m**i-tir*. O encontro consonantal /ks/ é representado graficamente pela letra *x*: *anexo, fixo*. A esta representação se dá o nome de *dífono*. São mais raros em nossa língua os seguintes encontros consonânticos existentes em vocábulos eruditos. Estes encontros são separáveis, salvo os que aparecem no início de vocábulos:

[bd]: lamb-da
[bs]: ab-so-lu-to
[kk]: sec-ção
[dm]: ad-mi-tir
[gn]: dig-no
[mn]: mne-mô-ni-co

[ft]: af-ta
[pn]: pneu, pneu-má-ti-co
[ps]: psi-co-lo-gi-a
[pt]: ap-to
[stm]: ist-mo
[tn]: ét-ni-co
[st]: pis-ta

No português brasileiro, há tendência para inclusão de uma vogal epentética[22] entre as consoantes desses encontros, de que decorrem as pronúncias "abisoluto", adimitir", "díguino", "adivogado", etc. Cumpre atentar para a pronúncia padrão quando mais adequada à situação discursiva.

O desejo de corrigir o engano leva muitas vezes à omissão indevida da vogal de certos vocábulos: *adivinhar* e não *advinhar*, *subentender* e não *subtender*.

Sílaba

Define-se a sílaba, do ponto de vista articulatório, como uma sequência sonora, produzida mediante expulsão do ar dos pulmões, conjugada com segmentos de maior ou menor tensão muscular, de que decorre um efeito acústico discreto, isto é, descontínuo [RCa.1, 115]. Nas palavras portuguesas, a sílaba apresenta um ápice de sonoridade, limitado por um declive anterior e outro posterior que constituem as chamadas *fronteiras silábicas*. O ápice da sílaba é a vogal, razão por que este fonema se denomina *elemento silábico*. Já as consoantes e as semivogais, que não podem situar-se no ápice da sílaba, são denominadas *elementos assilábicos*.

Padrões silábicos

Se representarmos por V o *elemento silábico*, isto é, a vogal, e por C os *elementos assilábicos*, isto é, as consoantes e as semivogais, chegaremos aos seguintes padrões estruturais básicos da sílaba na língua portuguesa: V (sílaba simples); CV (sílaba complexa crescente); VC (sílaba complexa decrescente); CVC (sílaba complexa equilibrada). Mais raramente, há palavras com padrões silábicos CCV, VCC, CCVC e CVCC.

Eis os exemplos:
Padrão V : *a*|mo, cri|*a*|va, ca|*í*
Padrão CV: *ca*|*la*|*da*, *vi*|*la*
Padrão VC: *ai*|po, A|*ir*|ton, te|*or*
Padrão CVC: *mer*|gu|lho, en|*tor*|no, su|é|*ter*
Padrão CCV: *gre*|go, a|*cri*|a|no, des|ca|la|*bro*
Padrão VCC: *aus*|te|ro
Padrão CCVC: *cris*|par, in|*crus*|tar, a|ves|*truz*
Padrão CVCC: *pers*|pi|caz, e|*xaus*|to

---

[22] Chamamos de *epêntese* o desenvolvimento de um fonema no interior de um vocábulo. Por exemplo: p<u>e</u>neu – pneu (trata-se aqui de uma vogal epentética).

Posição da consoante na sílaba

O estudo da sílaba revela que a presença das consoantes sofre significativas restrições. No tocante aos padrões silábicos básicos, temos a seguinte distribuição:

a) Sílaba CV – destaca-se por admitir quase todas as consoantes, excetuando-se o tepe /ɾ/, que não ocorre em sílaba inicial.

OBSERVAÇÃO: Em sílaba CV inicial, o fonema /ɲ/, aparece apenas em nomes de origem tupi, tais como *nhambi, nhanduguaçu, nhandiroba*; já o fonema /ʎ/, que figura no pronome *lhe*, também fica restrito a certos espanholismos, tais como *lhama, lhano* e *lhanura*. O tepe /ɾ/ só ocorre em sílaba medial ou final, em ambiente intervocálico, como em *hora, ira, arado* e *Irene*.

b) Sílaba CCV – o primeiro elemento é obrigatoriamente uma consoante oclusiva, excetuadas as nasais, ou uma consoante fricativa labiodental; o segundo elemento fica restrito às consoantes /l/ e /ɾ/, não sendo poucos os pares mínimos decorrentes: *fluir, fruir; clave, crave*, etc.
c) Sílaba VC – nesta posição encontra-se o arquifonema silibilante /S/, que se realiza foneticamente pelas fricativas alveolares e palatais /s/, /z/, /ʃ/ e /ʒ/: *pás, cartaz, misto*, etc.[23] Também ocorre a lateral /l/ (que se realiza foneticamente pelos alofones [l] e [ʟ]: *mal, farol*[24] e a consoante /R/ (que se realiza foneticamente pelos alofones [R], [x], [h] e [ɻ]) – caso de *mar, falar, dizer, ferir*, etc. Pelo exposto, as consoantes pós-vocálicas no português do Brasil resumem-se a /S/, /l/ e /R/.[25]

---

[23] A realização fonética dessas consoantes condiciona-se à variação de uso linguístico em plano diatópico.
[24] Conforme visto no estudo dos ditongos, a lateral /l/, em posição pós-vocálica, sofre vocalização para /w/ na maior parte das regiões linguísticas do Brasil.
[25] Se, acompanhando a proposta de Mattoso Câmara Jr., acatarmos a tese do arquifonema nasal, haveremos de incluir no grupo o arquifonema /N/.

Apêndice

FONÉTICA EXPRESSIVA OU FONOESTILÍSTICA

Os fonemas com objetivos simbólicos

Muitas vezes utilizamos os fonemas para melhor evocar certas representações.
É deste emprego que surgem as *aliterações*, as *onomatopeias* e os *vocábulos expressivos*.

Aliteração
É a repetição de fonema, vocálico ou consonântico, igual ou parecido, para descrever ou sugerir acusticamente o que temos em mente e expressar, quer por meio de uma só palavra, quer por unidades mais extensas.
O sossego do vento ou o barulho ensurdecedor do mar ganham maior vivacidade através da aliteração dos seguintes versos:
"As asas ao sereno e sossegado vento" (utilização do fonema fricativo alveolar sonoro e surdo).
"Bramindo o negro mar de longe brada" (utilização principal dos fonemas *b*, *r* e *d*).

A aliteração tanto pode servir ao estilo solene e culto, como nos exemplos referidos, como pode estar presente nas manifestações de espontânea expressividade popular, conforme se vê nos provérbios, nas frases feitas, nos modos de dizer populares: *são e salvo, cara ou coroa, de cabo a rabo*, etc. O que importa acentuar é que a aliteração mais ocorre na exteriorização psíquica e no apelo do que na comunicação intelectiva.

Onomatopeia
É o emprego de fonema em vocábulo para descrever acusticamente um objeto pela ação que exprime.
São frequentes as onomatopeias que traduzem as vozes dos animais e os sons das coisas:
O *tique-taque* do relógio, o *marulho* das ondas, o *zunzunar* da abelha, o *arrulhar* dos pombos.

Vocábulo expressivo
É o que não imita um ruído, mas sugere a ideia do ser que se quer designar com a ajuda do valor psicológico de seus fonemas: *romper, tagarelar, tremeluzir, jururu, ziriguidum, borogodó.*

Encontros de fonemas que produzem efeito desagradável ao ouvido

Muitas vezes, certos encontros de fonemas produzem efeito desagradável que repugna o ouvido e, por isso, cumpre evitar, sempre que possível. Esses defeitos são mais perceptíveis nos textos escritos porque a pessoa que os lê nem sempre faz as pausas e as entonações que o autor utilizou, com as quais diminui ou até anula os encontros de fonema que geram sons desagradáveis.

Entre os efeitos acústicos condenados estão: a *colisão*, o *eco*, o *hiato* e a *cacofonia*.

Colisão
É o encontro de fonemas que produz desagradável efeito acústico:
"Se eu tenho de morrer na flor dos anos,
Meu Deus! não s*eja já*" [CA.1, 73].

Às vezes a omissão de um substantivo aproxima duas preposições de que resulta colisão, fato que os escritores não se esforçam por evitar:
"Tenho ali na parede o retrato dela, ao lado *do do* marido, tais quais na outra casa" [MA.3, 21].
"A voz da nova mestra era doce, não daquela doçura *da de* sua mãe, um canto de pássaro mais que uma voz humana" [JL.1, 13].

Também quase sempre não se evita a colisão do tipo de *no número, na nave, na noite, na nossa vida*, etc. Pode-se, sem ser obrigatório, fugir à colisão mediante substituição de *no, na, num*, etc. por *em o, em a, em um*, etc.: *em o* número, *em a* nave.

Eco
É a repetição, com pequeno intervalo, de palavras que terminam de modo idêntico:
Estas palavras subordinam frases em que se exprime condi*ção* necessária
à realiza*ção* ou *não* realiza*ção* da a*ção* principal.

Hiato
O hiato de vogais tônicas torna-se desagradável principalmente quando formado pela sucessão de palavras:
Hoje h*á a*ula.
*Ou eu ou ou*tro *ou*viria a campainha.

Cacofonia ou cacófato
É o encontro de sílabas de duas ou mais palavras que forma um novo termo de sentido inconveniente ou ridículo em relação ao contexto:
"Ora veja co*mo ela* está estendendo as mãozinhas inexperientes para a chama das velas (...)" [CBr.1, 102].
herói *da nação*, no*sso hino*, bo*ca dela*, nun*ca que es*tuda

Deve-se evitar, tanto quanto possível, que uma palavra comece pela mesma sílaba com que a anterior acabe: *torre redonda, por razão, por respeito, pouca cautela, nunca casavam, ignora-se se se trata disso*.
Cuidado maior há de se ter se a junção lembra palavra pouco delicada: o Tiju*ca g*anhou, o jogador mar*ca gol*, tão comuns na imprensa falada e escrita.
A leitura do texto em voz alta, antes de sua divulgação, surpreenderá muitos casos de cacófatos.
É oportuna a lição de Said Ali:
"Repara-se, hoje, com certo exagero, na cacofonia resultante da junção da sílaba terminal de um vocábulo com a palavra ou parte da palavra imediata. Não se liga, entretanto, maior importância à cacofonia quando esta se acha dentro de um mesmo vocábulo, sendo formada por algumas das suas sílabas componentes. O mal aqui é irremediável, pois que expressões não se dispensam, nem se substituem. Muitas vezes, parece a cacofonia menos ridícula do que a vontade de percebê-la... O estudante evite, sempre que puder, semelhantes combinações de palavras, assim como quaisquer outras de onde possam nascer uns longes de cacofonia, e não se preocupe com descobri-los nos outros." [SA.1, 306-307]

B) ORTOÉPIA OU ORTOEPIA

Ortoépia é a parte da gramática que trata da correta pronúncia dos fonemas. Preocupa-se não apenas com o conhecimento exato dos valores fonéticos dos fonemas que entram na estrutura dos vocábulos, considerados isoladamente ou ligados na enunciação da oração, mas ainda com o ritmo, a entoação e expressão convenientes à boa elocução.

Vogais

Quanto à emissão das vogais, na pronúncia normal brasileira, observemos que:

a) São fechadas as vogais nasais; por isso não distinguimos as formas verbais terminadas em *-amos* e *-emos* do pres. e pret. perf. do indicativo da 1.ª e 2.ª conjugações: Ontem trabalh*amos* e agora trabalh*amos*.
b) Soam muitas vezes como nasais as vogais seguidas de *m*, *n* e principalmente *nh*: ca*m*a, ca*n*a, ba*nh*a, ce*n*a, fi*n*a, A*n*tônio, u*nh*a.

OBSERVAÇÃO: Sem nasalidade proferem-se as vogais desses e de vários outros vocábulos: *emitir, emissário, eminente, energia, enaltecer, Enaldo,* etc.

c) Soam quase sempre como orais as vogais precedidas de *m, n* ou *nh*: m*a*ta, n*a*ta, c*o*mpanhia, m*i*lho. Assim, não tem razão linguística a pronúncia nasalada do *mas* [mãs]. Entretanto, *mui* e *muito* se proferem [mũỹ] ou [muy] e [mũỹtu] ou [muytu].
d) Soam igualmente o *a* artigo, *a* preposição, *a* pronome e o *à* resultante da crase. Não se alonga o *à*, "salvo, muito excepcionalmente, se houver necessidade imperativa, para a inteligência da frase, caso em que o resultante da crase poderá ser pronunciado com certa tonicidade e ênfase" (*Normas*,[1] 481).
e) São oscilantes /e/ - /i/, /ẽ/ - /ĩ /, /o/ - /u/, /õ/ - /ũ/, átonos pretônicos em numerosos vocábulos, fenômeno chamado *harmonização vocálica* [MC 9, p. 60], tendo em vista o nivelamento da vogal pretônica com a vogal tônica alta: menino, "minino"; pedir, "pidir", sentir, "sintir"; estudo, "istudu", corrida, "currida", etc. Quando o mesmo fato ocorre em palavras com vogal tônica média ou baixa, dá-se a denominação de *debordamento* [MC. 9, p. 62]: compadre, "cumpadre", empada, "impada", etc. Os dois casos são genericamente denominados *alçamento vocálico* [RCa. 1. p. 41].
f) Em linguagem cuidada, evita-se a oscilação de que anteriormente se falou, quando tem valor opositivo, isto é, serve para distinguir palavras de significado diferente: eminente / iminente; emigrar / imigrar; descrição / discrição.
g) O *u* depois de *g* ou *q* ora é vogal ou semivogal (e aí se profere), ora é componente de dígrafo (e aí não se pronuncia).

Entre outras deve ser proferido nas seguintes palavras depois do *g*: *aguentar, ambiguidade, apaziguar, arguição, arguir, bilíngue, consanguíneo, contiguidade, ensanguentado, exiguidade, lingueta, linguista, redarguir, sagui* ou *saguim, unguento, unguiforme.*

Não se deve proferir o *u* depois do *g* em: *distinguir, exangue, extinguir, langue, pingue* (= gordo, fértil, rendoso).

É facultativo pronunciá-lo em: *antiguidade; sanguíneo; sanguinário; sanguinoso.*

Profere-se o *u* depois do *q* em: *aquícola, consequência, delinquência, delinquir, equestre, equevo, equidistante, equino* (= cavalar), *equitativo, equipolente* (também *equipolente*), *frequência, iniquidade, loquela, obliquidade, quingentésimo, quinquênio, quiproquó, sequência, Tarquínio, tranquilo, ubiquidade.*

Não se profere o *u* depois do *q* em: *adquirir, aniquilar, aqueduto, equilíbrio, equinócio, equipar, equiparar, equitação, equívoco, extorquir, inquérito, inquirir, sequioso, quérulo, quibebe.*

---

[1] Normas aprovadas pelo Primeiro Congresso Brasileiro de Língua Falada no Teatro. Anais do Primeiro Congresso Brasileiro de Língua Falada no Teatro, realizado em Salvador de 5 a 12 de setembro de 1956. Rio de Janeiro: Ministério da Educação e Cultura, 1958, p. 479-495.

É facultativo pronunciá-lo em: *antiquíssimo, equidade, equivalente, equivaler, liquidação, liquidar, líquido, liquidificador, retorquir.*
Grafa-se *quatorze* [kwa'toRzi] ou *catorze* [ka'toRzi].
h) Em muitos vocábulos há dúvidas quanto ao timbre das vogais. Recomendamos timbre aberto para o *e* em: *acerbo, Aulete, anelo, badejo, benesse, blefe, caterva, cedro, cerdo, cetro, cerne, cervo, coeso, coevo, coleta, cogumelo, confesso, corbelha, duelo, espectro, equevo, flagelo, ileso* (também *ileso* com *e* fechado), *indefesso, besta* ('arma'), *doesto, lerdo, medievo, elmo, obsoleto, paredro, prelo, primevo, septo, servo, Tejo, terso.*

É fechado em: *acervo* (também *acervo* com *e* aberto), *achega, adejo, adrede, alameda, amuleto, anacoreta, arabesco, aselha, bacelo, besta* ('animal de carga'), *bissexto, bofete, caminhoneta, cerebelo, cateto, cerda, destra, destro, devesa, defeso, dueto, entrevero, escaravelho, efebo, extra, fechar* (e suas formas *fecho, fechas, feche,* etc.), *ginete, grumete, indefeso, interesse* (s.), *ledo, lampejo, labareda, magneto, palimpsesto, panfleto, pez, quibebe, relho* (também aberto), *reses, retreta, Roquete, sobejo, veneta, vereda, vinheta, versalete, vespa, vedeta, verbete, xerez, xepa.* As autoridades recomendam o timbre fechado em *pese* (na expressão *em que pese a*), *centopeia* e *colmeia* (mas a pronúncia com timbre aberto é generalizada entre nós). Diz-se *topete* com *e* aberto ou fechado; *vedete* é mais proferido com *e* aberto no Brasil.

Apresentam timbre aberto ou fechado: *sapé/sapê, bebé/bebê, Tieté/Tietê, ipé/ipê*, *suor* (/ɔ/ ou /o/).

Tem timbre aberto o *o* tônico de: *amorfo, canoro,* (de) *envolta, dolo, foro* ('praça pública'), *hissope, imoto, inodoro, manopla, meteoro, molho* ('feixe'), *noto* ('vento sul'), *opa* ('capa'), *piloro, probo, sinagoga, troço* ('coisa'), *trombose, tropo.*

Tem timbre fechado o *o* tônico de: *aboio, alcova, apodo, alforje, algoz, boda, bodas, cochicholo, chope, cachopa, choldra, ciclope* (também aberto), *corça, desporto, filantropo, foro* ('jurisdição, tribunal, juízo'), *loa, logro, lorpa, loto* ('jogo' também aberto), *Mausolo, malogro, mirolho, misantropo, molosso, odre, serôdio, teor, torpe, torso, torvo, transbordo, troço* ('parte'), *trolha, volvo, zarolho, zorro.*

i) Quanto aos ditongos, cumpre notar: *ai, ei* e *ou* devem guardar, na pronúncia cultivada, sua integridade, não se exagerando o valor do *i* ou *u* nem os eliminando, como o faz a modalidade distensa: *caixa, queijo, ouro.*

Soa como ditongo nasal [ãw̃] a sílaba átona final -*am*: *amam.*

Soam como ditongo nasal [ẽỹ] as sílabas -*em*, -*ém*, -*en*, -*ens* de muitos vocábulos: *bem, vem; vintém, ninguém; vens, homens; armazéns, parabéns.*

Normalmente ditongamos, pelo acréscimo de um /y/, as vogais tônicas finais seguidas de -*z* ou -*s*. Assim não fazemos a diferença entre *pás, paz* e *pais; más* e *mais; rapaz* e *jamais; vãs* e *mães.* Os poetas brasileiros nos dão bons exemplos destas ditongações.

Só por imitação dos poetas lusitanos (porque dizem [tãỹ]), entre os brasileiros, a rima *tem* e *mãe* aparece às vezes, como em Casimiro de Abreu:
"O país estrangeiro mais belezas
Do que a pátria, não tem;
E este mundo não val um só dos beijos
Tão doces duma mãe." [SS.4, 73]

Soam como ditongo, e não como hiato: *gratuito*, *fluido* (diferente de *fluído*, particípio de *fluir*), *fortuito*, *arraigar*, entre outros.

j) Quanto aos hiatos observemos que se desenvolve um /y/ ou /w/ semivogais nos encontros formados por ditongo decrescente seguido de vogal final ou ditongo átono: *praia prai-ia*; *tuxaua tuxau-ua*; *goiaba goi-iaba*; *boiem boi-iem* (cf. *Normas*, 486).

O mesmo desenvolvimento das referidas semivogais nos hiatos cuja primeira vogal seja *i* ou *u* tônicos e cuja segunda vogal seja final de vocábulo, "variará de acordo com as necessidades expressionais ou as peculiaridades individuais" (*Normas*, 485-486): via: *vi-a* ou *vi-ia*; lu-a: *lu-a* ou *lu-ua*.

Consoantes

Soam levemente as consoantes *b*, *c*, *d*, *f*, *g*, *s*, *t* quando finais de vocábulos: *sob*, *Moab*, *Isaac*, *Cid*, *Uf*, *Gog*, *fórceps*, *Garrett*, *Laet*.

Nos vocábulos eruditos as terminações átonas *-ar*, *-en*, *-er*, *-ex*, *-on* devem guardar sua integridade em pronúncia: *aljôfar*, *certâmen* (também *certame*), *númen* (também *nume*), *regímen* (também *regime*), *esfíncter*, *índex*, *cólon*.

O *l* final de sílaba é proferido relaxado, quase velar, mas tendo-se o cuidado de não fazê-lo igual a /w/: *nacional*. Na língua literária dos românticos, mais em poesia, registra-se a troca do /l/ por /ɾ/ nos grupos *bl*, *cl*, *fl*, *pl*, de algumas palavras: *neblina / nebrina*; *clina / crina*; *flauta / frauta*; *plantar / prantar*, etc.

Na palavra *sublinhar* e derivados o *l* deve ser pronunciado separadamente do *b* (➚ 94). Entre portugueses ouve-se como *sublime*.

O *r* múltiplo alveolar pode ser proferido como velar, graças ao maior recuo da língua, e até com articulação dorsouvular (portanto mais carregado ainda), embora as *Normas* não a recomendem na pronúncia cuidada: *mar*, *avermelhar*. Nas palavras *abrupto* (ou *ab-rupto*), *ab-rogar*, *ad-rogar*, *sub-rogar*, e derivados, o *r* deve ser pronunciado múltiplo e separado, isto é, sem fazer grupo com a consoante anterior.

O *m* final pode guardar sua integridade de pronúncia, não nasalizando o *e* anterior, no vocábulo *totem*, admitindo a grafia *tóteme*. Em *bem-amado* e *bem-aventurado*, nasaliza o *e* anterior, e não se liga ao *a* seguinte. Diz-se *infligir*, e não *inflingir*. Em *mancheia*, na sílaba inicial ouve-se [mã]; em *mão-cheia* ouve-se, naturalmente, [mãw̃]. Em outros casos, temos facultativa a nasalização: *Roraima*, *Jaime*, *paina*.

As linguodentais /d/ e /t/, seguidas de /i/, podem palatizar-se, evitando-se, entretanto, o exagero (articulação africada linguopalatal): *dia*, *tia*.

O /s/ pode palatizar-se a /ʒ/, mas sem exagero, antes de /b/, /d/, /g/, /ʒ/, /l/, /m/, /ʀ/ e /v/: *desjejum*, *deslizar*, *esmo*, *asno*, *esbarrar*, *esdrúxulo*, *engasgar*, *asno*, *desregrar*, *desvão*. Como bem acentua Antenor Nascentes [AN.1, 27], em outros pontos do país o /s/, nestes casos, dá lugar ao /z/.

Antes de /k/, /f/, /p/, /t/, /ʃ/ e ainda no fim de vocábulo que não se ligue ao seguinte, a letra *s* representa o fonema /ʃ/: *descampado*, *esfregar*, *respeito*, *esquivo*, *deste*, *desxadrezar*. Em outros pontos do país, segundo o autor anteriormente citado, a letra *s* nestas circunstâncias representa o fonema /s/, como na palavra *selva*.

O *s* tem o som de /z/ entre vogais nos compostos do prefixo *trans* (*transatlântico, transação, transitivo,* etc.) e na palavra *obséquio* e derivados. Em *transe* (que se grafa também *trance*), *subsídio, subsidiar, subsistir, subsistência* e outros da mesma família, o *s* pode soar como sibilante (como em *selva*) ou como /z/. Se o elemento a que se prefixa *trans-* começa por *s*, não se duplica esta consoante que será proferida como sibilante: *Transilvânia* e derivados, *transiberiano*. Com o prefixo *ob* seguido a elemento começado por *s*, este soa como sibilante: *obsessão, obsidiar*, etc. No final *-simo* (de *vigésimo, trigésimo,* etc.) soa como /z/.

Escrevendo-se *aritmética* (com *t*), é mais usual proferir esta consoante. Pode-se ainda grafar *arimética*.

O *x* tem quatro valores: 1) fricativo palatal como em *xarope*; 2) fricativo alveolar sonoro como em *exame*; 3) fricativo alveolar surdo (= ss) como em *auxílio*; 4) vale por /ks/ e /kz/ como em *anexo* e *hexâmetro*.

O *x* soa como /z/ nas palavras: *exação, exagero, exalar, exaltar, exame, exangue, exarar, exasperar, exato, exautorar, executar, êxedra, exegese, exegeta, exemplo, exéquias, exequível, exercer, exercício, exército, exaurir, exibir, exigir, exilar, exílio, exímio, existir, êxito, êxodo, exógeno, exonerar, exorar, exorbitar, exorcismo, exórdio, exornar, exótico, exuberar, exuberante, exultar, exumar, inexorável.*

Soa como /s/ em: *auxílio, máxima, Maximiliano, Maximino, máximo, próximo, sintaxe* (/s/ e não /ks/), *trouxe, trouxera, trouxer.*

Soa como /ks/ ou /kz/, conforme o caso, em: *afluxo, anexo, axila, áxis, axiômetro, complexo, convexo, crucifixo, doxologia, fixo, flexão, fluxo, hexâmetro* (também soa como /z/), *hexaedro, hexágono* (também soa como /z/), *hexassílabo, índex, intoxicar, léxico, maxilar, nexo, máxime, ônix, ortodoxo, óxido, oximoro, prolixo, oxigênio, paradoxo, reflexo, sexagenário, sexagésimo, sexo, sílex, tórax, tóxico.*

É proferido indiferentemente como /ks/ ou /s/ em: *apoplexia, axioma* e *defluxo*. Vale por /s/ no final de: *cálix, Félix, fênix* e na locução adverbial *a flux.*

O *z* em fim de palavra que não se ligue à seguinte, soa levemente chiado: *luz, conduz.* Entre os casos particulares, são de notar:

- o *ch* em *Anchieta* e derivados soa chiado;
- o *cz* de *czar* (que também pode se escrever *tzar*) deve ser proferido como /ts/; o *lh* de *Alhambra* não constitui dígrafo como em *malha*; deve-se proferir o vocábulo como se não houvesse o *h*;
- o *w* do nome *Darwin* e dos derivados (*darwinismo, darwinista,* etc.) soa como /w/,[2] o que explica a grafia com *u* nos derivados *daruinismo, daruinista.*

O *sc, xs* e *xc* soam como /s/ em palavras como *nascer, descer, crescer, excelência, exceto, excelso, excídio, excisão, excita, exsudar.*

Os encontros consonânticos devem ser pronunciados com valores fonéticos próprios, sem intercalação de /e/ ou /i/: *pseudônimo, pneumático, mnemônico, apto, elipse, absoluto, admissão, adjetivo, ritmo, afta, indigno, recepção, advogado,*

---

[2] Esta pronúncia é preferível à com /v/, embora muito pouco divulgada no Brasil.

accessível (ao lado de *acessível*), *secção* (ao lado de *seção*), *samnita*, *sublinhar* (b-li), *subliminar* (b-li). *Ectlipse* pronuncia-se [ek'tlipse].

Dígrafo

Não se há de confundir *dígrafo* ou *digrama* com encontro consonantal. *Dígrafo* é o emprego de duas letras para a representação gráfica de um só fonema já que uma delas é letra diacrítica: pa*ss*o (cf. paço), *ch*á (cf. xá), ma*nh*ã, pa*lh*a, e*n*viar, ma*n*dar.

Há dígrafos para representar consoantes e vogais nasais.[3] Os dígrafos para consoantes são os seguintes, todos inseparáveis, com exceção de *rr* e *ss*, *sc*, *sç*, *xc*:

ch: chá
lh: malha
nh: banha
sc: nascer
sç: nasça
xc: exceto
xs: exsudar ('transpirar')
rr: carro
ss: passo
qu: quero
gu: guerra

Para as vogais nasais:

am ou *an*:   campo, canto
em ou *en*:   tempo, vento
im ou *in*:   limbo, lindo
om ou *on*:   ombro, onda
um ou *un*:   tumba, tunda

Letra diacrítica

É aquela que se junta a outra para lhe dar valor fonético especial e constituir um dígrafo. Em português as letras diacríticas são *h, r, s, c, ç, u* para os dígrafos consonantais e *m* e *n* para os dígrafos vocálicos: *ch*á, ca*rr*o, pa*ss*o, *qu*ero; ca*m*po, o*n*da. Portanto, na palavra *hora* não há dígrafo.

OBSERVAÇÃO: Daí se tiram as seguintes conclusões aplicáveis à análise fonética:
1.ª) Não há ditongo em q*u*ero.
2.ª) M e n não são aqui fonemas consonânticos nasais em caMpo, oNda, mas há autores que os classificam como consoantes, por não aceitarem a existência de vogais nasais (Mattoso Câmara).
3.ª) *Qu* e *gu* se classificam como /k/ e /g/, respectivamente.

---

[3] Destas últimas não exemplifica a *NGB*.

Ortografia e ortoépia

Certos hábitos de grafia tendentes a preservar letras gregas e latinas que não constituem fonemas em português acabaram levando a que tais letras passassem a ser erradamente proferidas. Já vimos o caso do dígrafo *sc* de nascer, piscina, etc. É o que ocorre também com o latim *phlegma*, que passou ao português *fleuma, fleima*. Por motivo etimológico, persistem as grafias errôneas *fleugma, fleugmático*, onde o *g* não deve ser proferido, mas o é por influência da grafia.

Outras grafias do sistema oficial favorecem novas pronúncias que alteram a divisão silábica tradicional, como em *sublinhar* e *abrupto*, que também já se ouvem como se neles tivéssemos os grupos consonantais *-bl-* e *-br-*: su-bli-nhar e a-brup-to. No caso desta última teremos duas grafias: ab-rupto e *abrupto*, e no caso de *sublinhar* duas divisões silábicas: sub-li-nhar e su-bli-nhar.

C) PROSÓDIA

Prosódia é a parte da fonética que trata da correta acentuação e entonação dos fonemas.

A preocupação maior da prosódia é o conhecimento da sílaba *predominante*, chamada *tônica*.

Constituição da sílaba

Sílaba é um fonema ou grupo de fonemas emitido num só impulso expiratório.
Em português, o elemento essencial da sílaba é a vogal.
Quanto à sua *constituição*, a sílaba pode ser *simples*
ou *composta*, e esta última *aberta* (ou *livre*) ou *fechada* (ou *travada*).
Diz-se que a sílaba é *simples* quando é constituída apenas por uma vogal: *e, há, ah!*
Sílaba composta é a que encerra mais de um fonema: *ar* (vogal + consoante), *lei* (consoante + vogal + semivogal), *vi* (consoante + vogal), *ou* (vogal + semivogal), *mas* (consoante + vogal + consoante).

A sílaba composta é aberta (ou livre) se termina em vogal ou semivogal: *vi*; é fechada (ou travada) em caso contrário, incluindo-se a vogal nasal, porque a nasalidade também vale por um travamento de sílaba: *ar, mas, um, vãs*.

Quanto ao número de sílabas, dividem-se os vocábulos em:

a) *monossílabos* (se têm uma sílaba): *é, há, mar, de, dê*;
b) *dissílabos* (se têm duas sílabas): *casa, amor, darás, você*;
c) *trissílabos* (se têm três sílabas): *cadeira, átomo, rápido, cômodo*;
d) *polissílabos* (se têm mais de três sílabas): *fonética, satisfeito, camaradagem, inconvenientemente*.

Quanto à posição, a sílaba pode ser *inicial, medial* e *final,* conforme apareça no início, no interior ou no final do vocábulo:

fo	/	né	/	ti	/	ca
inicial		medial		medial		final

Quantidade

É a duração da vogal e da consoante. Distinguem-se as vogais e consoantes breves (se a pronúncia é rápida) das vogais e consoantes longas (se a pronúncia é demorada). Assinalamos a vogal breve com o sinal (˘), que se denomina *braquia* ou *bráquia*, e a vogal longa com o sinal (¯) chamado *mácron*: ă (*a* breve), ā (*a* longo).

Há língua em que a quantidade desempenha importante papel, para distinguir vocábulos e formas gramaticais, como em latim, em inglês ou alemão. Em latim, *rosă* (com *a breve*) não tem a mesma aplicação gramatical de *rosā* (com *a longo*), distinguindo-se, pela quantidade, o nominativo do ablativo, por exemplo. "Em inglês xĭp e xīp (que se escrevem *ship* e *sheep*) significam, respectivamente, *navio* e *carneiro*" [SA.2, 15]. Em latim, ŏs (com *o* breve) significa 'osso'; com *o* longo, ōs significa 'boca'. Os sinais ˘ e ¯ são chamados, respectivamente, *bráquia* (ou *braquia*) e *mácron*.

Em português, a quantidade é pouco sentida e não exerce notável papel na caracterização e distinção dos vocábulos e formas gramaticais. Em geral, são mais rápidas as vogais seguidas de consoante surda (*lato* / *lado*) ou de *r* vibrante múltipla (*carro* / *caro*). Só excepcionalmente alongamos vogais e consoantes, como recursos estilísticos para imprimir ênfase, e constitui um dos grandes auxiliares da oratória:

"Se pudéssemos, nós que temos experiência da vida, abrir os olhos dessas mariposinhas tontas ... Mas é inútil. Encasqueta-se-lhes na cabeça que o *amor*, o *amoor*, o *amooor* é tudo na vida, e adeus" [ML.1, 147].
BARbaridade!

Acentuação

É o modo de proferir um som ou grupo de sons com mais relevo do que outros.

Este relevo se denomina *acento*. Diz-se que o acento é de *intensidade* (acento de força, acento dinâmico, acento expiratório ou icto), quando o relevo consiste no maior esforço expiratório. Diz-se que o acento é *musical* (acento de *altura* ou *tom*), quando o relevo consiste na elevação ou maior altura da voz.

O português e as demais línguas românicas, o inglês, o alemão, são línguas de *acento de intensidade*; o latim e o grego, por outro lado, possuem *acento musical*.

O acento de intensidade se manifesta no vocábulo considerado isoladamente (acento vocabular) ou ligado na enunciação da frase (acento frásico).

Acento de intensidade

Numa palavra nem todas as sílabas são proferidas com a mesma intensidade e clareza. Em *sólida, barro, poderoso, material*, há uma sílaba que se sobressai às demais por ser proferida com mais esforço muscular e mais nitidez e, por isso, se chama *tônica*: *só*lida, *ba*rro, pode*ro*so, materi*al*. As outras sílabas se dizem *átonas* e podem estar antes (pretônicas) ou depois (postônicas) da tônica:

po	–	*de*	–	*ro*	–	*so*
átona		átona		tônica		átona
pretônica		pretônica				postônica

Dizemos que nas sílabas fortes repousa o *acento tônico* do vocábulo (*acento da palavra* ou *acento vocabular*).

Existem ainda as sílabas semifortes chamadas *subtônicas* que, por questões rítmicas, compensam o seu afastamento da sílaba tônica, fazendo que se desenvolva um acento de menor intensidade – *acento secundário*. Delas nos ocuparemos mais adiante.

Posição do acento tônico

Em português, quanto à posição do acento tônico, os vocábulos de duas ou mais sílabas podem ser:

a) *oxítonos*: o acento tônico recai na *última* sílaba: materi*al*, princi*pal*, ca*fé*;
b) *paroxítonos*: o acento recai na *penúltima* sílaba: *ba*rro, pode*ro*so, *Pe*dro;
c) *proparoxítonos*: o acento tônico recai na *antepenúltima* sílaba: *só*lida, feli*cís*simo.

OBSERVAÇÕES: Em *estudávamo-lo*, o acento tônico aparece na pré-antepenúltima sílaba, também chamada sobresdrúxula, porque os monossílabos átonos formam um todo com o vocábulo a que se ligam foneticamente. É por isso que *fá-lo* é paroxítono e *admiras-te*, proparoxítono (➚ 99).

Em português, geralmente a sílaba tônica coincide com a sílaba tônica da palavra latina de que se origina.

Há vocábulos, como os que vimos até agora, que têm individualidade fonética e, portanto, acento próprio, ao lado de outros sem essa individualidade. Ao serem proferidos acostam-se ou ao vocábulo que vem antes ou ao que os segue. Por isso, são chamados *clíticos* (que se inclinam), e serão *proclíticos* se se inclinam para o vocábulo seguinte (*o* homem, *eu* sei, *vai* ver, *mar* alto, *não* viu) ou enclíticos, se para o vocábulo anterior (vejo-*me*, dou-*a*, fiz-*lhe*).

Os clíticos são geralmente monossilábicos que, por não terem acento próprio, também se dizem *átonos*. Os monossilábicos de individualidade fonética se chamam *tônicos*.

Alguns dissílabos podem ser também clíticos ou átonos: *para* (reduzido a *pra*) ver, *quero* crer, quero *porque* quero.

A tonicidade ou atonicidade de monossílabos e de alguns dissílabos *depende sempre do acento da frase* (↗ 98).

Acento de intensidade e significado da palavra

O acento de intensidade desempenha importante papel linguístico, decisivo para a significação da palavra. Assim, *sábia* é adjetivo sinônimo de *erudita*; *sabia* é forma do pretérito imperfeito do indicativo do verbo *saber*; *sabiá* é substantivo designativo de conhecido pássaro.

Acento principal e acento secundário

Em *rapidamente*, a sílaba *ra* possui um acento de intensidade menos forte que o da sílaba *men*, e se ouve mais distintamente do que as *átonas* existentes nas palavras. Dizemos que a sílaba *men* contém o *acento principal* e *ra*, o *acento secundário* da palavra. A sílaba em que recai o acento secundário chama-se, como vimos, *subtônica*.

Geralmente ocorre o acento secundário na sílaba radical dos vocábulos polissilábicos derivados, cujos primitivos possuam acento principal: *rá*pido – rapidamente. Há de se prestar atenção em certos enganos de pronúncia de vocábulos com acento secundário: por exemplo, respeita-se o hiato de *tardiamente*, e não se acentue fortemente a sílaba inicial: *tárdiamente*.

Acento de insistência e emocional

O português também faz emprego do acento de intensidade para obter, com o chamado acento de insistência, notáveis efeitos expressivos. Entra em jogo ainda a quantidade da vogal e da consoante, pois, quando se quer enfatizar uma palavra, insiste-se mais demoradamente na sílaba tônica. Os escritores costumam indicar na grafia este alongamento enfático repetindo a vogal da sílaba tônica:

"Os dois garotos, porém, esperneiam com a mudança de mãe:
– Mentira!... Mentiiiiira!... Mentiiiiiiiiira! – berra cada um para seu lado" [HC.1, 32].

"Encasqueta-se-lhes na cabeça que o *amor*, o *amoor*, o *amooor* é tudo na vida e adeus" [ML.1, 147].

O acento de insistência pode cair noutra sílaba, diferente da tônica: ma**ra**vilhosa, **for**midável, in**te**ligente, **mi**serável.

Como bem acentua Roudet, a causa essencial do fenômeno do recuo do acento "parece ser a falta de sincronismo entre a emoção e sua expressão através da linguagem. A emoção se adianta à palavra e reforça a voz desde que as condições fonéticas o permitem" [LR.1, 252].

Este acento de insistência não tem apenas caráter emocional; adquire valor intelectual e ocorre ainda para ressaltar uma distinção, principalmente com palavras derivadas por prefixação ou expressões com preposições de sentidos opostos.

São fatos **sub**jetivos e não **ob**jetivos.
Os problemas de **im**portação e de **ex**portação.
Com dinheiro ou **sem** dinheiro.

Diz Bally que a entoação expressiva e a mímica são para quem fala um permanente comentário de suas palavras.

Acento de intensidade na frase

Isoladas, as palavras regulam sua sílaba tônica pela etimologia, isto é, pela sua origem; mas, na sucessão de vocábulos, deixa de prevalecer o acento da palavra para entrar em cena o acento da frase ou *frásico*, pertencente a cada *grupo de força*.

Chama-se *grupo de força* à sucessão de dois ou mais vocábulos que constituem um conjunto fonético subordinado a um acento tônico predominante: *A casa de Pedro / é muito grande*. Notamos aqui, naturalmente, dois grupos de força que se acham indicados por barra. No primeiro, as palavras *a* e *de* se incorporam a *casa* e *Pedro*, ficando o conjunto subordinado a um acento principal na sílaba inicial de *Pedro*, e um acento secundário na sílaba inicial de *casa*. No segundo grupo de força, as palavras *é* e *muito* se incorporam foneticamente a *grande*, ficando o conjunto subordinado a um acento principal na sílaba inicial de *grande* e outro secundário, mais fraco, na sílaba inicial de *muito*.

É quase sempre fácil determinar a sílaba tônica de cada grupo de força; o difícil é precisar, em certos casos, o ponto de divisão entre dois grupos sucessivos [NT.1, 29, n.1].

A distribuição dos grupos de força e a alternância de sílabas proferidas mais rápidas ou mais demoradas, mais fracas ou mais fortes, conforme o que temos em mente expressar, determinam certa cadência do contexto à qual chamamos *ritmo*. *Prosa* e *verso* possuem ritmo. No verso, o ritmo é essencial e específico; na prosa, apresenta-se livre, variando pela iniciativa de quem fala ou escreve.[4]

---

[4] Na língua portuguesa moderna predomina a sequência progressiva, que consiste em apresentar, de preferência, a declaração no fim (o predicado), o determinado antes do determinante, o que se torna cômodo aos interesses de compreensão do interlocutor.

Vocábulos tônicos e átonos: os clíticos

Nestes grupos de força certos vocábulos perdem seu acento próprio para unir-se a outro que os segue ou que os precede. Dizemos que tais vocábulos são *clíticos* (que se inclinam) ou *átonos* (porque se acham destituídos de seu acento vocabular). Aquele vocábulo que, no grupo de força, mantém sua individualidade fonética é chamado *tônico*. Ao conjunto se dá o nome de *vocábulo fonético*: *o rei* /urrey/; *deve estar* /devistar/.

Os clíticos se dizem *proclíticos* se precedem o vocábulo tônico a que se incorporam para constituir o grupo de força:

o‿rei // ele‿disse // bom‿livro // deve‿estar

Dizem enclíticos se vêm depois do vocábulo tônico:
disse‿me // ei‿lo // falar‿lhe

Em português são geralmente átonas e proclíticas as seguintes classes de palavras:

1) artigos (definidos ou indefinidos, combinados ou não com preposição): *o homem // um homem // do livro.*
2) certos numerais: *um livro // três velas // cem homens.*
3) pronomes adjuntos antepostos (demonstrativos, possessivos, indefinidos, interrogativos): *este livro // meu livro // cada dia // que fazer?*
4) pronomes pessoais antepostos: *ele vem // eu disse.*
5) pronomes relativos: *que livro // qual pergunta.*
6) verbos auxiliares: *quero crer // tenho dito.*
7) certos advérbios: *já vi, não posso,* etc.
8) certas preposições: *a, de, em, com, por, sem, sob, para.*
9) certas conjunções: *e, nem, ou, mas, que, se, como,* etc.

São enclíticas as formas pronominais *me, te, se, nos, vos, o, a, os, as, lhe, lhes,* quando pospostas ao vocábulo tônico.

Muitas vezes, uma palavra pode ser átona ou tônica, conforme sua posição no grupo de força a que pertence. Em *o arco desaparece*, o substantivo *arco* é tônico; em *o arco-íris*,[5] passou a átono proclítico.

Em *grande homem, alto mar*, os adjetivos são átonos; em *homem grande, mar alto*, já são os substantivos que se atonizam. Em *eu lhe disse*, os dois pronomes pessoais são átonos proclíticos; em *disse-lhe eu*, o pronome *eu* conserva seu acento próprio. Todo este conjunto de fatos são devidos a fenômenos de *fonética sintática*.

---

[5] Por isso, nos compostos, para determinação da posição do acento tônico, leva-se em consideração a última palavra. Destarte, é oxítono *couve-flor* e paroxítono *arco-íris*.

Consequência da próclise

Os vocábulos átonos proclíticos, perdendo seu acento próprio para se subordinarem ao do tônico, seguinte, resistem menos à pressa com que são proferidos, e acabam por sofrer reduções no seu volume fonético. Dentre os numerosos exemplos de próclise lembraremos aqui:

a) a passagem de hiato a ditongo, em virtude de uma vogal passar a semivogal (sinérese):
Tuas, normalmente dissilábico, tem de ser proferido com uma sílaba nos seguintes versos de Gonçalves Dias, graças à próclise:
"E à noite, quando o céu é puro e limpo,
Teu chão tinges de azul, – *tuas* ondas correm."

Boa (ou *boas*), em próclise, transforma a vogal *o* em semivogal, que chega, na língua popular, a desaparecer:
"Outros suas terras em *boa* paz regeram
Armando-as com *boas* leis, e bons preceitos" [AF.1].
"*Bas* noite nhozinho" [L. Cardoso].[6]

b) o desaparecimento da vogal da primeira sílaba de um dissílabo; *para* > *pra*: Isto é *pra* mim.
c) o desaparecimento da sílaba final de um dissílabo:

1) *santo* > *são* (diante dos nomes começados por consoante): *São* Paulo, *São* Pedro, *São* Jorge, *São* Sebastião (mas *Santo* Henrique, *Santo* Heriberto, *Santo* Hermenegildo, *Santo* Hilário de Poitiers);[7]
2) *cento* > *cem*: *cem* páginas;
3) *grande* > *grã*, *grão*: *Grã*-Bretanha, *grão*-vizir;
4) *tanto* > *tão*: *tão* grande;
5) *quanto* > *quão*: *quão* belo
d) outras reduções como *senhor* > *seu*: *seu* João.

Palavras que oferecem dúvidas quanto à posição da sílaba tônica

Silabada é o erro de prosódia que consiste na deslocação do acento tônico de uma palavra. Ignorar qual é a sílaba tônica de uma palavra, diz Gonçalves Viana, é ficar na impossibilidade de proferi-la.

---

[6] Exemplos extraídos de [SS.2, 97-98].
[7] Conhecem-se poucas exceções, entre outras: *Santo Tirso*, *Santo Tomás de Cori*, *Santo Cristo*, *Santo Deus*. Se entre santo e o nome próprio se interpõe uma palavra, não ocorrerá a redução: *S. Frei Gil* ler-se-á *Santo Frei Gil*.
OBSERVAÇÃO: Em se tratando de plural alusivo a santos diferentes, usa-se apenas a forma *santos*: *Santos* Cosme e Damião (ou *São* Cosme e *São* Damião).

Numerosas palavras existem que oferecem dúvidas quanto à posição da sílaba tônica.

São *oxítonas*:
aloés, cateter, Cister, harém, Gibraltar, Gulbenkian, masseter, faz-se mister (= necessário), Nobel, novel, recém, refém, ruim, sutil, ureter.

São *paroxítonas*:
acórdão, âmbar, ambrosia (doce), avaro, aziago, barbaria, berbere, cânon, caracteres, cartomancia, ciclope, edito (lei, decreto), Epifania,[8] exegese, filantropo, fluido (*ui* ditongo), fortuito (*ui* ditongo), gratuito (*ui* ditongo), harpia, ibero, impio (cruel), inaudito, látex, levedo (subst. e verbo), maquinaria, misantropo, necropsia, Normandia, onagro (tb. ônagro), oximoro (tb. oximóron), Pandora, Pólux, pudico, rubrica, quiromancia, simulacro.

São *proparoxítonas* (incluindo-se os vocábulos terminados por ditongo crescente) (➚ 76).

aeródromo, aerólito, álcali, álcool, alcoólatra, *alibi* (lat.), alvíssaras, âmago, amálgama, ambrósia (planta), anátema, andrógino, antídoto, arquétipo, autóctone, barbárie, boêmio (adj.), brâmane, cáfila, condômino, crisântemo, década, díptero, écloga, édito (ordem judicial), Éfeso, êmbolo, epíteto, épsilon, escâncaras (às), *excipit* (lat.), êxodo, fac-símile, fíbula, idólatra, ímpio (sem fé), ímprobo, *incipit* (lat.), ínclito, iníquo, ínterim, lêvedo (adj.), máxime ou *maxime* (lat.), Pégaso, Péricles, Ésquilo, périplo, plêiade (-a), protótipo, Tâmisa, trânsfuga, vândalo.

Palavras que admitem dupla prosódia

acróbata ou acrobata; alópata ou alopata; ambrósia ou ambrosia; bênção ou benção; boêmia ou boemia; crisântemo ou crisantemo; geodésia ou geodesia; hieróglifo ou hieroglifo; homília ou homilia; nefelíbata ou nefelibata; Oceânia ou Oceania; ômega ou omega; ortoépia ou ortoepia; projétil ou projetil; réptil ou reptil; reseda (ê) ou resedá; sóror ou soror; zângão ou zangão; zênite ou zenite.

D) ORTOGRAFIA

A ortografia (➚ 60) é o sistema de representação convencional de uma língua na sua vertente escrita. A este sistema de representar a grafia de cada palavra chegam os estudiosos técnicos levando em conta a lição dos critérios fonéticos, fonológicos, morfológicos, sintáticos, etimológicos e de tradição cultural. Como esse sistema não deve ser entendido como a só representação da fala, não pode ter como guia

---

[8] Epifania: festa dos reis magos.

exclusivo a fonética, nem tampouco a etimologia, isto é, a origem da palavra. Toda língua de cultura que adotar exclusivamente um desses critérios perderá, entre outras, a possibilidade de distinguir palavras homófonas (*passo* e *paço*; *cozer* e *coser*), o que promoveria o caos na língua. Por isso, propor sistemas ortográficos é tarefa exclusiva de técnicos. A língua portuguesa, como ocorre com qualquer outra, conheceu diversas propostas ortográficas até chegar à atual de 1990, comum a todos os países integrantes do grupo lusófono, explicitadas as pequenas diferenças fonéticas existentes entre eles. Como nos ensinou Bréal, quando uma língua se espraia por vasto território, é a língua escrita que lhe garante a unidade essencial [MBr. 2, 51].

I - Alfabeto

1) O alfabeto português consta fundamentalmente de 26 letras: *a, b, c, d, e, f, g, h, i, j, k, l, m, n, o, p, q, r, s, t, u, v, w, x, y, z*.

II - K, W, Y

2) Empregam-se em abreviaturas e símbolos, bem como em palavras estrangeiras de uso internacional: *K* = potássio; *Kr* = criptônio; *kg* = quilograma; *km* = quilômetro; *kw* = quilowatt; *kwh* = quilowatt-hora; *W* = oeste ou wolfrâmio (tungstênio); *w* = watt; *ws* = watt-segundo; *Y* = ítrio; *yd* = jarda (*yard*, inglês), etc.

3) Os derivados portugueses de nomes próprios estrangeiros devem escrever-se de acordo com as formas primitivas: *frankliniano, kantismo, darwinismo, wagneriano, zwinglianista, byroniano, taylorista*, etc.

4) O *k* é substituído por *qu* antes de *e* e *i* e por *c* antes de outra qualquer letra: *breque, caqui, faquir, níquel, caulim*, etc.

5) O *w* substitui-se, em palavras portuguesas ou aportuguesadas, por *u* ou *v*, conforme o seu valor fonético: *sanduíche, talvegue, visigodo*, etc.

6) O *k* é uma consoante, tal como o *c* antes de *a, o, u* e o dígrafo *qu* de *quero*. O *w* é uma vogal ou semivogal pronunciado como /u/ em palavras de origem inglesa: *watt-hora, whisky, waffle, Wallace, show*. E é consoante como o nosso /v/ em palavras de origem alemã: *Walter, Wagner, wagneriano*. No nome do célebre naturalista inglês *Darwin* soa como /v/, pronúncia mais geral, ou como /u/. O *y* é um som vocálico pronunciado como /i/ com função de vogal ou semivogal: *yacht* (= certo tipo de embarcação), *yard* (= jarda), *yaki-mono* (= cerâmica japonesa), *yen* (= unidade monetária, e moeda, do Japão), *yenita* (= certo mineral).

III - H

7) Esta letra não é propriamente consoante, mas um símbolo que, em razão da etimologia e da tradição escrita do nosso idioma, se conserva no princípio de

várias palavras e no fim de algumas interjeições: *haver, hélice, hidrogênio, hóstia, humildade; hã!, hem?, puh!, ah!, ih!, oh!*, etc.

OBSERVAÇÃO: Não se escreve com *h* final a interjeição de chamamento ou apelo *ó*: *Ó José, vem aqui!; Ó Laura, pare com isso!*

8) No interior do vocábulo, só se emprega em dois casos: quando faz parte do *ch*, do *lh* e do *nh*, que representam fonemas palatais, e nos compostos em que o segundo elemento, com *h* inicial etimológico, se une ao primeiro por meio do hífen: *chave, malho, rebanho, anti-higiênico, contra-haste, pré-histórico, sobre-humano*, etc.

OBSERVAÇÕES: a) Nos compostos sem hífen, elimina-se o *h* do segundo elemento: *anarmônico, coabitar, coonestar, desarmonia, exausto, inabilitar, lobisomem, reaver,* etc. b) Nos casos em que não houver perda do som da vogal final do 1.º elemento, e o elemento seguinte começar com *h*, serão usadas as duas formas gráficas: *bi-hebdomadário* e *biebdomadário; carbo-hidrato* e *carboidrato; zoo-hematina* e *zooematina; geo-história* e *geoistória*. Já quando houver perda do som da vogal final do 1.º elemento, consideraremos que a grafia consagrada deve ser mantida: *cloridrato, cloridria, clorídrico, quinidrona, sulfidrila, xilarmônica, xilarmônico*. Devem ficar como estão as palavras que já são de uso consagrado, como *reidratar, reumanizar, reabituar, reabitar, reabilitar* e *reaver*.

9) No futuro do indicativo e no condicional, não se usa o *h* no último elemento, quando há pronome intercalado: *amá-lo-ei, dir-se-ia*, etc.
10) Quando a etimologia o não justifica, não se emprega: *arpejo* (substantivo), *ombro, ontem*, etc. E mesmo que o justifique, não se escreve no fim de substantivos nem no começo de alguns vocábulos que o uso consagrou sem este símbolo, *andorinha, erva, felá, inverno*, etc.
11) Não se escreve *h* depois de *c* (salvo o disposto no n.º 8) nem depois de *p*, *r* e *t*: o *ph* é substituído por *f*, o *ch* (gutural) por *qu* antes de *e* ou *i* e por *c* antes de outra qualquer letra: *corografia, cristão; querubim, química; farmácia, fósforo; retórica, ruibarbo; teatro, turíbulo*, etc.

IV - Consoantes mudas

12) Não se escrevem as consoantes que se não proferem: *asma, assinatura, ciência, diretor, ginásio, inibir, inovação, ofício*, e não *asthma, assignatura, sciencia, director, gymnasio, inhibir, innovação, officio*. E conservam-se as consoantes nos casos em que são invariavelmente proferidas nas pronúncias cultas da língua: *compacto, convicção, ficção; adepto, apto*, etc.

OBSERVAÇÃO: Escreve-se, porém, o *s* em palavras como *descer, florescer, nascer,* etc., e o *x* em vocábulos como *exceto, excerto,* etc., apesar de nem sempre se pronunciarem essas consoantes.

13) Em sendo mudo o *p* no grupo *mpc* ou *mpt*, escreve-se *nc* ou *nt*: *assuncionista, assunto, presunção, prontificar,* etc.
14) Em vocábulos cujas consoantes facultativamente se pronunciam, escreve-se preferencialmente o de uso mais generalizado. Assim, serão consignados, além de outros, estes: *aspecto* e *aspeto, característico* e *caraterístico, circunspecto* e *circunspeto, contacto* e *contato, corrupção* e *corrução, corruptela* e *corrutela, dactilografia* e *datilografia, expectativa* e *expetativa, optimismo* e *otimismo, respectivo* e *respetivo, secção* e *seção, sinóptico* e *sinótico, sumptuoso* e *suntuoso, tacto* e *tato*. Escreve-se *Egito*, mas *egípcio*, por ser neste último pronunciado o *p*.

V - SC

15) Elimina-se o *s* do grupo inicial *sc*: *cena, cenografia, ciência,* etc.
16) Os compostos dessa classe de vocábulos, quando são formados em nossa língua, são escritos sem o *s* antes do *c*: *anticientífico, contracenar, encenação,* etc.; mas, quando vieram já formados para o vernáculo, conservam o *s*: *consciência, cônscio, imprescindível, prescindir, rescindir, rescisão,* etc.

VI - Letras dobradas

17) Escrevem-se *rr* e *ss* quando, entre vogais, representam os sons simples do *r* e *s* iniciais; e *cc* ou *cç* quando o primeiro soa distintamente do segundo: *carro, farra, massa, passo; convicção, occipital,* etc.
18) Duplicam-se o *r* e o *s* todas as vezes que a um elemento de composição terminado em vogal se segue, sem interposição do hífen, palavra começada por uma daquelas letras: *arritmia, corréu, prerrogativa, pressentir, ressentimento, sacrossanto,* etc.

VII - Vogais nasais

19) As vogais nasais são representadas no fim dos vocábulos por *ã* (*ãs*), *im* (*ins*), *om* (*ons*), *um* (*uns*): *afã, cãs, flautim, folhetins, semitom, tons, tutum, zum-zuns,* etc.
20) O *ã* pode figurar na sílaba tônica, pretônica ou átona: *ãatá, cristãmente, irmãmente, maçã, manhãzinha, órfã, romãzeira,* etc.
21) Quando aquelas vogais são iniciais ou mediais, a nasalidade é expressa por *m* antes de *b* e *p*, e por *n* antes de outra qualquer consoante: *ambos, campo; contudo, enfim, enquanto, homenzinho, nuvenzinha, vintenzinho,* etc.

VIII - Ditongos

22) Os ditongos orais escrevem-se com a subjuntiva *i* ou *u*: *aipo, cai, cauto, degraus, dei, fazeis, ideia, mausoléu, neurose, retorquiu, rói, sois, sou, souto, uivo, usufrui*, etc.

OBSERVAÇÃO: Escrevem-se com *i*, e não com *e*, a forma verbal *fui*, a 2.ª e 3.ª pess. do sing. do pres. ind. e a 2.ª do sing. do imper. dos verbos terminados em *-uir*: *aflui, fruis, retribuis*, etc.

23) O ditongo *ou* alterna, em numerosos vocábulos, com *oi*: *balouçar* e *baloiçar, calouro* e *caloiro, dourar* e *doirar*, etc. Escreve-se, preferencialmente, o de uso mais generalizado.

24) Escrevem-se assim os ditongos nasais: *ãe, ãi, ão, am, em, en(s), õe, ui* (proferido *ũi*): *mãe, pães, cãibra, acórdão, irmão, leãozinho, amam, bem, bens, devem, põe, repões, muito*, etc.

OBSERVAÇÕES:
a) Dispensa-se o til do ditongo nasal *ui* em *mui* e *muito*.
b) Com o ditongo nasal *ão* se escrevem os monossílabos, tônicos ou não, e os polissílabos oxítonos: *cão, dão, não, quão; então, irmão, viverão*, etc.
c) Também se escrevem com o ditongo *ão* os substantivos e adjetivos paroxítonos, acentuando-se, porém, a sílaba tônica: *órfão, órgão, sótão*, etc.
d) Nas formas verbais anoxítonas se escreve *am*: *amaram, deveram, partiram*, etc.
e) Com o ditongo nasal *ãe* se escrevem os vocábulos oxítonos e os seus derivados; e os anoxítonos primitivos grafam-se com o ditongo *ãi*: *capitães, mães, pãezinhos; cãibra[9], cãibro, zãibo*, etc.
f) O ditongo nasal *ẽi(s)* escreve-se *em* ou *en(s)* assim nos monossílabos como nos polissílabos de qualquer categoria gramatical: *bem, convém, convéns, virgem, virgens*, etc.

25) Os encontros vocálicos átonos e finais que podem ser pronunciados como ditongos crescentes escrevem-se da seguinte forma: *ea* (áurea), *eo* (cetáceo), *ia* (colônia), *ie* (espécie), *io* (exímio), *oa* (nódoa), *ua* (contínua), *ue* (tênue), *uo* (tríduo), etc.

IX - Hiatos

26) A 1.ª, 2.ª, 3.ª pess. do sing. do pres. subj. e a 3.ª pess. do sing. do imper. dos verbos em *oar* escrevem-se com *oe* e não *oi*: *abençoe, amaldiçoes, soe (soar)*, etc.

27) As três pessoas do sing. do pres. subj. e a 3.ª do sing. do imper. dos verbos em *uar* escrevem-se com *ue*, e não *ui*: *cultue, habitues, sue (suar)*, etc.

---

[9] A variante *câimbra* é uma forma não recomendada que se difundiu na língua, especialmente entre os brasileiros. Assim como não devemos usar *zâimbo* por *zãibo* (= estrábico; de pernas tortas).

X - Parônimos e vocábulos de grafias diferentes

28) Deve-se fazer a mais rigorosa distinção entre os vocábulos parônimos e os de grafia diferente que se escrevem com *e* ou com *i*, com *o* ou com *u*, com *c* ou *q*, com *ch* ou *x*, com *g* ou *j*, com *s*, *ss* ou *c*, *ç*, com *s* ou *x*, com *s* ou *z* e com os diversos valores do *x*:

1.º) com *i*: *acriano, camoniano, torriense* (em vez das antigas *acreano, camoneano, torreense*); ou com *e*: *coreano, daomeano, guineense*.
2.º) com *o* ou com *u*: *frágua, lugar, mágoa, manuelino, polir, tribo, urdir, veio* (verbo ou substantivo), etc.
3.º) com *c* ou com *q*: *quatorze* (seguido de *catorze*), *cinquenta, quociente* (seguido de *cociente*), etc.
4.º) com *ch* ou com *x*: *anexim, bucha, charque, chimarrão, faxina, flecha, tachar* (= notar; censurar), *taxar* (= determinar a taxa; regular), etc.
5.º) com *g* ou com *j*: *estrangeiro, jenipapo, genitivo, gíria, jeira, jeito, jiboia, jirau, laranjeira, lojista, majestade, viagem* (s.f.), *viajem* (do verbo *viajar*), etc.
6.º) com *s*, *ss* ou com *c*, *ç*: *ânsia, anticéptico, boça* (= cabo de navio), *bossa* (= protuberância; aptidão), *bolçar* (= vomitar), *bolsar* (= fazer bolsos), *caçula, censual* (= relativo a censo), *sensual* (= lascivo), etc.

OBSERVAÇÃO: Não se emprega *ç* em início de palavras.

7.º) com *s* ou com *x*: *espectador* (= testemunha), *expectador* (= pessoa que tem esperança), *experto* (= perito; experimentado), *esperto* (= ativo; acordado), *esplêndido, esplendor, extremoso, flux* (= na locução *a flux*), *justafluvial, justapor, misto*, etc.
8.º) com *s* ou com *z*: *alazão, alcaçuz* (= planta), *alisar* (= tornar liso), *alizar* (s.m.), *anestesiar, autorizar, bazar, coliseu, comezinho, cortês, dissensão, empresa, esfuziar, esvaziamento, frenesi* (seguido de *frenesim*), *guizo* (s.m.), *irisar* (= dar as cores do íris a), *irizar* (= atacar [o iriz] o cafezeiro), *narcisar-se, obséquio, prioresa, rizotônico, sacerdotisa, tapiz, trânsito, xadrez*, etc.

OBSERVAÇÕES:
a) É sonoro o *s* de *obséquio* e seus derivados, bem como o do prefixo *trans*, em se lhe seguindo vogal; quando, porém, a esse prefixo se segue palavra iniciada por *s*, só se escreve um, que se profere como se fora dobrado: *obsequiar* (ze), *transoceânico* (zo), *transecular* (se), *transubstanciação* (su), etc.
b) No final de sílaba átona, seja no interior, seja no fim do vocábulo, emprega-se o *s* em lugar do *z*: *asteca, endes, mesquita*, etc.

29) O *x* continua a escrever-se com os seus cinco valores, bem como nos casos em que pode ser mudo, como em *exceto, excerto*, etc. Tem, pois, o som de:
1.º) *ch*, no princípio e o no interior de muitas palavras: *xerife, xícara, ameixa; enxoval*, etc.
2.º) *cs*, no meio e no fim de várias palavras: *anexo, látex, tórax*, etc.

3.º) *z*, quando ocorre no prefixo *exo*, ou *ex* seguido de vogal: *exame, êxito, êxodo, exosmose, exotérmico*, etc.
4.º) *ss*: *aproximar, auxiliar, máximo, proximidade, sintaxe*, etc.
5.º) *s* final de sílaba: *contexto, fênix, pretextar, sexto, textual*, etc.

30) No final de sílabas iniciais e interiores se deve empregar o *s* em vez do *x*, quando não o precede a vogal *e*: *justafluvial, justaposição, misto, sistino*, etc.

31) Adotaremos a grafia que seja mais conforme à etimologia do vocábulo e à sua história, mas que esteja em harmonia com a prosódia geral dos brasileiros, nem sempre idêntica à lusitana. P.ex.: *judô* (no Br.) e *judo* (em Port.); *metrô* (no Br.) e *metro* (em Port.); *pônei* (no Br.) e *pónei* (em Port.).

XI - Nomes próprios

32) Os nomes próprios personativos, locativos e de qualquer natureza, sendo portugueses ou aportuguesados, estão sujeitos às mesmas regras estabelecidas para os nomes comuns.

33) Para salvaguardar direitos individuais, quem o quiser manterá em sua assinatura a forma consuetudinária. Poderá também ser mantida a grafia original de quaisquer firmas, sociedades, títulos e marcas que se achem inscritos em registro público.

OBSERVAÇÃO: Não sendo o próprio que assine o nome com a grafia e a acentuação do modo como foi registrado, a indicação do seu nome obedecerá às regras estabelecidas pelo sistema ortográfico vigente para os nomes comuns: *Fundação Casa de Rui Barbosa* (o notável jurista baiano assinava *Ruy*).

34) Os topônimos de origem estrangeira devem ser usados com as formas vernáculas de uso vulgar; e quando não têm formas vernáculas, transcrevem-se consoante as normas estatuídas pela Conferência de Geografia de 1926 que não contrariarem os princípios estabelecidos aqui.

35) Os topônimos de tradição histórica secular não sofrem alteração alguma na sua grafia, quando já esteja consagrada pelo consenso diuturno dos brasileiros. Sirva de exemplo o topônimo *Bahia*, que conservará esta forma quando se aplicar em referência ao Estado e à cidade que têm esse nome.

OBSERVAÇÃO: Os compostos e derivados desses topônimos obedecerão às normas gerais do vocabulário comum: *baiano, baianês*.

XII - Acentuação gráfica

Ver *Regras de acentuação* na página 122.

XIII - Apóstrofo

36) Limita-se o emprego do apóstrofo aos seguintes casos:

1.º) Faz-se uso do apóstrofo para cindir graficamente uma contração ou aglutinação vocabular, quando um elemento ou fração respectiva pertence propriamente a um conjunto vocabular distinto: *d'Os Lusíadas, d'Os Sertões; n'Os Lusíadas, n'Os Sertões; pel'Os Lusíadas, pel'Os Sertões*. Nada obsta, contudo, a que estas escritas sejam substituídas por empregos de preposições íntegras, se o exigir razão especial de clareza, expressividade ou ênfase: *de Os Lusíadas, em Os Lusíadas, por Os Lusíadas*, etc.
As cisões indicadas são análogas às dissoluções gráficas que se fazem, embora sem emprego do apóstrofo, em combinações da preposição *a* com palavras pertencentes a conjuntos vocabulares imediatos: a *A Relíquia*, a *Os Lusíadas* (exemplos: Importância atribuída a *A Relíquia*; Recorro a *Os Lusíadas*). Em tais casos, como é óbvio, entende-se que a dissolução gráfica nunca impede na leitura a combinação fonética: *a A = à, a Os = aos*, etc.

2.º) Pode cindir-se por meio do apóstrofo uma contração ou aglutinação vocabular, quando um elemento ou fração respectiva é forma pronominal e se lhe quer dar realce com o uso da maiúscula: *d'Ele, n'Ele, d'Aquele, n'Aquele, d'O, n'O, pel'O, m'O, t'O, lh'O*, casos em que a segunda parte, forma masculina, é aplicável a Deus, a Jesus, etc.; *d'Ela, n'Ela, d'Aquela, n'Aquela, d'A, n'A, pel'A, m'A, t'A, lh'A*, casos em que a segunda parte, forma feminina, é aplicável à mãe de Jesus, à Providência, etc. Exemplos frásicos: *Confiamos n'O que nos salvou; Esse milagre revelou-m'O; Está n'Ela a nossa esperança; Pugnemos pel'A que é nossa padroeira*. À semelhança das cisões indicadas, pode dissolver-se graficamente, posto que sem uso do apóstrofo, uma combinação da preposição *a* com uma forma pronominal realçada pela maiúscula: *a O, a Aquele, a Aquela* (entendendo-se que a dissolução gráfica nunca impede na leitura a combinação fonética: *a O = ao, a Aquela = àquela*, etc.). Exemplos frásicos: *A O que tudo pode, A Aquela que nos protege*.

3.º) Emprega-se o apóstrofo nas ligações das formas *santo* e *santa* a nomes do hagiológio, quando importa representar a elisão das vogais finais *o* e *a*: *Sant'Ana, Sant'Iago*, etc. É, pois, correto escrever: *Calçada de Sant'Ana, Rua de Sant'Ana; culto de Sant'Iago, Ordem de Sant'Iago*. Mas se as ligações deste gênero, como é o caso destas mesmas palavras *Sant'Ana* e *Sant'Iago*, se tornam perfeitas unidades mórficas, aglutinam-se os dois elementos: *Fulano de Santana, ilhéu de Santana, Santana de Parnaíba; Fulano de Santiago, ilha de Santiago, Santiago do Cacém*. Em paralelo com a grafia *Sant'Ana* e congêneres, emprega-se também o apóstrofo nas ligações de duas formas antroponímicas, quando é necessário indicar que na primeira se elide um *o* final: *Nun'Álvares, Pedr'Eanes*.
Note-se que nos casos referidos as escritas com apóstrofo, indicativas de elisão, não impedem, de modo algum, as escritas sem apóstrofo: *Santa Ana, Nuno Álvares, Pedro Eanes*, etc.

4.º) Emprega-se o apóstrofo para assinalar, no interior de certas formações, a elisão do *e* da preposição *de*, em combinação com substantivos: *borda-d'água, cobra-d'água, copo-d'água* (= certo tipo de planta; espécie de lanche), *estrela-d'alva, galinha-d'água, mãe-d'água, pau-d'água* (= certa árvore; bêbado), *pau-d'alho, pau-d'arco, pau-d'óleo.*

5.º) O apóstrofo é usado para indicar a supressão de uma letra ou letras no verso, por exigência da metrificação: *c'roa, esp'rança, of'recer, 'star*, etc.

6.º) Também para reproduzir certas pronúncias populares: *'tá, 'teve*, etc.

Restringindo-se o emprego do apóstrofo a esses casos, cumpre não se use dele em nenhuma outra hipótese. Assim, não será empregado:

A) Nas combinações das preposições *de* e *em* com as formas do artigo definido, com formas pronominais diversas e com formas adverbiais [excetuando o que se estabeleceu nos itens 1.º e 2.º]. Tais combinações são representadas:

  a) Por uma só forma vocabular, se constituem, de modo fixo, uniões perfeitas: i) *do, da, dos, das; dele, dela, deles, delas; deste, desta, destes, destas, disto; desse, dessa, desses, dessas, disso; daquele, daquela, daqueles, daquelas, daquilo; destoutro, destoutra, destoutros, destoutras; dessoutro, dessoutra, dessoutros, dessoutras; daqueloutro, daqueloutra, daqueloutros, daqueloutras; daqui; daí; dali; dacolá; donde; dantes* (= antigamente); ii) *no, na, nos, nas; nele, nela, neles, nelas; neste, nesta, nestes, nestas; nisto; nesse, nessa, nesses, nessas, nisso; naquele, naquela, naqueles, naquelas, naquilo; nestoutro, nestoutra, nestoutros, nestoutras; nessoutro, nessoutra, nessoutros, nessoutras; naqueloutro, naqueloutra, naqueloutros, naqueloutras; num, numa, nuns, numas; noutro, noutra, noutros, noutras, noutrem; nalgum, nalguma, nalguns, nalgumas, nalguém.*

  b) Por uma ou duas formas vocabulares, se não constituem, de modo fixo, uniões perfeitas (apesar de serem correntes com esta feição em algumas pronúncias): *de um, de uma, de uns, de umas* ou *dum, duma, duns, dumas; de algum, de alguma, de alguns, de algumas, de alguém, de algo, de algures, de alhures* ou *dalgum, dalguma, dalguns, dalgumas, dalguém, dalgo, dalgures, dalhures; de outro, de outra, de outros, de outras, de outrem, de outrora* ou *doutro, doutra, doutros, doutras, doutrem, doutrora; de aquém* ou *daquém; de além* ou *dalém; de entre* ou *dentre.*

De acordo com os exemplos deste último tipo, tanto se admite o uso da locução adverbial *de ora avante* como do advérbio que representa a contração dos seus três elementos: *doravante.*

B) Nas combinações dos pronomes pessoais: *mo, ma, mos, mas, to, ta, tos, tas, lho, lha, lhos, lhas, no-lo, no-los, no-la, no-las, vo-lo, vo-la, vo-los, vo-las.*

C) Nas expressões vocabulares que se tornaram unidades fonéticas e semânticas: *dessarte, destarte, homessa, tarrenego, tesconjuro, vivalma*, etc.

D) Nas expressões de uso constante e geral na linguagem vulgar: *co, coa, ca, cos, cas, coas* (= com o, com a, com os, com as), *plo, pla, plos, plas* (= pelo, pela, pelos, pelas), *pra* (= para), *pro, pra, pros, pras* (= para o, para a, para os, para as), etc.

OBSERVAÇÕES:
a) Evite-se a repetição do artigo: *por O Globo* (em vez de *pelo O Globo*), *em A Ordem*, em vez de *na A Ordem*, etc.
b) Deve-se evitar a prática *dos Lusíadas, na Ordem*, porque altera o título da obra ou da publicação.
c) Os tratados de ortografia, bem como alguns gramáticos modernos, têm condenado o emprego da combinação de preposição, especialmente *de*, com artigo, pronome e vocábulo iniciado por vogal pertencente a sujeito, em construções do tipo sintático *Está na hora da onça beber água*. Trata-se de uma interferência indébita na ortografia na seara da sintaxe. A discussão disto se acha na página 595 e seguintes.

XIV - Hífen

37) Nos compostos:
1.º) Emprega-se o hífen nos compostos sem elemento de ligação quando o 1.º termo, por extenso ou reduzido, está representado por forma substantiva, adjetiva, numeral ou verbal: *ano-luz, arco-íris, decreto-lei, és-sueste, joão-ninguém, médico-cirurgião*[10], *mesa-redonda, rainha-cláudia, tenente-coronel, tio-avô, zé-povinho, afro-asiático, afro-luso-brasileiro, azul-escuro, amor-perfeito, boa-fé, forma-piloto, guarda-noturno, luso-brasileiro, má-fé, mato-grossense, norte-americano, seu-vizinho* (dedo anelar), *social-democracia, sul-africano, primeiro-ministro, segunda-feira, conta-gotas, finca-pé, guarda-chuva, vaga-lume, porta-aviões, porta-retrato*.

OBSERVAÇÕES:
a) As formas empregadas adjetivamente do tipo *afro-, anglo-, euro-, franco-, indo-, luso-, sino-* e assemelhadas continuarão a ser grafadas **sem hífen** em empregos em que só há uma etnia: *afrodescendente, anglofalante, anglomania, eurocêntrico, eurodeputado, lusofonia, sinologia*, etc. Porém escreve-se com hífen quando houver mais de uma etnia: *afro-brasileiro, anglo-saxão, euro-asiático*, etc.
b) Com o passar do tempo, alguns compostos perderam a noção de composição, e passaram a se escrever aglutinadamente, como é o caso de: *girassol, madressilva, pontapé, sanguessuga*, etc. Já se escrevem aglutinados: *paraquedas, paraquedistas* (e afins, *paraquedismo, paraquedístico*) e *mandachuva*.

Os outros compostos com a forma verbal *para-* seguirão sendo separados por hífen conforme a tradição lexicográfica: *para-brisa(s), para-choque, para-lama(s)*, etc.

---

[10] Usa-se o hífen: quando no composto houver duas atividades de áreas diferentes: *engenheiro-agrônomo, médico-legista*; quando o segundo elemento do composto denota seriação ou hierarquia: *secretário-geral, diretor-executivo*; quando um substantivo estiver determinando outro: *língua-mãe, língua-padrão, tabela-gabarito*. Se o segundo elemento do composto denota os diversos graus de uma carreira, não se usa o hífen: *professor assistente, professor adjunto, professor titular*, etc.

Os outros compostos com a forma verbal *manda-* seguirão sendo separados por hífen conforme a tradição lexicográfica: *manda-lua, manda-tudo.*

A tradição ortográfica também usa o hífen em outras combinações vocabulares: *abaixo-assinado, assim-assim, ave-maria, salve-rainha.*

Os compostos formados com elementos repetidos, com ou sem alternância vocálica ou consonântica, por serem compostos representados por formas substantivas sem elemento de ligação, ficarão hifenados: *blá-blá-blá, lenga-lenga, reco-reco, tico-tico, zum-zum-zum, pingue-pongue, tique-taque, trouxe-mouxe, xique-xique* (= chocalho; cf. *xiquexique* = planta), *zás-trás, zigue-zague,* etc. Os derivados, entretanto, não serão hifenizados: *lengalengar, ronronar, zunzunar,* etc. Não se separam por hífen as palavras com sílaba reduplicativa oriundas da linguagem infantil: *babá, titio, vovó, xixi,* etc.

Serão escritos **com hífen** os compostos entre cujos elementos há o emprego do apóstrofo: *mestre-d'armas, olho-d'água,* etc.

2.º) Emprega-se o hífen nos compostos sem elemento de ligação quando o 1.º elemento está representado pelas formas *além, aquém, recém, bem* e *sem*: *além-Atlântico, além-mar, aquém-Pireneus, recém-casado, recém-nascido, bem-estar, bem-humorado, bem-dito, bem-dizer, bem-vestido, bem-vindo, sem-cerimônia, sem-vergonha, sem-terra.*

OBSERVAÇÃO: Em muitos compostos o advérbio *bem* aparece aglutinado ao segundo elemento, quer este tenha ou não vida à parte, quando o significado dos termos é alterado: *bendito* (= abençoado), *benfazejo, benfeito* [subst.] (= benefício); cf. *bem-feito* [adj.] = feito com capricho, harmonioso, e *bem feito!* [interj.], *benfeitor, benquerença* e afins: *benfazer, benfeitoria, benquerer, benquisto, benquistar.*

3.º) Emprega-se o hífen nos compostos sem elemento de ligação quando o 1.º elemento está representado pela forma *mal* e o 2.º elemento começa por *vogal, h* ou *l*: *mal-afortunado, mal-entendido, mal-estar, mal-humorado, mal-informado, mal-limpo.* Porém: *malcriado, malgrado, malvisto,* etc.

OBSERVAÇÃO: *Mal* com o significado de 'doença' grafa-se com hífen: *mal-caduco* (= epilepsia), *mal-francês* (= sífilis), desde que não haja elemento de ligação. Se houver, não se usará hífen: *mal de Alzheimer.*

4.º) Emprega-se o hífen nos nomes geográficos compostos pelas formas *grã, grão,* ou por forma verbal ou, ainda, naqueles ligados por artigo: *Grã-Bretanha, Abre-Campo, Passa-Quatro, Quebra-Costas, Traga-Mouro, Baía de Todos-os-Santos, Entre-os-Rios, Montemor-o-Novo, Trás-os-Montes.*

OBSERVAÇÕES:

a) Os outros nomes geográficos compostos escrevem-se com os elementos separados, sem o hífen: *América do Sul, Belo Horizonte, Cabo Verde, Castelo Branco, Freixo de Espada à Cinta*, etc. Os topônimos *Guiné-Bissau* e *Timor-Leste* são, contudo, exceções consagradas.

b) Serão hifenizados os adjetivos gentílicos (ou seja, adjetivos que se referem ao lugar onde se nasce) derivados de nomes geográficos compostos que contenham ou não elementos de ligação: *belo-horizontino, mato-grossense-do-sul, juiz-forano, cruzeirense-do-sul, alto-rio-docense*.

c) Escreve-se com hífen *indo-chinês*, quando se referir à Índia e à China, ou aos indianos e chineses, diferentemente de *indochinês* (sem hífen), que se refere à Indochina.

5.º) Emprega-se o hífen nos compostos que designam espécies botânicas (planta e fruto) e zoológicas, estejam ou não ligadas por preposição ou qualquer outro elemento: *abóbora-menina, andorinha-do-mar, andorinha-grande, bem-me--quer* (mas *malmequer*), *bem-te-vi, bênção-de-deus, cobra-capelo, couve-flor, dente-de-cão, erva-doce, erva-do-chá, ervilha-de-cheiro, feijão-verde, formiga--branca, joão-de-barro, lesma-de-conchinha*.

OBSERVAÇÃO: Os compostos que designam espécies botânicas e zoológicas grafados com hífen pela norma acima não serão hifenizados quando tiverem aplicação diferente dessas espécies. Por exemplo: *bola-de-neve* (com hífen) com o significado de 'arbusto europeu', e *bola de neve* (sem hífen) significando 'aquilo que toma vulto rapidamente'; *bico-de-papagaio* (com hífen) referindo-se à planta, e *bico de papagaio* (sem hífen) com o significado de 'nariz aduncо' ou 'formação óssea anormal'; *não-me-toques* (com hífen) quando se refere a certas espécies de plantas, e *não me toques* (sem hífen) com o significado de 'melindres'.

38) Nas locuções:
Não se emprega o hífen nas locuções, sejam elas substantivas, adjetivas, pronominais, adverbiais, prepositivas ou conjuncionais, salvo algumas exceções já consagradas pelo uso (como é o caso de *água-de-colônia, arco-da-velha, cor-de-rosa, mais-que-perfeito, pé-de-meia, ao deus-dará, à queima-roupa*). Vale lembrar que, se na locução há algum elemento que já tenha hífen, será conservado este sinal: *à trouxe-mouxe, cara de mamão-macho, bem-te-vi de igreja*. Sirvam, pois, de exemplo de emprego **sem hífen** as seguintes locuções: a) Locuções substantivas: *cão de guarda, fim de semana, fim de século, sala de jantar*; b) Locuções adjetivas: *cor de açafrão, cor de café com leite, cor de vinho*; c) Locuções pronominais: *cada um, ele próprio, nós mesmos, quem quer que seja*; d) Locuções adverbiais: *à parte* (diferentemente do substantivo *aparte*), *à vontade, de mais* (locução que se contrapõe a *de menos*; escreve-se junto *demais* quando é advérbio ou pronome), *depois de amanhã, em cima, por isso*; e) Locuções prepositivas: *abaixo de, acerca de, acima de, a fim de, a par de, à parte de, apesar de, a quando de, debaixo de, enquanto a, por baixo de, por cima de, quanto a*; f) Locuções conjuncionais: *a fim de que, ao passo que, contanto que, logo que, visto que*.

OBSERVAÇÕES:
a) Expressões com valor de substantivo, do tipo *deus nos acuda, salve-se quem puder*, um *faz de contas*, um *disse me disse*, um *maria vai com as outras, bumba meu boi, tomara que caia, aqui del rei*, devem ser grafadas sem hífen. Da mesma forma serão usadas sem hífen locuções como: *à toa* (adjetivo e advérbio), *dia a dia* (substantivo e advérbio), *arco e flecha, calcanhar de aquiles, comum de dois, general de divisão, tão somente, ponto e vírgula*.
b) Não se emprega o hífen nas locuções latinas usadas como tais, não substantivadas ou aportuguesadas: *ab initio, ab ovo, ad immortalitatem, ad hoc, data venia, de cujus, carpe diem, causa mortis, habeas corpus, in octavo, pari passu, ex libris*. Mas: o *ex-libris*, o *habeas-corpus*, o *in-oitavo*, etc.

39) Nas sequências de palavras:
Emprega-se o hífen para ligar duas ou mais palavras que ocasionalmente se combinam, formando não propriamente vocábulos, mas encadeamentos vocabulares, tipo: a divisa *Liberdade-Igualdade-Fraternidade*, a ponte *Rio-Niterói*, o percurso *Lisboa-Coimbra-Porto*, a ligação *Angola-Moçambique*, e nas combinações históricas ou até mesmo ocasionais de topônimos, tipo: *Áustria-Hungria, Alsácia-Lorena, Angola-Brasil, Tóquio-Rio de Janeiro*, etc.

40) Nas formações com prefixos:
1.º) Emprega-se o hífen quando o 1.º elemento termina por vogal igual à que inicia o 2.º elemento: *anti-infeccioso, anti-inflamatório, contra-almirante, eletro-ótica, entre-eixo, infra-axilar, micro-onda, neo-ortodoxo, semi-interno, sobre-elevar, sobre-estadia, supra-auricular*.

OBSERVAÇÕES:
a) Incluem-se neste princípio geral todos os prefixos terminados por vogal: *agro-* (= terra), *albi-, alfa-, ante-, anti-, ântero-, arqui-, áudio-, auto-, bi-, beta-, bio-, contra-, eletro-, euro-, ínfero-, infra-, íntero-, iso-, macro-, mega-, multi-, poli-, póstero-, pseudo-, súpero-, neuro-, orto-, sócio-*, etc.
Então, se o 1.º elemento terminar por vogal diferente daquela que inicia o 2.º elemento, escrever-se-á junto, sem hífen: *anteaurora, antiaéreo, aeroespacial, agroindustrial, autoajuda, autoaprendizagem, autoestrada, contraescritura, contraindicação, contraofensiva, extraescolar, extraoficial, extrauterino, hidroelétrico* (ou *hidrelétrico*), *infraestrutura, infraordem, intrauterino, neoafricano, neoimperialista, plurianual, protoariano, pseudoalucinação, pseudoepígrafe, retroalimentação, semiárido, sobreaquecer, socioeconômico, supraesofágico, supraocular, ultraelevado*.
b) O encontro de vogais diferentes tem facilitado a supressão da vogal final do 1.º elemento ou da vogal inicial do 2.º: *eletracústico*, ao lado de *eletroacústico*, e *arteriosclerose*. Recomendamos que se evitem essas supressões, a não ser nos casos já correntes ou dicionarizados.
c) O encontro de vogais iguais tem facilitado o aparecimento de formas reais ou potencialmente possíveis com a fusão dessas vogais, do tipo de *alfaglutinação*, ao lado de *alfa-aglutinação; ovadoblongo*, ao lado de *ovado-oblongo*. Para atender à regra

geral de hifenizar o encontro de vogais iguais, é preferível evitar estas fusões no uso corrente, a não ser nos casos em que elas se mostram naturais, e não forçadas, como ocorre em *telespectador* (e não *tele-espectador*), *radiouvinte* (e não *rádio-ouvinte*).

d) Nas formações com os prefixos *co-*, *pro-*, *pre-* e *re-*, estes unem-se ao segundo elemento, mesmo quando iniciado por *o* ou *e*: *coabitar, coautor, coedição, coerdeiro, coobrigação, coocupante, coordenar, cooperação, cooperar, coemitente, coenzima, cofator, cogerente, cogestão, coirmão, comandante; proativo* (ou *pró-ativo*), *procônsul, propor, proembrião, proeminente; preeleito* (ou *pré-eleito*), *preembrião* (ou *pré-embrião*), *preeminência, preenchido, preesclerose* (ou *pré-esclerose*), *preestabelecer, preexistir; reedição, reedificar, reeducação, reelaborar, reeleição, reenovelar, reentrar, reescrita, refazer, remarcar*.

2.º) Emprega-se o hífen quando o 1.º elemento termina por consoante igual à que inicia o 2.º elemento: *ad-digital, inter-racial, sub-base, super-revista*, etc.

OBSERVAÇÃO: Formas como *abbevilliano, addisoniano, addisonismo, addisonista* se prendem a nomes próprios estrangeiros: *Abbeville, Addison*.

3.º) Emprega-se o hífen quando o 1.º elemento termina acentuado graficamente, *pós-*, *pré-*, *pró-*: *pós-graduação, pós-tônico; pré-datado, pré-escolar, pré-história, pré-natal, pré-requisito; pró-africano, pró-ativo, pró-europeu*.

OBSERVAÇÃO: Pode haver, em certos usos, alternância entre *pre-* e *pré-*, *pos-* e *pós-*; neste último caso, deve-se usar o hífen: *preesclerótico* ou *pré-esclerótico, postônico* ou *pós-tônico*.

4.º) Emprega-se o hífen quando o 1.º elemento termina por *m* ou *n* e o 2.º elemento começa por *vogal, h, m* ou *n*: *circum-escolar, circum-hospitalar, circum-murado, circum-navegação; pan-africano, pan-americano, pan-harmônico, pan-hispânico, pan-mágico, pan-negritude*.

5.º) Emprega-se o hífen quando o 1.º elemento é um dos seguintes prefixos que indicam anterioridade ou cessação: *ex-, sota-, soto-, vice-, vizo-*: *ex-almirante, ex-diretor, ex-presidente, sota-almirante, sota-capitão, soto-almirante; vice-presidente, vice-reitor; vizo-rei*.

OBSERVAÇÃO: Em *sotavento* e *sotopor*, os prefixos não têm o mesmo significado de *vice-*, *vizo-*, daí não se enquadrarem na regra anterior.

6.º) Emprega-se o hífen quando o 1.º elemento termina por *vogal*, *r* ou *b* e o 2.º elemento se inicia por *h*: *adeno-hipófise, abdômino-histerectomia, anti-herói, anti-hemorrágico, arqui-hipérbole, auto-hipnose, beta-hemolítico, bi-hidroquinona, bio-histórico, contra-haste, di-hibridismo, entre-hostil, foto-heliografia, geo-história, giga-hertz, hétero-hemorragia, hiper-hidrose, infra-hepático, inter-hemisférico, poli-hídrico, semi-histórico, sobre-humano, sub-hepático, sub-humano, super-homem, tri-hídrico*.

Observações:
a) Nos casos em que não houver perda do som da vogal final do 1.º elemento, e o elemento seguinte começar com *h*, serão usadas as duas formas gráficas: *carbo-hidrato* e *carboidrato*; *zoo-hematina* e *zooematina*. Já quando houver perda do som da vogal final do 1.º elemento, consideraremos que a grafia consagrada deve ser mantida: *cloridrato, cloridria, clorídrico, quinidrona, sulfidrila, xilarmônica, xilarmônico*. Devem ficar como estão as palavras que, fugindo a este princípio, já são de uso consagrado, como *reidratar, reumanizar, reabituar, reabitar, reabilitar* e *reaver*.
b) Não se emprega o hífen com prefixos *des-* e *in-* quando o 2.º elemento perde o *h* inicial: *desumano; inábil, inumano*, etc.
c) Embora não tratado no Acordo, pode-se incluir neste caso o prefixo *an-* (p.ex.: *anistórico, anepático, anidrido*). Na sua forma reduzida *a-*, quando seguido de *h*, a tradição manda hifenizar e conservar o *h* (p.ex.: *a-histórico, a-historicidade*).
d) Não se emprega o hífen com as palavras *não* e *quase* com função prefixal: *não agressão, não beligerante, não fumante; quase delito, quase equilíbrio, quase domicílio*, etc.
e) Não há razão plausível que defenda a grafia *biidroquinona* ao lado de *bi-iodeto*, por este não ter *h* inicial. Foi o mesmo princípio que nos fez optar por *poli-hídrico* (em vez de *poliídrico*) e *poli-hidrite* (em vez de *poliidrite*).

7.º) Emprega-se o hífen quando o 1.º elemento termina por *b* (*ab-, ob-, sob-, sub-*) ou *d* (*ad-*) e o 2.º elemento começa por *r*: *ab-rupto, ad-renal, ad-referendar; ob-rogar; sob-roda; sub-reitor, sub-reptício, sub-rogar*.

Observação: *Adrenalina, adrenalite* e afins já são exceções consagradas pelo uso. *Ab-rupto* é preferível a *abrupto*, mas ambos são possíveis, e o último até mais corrente, facilitando a pronúncia com o grupo consonantal /a-brup-to/.

8.º) Quando o 1.º elemento termina por vogal e o 2.º elemento começa por *r* ou *s*, não se usa hífen, e estas consoantes devem duplicar-se, prática já adotada, também em palavras deste tipo pertencentes aos domínios científico e técnico: *antessala, antirreligioso, antissocial, autorregulamentação, biorritmo, biossatélite, contrarregra, contrassenha, cosseno, eletrossiderurgia, extrarregular, infrassom, macrorregião, microssistema, minissaia, multissegmentado, neorromano, protossatélite, pseudossigla, semirrígido, sobressaia, suprarrenal, ultrassonografia*.
9.º) Emprega-se o hífen quando ao prefixo se segue nome próprio começado por maiúscula (p.ex.: anti-Stalin), vocábulo não aportuguesado (p.ex.: anti-bullying), sigla (p.ex.: co-CEO, anti-DNA) ou algarismo (p.ex.: pós-1945, pré-1888).

41) Nas formações com sufixo:
Emprega-se hífen apenas nas palavras terminadas por sufixos de origem tupi-guarani que representam formas adjetivas, como *-açu* (= grande), *-guaçu* (= grande), *-mirim* (= pequeno), quando o 1.º elemento termina por vogal acentuada graficamente ou quando a pronúncia exige a distinção gráfica dos dois elementos: *amoré-guaçu; anajá-mirim; andá-açu, capim-açu; Ceará-Mirim*.

42) O hífen nos casos de ênclise, mesóclise (tmese) e com o verbo haver
1.º) Emprega-se o hífen na ênclise e na mesóclise: *amá-lo, dá-se, deixa-o, partir-lhe; amá-lo-ei, enviar-lhe-emos.*
2.º) Não se emprega o hífen nas ligações da preposição *de* às formas monossilábicas do presente do indicativo do verbo *haver*: *hei de, hás de, hão de*, etc.

OBSERVAÇÕES:
a) Embora estejam consagradas pelo uso as formas verbais *quer* e *requer*, dos verbos *querer* e *requerer*, ao lado de *quere* e *requere*, estas últimas formas conservam-se, no entanto, nos casos de ênclise: *quere-o(s), requere-o(s).*
Nestes contextos, as formas (legítimas, aliás) *qué-lo* e *requé-lo* são pouco usadas. *Quere* e *requere* são formas correntes entre portugueses; a primeira, a partir de 1904.
b) Usa-se também o hífen nas ligações de formas pronominais enclíticas ao advérbio *eis* (*eis-me, ei-lo*) e ainda nas combinações de formas pronominais do tipo *no-lo* (nos + o), *no-las* (nos + as), quando em próclise ao verbo (por exemplo: *Esperamos que no-lo comprem*).

XV - O trema

43) O trema não é usado em palavras portuguesas ou aportuguesadas, como: *aguentar, anguiforme, arguir, bilíngue, lingueta, linguista, linguístico, cinquenta, equestre, frequentar, tranquilo, ubiquidade.*

OBSERVAÇÕES:
a) O trema ocorre em palavras derivadas de nomes próprios estrangeiros que o possuem: *hübneriano*, de *Hübner*; *mülleriano*, de *Müller*, etc.
b) O trema poderá ser usado para indicar, quando for necessário, a pronúncia do *u* em vocabulários ortográficos e dicionários: *lingueta* (gü), *líquido* (qü ou qu), *linguiça* (gü), *equidistante* (qü ou qu).
c) Com o fim do trema em palavras portuguesas ou aportuguesadas, não haverá modificação na pronúncia dessas palavras.

XVI - Acento grave

44) Emprega-se o acento grave nos casos de crase e naqueles indicados nas páginas 337 e 338.
1.º) Na contração da preposição *a* com as formas femininas do artigo *o* ou pronome demonstrativo *o*: *à* (de *a* + *a*), *às* (de *a* + *as*): *Entregou o livro à criança.* (preposição *a* + artigo definido *a*) / *Não me refiro a sua carta, mas à de Mariana.* (preposição *a* + pronome demonstrativo *a*).
2.º) Na contração da preposição *a* com o *a* inicial dos demonstrativos *aquele, aquela, aqueles, aquelas* e *aquilo*, ou ainda da mesma preposição com

compostos *aqueloutro* e suas flexões: *àquele(s), àquela(s), àquilo, àqueloutro(s), àqueloutras(s).*
3.º) Na contração da preposição *a* com os pronomes relativos *a qual, as quais: à qual, às quais.*

XVII - Supressão dos acentos em palavras derivadas

45) Ocorre:
1.º) Nos advérbios em *-mente*, oriundos de adjetivos com acento agudo ou circunflexo: *avidamente* (de *ávido*), *debilmente* (de *débil*), *facilmente* (de *fácil*), *habilmente* (de *hábil*), *lucidamente* (de *lúcido*), *mamente* (de *má*), *somente* (de *só*); *candidamente* (de *cândido*), *cortesmente* (de *cortês*), *portuguesmente* (de *português*), *romanticamente* (de *romântico*).
2.º) Nas palavras que têm sufixos iniciados por *z* e cujas formas de base apresentam vogal tônica com acento agudo ou circunflexo: *aneizinhos* (de *anéis*), *avozinha* (de *avó*), *bebezito* (de *bebê*), *cafezada* (de *café*), *chapeuzinho* (de *chapéu*), *mazinha* (de *má*), *orfãozinho* (de *órfão*); *avozinho* (de *avô*), *bençãozinha* (de *bênção*), *lampadazita* (de *lâmpada*), *pessegozito* (de *pêssego*).

XVIII - Divisão silábica

46) A divisão de qualquer vocábulo, assinalada pelo hífen, em regra se faz pela soletração, e não pelos seus elementos constitutivos segundo a etimologia.
47) Fundadas neste princípio geral, cumpre respeitar as seguintes normas:
1.º) A consoante inicial não seguida de vogal permanece na sílaba que a segue: *cni-do-se, dze-ta, gno-ma, mne-mô-ni-ca, pneu-má-ti-co,* etc.
2.º) No interior do vocábulo, sempre se conserva na sílaba que a precede a consoante não seguida de vogal: *ab-di-car, ac-ne, ét-ni-co, nup-ci-al, ob-fir-mar, op-ção, sig-ma-tis-mo, sub-por, sub-ju-gar,* etc.
3.º) Não se separam os elementos dos grupos consonânticos iniciais de sílabas nem os dos digramas *ch, lh, nh: a-blu-ção, a-bra-sar, a-che-gar, fi-lho, ma-nhã,* etc.

OBSERVAÇÃO: Nem sempre formam grupos articulados as consonâncias *bl* e *br*: nalguns casos o *l* e o *r* se pronunciam separadamente, e a isso se atenderá na partição do vocábulo; e as consoantes *dl*, a não ser no termo onomatopeico *dlim*, que exprime toque de campainha, proferem-se desligadamente, e na divisão silábica ficará o hífen entre essas duas letras. Ex.: *sub-lin-gual, sub-ro-gar, ad-le-ga-ção,* etc.

4.º) O *sc* no interior do vocábulo biparte-se, ficando o *s* numa sílaba, e o *c* na sílaba imediata: *a-do-les-cen-te, des-cer, pres-cin-dir, res-ci-são,* etc.

Observação: Forma sílaba com o prefixo antecedente o *s* que precede consoantes: *abs-tra-ir, ads-cre-ver, ins-cri-ção, ins-pe-tor, ins-tru-ir, in-ters-tí-cio, pers-pi-caz, subs-cre-ver, subs-ta-be-le-cer*, etc.

5.º) O *s* dos prefixos *bis, cis, des, dis, trans* e o *x* do prefixo *ex* não se separam quando a sílaba seguinte começa por consoante; mas, se principia por vogal, formam sílaba com esta e separam-se do elemento prefixal: *bis-ne-to, cis-pla--ti-no, des-li-gar, dis-tra-ção, trans-por-tar, ex-tra-ir; bi-sa-vô, ci-san-di-no, de-ses-pe-rar, di-sen-té-ri-co, tran-sa-tlân-ti-co, e-xér-ci-to*, etc.

6.º) As vogais idênticas e as letras *cc, cç, rr* e *ss* separam-se ficando uma na sílaba que as precede e outra na sílaba seguinte: *ca-a-tin-ga, co-or-de-nar; in-te-lec--ção, oc-ci-pi-tal; pror-ro-gar; res-sur-gir*, etc.

Observação: As vogais de hiatos, ainda que diferentes uma da outra, também se separam: *a-ta-ú-de, ca-í-eis, ca-ir, du-e-lo, fi-el, flu-iu, fru-ir; gra-ú-na, je-su-í-ta, le-al, mi-ú-do, po-ei-ra, ra-i-nha, sa-ú-de, vi-ví-eis, vo-ar*, etc.

7.º) Não se separam as vogais dos ditongos – crescentes e decrescentes – nem as dos tritongos: *gló-ria, ó-dio, sá-bio, vá-rio; ai-ro-so, a-ni-mais, au-ro-ra, ca-iu, cru-éis, en-jei-tar, fo-ga-réu, fu-giu, ja-mais, joi-as, su-bor-nou, ta-fuis; a-ve-ri-gueis, guai-ar, i-guais, quais, sa-guão, sa-guões*, etc.

Observação: Não se separa do *u* precedido de *g* ou *q* a vogal que o segue, acompanhada, ou não, de consoante: *am-bí-guo, e-qui-va-ler, guer-ra, u-bí-quo*, etc.

8.º) Na translineação (ou seja, na passagem para a linha seguinte quando se está escrevendo um texto) de uma palavra composta ou de uma combinação de palavras em que há um hífen, ou mais, se a partição coincide com o final de um dos elementos ou membros, por clareza gráfica, se deve repetir o hífen no início da linha seguinte: vice-almirante.

XIX – Emprego das iniciais maiúsculas

48) Emprega-se letra inicial maiúscula:
1.º) No começo do período, verso ou citação direta.
    Disse o Padre Antônio Vieira: "Estar com Cristo em qualquer lugar, ainda que seja no Inferno, é estar no Paraíso."
    "Auriverde pendão de minha terra,
    Que a brisa do Brasil beija e balança,
    Estandarte que à luz do sol encerra
    As promessas divinas da Esperança..." (Castro Alves)

OBSERVAÇÃO: Alguns poetas usam, à espanhola, a minúscula no princípio de cada verso, quando a pontuação o permite, como se vê em Castilho:
"Aqui, sim, no meu cantinho,
vendo rir-me o candeeiro,
gozo o bem de estar sozinho
e esquecer o mundo inteiro."

2.º) Nos substantivos próprios de qualquer espécie – antropônimos, topônimos, patronímicos, cognomes, alcunhas, tribos e castas, designações de comunidades religiosas e políticas, nomes sagrados e relativos a religiões, entidades mitológicas e astronômicas, etc.: *José, Maria, Macedo, Freitas, Brasil, Antoninos, Afonsinhos, Conquistador, Magnânimo, Coração de Leão, Sem Pavor, Deus, Jeová, Alá, Assunção, Ressurreição, Júpiter, Baco, Cérbero, Via Láctea, Canopo, Vênus*, etc.

OBSERVAÇÕES:
a) As formas onomásticas que entram na formação de palavras do vocabulário comum escrevem-se com inicial minúscula quando se afastam de seu significado primitivo, exceptuando-se os casos em que esse afastamento não ocorre: *água-de-colônia, joão-de-barro, erva-de-santa-maria, folha de flandres*; mas: *além-Brasil, aquém-Atlântico, doença de Chagas, mal de Alzheimer, sistema Didot, anel de Saturno*.
b) Os nomes de povos escrevem-se com inicial minúscula, não só quando designam habitantes ou naturais de um estado, província, cidade, vila ou distrito, ainda quando representam coletivamente uma nação: *amazonenses, baianos, estremenhos, fluminenses, paulistas, romenos, russos, suíços, uruguaios*, etc.

3.º) Nos nomes próprios de eras históricas e épocas notáveis: *Hégira, Idade Média, Quinhentos* (o século XVI), *Seiscentos* (o século XVII), etc.

OBSERVAÇÃO: Os nomes dos meses devem escrever-se com inicial minúscula: *janeiro, fevereiro, março, abril, maio, junho, julho, agosto, setembro, outubro, novembro, dezembro*.

4.º) Nos nomes de vias e lugares públicos: *Avenida Rio Branco, Beco do Carmo, Largo da Carioca, Praia do Flamengo, Praça da Bandeira, Travessa do Comércio, Túnel Noel Rosa*, etc.
5.º) Nos nomes que designam altos conceitos religiosos, políticos ou nacionalistas: *Igreja* (Católica, Apostólica, Romana), *Nação, Estado, Pátria, Raça*, etc.

OBSERVAÇÃO: Esses nomes se escrevem com inicial minúscula quando são empregados em sentido geral ou indeterminado.

6.º) Nos nomes que designam artes, ciências, ou disciplinas, bem como nos que sintetizam, em sentido elevado, as manifestações do engenho e do saber:

Agricultura, Arquitetura, Filologia Portuguesa, Direito, Medicina, Matemática, Pintura, Arte, Ciência, Cultura, etc.

Observação: Os nomes *idioma, idioma pátrio, língua, língua portuguesa, vernáculo* e outros análogos escrevem-se com inicial maiúscula quando empregados com especial relevo.

7.º) Nos nomes que designam altos cargos, dignidades ou postos: *Papa, Cardeal, Arcebispo, Bispo, Patriarca, Vigário, Vigário-Geral, Presidente da República, Ministro da Educação, Governador do Estado, Embaixador, Almirante, Secretário de Estado,* etc.
8.º) Nos nomes de repartições, corporações ou agremiações, edifícios e estabelecimentos públicos ou particulares: *Diretoria Geral do Ensino, Ministério das Relações Exteriores, Academia Paranaense de Letras, Círculo de Estudos "Bandeirantes", Presidência da República, Instituto Brasileiro de Geografia e Estatística, Tesouro do Estado, Departamento Administrativo do Serviço Público, Banco do Brasil, Imprensa Nacional, Teatro de São José, Tipografia Rolandiana, Museu de Arte Moderna,* etc.
9.º) Nos títulos de livros, jornais, revistas, produções artísticas, literárias e científicas: *Imitação de Cristo, Horas Marianas, Correio da Manhã, Revista Filológica, Transfiguração* (de Rafael), *Norma* (de Bellini), *O Guarani* (de Carlos Gomes), *O Espírito das Leis* (de Montesquieu), etc.

Observações:
a) Não se escrevem com maiúscula inicial as partículas monossilábicas que se acham no interior de vocábulos compostos ou de locuções ou expressões que têm iniciais maiúsculas: *Queda do Império, O Crepúsculo dos Deuses, História sem Data, A Mão e a Luva, Festas e Tradições Populares do Brasil*, etc.
b) Nos bibliônimos, após o primeiro elemento, que é com maiúscula, os demais vocábulos podem ser escritos com minúscula, salvo nos nomes próprios nele contidos, tudo em grifo: *Memórias póstumas de Brás Cubas*.

10.º) Nos nomes de fatos históricos e importantes, de atos solenes e de grandes empreendimentos públicos: *Centenário da Independência do Brasil, Descobrimento da América, Reforma Ortográfica, Acordo Luso-Brasileiro, Exposição Nacional, Festas das Mães, Dia do Município, Glorificação da Língua Portuguesa*, etc.

Observação: Os nomes de festas pagãs ou populares escrevem-se com inicial minúscula: *carnaval, entrudo, saturnais,* etc.

11.º) Nos nomes de escolas de qualquer espécie ou grau de ensino: *Faculdade de Filosofia, Escola Superior de Comércio, Colégio Pedro II, Instituto de Educação,* etc.
12.º) Nos nomes comuns, quando personificados ou individuados, e de seres morais ou fictícios: *A Capital da República, a Transbrasiliana, moro na Capital, o Natal*

de Jesus, o Poeta (Camões), *a ciência da Antiguidade, os habitantes da Península, a Bondade, o Amor, a Ira, o Lobo, o Cordeiro, a Cigarra, a Formiga*, etc.

Observação: Incluem-se nesta norma os nomes que designam atos das autoridades da República, quando empregados em correspondência ou documentos oficiais: *A Lei de 13 de maio, o Decreto-Lei n.º 292, o Decreto-Lei n.º 20.108, a Portaria de 15 de junho, o Regulamento n.º 737, o Acórdão de 3 de agosto*, etc.

13.º) Nos nomes dos pontos cardeais, ou equivalentes, quando designam regiões: *os povos do Oriente; o falar do Norte é diferente do falar do Sul; a guerra do Ocidente*, etc.

Observação: Os nomes dos pontos cardeais escrevem-se com iniciais minúsculas quando designam direções ou limites geográficos: *Percorri o país de norte a sul e de leste a oeste.*

14.º) Nos nomes, adjetivos, pronomes e expressões de tratamento ou reverência: *D.* (Dom ou Dona), *Sr.* (Senhor), *Sr.ª* (Senhora), *DD.* ou *Dig.^{mo}* (Digníssimo), *MM.* ou *M.^{mo}* (Meritíssimo), *Rev.^{mo}* (Reverendíssimo), *V.Rev.ª* (Vossa Reverência), *S.Em.ª* (Sua Eminência), *V.M.* (Vossa Majestade), *V.A.* (Vossa Alteza), *V.S.ª* (Vossa Senhoria), *V.Ex.ª* (Vossa Excelência), *V.Ex.ª Rev.^{ma}* (Vossa Excelência Reverendíssima), *V.Ex.^{as}* (Vossas Excelências), etc.

Observação: As formas que se acham ligadas a essas expressões de tratamento devem ser também escritas com iniciais maiúsculas: *D. Abade, Exma Sr.ª Diretora, Sr. Almirante, Sr. Capitão de Mar e Guerra, MM. Juiz de Direito, Exmo e Rev.^{mo} Sr. Arcebispo Primaz, Magnífico Reitor, Excelentíssimo Senhor Presidente da República, Eminentíssimo Senhor Cardeal, Sua Alteza Real*, etc.

15.º) Nas palavras que, no estilo epistolar, se dirigem a um amigo, a um colega, a uma pessoa respeitável, as quais, por deferência, consideração ou respeito, se queira realçar por esta maneira: *meu bom Amigo, caro Colega, meu prezado Mestre, estimado Professor, meu querido Pai, minha amorável Mãe, meu bom Padre, minha distinta Diretora, caro Dr., prezado Capitão*, etc.

Observação: Para os itens 4.º, 6.º, 7.º e 14.º usa-se opcionalmente inicial minúscula (exceto para as formas abreviadas do item 14.º).

Nota: As disposições sobre os usos das minúsculas e maiúsculas não obstam a que obras especializadas observem regras próprias, provindas de códigos ou normalizações específicas (terminologias antropológica, geológica, bibliológica, botânica, zoológica, etc.), promanadas de entidades científicas ou normalizadoras, reconhecidas internacionalmente.

XX - Sinais de pontuação

Ver *Pontuação* na página 645.

XXI - Regras de acentuação

A - Monossílabos
Levam acento agudo ou circunflexo os monossílabos terminados nas vogais tônicas abertas ou fechadas grafadas:

a) -a, -as: *já, lá, vás;*
b) -e, -es: *fé, lê, pés;*
c) -o, -os: *pó, dó, pós, sós.*

B - Vocábulos de mais de uma sílaba
1) Oxítonos (ou agudos)
Levam acento agudo ou circunflexo os oxítonos terminados em:

a) -a, -as: *cajás, vatapá, ananás, carajás;*
b) -e, -es: *você, café, pontapés;*
c) -o, -os: *cipó, jiló, avô, carijós;*
d) -em, -ens: *também, ninguém, vinténs, armazéns.*
Daí sem acento: *aqui, caqui, poti, caju, urubus.*

2) Paroxítonos (ou graves)
Levam acento agudo ou circunflexo os paroxítonos terminados em:

a) -i, -is: *júri, cáqui, beribéri, lápis, tênis;*
b) -us: *vênus, vírus, bônus.*

Observação: Há poucos paroxítonos terminados em *-u*: um deles existente até há pouco era *tribu*, que hoje se escreve com *o*: *tribo, tribos.*

c) -r: *caráter, revólver, éter;*
d) -l: *útil, amável, nível, têxtil* (não *téxtil*);
e) -x: *tórax, fênix, ônix;*
f) -n: *éden, hífen* (mas: *edens, hifens,* sem acento);
g) -um, -uns: *álbum, álbuns, médium;*
h) -ão, -ãos: *órgão, órfão, órgãos, órfãos;*
i) -ã, -ãs: *órfã, imã, órfãs, imãs;*
j) -ps: *bíceps, fórceps;*
k) -on(s):   *rádon, rádons.*

OBSERVAÇÃO: Devem ser acentuados os nomes técnicos terminados em -om: *iândom*, *rádom* (variante de *rádon*).

3) PROPAROXÍTONOS (ou esdrúxulos)
Levam acento agudo ou circunflexo todos os proparoxítonos: *cálido*, *tépido*, *cátedra*, *sólido*, *límpido*, *cômodo*.

4) CASOS ESPECIAIS

a) São sempre acentuadas as palavras oxítonas com os ditongos abertos grafados -*éis*, -*éu(s)* ou -*ói(s)*: *anéis*, *batéis*, *fiéis*, *papéis*; *céu(s)*, *chapéu(s)*, *ilhéu(s)*, *véu(s)*; *corrói(s)* (flexão de *corroer*), *herói(s)*, *remói(s)* (flexão de *remoer*), *sói(s)* (flexão de *soer*), *sóis* (pl. de *sol*).

b) Não são acentuadas as palavras paroxítonas com os ditongos abertos -*ei* e -*oi*, uma vez que existe oscilação em muitos casos entre a pronúncia aberta e fechada: *assembleia*, *boleia*, *ideia*, tal como *aldeia*, *baleia*, *cadeia*, *cheia*, *meia*; *coreico*, *epopeico*, *onomatopeico*, *proteico*; *alcaloide*, *apoio* (do verbo *apoiar*), tal como *apoio* (substantivo), *azoia*, *boia*, *boina*, *comboio* (substantivo), tal como *comboio*, *comboias*, etc. (do verbo *comboiar*), *dezoito*, *estroina*, *heroico*, *introito*, *jiboia*, *moina*, *paranoico*, *zoina*.

OBSERVAÇÃO: Receberá acento gráfico a palavra que, mesmo incluída neste caso, se enquadrar em regra geral de acentuação, como ocorre com *blêizer*, *contêiner*, *destróier*, *Méier*, etc., porque são paroxítonas terminadas em -*r*.

c) Não se acentuam os encontros vocálicos fechados: *pessoa*, *patroa*, *coroa*, *boa*, *canoa*; *teu*, *judeu*, *camafeu*; *voo*, *enjoo*, *perdoo*, *coroo*.

OBSERVAÇÃO: Será acentuada a palavra que, mesmo incluída neste caso, se enquadrar em regra geral de acentuação gráfica, como ocorre com *herôon* (Br.) / *heróon* (Port.), paroxítona terminada em -*n*.

d) Não levam acento gráfico as palavras paroxítonas que, tendo respectivamente vogal tônica aberta ou fechada, são homógrafas de artigos, contrações, preposições e conjunções átonas. Assim, não se distinguem pelo acento gráfico: *para* (á) [flexão de *parar*], e *para* [preposição]; *pela(s)* (é) [substantivo e flexão de *pelar*] e *pela(s)* [combinação de *per* e *la(s)*]; *pelo* (é) [flexão de *pelar*] e *pelo(s)* (ê) [substantivo e combinação de *per* e *lo(s)*]; *pera* (ê) [substantivo] e *pera* (é) [preposição antiga]; *polo(s)* (ó) [substantivo] e *polo(s)* [combinação antiga e popular de *por* e *lo(s)*]; etc.

OBSERVAÇÃO: Seguindo esta regra, também perde o acento gráfico a forma *para* (do verbo *parar*) quando entra num composto separado por hífen: *para-balas*, *para-brisa(s)*, *para-choque(s)*, *para-lama(s)*, etc.

e) Levam acento agudo o *i* e *u*, quando representam a segunda vogal tônica de um hiato, desde que não formem sílaba com *r, l, m, n, z* ou não estejam seguidos de *nh*: *saúde, viúva, saída, caído, faísca, aí, Grajaú; raiz* (mas *raízes*), *paul, ruim, ruins, rainha, moinho*.
f) Não leva acento a vogal tônica dos ditongos *iu* e *ui*: *caiu, retribuiu, tafuis, pauis*.
g) Não serão acentuadas as vogais tônicas *i* e *u* das palavras *paroxítonas*, quando estas vogais estiverem precedidas de ditongo decrescente: *baiuca, bocaiuva, boiuno, cauila* (var. *cauira*), *cheiinho* (de *cheio*), *feiinho* (de *feio*), *feiura, feiudo, maoismo, maoista, saiinha* (de *saia*), *taoismo, tauismo*.

Observações:
1.ª) Na palavra *eoípo* (= denominação dos primeiros ancestrais dos cavalos), a pronúncia normal assinala hiato (e-o-í), razão por que tem acento gráfico.
2.ª) A palavra paroxítona *guaíba* não perde o acento agudo porque a vogal tônica *i* está precedida de ditongo crescente, e não decrescente como na regra g).

h) Serão acentuadas as vogais tônicas *i* e *u* das palavras *oxítonas*, quando, mesmo precedidas de ditongo decrescente, estão em posição final, sozinhas na sílaba, ou seguidas de *s*: *Piauí, teiú, teiús, tuiuiú, tuiuiús*.

Observação: Se, neste caso, a consoante final for diferente de *s*, tais vogais **não serão acentuadas**: *cauim, cauins*.

i) A 3.ª pessoa de alguns verbos se grafa da seguinte maneira:

1) quando termina em -*em* (monossílabos):
3.ª pess. sing.   3.ª pess. pl.
-em   -êm
ele tem   *eles têm*
ele vem   *eles vêm*

2) quando termina em -*ém*:
3.ª pess. sing.   3.ª pess. pl.
-ém   -êm
ele contém   *eles contêm*
ele convém   *eles convêm*

3) quando termina em -*ê* (*crê, dê, lê, vê* e derivados):
3.ª pess. sing.   3.ª pess. pl.
-ê   -eem
ele crê   *eles creem*
ele revê   *eles reveem*

j) Levam acento agudo ou circunflexo os vocábulos terminados por ditongo oral átono, quer decrescente ou crescente: *ágeis, devêreis, jóquei, túneis, área, espontâneo, ignorância, imundície, lírio, mágoa, régua, tênue.*
k) Leva acento agudo ou circunflexo a forma verbal terminada em *a, e, o* tônicos, seguida de *lo, la, los, las: fá-lo, fá-los, movê-lo-ia, sabê-lo-emos, trá-lo-ás.*

OBSERVAÇÃO: Pelo último exemplo, vemos que se o verbo estiver no futuro poderá haver dois acentos: *amá-lo-íeis, pô-lo-ás, fá-lo-íamos.*

l) Também leva acento agudo a vogal tônica *i* das formas verbais *oxítonas* terminadas em *-air* e *-uir,* quando seguidas de *-lo(s), -la(s),* caso em que perdem o *r* final, como em: *atraí-lo(s)* [de *atrair-lo(s)*]; *atraí-lo(s)-ia* [de *atrair-lo(s)-ia*]; *possuí-la(s)* [de *possuir-la(s)*]; *possuí-la(s)-ia* [de *possuir-la(s)-ia*].
m) Não levam acento os prefixos paroxítonos terminados em *-r* e *-i: inter-helênico, super-homem, semi-histórico.*
n) Não leva trema o *u* dos grupos *gue, gui, que, qui,* mesmo quando for pronunciado e átono: *aguentar, arguição, eloquência, frequência, tranquilo.*

OBSERVAÇÕES:
1.ª) Os verbos ARGUIR e REDARGUIR não levam acento agudo na vogal tônica *u* nas formas rizotônicas (aquelas cuja sílaba tônica está no radical): *arguo, arguis, argui, arguem; argua, arguas,* etc.
2.ª) Os verbos do tipo de AGUAR, APANIGUAR, APAZIGUAR, APROPINQUAR, AVERIGUAR, DESAGUAR, ENXAGUAR, OBLIQUAR, DELINQUIR e afins podem ser conjugados de duas formas: ou têm as formas rizotônicas (cuja sílaba tônica recai no radical) com o *u* do radical tônico, mas sem acento agudo; ou têm as formas rizotônicas com *a* ou *i* do radical com acento agudo: *averiguo* (ou *averíguo*), *averiguas* (ou *averíguas*), *averigua* (ou *averígua*), etc.; *averigue* (ou *averígue*), *averigues* (ou *averígues*), etc.; *delinquo* (ou *delínquo*), *delinques* (ou *delínques*), etc.; *delinqua* (ou *delínqua*), *delinquas* (ou *delínquas*), etc.
3.ª) O verbo *delinquir,* tradicionalmente dado como defectivo (ou seja, verbo que não é conjugado em todas as pessoas), é tratado como verbo que tem todas as suas formas. O Acordo também aceita duas possibilidades de pronúncia, quando a tradição padrão brasileira na gramática para este verbo só aceitava sua conjugação nas formas arrizotônicas.
4.ª) Em conexão com os casos citados acima, é importante mencionar que os verbos em *-ingir* (*atingir, cingir, constringir, infringir, tingir,* etc.) e os verbos em *-inguir* sem a pronúncia do *u* (*distinguir, extinguir,* etc.) têm grafias absolutamente regulares (*atinjo, atinja, atinge, atingimos,* etc.; *distingo, distinga, distingue, distinguimos,* etc.)

o) Leva acento circunflexo diferencial a sílaba tônica da 3.ª pess. sing. do pret. perf. *pôde,* para distinguir-se de *pode,* forma da mesma pess. do pres. ind.
p) Não se usa acento gráfico para distinguir as palavras oxítonas homógrafas (que possuem a mesma grafia), mas heterofônicas (pronunciadas de formas

diferentes), do tipo de *cor* (ô) (substantivo) e *cor* (ó) (elemento da locução *de cor*); *colher* (ê) (verbo) e *colher* (é) (substantivo).

OBSERVAÇÃO: A forma verbal *pôr* continuará a ser grafada com acento circunflexo para se distinguir da preposição átona *por*.

q) Não é acentuada nem recebe apóstrofo a forma monossilábica *pra*, redução de *para*. Ou seja, são **incorretas** as grafias *prá* e *p'ra*.
r) Pode ser ou não acentuada a palavra *fôrma* (substantivo), distinta de *forma* (substantivo; 3.ª pess. do sing. do pres. ind. ou 2.ª pess. do sing. do imper. do verbo *formar*). A grafia *fôrma* (com acento gráfico) deve ser usada apenas nos casos em que houver ambiguidade, como nos versos do poema "Os sapos", de Manuel Bandeira: "Reduzi sem danos/ A fôrmas a forma."

II - Gramática descritiva e normativa
As unidades no enunciado

A) FORMAS E FUNÇÕES

Introdução

Classes de palavras e categorias gramaticais

Os diversos significados
Quase sempre a gramática engloba numa mesma relação palavras que pertencem a grupos bem diferentes: *substantivo, adjetivo, artigo, numeral, pronome, verbo, advérbio, preposição, conjunção* e *interjeição*. Um exame atento facilmente nos mostrará que a relação junta palavras de natureza e funcionalidade bem diferentes, com base em critérios categoriais, morfológicos e sintáticos misturados. E o elemento que as diferencia são os diversos significados que lhes são próprios. Para tanto, devemos distinguir os seguintes significados:[1]

    a) SIGNIFICADO LEXICAL, que já conhecemos antes, é o significado que corresponde ao *quê* da apreensão do mundo extralinguístico, isto é, é o que corresponde à organização do mundo extralinguístico mediante as línguas. Como diz bem Coseriu, a linguagem *classifica* a realidade segundo interesses e atitudes humanas; por isso suas distinções *podem* coincidir com realidades e delimitações objetivas, mas isso não é necessário. A língua é um saber acerca de modelos e esquemas linguísticos, e não sobre os objetos, a respeito dos quais informam nossa experiência (o nosso saber do mundo) e as ciências não linguísticas; assim, que um vulcão se chame *Popocatepetl*, e só haja um com este nome, é um fato da geografia, e não um *fato de língua*.[2] É o significado que é comum a cada uma das séries de palavras: *amor – amante – amar – amavelmente; verdor – verde – enverdar*, etc.

    b) SIGNIFICADO CATEGORIAL é o que corresponde ao *como* da apreensão do mundo extralinguístico, a forma da intuição da realidade ou, ainda, o modo de ser das palavras no discurso, e não classes léxicas fixas: *amor* (quando empregado como substantivo), *amante* (quando empregado como adjetivo), *amar* (quando empregado

---

[1]   E. Coseriu [ECs.7, 136-138; ECs.15, 20-21].
[2]   E. Coseriu [ECs.12, 104; ECs.1, 265].

como verbo), *amavelmente* (quando advérbio). Não cabe à gramática descritiva, mas sim à gramática geral, definir a categoria linguística "substantivo"; à gramática descritiva cabe tão somente comprovar se a língua objeto da descrição tem ou não substantivos, e, em caso afirmativo, quais são os meios materiais, isto é, os esquemas formais para expressar a categoria "substantivo". Assim, a categoria "substantivo" expressa substantivos por meio de nomes como *homem, livro, saudade*, por meio de pronomes como *isto, isso, aquilo*, por sintagmas como *Rio Grande do Norte*, ou orações (as chamadas subordinadas substantivas). As palavras lexemáticas e categoremáticas só estão categorialmente determinadas como substantivo, adjetivo, verbo e advérbio quando integradas na oração, atualizadas no discurso. No momento em que a gramática geral define o que é "adjetivo", essa definição, se correta, deverá servir a todas as línguas que tenham adjetivos. É equivocado o querer definir "o adjetivo em português". À gramática descritiva cabe descrevê-lo *numa* língua.

Constituem o substantivo, o adjetivo, o verbo e o advérbio as quatro únicas reais "categorias gramaticais" da língua, confusamente misturadas na gramática tradicional, e que aqui chamaremos "categorias verbais", porque são as únicas dotadas do significado categorial. Admitem, como já ensina a gramática tradicional, subdivisões, que serão estudadas no lugar próprio (substantivos próprios e comuns, etc.). Cabe lembrar que o significado categorial não caracteriza apenas os lexemas, mas ainda sintagmas e orações inteiras. Também o significado categorial está sempre implicado com certas funções específicas na estruturação gramatical; por isso, só o "substantivo" (representado por nome, pronome, sintagma nominal, oração nominalizada) pode ser o sujeito da oração, assim como o verbo exerce a função de predicado.[3] Os significados categoriais são modos do conteúdo significativo. Todavia isto não serve de definição de substantivo; uma palavra não é substantivo porque funciona como sujeito, mas, ao contrário, pode ser sujeito porque é substantivo ou pode aparecer como tal.

c) SIGNIFICADO INSTRUMENTAL é o significado dos morfemas, isto é, dos elementos pertencentes ao universo da gramática, e podem apresentar-se como palavras morfemáticas (como os *artigos* e as *preposições*, por exemplo, ou como elementos de palavras: o -*s* de *livro-s* ou de *trabalha-s*, etc.); são os chamados englobadamente *instrumentos gramaticais*. O artigo *o* em *o livro* tem o significado "atualizador" e o -*s* em *livro-s* tem o significado "pluralizador". Incluem-se como dotados desse significado instrumental, isto é, como "morfemas", nas combinações gramaticais, os prefixos, os sufixos, as desinências, o acento, o ritmo, a entoação, a ordem das palavras, etc. Os significados instrumentais são modos da expressão material.

d) SIGNIFICADO ESTRUTURAL OU SINTÁTICO (este aqui tomado em sentido restrito) é o significado que resulta das combinações de unidades lexemáticas ou categoremáticas com unidades morfemáticas e morfemas, dentro da oração. São significados estruturais "singular", "plural", "atual", "virtual", "ativo", "passivo", "presente", "passado", "futuro", "indicativo", etc. Assim o -*s* de *livro-s* tem o significado

---

[3] E. Coseriu [ECs.15, 21-22].

instrumental" pluralizador" (e não "plural") ao lado do pluralizado *livro*; da combinação resulta o significado estrutural ou sintático "plural".

e) SIGNIFICADO ÔNTICO, que só se dá no plano da oração, é o que corresponde ao valor existencial que se comunica ao estado de coisas designado na oração: "afirmativo", "negativo", "interrogativo", "imperativo", etc.

Classe de palavra e classe verbal
Tem-se feito confusão entre *classe de palavra e categoria* ou *classe verbal*, confusão que pode ser desfeita com exemplos simples.[4] Assinalando com F a forma física, com L o significado léxico e com C o significado categorial, as palavras abstratas podem ser constituídas: a) como puras "formas" (F), por exemplo "amo" em português, e somente levando em conta sua forma, pode-se classificar apenas pelo seu lado material: é uma palavra dissílaba; é uma palavra paroxítona; é uma palavra com três fonemas, etc.; b) como "formas léxicas" ou "lexemas" (FL), por exemplo o português *verde*, independentemente dos diferentes significados categoriais, isto é, como adjetivo ou como substantivo; c) como "formas categoriais" ou "categoremas" (FC), por exemplo, *quadro, papel*, como substantivos, independentemente dos diferentes significados léxicos ("*quadro* de um pintor", "*quadro* de futebol", "folha de *papel*", "*papel* de um ator"); e d) como palavras com significado léxico e categorial (FCL), por exemplo, em português *amo* 'senhor', substantivo, e *amo* 'quero bem', verbo. Somente as palavras abstratas dotadas com FC ou com FCL podem ser classificadas categorialmente graças ao elemento C; isto significa que uma mesma palavra FL poderá figurar em classes distintas se apresenta diferentes significados C, como foi o caso de *verde* (adjetivo: "folha *verde*" e substantivo: "o *verde* da folha") e *amo* (substantivo e verbo). Em suma: não podemos querer que a palavra *verde*, substantivo, pertença à classe da palavra *verde*, adjetivo, apenas porque tem o mesmo significado lexical, isto é, apelando para um traço que nada tem que ver com o critério com que está constituída a classe verbal.

Se tomarmos por critério FL, "verde" será uma só e mesma palavra, assim como "amo"; se as estabelecermos como FCL, "verde", adjetivo, e "verde", substantivo, serão duas palavras diferentes, assim como "amo" 'senhor' e "amo" 'quero bem', o que também valerá para o inglês (*the*) *fire* e (*to*) *fire*, isto é, substantivo e verbo.

Ao nos referirmos ao significado estrutural, aludimos, junto com as unidades lexemáticas (lexemas), às unidades categoremáticas, os pronomes, que são "formas sem substância", isto porque apresentam apenas, ou em primeiro lugar, um significado categorial, sem representar nenhuma matéria extralinguística. Por isso, os pronomes são substantivos, adjetivos, advérbios e – em algumas línguas que não o português – até verbos. Diferem dos lexemas porque não possuem significado lexical, ou, se o apresentam, têm um significado lexical genérico ("pessoa", "coisa", "lugar", "tempo", "modalidade", etc.), dado pela situação ou por outras palavras do contexto.[5]

---

[4] E. Coseriu [ECs.7, 59].
[5] E. Coseriu [ECs.15, 20].

Nas mesmas condições do pronome, pode-se incluir na classe das palavras categoremáticas o *numeral*.[6]

Por tudo o que vimos até aqui, os significados léxico, categorial e instrumental nos permitem dividir as palavras em lexemáticas (substantivo, adjetivo, verbo e advérbio), categoremáticas (pronome e numeral) e morfemáticas (artigo, preposição e conjunção).

Isto não impede que uma palavra categoremática possa também aparecer com significado instrumental, como é o caso de *meu lápis*, em que *meu* tem o significado categorial "adjetivo" e o significado instrumental em relação ao substantivo *lápis*, determinado como singular e do gênero masculino. Vimos que as palavras lexemáticas, além do significado lexical, têm em português significado categorial, e podem funcionar também como instrumentos.

Da lista tradicional das classes de palavras só nos falta falar da *interjeição*, que, a rigor, nem é pura *palavra*, mas uma *palavra-frase*, que só por si pode valer por um conteúdo de pensamento da linguagem emocional.

Distinguidas assim as classes de palavras, podemos agora caracterizar uma a uma.

1 - Substantivo

É a classe de lexema que se caracteriza por significar o que convencionalmente chamamos *objetos substantivos*, isto é, em primeiro lugar, substâncias (*homem, casa, livro*) e, em segundo lugar, quaisquer outros objetos mentalmente apreendidos como substâncias, quais sejam qualidades (*bondade, maldade, rapidez*), estados (*saúde, doença*), processos (*chegada, entrega, aceitação*). Qualquer palavra tomada materialmente pode substantivar-se (o *se*, o *de*, o *não*, o *porquê*) e estará sujeita às regras de flexão e derivação dos substantivos (os *ses*, os *des*, os *nãos*, os *sins*, os *porquês*).

Concretos e abstratos
Os substantivos se dividem em *concretos* e *abstratos*. Os concretos são *próprios* e *comuns*.

SUBSTANTIVO CONCRETO é o que designa ser de existência independente: *casa, mar, sol, automóvel, filho, mãe*.

SUBSTANTIVO ABSTRATO é o que designa ser de existência dependente: *prazer, beijo, trabalho, saída, beleza, cansaço*.

Os substantivos concretos nomeiam pessoas, lugares, animais, vegetais, minerais e coisas.

Os substantivos abstratos designam ação (*beijo, trabalho, saída*), estado (*cansaço, doente, felicidade*) e qualidade (*prazer, beleza*), considerados fora dos seres, como se tivessem existência individual.

---

[6] E. Coseriu [ECs.7, 60 n. 13].

Próprios e comuns

Dividem-se os substantivos em *próprios* e *comuns*, divisão que pertence a planos diferentes.

SUBSTANTIVO PRÓPRIO é o que se aplica a um objeto ou a um conjunto de objetos, mas sempre individualmente. Isto significa que o substantivo próprio se aplica a esse objeto ou a esse conjunto de objetos, considerando-os como indivíduos. Assim, um nome como *João*, *Isabel* ou *Açores* só acidentalmente se aplicará a várias pessoas ou ilhas não porque estas apresentam características comuns que as identifiquem como membro de uma classe ou conjunto específico. Por isso cada *João*, cada *Isabel* e cada *Açores* é uma pessoa ou ilha considerada como indivíduo inconfundível para as demais pessoas. São materialmente idênticos, mas se aplicam a indivíduos diferentes. Se por *palavra* se entende significante (expressão) + significado (conteúdo), dois ou mais nomes *João* ou *Isabel* não representam a rigor uma só palavra.

Os substantivos próprios mais importantes são os *antropônimos* e os *topônimos*. Os primeiros se aplicam às pessoas que, em geral, têm *prenome* (nome próprio individual) e *sobrenome* ou *apelido* ("que situa melhor o indivíduo em função da sua proveniência geográfica [Frei Henrique de Coimbra], da sua profissão [*Caeiro*], da sua filiação (patronímico) [*Soares*, filho de Soeiro], de uma qualidade física ou moral [*Diogo Cão*], de uma circunstância de nascimento [*Neto*]").[7]

Os topônimos se aplicam a lugares e acidentes geográficos.

Há uma nomenclatura especializada para outras aplicações de substantivos, como, por exemplo, axiônimos (formas de cortesia, de tratamento), patronímicos (nomes que expressam filiações ou descendência, linhagem), prosônimos (cognatos ou apodos), etnônimos (nomes de povos, tribos, castas), hierônimos (nomes sagrados, referentes a crenças), mitônimos (nomes da mitologia clássica ou não), astrônimos (nomes astronômicos), cronônimos (nomes próprios do calendário de qualquer povo), heortônimos (nomes de festividades populares), bibliônimos (nomes de livros).

SUBSTANTIVO COMUM é o que se aplica a um ou mais objetos particulares que reúnem características inerentes a dada classe: *homem, mesa, livro, cachorro, lua, sol, fevereiro, segunda-feira, papa*.

Os cinco últimos exemplos patenteiam que há substantivos comuns que são nomes individualizados, não como os nomes próprios, mas pelo contexto extralinguístico e pelo nosso saber que nos diz que, no contexto "natural" só há uma lua, um sol, um mês fevereiro, e um só dia da semana segunda-feira, e, no contexto "cultural", só há um papa. Se forem escritos com maiúscula, deve-se o fato à pura convenção ortográfica, e não porque são nomes próprios.

Nomes empregados no plural com referência a uma pluralidade de objetos que individualmente têm o mesmo nome (os *Antônios*, as *Marias*, as *Romas*), ou se aplicam ao conjunto de membros de uma mesma família ou nacionalidade (os *Azevedos*, os *Maias*) ou que significam "entes como..." (os *Tiradentes*, os *Ruis*, os *Pelés*, os *Eldorados*), ou, ainda, os objetos designados pelos nomes dos autores, fabricantes, produtores (os *Rembrandts*, os *Machados de Assis* e os *Fords*), são, na realidade, nomes da "classe" e, portanto, substantivos comuns.

---

[7] Mattoso [MC.4, s.v.].

Passagem de nomes próprios a comuns
Não nos prendemos apenas à pessoa ou coisa nomeada; observamos-lhes qualidades e defeitos que se podem transferir a um grupo mais numeroso de seres. Os personagens históricos, artísticos e literários pagam o tributo de sua fama com o desgaste do valor individualizante do seu nome próprio que, por isso, passa a comum. Por esta maneira é que aprendemos a ver no *Judas* não só o nome de um dos 12 apóstolos, aquele que traiu Jesus; é também a encarnação mesma do *traidor, do amigo falso*, em expressões do tipo: *Fulano é um judas*.

Desta aplicação geral de um nome próprio temos vários outros exemplos: *dom-joão* (= homem formoso; galanteador; irresistível às mulheres), *tartufo* (= homem hipócrita; devoto falso), *cicerone* (guia de estrangeiros, dando-lhes informações que lhes interessam), *benjamim* (= filho predileto, geralmente o mais moço; o mais jovem membro de uma agremiação; prende-se ao personagem bíblico que foi o último e predileto filho de Jacó), *áfrica* (= façanha; proeza; revive as façanhas dos antigos portugueses nessas terras).

Passam a substantivos comuns os nomes próprios de fabricantes e de lugares onde se fazem ou se fabricam certos produtos: *estradivários* (= violino de Stradivarius), *guilhotina* (de Joseph-Ignace Guillotin), *macadame* (do engenheiro Mac Adam), *sanduíche* (do conde de Sandwich), *havana* (charuto de Havana; em Portugal, *havano*), *champanha* (da região francesa Champagne), *cambraia* (da cidade francesa de Cambray).

Contáveis e não contáveis
Outra subclasse do substantivo repousa na variedade da sua extensão, que pode ser descontínua e discreta ou contínua. No primeiro caso, a classe é constituída por objetos que existem isolados como partes individualmente consideradas, e recebem o nome de *contáveis*: *homem, mulher, casa, livro,* etc.

No segundo caso, refere-se a classe a objetos contínuos, não separados em partes diversas, que podem ser massa ou matéria ou, ainda, uma ideia abstrata, e recebem o nome de *não contáveis*: *oceano, vinho, bondade, beleza*. Estes não contáveis constituem em geral os *singularia tantum*, isto é, habitualmente só se usam no singular.

À categoria dos não contáveis pertence o substantivo *coletivo*, que, na forma de singular, faz referência a uma coleção ou conjunto de objetos: *arvoredo, folhagem, casario*. Distingue-se o coletivo do plural de um substantivo contável, pois este alude a uma coleção de objetos considerados individualmente: *árvores, folhas, casas*.

Entre os coletivos há os *universais* (*povo, passarada, casario*) e os *particulares* (*caniçal, vinhedo, laranjal*). Os coletivos universais não são contáveis, e, por isso, só se pluralizam nas condições especiais à classe, enquanto os particulares se contam e podem ser pluralizados.

Não se confundem com os coletivos os chamados por Herculano de Carvalho *nomes de grupo* (*bando, rebanho, cardume,* etc.), embora assim o faça a gramática tradicional. Na realidade, os nomes de grupos são nomes de conjunto de objetos contáveis, que se aplicam habitualmente ou a uma espécie definida (*cardume, alcateia, enxame*) ou total ou parcialmente indefinida (*conjunto, grupo, bando: bando de pessoas, de aves, de alunos*). Ao contrário dos coletivos, os nomes de grupos, principalmente os que se referem a espécie indefinida, requerem determinação explícita do tipo de objeto que compõe o conjunto: *um **bando** de pessoas, de adolescentes*, etc.; *um **cardume** de baleias, de sardinhas*, etc. Já não seria possível *um vinhedo de vinhas*, por ser pleonástico e, assim, desnecessário.

São coletivos e nomes de grupo usuais:

a) Conjunto de pessoas:
Alcateia, bando, caterva, corja, horda, farândola, malta, quadrilha, récova, súcia, turba: de ladrões, desordeiros, assassinos, malfeitores e vadios.
Associação, clube, comício, comissão, congresso, conselho, convenção, corporação, grêmio, sociedade: de pessoas, reunidas para fim comum.
Assistência, auditório, concorrência, aglomeração, roda: de assistentes, ouvintes ou espectadores.
Cabido: de cônegos de uma catedral.
Caravana: de viajantes.
Claque, torcida: de espectadores para aplaudir ou patear.
Clientela: de clientes de advogados, de médicos, etc.
Comitiva, cortejo, séquito, acompanhamento: de pessoas que acompanham outra por dever ou cortesia.
Comunidade, confraria, congregação, irmandade: ordem de religiosos.
Concílio, conclave, consistório, sínodo, assembleia: de párocos ou de outros padres.
Coro: conjunto, bando de pessoas que cantam juntas.
Elenco: de artistas de uma companhia, peça ou filme.
Equipagem, marinhagem, companha, maruja, tripulação: de marinheiros.
Falange: de heróis, guerreiros, espíritos.
Junta: de credores, de médicos.
Pessoal: de uma fábrica, repartição pública ou escola, loja.
Plêiade ou *plêiada*: de poetas, artistas, talentos.
Ronda: de policiais que percorrem as ruas velando pela ordem pública.
Turma: de estudantes, trabalhadores, médicos.

b) Grupo de animais:
Alcateia: de lobos, panteras ou outros animais ferozes.
Bando, revoada: de aves, pardais.
Cáfila: de camelos.
Cardume, boana, corso (ô), *manta*: de peixes.
Colmeia, enxame, cortiço: de abelhas.
Correição, cordão: de formigas.
Fato: rebanho de cabras.
Fauna: conjunto de animais próprios de uma região.
Gado: conjunto de animais criados nas fazendas.
Junta, cingel, jugo, jugada: de bois.
Lote: de burros, grupos de bestas de carga.

Malhada, oviário, rebanho: de ovelhas.
Manada: de cavalos, de porcos, éguas.
Matilha: de cães.
Ninhada: rodada de pintos.
Nuvem, miríade, onda, praga: de gafanhotos, marimbondos, percevejos.
Piara, vara: de porcos.
Récova, récua: de cavalgaduras.
Rebanho, armento, armentio, grei, maromba: de bois, ovelhas.

c) GRUPO DE COISAS:
Acervo, chorrilho, enfiada: de asneiras, tolices. *Acervo* também se aplica aos bens materiais: É grande o *acervo* da Biblioteca Nacional.
Antologia, analecto, crestomatia, coletânea, florilégio, seleta: de trechos literários ou científicos.
Aparelho, baixela, serviço: de chá, café, jantar.
Armada, esquadra, frota: de navios de guerra.
Bateria, fileira: de peças de artilharia.
Braçada, braçado, buquê, ramo, ramalhete (ê), *festão*: de flores.
Cacho: de uvas, de bananas.
Cancioneiro: de canções. É erro empregar o vocábulo como sinônimo de cantor em expressões como *cancioneiros românticos*.
Carrada: de razões.
Chuva, chuveiro, granizo, saraiva, saraivada: de balas, pedras, setas.
Coleção: de selos, quadros, medalhas, moedas, livros.
Constelação: de estrelas.
Cordilheira, cadeia, série: de montes, montanhas.
Cordoalha, cordame, enxárcia: de cabos de um navio.
Feixe, lio, molho (ó): de lenha, capim, chaves.
Fila, fileira, linha: de cadeiras.
Flora: conjunto de plantas de uma determinada região.
Galeria: de quadros, estátuas.
Gavela ou *gabela, paveia*: feixe de espigas.
Herbário: coleção de plantas para exposição ou estudo.
Hinário: de hinos.
Instrumental: de instrumentos de orquestra, de qualquer ofício mecânico, de cirurgia.
Mobília, mobiliário: de móveis.
Monte, montão: de pedras, palha, lixo.
Penca: de bananas, laranjas, chaves.
Pilha, ruma: de livros, malas, tábuas.
Réstia: de cebolas, alhos.
Sequência: série de cartas do mesmo naipe.
Troféu: de bandeiras.

Observação: Para outros coletivos e nomes de grupos consulte-se o dicionário.

Estrutura interna do substantivo
A estrutura interna ou constitucional do substantivo (isto é, sua morfologia) consiste, nas línguas flexivas como o português, em geral, na combinação de um signo lexical expresso pelo radical com signos morfológicos expressos por desinências e alternâncias, ambos destituídos de existência própria fora dessa combinação. Entre as desinências que, na flexão, se combinam com o substantivo está a marca de *número* e, nas línguas que a possuem, a marca de *caso* (nominativo, acusativo, etc., como se dá, por exemplo, no grego, no latim, no alemão). O substantivo, fora da flexão, pode ser dotado da marca de gênero: *menino / menina, gato / gata*.[8]

Número
É uma categoria gramatical inerente primariamente ao substantivo, que se refere aos objetos substantivos considerando-os na sua unidade da classe a que pertencem (é o número *singular*) ou no seu conjunto de dois ou mais objetos da mesma classe (é o número *plural*). Quando o singular designa vários objetos de uma mesma classe considerados num todo, temos o *coletivo* (*professorado, alunado, caravana, cardume*, etc.).

A classe dos objetos substantivos pode conter unidades descontínuas e discretas: são os objetos *contáveis* (*homem, casa, cadeira*, etc.); a classe pode também ser constituída de objetos desprovidos de limites internos, como se fossem objetos únicos: são os *não contáveis*. Estes objetos únicos ou são massa ou matéria, ou concebidos como tal (*ouro, ferro, céu*, etc.), ou uma ideia abstrata (*amor, saudade, riqueza*, etc.).

Facilmente se pluralizam os substantivos que pertencem ao grupo dos contáveis (*homem – homens; casa – casas*); já os não contáveis, em geral, se usam no singular (*singularia tantum*). Em alguns desses nomes não contáveis, o plural

---

[8] "Quanto a este ponto, a afirmação generalizada de que o substantivo tem flexão de gênero, aparentemente justificada pela existência de pares masculinos / femininos, tais como *irmão / irmã, noivo / noiva, gato / gata*, que significam, respectivamente, o macho e a fêmea de uma dada espécie de ser animado (sexuado). Com efeito, é propriedade essencial da flexão o fato de que por esse processo mórfico variem as significações gramaticais de 2.º grau (isto é, de gênero, número, tempo-aspecto, modo, pessoa, etc.) somadas, alternadamente, ao tema por meio dos morfemas próprios, sem que se altere a significação inerente da palavra semântica, que permanece a mesma em cada um dos membros do paradigma flexional. É isso que se dá com a variação de número *casa / casas* e, no adjetivo (pronome, etc.) com a de gênero: na variação *alto / alta* não se altera a significação inerente do adjetivo, presente no seu tema *alt-*. Ora, o que se passa com *lobo / loba* é precisamente o contrário, porque o termo masculino e o termo feminino manifestam significações inerentes diversas, a saber, respectivamente, a de espécie macho e a de espécie fêmea do gênero (lógico) *lupus* (significado este também pelo masculino, na sua qualidade de termo não marcado da oposição). Quer dizer que se trata aqui, não de flexão, mas antes de derivação, como a que se observa em *barco / barca, saco / saca*, etc." [HCv.2, 745-746].

alude a diferentes espécies ou à fragmentação: *vinhos* (o tinto, o branco, o rosê), *mares* e, por consequência, se apresentam com variação semântica [HCv.1, 14, 364; SA.2, 69].

Muitas vezes empregamos no singular um substantivo referido ao plural, por exemplo: *Nesta polêmica, lavo a minha* mão; *O olho ardia pelo excesso de fumaça*. Não raro, um termo usado no singular é depois referido no plural: "(...) muita *casa* antiga, *algumas* do tempo do rei (...)" [MA.3, apud SS. 1, 230].

Em português, o significado gramatical plural é obtido com a presença da desinência pluralizadora -s fonologicamente constituída pela consoante sibilante pós-vocálica diante de pausa.[9] O singular se caracteriza pela ausência desta desinência.

A flexão de número, em português, pelo mecanismo da concordância, se estende ao adjetivo (e demais adjuntos do substantivo) e ao verbo, quando este entra em concordância de número com a pessoa do sujeito.

A flexão de número dos substantivos

a) **Formação do plural com acréscimo de -s**
Forma-se o plural dos substantivos com o acréscimo do morfema pluralizador (desinência do plural) -s, quando terminados explicitamente por:
1 – vogal ou ditongo oral: *livro* → *livros; lei* → *leis; cajá* → *cajás*.
2 – vogal nasal tônica ou átona: *ímã* → *ímãs; irmã* → *irmãs; dom* → *dons* (grafando-se *ns*); *álbum* → *álbuns; totem* → *totens* (para o plural *tótemes* ➚ 91).
3 – ditongos nasais *-ãe* (tônicos ou átonos) e *-ão* (átono): *mãe* → *mães; bênção* → *bênçãos; sótão* → *sótãos*.

OBSERVAÇÃO: Vários substantivos de origem estrangeira, em geral grega, admitem forma com -s final ou sem ele, mas tratados como singular: o/a *diabete* ou o/a *diabetes;* o *cosmo* ou o *cosmos*.

b) **Formação do plural com acréscimo de -es**
Quando não está explícita, a vogal temática suprimida no singular deverá ser restituída para constituir a forma teórica (*ás* → **ase* → *ases*) e depois ser acrescida a desinência -s. Isto ocorre quando o singular termina por:
1 – -s (em sílaba tônica): *ás* → *ases; freguês* → *fregueses*
   Cós serve para os dois números e ainda possui o plural reduplicativo ou cumulativo *coses*.
2 – -z (em sílaba tônica): *luz* → *luzes; giz* → *gizes; cicatriz* → *cicatrizes*
3 – -r: *cor* → *cores; elixir* → *elixires; vizir* → *vizires*

---

[9] "Por morfofonêmica, a sibilante da desinência é surda diante de pausa ou de consoante surda (ex.: *livros pretos* / livrus pretus/) e sonora diante de vogal ou consoante sonora, sendo que diante de vogal passa a funcionar como pré-vocálica dessa vogal (ex.: *livros brancos* / livruz brankus / *livros alvos* / livruz álvus/)" [MC.4, 179].

c) **Plural de nomes gregos em -n**
Nos nomes de origem grega terminados em -n (↗91), pode-se obter o plural com o acréscimo da desinência -s, ou recorrer à forma teórica com a recuperação do -e (*abdômen* → **abdomene* → *abdômenes*). Melhor fora dar a estes substantivos feição mais de acordo com o sistema fonológico do português, eliminando o -n final ou substituindo-o por -m e procedendo-se à formação do plural com o só acréscimo do -s (*abdome* → *abdomes*; *pólen* → *polem* → *polens*, grafando -ns):

abdômen → abdomens ou abdômenes
certâmen → certamens ou certâmenes
dólmen (dolmem) → dolmens ou dólmenes
espécimen → espécimens ou espécímenes
gérmen → germens ou gérmenes
hífen → hifens ou hífenes
pólen (polem) → polens ou pólenes
regímen → regimens ou regímenes

OBSERVAÇÕES:
1.ª) *éden* (melhor seria *edem*, que o *Vocabulário Ortográfico* não registra) faz *edens*.
2.ª) *cânon*, melhor grafado *cânone*, faz *cânones*.
3.ª) Recorde-se que são acentuados os paroxítonos em -n e não os em -ens. Daí *hífen*, mas *hifens* (sem acento gráfico).

d) **Plural dos nomes em -ão tônico**
Os nomes em -ão tônico a rigor pertencem à classe dos temas em -o ou em -e, conforme o plural respectivo: *irmãos* (= irmão + s), *pães* (= *pãe + s), *leões* (= *leõe + s). Para uma descrição coerente Mattoso propõe que se parta das formas teóricas do plural para se chegar ao tema, suplementadas pelas regras morfofonêmicas pertinentes, no processo de formação de plural.

Destacando-se a vogal temática (que passa a semivogal de ditongo em contacto com a vogal anterior), teremos o radical em -õ (*leõ*) e o radical em -ã (*irmã*, *pã*).

1) os substantivos em -õ com tema em -e fazem o plural com acréscimo da desinência -s:

leão (*leõ + e + s) → leões
coração (*coraçõ + e + s) → corações

Assim, temos os plurais: *questões, melões, razões*, etc.

Este grupo é o mais numeroso e, por isso mesmo, tende, no uso espontâneo, a assimilar outras formas de plural que a língua exemplar não adota. Neste grupo estão incluídos todos os substantivos abstratos formados com os sufixos *-ção, -são* e *-ão* e grande parte de substantivos concretos.

comoção → comoções; adoração → adorações
apreensão → apreensões; compreensão → compreensões; abusão → abusões;
visão → visões
caminhão (camião) → caminhões (camiões); barracão → barracões

Este radical teórico em -õ aparece evidente em adjetivos e verbos da mesma família do substantivo, o que é sinal de que este faz o plural em -ões; por exemplo, *leonino* denuncia o plural correto de *leão: leões*.

2) os substantivos em -ã com tema em -o (*irmão*) fazem o plural com o acréscimo da desinência -s:
   irmão (irmã + o + s) → irmãos
   cidadão (cidadã + o + s) → cidadãos

Este radical teórico em -ã aparece evidente em adjetivos e verbos da mesma família dos substantivos *irmão* (irm*a*nar) e *cidadão* (cidad*a*nia).

3) os substantivos em -ã com vogal temática -e (*pã* - *e* de *pães*) fazem o plural com o acréscimo da desinência -s:
   pão → (pã + e + s) → pães
   capitão → (capitã + e + s) → capitães

Descrito o processo de flexão, cabe perguntar como, partindo da forma teórica do plural, se chega às formas do singular em -ão. Destacando-se a vogal temática, como já vimos, obtemos duas estruturas fonológicas para os radicais: em -õ (leõ) e em ã (irmã, pã). Os de tema em -o não sofrem alteração: *irmão*; os de tema em -e ou mudam a vogal para -o (*pão*) ou, se a vogal do radical for -õ, apresentam duas mudanças: a vogal temática passa de -e a -o e a vogal do radical passa de õ a ã: *leão*.

Dada a confluência das formas do singular num único final -ão (diferençadas no plural, como acabamos de ver), surgem muitas dúvidas no uso do plural, além de alterações que se deram através da história da língua, algumas das quais se mantêm regional ou popularmente, em geral a favor da forma plural -ões, por ser a que encerra maior número de representantes.

"O ensino escolar [comenta Mattoso] se esforça para manter os três tipos de plural, ora apoiando-se na origem latina, ora se inspirando no espanhol (onde há diferença no singular – *razón: razones; hermano: hermanos; pan: panes*), ora apelando para as preferências (se bem que às vezes inconsistentes) de determinados autores, na língua literária, considerados 'clássicos'"[MC.8, 81-82].

Diante do exposto, oferecemos ao leitor relação minuciosa dos dois grupos de substantivos em -ão que não fazem o plural mais frequente em -ões:

1) plural em -ães:
   cão → cães   escrivão → escrivães
   capelão → capelães   tabelião → tabeliães
   alemão → alemães   pão → pães
   capitão → capitães   maçapão → maçapães
   mata-cão → mata-cães   catalão → catalães

2) plural em -ãos:
   chão → chãos   irmão → irmãos
   cidadão → cidadãos   mão → mãos
   cristão → cristãos   pagão → pagãos
   desvão → desvãos   e os paroxítonos apontados em a) 3. (➚ 136)
   grão → grãos

Muitos substantivos apresentam dois e até três plurais:

aldeão	aldeãos	aldeões	aldeães
ancião	anciãos	anciões	anciães
charlatão	–	charlatões	charlatães
corrimão	corrimãos	corrimões	–
cortesão	cortesãos	cortesões	–
deão	deãos	deões	deães
ermitão	ermitãos	ermitões	ermitães
fuão	fuãos	fuões	–
guardião	–	guardiões	guardiães
refrão	refrãos	–	refrães
sacristão	sacristãos	–	sacristães
truão	–	truões	truães
vilão	vilãos	vilões	vilães
vulcão	vulcãos	vulcões	–

e) **Plural dos nomes terminados em -l**

1 – **Plural dos nomes terminados em -al, -el, -ol, -ul**

Nos nomes em -l, temos de partir da forma teórica com restituição da vogal temática -e, acréscimo do pluralizador -s, posterior às regras morfofonêmicas: queda do -l- intermediário e passagem da vogal temática a semivogal (grafada -i).

carnaval → *carnavale → carnavales → carnavaes → carnavais
papel → *papele → papeles → papees → papéis (tônico)
lençol → *lençole → lençoles → lençoes → lençóis
nível → *nivele → niveles → nívees → níveis (átono)[10]
paul → *paule → paules → paues → pauis

OBSERVAÇÕES:
1.ª) *cônsul* e *mal* fazem *cônsules* e *males*.
2.ª) *cal* e *aval* fazem *cales* (= cano) e *cais*, *avales* (mais comum em Portugal) e *avais*.
3.ª) *real* faz *réis* (moeda antiga) e *reais* (moeda nova).

2 – **Plural dos nomes terminados em -il**
   a) -il em vogal átona: ocorre a passagem do *i* a *e* e posteriormente o mesmo que o caso anterior:
   fóssil → *fóssile → *fossele → fosseles → fossees → fósseis
   b) -il com vogal tônica: ocorre o acréscimo do pluralizador -s e posterior supressão do -l, já que não é necessário recorrer à vogal temática, por não aparecer no plural:
   funil → *funils → funis[11]

---

[10] Mel e fel fazem *meles* ou *méis*, *feles* ou *féis*, respectivamente, sendo as segundas formas mais frequentes por conformes no processo regular.

[11] Mattoso assinala que, tendo em vista a pronúncia distensa da pronúncia brasileira do -l como | w |, passam a ser outras as regras morfofonêmicas: no caso de *carnaval*, por exemplo, temos a alternância | w | - | y |: | carnavau | - | carnavays |, e em *funil* temos a supressão do | w |: | funiu | - | funis |.

OBSERVAÇÃO: *mírtil* faz *mírtiles* e *mírteis*; *móbil* faz *móbiles* e *móbeis*.

Réptil e *projétil*, como paroxítonos, fazem *répteis* e *projéteis*; como oxítonos, *reptil* e *projetil* fazem *reptis* e *projetis*.

f) **Plural dos nomes terminados em -*x* (= *ce*)**

Os terminados em -*x* com o valor de *ce* (final com que podem também ser grafados) fazem o plural normalmente em -*ces*:

cálix (ou *cálice*), *cálices*; *apêndix* (ou *apêndice*), *apêndices*.

g) **Palavras que não possuem marca de número**

Há significantes terminados por -*s* em sílaba átona (como *lápis*, *pires*, ou monossílabos como *cais*, *xis*) que não possuem marca de número, quer no singular quer no plural, pois se mostram alheios à classe gramatical de número. Cremos ser a melhor lição a de Herculano de Carvalho, segundo a qual não se pode aceitar a doutrina corrente que vê nessas formas um singular que permanece invariável no plural. É um caso de sincretismo, e não de neutralização (➚ 376) [HCv.3, 608-609 e 642]. A pluralidade é marcada pelos adjuntos (artigo, adjetivo, pronome, numeral): *o lápis, os lápis; um pires, dois pires; este xis, estes xis*.

Estão neste caso os terminados em:

1) -*s* (em sílaba átona; palavras sigmáticas):

o pires, os pires; o lápis, os lápis; a cútis, as cútis.

OBSERVAÇÃO: *Simples* faz *símplices* ou, o que é mais comum, não varia. *Cós*, *lais* e *ferrabrás* são mais usados invariáveis, mas possuem o plural *coses*, *laises* e *ferrabrases*.

2) -*x* (com o valor de *cs*): *o tórax, os tórax; o ônix, os ônix; o fax, os fax; a fênix, as fênix; a xerox, as xerox*.

OBSERVAÇÃO: Alguns nomes com *x* = *cs* possuem a variante em *ce*: *índex* ou *índice*; *ápex* ou *ápice*; *códex* ou *códice*. Seus plurais são, respectivamente, *índices*, *ápices*, *códices*.

h) **Plurais com alteração de *o* fechado para *o* aberto (metafonia)**[12]

Muitas palavras com *o* fechado tônico, quando passam ao plural, mudam esta vogal para *o* aberto:

miolo – miolos

---

[12] Continuamos a relacionar o singular como a forma básica em relação ao plural, nestes casos. A gramática histórica, entretanto, nos dá outra versão do fato linguístico.

Dentre as que apresentam esta mudança (chamada metafonia) na vogal tônica lembraremos aqui as mais usuais:

abrolho	fogo	porto
antolho	forno	posto
aposto	foro	povo
caroço	fosso	reforço
choco	imposto	rogo
corcovo	jogo	sobrolho
coro	miolo	socorro
corpo	mirolho	tijolo
corvo	olho	torto
despojo	osso	troco
destroço	ovo	troço
escolho	poço	
esforço	porco	

Esta alternância constitui a única marca do feminino em *avô* e formas com ela relacionadas, onde se acha suprimida a desinência *-a*: *avô – avó* (< *avoa* < lat. *aviola*). Nos casos de metafonia, o plural é marcado pelo morfema pluralizador *-s* e pelo morfema suprassegmental.

Continuam com *o* fechado no plural:

acordo	esboço	logro
adorno	esposo	morro
almoço	estorvo	repolho
alvoroço	ferrolho	rolo
arroto	fofo	sogro
boda	forro	soldo
bojo	gafanhoto	sopro
bolo	globo	soro
bolso	gorro	toco
cachorro	gosto	toldo
caolho	gozo	topo
coco	horto	torno
contorno	jorro	transtorno

OBSERVAÇÃO: Como no caso dos plurais em *-ão* (*-ões*, *-ães*, *-ãos*), a inclusão da palavra no grupo dos metafônicos ou não metafônicos apresenta muitas indecisões. O esforço para dirimir dúvidas nestes casos se tem regulado pela origem do timbre da vogal tônica em latim e na forma paralela das correspondentes em espanhol, onde, como regra, do timbre fechado resulta uma vogal simples e do timbre aberto uma ditongação: *gozo* (esp.) – *gozo* (port.) – *gozos* (ô); *fuego* (esp.) – *fogo* (port.) – *fogos* (ó). Tanto a etimologia do latim quanto o paralelismo do espanhol nem sempre têm a boa resposta às dúvidas.

Não sofrem alteração os nomes próprios e os de família:
  os *Diogos*, os *Mimosos*, os *Raposos*, os *Portos*.

i) **Plurais com deslocação do acento tônico**
   Há palavras que, no plural, mudam de sílaba tônica:
   caráter   – caracteres
   espécimen – espécimenes
   júnior   – juniores
   Júpiter   – Jupíteres
   Lúcifer   – Lucíferes
   sênior   – seniores

   O plural *sorores* é de *soror*, oxítono, o que se estende a *sóror*.

j) **Variações semânticas do significado entre o singular e o plural**
   Normalmente, o plural guarda o mesmo significado do singular. Isto não acontece, porém, em alguns casos, principalmente se se trata de substantivos abstratos em sentidos contextuais:
   bem (o que é bom)   – *bens* (propriedades)
   féria (produto do trabalho diário)   – *férias* (dias de descanso)
   "Onde não se preza a *honra* se desprezam as *honras*" [MM].

   Em nomes abstratos como *injustiças, crueldades, gentilezas*, o plural denota atos repetidos, ora multiplicidade dos mesmos atos, com certa conotação aumentativa [FBr.1, 97].
   Também em nomes concretos pode o plural acusar mudança de significado: *ferro* (metal) → *ferros* (algemas) [SA.2, 69].
   Estão nestes casos os nomes que no plural indicam o casal:
   os pais (pai e mãe), *os irmãos* (irmã e irmão), *os reis* (rei e rainha).

k) **Palavras só usadas no plural** (*pluralia tantum*)
   Eis as principais:

ademanes	endoenças
afazeres	exéquias
alvíssaras	férias (= repouso)
anais	núpcias
arredores	óculos (mas também óculo, no singular, apesar de raro)
avós (antepassados)	trevas
belas-artes, belas-letras	víveres
confins	nomes de naipes: copas, ouros, espadas, paus
costas	

   OBSERVAÇÃO: Todos estes substantivos levam ao plural seus adjuntos e predicados. Portanto, deve-se dizer: *Quebraram-se os óculos novos.*

l) **Plural de nomes próprios**
Os nomes próprios usados no plural (➚ 131) fazem o plural obedecendo às normas dos nomes comuns, e a língua-padrão recomenda se ponham no plural, e não no singular (*Os Maias*, de Eça de Queiroz; *Os Cigarras e os Formigas*, de Maria Clara Machado, etc.):
"O fidalgo *dos Vitos Alarcões* tratou da cabeça na cama, uns quinze dias" [CBr.6, 144].
" (...) seria um garfo meritório do tronco *dos Parmas d'Eça*, ao qual ele Rui de Nelas se glorificava de ser estranho?" [CBr.6, 171].
"D. Garcia pagou caro por isso: os *Silvas* comandaram uma grande rebelião (...)." [CSi.1].

Todavia, não é raro o uso do singular na língua literária:
"Os brasileiros do sul, os *Correia de Sá*, perdiam muito do encanto dessas obras (...)" [GA *apud* SS.3, 105].

OBSERVAÇÕES:
1.ª) Em se tratando de nomes compostos, ambos os termos vão ao plural – caso mais comum – ou só o primeiro: os *Vitos Alarcões*, os *Albuquerques Maranhão*.
2.ª) Quando entre os termos aparece a preposição *de*, só o primeiro vai ao plural: *os Correias de Sá*.
3.ª) Não se flexiona o nome próprio em aposição, geralmente designativo de marcas ou especificação: Comprou dois automóveis *Ford*; Escreveu uma crônica de guerra sobre os aviões *Mirage*. (Já sem aposição: Comprou dois *Fords*; "(...) ele está morando na Barra, tem quatro *Pajeros* e dois *Mercedes* na garagem, vai pro trabalho de helicóptero (...)" [JU.1].)

m) **Plural dos nomes estrangeiros não assimilados**
Os nomes estrangeiros que se adaptaram ao sistema fonológico do português têm o seu plural consoante as normas vigentes: *clube* → *clubes*; *dólar* → *dólares*; *repórter* → *repórteres*; *abajur* → *abajures*; *ultimato* → *ultimatos*; *memorando* → *memorandos*; *confete* → *confetes*.
Os não assimilados ao nosso idioma tomam duas direções: a) terminam com *-s*, sem pretender coincidir com as regras do plural da língua originária, ou b) regulando-se pelas normas da língua estrangeira, o que, em geral, é o procedimento recomendado na língua-padrão e nos textos científicos.
Do primeiro caso, temos:
films, leaders, ladys, dandys, lieds, blitzes, hussards.

Este último aportuguesa-se em hussardo (pl. hussardos) ou hússar (pl. hússares).
Do segundo temos, entre os latinismos:
curriculum → *curricula*, *memorandum* → *memoranda*, *corpus* → *corpora*, etc.,

que podem ser aportuguesados, no singular, em: *currículo, memorando, corpo* (raro).
campus → *campi* (*o campus, os campi*).

Entre os gregos cabe citar:
tópos → *tópoi*, *lógos* → *lógoi*, *ónoma* → *onómata*.

Entre os anglicismos:
lady → *ladies*; *penny* → *pennies* ou *pence*; *sexy* → *sexies*; *dandy* → *dandies*; *sportman* → *sportmen*.

Entre os germanismos:
lied (/ lid /) → *lieder*; *leitmotiv* → *leitmotiven*; *blitz* → *blitzen*.
Também se erra usando-se *lieder* como singular.

Os escritores procuram, na medida do possível, acertar o passo; assim é que José Lins do Rego usou *lieds* nesta passagem de *Gordos e Magros* (1942): "Goethe ia ao povo para sentir a força dos *lieds*, a música que dorme na alma popular." Em *Poesia e Vida* (1945) já se pautava pela norma alemã: "Destruindo Mozart, uma grande Alemanha desapareceria; a Alemanha dos *lieder*, dos violinos gemendo por debaixo das macieiras em flor (...)."

Os nomes italianos em -*i* já estão no plural, quando flexionados (*o confetto* → *os confetti*); mas isto não impediu que um escritor correto como Latino Coelho fizesse o plural com acréscimo do -*s*: "Portugal não primou nas invenções admiráveis da ciência: não teve Newtons nem Platões. Não meneou com galhardo luzimento o escopro ou o pincel: não teve Rafaéis, nem *Buonarottis*" [*apud* SS]. Também de *lápis-lazúli* temos o plural *lápis-lazúlis*. A prevalecer a norma da língua exemplar, pode-se dizer que se trata de um elemento funcional pertencente ao sistema português reservado aos plurais estrangeiros não assimilados (*Fremdwörter*).[13]

Os nomes próprios estrangeiros fazem o plural com o acréscimo de -*s* final: *Mozarts*, *Kennedys*, *Darwins*.

n) **Plural dos nomes de letras**
Os nomes de letras vão normalmente ao plural, de acordo com as normas gerais.
Escreve com todos os *efes* e *erres*.
Coloquemos os pingos nos *is*.

N.B.: *Xis* serve para singular e plural.
Podemos indicar o plural das letras com a sua duplicação: (*ff*, *rr*, *ii*.)
A palavra *totó* tem dois *tt* e dois *oo*.
"E voltando-se para a Cléu, que tinha muito boa letra e sabia escrever com todos os *ff* e *rr*: – Escreva uma carta ao chefe daqueles caçadores dizendo que não admito que atirem de lá para cá." [ML.5]

Este processo ocorre em muitas abreviaturas:

---

[13] [ECS. 1,11n. 172.]

E.E.U.U. (Estados Unidos, também representado por EUA, Estados Unidos da América, ainda U.S.A.).

Podemos ainda indicar o plural das letras mediante o acréscimo de um *s* pluralizador, sem emprego do apóstrofo:
Princípio dos Três *Rs.*

o) **Plural dos nomes com o sufixo *-zinho*** (↗ 394)
Põem-se no plural os dois elementos e suprime-se o *s* do substantivo, consoante a regra ortográfica oficial:
animalzinho = animal + zinho
animaizinhos
coraçãozinho = coração + zinho
coraçõezinhos
florzinha = flor + zinha
florezinhas
papelzinho = papel + zinho
papeizinhos
pazinha = pá + zinha
pazinhas

OBSERVAÇÃO: Se o sufixo não tem tem *z-* inicial, só se faz o plural do sufixo: *lapisinho – lapisinhos; luzinha – luzinhas; cuscuzinho – cuscuzinhos; rapazinho – rapazinhos; pazinha* (curta *paz*) *– pazinhas*. Se o radical permitir indiferentemente *-zinho* ou *-inho*, haverá duplicidade de procedimento de plural: *florzinha – florezinhas / florinha – florinhas; mulherzinha – mulherezinhas; mulherinha – mulherinhas.*
Com esta sistematização, evitaremos plurais de difícil explicação morfológica, do tipo de *pazezinhas* (curtas *pazes*), *rapazezinhos, luzezinhas* e assemelhados.

NOTA ORTOGRÁFICA: Os sufixos diminutivos *-inho* (*-ito*, etc.), *-zinho* (*-zito*, etc.) têm hoje uma distribuição regular, conforme o final da palavra básica:
a) se termina por vogal átona ou consoante (exceto *-s* e *-z*), a escolha é materialmente indiferente, mas o uso faz as suas opções, além de aparecerem nuanças de sentido contextuais: corpo → *corpinho* (com queda da vogal temática) / *corpozinho* (a forma básica intacta); *flor → florinha / florzinha; mulher → mulherinha / mulherzinha;*
b) se termina por vogal tônica, nasal ou ditongo, é de emprego obrigatório *-zinho* (*-zito,* etc.); boné → *bonezinho;* siri → *sirizinho;* álbum → *albunzinho;* bem → *benzinho;* rei → *reizinho.* Com *-zinho* evitam-se hiatos do tipo *irmãinha, raioíto,* etc.;
c) se termina em *-s* ou *-z,* o emprego normal é com *-inho* (*-ito,* etc.), repudiando-se *-zinho* (*-zito,* etc.), ficando intacta a palavra básica: *lapisinho* (lápis + inho), *cuscuzinho* (cuscuz + inho), *japonesinho* (japonês + inho), *rapazinho* (rapaz + inho), cartazinho (cartaz + inho), exatamente como escrevemos *lapiseira* (lápis + eira), *lapisar* (lápis + ar), *lapisada* (lápis + ada), etc.
Estabelecem-se até oposições léxicas e fonológicas (já que se guardam os acentos das palavras básicas): *cartazinho* (= cartàz + inho), *cartazinha* (= càrta + zinha),

rapazinho (= rapàz + inho); *rapazinho* (= ràpa + zinho); *masinho* (= mas + inho), *mazinha* (= mà + zinha) [veja-se o exemplo dado por Oiticica: *Você escreveu aí na pedra um* masinho *que ninguém percebe* (trata-se da conjunção *mas*)]. Às vezes há convergências gráficas: *pazinha* (*paz* + *inha*) e *pazinha* (*pá* + *zinha*), que o contexto dissolverá.

N.B.: A norma acolheu algumas divergências à regra, como, por exemplo: *barzinhos, colherzinhas, senhorzinhos.*

p) **Plural das palavras substantivadas**

Qualquer palavra, grupo de palavras, oração ou texto pode substantivar-se, isto é, passar a substantivo, que, tomados materialmente, isto é, como designação de sua própria forma externa, valem por um substantivo masculino e singular: o *sim*, o *não*, o *quê*, o *pró*, o *contra*, o *h*, *peras* é feminino, *os homens* é o sujeito da oração.

Tais palavras vão normalmente ao plural:
os *sins*, os *nãos*, os *quês*, os *prós*, os *contras*, os *hh* (agás).

Enquadram-se neste caso os nomes que exprimem número, quando aludem aos algarismos.
Na sua caderneta há três *setes* e dois *oitos*. Tire a prova dos *noves*. Há dois *quatros* a mais e três *onzes* a menos nessas parcelas.

Fazem exceção os terminados em -*s* (*dois, três, seis*), -*z* (*dez*) e *mil*, que são invariáveis.
Quatro *seis* e cinco *dez*.

Vale lembrar que, enquanto numerais propriamente ditos, não vão ao plural, como em: Os *quatro* cantos da sala (e não: os *quatros* cantos).

q) **Plural cumulativo**

Alguns nomes possuem duas formas: uma, básica, singular e outra flexionada em plural que passa a valer como se singular fora:

ananá   ananás
eiró (iró) eirós (irós)
filhó   filhós
ilhó   ilhós
lilá   lilás

o *ananá*, os *ananás*; o *lilá*, os *lilás*.

OBSERVAÇÃO: *Cós* fica invariável ou tem plural cumulativo *coses*.

Passando a forma plural a ser empregada como um singular (*o ananás, o lilás*, etc.), por semelhança de singulares em -*ós* (*retrós*, por exemplo), admite um novo plural, chamado cumulativo, por esquecimento da etapa de pluralização: *o ananás, os ananases; o eirós, os eiroses; o filhós, os filhoses; o ilhós, os ilhoses; o lilás, os lilases.*

r) **Plural nos etnônimos**
Etnônimo é o nome que se aplica à denominação dos povos, das tribos, das castas ou de agrupamentos outros em que prevalece o conceito de etnia. Estes nomes utilizados na língua comum admitem a forma plural, como todos os outros: *os brasileiros, os portugueses, os espanhóis, os botocudos, os tupis, os tamoios*, etc.

Por convenção internacional de etnólogos, está há anos acertado que, em trabalhos científicos, os etnônimos que não sejam de origem vernácula, ou nos quais haja elementos não vernáculos, não são alterados na forma plural, sendo a flexão indicada pelo artigo plural: *os Tupi, os Nambikwara, os Yanomami, os Kaingang*, etc. Devem ser grafados com inicial maiúscula, facultando-se o uso de minúscula no seu emprego adjetival.

s) **Plural indevido (quando o singular tem valor generalizante)**
Modernamente se vem usando o plural onde melhor caberia o singular, por se referir a unidade, quando esta tiver efeito generalizante, como ocorre em exemplos do tipo: *As pessoas foram julgadas por* sua índole (e não: suas índoles); *Foram discriminados em razão da cor* de sua pele (e não: de suas peles); *O pássaro voava acima* da nossa cabeça (e não: das nossas cabeças); *O pesquisador estudou* o cérebro *dos fetos* (e não: os cérebros); *A babá limpava* o nariz *das crianças* (e não: os narizes); *Envergonhados, abaixaram* a cabeça (e não: as cabeças).

t) **Plural dos nomes compostos**
Merece especial atenção o plural dos nomes compostos, uma vez que as dúvidas e vacilações são frequentes. A questão envolve dificuldades de ordem ortográfica (uso ou não do hífen) e de ordem gramatical. Torna-se imperiosa uma sistematização que venha pôr simplificação ou minorar as dúvidas ainda existentes, mesmo com as últimas propostas do Acordo Ortográfico. Sem pretendermos esgotar o assunto, apresentamos os seguintes critérios:

A – Somente o último elemento varia:
1) nos compostos grafados ligadamente:
   fidalgo   fidalgos
   girassol   girassóis
   madressilva madressilvas
   mandachuva   mandachuvas
   pontapé   pontapés
   vaivém   vaivéns

2) nos compostos com as formas adjetivas *grão, grã e bel*:
   grão-prior   grão-priores
   grã-cruz   grã-cruzes
   bel-prazer   bel-prazeres

3) nos compostos de tema verbal ou palavra invariável seguida de substantivo ou adjetivo:

furta-cor	furta-cores
beija-flor	beija-flores
abaixo-assinado	abaixo-assinados
alto-falante	alto-falantes
vice-rei	vice-reis
ex-diretor	ex-diretores
ave-maria	ave-marias

4) nos compostos de três ou mais elementos, não sendo o 2.º elemento uma preposição:
bem-te-vi   bem-te-vis

5) nos compostos de emprego onomatopeico em que há repetição total ou parcial da primeira unidade:

lenga-lenga	lenga-lengas
reco-reco	reco-recos
tique-taque	tique-taques
zum-zum	zum-zuns

B – SOMENTE O PRIMEIRO ELEMENTO VARIA:
1) nos compostos em que haja preposição, clara ou oculta:

cavalo-vapor (= de, a vapor)	cavalos-vapor
cana-de-açúcar	canas-de-açúcar
jararaca-de-cauda-branca	jararacas-de-cauda-branca

2) nos compostos de dois substantivos, em que o segundo exprime a ideia de *fim*, *semelhança*, ou limita a significação do primeiro:

aço-liga	aços-liga
bomba-relógio	bombas-relógio
caneta-tinteiro	canetas-tinteiro
carta-bomba	cartas-bomba
cidade-satélite	cidades-satélite
decreto-lei	decretos-lei
elemento-chave	elementos-chave
fruta-pão	frutas-pão
homem-rã	homens-rã
licença-prêmio	licenças-prêmio
manga-rosa	mangas-rosa (= de casca rosada)
navio-escola	navios-escola (= para escola)
peixe-boi	peixes-boi
público-alvo	públicos-alvo
salário-família	salários-família

pombo-correio   pombos-correio
tatu-bola   tatus-bola

Observação: Os compostos incluídos neste último caso também admitem a flexão dos dois elementos: *aços-ligas, bombas-relógios, canetas-tinteiros, cidades-satélites, decretos-leis*, etc.

C – Ambos os elementos variam:
1) nos compostos de dois *substantivos*, de um *substantivo* e um *adjetivo* ou de um *adjetivo* e um *substantivo*:

amor-perfeito   amores-perfeitos
cabra-cega   cabras-cegas
gentil-homem   gentis-homens
guarda-civil   guardas-civis
guarda-mor   guardas-mores
lugar-comum   lugares-comuns
salário-mínimo   salários-mínimos
segunda-feira   segundas-feiras

Observação: *lugar-tenente* faz o plural *lugar-tenentes*.

2) nos compostos de temas verbais repetidos:
corre-corre   corres-corres
pisca-pisca   piscas-piscas
pula-pula   pulas-pulas
ruge-ruge   ruges-ruges

Observação: Os compostos incluídos neste caso também admitem o plural flexionando-se apenas o segundo elemento: *corre-corres, pisca-piscas, pula-pulas, ruge-ruges*.

D – Os elementos ficam invariáveis:
1) nas frases substantivas:
a estou-fraca (ave)   as estou-fraca
o não sei que diga   os não sei que diga
o disse me disse   os disse me disse
o bumba meu boi   os bumba meu boi
a fora da lei   as fora da lei

2) nos compostos de tema verbal e palavra invariável:
o bota-fora   os bota-fora
o pisa-mansinho   os pisa-mansinho
o cola-tudo   os cola-tudo

3) nos compostos de dois temas verbais de significado oposto:
o leva e traz   os leva e traz
o vai-volta   os vai-volta

E – ADMITEM MAIS DE UM PLURAL, ENTRE OUTROS:
guarda-marinha   guardas-marinha ou guardas-marinhas [14]
padre-nosso   padres-nossos ou padre-nossos
salvo-conduto   salvos-condutos ou salvo-condutos

Gênero
A nossa língua conhece dois gêneros: o *masculino* e o *feminino*.
São masculinos os nomes a que se pode antepor o artigo **o**:
o *linho*, o *sol*, o *raio*, o *prazer*, o *filho*, o *beijo*

São femininos os nomes a que se pode antepor o artigo **a**:
a *flor*, a *casa*, a *mosca*, a *nuvem*, a *mãe*

Todo substantivo está dotado de gênero, que, no português, se distribui entre o grupo do *masculino* e o grupo do *feminino*. São masculinos os nomes a que se pode antepor o artigo *o* (*o linho, o sol, o clima, o poeta, o grama, o pente, o raio, o prazer, o filho, o beijo*) e são femininos os nomes a que se pode antepor o artigo *a* (*a linha, a lua, a grama, a ponte, a poetisa, a filha, a dor*). Só que esta determinação genérica não se manifesta no substantivo da mesma maneira que está representada no adjetivo ou no pronome, por exemplo, isto é, pelo processo da flexão. Apesar de haver substantivos em que aparentemente se manifeste a distinção genérica pela flexão (*menino / menina, mestre / mestra, gato / gata*), a verdade é que a inclusão num ou noutro gênero depende direta e essencialmente da classe léxica dos substantivos e, como diz Herculano de Carvalho, "não é o fato de em português existirem duas palavras diferentes – *homem / mulher, pai / mãe, boi / vaca*, e ainda *filho / filha, lobo / loba* (das quais estas *não são* formas de uma flexão, mas palavras diferentes *tanto como* aquelas) – para significar o indivíduo macho e o indivíduo fêmea (duas espécies do mesmo "gênero", em sentido lógico) que permite afirmar a existência das classes do masculino e do feminino, mas, sim, o fato de o adjetivo, o artigo, o pronome, etc., se apresentarem sob duas formas diversas exigidas respectivamente por cada um dos termos de aqueles pares opositivos – "este homem velh*o*" / "est*a* mulher velh*a*", "*o* filho mais nôv*o*" / "*a* filha mais nóv*a*" –, formas que de fato constituem uma flexão" [HCv.1, v.9, s.v. gênero].

A aproximação da função cumulativa derivativa de -*a* como atualizador léxico e morfema categorial se manifesta tanto em *barca* de *barco*, *saca* de *saco*, *fruta* de

---

[14] Rejeita-se, sem razão, o plural *guarda-marinhas*.

fruto, mata de *mato, ribeira* de *ribeiro*, etc., quanto em *gata* de *gato*, porque dá "ao tema de que entra a fazer parte a capacidade de significar uma classe distinta de objetos, que em geral constituem uma espécie do gênero designado pelo tema primário" [HCv.3, 536 n.38; HCv.4, 21]. É pacífica, mesmo entre os que admitem o processo de flexão em *barco → barca* e *lobo → loba*, a informação de que a oposição masculino – feminino faz alusão a outros aspectos da realidade, diferentes da diversidade de sexo, e serve para distinguir os objetos substantivos por certas qualidades semânticas, pelas quais o masculino é uma forma geral, não marcada semanticamente, enquanto o feminino expressa uma especialização qualquer:

barco / barca (= barco grande)
jarro / jarra (um tipo especial de jarro)
lobo / loba (a fêmea do animal chamado lobo)

Esta aplicação semântica faz dos pares *barco / barca* e restantes da série acima não serem considerados primariamente formas de uma flexão, mas palavras diferentes marcadas pelo processo de derivação. Esta função semântica está fora do domínio da flexão. A analogia material da flexão de gênero do adjetivo é que levou o gramático a pôr no mesmo plano *belo / bela* e *menino / menina*.

Este fato explica por que na manifestação do gênero no substantivo, entre outros processos, existe a indicação por meio de sufixo nominal: *conde / condessa, galo / galinha, ator / atriz, embaixador / embaixatriz*, etc.

Sem ser função precípua da morfologia do substantivo, a diferença do sexo nos seres animados pode manifestar-se ou não com diferenças formais neles. Esta manifestação se realiza ou pela mudança de sufixo (como em *menino / menina, gato / gata*) – é a *moção* –, ou pelo recurso a palavras diferentes que apontam para cada um dos sexos – é a *heteronímia* (*homem / mulher, boi / vaca*). Na primeira série de pares, como já vimos na lição de Herculano de Carvalho, não temos formas de uma flexão, mas, nelas, como na segunda série de pares, estamos diante de palavras diferentes.

Quando não ocorre nenhum destes dois tipos de manifestação formal, ou o substantivo, com o seu gênero gramatical, se mostra indiferente à designação do sexo (*a criança, a pessoa, o cônjuge, a formiga, o tatu*) ou, ainda indiferente pela forma, se acompanha de adjuntos (artigos, adjetivos, pronomes, numerais) com moção de gênero para indicar o sexo (*o artista, a artista, bom estudante, boa estudante*).

Inconsistência do gênero gramatical

A distinção do gênero nos substantivos não tem fundamentos racionais, exceto a tradição fixada pelo uso e pela norma; nada justifica serem, em português, masculinos *lápis, papel, tinteiro* e femininos *caneta, folha* e *tinta*.

A inconsistência do gênero gramatical fica patente quando se compara a distribuição de gênero em duas ou mais línguas, e até no âmbito de uma mesma língua histórica na sua diversidade temporal, regional, social e estilística. Assim é que, para nós, o *sol* é masculino e, para os alemães, é feminino *die Sonne*, a *lua* é feminino, e, para eles, masculino *der Mond*; enquanto o português *mulher* é feminino, em alemão é neutro *das Weib*. *Sal* e *leite* são masculinos em português e femininos em espanhol: *la sal* e *la leche*. *Sangue* é masculino em português e francês e feminino em espanhol: *le sang* (fr.) e *la sangre* (esp.).

Mesmo nos seres animados, as formas do masculino ou do feminino podem não determinar a diversidade de sexo, como ocorre com os substantivos chamados *epicenos* (aplicados a animais irracionais), cuja função semântica é só apontar para a espécie: *a cobra, a lebre, a formiga* ou *o tatu, o colibri, o jacaré*, ou os substantivos aplicados a pessoas, denominados *comuns de dois*, distinguidos pela concordância: *o / a **estudante**, este / esta **consorte**, reconhecido / reconhecida **mártir***, ou ainda os substantivos de um só gênero denominados *sobrecomuns*, aplicados a pessoas, cuja referência a homem ou a mulher só se depreende pela referência anafórica do contexto: *o **algoz**, o **carrasco**, o **cônjuge***.

OBSERVAÇÃO: Toda palavra substantivada é considerada como masculina (o *a*, o *sim*, o *não*, etc.): "Não tem santo que me faça mencionar *os issos*. *Os aquilos*, então, nem pensar." (João Ubaldo Ribeiro, O Globo, 21/8/2005).

A mudança de gênero
Aproximações semânticas entre palavras (sinônimos, antônimos), a influência da terminação, o contexto léxico em que a palavra funciona e a própria fantasia que moldura o universo do falante, tudo isso representa alguns dos fatores que determinam a mudança do gênero gramatical dos substantivos. Na variedade temporal da língua, do português antigo ao contemporâneo, muitos substantivos passaram a ter gêneros diferentes, alguns sem deixar vestígios, outros como *mar*, hoje masculino, onde o antigo gênero continua presente em *preamar* (prea = plena, cheia) e *baixa-mar*.

Já foram femininos *fim, planeta, cometa, mapa, tigre, fantasma*, entre muitos outros; já foram usados como masculinos: *árvore, tribo, catástrofe, hipérbole, linguagem, linhagem* [SA.5, I, 65-70; PDo.1].

O gênero nas profissões femininas
A presença, cada vez mais justamente acentuada, da mulher nas atividades profissionais que até bem pouco eram exclusivas ou quase exclusivas do homem tem exigido que as línguas – não só o português – adaptem o seu sistema gramatical a estas novas realidades. Já correm vitoriosos faz muito tempo femininos como *mestra, professora, médica, advogada, engenheira, psicóloga, filóloga, juíza*, entre tantos outros.

As convenções sociais e hierárquicas criaram usos particulares que nem sempre são unanimemente adotados na língua comum. Todavia, já se aceita a distinção, por exemplo, entre a *cônsul* (= senhora que dirige um consulado) e a *consulesa* (= esposa do cônsul), a *embaixadora* (= senhora que dirige uma embaixada) e *embaixatriz* (= esposa do embaixador). Já para *senador* vigoram indiferentemente as formas de feminino *senadora* e *senatriz* para a mulher que exerce o cargo político ou para a esposa do senador, regra que também poucos gramáticos e lexicógrafos estendem a *consulesa* e *embaixatriz*.

Na hierarquia militar, a denominação para mulheres da profissão parece não haver uma regra generalizada. Correm com maior frequência os empregos:[15]
a cabo Ester Silva, *a sargento* Andreia, *a tenente* Denise, *a tenente-coronel* Ana, *a contra-almirante* médica Dalva, etc.

Note-se que algumas formas femininas podem não vingar por se revestirem de sentido pejorativo: *chefa*, *caba*, por exemplo.

Na linguagem jurídica, as petições iniciais vinham com o masculino com valor generalizante, dada a circunstância de não se saber quem examinaria o processo, se juiz ou juíza:
Meritíssimo Senhor Juiz
Excelentíssimo Senhor Desembargador

Com a publicação da Resolução n.º 376, de 2 de março de 2021, assinada pelo ministro Luiz Fux, tornou-se obrigatório o emprego da flexão de gênero para nomear profissão ou demais designações na comunicação social e institucional do Poder Judiciário Nacional.

Observações:
1.ª) O substantivo *presidente* é de dois gêneros, portanto podemos dizer: *o presidente*, *a presidente*. O feminino *a presidenta* também é aceito, pois a língua permite as duas formas em referência a mulheres que assumem a presidência. O uso não só atende a princípios gramaticais. A estética e a eufonia são fatores permanentes nas escolhas dos usuários. O repertório lexical que regula ocorrências nos mostra, até o momento, a presença de *a presidente* com mais frequência do que *a presidenta*. Com *vice* a forma vitoriosa é *presidente*, sobre *presidenta*. A tentativa de dar forma feminina a nomes uniformes tem ocorrido em outras línguas. Os franceses criaram *chefesse*, que o filólogo Brunot considerava horrível.
2.ª) O feminino de *papa* é *papisa*, forma normalmente usada no sentido de 'profissional que se destaca e ganha notoriedade por sua competência', por exemplo: *Costanza Pascolato é conhecida como* a papisa *da moda*. No sentido de 'líder supremo de religião ou igreja', também é possível o uso do feminino, caso uma mulher ocupe esta posição.
3.ª) O feminino de *cacique* é *cacica*, para designar a 'mulher que é chefe temporal de tribo indígena'. Se considerarmos *cacique* um substantivo de dois gêneros, poderemos aceitar também a forma *cacique* para os dois gêneros: *o cacique* Raoni, *a cacique* Jurema.

---

[15] Uma lei federal (2.749 de 2 de abril de 1956) pretendeu disciplinar os gêneros dos nomes designativos das funções públicas no âmbito federal, que dispõe: "O gênero gramatical desse nome, em seu natural acolhimento ao sexo do funcionário a quem se refira, tem que obedecer aos tradicionais preceitos pertinentes ao assunto e consagrados na lexicologia do idioma. Devem, portanto, acompanhá-lo neste particular, se forem genericamente variáveis, assumindo, conforme o caso, feição masculina ou feminina, quaisquer adjetivos ou expressões pronominais sintaticamente relacionadas com o dito nome."

Formação do feminino
Os substantivos que designam pessoas e animais manifestam o gênero e apresentam, quase sempre, duas formas diferentes: uma para indicar os seres do sexo masculino e outra para os seres do sexo feminino:
filho – filha
pai – mãe
rapaz – rapariga

Podemos distinguir, na manifestação do feminino, os seguintes processos:
A) mudança ou acréscimo ao radical, suprimindo a vogal temática
1 – os terminados em -*o* mudam o -*o* em -*a*, por analogia com a flexão dos adjetivos biformes:
filho – filha   menino – menina
aluno – aluna   gato – gata

2 – os terminados em -*e* uns há que ficam invariáveis, outros acrescentam -*a* depois de suprimir a vogal temática: *mestre* → mestr(e) + a → *mestra*.
Não variam de forma à semelhança dos adjetivos:
amante, cliente, constituinte, doente, habitante,
inocente, ouvinte, servente, etc.

Variam:
alfaiate – alfaiata
hóspede – hóspeda
infante – infanta   } também aparecem invariáveis
governante – governanta
presidente – presidenta
parente – parenta
monge – monja

3 – os terminados em -*or* formam geralmente o feminino com acréscimo de *a*:
doutor – doutora
professor – professora

Observação: Outros, terminados em -*eira*: *arrumadeira, lavadeira, faladeira* (a par de *faladora*).

4 – os terminados em *vogal atemática (tônica)*, -*s*, -*l*, -*z* acrescentam *a*, sem qualquer alteração morfofonêmica:
guri – guria   peru – perua
freguês – freguesa   português – portuguesa
oficial – oficiala   zagal – zagala
juiz – juíza

5 – os terminados em *–ão*, dada a confluência no singular e permanência de formas diferençadas no plural, como já vimos (↗136), apresentam os seguintes casos:

a) quando este final pertence a nomes de tema em *-o* (transformado em semivogal do ditongo nasal), têm suprimida normalmente esta vogal e acrescida de *-a* e posterior fusão por crase:
irmão → irmã(o) + a → *irmãa* → *irmã* (por crase);
alemão → alemã(o) + a → *alemãa* → *alemã*.[16]
saxão → saxã(o) + a → *saxãa* → saxã
bretão → bretã(o) + a → *bretãa* → bretã

b) quando *-ão* corresponde à forma teórica *-õ*, tal qual ocorre com o plural (↗137), há desnasalação da vogal temática e acréscimo de *-a*, que favorece o aparecimento de hiato:
leitão (radical teórico *leitõ*, cf. o plural *leitões*) → leito(m) + a → *leitoa*;
bom → bo(m) + a → *boa*.[17]

c) quando *-ão* é sufixo derivacional aumentativo, a nasalidade desenvolve o fonema de transição /n/:
valentão (radical teórico *valentõ*, cf. pl. *valentões*) → valento + n + a → *valentona*.
folião → foliona

6 – os terminados em sufixo derivacional *-eu* suprimem a vogal temática (aqui sob forma de semivogal do ditongo), acrescentam *-a* e, ao se obter o hiato *ea*, desenvolvem normalmente o ditongo /ey/ e conhecem posterior passagem do *e* fechado a aberto /ey/ (passagem que não se dá em todo o território onde se fala a língua, como, por exemplo, em Portugal): *europeu* → *europe*(u) + *a* → *europea* → *europeia* → *europeia*.
Assim procedem: *ateu, egeu, filisteu, giganteu, pigmeu*.
Fazem exceção: *judeu* → *judia*, *sandeu* → *sandia*.

7 – os que manifestam o feminino por meio dos sufixos derivacionais *-esa, -essa, -isa, -ina, -triz*:
abade – abadessa
alcaide – alcaidessa (ou alcaidina)
ator – atriz
barão – baronesa

---

[16] Mattoso prefere ver aqui um exemplo de morfema subtrativo, dizendo que ocorre a supressão da vogal temática sem adjunção de desinência: *irmão* → *irmã(o)* → *irmã*. Dada a raridade de ocorrência de morfema subtrativo (↗ 378) em português, e, pelo contrário, a frequência da regra morfofonêmica de crase, optamos pela lição acima.

[17] *Ladra* não efetiva a flexão feminina morfológica de *ladrão*. Suas flexões são *ladroa* e *ladrona*.

bispo – episcopisa
conde – condessa
condestável – condestabelesa
cônego – canonisa
cônsul – consulesa
czar / pron. tçar / – czarina[18]
diácono – diaconisa
doge – dogesa, dogaresa, dogaressa
druida – druidesa, druidisa (ocorre em O. Bilac)
duque – duquesa
embaixador – embaixatriz (embaixadora)
etíope – etiopisa
felá – felaína
herói – heroína
imperador – imperatriz
jogral – jogralesa
landgrave – landgravina
mandarim – mandarina
maestro – maestrina (também *maestra*)
papa – papisa
píton – pitonisa
poeta – poetisa[19]
príncipe – princesa
prior – priora, prioresa
profeta – profetisa
sacerdote – sacerdotisa
visconde – viscondessa

Não se enquadram nos casos precedentes:
avô – avó
capiau – capioa
dom – dona
galo – galinha
grou – grua
ilhéu – ilhoa
marajá – marani
pierrô – pierrete
raja ou rajá – râni ou rani
rapaz – rapariga
rei – rainha
réu – ré

---

[18] Também grafado: tzar – tzarina.
[19] Mais modernamente, usa-se a forma *poeta* aplicada a *poetisa*: *a poeta Cecília Meireles*.

silfo – sílfide
sultão – sultana
tabaréu – tabaroa

B) com palavras diferentes para um e outro sexo (heterônimos):
1 – Nomes de pessoas:

cavaleiro – amazona	marido – mulher
cavalheiro – dama	padrasto – madrasta
confrade – confreira	padre – madre
compadre – comadre	padrinho – madrinha
frade – freira	pai – mãe
frei – sóror, soror, sor	patriarca – matriarca
genro – nora	rico-homem – rica-dona
homem – mulher	

2 – Nomes de animais:

bode – cabra	carneiro – ovelha
boi – vaca	cavalo – égua
burro – besta	veado – cerva (é), veada
cão – cadela	zangão, zângão – abelha

C) feminino com auxílio de outra palavra:
Há substantivos que têm uma só forma para os dois sexos:
estudante, consorte, mártir, amanuense, constituinte, escrevente, herege, intérprete, etíope (ao lado de *etiopisa*), *ouvinte, nigromante, servente, vidente, penitente*

São por isso chamados comuns de (ou a) dois. Tais substantivos distinguem o sexo pela anteposição de *o* (para o masculino) e *a* (para o feminino):
   o estudante – a estudante
   o camarada – a camarada
   o mártir – a mártir

Incluem-se neste grupo os nomes de família:
   "(...) redarguiu colérica a *Pacheco* (...)" [CBr *apud* MB.2, 150].

Os nomes terminados em *-ista* e muitos terminados em *-e* são comuns de dois:
   o capitalista – a capitalista;   o doente – a doente

Também nomes próprios terminados em *-i* (antigamente ainda *-y*) são comuns tanto a homens como a mulheres:
   Darci, Juraci

Enquadram-se neste grupo os nomes de animais para cuja distinção de sexo empregamos as palavras substantivas *macho* e *fêmea*, usadas como adjetivos:
cobra macho; jacaré fêmea

Podemos ainda servir-nos de outro torneio:
o macho da cobra; a fêmea do jacaré

Estes se chamam *epicenos*.

D) sobrecomuns
São nomes de um só gênero gramatical que se aplicam, indistintamente, a homens e mulheres: [20]
o algoz, o carrasco, o cônjuge, a criatura, a criança, o ente, o indivíduo, a pessoa, o ser, a testemunha, o verdugo, a vítima.

Gênero estabelecido por palavra oculta
São masculinos os nomes de rios, mares, montes, ventos, lagos, pontos cardeais, meses, navios, por subentendermos estas denominações:
O (rio) *Amazonas*, o (oceano) *Atlântico*, o (vento) *bóreas*, o (lago) *Ládoga*, o (mês) *abril*, o (porta-avião) *Minas Gerais*.

Por isso são normalmente femininos os nomes de cidades, ilhas:
A bela (cidade) *Petrópolis*. A movimentada (ilha) *Governador*.

Nas denominações de navios, depende do termo subentendido: o (transatlântico) *Argentina*, a (corveta) *Belmonte*, a (canhoneira) *Tijuca*, etc. De modo geral, os grandes transatlânticos são todos masculinos, em vista deste substantivo oculto, embora muitos tenham nomes femininos: "Embarcou no *Lusitânia* e foi para Lisboa" [MBa.5, 294].
Notem-se os seguintes gêneros:
O (vinho) *champanha* (e não *a champanha*!), o (vinho) *madeira*, o (charuto) *havana*, o (café) *moca*, o (gato) *angorá*, o (cão) *terra-nova*.

Mudança de sentido na mudança de gênero
Há substantivos que são masculinos ou femininos, conforme o sentido com que se achem empregados:
a cabeça (parte do corpo) – *o cabeça* (o chefe)
a capital (cidade principal) – *o capital* (dinheiro, bens)
a língua (órgão muscular; idioma) – *o língua* (o intérprete)

---

[20] Embora esta seja a norma exemplar, o idioma não está fechado a feminizações expressivas, especialmente em nível coloquial e popular, com reflexos em estilizações literárias: *a carrasca, a verduga, a pássara*, etc.

a lotação (capacidade de um carro, navio, sala, etc.) – *o lotação* (forma abreviada de autolotação)
a moral (parte da filosofia; moral de um fato; conclusão) – *o moral* (conjunto de nossas faculdades morais; ânimo)
a rádio (a estação) – *o rádio* (o aparelho)
a voga (moda; popularidade) – *o voga* (o remador)

Gênero de compostos
Os compostos são uma espécie de construção sintática abreviada, de modo que, se são constituídos por substantivos variáveis (biformes), o determinante (a 2.ª unidade) concorda com o gênero do determinado e é responsável pelo gênero do composto: a *batata-rainha* e não a *batata-rei*, a *ponta-seca* (instrumento de corte) [MAg.1, 160; MAg.3, 157].

Nos compostos de unidades uniformes, é evidente que não se dá a concordância do 2.º elemento, mas o gênero do composto continua se regulando pela 1.ª unidade: *a cobra-capelo, o pau-paraíba, a fruta-pão*.

Neste último caso, dá-se com frequência a perda da noção do composto (tratado como palavra base), o que facilita que o gênero do composto se regule pela 2.ª unidade: *o pontapé* e a indecisão entre o povo se é *a fruta-pão* (o normal), se *o fruta-pão* (com esquecimento do composto).

Se o composto está constituído de tema verbal e substantivo, a regra é o composto ter o gênero masculino singular: *o tira-teima*(s), *o arranca-rabo, o trava-língua, o trava-conta*(s).

Contrariamente ao gênio da língua e por imitação inglesa, passou-se a usar de compostos em que o determinante, invariável, ocupa o primeiro lugar, e o determinado o segundo, ficando o gênero do composto regulado por este último elemento: *a ferrovia, a aeromoça*. Segundo Martinz de Aguiar, por esta porta é que nos chegou o masculino de *o cólera-morbo* (*morbo*, latino, é masculino) e, na forma reduzida, *o cólera*, e não por influência francesa.[21] A passagem ao hoje mais usual e aceito *a cólera-morbo, a cólera*, se deveu à analogia com o processo regular no português.

Gêneros que podem oferecer dúvida
a) *São masculinos*:
Os nomes de letra de alfabeto, clã, champanha, dó, eclipse, formicida, grama (unidade de peso), jângal (jângala), lança-perfume, milhar, orbe, pijama, proclama, saca-rolhas, sanduíche, telefonema, soma (o organismo tomado como expressão material em oposição às funções psíquicas).

b) *São femininos*:
Aguardente, alface, alcunha, alcíone, análise, anacruse, azáfama, bacanal, fácies, fama, cal, cataplasma, cólera, cólera-morbo, coma (cabeleira e vírgula), dinamite, eclipse, faringe, fênix, filoxera, fruta-pão, gesta (=

---

[21] "O argumento que mais influía no ânimo de todos, o que devera ter afastado a ideia de semelhante viagem, era o perigo de afrontar *o cólera-morbus* (...)" [MA. 13].

façanha), libido, polé, preá, síndrome, tíbia, variante e os nomes terminados em *-gem* (exceção de *personagem,* que pode ser masc. ou fem.).[22]

c) *São indiferentemente masculinos ou femininos:*
Ágape, caudal, componente (masc. no Br. e fem. em Portugal), crisma, diabete(s), laringe (mais usado no fem.), ordenança (soldado), personagem, renque, suéter, tapa.

OBSERVAÇÃO: Mais modernamente, *soprano* distingue pelo artigo se se trata de masculino ou feminino: o soprano (homem), a soprano (mulher).

Mais de um feminino – Além dos já apontados no decorrer do capítulo, lembraremos ainda os mais usuais:

aldeão – aldeã, aldeoa	*motor* – motora, motriz (adj.)
deus – deusa, deia (poét.)	*pardal* – pardoca, pardaloca, pardaleja
diabo – diaba, diabra, diáboa	*parvo* – párvoa, parva
elefante – elefanta, elefoa, aliá[23]	*polonês* – polonesa, polaca
javali – javalina, gironda	*varão* – varoa, virago
ladrão – ladra, ladrona, ladroa	*vilão* – vilã, viloa
melro – mélroa, melra	

OBSERVAÇÃO: As orações, os grupos de palavras, as palavras e suas partes tomadas materialmente são considerados como do número singular e do gênero masculino: É bom *que estudes*; *o sim*; *o não*; *o re-*; etc. (↗ 146).

Aumentativos e diminutivos
Os substantivos apresentam-se com a sua significação aumentada ou diminuída, auxiliados por sufixos derivacionais:
homem – homenzarrão – homenzinho

A *NGB*, confundindo flexão com derivação, estabelece dois graus de significação do substantivo:
a) aumentativo: *homenzarrão*
b) diminutivo: *homenzinho*

A derivação gradativa do substantivo se realiza por dois processos, numa prova evidente de que estamos diante de um processo de derivação e não de flexão:
a) *sintético* – consiste no acréscimo de um final especial chamado *sufixo derivacional aumentativo* ou *diminutivo*: homenzarrão, homenzinho;

---

[22] O substantivo *personagem* é de dois gêneros. Podemos dizer *a personagem* ou *o personagem* tanto para o sexo masculino quanto para o feminino: *a personagem* Bentinho ou *o personagem* Bentinho; *a personagem* Capitu ou *o personagem* Capitu.

[23] Elefoa e aliá, apesar de forte tradição gramatical e lexicográfica, não gozam hoje de aceitação geral, devendo, assim, ser evitados, pela pouca documentação.

b) *analítico* – consiste no emprego de uma palavra de aumento ou diminuição (grande, enorme, pequeno, etc.) junto ao substantivo: *homem grande, homem pequeno*.

A flexão se processa de modo sistemático, coerente e obrigatório em toda uma classe homogênea, fato que não ocorre na derivação, o que já levara o gramático e erudito romano Varrão a considerá-la uma *derivatio voluntaria*.

Aumentativos e diminutivos afetivos[24]
Fora da ideia de tamanho, as formas aumentativas e diminutivas podem traduzir o nosso desprezo, a nossa crítica, o nosso pouco-caso para certos objetos e pessoas, sempre em função da significação lexical da base, auxiliados por uma entoação especial (eufórica, crítica, admirativa, lamentativa, etc.) e os entornos que envolvem falante e ouvinte:
   poetastro, politicalho, livreco, padreco, coisinha, issozinho

Dizemos então que os substantivos estão em sentido pejorativo.
A ideia de pequenez se associa facilmente à de carinho que transparece nas formas diminutivas das seguintes bases léxicas:
   paizinho, mãezinha, queridinha

Função sintática do substantivo
Quanto à função sintática, o substantivo exerce por excelência a função de sujeito (ou seu núcleo) da oração e, no domínio da constituição do predicado, as funções de objeto direto, complemento relativo, objeto indireto, predicativo, adjunto adnominal e adjunto adverbial. Em geral, na função de sujeito e de objeto direto dispensa o substantivo o concurso de qualquer outro elemento; nas outras, acompanha-se de índice funcional.

Toda palavra, parte da palavra ou toda unidade linguística de maior extensão – a oração e o texto inclusive – considerada materialmente como "objetos substantivos" vale por um substantivo, na metalinguagem. Assim, em **João** *é oxítono*, **re-** *é um prefixo, o* **hoje** *e o* **amanhã** o que temos são elementos significantes da linguagem primária (isto é, a linguagem cujo objeto é a realidade não linguística) que se podem converter em nomes de si mesmos – e, portanto, em "substantivos" – no plano da metalinguagem do discurso (isto é, a linguagem cujo objeto é uma linguagem), vale dizer, no emprego metalinguístico da linguagem. Em *o* **não** ou *o* **ai!** não temos "substantivações" de advérbio ou de interjeição, mas substantivos metalexicalizados. Em O **dlim-dlão** *dos sinos acordou-me cedo*, não temos uma onomatopeia a funcionar como sujeito; no exemplo, *dlim-dlão* já não é uma onomatopeia (repare-se que só o substantivo ou equivalente funciona como sujeito), mas o seu nome expresso por substantivo designativo do som que o sino emite. É o que a escolástica chamava *suppositio materialis* [ECs.12, 107; HCv.2, 189].

---

[24] Rio-Torto, *Sistêmica*, 203-227, onde tece importantes comentários contra a antiga concepção afixocêntrica da produção lexical.

Grafia dos nomes próprios estrangeiros
As ciências, as artes, a cultura, em geral, e o contato intenso entre nações fazem circular uma multiplicidade de nomes próprios estrangeiros, quer antropônimos, quer topônimos. A tradição literária – mais lusitana que brasileira – prefere, quando possível, aportuguesar, nos antropônimos, o prenome, deixando intacto o sobrenome: *Emílio Zola, Ernesto Renan, Renato Descartes, Antônio Meillet, Frederico Diez*. Todavia, também é possível a manutenção integral do nome estrangeiro: *Antoine Meillet, John Milton, Juan de Mena*.

Há outros que tradicionalmente são mantidos intactos: *William Shakespeare, Johann Wolfgang von Goethe, Giovanni Boccaccio, Wolfgang Amadeus Mozart*.

No Brasil sempre foi costume referir-se a monarcas, papas e algumas figuras históricas usando a forma aportuguesada (*Rei Luís XIV* da França, *Henrique VIII* da Inglaterra, *Maria Antonieta, Papa João Paulo II, Joana D'Arc, Guilherme Tell*, entre outros). Os reis ingleses homônimos de *Charles* (ou *Carlos*) eram conhecidos no Brasil como *Carlos I* e *Carlos II*. Em Portugal, a forma vernácula (aportuguesada) corre vitoriosa, ou seja, rei *Carlos III*. Contudo, no Brasil, há uma tendência relativamente recente da imprensa em optar, em alguns casos, pela grafia original estrangeira. Preferimos optar pela tradição, isto é, *Carlos III*, como fazem os portugueses. Chamamos o rei da Suécia de *Carlos Gustavo* e não da forma original *Karl Gustav*. Às vezes, é possível manter o nome na forma original quando ele se afasta muito da forma vernácula: *William* em vez de *Guilherme*.

Particular atenção merecem os nomes latinos que, por imitação francesa, aparecem com a terminação -*us* do nominativo, quando deveriam ter -*o*: *Bruto* (e não *Brutus*), *Júnio* (e não *Junius*), *Quintílio* (e não *Quintilius*) [MBa.7, 252-253].

Maiores adeptos do aportuguesamento, especialmente em Portugal, angariam os topônimos, principalmente quando já correram entre escritores desde os séculos XV e XVI. Assim, é pacífica nos dois países (já que os países independentes de expressão oficial portuguesa acertam o passo com a lição e prática dos lusitanos) a aceitação de *Londres* (e não *London*), *Viena* (e não *Wien*), *Florença* (e não *Firenze*), *Colônia* (e não *Köln*), *Mogúncia* (e não *Mainz* ou *Mayence*), ao lado de outras de difícil aportuguesamento, como *Washington, Windsor, Civitavecchia, St. Etienne*.

Para brasileiros soam estranhos aportuguesamentos como *Moscovo, Aquisgrano* (Aix-la-Chapelle ou Aachen), *Bona* (Bonn), *Vratislávia* (Breslau), *Cambrígia* (Cambridge), *Francoforte* (Frankfurt), *Glásgua* (Glasgow), entre outros, embora várias propostas tenham aceitação unânime: *Antuérpia* (para Anvers), *Avinhão* (Avignon), *Basileia* (*Bâle* ou *Basel*), *Berna* (Berne), *Cornualha* (Cornwall), *Cracóvia* (Kraków), *Leida* (Leyden), *Nimega* (Nijmegen), *Nova Iorque* (New York), *Zurique* (Zürich).

2 - Adjetivo

É a classe de lexema que se caracteriza por constituir a *delimitação*, isto é, por caracterizar as possibilidades designativas do substantivo, orientando delimitativamente a referência a uma *parte* ou a um *aspecto* do denotado.

O adjetivo pertence a um inventário aberto, sempre suscetível de ser aumentado. A estrutura interna ou constitucional do adjetivo consiste, nas línguas flexivas, na combinação de um signo lexical expresso pelo radical com signos morfológicos expressos por desinências e alternâncias, ambas destituídas de existência própria fora dessas combinações. No português, entre as desinências está a marca de gradação, isto é, o grau absoluto ou relativo da parte, ou aspecto ("qualidade") significado no radical (*belo – belíssimo*), bem como afixos de gênero e de número. A relação gramatical instaurada entre o signo delimitador e o signo delimitado é geralmente expressa pela "concordância".

A delimitação apresenta distinções; pode ser *explicação, especialização e especificação*, expressas por instrumentos verbais correspondentes: os *explicadores*, os *especializadores* e os *especificadores*. Os explicadores destacam e acentuam uma característica inerente do nomeado ou denotado. Os especializadores marcam os limites extensivos ou intensivos pelos quais se considera o determinado, sem isolá-lo nem opô-lo a outros determináveis capazes de caber na mesma denominação. Os especificadores restringem as possibilidades de referência de um signo, ajuntando-lhe notas que não são inerentes a seu significado.

Junto a virtuais, os especificadores delimitam dentro das classes correspondentes outras classes menos amplas (p. ex. *homem / homem branco*). Aplicados a atuais, apresentam os objetos denotados como pertencentes a classes que, por sua vez, se consideram incluídas em classes mais extensas (cf. um *menino louro* pertence à classe "menino louro", que é membro da classe "menino"). Este tipo de determinação Coseriu chama *especificação distintiva*.

Formalmente análoga à especificação distintiva, mas muito diferente no que toca ao funcional, é a *especificação informativa* ou *identificação*, que é um tipo autônomo de determinação, expresso pelos instrumentos *identificadores*. Consiste a identificação na especificação do significado de uma forma "multívoca" para garantir sua compreensão por parte do ouvinte atual ou eventual. Não é a identificação um processo que se realiza com *significados*, como a delimitação, mas com *formas*, e com vista à *atribuição do significado*, isto é, é um processo para que as formas se tornem *inequívocas* ao ouvinte.

Instrumentos gramaticais da determinação nominal
Os instrumentos verbais da determinação nominal são expressos por palavras dotadas de significado categorial e léxicos compreendidas pelos adjetivos, locuções adjetivas, orações adjetivas e nomes em aposição, que se aplicam tanto a nomes virtuais quanto a atuais.

São exemplos de:

a) *delimitadores explicadores*: **o vasto** oceano, **as líquidas** lágrimas.

b) *delimitadores especializadores*: a vida **inteira**, o sol **matutino**, o dia **no ocaso**, o céu **austral**, o homem **como sujeito pensante**, Camões **como poeta**.

c) *delimitadores especificadores* (especificação distintiva): castelo **medieval**, menino **louro**, aves **aquáticas**, o presidente **da República**, o médico **de família**.

d) *determinação identificadora*: *folha **de papel**, folha **de zinco**, quadra **de futebol**, quadro **de parede**, língua-**idioma**, língua-**órgão**, o real **moeda**, homem **homem*** (e não *homem* ser humano).

Os identificadores podem ser ocasionais (Caxias, *Maranhão*), usuais (São Lourenço *do Sul*) ou constantes (*Nova* York, Porto *Alegre*). Os identificadores usuais e constantes, como partes integrantes de um signo, constituem, com seus determinados, verdadeiros *nomes compostos*, embora normalmente dissociáveis, no caso dos identificadores usuais, em virtude de circunstâncias do falar a que Coseriu chama *entornos*.

Assim, se o falante estiver no Maranhão, escusará dizer *Caxias, Maranhão*, mas tão somente *Caxias*, como o habitante de *São Lourenço do Sul* usará apenas *São Lourenço*, dentro do mesmo entorno.

OBSERVAÇÃO: Outros instrumentos verbais podem, sozinhos ou acompanhados de adjetivo, exercer a função de delimitadores nominais. Entretanto, com os adjetivos propriamente ditos não se confundem, porque não possuem significação lexical (ou, como vimos atrás, quando a apresentam, têm significado lexical genérico, o que ocorre com certos pronomes) e integram um inventário fechado: são pronomes adjuntos (a que a gramática tradicional chamava "adjetivos determinativos": *possessivos, demonstrativos, indefinidos*) e, intimamente relacionados com estes últimos, os *numerais*.

NOTA DE NOMENCLATURA: Os gramáticos antigos gregos e latinos reuniam substantivos e adjetivos numa só classe, a dos *nomes*, como ainda fazem alguns gramáticos de línguas estrangeiras (ingleses, por exemplo). Só na Idade Média se fez a distinção entre nomes substantivos e nomes adjetivos. Isto porque um mesmo objeto pode ser apreendido ou como objeto absoluto e independente (isto é, substância afetada por um acidente: *o forte **amor***), ou como objeto dependente (inerente a um sujeito: *o homem **amoroso***). Daí, com frequência, poder o mesmo significante ocorrer com um ou outro desses valores: **alto** monte – o alto do monte. Assim também expressões inteiras, inclusive orações, podem "substantivar-se", vale dizer, podem passar a exercer funções que os substantivos exercem; daí as chamadas orações subordinadas substantivas: *Desejo teu **progresso** / Desejo **que progridas*** [ECs.1, 291-308; HVc.1, 427-428]. Por outro lado, uma oração adjetiva não introduzida pelos conectores *cujo* e *o qual* pode voltar a substantivar-se mediante a anteposição do artigo, se se elide o substantivo antecedente: *Não sei **o que tem de verdade nisso***, onde a oração transposta de adjetivo passa a substantivo para exercer a função de objeto direto em relação ao predicado *não sei* (➚174). Chamar ao *o* (*a, os, as*) pronome demonstrativo é mascarar a substantivação.

Locução adjetiva
É a expressão formada de preposição + substantivo ou equivalente com função de adjetivo:
    Homem *de coragem* = homem *corajoso*
    Livro *sem capa* = livro *desencapado*

"Era uma noite medonha,
 Sem estrelas, sem luar" [GD]
Águas *da chuva* = águas *pluviais*
Escritores *de hoje* = escritores *hodiernos*

Note-se que nem sempre encontramos um adjetivo de significado perfeitamente idêntico ao da locução adjetiva:
Colega *de turma*

A língua poética é mais receptiva ao emprego do adjetivo que exprime matéria em lugar da locução adjetiva:
áureas estátuas   –   estátuas **de ouro**
nuvens **plúmbeas** –   nuvens **de chumbo**
colunas **marmóreas** –   colunas **de mármore**

Substantivação do adjetivo
Certos adjetivos são empregados sem qualquer referência a nomes expressos como verdadeiros substantivos. A esta passagem de adjetivos a substantivos chama-se substantivação:
"A vida é combate
 que os *fracos* abate,
 que os *fortes*, os *bravos*,
 só pode exaltar" [GD].

Nestas substantivações, o adjetivo prescinde do substantivo que o podia acompanhar, ou então é tomado em sentido muito geral e indeterminado, não marcado, caso em que se usa o masculino (à maneira do neutro latino, mas não do neutro em português, que não existe):[25]
O **bom** da história é que não houve fim.
O **engraçado** da anedota passou despercebido.
O **triste** do episódio está em que a vida é assim.

Flexões do adjetivo
O adjetivo se combina com certos signos gramaticais para manifestar o *número*, o *gênero* e o *grau*. O grau, entretanto, não constitui, no português, um processo gramatical e, assim, deve ser excluído da nossa descrição como tal, à semelhança do que já fazem gramáticas de outras línguas românicas. O grau, com estas reservas, figura aqui, por ter sido ainda contemplado pela *NGB*. A gradação em português, tanto no substantivo quanto no adjetivo, se manifesta por procedimentos sintáticos, e não morfológicos, como o era em latim, ou por sufixos derivacionais.

---

[25] [MBa.3, 282], preso ao critério diacrônico, vê no emprego dessas formas um neutro.

Número do adjetivo
O adjetivo acompanha o número do substantivo a que se refere: *aluno estudioso, alunos estudiosos*.

O adjetivo, portanto, conhece os dois números que vimos no substantivo: o *singular* e o *plural*.

Formação do plural dos adjetivos
Aos adjetivos se aplicam, na maioria dos casos, as mesmas regras de plural dos substantivos.

Alguns poucos adjetivos, como já ocorreu nos substantivos, se mostram indiferentes à marca de número, servindo indistintamente para a indicação do singular ou plural: *simples, isósceles,*[26] *piegas, grátis, somenos,* etc. Assim:
    critério *simples*   /   critérios *simples*
    sentimento *piegas*   /   sentimentos *piegas*

Quanto aos adjetivos compostos, lembraremos que normalmente só o último varia, quando formados por dois adjetivos:
    amizades luso-brasileiras
    saias verde-escuras
    folhas azul-claras

Variam ambos os elementos, entre outros exemplos, *surdo-mudo: surdos-mudos*.

Com exceção dos casos mais gerais, não tem havido unanimidade de uso no plural dos adjetivos compostos, quer na língua literária, quer na variedade espontânea da língua. A dificuldade fica ainda acrescida pelo fato de uma mesma forma poder ser empregada como adjetivo ou como substantivo, e a cada uma dessas funções são atribuídos plurais distintos, especialmente nos dicionários. As denominações de cores é que mais chamam a nossa atenção neste particular.

Nos adjetivos, compostos referentes a cores, quando o segundo elemento é um adjetivo, flexiona-se apenas esse segundo elemento:
    olho *verde-claro* → olhos *verde-claros*
    calça *azul-escura* → calças *azul-escuras*

Exceções: *Azul-marinho* e *azul-celeste*, como adjetivo, ficam invariáveis:
    jaqueta *azul-marinho* → jaquetas *azul-marinho*
    olho *azul-celeste* → olhos *azul-celeste*

OBSERVAÇÃO: Nos substantivos compostos que designam cores, ambos os elementos vão para o plural: os *verdes-claros*, os *amarelos-esverdeados*, os *azuis-escuros*.

Ambos os elementos ficam invariáveis nos adjetivos, compostos que designam cores quando o segundo elemento é um substantivo:

---

[26] A melhor forma seria *isóscele*, pois o *-s* final é desnecessário.

olho *verde-água* → olhos *verde-água*
olho *azul-turquesa* → olhos *azul-turquesa*
uniforme *verde-oliva* → uniformes *verde-oliva*
carro *vermelho-sangue* → carros *vermelho-sangue*

OBSERVAÇÃO: Nos substantivos compostos deste tipo, admitem-se dois plurais:
o *verde-água* → os *verdes-águas* ou os *verdes-água*
o *verde-abacate* → os *verdes-abacates* ou os *verdes-abacate*
o *azul-turquesa* → os *azuis-turquesas* ou os *azuis-turquesa*

Podemos também usar nossas tradicionais maneiras de adjetivar, com o auxílio da preposição *de* ou das locuções *de cor, de cor de* ou, simplesmente, **cor de**: *olhos de verde-mar, ramagens de cor verde-garrafa, luvas de cor de pele, olhos cor de safira, olhos verdes da cor do mar.*

Mário Barreto, lembrando a possibilidade da elipse da preposição *de* ou da locução *cor de*, recomenda a invariabilidade do substantivo empregado adjetivamente, em *fitas creme, luvas café*, isto é, fitas de cor de creme, e rejeita *fitas cremes, luvas cafés* [MBa.1, 375-377]. Ensina ainda que, sendo frequente o emprego do nome do objeto colorido para expressar a cor desse mesmo objeto: *o **lilá** pálido, um **violeta** escuro*, aplica-se aos nomes *lilá, violeta* o gênero masculino na acepção da cor: "Prefiro o *rosa* ao *violeta*", em vez de "Prefiro *a* rosa *à* violeta", oração que pode ser entendida de maneira ambígua.

Gênero do adjetivo
O adjetivo concorda também em gênero com o substantivo a que se refere. Conhece, assim, os gêneros comuns ao substantivo: *masculino* e *feminino*. Todavia, esta distinção (em gênero e em número) tem diferente valor referencial no substantivo e no adjetivo; no substantivo, o gênero e o número modificam a referência, enquanto no adjetivo designam sempre a mesma qualidade e só se explicam como simples repercussão da relação sintática (concordância) que se instaura entre o determinado e o determinante, nada acrescentando semanticamente. Diferente de *menino / menina*, o adjetivo *estudioso / estudiosa* não assinala *menino* como da classe dos machos nem *menina* da classe das fêmeas.

Formação do feminino dos adjetivos
Os adjetivos *uniformes* são os que apresentam uma só forma para acompanhar substantivos masculinos e femininos. Geralmente estes uniformes terminam em -*a*, -*e*, -*l*, -*m*, -*r*, -*s* e -*z*:

povo *lusíada* — nação *lusíada*
breve exame — *breve* prova
trabalho *útil* — ação *útil*
objeto *ruim* — coisa *ruim*
estabelecimento *modelar* — escola *modelar*
homem *audaz* — mulher *audaz*
conto *simples* — história *simples*

Exceções principais: *andaluz, andaluza; bom, boa; chim, china; espanhol, espanhola.*

Quanto aos *biformes*, isto é, que têm uma forma para o masculino e outra para o feminino, os adjetivos seguem de perto as mesma regras que apontamos para os substantivos. Lembraremos aqui apenas os casos principais:

a) Os terminados em *-ês, -or* e *-u* acrescentam no feminino um *a*, na maioria das vezes:
chinês, chinesa; lutador, lutadora; cru, crua.

EXCEÇÕES: 1) *cortês, descortês, montês* e *pedrês* são invariáveis; 2) *incolor, multicor, sensabor, maior, melhor, menor, pior* e outros são invariáveis. Outros em *-dor* ou *-tor* apresentam-se em *-triz*: *motor, motriz* (a par de *motora*, conforme vimos nos substantivos); outros terminam em *-eira*: *trabalhador, trabalhadeira* (a par de *trabalhadora*). *Superiora* (de convento) usa-se como substantivo; 3) *hindu* é invariável; *mau* faz *má*.

b) Os terminados em *-eu* passam, no feminino, a *-eia* (↗ 155):
europeu, europeia; ateu, ateia.

EXCEÇÕES: *judeu – judia;*   *sandeu – sandia*
             tabaréu – tabaroa;   *réu – ré.*

c) Alguns adjetivos, como já ocorreu nos substantivos (↗ 140 e 141), apresentam uma forma teórica básica do feminino singular com vogal aberta que estará presente também no plural; no masculino esta vogal aberta passa a fechada:
laborioso (ô), *laboriosa* (ó); *disposto* (ô), *disposta* (ó).

Gradação do adjetivo
Há três tipos de gradação na qualidade expressa pelo adjetivo: *positivo, comparativo* e *superlativo*, quando se procede a estabelecer relações entre o que são ou se mostram duas ou mais pessoas. Como já dissemos, a gradação em português se expressa por mecanismo sintático ou derivacional:

O POSITIVO, que não se constitui a rigor numa gradação, enuncia simplesmente a qualidade:
O rapaz é *cuidadoso.*

O COMPARATIVO compara qualidade entre dois ou mais seres, estabelecendo:
a) uma *igualdade*:
O rapaz é *tão cuidadoso quanto* (ou *como*) os outros.

b) uma *superioridade*:
O rapaz é *mais cuidadoso que* (ou *do que*) os outros.

c) uma *inferioridade*:
O rapaz é *menos cuidadoso que* (ou *do que*) os outros.

O SUPERLATIVO pode:
a) ressaltar, com vantagem ou desvantagem, a qualidade do ser em relação a outros seres:
O rapaz é *o mais cuidadoso dos* (ou *dentre os*) pretendentes ao emprego.
O rapaz é *o menos cuidadoso dos* pretendentes.

b) indicar que a qualidade do ser ultrapassa a noção comum que temos dessa mesma qualidade:
O rapaz é *muito cuidadoso.*
O rapaz é *cuidadosíssimo.*

No primeiro caso, a *qualidade* é ressaltada em relação ou comparação com os outros pretendentes. Diz-se que o *superlativo* é *relativo.*

Forma-se o *superlativo relativo* do mesmo modo que o comparativo de *superioridade* ou *inferioridade* antecedido sempre do artigo definido e seguido de sintagma preposicional iniciado por *de* (ou *dentre*): *o mais... de* (ou *dentre*), *o menos... de* (ou *dentre*).

No segundo caso, a superioridade é ressaltada sem nenhuma relação com outros seres. Diz-se que o *superlativo* é *absoluto* ou *intensivo.*

O superlativo absoluto pode ser *analítico* ou *sintético.*

Forma-se o analítico com a anteposição de palavra intensiva (*muito, extremamente, extraordinariamente,* etc.) ao adjetivo: *muito cuidadoso.* Na modalidade espontânea, mesmo em literatura, pode-se obter a manifestação afetiva do superlativo mediante a repetição do adjetivo: Ela é *linda linda.* Ou do advérbio: Ela é *muito muito linda.*

O *sintético* é obtido por meio do sufixo derivacional *-íssimo* (ou outro de valor intensivo) acrescido ao adjetivo na forma positiva, com a supressão da vogal temática, quando o exigirem regras morfofonêmicas: *cuidadosíssimo.* Pode-se ainda usar de prefixo: O fato é *revelho* (= velhíssimo).

Quanto ao aspecto semântico, *cuidadosíssimo* diz mais, é mais *enfático* do que *muito cuidadoso.* O sufixo *-íssimo* é recente na longa história do português e se deve a um empréstimo do latim, durante o Renascimento, com o auxílio do italiano, responsável pela recuperação do sufixo. Na linguagem coloquial, se desejamos que o superlativo absoluto analítico seja mais enfático, costumamos repetir a palavra intensiva: Ele é *muito mais cuidadoso,* ou se buscam efeitos expressivos mediante a ajuda de criações sufixais imprevistas como *-ésimo.*

O meio-termo entre estes dois superlativos (*muito cuidadoso – cuidadosíssimo*) é obtido com a fórmula: *mais do que cuidadoso, menos de:*

"Estas e outras arguições, complicadas com os procedimentos *mais do que ásperos* da expulsão do coleitor Castracani em 1639, não concorreram pouco para alienar de todo o ânimo das populações (...)" [RS.2, IV, 75-6].

"Tomou o estudante uma casa *menos de modesta,* fora de portas em Santo Antônio dos Olivais" [CBr.6, 107].

Machado de Assis comenta, com ponta de ironia, os exageros de expressão:

"Tu queres saber o que era preciso, antes de tudo, além da pureza dos costumes? Era aquela *melhor boa vontade* de que falou anteontem um dos candidatos últimos. Leste, não? Também eu. Sim, não basta a *boa vontade*, nem a *melhor vontade*, é preciso a *melhor boa*, que é um superlativo, não digo novo, mas prodigiosamente singular; e adeus." [MA.11, 198].

Alterações gráficas no superlativo absoluto
Ao receber o sufixo intensivo, o adjetivo pode sofrer certas modificações na sua forma:

a) os terminados em *-a, -e, -o* perdem essas vogais:
    cuidadosa – cuidadosíssima
    elegante   – elegantíssimo
    cuidadoso – cuidadosíssimo

b) os terminados em *-vel* mudam este final para *-bil*:
    terrível – terribilíssimo
    amável   – amabilíssimo

c) os terminados em *-m* e *-ão* passam, respectivamente, a *-n* e *-an*:
    comum – comuníssimo
    são   – saníssimo

d) os terminados em *-z* passam esta consoante a *-c*:
    feroz – ferocíssimo
    sagaz – sagacíssimo

Há adjetivos que não alteram sua forma, como é o caso dos terminados em *-u*, *-l* (exceto *-vel*), *-r*:
cru – cruíssimo;   fácil – facílimo – facilíssimo;   regular – regularíssimo

Afora estes casos, outros há em que os superlativos se prendem às formas latinas. Apontemos os mais frequentes:

acre – acérrimo
amargo – amaríssimo
amigo – amicíssimo
antigo – antiquíssimo
áspero – aspérrimo
benéfico – beneficentíssimo
benévolo – benevolentíssimo
célebre – celebérrimo
célere – celérrimo
cristão – cristianíssimo
cruel – crudelíssimo
difícil – dificílimo

magnífico – magnificentíssimo
magro – macérrimo
malédico – maledicentíssimo
malévolo – malevolentíssimo
maléfico – maleficentíssimo
mísero – misérrimo
miúdo – minutíssimo
negro – nigérrimo
nobre – nobilíssimo
parco – parcíssimo
pessoal – personalíssimo
pobre – paupérrimo

doce – dulcíssimo
fiel – fidelíssimo
frio – frigidíssimo
geral – generalíssimo
honorífico – honorificentíssimo
humilde – humílimo
incrível – incredibilíssimo
inimigo – inimicíssimo
íntegro – integérrimo
livre – libérrimo

pródigo – prodigalíssimo
público – publicíssimo
provável – probabilíssimo
sábio – sapientíssimo
sagrado – sacratíssimo
salubre – salubérrimo
soberbo – superbíssimo
simples – simplicíssimo
tétrico – tetérrimo

Ao lado do superlativo à base do termo latino, pode circular o que procede do adjetivo acrescido da terminação -*íssimo*:

agílimo – agilíssimo
antiquíssimo – antiguíssimo
crudelíssimo – cruelíssimo
dulcíssimo – docíssimo
facílimo – facilíssimo

humílimo – humildíssimo, humilíssimo
macérrimo – magríssimo
nigérrimo – negríssimo
parcíssimo – parquíssimo
paupérrimo – pobríssimo

OBSERVAÇÃO: Chamamos a atenção para as palavras terminadas em -*io* que, na forma sintética, apresentam dois *is*, por seguirem a regra geral da queda do -*o* final para receber o sufixo:

cheio → cheiíssimo, cheiinho
feio → feiíssimo, feiinho
frio → friíssimo, friinho
necessário → necessariíssimo
precário → precariíssimo
sério → seriíssimo, seriinho
sumário → sumariíssimo
vário → variíssimo

OBSERVAÇÃO: A tendência da língua à fuga ao hiato leva a que apareçam formas com fusão dos dois *ii*, embora num ou noutro adjetivo a eufonia impede a mudança: *fríssimo*, *varíssimo*, por exemplo, embora Dias Gomes (século XVIII) escrevesse *propríssimo*. Ainda que escritores usem formas com um só *i* (*cheíssimo*, *cheinho*, *feíssimo*, *seríssimo*, etc.), a língua-padrão insiste no atendimento à manutenção dos dois *ii*.[27]

Comparativos e superlativos irregulares
Afastam-se dos demais na sua formação de comparativo e superlativo os adjetivos seguintes:

---

[27] "O epíteto *benéfico*, assim como os antecedentes são *propríssimos* do sujeito Estrela" [DG.1, 362].
"A falsa notícia do falecimento de Gonçalves Dias teve a boa consequência de mover o Governo a aliviar-lhe a situação material, que era *precaríssima*" [MB.1, 778].

Positivo	Comparativo de superioridade	Superlativo absoluto	Superlativo relativo
bom	melhor	ótimo	o melhor
mau	pior	péssimo	o pior
grande	maior	máximo	o maior
pequeno	menor	mínimo	o menor

Não se diz *mais bom* nem *mais grande* em vez de *melhor* e *maior*; mas podem ocorrer *mais pequeno, o mais pequeno, mais mau,* por *menor, o menor, pior.* Também se podem empregar *bom* e *grande* nas expressões *mais ou menos grande, mais ou menos bom,* pois que os tais adjetivos se regulam pela última palavra:
"Os poemas completos do desterrado do Ponto, todas as literaturas europeias os ambicionavam, e os meteram em si, com *mais ou menos boa* mão" [AC *apud* MBa.1, 249].

Note-se o jogo de alternância de *mais pequeno* e *menor* em:
"Em matéria de amor-próprio o *mais pequeno* inseto não o tem *menor* que a baleia ou o elefante" [MM.1, 151].

É ainda oportuno lembrar que às vezes *bom* e *mau* constituem com o substantivo seguinte uma só lexia, uma só unidade léxica, de modo que, nesta situação, podem ser modificados pelos advérbios *mais, menos, melhor, pior,* que passam a referir-se a toda a expressão: *homem de mais mau-caráter, pessoa de menos más intenções, palavras da melhor boa-fé*:
"Pode ser que ele ainda venha para ti com o coração purificado, e o tributo da mocidade avaramente pago. *Mais bom marido* será então" [CBr *apud* MBa.5, 241-242].

Ao lado dos superlativos *o maior, o menor,* figuram ainda *o máximo* e *o mínimo* que se aplicam a ideias abstratas e aparecem ainda em expressões científicas, como *a temperatura máxima, a temperatura mínima, máximo divisor comum, mínimo múltiplo comum, nota máxima, nota mínima.*

Em lugar de *mais alto* e *mais baixo* usam-se os comparativos *superior* e *inferior*; por *o mais alto* e *o mais baixo,* podemos empregar os superlativos *o supremo* ou *o sumo,* e *o ínfimo.*

Comparando-se duas qualidades ou ações, empregam-se *mais bom, mais mau, mais grande* e *mais pequeno* em vez de *melhor, pior, maior, menor*:
É mais bom do que mau (e não: *é melhor do que mau*).
A escola é mais grande do que pequena.
Escreveu mais bem do que mal.
Ele é mais bom do que inteligente.

Por fim, assinalemos que, depois dos comparativos em *-or* (*superior, inferior, anterior, posterior, ulterior*), se usa a preposição *a*:

*Superior **a** ti, inferior **ao** livro, anterior **a** nós*

OBSERVAÇÃO: Quanto à dúvida entre *mais bem* (ou *mais mal*) e *melhor* (ou *pior*) antes de particípio, vale lembrar que a forma vernácula seria *mais bem* (ou *mais mal*). Entretanto, a construção mais moderna com *melhor* (ou *pior*) é atualmente tão usual quanto a primeira. A novidade foi de início contestada por alguns puristas, mas hoje a opinião geral é aceitar ambas as construções. Como nos ensina Mário Barreto: "Só um caso se nos antolha em que não é possível usar dos advérbios comparativos *melhor* e *pior* junto a um particípio: e é quando *bem* e *mal* de tal modo se prendem pelo sentido com o particípio subsequente, que dele não se deixam desagregar: *benquisto, malquisto, bem-aventurado, mal-aventurado, bendito, maldito*, formas que se podem equiparar a *bendizente, maldizente: mais bendizente, mais maldizente*. Tirante este caso, diga-se indiferentemente junto a um particípio: *melhor*, ou *mais bem*, ou ainda *melhormente*: 'Como quer que fosse, os judeus portugueses eram os *melhormente* conceituados e respeitados em Holanda.' (Camilo – *O judeu*, vol. I, parte segunda, cap. 1, p. 131)." [MBa.8]

Repetição de adjetivo com valor superlativo
Na linguagem coloquial, pode-se empregar, em vez do superlativo, a repetição do mesmo adjetivo:
 O dia está *belo belo* (= belíssimo).
 Ela era *linda linda* (= lindíssima).

Proferindo-se estas orações, dá-se-lhes um tom de voz especial para melhor traduzir a ideia superlativa expressa pela repetição do adjetivo. Geralmente consiste na pausa demorada na vogal da sílaba tônica.

Comparações em lugar do superlativo
Para expressarmos mais vivamente o elevado grau de uma qualidade do ser, empregamos ainda comparações que melhor traduzem a ideia superlativa:
 Pobre como Jó (= paupérrimo), *feio como a necessidade* (feiíssimo), *claro como água, escuro como breu, esperto como ele só, malandro como ninguém.*

Usam-se ainda certas expressões não comparativas: *podre de rico, feio a mais não poder, grande a valer.*

Adjetivos diminutivos
As formas diminutivas de adjetivos podem (precedidas ou não de *muito, mais, tão, bem*) adquirir valor de superlativo:
 Blusa *amarelinha*, garoto *bonitinho*; "É bem *feiozinho*, benza-o Deus, o tal teu amigo!" [AAz].
 No estilo coloquial não é raro o reforço deste emprego do diminutivo mediante as locuções *da silva, da costa* (cf. BF, XVII, 1 – 2, 197).

Posição na sequência dos adjetivos
Em geral, os adjetivos referidos a um mesmo substantivo ou pronome são postos em sequência: Ela é *inteligente* e *trabalhadora*. No estilo literário, pode ocorrer a separação: A nuvem tão *temerosa* vinha e *carregada* (por: A nuvem vinha tão *temerosa* e *carregada*).

Às vezes, um termo sintático do primeiro adjetivo o afasta do segundo, como neste exemplo:

"Mas o Porto não se sentia apenas isolado e excomungado; sentia-se também – o que era muito pior – *algemado* nos seus pulsos e *asfixiado*." [AMB]

3 - Artigo

Chamam-se *artigo definido* ou simplesmente *artigo* ***o***, ***a***, ***os***, ***as*** que se antepõem a substantivos, com reduzido valor semântico demonstrativo e com função precípua de adjunto desses substantivos.

A tradição gramatical tem aproximado este verdadeiro artigo de ***um***, ***uns***, ***uma***, ***umas***, chamados *artigos indefinidos*, que se assemelham a ***o***, ***a***, ***os***, ***as*** pela mera circunstância de também funcionarem como adjunto de substantivo, mas que do autêntico artigo diferem pela origem, tonicidade, comportamento no discurso, valor semântico e papéis gramaticais.

Pela origem, porque *o, a, os, as* se prendem a antigo demonstrativo latino (*illum, illa*) – o que lhes garante o valor de demonstrativo atenuado –, enquanto *um, uma, uns, umas* representam emprego especial de generalização do numeral *um*. Pela tonicidade, porque, sendo um vocábulo eminentemente átono, não pode funcionar sozinho na oração, como o faz o chamado artigo indefinido que, neste papel, só não se confunde com o pronome indefinido pelo auxílio que lhe emprestam os entornos linguísticos. Do ponto de vista semântico e consequentes resultados nas funções gramaticais, está o primordial valor *atualizador* do artigo, de que decorrem os demais valores contextuais:[28] o artigo definido identifica o objeto designado pelo nome a que se liga, delimitando-o, extraindo-o de entre os objetos da mesma classe, como aquele que já foi (ou será imediatamente) conhecido do ouvinte – quer através do discurso (que dele faz menção), quer pela "dêixis" (que o mostra, ordenando-o espacial e temporalmente), quer pelo contexto idiomático, no qual a palavra é, quando não ulteriormente determinada, nome de conceito ou de toda uma classe de objetos (assim, "*o* homem é um animal racional" equivale a "aquilo que conhecemos pela palavra *homem*...") [HCv.1, 2, 1427].

Deste valor atualizador decorre o fato sintático de o artigo ser dispensado quando tal valor já vem expresso por outro identificador adnominal, seja demonstrativo (*este homem*), seja possessivo (*meu livro*), seja por equivalente a este valor, ou antes

---

[28] É válido o comentário de Coseriu: "(...) o artigo de per si não individua. Nos casos em que isto parece ocorrer (p.ex. 'Leram *o* livro? Estou vendo *o* mapa'), a individuação está dada, na realidade, pelos contornos verbais e extraverbais" [ECs.1, 300 n.36].

de um nome próprio, já por si atual e individual. No português, em que a presença do artigo junto ao possessivo adnominal tem sido marcado por um progressivo emprego da fase antiga à moderna, o uso do artigo em "*o meu livro*" é redundante, e, poderíamos repetir a classificação de um velho filólogo lembrado por Pacheco Júnior: muleta gramatical [PJ.1, 141].

Outra função é a da substantivação: qualquer unidade linguística, do texto ao morfema, pode substantivar-se quando é nome de si mesma, tomada materialmente: "*o o* é artigo", "*o este* é dissílabo", "não sabe *o como* me agradar", "*o per-* é um prefixo".

Este fato e a força identificadora contribuem para a possibilidade de calar o nome já antes anunciado ou, se não antes anunciado no discurso, conhecido e identificado pelo falante e pelo ouvinte: "*o livro de Edu* e *o teu*", "*a blusa* branca e *a* azul", "*a blusa* branca e *aquela azul*", etc. Tal possibilidade criou a diferença, na nomenclatura gramatical, entre *o* "artigo" e *o* "pronome demonstrativo", baseada em dois fatos: o segundo *o* vale semanticamente por *isto, isso, aquilo*, e por usarem outras línguas, nesta situação, um pronome (*ce* em francês, *quello* em italiano), e não o artigo. Gili Gaya [GG.1] já mostrou que línguas há que preferem, nesta situação, o artigo, enquanto outras preferem formas de demonstrativo.

Ora, isto nos leva a acompanhar os autores (Alarcos Llorach, mais recentemente) que veem como substantivações de orações previamente transpostas a subordinadas adjetivas ("Não sei *o que fazes*", objeto direto de *não sei*) ou adverbiais ("Gostou do *quando o filho se defendeu*", complemento relativo de *gostar*) (➚ 451).

Esta omissão do antecedente do relativo é análoga à que se dá em subordinadas de *quem* absoluto ("*Quem tudo quer* tudo perde") e nas interrogativas indiretas ("Não sei *quem virá*", "Não sei *quando virá*"), já classificadas como de valor substantivo desde Epifânio Dias, no final do século passado, e adotadas depois, entre outros, por Said Ali e Mário Pereira de Sousa Lima.

Cumpre acrescentar que se uma operação determinativa passa a supérflua ou se realiza implicitamente, graças à presença de outros determinadores ou pelo contexto, as unidades específicas empregadas na operação podem servir para outras funções [ECs.3, 292-293]. Coseriu lembra que o artigo empregado junto com um quantificado tem função individuadora (*os dois homens*) e, aplicado a um nome próprio – já atual e individual –, pode exercer função estilística (*Maria* ao lado de *a Maria*).

Junto de nome não marcado por gênero e número, pode o artigo ser responsável pela indicação dessas categorias gramaticais: *o artista, a artista; o lápis, os lápis*.

Por fim, cabe lembrar que, numa sequência de substantivos de gêneros diferentes, o português, como o espanhol, admite que o artigo usado para o primeiro substantivo possa ser omitido no segundo: "Não é a fortuna que falta aos homens, mas *a perícia e juízo* em aproveitá-la quando ela nos visita" [MM. 1, 530].

Emprego do artigo definido
De largo uso no idioma, o artigo assume sentidos especialíssimos, graças aos contornos verbais e extraverbais:

a) Junto dos nomes próprios denota nossa familiaridade (neste mesmo caso pode o artigo ser também omitido):
O Cleto talvez falte hoje. *O* Antônio comunicou-se com *o* João.

OBSERVAÇÃO: O uso mais frequente, na linguagem culta, tendo em vista o valor já de si individualizante, dispensa o artigo junto a nomes próprios de pessoas, com exceção dos que se acham no plural. É tradição ainda só antepor artigo a apelidos: *o* Camões, *o* Tasso, *o* Vieira. Modernamente tem-se estendido a presença do artigo antes dos nomes de escritores, artistas e personagens célebres, principalmente quando usado em sentido figurado: *o* Dante, *o* Torquato, *o* Rafael (= o quadro de Rafael). Dizemos, indiferentemente, *Cristo* ou *o Cristo* (ou ainda *o Cristo Jesus*).

b) Costuma aparecer ao lado de certos nomes próprios geográficos, principalmente os que denotam países, oceanos, rios, montanhas, ilhas:
a Suécia, *o* Atlântico, *o* Amazonas, *os* Andes, *a* Groenlândia
Entre nós, dispensam artigo os nomes dos seguintes estados: *Goiás, Mato Grosso, Mato Grosso do Sul, Rondônia, Roraima, Santa Catarina, São Paulo, Pernambuco* e *Sergipe*.
Com Alagoas e Minas Gerais, o artigo é facultativo: *Mora em Minas Gerais.*/ *Mora nas Minas Gerais; Nasceu em Alagoas.*/ *Nasceu nas Alagoas.*
Os demais estados exigem artigo.

NOTA: Não se acompanham de artigo as denominações geográficas formadas com nomes ou adjetivos: *São Paulo, Belo Horizonte*.

Quanto às cidades, geralmente prescindem de artigo. Há, contudo, exceções devidas à influência de seu primitivo valor de substantivo comum: *a* Bahia, *o* Rio de Janeiro, *o* Porto, etc. Continuando a prática de outros idiomas que, por sua vez, se inspiram no árabe *el-Kahira* (a Vitoriosa), dizemos com artigo *o Cairo*.
Recife sempre se disse acompanhado de artigo: *o Recife*. Modernamente, pode dispensá-lo. *Aracaju*, capital de Sergipe, conhece a mesma liberdade.

c) Entra em numerosas alcunhas e cognomes: Isabel, *a Redentora*; D. Manuel, *o Venturoso*; mas: *Frederico Barba-roxa*.

d) Aparecem em certos títulos: *o* professor João Ribeiro, *o* historiador Tito Lívio, *o* doutor Sousa.

OBSERVAÇÃO: É omitido antes dos ordinais pospostos aos títulos: Pedro I, Henrique VIII, João VI.

e) São omitidos nos títulos de *Vossa Alteza, Vossa Majestade, Vossa Senhoria* e outras denominações, além das formas abreviadas *dom, frei, são* e as de origem estrangeira, como *Lord, Madame, Sir* e o latinismo *sóror* ou *soror* (oxítono): *Vossa*

Alteza passeia. *Frei Joaquim do Amor Divino Caneca* nasceu em Pernambuco. *Soror* (ou *Sor*) *Mariana Alcoforado* foi célebre escritora portuguesa.

OBSERVAÇÃO: Ensina-nos JOÃO RIBEIRO: "É um galicismo a intercalação do artigo nas fórmulas: *Sua Excelência o deputado, Sua Alteza o príncipe, Sua Santidade o Papa*. Estes galicismos foram adotados geralmente na língua para evitar fórmulas menos elegantes, como: *a* excelência do Sr. Deputado, *a* alteza do príncipe, como mandaria dizer a vernaculidade" [JR.1, 266-267]. E, em nota, transcreve exemplos que lhe foram apontados pelo colaborador FIRMINIO COSTA, dos quais lembramos: "(...) comunicou a coisa à Alteza de el-rei Dom João o III."

f) Dizem-se com artigo os nomes de trabalhos literários e artísticos (se o artigo pertence ao título, há de ser escrito obrigatoriamente com maiúscula):
a Eneida, *a* Jerusalém Libertada, *Os* Lusíadas, *A* Tempestade.

Mesmo quando precedido de preposição fora do título, deve-se modernamente (a tradição não procedia assim) preservar a integridade do artigo incluído na denominação:
No caso de **Os Lusíadas**...
Passando os olhos por **As Cidades e as Serras**.
Estampou-se ontem em **O Globo** *a notícia*...

Às vezes, aparentemente, se juntam dois artigos porque o primeiro tem subentendida a espécie da publicação: "Um artigo meu publicado *na* [revista] *A Águia*" [FP *apud* MAg.1, 21]. "*O* [livro] *A Padaria Espiritual* está sendo caprichosamente confeccionado (...)" [LM *apud* MAg.1].
A má interpretação deste fato causou o emprego errôneo e pleonástico do artigo em construções do tipo: *A notícia saiu* **pelas** *As Grandes Novidades*.

g) São omitidos antes da palavra *casa*, designando residência ou família, nas expressões do tipo: *fui a casa, estou em casa, venho de casa, passei por casa, todos de casa*.

OBSERVAÇÃO: Seguido de nome do possuidor ou de um adjetivo ou expressão adjetiva, pode o vocábulo *casa* acompanhar-se de artigo: *Da* (ou *de*) casa de meus pais.

h) Omite-se ainda o artigo junto ao vocábulo *terra*, em oposição a *bordo* (que também dispensa artigo):
Iam de bordo *a* terra.

i) Costuma-se omitir o artigo com a palavra *palácio*, quando desacompanhada de modificador:
"Perguntou o mestre-escola afoitamente à sentinela do paço se o representante nacional, morgado da Agra, estava *em palácio*" [CBr.1, 144].

j) Aparece junto ao termo denotador da unidade quando se expressa o valor das coisas (aqui o artigo assume o valor de *cada*):
Maçãs de poucos cruzeiros *o* quilo.

k) Aparecem nas designações de tempo com os nomes das estações do ano:
Na *primavera* há flores em abundância. "Em uma tarde *do estio*, à hora incerta e saudosa..." [AH.2, 154].

OBSERVAÇÕES:
1.ª) Se o nome de estação vier precedido de *de*, significando *próprio de*, o artigo é dispensado: Numa manhã *de primavera*.
2.ª) Se a expressão temporal contiver nome de mês, dispensa ainda o artigo: Meu irmão faz anos *em março*.

l) Nas indicações de tempo com a expressão *uma hora*, significando *uma* a *primeira hora*, o emprego do artigo é facultativo:
Era perto *da* uma hora   ou   Era perto *de* uma hora.

A primeira construção parece ser mais dos portugueses; a segunda dos brasileiros. Por ser mais antiga na língua, fixou-se o emprego do *a* acentuado em expressões como *à uma hora*, etc.

m) É, na maioria dos casos, de emprego facultativo junto a possessivos em referência a nome expresso:
Meu livro   ou   *o* meu livro

OBSERVAÇÕES:
1.ª) Tem-se abusivamente condenado o emprego do artigo junto a possessivo em expressões do tipo *ao meu ver, ao meu pedido, ao meu modo, ao meu lado, ao meu bel-prazer*, etc. As duas formas são correntes e corretas: "As estrelas lhe falavam numa espécie de gíria e já cumpriam, para com ele, deveres de sociabilidade indignos, *ao meu ver*, de uma estrela." [BLS.1]; "*A meu ver*, o remédio é tornar públicas as sessões, anunciá-las, convidar o povo a assistir a elas." [MA.14]; "(...) não percebi a moça *ao meu lado*, olhando o mesmo vitral." [CCo.4]; "(...) voam como morcegos *a meu redor*, ameaçam bicar-me, ferir-me com suas garras." [CCo.2].
2.ª) É obrigatório o artigo, quando o possessivo é usado sem substantivo, em sentido próprio ou translato: Bonita casa era *a minha*. Fazer *das suas*. "Vês, peralta? É assim que um moço deve zelar o nome *dos seus*? Pensas que eu e meus avós ganhamos o dinheiro em casa de jogo ou a vadiar pelas ruas?" [MA.1, 57].

Mas sem artigo dizemos várias expressões, como *de meu, de seu natural*, linguagens com que traduzimos "os bens próprios de alguém" – a primeira – e "qualidades naturais" – a última:
Nunca tive *de meu* outro bem maior.
"Bernardes era como estas formosas *de seu natural* que se não cansam com alindamentos, a quem tudo fica bem" [AC].

Dispensa ainda artigo o possessivo que entra em expressões com o valor de *alguns*:
Os Lusíadas têm *suas* dificuldades de interpretação.

Finalmente, na expressão de um ato usual, que se pratica com frequência, o possessivo vem normalmente sem artigo:
Às oito toma *seu* café.

n) Não se repete o artigo em frases como:
O homem mais virtuoso do lugar.
Estaria errado: *O* homem *o* mais virtuoso do lugar ou *Um* homem *o* mais virtuoso.

NOTA: É preciso distinguirmos cuidadosamente este feio erro de uma expressão tradicional e corretíssima que consiste em acrescentar, depois do substantivo determinado por adjetivo, o conjunto *o mais*, que introduzirá uma explicação, um adendo, uma restrição. Às vezes, exprimem-se tais ideias com ênfase, caso em que costumam aparecer, antes de *o mais*, elementos de valor concessivo como *ainda, mesmo, até, posto que*.
A má pontuação (deveria haver vírgula antes do conjunto iniciado por *o mais*) aproxima os dois tipos de expressão e uma análise menos cuidadosa tem feito que se evitem construções corretíssimas.
MARTINZ DE AGUIAR [MAg.1, 309-324] estudou com muita perspicácia os dois modos e assim concluiu a sua lição:
"Para que haja pureza de linguagem, é necessário, é imprescindível, que o substantivo, sem o acréscimo de *o mais*, combine com os outros termos da proposição num sentido cabal, de tal maneira, que possa repetir-se. Sem isso, estamos, iniludivelmente, à vista de um estrangeirismo de sintaxe ou de uma construção anti-idiomática, quer se trate de *o – o*, quer de *um – o*. Não é, pois, correta, esta construção de Gonçalves de Magalhães:
"Seu rosto de leite e rosas,
De *um contorno o mais* perfeito.
Rosto de um contorno perfeito é tudo, *rosto de um contorno* não é nada" [MAg.1, 324].

Assim, estão corretas as seguintes passagens, notando-se, apenas, a ausência de vírgula antes de *o mais* (exemplos extraídos da série apresentada por AGUIAR):
"A inveja te assaltou, e a quem perdoa
Este *monstro o maior* do escuro Inferno?" [Pe. AGOSTINHO DE MACEDO].
"O método, que *as ciências as mais exatas* seguem nas suas operações" [JERÔNIMO BARBOSA].
"O a, este *som o mais claro* de todos" [CASTILHO ANTÔNIO].

Note-se que nos exemplos apontados poderíamos colocar vírgula, o que não acontece com os que se seguem:

"Tens mil águas cristalinas,
As frutas as mais divinas,
Uma esposa de invejar,
Que mais podes desejar?" [PA]
"Desde a quadra *a mais antiga*
De que rezam os pergaminhos" [FV]

Os poetas quiseram apenas dizer *as frutas mais divinas, a quadra mais antiga*. O tipo "zero determinação" antes do substantivo seguido de *o mais* é menos enfático (*homem o mais alto*), e se valoriza através de uma inversão (*o mais alto homem*)". [Cf. MAg.1, 319-320].

o) Junto às designações de partes do corpo e nomes de parentesco, os artigos denotam a posse:
Traz *a cabeça* embranquiçada pelas preocupações.
Tem *o rosto* sereno, mas *as mãos* trêmulas.
D. Laura (falando à irmã):
"Pois não! quem me podia aconselhar prudência
a não ser a senhora, a filha singular,
que ousa dispor de si dentro do pátrio lar,
sem ouvir pai nem mãe. Cuida que a sua escolha
basta, sem que primeiro *a mãe* e *o pai* a acolha?" [AC.3, 17].

p) Pode vir a palavra *todo*, no singular, seguida ou não de artigo, com os significados de *inteiro, total* e *cada, qualquer*.
A presença ou ausência do artigo depende de que o substantivo exija ou repudie a antecipação de *o, a, os, as*.
Na língua moderna, *todo o* ocorre mais no sentido de totalidade, inteireza, ênfase (aqui principalmente com os termos que denotam sentimento: *de todo o coração, com todo o gosto, com todo o amor, com todo o carinho*, etc.):
Toda a família estava no recinto (= a família toda, inteira).

Entretanto, como traço do seu valor semântico indiferenciado ('qualquer' ou 'inteiro'), ainda pode aparecer nos autores modernos *todo o* ao lado de *todo* sem artigo, para expressar a ideia de 'qualquer':
O coração de *todo o* ser humano
Foi concebido para ter piedade [CS.2].

Não costuma dispensar artigo, entre bons escritores, o adjetivo substantivado modificado por *todo*, ainda sendo este último empregado com o sentido de *qualquer*:
Todo o próximo tem direito natural.

Às vezes, aparecem na escrita incertezas no emprego de *todo o / todo, toda a / toda*, em virtude do fenômeno de fonética sintática que funde o *-o, -a* finais com *o, a* artigo (➚ 219).

Com as designações geográficas, o emprego de *todo o* e *todo* depende de o nome exigir ou não a presença do artigo:
Todo o Brasil.   Todo Portugal.

Usam-se, modernamente, com o artigo numerosas expressões em que entra a palavra *todo*:
todo o gênero, todo o mundo, a toda a parte, em toda a parte, por toda a parte, a toda a brida, a todo o galope, a toda a pressa, em todo o caso, a toda a hora, a todo o instante, a todo o momento, a todo o transe, a todo o custo, etc.

No plural, *todos* não dispensa artigo (salvo se vier acompanhado de palavra que exclua este determinante):
Todas as famílias têm bons e maus componentes.
Todas as famílias estavam no recinto.
Todas estas pessoas são nossas conhecidas.

Se exprimimos a totalidade numérica por numeral precedido do elemento reforçativo *todos*, aparecerá artigo se o substantivo vier expresso:
Todos os dois romances são dignos de leitura.
Todas as seis respostas estavam certas.

Se omitirmos o substantivo, não haverá lugar para o artigo:
Fizeram-me seis perguntas. Respondi, acertadamente, *a todas seis*.

q) Aparece o artigo nas enumerações onde há *contraste* ou *ênfase*:
Ficou entre *a vida* e *a morte*.
"As virtudes civis e, sobretudo, o amor da pátria tinham nascido para os godos que, fixando o seu domicílio nas Espanhas, possuíram de pais a filhos *o* campo agricultado, *o* lar doméstico, *o* templo da oração e *o* cemitério do repouso e da saudade" [AH.1, 5].
"Notaram todos que *a tarde* e *a noite* daquele dia foram as mais tristes horas de Casimiro na sua prisão de dois meses" [CBr.6, 191].

r) Dispensa-se o artigo nos vocativos, na maioria das exclamações e nas datas que apomos aos escritos:
"*Velhice – Amigo*, diz-me um amigo,
Sabe que a boa idade é a última idade" [AO].
Rio, *10 de maio* de 1956.

s) Costuma-se dispensar o artigo depois de *cheirar a*, *saber a* (= ter o gosto de) e expressões sinônimas:
Isto *cheira a* jasmim.   Isto *sabe a* vinho.

t) Em frases feitas, aparece o artigo definido na sua antiga forma *lo, la*.
"Tenho ouvido os quinhentistas a *la* moda, e os galiparlas" [CBr.1, 61].

Assim encontramos: *a la fé, a la par, a la mar*, etc.

Aparece ainda a forma antiga na expressão *el-rei*, que se deve usar sem a anteposição de o, apesar de alguns raros exemplos em contrário, em páginas de autores mais afastados de nós.

Vestígio provável da época em que tinha o artigo a força dêitica de pronome demonstrativo é o seu emprego junto a *que* em construções cristalizadas como *pelo que, no que diz respeito*, etc.

Emprego do artigo indefinido

O artigo indefinido pode assumir matizes variadíssimos de sentido: registraremos as seguintes considerações:

a) Usa-se o indefinido para aclarar melhor as características de um substantivo enunciado anteriormente com artigo definido:
Estampava no rosto o sorriso, *um* sorriso de criança.

b) Procedente de sua função classificadora, *um* pode adquirir significação enfática, chegando até a vir acompanhado de oração com *que* de valor consecutivo, como se no contexto houvesse *um tal*:
O instrumento é de *uma* precisão admirável.
Ele é *um* herói! (compare com: Ele é herói!).
Falou de *uma* maneira, que pôs medo nos corações.

c) Antes de numeral denota aproximação:
Esperou *uma* meia hora (aproximadamente).
Terá *uns* vinte anos de idade.

d) Antes de pronome de sentido indefinido (*certo, tal, outro*, etc.), dispensa-se o artigo indefinido, salvo quando o exigir a ênfase:
Depois de *certa* hora não o encontramos em casa (e não *uma certa hora*).
"Devia, pois, ser melancólico além do exprimível o que aí se passou nessa grade; triste, e desgraçado direi, a julgá-lo pelas consequências, que se vão descrever, com *um certo* pesar em que esperamos tomem os leitores o seu quinhão de pena, se não todos, ao menos aqueles que não dão nada pela felicidade da terra, quando ela implica ofensa ao Senhor do céu" [CBr.4, 223].

Esta dispensa pode ocorrer também em certas locuções adverbiais (*com* [*uma*] *voz surda*), e antes do substantivo que funciona como predicativo do verbo ser: *Você é* [*um*] *homem de bem*.

Modernamente, cremos que mais por valorização estilística do indefinido que por simples e servil imitação do francês,[29] *um* aparece em casos

---

[29] Tem-se desprezado, nestes casos, a influência do inglês em nosso idioma.

que se não podem explicar por ênfase. Nestas circunstâncias, tais casos são censurados pela gramática tradicional.

e) *Um* ocorre como correlativo de *outro* em sentido distributivo:
Um irmão ia ao teatro e o *outro*, ao cinema. (E não: *O* irmão ia ao teatro e *o outro* ao cinema.)

OBSERVAÇÃO: Calando-se o substantivo também junto de *um*, ainda dispensamos a anteposição do artigo definido, ao contrário do que fazia o português antigo e do que fazem, por exemplo, o francês e o espanhol:
Um ia ao teatro e *o outro* ao cinema (*o um ... o outro*, no português antigo, *l'un ... l'autre, el uno ... el otro*).

f) Note-se a expressão *um como*, empregada no sentido de 'uma coisa como', 'um ser como ', 'uma espécie de', onde *um* concorda com o substantivo seguinte:
Fez *um como* discurso.   Proferiu *uma como* prática.
"Quisera pedir-lhe que as protegesse e guiasse; que fosse *um como* tutor moral das duas." [MA. 12].
"(...) mordeu-lhe o coração a suspeita de que o procedimento de Iaiá era uma desforra de Estela, *uma como* vingança póstuma." [MA. 12].

O artigo partitivo
A língua portuguesa de outros tempos empregava *do, dos, da, das*, junto a nomes concretos para indicar que os mesmos nomes eram apenas considerados nas suas partes ou numa quantidade ou valor indeterminado, indefinido:
Não digas *desta* água não beberei.
"Finge-se às vezes comprador (...); *come e bebe do bom*, namora as criadas (...)." [ML.4].

É o que a gramática denomina *artigo partitivo*. Modernamente, o partitivo não ocorre com a frequência de outrora e, pode-se dizer, quase se acha banido do uso geral, salvo pouquíssimas expressões em que ele se manteve, mormente nas ideias de *comer* e *beber*.

4 - Pronome

É a classe de palavras categoremáticas (↗ 127) que reúne unidades em número limitado e que se refere a um significado léxico pela situação ou por outras palavras do contexto.
De modo geral, esta referência é feita a um objeto substantivo considerando-o apenas como pessoa localizada do discurso.

Pessoas do discurso

São duas as pessoas determinadas do discurso: 1.ª *eu* (a pessoa correspondente ao falante) e 2.ª *tu* (correspondente ao ouvinte).[30] A 3.ª pessoa, indeterminada, aponta para outra pessoa em relação aos participantes da relação comunicativa.

Do ponto de vista semântico, os pronomes estão caracterizados porque indicam *dêixis* ("o apontar para"), isto é, estão habilitados, como verdadeiros gestos verbais, como indicadores, determinados ou indeterminados, ou de uma dêixis contextual a um elemento inserido no contexto, como é o caso, por exemplo, dos pronomes relativos, ou de uma dêixis *ad oculos*, que aponta ou indica um elemento presente ao falante. A dêixis será *anafórica* se aponta para um elemento já enunciado ou concebido, ou *catafórica*, se o elemento ainda não foi enunciado ou não está presente no discurso.[31]

A dêixis também envolve, como vimos, o lugar da 3.ª pessoa no discurso, só que de maneira negativa, em relação a *eu* e *tu*, que tem localização definida. Por isso é que línguas há, como o português, que podem fazer, quando isto se impõe, a distinção entre *localização indeterminada* e *localização determinada* ou *imediatamente determinável* ("objeto que se encontra à vista dos falantes": *aquele / aquele*

---

[30] "A definição da segunda pessoa como sendo a pessoa à qual a primeira se dirige convém sem dúvida ao seu emprego mais ordinário. Ordinário, porém, não quer dizer único e constante. Pode utilizar-se a segunda pessoa fora da alocução e fazê-la entrar numa variedade de "impessoal". Por exemplo, *vous* funciona em francês como anafórico de "*on*" (ex: *on ne peut se promener sans que quelqu'un vous aborde*, port. "não *se* pode passear sem que alguém aborde *você*") [EBv.1, 254]. Este fato, como a tradução revela, ocorre também em português, tanto na língua escrita como na falada. É um *você* ou *tu* que se referem ao próprio falante, mesmo que o ouvinte esteja presente:
"Daniel, a situação comigo está difícil. Chega um momento que *você* (= 'eu', 'a gente', impessoalizador) não sabe o que fazer." "*Você* já vinha conhecendo que o tempo passava danadamente rápido por causa de uns indícios sutis. Por exemplo: quando um desconhecido fala a seu respeito não diz mais 'aquela moça', e sim 'aquela senhora' (...) Sem falar nos que morreram, porque morrem muitos à medida que *a gente* fica mais velha" [RQ.1, 108].
Não levando em conta o jogo psicológico envolvido na situação, o giro tem sido injustamente condenado por alguns gramáticos que não atentam para o respaldo da língua escrita nem o testemunho de outras línguas. No português, nesta aplicação se usa de *você* ou *tu* (ou expressões substantivas como *a pessoa, o indivíduo, o cristão*, etc.).

[31] Desde K. Brugmann (1904) foram estabelecidos quatro tipos de dêixis em relação à posição do falante: "*este*-dêixis", "*eu*-dêixis", "*tu*-dêixis" e "*aquele*-dêixis". K. Buhler acrescenta uma dêixis especial: "dêixis em fantasma", que se produz "quando um narrador transporta o ouvinte ao reino do ausente recordável ou ao reino da fantasia construtiva e lhe põe à disposição ali de todos os mesmos indicadores para que veja e ouça o que há ali para ver e ouvir (e tocar, se o desejar), e, quem sabe, cheirar e degustar" [*apud* LCr.1, s.v.]. Para o linguista são válidas as considerações de Herculano de Carvalho: "É evidente que esta espécie de mostração [em fantasma] assume real interesse para o psicólogo (que era Buhler) e para o estudioso da criação poética, mas não para o linguista, para quem ela se identifica com a mostração 'ad oculos', embora (...) ela possa estar implicada na anafórica" [HCv.3, 662].

ali, aquela lá). Acrescenta Coseriu, de quem tomamos a lição, que é por este caráter relativamente indeterminado da 3.ª pessoa que a situação possessiva que lhe corresponde às vezes pode necessitar de ulteriores esclarecimentos: *seu / seu mesmo, seu próprio, seu dele* [ECs.1, 301 n.37].

A localização positiva de *ele* ou *aquele* pode ainda dar-se pelos entornos extralinguísticos ou pelo gesto, que indica a *direção* em que o objeto pode achar-se.[32]

Os pronomes podem apresentar-se como *absolutos* – capazes de funcionar como núcleo de sintagma nominal, à maneira dos substantivos – ou como *adjuntos* do núcleo, à maneira dos adjetivos, dos artigos e dos numerais, como veremos abaixo.

Classificação dos pronomes
Os pronomes podem ser: *pessoais, possessivos, demonstrativos* (abarcando o artigo definido), *indefinidos* (abarcando o artigo indefinido), *interrogativos* e *relativos*.

Pronome substantivo e pronome adjetivo
O pronome pode aparecer em referência a substantivo claro ou oculto:
Meu livro é melhor que o *teu*.

Meu e *teu* são pronomes porque dão ideia de posse em relação à pessoa do discurso: *meu* (1.ª pessoa, a que fala), *teu* (2.ª pessoa, a com quem se fala). Ambos os pronomes estão em referência ao substantivo *livro* que vem expresso no início, mas se cala no fim por estar perfeitamente claro ao falante e ouvinte. Esta referência a substantivo caracteriza a função *adjetiva* ou de *adjunto* de certos pronomes. Muitas vezes, sem que tenha vindo expresso anteriormente, dispensa-se o substantivo, como em: Quero o *meu* e não o *seu* livro (onde ambos os pronomes possessivos são adjetivos).

Já em: *Isto é melhor que aquilo*, os pronomes *isto* e *aquilo* não se referem a nenhum substantivo determinado, mas fazem as vezes dele. São, por isso, pronomes *absolutos* ou *substantivos*.

Há pronomes que são apenas absolutos ou adjuntos, enquanto outros podem aparecer nas duas funções.

Pronomes pessoais
Os pronomes pessoais designam as duas pessoas do discurso e a não pessoa (não *eu*, não *tu*), considerada, pela tradição, a 3.ª pessoa:

1.ª pessoa: *eu* (singular), *nós* (plural),
2.ª pessoa: *tu* (singular), *vós* (plural) e
3.ª pessoa: *ele, ela* (singular), *eles, elas* (plural).

---

[32] [ECs.1, 301 n. 37]. Já o nosso João Ribeiro [JR.1, 88] lembrara a lição de A. Darmesteter, que considerava os pronomes, pelo seu ofício de indicar a posição da pessoa ou coisa no discurso, "gestos falados".

O plural *nós* indica *eu* mais outra ou outras pessoas, e não *eu* + *eu*.³³

As formas *eu, tu, ele, ela, nós, vós, eles, elas,* que funcionam como sujeito, se dizem *retas*. A cada um destes pronomes pessoais retos corresponde um pronome pessoal oblíquo que funciona como complemento e pode apresentar-se em forma átona ou forma tônica. Ao contrário das formas átonas, *as tônicas vêm sempre presas a preposição*:

PRONOMES PESSOAIS RETOS		PRONOMES PESSOAIS OBLÍQUOS	
		átonos (sem prep.)	tônicos (c/ prep.)
Singular:	1.ª pessoa: *eu*	me	mim
	2.ª pessoa: *tu*	te	ti
	3.ª pessoa: *ele, ela*	lhe, o, a, se	ele, ela, si
Plural:	1.ª pessoa: *nós*	nos	nós
	2.ª pessoa: *vós*	vos	vós
	3.ª pessoa: *eles, elas*	lhes, os, as, se	eles, elas, si

Exemplos de pronomes oblíquos átonos:
"Queixamo-*nos* da fortuna (destino) para desculpar a nossa preguiça" [MM].
"A melhor companhia acha-*se* em uma escolhida livraria" [MM].

Exemplos de pronomes oblíquos tônicos:
"Os nossos maiores inimigos existem dentro *de nós* mesmos: são os nossos erros, vícios e paixões" [MM].
"As virtudes se harmonizam, os vícios discordam *entre si*" [MM].

Se a preposição é *com*, dizemos *comigo, contigo, consigo, conosco, convosco,* e não: *com mi, com ti, com si, com nós, com vós*. Empregam-se, entretanto, *com nós* e *com vós,* ao lado de *conosco* e *convosco,* quando estes pronomes tônicos vêm seguidos ou

---

[33] "O simples fato de que palavras diferentes sejam muito geralmente empregadas para 'eu' e 'nós' (e também para 'tu' e 'vós') é suficiente para excetuar os pronomes dos processos ordinários de pluralização (...). Na grande maioria das línguas, o plural pronominal não coincide com o plural nominal, pelo menos tal como se representa ordinariamente. Está claro, de fato, que a unidade e a subjetividade inerente a 'eu' contradizem a possibilidade de uma pluralização. Se não pode haver vários 'eus' concebidos pelo próprio 'eu' que fala, é porque 'nós' não é uma multiplicação de objetos idênticos, mas uma *junção* entre o 'eu' e o 'não eu', seja qual for o conteúdo desse 'não eu'. Essa junção forma uma totalidade nova e de um tipo totalmente particular, no qual os componentes não se equivalem: em 'nós' é sempre 'eu' que predomina, uma vez que só há 'nós' a partir de 'eu' e esse 'eu' sujeita o elemento 'não eu' pela sua qualidade transcendente. A presença do 'eu' é constitutiva de 'nós'" [EBv.I, 256].

O plural de 'eu' como 'mera palavra' ou como substantivo para significar 'a personalidade de quem fala' tem normalmente o plural 'eus':
"Não poderiam mostrar, num dado instante e numa atmosfera única, todos os *eus* sucessivos que guardam dentro de si (...)" [RCo.1, 164].

precedidos de *mesmos, próprios, todos, outros, ambos,* numeral ou oração adjetiva, a fim de evidenciar o antecedente:
"Há um céu para *nós outros* na imortalidade das nossas obras terrenas" [JR.2, 185].
Com vós todos ou *com todos vós.*
Com vós ambos ou *com ambos vós.*

Pronome oblíquo reflexivo – É o pronome oblíquo da mesma pessoa do pronome reto, significando *a mim mesmo, a ti mesmo*, etc.:
Eu *me* vesti rapidamente.
Nós *nos* vestimos.
Eles *se* vestiram.

Pronome oblíquo recíproco – É representado pelos pronomes *nos, vos, se* quando traduzem a ideia de *um ao outro, reciprocamente*:
Nós *nos* cumprimentamos (um ao outro).
Eles *se* abraçaram (um ao outro).

Formas de tratamento – Existem ainda formas substantivas de tratamento indireto de 2.ª pessoa que levam o verbo para a 3.ª pessoa. São as chamadas *formas substantivas de tratamento* ou *formas pronominais de tratamento*:[34]
você, vocês (no tratamento familiar)
o senhor, a senhora (no tratamento cerimonioso)

A estes pronomes de tratamento pertencem as formas de reverência que consistem em nos dirigirmos às pessoas pelos seus atributos ou cargos que ocupam:
Vossa Alteza (V. A.) – para príncipes, duques (vocativo: Alteza)
Vossa Eminência (V. Em.ª) ou *Vossa Eminência Reverendíssima* (V. Em.ª Rev.^{ma}) – para cardeais (vocativo: Eminentíssimo [e Reverendíssimo] Senhor Cardeal)
Vossa Excelência (V. Ex.ª) – para o Presidente da República (não se usa a forma abreviada), Vice-Presidente da República, ministros de Estado, altos postos dos poderes Executivo, Legislativo e Judiciário e altas patentes militares (vocativo: Excelentíssimo Senhor [ou Senhor + cargo])
Vossa Excelência Reverendíssima (V. Ex.ª Rev.^{ma}) – arcebispos e bispos (vocativo: Excelentíssimo e Reverendíssimo Senhor Arcebispo [ou Bispo])
Vossa Magnificência (não se usa abreviadamente) – para reitores de universidade (vocativo: Magnífico Reitor)
Vossa Majestade (V. M.) – para reis, imperadores (vocativo: Majestade)
Vossa Mercê (V. M.^{cê}) – para as pessoas de tratamento cerimonioso
Vossa Onipotência (não se usa abreviadamente) – para Deus

---

[34] Para a discussão de considerar "o senhor", "a senhora", etc. formas substantivas de tratamento ou pronome de tratamento, vejam-se os estudos de HM, *Anrede*; LCi, *Formas*; EW, *Pronomes*. No fundo, trata-se de um falso problema, pela natureza categoremática do pronome.

Vossa Reverendíssima (V. Rev.^(ma)) – para monsenhores, cônegos e superiores religiosos (vocativo: Reverendíssimo Senhor Monsenhor, Reverendíssimo Senhor Cônego)
Vossa Reverência (V. Rev.^(a)) – para sacerdotes, clérigos e demais religiosos (vocativo: Reverendo Sacerdote [ou Clérigo, etc.])
Vossa Santidade (V. S.) – para o Papa (vocativo: Santo Padre ou Santíssimo Padre)
Vossa Senhoria (V. S.^(a)) – para oficiais até coronel, funcionários graduados, pessoas de cerimônia (vocativo: Ilustríssimo Senhor).

Vale lembrar que as formas de tratamento acima se aplicam, da mesma forma, às mulheres que ocupam estas posições, assim como os vocativos com as devidas flexões.

OBSERVAÇÕES:
1.ª) Emprega-se *Vossa Alteza* (e demais) quando 2.ª pessoa, isto é, em relação a quem falamos; emprega-se *Sua Alteza* (e demais) quando 3.ª pessoa, isto é, em relação a de quem falamos. Apesar de usarmos, na forma de tratamento, o possessivo de 2.ª pessoa do plural, a referência ao possuidor se faz com possessivo de 3.ª pessoa do singular (↗209).
2.ª) Usa-se de *Dom*, abreviadamente *D.*, junto ao nome próprio: D. Afonso, D. Henrique, D. Eugênio; às vezes aparece em autores junto a nome de família, mas esta prática deve ser evitada por contrariar a tradição da língua. Usa-se ainda *D.* junto a outro título: D. Prior, D. Abade, etc.
3.ª) *Você*, hoje usado familiarmente, é a redução da forma de reverência *Vossa Mercê*. Caindo o pronome *vós* em desuso, só usado nas orações e estilo solene, emprega-se *vocês* como o plural de *tu*.
4.ª) O substantivo *gente*, precedido do artigo *a* e em referência a um grupo de pessoas em que se inclui a que fala, ou a esta sozinha, passa a pronome e se emprega fora da linguagem cerimoniosa. Em ambos os casos o verbo fica na 3.ª pessoa do singular:
"É verdade que *a gente*, às vezes, *tem* cá as suas birras" [AH.4, II, 158].
5.ª) Ainda continuam vivos em Portugal *vós, vosso*.
6.ª) Se a pessoa tem título, menciona-se este acompanhado ou não de *senhor*: "O Sr. Doutor sai hoje?" ou "O Doutor sai hoje?".

Pronomes possessivos
São os que indicam a posse em referência às três pessoas do discurso:

SINGULAR:	1.ª pessoa:	*meu*	*minha*	*meus*	*minhas*
	2.ª pessoa:	*teu*	*tua*	*teus*	*tuas*
	3.ª pessoa:	*seu*	*sua*	*seus*	*suas*
PLURAL:	1.ª pessoa:	*nosso*	*nossa*	*nossos*	*nossas*
	2.ª pessoa:	*vosso*	*vossa*	*vossos*	*vossas*
	3.ª pessoa:	*seu*	*sua*	*seus*	*suas*

Pronomes demonstrativos
São os que indicam a posição dos seres em relação às três pessoas do discurso.
Esta localização pode ser no *tempo*, no *espaço* ou no *discurso*:
1.ª pessoa: este, esta, isto[35]
2.ª pessoa: esse, essa, isso
3.ª pessoa: aquele, aquela, aquilo

Este livro é o livro que está perto da pessoa que fala; *esse livro* é o que está longe da pessoa que fala ou perto da pessoa com quem se fala; *aquele livro* é o que se acha distante da 1.ª e da 2.ª pessoa.
Nem sempre se usam com este rigor gramatical os pronomes demonstrativos; muitas vezes interferem situações especiais que escapam à disciplina da gramática.
São ainda pronomes demonstrativos *o, mesmo, próprio, semelhante* e *tal*.
Considera-se *o* pronome demonstrativo, de emprego absoluto, invariável no masculino e singular quando funciona com o valor "grosso modo" de *isto, isso, aquilo* ou *tal*:
Não *o* consentirei jamais.
"Arquiteto do mosteiro de S. Maria, já *o* não sou" [AH *apud* FB.1, 195].
"Se os olhos corporais estavam mortos, não *o* estavam os do espírito" [AH.4, I, 226].
"(...) residia uma viúva, que *o* era de um fidalgo da casa de Azevedo" [CBr *apud* MBa.3, 343].

Pode aludir a extensos enunciados:
Prometeu-me que sairia comigo nas próximas férias, mas não *o* fez.

O pronome *o*, perdido o seu valor essencialmente demonstrativo e posto antes de substantivo claro ou subentendido, expressão substantivada inclusive oração, como adjunto, recebe o nome de artigo definido. Assim é que, no exemplo seguinte, consideramos o primeiro *os* e o segundo *os* artigo definido (↗ 163):
"*Os* homens de extraordinários talentos são ordinariamente *os* de menor juízo" [MM].

Mesmo, próprio, semelhante e *tal* têm valor demonstrativo quando denotam identidades ou se referem a seres e ideias já expressas anteriormente, e valem por *esse, essa, aquele, isso, aquilo*:

---

[35] Tradicionalmente a série *isto, isso, aquilo* e *o* (invariável) é dada como remanescente do neutro latino. Já o nosso primeiro gramático, Fernão de Oliveira (1536), tinha desvinculado tais pronomes do neutro latino. Epifânio Dias considera-os como masculinos (*isto, isso, aquilo*) e o erudito artigo de Herculano de Carvalho sobre o gênero nos pronomes [HCv.4, 30-48] mostra que só lhes cabe o gênero masculino. É assim que os trataremos aqui, inclusive ao *o* invariável em gênero e número.

"Depois, como Pádua falasse ao sacristão baixinho, aproximou-se deles; eu fiz a *mesma* coisa" [MA.4, 87].
"Não paguei uns nem outros, mas saindo de almas cândidas e verdadeiras *tais* promessas são como a moeda fiduciária (...)" [MA.4, 202].
É proibido dizeres *semelhantes* coisas.

Alguns estudiosos, por mera escolha pessoal, têm-se insurgido contra o emprego anafórico do demonstrativo *mesmo*, substantivado pelo artigo, precedido ou não de preposição, para referir-se a palavra ou declaração expressa anteriormente. Não apresentam, entretanto, as razões da crítica:
"Os diretores presos tiveram *habeas corpus*. Apareceu um relatório contra *os mesmos*, e contra outros (...)" [MA apud MMc.1, 274].
"Costuma-se escrever dentro dos livros, na folha de guarda, palavras alusivas *aos mesmos*" [E. Frieiro *apud* MMc.1].

Para estes críticos, *o mesmo*, etc., deve ser substituído por *ele*, etc. Talvez por isso E. Frieiro, na 2.ª edição, alterou seu texto para: "Costuma-se escrever dentro dos livros, na folha de guarda, palavras *a eles* alusivas."
Mesmo e *próprio* aparecem ainda reforçando pronomes pessoais:
Ela *mesma* quis ver o problema.
Nós *próprios* o dissemos.
"Tal faço eu, à medida que me vai lembrando e convindo à construção ou reconstrução de mim *mesmo*" [MA.4, 203].

Pronomes indefinidos
São os que se aplicam à 3.ª pessoa quando têm sentido vago ou exprimem quantidade indeterminada.
Funcionam como pronomes indefinidos substantivos, todos invariáveis: *alguém, ninguém, tudo, nada, algo, outrem*.
"*Ninguém* mais a voz sentida
Do Trovador escutou!" [GD].

São pronomes indefinidos adjetivos, todos variáveis com exceção de *cada*: *nenhum, outro* (também isolado), *um* (também isolado), *certo, qualquer* (só variável em número: *quaisquer*), *algum, cada*.
Aplicam-se a quantidades indeterminadas os indefinidos, todos variáveis, com exceção de *mais, menos* e *assaz*: *muito, mais, menos, pouco, todo, algum, tanto, quanto, vário, diverso*:
Mais amores e *menos* confiança. (Nunca *menas!*)
Com *pouco* dinheiro compraram *diversos* presentes.
Isto é o *menos* que se pode exigir.
Muito lhe devo.
Erraste por *pouco*.
Quantos não erraram neste caso!

"Se já dei flores um dia,
Quando rapaz,
As que ora dou têm *assaz*
Melancolia" [MA.10, 492].

OBSERVAÇÕES:
1.ª) O pronome indefinido *um* pode ser usado como substantivo, principalmente nas locuções do tipo *cada um, qualquer um* (p.ex.: Cada *um* sabe o que mais lhe convém.). Como adjunto, recebe o nome de *artigo indefinido* (p.ex.: Vá visitar-me *um* dia desses).
2.ª) Também os pronomes indefinidos *mais* e *menos* podem substantivar-se em expressões do tipo *o mais dos homens, o mais das vezes, o mais deles, o menos*. Por atração, *o mais* pode aparecer num giro derivado da construção original e concordar com o gênero e número do substantivo ou pronome pessoal que entra na expressão: *o mais dos homens* ou *os mais dos homens*; *o mais das vezes* ou *as mais das vezes*; *o mais deles* ou *os mais deles*, etc.

As duplas *quem... quem, qual... qual, este... este, um... outro* com sentido distributivo também são pronomes indefinidos:
"*Qual* se abisma nas lôbregas tristezas,
 Qual em suaves júbilos discorre,
 Com esperanças mil nas ideias acesas" [BBo].

Isto é: *um* se abisma... *outro* discorre.

OBSERVAÇÃO: Sobre o uso de *um e outro, um do outro* em referência a pessoas de sexos diferentes (↗ 575).

Muitas vezes a posição da palavra altera seu sentido e sua classificação:
Certas pessoas (pron. indef.) não chegam na hora *certa* (adjetivo), mas em *certas* horas (pron. indef.).
Algum livro (= certo livro). Livro *algum* (= nenhum livro).

Em outras épocas, *algum* podia ter sentido afirmativo ou negativo independente de sua posição:
"Desta gente refresco *algum* tomamos" [LC.1, V, 69].
 Refresco algum = algum refresco
"Vós a quem não somente *algum* perigo
 Estorva conquistar o povo imundo" [LC.1, VII, 2].
 Algum perigo = nenhum perigo

Locução pronominal indefinida
É o grupo de palavras que vale por um pronome indefinido. Eis as principais locuções: *cada um, cada qual, alguma coisa, qualquer um, quem quer, quem quer que,*

o que quer que, seja quem for, seja qual for, quanto quer que, o mais (hoje menos frequente que *a maior parte, a maioria*):
"As verdades não parecem as mesmas a todos, *cada um* as vê em ponto diverso de perspectiva" [MM].

Pronomes interrogativos
São os pronomes indefinidos *quem, que, qual* e *quanto* que se empregam nas perguntas, diretas ou indiretas:
Quem veio aqui?
Que cabeça, senhora?
Que compraste?
Quantos anos tens?
Qual autor desconhece?
Quis saber *qual* seria o escolhido.
Perguntei-lhes *quantos* vieram.

Em lugar de *que* pode-se usar a forma enfática *o que*:
"Agora por isso, *o que* será feito de frei Timóteo?! Era naquele tempo um frade guapo e alentado! *O que* será feito dele?" [AH.4, II, 135].

Até na interrogação indireta:
Quero saber de onde vem a palavra currículo e *o que* quer dizer.

Quem refere-se a pessoas, e é pronome substantivo. *Que* refere-se a pessoas ou coisas, e é pronome substantivo (com o valor de *que coisa?*) ou pronome adjetivo (com o valor de *que espécie?*).[36] *Qual* e também *que*, indicadores de seleção, normalmente são pronomes adjetivos:
Em *qual* livraria compraremos o presente?
Em *que* livraria compraremos o presente?

Ressalta-se ainda a seleção antepondo ao substantivo no plural a expressão *qual dos, qual das*:
Em *qual dos* livros encontraste o exemplo?

OBSERVAÇÃO: Estes interrogativos saem normalmente dos pronomes indefinidos e por isso costumam ser chamados *indefinidos interrogativos*. Aparecem ainda nas exclamações, e neste caso o *que* adquire sentido francamente intensivo:
Que susto levei! (Compare-se com: *que* cabeça, senhora!)

---

[36] *Que é lá?*, aplicado a indagar sobre pessoas, talvez seja o resultado de desnasalação do *quem* por fonética sintática: "E começava a despir-se, quando ouviu passos no negro corredor, passos muito lentos, muito pesados, que se adiantavam (...) Assustado, gritou "*Que é lá?*" [EQ.3, 663].

Diz-se *interrogação direta* a pergunta que termina por ponto de interrogação e se caracteriza pela entoação ascendente:
Quem veio aqui?

Interrogação indireta é a pergunta que: a) se faz indiretamente e para a qual não se pede resposta imediata; b) é proferida com entoação normal descendente; c) não termina por ponto de interrogação; d) vem depois de verbo que exprime interrogação ou incerteza (*perguntar, indagar, não saber, ignorar*, etc.):
Quero saber quem veio aqui.

Eis outros exemplos de interrogação indireta começados pelos pronomes interrogativos já citados:
Ignoro *que* cabeça, senhora.
Indagaram-me *que* compraste.
Perguntei-te por *que* vieste aqui.
Não sei *qual* autor desconhece.
Desconheço *qual* consideras melhor.
Indagaram *quantos* vieram.

Pronomes relativos
São os que normalmente se referem a um termo anterior chamado antecedente:
Eu sou o freguês *que* por último compra o jornal (o *que* se refere à palavra *freguês*).

O pronome relativo *que* desempenha dois papéis gramaticais: além de sua referência ao antecedente como pronome, funciona também como transpositor de oração originariamente independente a adjetivo e aí exercer função de adjunto adnominal deste mesmo antecedente. No exemplo, a oração *O freguês compra por último o jornal* é degradada da função de adjunto adnominal na oração complexa: Eu sou o *freguês* [*que* por último compra o jornal].

O transpositor pronome relativo *que* difere do transpositor conjunção integrante *que* porque este não exerce função sintática na oração em que está inserido, enquanto o relativo exerce sempre função sintática (↗ 517).
Os pronomes relativos são: *o qual* (*a qual, os quais, as quais*), *cujo* (*cuja, cujos, cujas*), *que, quem, quanto* (*quanta, quantos, quantas*). Quando referidos a antecedentes, *onde, como* e *quando* costumam ser incluídos entre os pronomes relativos, sendo que melhor ficam classificados como advérbios relativos.
Quem se refere a pessoas ou coisas personificadas e sempre aparece precedido de preposição. *Que* e *o qual* se referem a pessoas ou coisas. No português moderno, quando referido a pessoas, *quem* é preferível ao *que*, precedido de preposição. *Que* e *quem* funcionam como pronomes substantivos. *O qual* aparece como substantivo ou adjetivo:
As pessoas de *quem* falas não vieram.

O ônibus *que* esperamos está atrasado.
Não são poucas as alunas *que* faltaram.
Este é o assunto sobre *o qual* falará o professor.
Não vi o menino, *o qual* os colegas procuram.
Falou tudo *quanto* queria.
"Quanto à razão determinativa da captura e aposentação na Casa Verde de todos *quantos* usaram do anel, é um dos pontos mais obscuros da história de Itaguaí (...)" [MA.5].

Cujo, sempre com função adjetiva, reclama, em geral, antecedente e consequente expressos e exprime que o antecedente é possuidor do ser indicado pelo substantivo a que se refere:
Ali vai o *homem* **cuja** *casa* comprei
        anteced.   conseq.
(a casa do homem)

OBSERVAÇÃO: Em autores modernos de gosto arcaizante, de vez em quando ocorre *cujo* sem consequente, como em: "(...) a obra *cujo* comentador eu sou", em lugar de: "de que sou comentador" ou "cujo comentador sou".

Quanto tem por antecedente um pronome indefinido (*tudo, todo, todos, todas, tanto*):
Esqueça-se de tudo *quanto* lhe disse.

PRONOMES RELATIVOS SEM ANTECEDENTE – Os pronomes relativos *quem* e *onde* podem aparecer com emprego absoluto, sem referência a antecedentes:
Quem tudo quer tudo perde.
Dize-me com *quem* andas e eu te direi *quem* és.
Moro *onde* mais me agrada.

Quem, assim empregado, é considerado como do gênero masculino e do número singular:
Quem com ferro fere com ferro será ferido.

OBSERVAÇÃO: Os relativos sem antecedentes também se dizem *relativos indefinidos*. Muitos autores preferem, neste caso, subentender um antecedente adaptável ao contexto. Interpretando *quem* como *a pessoa que*, *onde* como *o lugar em que* assim substituem:
Quem tudo quer tudo perde = *a pessoa que* tudo quer tudo perde

Este duplo modo de encarar o problema tem repercussões diferentes na classificação das orações subordinadas, conforme veremos na página 488.

Emprego dos pronomes

Pronome pessoal

Pronome e termos oracionais
A rigor, o pronome pessoal reto funciona como sujeito e predicativo, enquanto o oblíquo como complemento:
   Eu *saio.*   **Eu** *não sou* **ele**.   *Eu* **o** *vi.*   *Não* **lhe** *respondemos.*

Entre os oblíquos, a forma átona vem desprovida de preposição, enquanto a tônica exige, no português moderno, esta partícula:
   Eu **o** *vi.*   *Referiu-se* **a ti**.

Casos há, entretanto, em que esta norma pode ser contrariada. Assim é que pode ocorrer a forma reta pela oblíqua:
   a) quando o verbo e o seu complemento nominal estiverem distanciados, separados por pausa:
      Subiu! E viu com seus olhos
      "*Ela* a rir-se que dançava" [GD].

   b) nas enumerações e aposições, também com distanciamento do verbo e complemento:
      Depois de muita delonga o diretor escolheu: *eu*, o Henrique e o Paulinho.

   c) precedido de *todo, só* e mais alguns adjuntos, pode aparecer *ele* (e flexões) por *o* (e flexões); cf. adiante.
   d) quando dotado de acentuação enfática, no fim de grupo de força:
      "Olha *ele!*" [EQ].

   e) em coordenações de pronomes ou com um substantivo introduzidos pela preposição *entre*: entre *eu* e *tu* (por entre *mim* e *ti*); entre *eu* e o aluno (por entre *mim* e o aluno), entre José e *eu* (por entre José e *mim*).
Já há concessões de alguns gramáticos quando o pronome *eu* ou *tu* vem em segundo lugar:
   Entre *ele* e *eu*. Entre *ele* e *tu*. Entre José e *eu*.

A língua exemplar insiste na lição do rigor gramatical, recomendando, nestes casos, o uso dos pronomes oblíquos tônicos:
   Entre *mim* e *ti*. Entre *ele* e *mim*.

Um exemplo como *Entre José e mim* dificilmente sairia hoje da pena de um escritor moderno.
Este desvio da norma encontra paralelo em outras línguas românicas, como o espanhol e o italiano [MLk.1, III, 76 e 80].

Também depois de expressões comparativas e exceptivas, a língua denuncia certa vacilação no emprego do pronome pessoal, havendo aqui forte divórcio entre a língua literária e a coloquial, escrita ou falada:
Não tenho outro amigo senão *tu*.   Não sou como *tu*.
Não tenho outro amigo senão *a ti*.   Não sou como *a ti*.

OBSERVAÇÕES:
1.ª) Antes de verbo infinitivo, o sujeito é um pronome reto: *Entre* eu *sofrer* e tu *ficares triste, prefiro sofrer*.
2.ª) Usamos *entre si* quando o pronome (*si*) se refere ao sujeito da oração: "Os índios, que certamente falavam a mesma língua do Oiapoque ao Chuí, só guerreavam *entre si* de brincadeirinha (...)" [JU.4]. Quando o pronome não se referir ao sujeito da oração, devemos usar *entre eles* (*entre elas*): "Os diálogos *entre eles* eram de uma desesperadora trivialidade (...)." [NR.1].

Emprego de pronome tônico pelo átono
Os pronomes tônicos preposicionados *a ele, a ela, a mim, a ti, a nós, a vós* podem aparecer, na língua exemplar, nos seguintes casos, em vez das formas átonas (*lhe, me, te, nos, vos*):
a) quando anteposto ao verbo:
A ele cumpria encher as guias.

b) quando composto:
Remeti livros *a ele* e ao tio.

c) quando reforçado por modificador:
O dinheiro foi entregue *a ele mesmo*.
Darei as joias *só a ela*.

d) quando pleonástico:
Devolvi-*lhe a ele* as máquinas.

e) quando complemento relativo:
Atirou-se *a ele*. Gosto *dela*.

f) quando objeto direto preposicionado:
"Nem ele entende *a nós* nem nós *a ele*" [LC *apud* JO.3, 345].

Em geral, o português omite o pronome sujeito quando constituído por *eu, tu, nós* e *vós*:
"Não me lembra o que lhe disse" [MA.1, 65].

O aparecimento do pronome sujeito de regra se dá quando há ênfase ou oposição de pessoas gramaticais:

"*Eu* é que furo o pano, vou adiante, puxando por você, que vem atrás, obedecendo ao que *eu* faço e mando (...)" [MA.2, 230].
"Há entre nós um abismo: *tu* o abriste; *eu* precipitei-me nele" [AH.1, 295].

Estando perfeitamente conhecido pela situação linguística, pode-se calar o pronome complemento do verbo; esta linguagem é correta, apesar da censura que lhe faziam os gramáticos de outrora. Muitas vezes deve-se o fenômeno ao que o estilista alemão Leo Spitzer chamou "linguagem-eco", constituída de repetição de uma parte da oração, destinada a reforçar a própria declaração, como no seguinte trecho de A. Herculano:
"Disse já que tinha de fazer uma explicação ao leitor. *Tenho*; e é indispensável" [AH.4, II, 261].

Em casos de ênfase costuma-se repetir:
a) o pronome átono pela sua respectiva forma tônica, precedida de preposição:
"Mas qual será a tua sorte quando na hora fatal os algozes, buscando a sua vítima, só *te* encontrarem *a ti*?" [AH.3, 277].

b) o complemento expresso por um nome pelo pronome átono conveniente ou vice-versa:
Ao *avarento* nada *lhe* peço.
"Ainda hoje estão em pé, mas ninguém *as* habita, *essas* choupanas execrandas (...)" [CBr.8, 43].

Usa-se o pronome *o* (*os*) em referência a nomes de gêneros diferentes, por neutralização (➚ 376):
"*A generosidade, o esforço* e *o amor*, ensinaste-*os* tu em toda a sua sublimidade" [AH.1, 35].

Ele como objeto direto
O pronome *ele*, no português moderno, só aparece como objeto direto quando precedido de *todo* ou *só* (adjetivo) ou se dotado de acentuação enfática, em prosa ou verso; neste último caso, podem aparecer outros pronomes retos:
"No latim eram quatro os pronomes demonstrativos. *Todos eles* conserva o português" [PL.1, 398].
"Subiu! – e viu com seus olhos/ *Ela* a rir-se que dançava (...)" [GD *apud* SS].
"Olha *ele*!" [EQ *apud* SS].
Na sala só havia *eu*, *tu* e *ele*.

Ordem dos pronomes pessoais
Na sequência dos pronomes pessoais sujeitos, o português normalmente apresenta ordem facultativa deles: *eu e tu, tu e eu; eu e ele, ele e eu; eu e o senhor, o senhor e eu*; etc.:
"– Porque nós vamos lá jantar na segunda-feira.

– Nós... Nós, quem?
– Nós. *Eu e tu, tu e eu*. A condessa convidou-me no comboio" [EQ.3, 382].

É evidente que nas circunstâncias em que há necessidade de superpor à expressão linguística traços de polidez, urbanidade ou, no polo oposto do convívio social, modéstia, pode o falante ou escritor inverter a ordem, dando a primazia da primeira referência ao seu interlocutor, quer manifestado por pronome, quer por substantivo. Esta é, por exemplo, a prática da cortesia entre franceses e espanhóis.

É o que se percebe, por exemplo, na seguinte preferência de Camilo, no início do romance *O Senhor do Paço de Ninães*:
"Estamos no Minho, *o leitor e eu*."

O passo da cortesia linguística não para na ordem dos pronomes; invade o domínio da concordância, como a realizou Rui Barbosa neste conhecido trecho de uma carta:
"(...) e S. Exc.ª respondera, declarando aceitaria, sob a condição de anuírem *o Barão do Rio Branco e eu*".

A concordância gramatical, pela presença de pronome de 1.ª pessoa, exigiria o verbo flexionado na 1.ª do plural: *anuirmos*. Todavia, em razão da urbanidade, a polidez se reflete não só na ordem dos pronomes, mas ainda na flexão verbal.

Jogos estilísticos de mudança de tratamento
A mudança de tratamento é um dos artifícios estilísticos do escritor para variar a contemplação pela qual encara o seu interlocutor. Variar de um tratamento cerimonioso para um familiar, ou vice-versa, para traduzir a mudança cerimoniosa ou afetiva, é manobra antiga de que se têm servido os escritores de todos os tempos. No poema "Última Folha", Casimiro de Abreu refere-se a Deus como o Criador e como nosso pai. No primeiro, trata-o por *vós*, no segundo por *tu*, como reflexo diferenciado do respeito do crente e do filho.

A mudança de tratamento no mesmo período, sem nenhuma intenção estilística, é erro que se deve evitar.

O pronome se *na construção reflexa*[37]
Eis aqui um bom exemplo pelo qual se patenteia que um significado gramatical unitário, significado de língua, se pode desdobrar em outras acepções, conforme as unidades linguísticas com que se acha combinado e o entorno situacional.

A reflexividade consiste, na essência, na "inversão (ou negação) da transitividade da ação verbal". Em outras palavras, significa que a ação denotada pelo verbo não passa a outra pessoa, mas reverte-se à pessoa do próprio sujeito (ele é, ao mesmo tempo, agente e paciente):

---

[37] Coseriu [ECs.4, 211-212].

1.a) *João se banha.*
A nossa experiência do mundo admite a hipótese de João banhar a si mesmo ou banhar uma outra pessoa: *João banha o filho pela manhã*.
Só que, na reflexividade "própria", ocorre a primeira hipótese:

    João se banha.   A ⟵⟶   Reflexivo "próprio"

Já na oração
1.b) *João e Maria se amam.*
o significado do verbo *amar* e a nossa experiência do mundo que, em geral, tratando de duas pessoas, supõem o amor de alguém A dirigido a outro alguém B, permitem-nos dar outra acepção, contextual, ao originário significado unitário de "reflexividade"; acreditamos que a oração quer expressar que "João ama Maria" e que "Maria ama João". Então, não mais se trata de "reflexividade pura", mas de "reflexividade recíproca":

    João e Maria se amam.   A ⟷ B   Reflexivo recíproco

A interpretação de reflexivo recíproco não mudará se se tratar de verbo transitivo que se constrói com objeto indireto ou complemento relativo:
João e Maria se escrevem. (um escreve ao outro)
João e Maria se gostam. (um gosta do outro)

As unidades léxicas comprometidas na construção determinam a interpretação. Se dizemos *João e Maria se miram*, a interpretação mais natural seria a de um reflexivo recíproco; mas se acrescentarmos *João e Maria se miram no espelho*, mais natural nos parecerá a interpretação de reflexivo "próprio". Portanto, são interpretações contextuais, e não valores de língua.
Mudando as unidades linguísticas que se combinam com o pronome *se*, poderemos ter:
2) *O banco só se abre às dez horas.*
No presente exemplo, *banco* é um sujeito constituído por substantivo que, por inanimado, não pode ser agente da ação verbal; por isso, a construção é interpretada como "passiva": é o que a gramática chama voz "média" ou "passiva com *se*":

    O banco só se abre às dez horas.   A ⟵⟶   "média" ou "passiva com *se*"

Repare-se que a interpretação da "passiva com *se*" depende só do léxico, isto é, do significado lexical do verbo. A prova disto é que esta interpretação prevalece ainda nas orações cujo sujeito não é inanimado, portanto, passível de executar a ação verbal. Só que há certos verbos que denotam ações que a nossa experiência sabe que não são praticadas pelo termo que lhe serve de sujeito, como ocorre nos verbos *chamar* (= ter nome):
Ele se chama João.

A última acepção a que poderemos chegar nas construções do pronome *se* é a da oração:
3) *Abre-se às dez.*
Temos aqui um *se* na construção em que não aparece substantivo, claro ou subentendido, que funcione como sujeito do conteúdo predicativo. Interpreta-se a construção como *impessoal* ou *indeterminada*, e o *se* como índice de indeterminação do sujeito.

Diante desta exposição, podemos dizer que o *se* nas construções estudadas e assemelhadas exerce as seguintes funções sintáticas em face das unidades léxicas que com o pronome concorrem:
1) Objeto direto:
   Ele *se* barbeou.
   Eles *se* cumprimentaram.

2) Objeto indireto:
   Ela *se* arroga essa liberdade.

3) Complemento relativo:
   Eles *se* gostam.

4) Índice de indeterminação do sujeito:
   Vive-*se* bem.
   Lê-*se* pouco entre nós.
   Precisa-*se* de empregados.
   É-*se* feliz.

OBSERVAÇÕES FINAIS: Pelos exemplos acima, o *se* como índice de indeterminação de sujeito – primitivamente exclusivo em combinação com verbos não acompanhados de objeto direto –, estendeu seu papel aos transitivos diretos (onde a interpretação passiva passa a ter uma interpretação impessoal: *Vendem-se casas* = 'alguém tem casa para vender') e de ligação (*É-se feliz*). A passagem deste emprego da passiva à indeterminação levou o falante a não mais fazer concordância, pois o que era sujeito passou a ser entendido como objeto direto, função que não leva a exigir o acordo do verbo:
   Vendem-se casas (= 'casas são vendidas') → *Vendem-se casas* (= 'alguém tem casa para vender') → *Vende-se casas.*

"*Vende-se casas* e *frita-se ovos* são frases de emprego ainda antiliterário, apesar da já multiplicidade de exemplos. A genuína linguagem literária requer *vendem-se*, *fritam-se*. Mas ambas as sintaxes são corretas, e a primeira não é absolutamente, como fica demonstrado, modificação da segunda. São apenas dois estádios diferentes de evolução. Fica também provado o falso testemunho que levantaram à sintaxe francesa, que em verdade nenhuma influência neste particular exerceu em nós (...)" [MAg.2, 131-133].

Pode ainda o pronome *se* juntar-se a verbos que indicam:
1) sentimento: *indignar-se, ufanar-se, atrever-se, admirar-se, lembrar-se, esquecer-se, orgulhar-se, arrepender-se, queixar-se.*
2) movimento ou atitudes da pessoa em relação ao seu próprio corpo: *ir-se, partir-se, sentar-se, sorrir-se.*

No primeiro caso, não se percebendo mais o sentido reflexivo da construção, considera-se o *se* como parte integrante do verbo, sem classificação especial.

No segundo, costumam os autores chamar ao *se pronome de realce* ou *expletivo.*

Concorrência de **si** *e* **ele** *na reflexividade*
A partir do português contemporâneo (século XVIII para cá), nasceu a possibilidade de o pronome tônico *si*, nas construções reflexas, ter a concorrência do pronome *ele*, também preposicionado, em orações do tipo:

"(...) perguntou Glenda, sentindo que a pergunta não era dirigida apenas a Pablo, mas também *a ela própria*" [RBa.2, 23].
"[a amante] viu *diante dela* o meu eugênico amigo" [MB *apud* RBa.2].[38]

A construção não encontra respaldo nas nossas melhores gramáticas, apesar do emprego largo na literatura moderna brasileira a partir, segundo Barbadinho, de José de Alencar. Nos exemplos acima, a norma gramatical pediria: *a si própria, diante de si*, como rezam as passagens onde o pronome se refere ao sujeito do verbo:

"O avarento é mau *para si*, o pródigo *para si* e para os outros" [MM].
"Simeão *por si mesmo* escolheu o deserto que lhe convinha (...)" [JR.2, 35].
"O espetáculo da beleza é bastante *por si mesmo*" [JR.2, 199].
"Depois mudava-se o teatro, e via-se *a si mesmo* (...)" [JR.2, 299].

Note-se a curiosa concorrência das duas sintaxes neste exemplo de Guimarães Rosa, citado por Barbadinho:
"E o Menino estava muito *dentro dele mesmo*, em algum cantinho *de si.*"

Esta novidade de sintaxe tem contra si o fato de às vezes fazer perigar a interpretação da oração, que só se resolve pela ajuda do contexto:
João levou o livro *para ele.*

Combinação de pronomes átonos
Ocorrem em português as seguintes combinações de pronomes átonos, notando-se que o que funciona como objeto direto vem em segundo lugar: As formas *o, a, os, as* procedem das antigas *lo, la, los, las*:
mo = me + o; *ma* = me + a; *mos* = me + os; *mas* = me + as;

---

[38] No excelente livro de Barbadinho, há boa messe de exemplos. O fato sintático está a exigir investigação, pois parece ter raízes mais longínquas na família românica. A bibliografia aí já é extensa: [FDz.1, III, 56]; [MLk.1, III, § 67]; [WZ.1, § 709]; [FH.1, § 512]; e o livro *La Concurrence entre soi et lui, eux, elles*: Etude de syntaxe historique française, de Gustaf Brandt, sobre a concorrência de *soi* e *lui, eux, elle(s)* em francês.

to = te + o; *ta* = te + a; *tos* = te + os; *tas* = te + as;
lho = lhe + o;[39] *lha* = lhe + a; *lhos* = lhe + os; *lhas* = lhe + as;
no-lo = nos + (l)o;[40] *no-la* = nos + (l)a; *no-los* = nos + (l)os; *no-las* = nos + (l)as;
vo-lo = vos + (l)o; *vo-la* = vos + (l)a; *vo-los* = vos + (l)os; *vo-las* = vos + (l)as;
lho = lhe(s) + o; *lha* = lhe(s) + a; *lhos* = lhe(s) + os; *lhas* = lhe(s) + as.

-se-me	-se-nos
-se-te	-se-vos
-se-lhe	-se-lhes

"Se dizeis isso pela que me destes, tirai-*ma*: que não *vo-la* pedi eu" [AH.4, I, 267].

"E como, a pouco e pouco, se foram exaurindo os cascalhos e afundando os veleiros, o banditismo franco impôs-*se-lhes* como derivativo à vida desmandada" [EC.1, 218].

"(...) cujas revelações foram-*se-me* tornando cada vez mais interessantes" [AAz].

OBSERVAÇÕES:

1.ª) A rigor, na combinação só entra a forma *lhe*, que, na língua antiga, servia tanto ao singular como ao plural.

2.ª) Nas demais combinações, o português moderno prefere substituir o pronome átono objetivo indireto pela forma tônica equivalente, precedida da preposição *a*. Enquanto dizemos hoje *a mim te mostras* ou *te mostras a mim*, a língua de outros tempos consentia em tais dizeres:

"Porque assi *te me* mostras odiosa?" [JCR.1 apud SS.1, § 271].

3.ª) A língua-padrão rejeita a combinação *se o* (e flexões), apesar de uns poucos exemplos na pena de literatos:

"Parece um rio quando *se o* vê escorrer mansamente por entre as terras próximas (...)" [LB.2, 49 apud SS.6, n.º 198, 268].

"A inutilidade desses ajuntamentos não *se a* precisa pôr em relevo" [HC].

"Cada coisa é uma palavra. E quando não *se a* tem, inventa-*se-a*." [CLi.1].

Foge-se ao erro de três maneiras diferentes:
a) cala-se o pronome objetivo direto: *Não se quer.*
b) substitui-se o pronome *o* (e flexões) pelo sujeito *ele* (e flexões): "*Não se quer ele.* Inveja-se a riqueza, mas não o trabalho com que *ela se granjeia*" [MM].

---

[39] A forma *lhe* servia tanto para o singular como para o plural até o século XVIII.
[40] Esse *l* estava nas antigas formas do pronome pessoal *lo, la, los, las*, que provocara assimilação do *s* do pronome anterior: nos + la → no(s) + la → no-la.

c) se já existe na oração o pronome pessoal de objeto direto (*o, a, os, as*), usa-se o pronome de objeto indireto na forma tônica precedida da preposição *a* ou *para*:
"É Vieira sem contradição mestre guapíssimo de nossa língua, e o mesmo Bernardes assim o conceituava; que porém *a si o* propusesse como exemplar, nem o indica, nem consta, nem se pode com indução plausível suspeitar" [AC *apud* MBa.5, 54].

Apesar disto, ocorre em bons escritores construção em que se junta o pronome *o* (e diretos) a verbo na voz reflexiva:
"Temo que *se me* argua de comparações extraordinárias, mas o abismo de Pascal é o que mais prontamente vem ao bico da pena" [MA.9, 29 *apud* SS.1].
"Não se dá baixa ao soldado quando já não pode com a milícia? Não *se lha* dá até em tempo de guerra?" [AC.10, II, 106 *apud* SS.1].

4.ª) A língua-padrão admite *pode-se compô-lo* ou *pode-se compor*, quando não há locução verbal:
"*Pode-se* de algum modo *ligá-lo* a Schopenhauer (...)" [JR.3, 19].

Júlio Moreira [JM.1, II, 30-31] diz que em Portugal é menos comum do que no Brasil a primeira construção.

5.ª) Em construções do tipo *fi-lo sentar-se* (e também com os verbos *deixar, mandar, ver, ouvir* e sinônimos), isto é, em que depois destes verbos com pronome objetivo se segue o infinitivo de verbo reflexivo, pode-se deixar claro este último pronome ou omiti-lo: *fi-lo sentar*.

Função do pronome átono em construções como **dar-se ao trabalho, dar-se ao luxo**
Em geral, o pronome átono da forma verbal reflexiva portuguesa funciona como objeto direto: *dou-me* (obj. direto) *ao trabalho de fazer* (obj. indireto):
"Dele constavam dos anais fantásticas proezas nos seus carros sempre novos e lustrosos, *se dando ao luxo e à extravagância de* às vezes vestir a sua brilhosa e engalanada farda da Guarda Nacional (...)" [AD.1].

Em francês e espanhol, esse pronome aparece como objeto indireto: *je me donne la peine de le faire*; *me doy el trabajo de hacerlo*.

Pronome pessoal átono e adjunto adverbial
Pode ocorrer a possibilidade de substituírem os pronomes pessoais átonos, na forma de objeto indireto, *me, te, se, nos, vos, lhe, lhes*, termos que na oração funcionam como adjuntos adverbiais [MBa.4, 273-276]:

Pôs-se *diante dele*	– Pôs-se-*lhe* diante
Ficava *detrás dele*	– Ficava-*lhe* detrás
Deu um abraço *no pai*	– Deu-*lhe* um abraço
Bateu *nele*	– Bateu-*lhe*

Ralhar *com ele* — Ralhar-*lhe*
Fugir *de mim* — Fugir-*me*
Tudo girou *em volta dele* — Tudo *lhe* girou em volta
"Ela tinha, porém, no semblante um ar de majestosa bondade que dificilmente esqueceria quem alguma vez se *lhe* houvesse aproximado" [CL.1, I, 278].

Nestas substituições, o pronome átono faz referência à pessoa e a ideia da circunstância fica por conta do advérbio (ou substantivo adverbializado), quando se trata de locução prepositiva:
Fugia de mim — fugiu-me (não há locução prepositiva)
Tudo girou em volta dele — *Tudo lhe girou em volta* (há locução prepositiva)

Pronome possessivo

Seu e *dele para evitar confusão*
Em algumas ocasiões, o possessivo *seu* pode dar lugar a dúvidas a respeito do possuidor. Remedeia-se o mal com a substituição de *seu, sua, seus, suas* pelas formas *dele, dela, deles, delas, de você, do senhor*, etc., conforme convier.
Em
José, Pedro levou o *seu* chapéu,

o vocábulo *seu* não esclarece quem realmente possui o chapéu, se Pedro ou José.
É verdade que a disposição dos termos nos leva a considerar José o dono do chapéu; mas a referência a Pedro também é possível. Assim sendo, serve-se o falante do substituto *dele*, se o possessivo pertence a Pedro:
José, Pedro levou o chapéu *dele*.
"Com efeito, Margarida gostava imenso da presença do rapaz, mas não parecia dar-lhe uma importância que lisonjeasse o coração *dele*" [MA.6, 24].

Se o autor usasse o possessivo *seu*, o coração poderia ser tanto de Margarida quanto do rapaz.
Pode-se, para maior força de expressão, juntar *dele* a *seu*:
José, Pedro levou o *seu* chapéu *dele*.
"Se Adelaide o amava como e quanto Calisto já podia não duvidar, *sua* honra *dele* era pôr peito à defesa do opressa (...)" [CBr.1, 109].

Menos usual, porém correta, é a união dos dois possessivos como no seguinte exemplo da citada obra de Camilo:
"É certo, Sr. Presidente, que a femina toca o requinte da depravação, e chega a efetuar horrores cuja narração é de si para gelar ardências do sangue, para infundir pavor em peitos equânimos; porém, o móbil dos crimes *seus delas* é outro" [CBr.1, 86].

Os pronomes pessoais átonos *me, te, se, nos, vos, lhe, lhes* podem ser usados com sentido possessivo, mormente em estilo literário, tomando-se o cuidado de evitar o abuso.[41]
Tomou-*me* o chapéu = Tomou o meu chapéu.

Ainda neste caso, é possível ocorrer a repetição enfática *lhe... dele*:
"D. Adelaide ficou embaraçada. Seria agravar as meninas de dezoito anos, e educadas como a filha do desembargador, e amantes como elas de um comprometido esposo, estar eu aqui a definir a entranhada zanga que *lhe* fez no espírito *dela* o despropósito de Calisto" [CBr.1, 104].

Foge-se ainda à confusão empregando-se *próprio*:
"Andrade contentou-se com o *seu próprio* sufrágio" [MA.6, 19].

Posição do pronome possessivo
De modo geral, o possessivo vem anteposto ao nome a que se refere:
O *meu* livro.   *Tuas* preocupações.   *Nossos* deveres.

A posposição ocorre no estilo solene, em prosa ou verso, e, em nome de pessoas ou de graus de parentesco, pode denotar carinho:
Deus *meu*, ajudai-me!

A ênfase permite também a posposição, principalmente se o substantivo vem desacompanhado do artigo definido:
Conselho *meu* ela não tem. Filho *meu* não faria tal.

Em certas situações, há notável diferença de sentido com a posposição do possessivo.[42]
Minhas saudades são saudades que sinto de alguém. *Saudades minhas* são saudades que alguém sente de mim.
"Parece que Miss Dólar ficou com boas *recordações suas*, disse D. Antônia" [MA.6, 2, 17].

---

[41] Deve-se evitar o emprego do pronome pessoal pelo possessivo quando na oração já estiver um objeto indireto ou complemento relativo. Assim, Carneiro Ribeiro não aceitou, com razão, a emenda proposta por Rui Barbosa à redação de um artigo do Código Civil. Este rezava: "*A fortuna do pai passa a seu filho*", emendada para: "A fortuna do pai passa-lhe ao filho." Para Carneiro Ribeiro a emenda torna "o pensamento menos preciso e a frase forçada e desenxabida" [CR.2, 586].

[42] Diz-se que o possessivo tem *sentido objetivo* quando designa o ser que é alvo de uma ação ou sentimento qualquer. Fora deste caso, tem *sentido subjetivo*. É muitas vezes difícil distinguirmos os dois casos.

Notamos o mesmo em *suas cartas* e *cartas suas*.
Recebi *suas cartas* (*i.e.*, cartas que me mandaram ou que pertencem à pessoa a quem me dirijo).
Recebi *cartas suas* (*i.e.*, enviadas a mim pela pessoa).

Invariavelmente, usamos de *notícias suas*, como no seguinte exemplo:
"Peço-lhe que me mande *notícias suas*" [EC].

Fora destas construções, a língua moderna evita tal emprego objetivo:
"Mova-te a piedade *sua* e *minha*" [LC.1, III, 127]. Entenda-se: *a piedade delas* (das criancinhas) *e de mim*.

Possessivo para indicar ideia de aproximação
Junto a números o possessivo pode denotar uma quantidade aproximada:
Nessa época, tinha *meus* quinze anos (aproximadamente).
Era já homem de *seus* quarenta anos.

OBSERVAÇÃO: Valorizamos também uma noção quantitativa por meio do adjetivo *bom*:
"O maior Vilela observava um rigoroso regímen que lhe ia entretendo a vida. Tinha uns *bons sessenta anos*" [MA.6, 53].

Valores afetivos do possessivo
O possessivo, como temos visto, não se limita a exprimir apenas a ideia de posse. Adquire variados matizes contextuais de sentido, muitas vezes de difícil delimitação.
Assim, o possessivo pode apenas indicar a coisa que nos interessa, por nos estarmos referindo, com ele, a causa que nos diz respeito, ou por que temos simpatia:
O *nosso* herói (falando-se de um personagem de histórias) não soube que fazer. Trabalho todo dia *minhas* oito horas [cf. JR.4, 206].

Além de exprimir a nossa simpatia, serve também o possessivo para traduzir nosso afeto, cortesia, deferência, submissão, ou ironia:
Meu prezado amigo.   *Minha* senhora, esta é a mercadoria que lhe serve.
Meus senhores e *minhas* senhoras!   *Meu* presidente, todos o esperam.
Meu coronel, os soldados estão prontos!   *Meu* tolo, não vês que estou brincando?

Notemos, porém, que em expressões do tipo:
"Qual cansadas, *seu* Antoninho!" [LB]
"Ande, *seu* diplomático, continue" [MA],

seu não é, como parece a alguns estudiosos, a forma possessiva de 3.ª pessoa do singular. Trata-se aqui de uma redução familiar do tratamento *senhor*.
Difere a forma *seu* (admite ainda as variantes *seo*, *sô*) do termo nobre, *senhor*, por traduzir nossa familiaridade ou depreciação.

Ocorrendo isoladamente, prevalece a forma plena *senhor*, conforme nos mostra o seguinte exemplo:
> "Depressa, depressa, que a filha do Lemos vai cantar; e depois é o *senhor*. Está ouvindo, *seu* Ricardo!" [LB.1, 115].

Um fingido respeito ou cortesia – bem entendidos, aliás, pelos presentes – pode determinar a presença da forma plena:
> "Diga, *senhora* mosca-morta?" [AH.4, II, 251].

Pela forma abreviada *seu* modelou-se o feminino *sua*:
> "E ri-se você, *sua* atrevida?! – exclamou o moleiro, voltando-se para Perpétua Rosa" [AH.4, 252].

Emprego do pessoal pelo possessivo
Embora de pouca frequência, pode aparecer o possessivo por uma forma de pronome pessoal precedido da preposição *de*. Neste caso está a expressão *ao pé de* + pronome pessoal.
> "Vós os que não credes em bruxas, nem em almas penadas, nem nas tropelias de Satanás, assentai-vos aqui ao lar bem juntos ao *pé de mim*, e contar-vos-ei a história de D. Diogo Lopes, senhor de Biscaia" [AH.4, II, 7].

> "Não sei se disse que isto se passava em casa de uma baronesa, que tinha a modista ao *pé de si*, para não andar atrás dela" [MA.2, 31].

Possessivo expresso por uma locução
Expressa-se o possessivo ainda por meio de uma perífrase em que entra o verbo *ter*, *haver* ou sinônimo:
> Oxalá os problemas *que temos* durem pouco (os nossos problemas).

O possessivo em referência a um possuidor de sentido indefinido
Se o possessivo faz referência a pessoa de sentido indefinido, expresso ou sugerido pelo significado da oração, emprega-se o pronome de 3.ª pessoa:
> "É verdade que *a gente*, às vezes, tem cá as *suas* birras – disse ele, com certo ar que queria ser fino e saía parvo" [AH.4, II, 158].

Se o falante se inclui no termo ou expressão indefinida, usar-se-á o possessivo de 1.ª pessoa do plural:
> *A gente* compreende como estas cousas acontecem em *nossas* vidas [cf. CBr.1].

Repetição do possessivo
Numa série de substantivos, pode-se usar o possessivo (como qualquer outro determinante do nome) apenas junto ao primeiro nome, se não for nosso propósito enfatizar cada elemento da série:

"A prova da *sua perspicácia* e *diligência* estava em ter já no caminho da forca os desgraçados cuja sentença vinha trazer à confirmação real" [AH.4, I, 187].

Note-se a ênfase e a oposição entre os possuidores (*eu* e *tu*):
"O *teu* amor era como o íris do céu: era a *minha* paz, a *minha* alegria, a *minha* esperança" [AH.4, I, 190].

Se o termo vem acompanhado de modificador, não se costuma omitir o possessivo da série:
"Foi a *tua* dignidade real, a *tua* justiça, o *teu* nome que eu quis salvar da *tua própria* brandura" [AH.4, I, 191].

Omite-se o possessivo na série sem ênfase, ainda que os substantivos sejam de gênero ou número (ou ambas as coisas) diferente. A repetição que nada acrescenta em ênfase à expressão é considerada, por muitos estudiosos, como imitação da sintaxe francesa.

"(...) entendera (Calisto Elói) que a prudência o mandava viver em Lisboa consoante os costumes de Lisboa, e na província, segundo o *seu gênio* e *hábitos* aldeãos" [CBr.1, 107].

Se se trata de substantivo sinônimo, dispensa-se a repetição do possessivo:
Teu filho, de quinze anos apenas, é *teu orgulho e ufania*.

Se os substantivos forem de significação oposta, o possessivo em regra não é dispensado:
Teu perdão e *teu ódio* não conhecem o equilíbrio necessário à vida.

Substituição do possessivo pelo artigo definido
Sem ser norma de rigor absoluto, pode-se substituir o possessivo pelo artigo definido, quando a ideia de posse se patenteia pelo contexto ou pelo sentido total da oração, ou ainda pela aplicação reflexiva, isto é, quando se faz referência à própria pessoa que fala ou de quem se fala. Este fato ocorre principalmente junto dos nomes de partes do corpo, das peças do vestuário, faculdades do espírito, graus de parentesco e certas frases feitas:
"D. Fernando afastou-a suavemente de si: ela alevantou *o rosto* celeste orvalhado de pranto... D. Leonor ergueu *as mãos* suplicantes, com um gesto de profunda angústia" [AH.4, I, 190].
"(...) aqui parou (Calisto Elói), e cruzando *os braços*, se esteve largo espaço quedo, e fito nas janelas" [CBr.1, 110].
"E o vento assobiava no vigamento da casa, e nas orelhas de Calisto, o qual, levado do instinto da conservação, levantou a gola *do capote* à altura *das bossas parietais* (...)" [CBr.1].

Ele perdeu *o juízo*. Tem *a vida* por um fio. Recuperou *a memória*.
A moça chegou com *o pai*. (E não: *com seu pai*.)

OBSERVAÇÕES:
1.ª) Aparece o possessivo no caso de ênfase, quando se deseja insistir na pertença do indivíduo:
"(...) se *as suas* faces eram gordas, *as suas* mãos continuavam magras com longos dedos fusiformes e ágeis" [LB.1, 96].
"E cada lavrador enxugava *os seus* olhos" [CBr.6, 118].
2.ª) Dispensa-se o artigo definido nas expressões *Nosso Senhor*, *Nossa Senhora*, assim como nas fórmulas de tratamento onde entra um possessivo, do tipo: *vossa excelência*, *vossa reverendíssima*, *sua majestade*, etc.

O possessivo e as expressões de tratamento do tipo Vossa Excelência
Empregando-se as expressões de tratamento do tipo de *vossa excelência*, *vossa reverendíssima*, *vossa majestade*, *vossa senhoria*, onde aparece a forma possessiva de 2.ª pessoa do plural, a referência ao possuidor se faz hoje em dia com os termos *seu*, *sua*, isto é, com possessivo de 3.ª pessoa do singular:
Vossa Excelência conseguiu realizar todos os *seus* propósitos (e não: todos os *vossos* propósitos).
"Nessa mensagem diziam esses homens, a maior parte deles conhecidos do mundo inteiro: '*Vossa Majestade* é poderoso no *seu* Império; uma vontade de *Vossa Majestade* pode produzir a liberdade de dois milhões de homens.'" [JN.1].

Vale notar que o verbo referido ao interlocutor fica na 3ª. pessoa do singular:
"Diz o ministro, nesse documento: 'Dando resposta à *sua* carta de 9 do corrente, devo adiantar a *Vossa Excelência* que as *suas* razões me pareceram, todas elas, muito ponderáveis, e que cada uma, isoladamente, serviria para, em tempos normais, justificar o *seu* afastamento das importantes funções que *exerce* no Ministério da Educação (...)" [JMt.1].

Tais tipos de títulos honoríficos começaram a aparecer no português entre os séculos XIV e XV e aí havia realmente uma possibilidade de alternância de *seu, sua, vosso, vossa*. A luta durou até aproximadamente o século XVII, quando as formas de 3.ª pessoa saíram vitoriosas. Assim sendo, modernamente só deve aparecer o possessivo conforme o exemplo dado. Raras exceções em escritores do século XVIII para cá são devidas a imitações literárias, justamente repudiadas como arcaicas, ou então porque o autor, em romance ou novela histórica, para não cair em anacronismo, faz seus personagens falarem a linguagem da época.

Entre os escritores a cuja autoridade se abrigam os defensores do arcaísmo aqui citado, se acha Alexandre Herculano. Ávido leitor e constante hóspede dos monumentos históricos, o autor da *História de Portugal*, tratando do período de D. João I (1385-1433), no *Monge de Cister* (pronuncie-se este último nome como oxítono), teve oportunidade de mostrar o quanto sabia da evolução de sua língua, conhecimento que o faz o melhor prosador ou um dos melhores que as letras portuguesas tiveram. Assim, pensamos que tal situação especialíssima do probo e perspicaz historiador não abre a porta para a prática da velha construção.

Pronome demonstrativo

A posição indicada pelo demonstrativo pode referir-se ao espaço, ao tempo (demonstrativos dêicticos espaciais e temporais)[43] ou ao discurso (demonstrativos anafórico e catafórico).

Demonstrativos referidos à noção de espaço
Este (e flexões) aplica-se aos seres que pertencem à ou estão perto da 1.ª pessoa, isto é, daquela que fala:
    Este livro é o livro que possuo ou tenho entre mãos.
    Esta casa é a casa onde me encontro.

Esse (e flexões) aplica-se aos seres que pertencem ou estão perto da 2.ª pessoa, isto é, daquela com quem se fala:
    Esse livro é o livro que nosso interlocutor traz.
    Essa casa é a casa onde se encontra a pessoa a quem me dirijo.

Na correspondência, *este* se refere ao lugar donde se escreve, e *esse* denota o lugar para onde a carta se destina. A referência à missiva que escrevemos se faz com *este, esta*:
    "Manaus, 13-1-1905
    Meu bom amigo Dr. José Veríssimo, – escrevo-lhe dissentindo abertamente de sua opinião sobre *este* singularíssimo clima da Amazônia (...)" [EC].
    Escrevo *estas* linhas para dar-te notícia *desta* nossa cidade e pedir-te as novas *dessa* região aonde foste descansar.

Quando se quer apenas indicar que o objeto se acha afastado da pessoa que fala, sem nenhuma referência à 2.ª pessoa, usa-se de *esse*:
    "Quero ver *esse* céu da minha terra
      Tão lindo e tão azul!" [CA].

Na linguagem animada, o interesse do falante pode favorecer uma aproximação figurada, imaginária, de pessoa ou coisa que realmente se acham afastadas dos que falam. Esta situação exige *este*:

---

[43] Sabemos que o termo *dêictico*, se viesse no caudal das palavras hereditárias, não representaria a boa forma portuguesa de adaptação do vocabulário grego, conforme mostrou o prof. Cândido Jucá (filho) [CJ.1, 35 e ss.]. Adotamo-lo por ser empréstimo científico disseminado, introduzido na língua técnica da gramática portuguesa por M. Said Ali.

"Dói-me a certeza de que estou morrendo desde o primeiro dia da tua união com *este* homem... a certeza de que o hás de amar sempre, ainda que ele te despreze como já te desprezou" [CBr.1, 152].

Tal circunstância deve ter contribuído para o emprego de *este* como indicador de personagens que o escritor traz à baila.
"*Este* Lopo, bacharel em direito, homem de trinta e tantos anos, e sagaz até a protérvia, vivia na companhia do irmão morgado (...)" [CBr.1, 149].

Por outro lado, cabe a *esse* a missão de afastar de nós pessoa ou coisa que na realidade se acham ou se poderiam achar próximas:
"Vês África, dos bens do mundo avara,
....
Olha *essa* terra toda, que se habita
Dessa gente sem lei, quase infinita" [LC.1, X, 92 *apud* SA].

Estas expressões não se separam por linhas rigorosas de demarcação; por isso exemplos há de bons escritores que contrariam os princípios aqui examinados e não faltam mesmo certas orientações momentâneas do escritor que fogem às perscrutações do gramático.

Demonstrativos referidos à noção de tempo
Na designação de tempo, o demonstrativo que denota um período mais ou menos extenso, no qual se inclui o momento em que se fala, é *este* (e flexões):
Neste dia (= no dia de hoje) celebramos a nossa independência.
Este mês (= no mês corrente) não houve novidades.

Aplicado a tempo já passado, o demonstrativo usual é *esse* (e flexões):
Nessa época atravessávamos uma fase difícil.

Se o tempo passado ou vindouro está relativamente próximo do momento em que se fala, pode-se fazer uso de *este*, em algumas expressões:
Esta noite (= a noite passada) tive um sonho belíssimo.

E com a mesma linguagem (*esta noite*) poderíamos indicar a noite futura: Há previsão de chuva para *esta noite*.
Outro exemplo:
"Meu caro Barbosa:
Deves ter admirado o meu silêncio *destes quinze dias*, silêncio para ti, e silêncio para o jornal" [CBr.7, 56].

A indicação temporal de *este* e *esse* dispensa outra expressão adverbial, se a circunstância de tempo não se apresenta ao falante como elemento principal do conjunto:
"Para o jogo bastava *esse* movimento de peão" [ML].

Esse movimento vale por: *o movimento que se fez naquele momento*.

Demonstrativos referidos a nossas próprias palavras
No discurso, quando o falante deseja fazer menção ao que ele acabou de narrar (anáfora) ou ao que vai narrar (catáfora), emprega *este* (e flexões):
"Entrou Calisto na sala um pouco mais tarde que o costume, porque fora vestir-se de calça mais cordata em cor e feitio. Não me acoimem de arquivista de insignificâncias. *Este* pormenor [*i.e.*: o pormenor a que fiz referência] das calças prende mui intimamente com o cataclismo que passa no coração de Barbuda" [CBr.1, 93].
"Se não existisse Ifigênia... acudiu Calisto. Já *este* nome [*i.e.*: o nome que proferi] me soava docemente quando, na minha mocidade pela angústia da filha de Argamenão, cujo sacrifício o oráculo de Áulida desmandava.
– Ah, também eu conheço *essas* angústias [*i.e.*: aquelas a que se refere] da tragédia de Racine" [CBr.1, 135].
"– (...) não há linguagem que não soe divinamente falada por minha prima.
– *Essas* lisonjas – volveu ela sorrindo – aprendeu-as nos seus livros velhos, primo Calisto?" [CBr.1, 136].

Por este último exemplo, podemos verificar que se a referência é feita às palavras da pessoa com quem se fala, o demonstrativo empregado é *esse* (e flexões). No trecho, *essas lisonjas* são as que faz Calisto à sua prima.

Há situações embaraçosas para o emprego do demonstrativo anafórico, isto é, aquele que se refere a palavras ditas dentro do próprio discurso, ou do demonstrativo catafórico, aquele que se refere a palavras que se vão dizer. Ocorre o caso, por exemplo, nas referências a enunciados anteriores que envolvem afastamento da 1.ª pessoa ou ao tempo em que se fala. Nestes casos, geralmente, prevalece a preferência para nossas próprias palavras, aparecendo, assim, o anafórico *este* (e flexões) em lugar do dêictico *esse* (e flexões):
"– Então que te disse ele?...
– Que tinhas lá outra... e que te viu passear com ela.
– Viu-me a passear com uma nossa parenta, viúva de um general. Quem disse ao javardo que *esta* (a que me refiro) *senhora* era minha amante?" [CBr.1, 157].

Em referência a duas pessoas ou coisas diferentes aludidas no período, emprega-se o demonstrativo *este* para o que se nomeia em último lugar, e *aquele* para o mais afastado: Paulo Freire e Oscar Niemeyer dedicaram-se a áreas diferentes, *aquele* à Pedagogia e *este* à Arquitetura. Da mesma forma, também é possível fazer uso de *este*, *esse* e *aquele*, em alusão a três pessoas ou coisas citadas anteriormente.
"MAIS VERSOS / Aposto que os leitores da *Semana* já se não lembram de um fragmento de poesia anonimamente publicado nesta folha há cousa de dez anos. (...) O amigo, que me trouxe *aquele*, veio agora ao escritório e pediu que eu lhe publicasse *este* fragmento mais da mesma composição. Gosta de fazer versos neste tempo de manipanços." [MA.10]

Podem-se ainda, em vez dos demonstrativos, empregar outros torneios de frase: *o primeiro... o segundo*; *o primeiro... o último*; *o primeiro... o segundo... e o último*, etc.:

"Pelo jeito, o anjo da guarda estava a ponto de sair de campo e ser substituído pelo sargentão. (...) dentro da tia Ângela, os dois personagens convivem com uma intimidade espantosa. Tratei de segurar o *primeiro*, não deixar que cedesse seu espaço ao *outro* [AMM.3].

Expresso um nome a que, na construção do discurso, se quer juntar uma explicação, comparação, ou se lhe quer apontar característica saliente, costuma-se repetir este nome (ou o que lhe serve de explicação, comparação, ou característica) acompanhado do demonstrativo *esse* (e flexões):
"O olhar da opinião, *esse* olhar agudo e judicial, perde a virtude, logo que pisamos o território da morte" [MA.1, 81 *apud* SS].
"Creio que por então é que começou a desabotoar em mim a hipocondria, *essa* flor amarela, solitária, de um cheiro inebriante e sutil" [MA.1, 83 *apud* SS.1, 307].

Por meio do pronome invariável *o* repetimos pleonasticamente a oração objetiva que se antecipa de sua posição normal, ou, em sentido inverso, antecipa a oração objetiva do texto:
Que todos iam sair cedo, eu *o* disse ontem.
Eu *o* disse ontem, que todos iam sair cedo.

Quando se faz referência a substantivos ou pronomes pessoais expressos anteriormente, pode-se usar tanto este *o*, demonstrativo e invariável, ou o pronome pessoal *o*, com as flexões necessárias. Assim, num texto como "Ela sabia [fala-se de uma alemã] toda a gramática portuguesa e seus mais recônditos mistérios, como talvez nenhum português *os* soubesse", também poderia ser redigido "*o* [= isto] soubesse".

Reforços de demonstrativos
A necessidade de avivar a situação dos objetos e pessoas tratados pelo falante o leva a reforçar os demonstrativos com os advérbios dêiticos *aqui, aí, ali, acolá*: *este aqui, esse aí, aquele ali* ou *acolá*.
Eu *cá* tenho minhas dúvidas.   Ele *lá* diz o que pensa.

Também desempenham o papel de reforço enfático *mesmo* e *próprio* (e flexões) presos a substantivos ou pronomes, com o valor de *em pessoa* (em sentido próprio ou figurado):
Eu *próprio* assisti à desagradável cena. Ela *mesma* foi verificar o fato.

Neste sentido de identidade, *mesmo* e *próprio* entram no rol dos demonstrativos. No seguinte trecho de M. de Assis aparece *muito*:
"Você ignora que quem os cose sou eu, e *muito* eu" [MA.2, 230].

Há construções fixas que nem sempre se regulam pelas normas precedentes; entre estas, estão:

a) *isto é* (e nunca *isso é*) com o valor de 'quer dizer' ou 'significa', para introduzir esclarecimentos;
b) *por isso, nem por isso, além disso* são mais frequentes que *por isto, nem por isto, além disto*, como a introduzir uma conclusão ou aduzir um argumento;
c) *isto de* (e não *isso de*) com o valor de 'no que toca', 'no que diz respeito a'.

Outros demonstrativos e seus empregos
Já vimos que *mesmo* e *próprio* denotando identidades e com o valor de "em pessoa" são classificados como demonstrativos:
"Tal faço eu, à medida que me vai lembrando e convindo à construção ou reconstrução de mim *mesmo*" [MA.4, 203].
"De resto, naquele *mesmo* tempo senti tal ou qual necessidade de contar a alguém o que se passava entre mim e Capitu" [MA.4, 225].
"Veja os algarismos: não há dois que façam o *mesmo* ofício" [MA.4, 267].

Pode ainda o demonstrativo *mesmo* assumir o valor de *próprio*, até:
"Estes e outros semelhantes preceitos não há dúvida que não são pesados e dificultosos; e por tais os estimou o *mesmo* Senhor, quando lhes chamou Cruz nossa" [AV. 1, XI, 150].
"Os *mesmos* animais de carga, se lhe deitam toda a uma parte, caem com ela" [AV *apud* ED.2, § 86, a].

Mesmo, semelhante e *tal* têm valor de demonstrativo anafórico, isto é, fazem referência a pensamentos expressos anteriormente:
Os tapumes são horrorosos em si *mesmos*.
"Depois, como Pádua falasse ao sacristão, baixinho, aproximou-se deles; eu fiz a *mesma* cousa" [MA.4, 87].
"Não paguei uns nem outros, mas saindo de almas cândidas e verdadeiras *tais* promessas são como a moeda fiduciária – ainda que o devedor as não pague, valem a soma que dizem" [MA.4, 202; FT.1, 56].
Falaste em dois bons estudantes, mas não encontrei *semelhantes* prendas na sala de aula.

Tal (sozinho ou repetido) e *outro* são demonstrativos de sentido indefinido. O primeiro aparece junto à designação de um dia, lugar ou circunstâncias reais, que não queremos ou não podemos precisar:
"Ele combinou com o assassino assaltarem a casa em *tal* dia, a *tal* hora, por *tais* e *tais* meios" [JO.1, 40].

Outro se emprega com o valor de *um segundo, mais um* (no sentido de *diferente*, assim como *mesmo* no sentido de *igual*, é adjetivo):
Ele me tratou mal e eu fiz *outro* tanto (*tanto*, veremos mais tarde, é pronome indefinido).

Tais acepções imprecisas levam alguns estudiosos a classificar *tal* e *outro* como indefinidos.

Como elemento reforçador dos que foram tratados anteriormente, aparece *mesmo* junto aos advérbios pronominais: *agora mesmo, aí mesmo, aqui mesmo, já mesmo,* etc.

OBSERVAÇÃO: *Um* pode ter, em certas expressões, o valor de *mesmo*:
"Oh cousa para espantar
Que ambos a ferida tem
Dum tamanho, em *um* lugar" [LC *apud* JM].
 (*i.e.*: do mesmo tamanho e no mesmo lugar)
Honra e proveito não cabem *num* saco.

No estilo familiar e animado, emprega-se o demonstrativo com o valor de artigo definido:
"*Esse* João é das arábias! *Aquela* Maria tem cada ideia!" [MA.1, 36].

Registre-se ainda o emprego substantivo de *aquilo* em construções como:
"(...) e apenas, como uma das extravagâncias que mais requerem anotação, citarei *aquilo* da p. 14" [CL.1, I, 245].

Posição dos demonstrativos
Em situações normais, em que não impere a ênfase, o demonstrativo vem anteposto ao nome. Em caso contrário, pode o demonstrativo vir posposto, principalmente se o nome se referir ao pensamento já expresso.
"Logo depois, senti-me transformado na *Summa Theologica* de S. Tomás, impressa num volume, e encadernada em marroquim, com fechos de prata e estampas; ideia *esta* que me deu ao corpo a mais completa imobilidade (...)" [MA *apud* SS.1, 306].
"Os seus olhos serenos, como o céu, que imitavam na cor, tomaram a terrível expressão que ele costumava dar-lhes no revolver dos combates, olhar *esse* que, só por si, fazia recuar os inimigos" [AH *apud* SS].

Nas orações exclamativas ocorre também a posposição: Que dia *este*!
Mesmo pode corresponder a dois vocábulos latinos: *idem* e *ipse*. No primeiro caso, denota identidade e reclama a presença do artigo ou de outro demonstrativo:
Disse as *mesmas* coisas. Referiu-se ao *mesmo* casal. Falou a este *mesmo* homem.

Idêntico a *ipse*, emprega-se junto a substantivo ou pronome e equivale a *próprio*, *em pessoa* (em sentido próprio ou figurado):[44]
Ela *mesma* se condenou.

---

[44] A respeito do *ipse* latino faz Blatt um comentário que se pode aplicar ao nosso *mesmo*: "Pour des raisons historiques, on a l'habitude de ranger ipse... parmi les pronoms démonstratifs, bien que, si l'on tient au sens, on puisse plus légitimement le qualifier d'intensif" [FBl.1, § 186].

Em ambos os sentidos, *mesmo* pode aparecer antes ou depois do substantivo. Nota-se apenas, na língua moderna, certa preferência para a anteposição, quando o demonstrativo assume o valor de *idem*, isto é, indica identidade.

É costume calar-se a preposição na oração subordinada que se refere a substantivo antecedente que tem *mesmo* como adjunto:
Encontrei-o na *mesma situação* (*em*) *que* estava no ano passado.
Saiu do trabalho no *mesmo dia* (*em*) *que* fora promovido.
"Querias, porventura, ensiná-la a desprezar-me pela *mesma razão* (*por*) *que* tu me desprezas" [CBr apud MBa.2, 310].

Pronome indefinido

Nem sempre se pode estabelecer claramente a diferença entre simples indefinidos tratados neste lugar dos quantitativos indefinidos; isto porque certos indefinidos aparecem aplicados à quantidade incerta.

Empregos e particularidades dos principais indefinidos
O indefinido pode estender a sua significação a todos os indivíduos de uma classe:
Todos os homens são bons. *Cada* livro deve estar no lugar próprio.
Qualquer falta merece ser punida.
Livro *algum* será retirado sem autorização. *Nenhum* erro foi cometido.

A significação do indefinido se pode estender apenas a um ou a alguns indivíduos de uma classe:
Certas folhas ficaram em branco.
Daí surgirão *outros* enganos.

Sobre os principais pronomes indefinidos acrescentaremos:

a) *Algum*
Anteposto ao substantivo tem valor positivo: Recebeu *algum* recado importante.
Posposto ao nome, assume significação negativa, podendo ser substituído pelo indefinido negativo *nenhum*: Resultado *algum* saiu do inquérito.
Ocorre com maior frequência este emprego em frases onde já existem expressões negativas (*não*, *nada*, *sem*, *nem*), em interrogações oratórias ou depois de substantivo precedido da preposição *sem*: "Era pessoa *sem* escrúpulo *algum*" [ED.2, § 106].

b) *Algo*
Está hoje praticamente desbancado pela locução sinônima *alguma coisa*:[45]
Terás *algo* para contar-me?
Há *algo* novo no ar.

---

[45] "*Algo* é obsolescente, usado praticamente só no estilo refletido, e mesmo aí não com muita frequência. O que é realmente de lamentar, visto o seu substituto *alguma coisa*, apesar do elevado grau de abstração aí alcançado pelo substantivo *coisa*, não ser facilmente separável da significação de 'algo' concreto e até material" [HCv.3, 656, n. 93].

É mais frequente seu emprego como advérbio, em construções do tipo:
A situação está *algo* perigosa.
Ali se passaram os momentos *algo* inesquecíveis.

O mesmo emprego adverbial conhece o seu equivalente *alguma coisa*:
A leitura deixou-lhe impressão *alguma coisa* agradável.

Algumas vezes o significado quantitativo de *algo* e *alguma coisa* favorece o aparecimento da preposição *de* com valor partitivo:
Não há *algo de* novo.
Ficou-lhe do encontro *alguma coisa de* arrependimento.
Alguma coisa de novo deve acontecer hoje.

A presença da preposição junto ao adjetivo o transpõe à classe do substantivo e, por atração, este pode concordar em gênero e número com o nome sujeito do verbo:
Apresento-lhe *estas desculpas* que têm *algo de* engraçadas.
De repente saíram *umas ideias* *alguma coisa de* ridículas.

Sem razão, alguns autores consideram galicismo a presença da preposição *de* nestas construções com pronomes indefinidos, todos de valor nitidamente quantitativo [MBa.5, 43].

c) *Cada*
Junta-se a substantivo singular, a numeral coletivo e expressões formadas por numeral seguido de substantivo no plural:
"Uma ilusão gemia em *cada* canto,
Chorava em *cada* canto uma saudade" [LG].
Cada século possui seus homens importantes.
Faz prova em *cada* trinta dias.

Usa-se combinado a *cada um* e *cada qual*.
É condenado o emprego de *cada* sem substantivo em lugar de *cada um* nas referências a nomes expressos anteriormente, considerado imitação da linguagem comercial francesa, o que pomos em dúvida.
Os livros custam trinta cruzeiros *cada* (por *cada um*).

Cada não sofre variação, mas a concordância do verbo com o sujeito se processa normalmente:
"Convém notar o tríduo das Lemúrias
Não corre a flux: *cada dois dias levam*
entre si um profano intercalado" [AC.1, III, 57 apud FC.1, 53].

OBSERVAÇÃO: Com exagero, já se condenou por malsoante a expressão *por cada*, que, segundo a crítica, lembraria *porcada* (vara de porcos). Rui Barbosa [RB.1, 126] defendeu brilhantemente o falso cacófato (mau som).

Lembra Sousa da Silveira o valor intensivo de *cada*, como no seguinte exemplo (está claro que proferido com entonação expressiva):

"Então é *cada* temporal, que até parece que os montes estremecem" [EQ.1, 288 *apud* SS.1, § 388].
Conta *cada* história!

d) *Certo*
É exclusivamente na língua moderna pronome indefinido quando antecede ao substantivo:

"A vida celibata podia ter *certas* vantagens próprias, mas seriam tênues, e compradas a troco da solidão" [MA.1, 306].

Havendo ênfase, poderá aparecer *um certo*, expressão que tem sido, com algum exagero, recriminada pelos gramáticos. Alexandre Herculano, notável escritor português, talvez influenciado pelas teorias gramaticais reinantes, aboliu, em redações posteriores, o artigo indefinido (junto ou não a palavras indefinidas), tirando, muita vez, o colorido enfático do trecho primitivo. De *um certo* usou ele nos seguintes passos:

"Forçoso é que um poeta creia no pensamento, que o agita, e no ideal, aonde tem de ir buscar *um certo* número d'existência (...)" [AH.2, 162].
"Passado todo este tempo os escravos de *um certo* Adócio, que herdara o domínio daquela montanha (...)" [AH.2, 215].
"O gesto brando com que, uma vez posta, começou a mover as asas, tinha *um certo* ar escarninho, que me aborreceu muito" [MA.1, 99].

Posposto ao substantivo, *certo* fixou o seu emprego de adjetivo, com o sentido de "acertado", "ajustado", "exato", "verdadeiro". Ambos os sentidos, indefinido e qualificativo, são aproveitados nos seguintes jogos de palavras:

Tenho *certos amigos* que não são *amigos certos*.

Note-se, com o *Dicionário Contemporâneo*, que *certo* atenua o que na significação do substantivo haja de demasiadamente absoluto, quando este indefinido vem anteposto a nome que exprime qualidade, propriedade ou modo de ser:

Goza de *certa* reputação de talento.
A ópera tem uma *certa* novidade.

Nesta significação atenuativa, *certo*, equivalente a *algum* (e flexões), se aproxima dos quantitativos indefinidos.

NOTA: No português de outras épocas, a função de adjetivo ocorria, ou podia ocorrer, ainda anteposto ao nome:

"Deveis de ter sabido claramente
Como é dos fados grandes *certo* intento"   (*i.e.*: intento certo)
[LC.1, I, 24].

"Esta ilha pequena que habitamos
É em toda esta terra *certa* escala   (*i.e.*: escala certa)
De todos os que as ondas navegamos"
[LC.1, I, 54].
"Atento estava o rei na segurança
Com que provava o Gama o que dizia;
Concebe dele *certa* confiança,   (*i.e.*: confiança segura)
Crédito firme em quanto proferia"
[LC.1, VIII, 76].

e) *Nenhum*
Reforça a negativa *não*, podendo ser substituído pelo indefinido *algum* posposto:
   Não tínhamos *nenhuma* dívida até aquele momento. (= dívida alguma)

Sem ênfase, *nenhum* vem geralmente anteposto ao substantivo; havendo desejo de avivar a negação, o indefinido aparece posposto:
   "Que é lá? redargui; não cedi *cousa nenhuma*, nem cedo" [MA.1, 134].

Referindo-se o nome no plural, *nenhum* se flexiona:
   "Mas se anda nisto mistério, como quer o condestável, espero que não serão *nenhuns feitiços* (...)" [RS.1, 195].

Em certas frases de forma afirmativa, *nenhum* pode adquirir valor afirmativo, como sinônimo de *qualquer*:
   Mais do que *nenhum* homem, ele trabalhava para a tranquilidade.

Enquanto *nenhum* é um termo que generaliza a negação, *nem um* se refere à unidade:
   Não tenho *nenhum* livro. (nenhum = pronome indefinido)
   Não tenho *nem um livro*, quanto mais dois. (um = numeral)

f) *Todo – Tudo*[46]
Concorda em gênero e número com o substantivo ou pronome a que serve de adjunto adnominal.

Quando no singular está anteposto a substantivo ou adjetivo substantivado, vale por "cada", "qualquer" ou "inteiro", "total", podendo vir ou não acompanhado de artigo. Isto significa que, no singular, *todo* pode referir-se tanto à totalidade distributivamente de um conjunto plural (*Todo o homem* é mortal = "todos e cada um dos homens") – e neste sentido equivale ao latim *omnis* –, como à totalidade, integralidade, de um indivíduo, de um singular (**Todo** *o homem* ou *O homem* **todo** *é pecado e miséria; Trabalhar* **todo** *o dia* ou *o dia* **todo**) – e já neste sentido vale pelo latim *totus* [HCv.3, III, 33 n.4].

---

[46] [SA.1, 105; SA.2, 266 – cf. pág. 333, a]

Ainda que *todo* possa significar "qualquer", eles podem concorrer juntos na expressão *todo (toda) e qualquer*:
"Introdução de *todo e qualquer* gênero de produto" [RB *apud* FC.1, 295].
A *toda* falta deve corresponder um castigo adequado (*toda* = "cada").
A *toda a* falta... (*toda* = "cada").
Todo ser merece consideração (*todo* = "qualquer").
Todo o ser merece... (*todo* = "qualquer").
O incêndio destruiu *toda* casa (*toda* = "inteira", "total").
O incêndio destruiu *toda a* casa (*toda* = "inteira", "total").

Enquanto em Portugal não se faz a distinção formal entre *"cada"/ "qualquer"* e *"inteiro"/ "total"*, usando-se quase sempre *todo* seguido de artigo (*Todo o homem é mortal*), no Brasil, para o primeiro sentido, modernamente, dispensa-se o artigo (*Todo homem é mortal*) e, para o segundo, o artigo é obrigatório (*Toda a casa pegou fogo*).

Está claro que a presença ou ausência do artigo está inicialmente presa ao fato de o substantivo núcleo do sintagma exigir ou não artigo, independentemente da variedade semântica apontada. Assim, como se diz, nos nomes dos países, com artigo, *o Brasil*, dir-se-á *todo o Brasil*; em contraposição, só se diz, sem artigo, *Portugal*, logo se dirá *todo Portugal*.

A distinção entre "cada"/ "qualquer" e "inteiro"/ "total" fica prejudicada em virtude da ocorrência da fonética sintática que facilita, na pronúncia (com reflexo natural na escrita), a fusão por crase da vogal final de *todo, toda* com o artigo singular *o / a*: *todo o = todo; toda a = toda*. Daí, muitas vezes a indecisão que sentem as pessoas na hora de usar *todo e todo o, toda e toda a*.

Assim, diz-se, entre brasileiros, sem distinção de sentido, *todo o mundo, toda a vida, todo o tempo, toda a hora, toda a parte*, etc., ao lado de *todo mundo, toda vida, todo tempo, toda hora, toda parte*, etc., vacilação que se nota no português europeu literário de épocas passadas, em Camões, por exemplo. Em *todo o mundo, toda a gente*, percebe-se, na própria significação dos substantivos, o valor coletivo da expressão.

Todo indica a totalidade numérica, isto é, qualquer indivíduo da classe, quando seguido de oração adjetiva substantivada pelo *o* ou do pronome *aquele* (*todo aquele que*):
"(...) *Todo o que* sofre,
Todo o que espera e crê, *todo o* que almeja
Perscrutar o futuro, se coloca
Ao lado do Senhor" [FV *apud* SS.1, § 366].

Desaparece, naturalmente, a vacilação quando, em vez do artigo definido, aparecer o indefinido *um*, pois aí *todo um* denota "inteiro", "total": *todo um dia* (a par de *um dia todo*), *toda uma cidade*, construção, aliás, sem razão, rejeitada por puristas intransigentes.

Todo no singular e posposto ao substantivo entra sempre na expressão da totalidade: *o homem todo, a casa toda, o país todo, a semana toda, o tempo todo, a fortuna toda, o mundo todo, uma cidade toda*.

Nas expressões de reforço enfático ou de valor superlativo do tipo de *todo o resto, toda a soma, todo o mais* (substantivado), *a toda a pressa, a toda a brida, a todo o galope*, o artigo é de presença obrigatória entre brasileiros.

No plural, *todos, todas*, antepostos ou pospostos, exigem sempre a presença do artigo, desde que o substantivo não esteja precedido de adjunto que o exclua:
Todos os alunos entregaram as provas antes do tempo.
Todas as revisões são passíveis de enganos.
Os alunos todos disseram sim.
Todos estes casos foram examinados.
Todas elas responderam às cartas.

Estando a totalidade numérica definida por um numeral referido a substantivo explícito ou subentendido, *todos* pode ser ou não acompanhado de artigo (*todo um, todos dois* ou *todos os dois, todos três* ou *todos os três*, etc.):
"Era belo de verem-se *todos cinco* em redor da criança, como se para outro fim se não reunissem!" [CBr.6, 131].
Todas as quatro razões foram discutidas.

OBSERVAÇÕES:
1.ª) É mais comum a presença do artigo quando o substantivo está expresso.
2.ª) Em *todas estas quatro razões*, a presença de um adjunto (*estas*) que exclui o artigo explica a sua ausência.

Graças à significação de certos verbos em determinados contextos, *todos* pode ser interpretado em sentido distributivo, com valor aproximado de "cada", como no exemplo:
"Dizia um Secretário de Estado meu amigo que, para se repartir com igualdade o melhoramento das ruas por toda a Lisboa, deviam ser obrigados os ministros a mudar de rua e bairro *todos os três meses*" [AGa.4, 33] (*i.e.*: a cada três meses, de três em três meses, como interpreta ED.2, § 61, a).

Todo pode ser empregado adverbialmente, com valor de "inteiramente", "em todas as suas partes":
"Desculpe-me, que eu estou *todo* absorvido pela minha mágoa!" [CBr.6, 93].
"Longe de mim a triste ideia de me intrometer nessa questão *todo* particular" [CL.1, I, 211].

Suas origens pronominais facultam-lhe a possibilidade de poder, por atração, concordar com a palavra a que se refere:
*O professor é **todo** ouvidos.*   *Ela é **toda** ouvidos.*
*Ele está **todo** preocupado.*   *Ela está **toda** preocupada.*
*Acabamos de ver as crianças **todas** chorosas.*[47]

---

[47] É por causa de construções semelhantes que Epifânio Dias [ED.2, § 104, b] diz que a posposição de *todo* pode dar ocasião a ambiguidades, como neste exemplo em que a intenção do escritor foi usar *todo* como advérbio, e não como pronome. Poder-se-ia, é claro, não fazer a flexão, evitando a ambiguidade.

Todo entra ainda na construção de locuções adverbiais: *em todo, de todo, de todo em todo*, etc.

Tudo – Refere-se às coisas consideradas em sua totalidade ou conjunto e, normalmente, se apresenta como termo absoluto, desacompanhado de determinado:
Nem *tudo* está perdido.
Põe a esperança em *tudo*.

O seu emprego absoluto apresenta duas exceções: quando se combina com os demonstrativos *isto, isso, aquilo* ou quando é seguido de oração adjetiva substantivada pelo artigo:
Tudo isso é impossível. *Isso tudo* é impossível.
Onde você comprou *tudo aquilo*?
Desconhecemos *tudo o que eles disseram*.

Em tais construções, o demonstrativo funciona como núcleo do sintagma nominal e o indefinido como seu adjunto, bem como da oração adjetiva substantivada.

Pronome relativo

Usa-se *o qual* (e flexões) em lugar de *que*, principalmente quando o relativo se acha afastado do seu antecedente e o uso deste último possa dar margem a mais de uma interpretação:
O guia da turma, *o qual* nos veio visitar hoje, prometeu-nos voltar depois (com o emprego de *que* o sentido ficaria ambíguo).

Pode-se ainda recorrer à repetição do termo:
"Arrastaram o saco para o *paiol* e o *paiol* ficou a deitar fora" [CN.1, 12].

Dá-se ainda o afastamento do relativo em relação ao seu antecedente em exemplos como o seguinte:
"No fundo de um triste vale dos Abruges, terra angustiada e sáfara, um pobre *eremita* vivia *que* deixara as abominações do século pela soledade do deserto" [JR.2, 2, 219].

Hoje é mais comum construir:
"(...) um pobre *eremita que* deixara as abominações do século vivia pela soledade do deserto."

Ou:
"(...) vivia um pobre *eremita que* deixara as abominações do século pela soledade do deserto."

Deve-se evitar com cuidado o grande distanciamento entre o antecedente e o correspondente relativo, principalmente se este estiver precedido de dois nomes que possam assumir esta referência. Mário Barreto [MBa.5, 303] cita o trecho de Camilo em que o escritor explicita entre parênteses o real antecedente:
"Eu de mim, se não estivesse amortalhada no sobretudo do meu marido, *que* vou escovar (o sobretudo), era dele, como a borboleta é da chama (...)."

Muitas vezes a pontuação salva a boa interpretação do texto; a vírgula posta entre um substantivo (ou pronome) e o relativo serve para indicar que este não se está referindo àquele, e sim ao mais afastado:
"mas ele tinha necessidade da sanção de alguns, *que* (isto é, a "sanção", e não "alguns") lhe confirmasse o aplauso dos outros" [MA.1, 138].

Em geral substitui-se *que* por *o* (*a*) *qual* depois de preposição de duas ou mais sílabas ou locução prepositiva. Empregamos *a que* ou *ao qual*, *de que* ou *do qual*, mas dizemos com mais frequência *para o qual, ambas as quais, apesar do qual, conforme o qual, perante o qual,* etc.[48] O movimento rítmico da frase e a necessidade expressiva exigem, nestes casos, um vocábulo tônico (como *o qual*) em lugar de um átono (como *que*). Por eufonia, costuma-se empregar também *o* (*a*) *qual* depois das preposições *com, sem, sob*.

Com frequência, a preposição que deveria acompanhar o relativo emigra para o antecedente deste relativo:
"A barra é perigosa, como dissemos: porém a enseada fechada é ancoradouro seguro, *pelo que* (o porquê, razão por que) tem sido sempre couto dos corsários de Berbéria" [AH.2, 69].
"(...) até o induzirem a mandá-lo sair da corte, *ao que* (o a que) D. Pedro atalhou com retirar-se antes que lhe ordenassem" [AH.2, 91].
"(...) não tardou a ser atravessado, pelo coração, com uma seta *do que* (o de que) imediatamente acabou" [AH.2, 97].

A construção regular, sem migração da preposição, é pouco usada e se nos apresenta como artificial:
"Assim me perdoem, também, *os a quem* tenho agravado, *os com quem* houver sido injusto, violento, intolerante (...)" [RB.2, 23].

No seguinte exemplo de Rui Barbosa a preposição aparece antecipada e depois no lugar devido:
"É *no em* que essa justificação se resume" [RB.1, 519].

Outras vezes omite-se a preposição que pertence a rigor ao relativo, em virtude de já ter o seu antecedente a mesma preposição:

---

[48] A tradição tem evitado o emprego de *sem quem*, substituindo-o por *sem o qual, sem a qual, sem os quais, sem as quais*, para evitar o eco (➚ 87).

Você só gosta *das coisas que* não deve (por: *das coisas de que não deve*).
Ele falou *do que* não podia falar (por: *de que não podia falar*).

Relativo universal
Na linguagem coloquial e na popular pode aparecer o pronome relativo despido de qualquer função sintática, como simples transpositor oracional. A função que deveria ser desempenhada pelo relativo vem mais adiante expressa por um substantivo ou pronome precedido de preposição. É o chamado *relativo universal* que, desfazendo uma complicada contextura gramatical, se torna um "elemento linguístico extremamente prático" [KN.1, V, 330]:

por
    Ali vai o homem *que* eu falei com *ele*.
    Ali vai o homem *com quem* eu falei.

Anacoluto no relativo (↗ 634)
Costuma-se empregar ainda *que* ou *quem* seguido de pronome pessoal oblíquo (*que* ou *quem... lhe*) onde o rigor gramatical estaria a pedir este relativo precedido de preposição. É prática antiga que ainda persiste no colóquio moderno:
"Agora sim, disse então aquela cotovia astuta, agora sim, irmão, levantemos o voo e mudemos a casa, que vem *quem lhe* dói a fazenda"
(= aquele a quem dói a fazenda) [MBe *apud* AC.8, I, 70].
Quem ama o feio bonito *lhe* parece (= a quem ama o feio parece bonito).
Quem cospe para o céu, na cara *lhe* cai.

Pode ocorrer ainda que, em vez do pronome *lhe*, apareça substantivo ou pronome com a preposição que deveria preceder o relativo.
Outras vezes o relativo não se refere propriamente ao seu antecedente, mas a um termo a ele relacionado:
"Bem vês as *lusitânicas* fadigas
Que eu já de muito longe favoreço" [LC.1, II, 171].

O pronome relativo se refere a *lusitanos*, ideia contida no adjetivo *lusitânicas*.

"Isto que parece absurdo ou desgracioso é perfeitamente racional e belo – belo à *nossa* maneira, *que* não andamos a ouvir na rua os rapsodos recitando os seus versos, nem os oradores os seus discursos, nem os filósofos as suas filosofias" [MA *apud* SS.5, I, 28].

Aqui o relativo se refere ao pronome pessoal *nós* que se depreende do pronome possessivo *nossa*.
Voltando ao emprego do relativo, não pertence à boa norma da língua repetir sob forma pronominal a função sintática já desempenhada pelo relativo. São escassos os exemplos como os seguintes:
O caminho *que o* percorri era muito estreito.

Não ocorrerá este pleonasmo vicioso se o segundo pronome estiver relacionado com outro verbo do período, como neste exemplo de Fernão Mendes Pinto:

Tivera um filho, *o qual* legitimara, e *o* fizera herdeiro do reino (Peregrinação, II, 902).

Neste caso, sem ênfase, se poderia também não expressar o pronome *o*: "e fizera herdeiro do reino".
É preciso distinguir cuidadosamente este caso de outro aparentemente igual, em que não se trata de *que* pronome relativo, mas *que* conjunção causal ou consecutiva (com elipse ou não do intensivo *tão, tal*):
"O português hodierno não é nem a língua de sábios nem de filósofos e pensadores *que* não *os* há..." [JR.6, 152].
"Tenho os pés *que os* não sinto, dizia ele ao seu vizinho" [AFg.1, 117].
(*i.e.*: tenho os pés *de tal maneira, que...*)

Já vimos que *cujo*, como pronome relativo, traduz a ideia de posse, com o valor de *dele* (*dela*), *do qual* (*da qual*):
O livro *cujas* páginas... (= as páginas *do qual*, as páginas *dele*, as *suas* páginas).

Conforme a função do núcleo do sintagma nominal, do qual este pronome serve de adjunto, *cujo* pode vir precedido de preposição:
O proprietário *cuja casa* aluguei (a casa *do qual* aluguei).
Os pais *a cujos filhos* damos aula... (aos filhos *dos quais*).
Os pais *de cujos filhos* somos professores... (dos filhos *dos quais*).
O clube *em cujas dependências* faço ginástica (nas dependências *do qual*).
A cidade *por cujas ruas*, na infância, arrastou seus sonhos (pelas ruas *da qual*).
A prova *com cujas questões* me atrapalhei (com as questões *da qual*).

Para o emprego correto de *cujo*, além do que já dissemos antes, convém atentar para as três seguintes construções:
a) em vez de *cujo*, empregar um relativo (*que, quem*) precedido da preposição *de* para referir-se à ideia de posse:
Não posso trabalhar com uma pessoa *de quem* discordo dos métodos.

A construção vale por:
Não posso trabalhar com uma pessoa *de cujos* métodos discordo (dos métodos *dela*, dos métodos *da qual*).

Carlos de Laet empregou a construção variante: "Não aludo ao venerando Pena, *de quem* até já louvei a figura" [CL 1, 1, 70] = cuja figura já louvei.
b) também não é para imitar o emprego de *cujo* (e flexões) significando *o qual* (e flexões). Os exemplos que dele se nos deparam na pena de um bom conhecedor do idioma, como Filinto Elísio, se devem explicar como uma iniciativa do idioleto do escritor, mas que não ganhou foros de cidade: O livro *cujo* eu comprei ontem é excelente.

A construção apropriada é:
O livro *que* (o qual) comprei ontem é excelente.

c) também é erro empregar artigo definido depois de *cujo*:
O pai *cujos os* filhos estudam aqui.

A construção apropriada é:
O pai *cujos filhos* estudam aqui.

Em:
Este é o autor *a cuja* obra te referiste,

não há acento indicativo da crase, por não vir *cujo* precedido de artigo; *a* é pura preposição. O verbo *referir* se acompanha da preposição *a*, daí a construção: *a cuja obra te referiste*.

Em lugar de *em que, de que, a que*, nas referências a lugar, empregam-se, respectivamente, *onde, donde, aonde* (que funcionam como adjunto adverbial ou complemento relativo):
O colégio *onde* estudas é excelente.
A cidade *donde* vens tem fama de ter bom clima.
A praia *aonde* te diriges parece perigosa.

Modernamente, os gramáticos têm tentado evitar o uso indiscriminado de *onde* e *aonde*, reservando o primeiro para a ideia de repouso e o segundo para a de movimento para algum lugar:
O lugar *onde* estudas...
O lugar *aonde* vais...

Esta lição da gramática tende a ser cada vez mais respeitada na língua escrita contemporânea, embora não sejam poucos os exemplos em contrário, entre escritores brasileiros e portugueses.

Evite-se o emprego de *onde* em lugar de *que/qual*, precedido ou não da conveniente preposição, como na frase: "Está sendo aberto um inquérito contra os policiais, *onde* (= *pelo qual*) eles podem perder o emprego." (notícia de jornal)

Evitem-se também empregos reduplicativos como *de donde, de aonde*, etc., em construções como: Indagou o informante sobre o lugar *de onde* (e não: *de donde*) viera.

5 - Numeral

É a palavra de função quantificadora que denota valor definido:
"A vida tem *uma* só entrada: a saída é por *cem* portas" [MM].

Os numerais propriamente ditos são os *cardinais*: *um, dois, três, quatro, cinco, seis, sete, oito, nove* e *zero* (ou *cifra*), e respondem às perguntas *quantos?, quantas?*.
Na escrita podem ser representados por algarismos arábicos (1, 2, 3, 4, etc.) ou romanos (I, II, III, IV, etc.).

OBSERVAÇÕES:
1.ª) Não são quantificadores numerais, ainda que tenham o mesmo significante, os substantivos que designam os algarismos e os números inteiros positivos. São substantivos e, como tais, admitem gênero e podem ir ao plural: *o um, os uns; o dois, os dois; o quatro, os quatros*; prova dos *noves*. O gênero masculino se explica pela referência à palavra *número*, que se subentende [AL.1, 120].
2.ª) Entre brasileiros, principalmente em referência a números de telefone, usa-se *meia dúzia* ou *meia* para o número *seis*. Não vale como numeral. Em *meia dúzia*, *meia* é adjetivo. Como redução de *meia dúzia*, temos o substantivo *meia*.

A tradição gramatical, levando em conta mais a significação de certas palavras denotadoras da quantidade e da ordem definidas, tem incluído entre os numerais próprios – os cardinais – ainda os seguintes: os *ordinais*, os *multiplicativos* e os *fracionários*. Tais palavras não exprimem uma quantidade direta do ponto de vista semântico, e, do ponto de vista sintático, se comportam, em geral, como adjetivos que funcionam como adjuntos e, portanto, passíveis de flexão e de deslocamentos dentro do sintagma nominal:
    Ele era o *segundo* irmão entre os homens.
    Ele era o irmão *segundo* entre os homens.

Podem combinar-se coordenativamente com outros adjetivos:
    Choveu muito nos *primeiros e gelados* dias deste inverno.

Podem até estar quantificados pelo numeral próprio:
    Os *três primeiros* meses foram de muito calor.
    Os *dois sêxtuplos* nasceram na mesma cidade, em anos diferentes.

De modo que seria mais coerente incluir os ordinais, multiplicativos e fracionários, conforme se apresentem no discurso, no grupo dos substantivos (*dobro, metade,* etc.) ou dos adjetivos (*duplo, primeiro,* etc.), como já fizemos com *último, penúltimo, anterior, posterior, derradeiro, simples, múltiplo,* etc., que denotam ordenação ou posição dos seres numa série, sem imediata ou mediata relação com a quantidade. Em nome da tradição e para comodidade de consulta do leitor, incluiremos nesta seção tais palavras, sem considerá-las como numerais.
Juntando ao cardinal a expressão *por cento* (um por cento, vinte por cento, etc., escritas também 1%, 20%), alguns autores incluem nos numerais a classe dos *porcentuais*, que correspondem semanticamente a frações de 100:
    O comércio registrou *dez por cento* de desemprego.

Também a tradição gramatical tem posto *ambos* como numeral *dual*, como subcategoria de número (singular / plural), por sempre aludir a dois seres concretos já mencionados no discurso. Mas não temos, como alguns dialetos gregos, entre outras línguas, unidades linguísticas para a ideia da dualidade nos nomes e nos verbos [BD.1, II, 2.ª parte, 195; JV.1, 152]. Conforme as informações do contexto, podemos indicá-la por *dois, ambos,* pelo plural (*as abotoaduras*) ou possessivo (*suas abotoaduras, seus pulsos*), pelo reflexivo (*se amam*), etc. Nem o latim conhecia o dual [ECs.1, 198; HCv.3, III, 34]. Portanto, fica para *ambos* uma das duas classificações mais coerentes: ou um *numeral* plural ao lado de *dois*, como procedeu a tradição, mas dele diferente por só se referir a seres já previamente indicados ou conhecidos, ou um *pronome*, justamente levando em conta essa referência de dêixis anafórica. *Ambos* admite posição anteposta ou posposta ao nome que modifica, nome que pode vir ou não precedido de preposição e pode ser substituído por *um e outro*. *Ambos* é seguido de artigo quando há substantivo expresso:

Ambos os filhos ou os filhos *ambos*
Ambos os livros ou os livros *ambos*
Ambas as razões – *Uma e outra* razão
"Triunfavam ambos os rivais; *ambos* lhe fugiam, e lhe davam de comum acordo o último golpe" [MA.17].

OBSERVAÇÕES:
1.ª) *Ambos* podia combinar-se com *dois* (*ambos os dois, ambos de dois*) em construções enfáticas em que estivesse anteposto ou posposto ao substantivo: João e Maria eram irmãos; os *dois ambos* são engenheiros. Hoje, só no estilo solene, ocorre a construção, especialmente na expressão de simultaneidade:
"E *ambos os dois*: É uma mocetona!" [MA.4, cap. CII].
"*Dambos de dois* a fronte coroada/ Ramos não conhecidos e erva tinha;" [LC.1]

2.ª) Em contexto de negação, o uso de *ambos*, embora incomum, não constitui erro:
"Por este modo será impossível que *ambos não sucumbamos*, e eu morrerei satisfeito por ter-te arrancado a vida, e te perdoarei a morte que me dás pela vida odiosa de que me livras" [BG.2].

Do ponto de vista material, existem em português os numerais simples (*um, dois, três, vinte, trinta, cem* [próclise de *cento*]), os compostos, que indicam adição, ligados pela conjunção *e* (*vinte e um, dezesseis, dezessete, cento e dois, mil e noventa,* etc.) e os justapostos que indicam multiplicação, quando a primeira unidade, multiplicadora, é menor que a segunda: *quatrocentos* (4 x *cem*), *setecentos, oitocentos* e *novecentos, dois mil, cinco mil,* etc.[49]

---

[49] As formas *duzentos, trezentos, quinhentos* e *seiscentos* representam diretamente numerais latinos.

Na designação dos números, usa-se a conjunção *e* entre as centenas, dezenas e unidades (*duzentos e vinte e seis*). Entre os milhares e as centenas, emprega-se o *e* se as centenas não forem seguidas de outro número (*dois mil e duzentos*); em caso contrário, não se usa *e* nem vírgula (*dois mil duzentos e vinte e seis*). Põe-se o *e* entre os milhares e as dezenas como também entre os milhares e as unidades (*dois mil e vinte e seis*; *dois mil e seis*) [SL.1, 164].

Leitura dos numerais cardinais
Nos números muito extensos, omite-se a conjunção entre as classes, isto é, entre os grupos de três algarismos: 324.312.090.215 – *trezentos e vinte e quatro bilhões trezentos e doze milhões noventa mil duzentos e quinze*.

Têm emprego como substantivos e, entre estes, guardam analogia com os coletivos – mas deles diferem pela indicação de quantidade definida: *dezena, década, dúzia, centena, cento, milhar, milheiro, milhão, bilhão, trilhão*, etc. [SA.2, 88].

Como ainda os coletivos, podem ter adjuntos introduzidos por preposição para indicar a espécie: uma *dúzia de laranjas*, duas *décadas de vida*, três *centos de bananas*, um *milhão de pessoas*.

Observações:
1.ª) Em lugar de *milhão* pode ocorrer *conto*, na aplicação a dinheiro, em *conto de réis* ou, simplesmente, *conto*. Hoje praticamente fora de uso.
2.ª) *Bilhão* no Brasil corresponde a *mil milhões / milhar de milhão* em Portugal.
3.ª) Podem ser grafados com *lh* ou *li*: *bilhão / bilião, trilhão / trilião, quatrilião, quintilião, sextilião, setilião, octilião*. As formas com *lh* são mais usuais no Brasil.
4.ª) A partir de *1.000* em diante usa-se ponto: *1.250, 12.128*. Só será exceção na indicação dos anos: *2015*.
5.ª) Nunca use *0* (zero) antes de número inteiro, salvo em casos especiais. Portanto: *Rio, 6/2/1928* e não *Rio, 06/02/1928*.

Os cardinais funcionam como adjuntos, à maneira dos adjetivos e pronomes adjetivos, e podem substantivar-se, se os seres forem consabidos, precedidos de artigo ou outro determinativo:
Os dois acabaram chegando cedo.
Estes três estão à sua espera.

Podem juntar-se a substantivo acompanhado ou não de adjetivos, antepostos ou pospostos ao numeral:
Os *dois* bons momentos da vida.
Os maravilhosos *três* dias passados na fazenda.

Concordância com numerais
No que toca à flexão de gênero, os numerais são invariáveis, exceção de *um* (*uma*), *dois* (*duas*) e *ambos* (*ambas*), os formados com *um* (*vinte e um / vinte e uma*) e

as centenas acima de *cem* (*duzentos / duzentas, trezentos / trezentas, novecentos / novecentas*).
Cumpre lembrar que se o sujeito da oração tiver por núcleo o substantivo *milhões*, acompanhado de adjunto preposicionado no plural, cujo núcleo é um feminino, o particípio ou o adjetivo pode concordar no masculino com seu núcleo, ou no feminino, com o substantivo preposicionado do adjunto:
Dois milhões de pessoas foram aposentados (ou aposentadas) neste ano.

Os adjuntos de *milhar*, masculino, devem também ficar no masculino:
Alguns milhares de pessoas se expõem perigosamente ao sol do meio-dia.
Os milhares de pessoas que estudam línguas estrangeiras não devem esquecer a materna.

Evite-se o erro, hoje comum: **algumas** milhares de pessoas, **as milhares** de pessoas, **as milhões** de mulheres, etc., em vez de **alguns** milhares, os milhares, os milhões, etc. Então temos este emprego correto na frase: Ela era mais **uma dos** milhares que estão vindo para o Brasil.
Depois dos numerais compostos com *um* deve-se deixar o substantivo no plural: *trinta e um **dias***, construção mais comum (➚581).
Na expressão alusiva a um número não conhecido ou que não se queira explicitar (*o número tanto*), pode-se também usar o plural: *o número tantos, a folhas tantas, a páginas tantas*.
Cabe ainda lembrar que o numeral cardinal pode às vezes ser empregado para indicar número impreciso ou indeterminado:
Peço-lhe *um* minuto de sua atenção (= *alguns poucos minutos*).
Contou-lhe o fato em *duas* palavras (= *poucas palavras*).
F. tem *mil e um* defeitos (por: *muitos defeitos*).
Ela anda com *mil* perguntas (por: *muitas perguntas*).

Como vimos no emprego de *todo* (➚219), às vezes expressões como *todos os dois dias, todas as três semanas*, etc. podem aparecer com o valor de "dois em dois dias" ou "a cada dois dias", "de três em três semanas" ou "a cada três semanas".
A relação entre os nomes numerais, como diz Mattoso Câmara [MC.4, 178], e a arte de contar leva a que, na língua escrita, se usem os algarismos em vez das palavras correspondentes, prática válida para os ordinais: 26 de fevereiro; reunião às 3 horas; rua X, 204; reinou 12 anos; capítulo 4; seção 32.ª; 14.º lugar, etc. "Assim, os numerais passam a ser indicados na língua escrita por ideogramas" [MC.4, 178].

Ordinais
São as palavras que denotam o número de ordem dos seres numa série:
primeiro, segundo, terceiro, quarto, quinto, décimo quinto, etc.

OBSERVAÇÕES:
1.ª) *Último, penúltimo, antepenúltimo, anterior, posterior, derradeiro, anteroposterior* e outros tais, ainda que exprimam posição do ser, não têm correspondência entre os numerais e por isso devem ser considerados adjetivos.⁵⁰
2.ª) Não se emprega hífen nos ordinais: décimo quinto.

Ordinais e cardinais
Os ordinais têm pouca frequência na língua comum, exceto os casos consagrados pela tradição e, em geral, até o número *dez*:
   4.º andar, 2.º pavimento, 3.ª seção, 5.º lugar, 100.º aniversário de fundação.

OBSERVAÇÃO: Os numerais ordinais, quando abreviados, seguindo-se ao algarismo, recebem o ponto indicativo da redução, mais a terminação *o* ou *a* alceada (conforme o gênero) e, apenas opcionalmente, sublinhada.

Todavia, no estilo administrativo e em outras variedades de estilo oficial, ocorrem com mais frequência os ordinais. Os casos mais comuns são os seguintes: até décimo, quando se usam também os algarismos romanos (estes vão além de décimo); a partir de décimo, os cardinais substituem os ordinais correspondentes. Assim temos:
   a) na seriação dos monarcas e papas de mesmo nome: *Pedro I* (primeiro), *Pedro II* (segundo), *D. João VI* (sexto), *Pio X* (décimo), *Leão XIII* (treze), *João XXIII* (vinte e três).

   b) na cronologia dos séculos: *século I* (primeiro), *século VI* (sexto), *século X* (décimo), *século XXI* (vinte e um).

   c) na indicação de capítulos, cantos, estrofes, tomos, atos: *capítulo III* (terceiro), *capítulo XXXII* (trinta e dois), *canto XII* (doze), *tomo II* (segundo), *ato V* (quinto).

Empregam-se, contudo, os ordinais quando o numeral antecede o substantivo: 13.º salário, 21.º século, décimo segundo capítulo, décimo primeiro tomo, etc.

OBSERVAÇÕES:
1.ª) Na prática moderna dos jornais brasileiros escrevem-se com algarismos arábicos os casos *b)* e *c)*: *século 1.º*; *século 21*; *capítulo 22.*

2.ª) Não se usa 'o' alceado indicativo de ordinal ao lado do algarismo romano. É prática não recomendada. Assim temos: I Encontro da Academia Brasileira de Letras com as Academias da América Latina (leia-se: *Primeiro* Encontro da Academia...);

---

⁵⁰ "O quadro dos numerais ordinais é muito complexo e apresenta compostos e locuções rebarbativas, para cuja utilização o saber e a habilidade do homem do povo depressa se esgotam; daí se usarem como ordinais os próprios cardinais (...). Tal emprego dos cardinais se justifica logicamente, de um ponto de vista novo, segundo o qual o número passa a ser como que uma qualidade intrínseca daquela hora, daquela página, etc., desprendidas em nosso espírito, das horas, das páginas anteriores, e assim por diante" [MC.4, 178].

III Conferência Nacional de Saúde Mental (leia-se: *Terceira* Conferência...); XIII Encontro Brasileiro da Advocacia Criminal (leia-se: *Décimo terceiro* Encontro...). Também estaria correta a forma com o ordinal e 'o' alceado: 1.º Encontro da Academia Brasileira de Letras com as Academias da América Latina (leia-se: *Primeiro* Encontro da Academia...), 3.ª Conferência Nacional, etc.

O cardinal substitui o ordinal na indicação de horas e em expressões designativas da idade de alguém; neste caso, se o número for *dois* ou mais, o substantivo que o acompanha irá ao plural:

É uma hora (por: *É a primeira hora*).
É uma hora e meia (por: *É a primeira hora e meia*).
São duas horas (por: *É a segunda hora*).
Castro Alves faleceu *aos 24 anos* (por: *no vigésimo quarto ano de vida*).

Também o cardinal substitui o ordinal na designação dos dias do mês; se mencionado o substantivo *dia* antes do algarismo, fica no singular:

No dia 2 de dezembro nasceu Pedro II (por: *no segundo dia de dezembro*).

Se vier posposto ao algarismo, linguagem usada em documentos oficiais, o substantivo *dia* será usado no plural:

Aos *treze dias* do mês de janeiro nasceu o primogênito.
Aos *26 dias* de agosto de 1944 foi fundada a Academia Brasileira de Filologia.

Para referir-se ao dia que inicia cada mês podemos usar tanto o cardinal quanto o ordinal:

No dia *um* de janeiro nasceu-lhe o segundo filho.
No dia *primeiro* de janeiro nasceu-lhe o segundo filho.

Na referência a páginas ou capítulos de livro, usam-se as preposições *em* ou *a*. Com *em* emprega-se a palavra *página, folha* ou *capítulo* no singular seguida do cardinal, se for superior a dez, podendo até aí usar-se o ordinal, anteposto ou posposto:

Na página 32 há um erro de revisão / *na folha 32* / *no capítulo 32*
Na página dois faltou uma vírgula / *na folha 2* / *no capítulo dois*
Na página segunda ou *na segunda página* / *na folha segunda* / *no capítulo segundo*

Com a preposição *a*, usa-se o substantivo no plural se o numeral é diferente de *um*:
A páginas 12,   *A folhas 12,*   mas   *À página um.*

Note-se que se pode dizer *à página dois, a páginas duas, a páginas vinte e uma, a páginas tantas, na página dois, na página vinte e um, na página vigésima primeira*. Em resumo: com *página*, no singular, o cardinal fica invariável; com *páginas*, no plural, o cardinal se flexiona em gênero. O ordinal se flexiona sempre: *página primeira, páginas vigésima primeira*.

OBSERVAÇÕES:
1.ª) Em geral, o numeral vem depois do substantivo quando designa século, data, página, folha, capítulo, artigo de lei e outros documentos oficiais, endereço, reis e papas:
>século XXI, dia 10, página 12, folha 15, capítulo 3.º, artigo 5.º, parágrafo 4.º, casa 6, Pedro II, Pio X, etc.

2.ª) Atenção especial merecem entendimento e leitura de certas expressões numéricas abreviadas de uso moderno na linguagem jornalística e técnica: *1,4 milhão* (com 1 o numeral coletivo fica no singular), *3,2 bilhões, 8,5 bilhões,* etc. devem ser entendidos e lidos "um milhão e quatrocentos mil", "três bilhões e duzentos milhões", "oito bilhões e quinhentos milhões" ou "oito bilhões e meio".

Note-se que, embora em *1,4 milhão* o substantivo esteja no singular, o verbo pode ir ao plural: Apenas 1,4 milhão de estudantes *conseguiram* vagas no ensino superior.

Multiplicativos
São as palavras que exprimem a multiplicidade dos seres. Os mais usados são:
>*duplo* ou *dobro, triplo* ou *tríplice, quádruplo, quíntuplo, sêxtuplo, sé(p)tuplo, óctuplo, nônuplo, décuplo, cêntuplo.*

Em vez dos numerais multiplicativos canônicos (aos quais podemos chamar *sintéticos*), são mais frequentes os multiplicativos *analíticos*, constituídos de numeral cardinal correspondente seguido quase sempre do advérbio *mais*, caso em que, à semelhança dos multiplicativos sintéticos, o advérbio é seguido da expressão introduzida pela preposição *de*: *A impressão dos convites nos saiu três vezes* (= o triplo) *mais cara do que no ano passado.*
Quando falta o advérbio, não se usa a preposição: *O apartamento é duas vezes* (= o dobro) *o que pagaram pela casa do filho.*

Fracionários
São as palavras que indicam frações dos seres:
>*meio, terço, quarto, quinto, sexto, sétimo, oitavo, nono, décimo, vigésimo, centésimo, milésimo, milionésimo,* empregados como equivalentes de *metade, terça parte, quarta parte,* etc.

OBSERVAÇÕES:
1.ª) O fracionário *meio*, funcionando como adjunto, concorda com seu núcleo, explícito ou não: meio-dia e *meia* [hora]; duas e *meia* [hora].
2.ª) Em lugar de *um milhão (dois milhões,* etc.) *e meio* pode-se, mais raramente, empregar *um e meio milhão, dois e meio milhões*:
>"Para aquilatar a importância dos tropeiros, basta lembrar que o Brasil tem cerca de *oito e meio milhões* de quilômetros quadrados de superfície (...)" [AAr *apud* SS.3, 106].

Para muitos fracionários empregamos o cardinal seguido da palavra *avos*, extraído de *oitavo*, como se fora sufixo. Por hipertaxe passa a funcionar como uma palavra: onze avos, treze avos, quinze avos, etc.

Lista dos principais ordinais com o cardinal correspondente:

primeiro	–	um
segundo	–	dois
terceiro	–	três
quarto	–	quatro
quinto	–	cinco
sexto	–	seis
sétimo	–	sete
oitavo	–	oito
nono	–	nove
décimo	–	dez
undécimo ou décimo primeiro	–	onze
duodécimo ou décimo segundo	–	doze (e não douze!)
décimo terceiro	–	treze
décimo quarto	–	quatorze, catorze
vigésimo	–	vinte
vigésimo primeiro	–	vinte e um
trigésimo	–	trinta
quadragésimo	–	quarenta
quinquagésimo	–	cinquenta
sexagésimo	–	sessenta
septuagésimo ou setuagésimo	–	setenta
octogésimo	–	oitenta
nonagésimo	–	noventa
centésimo	–	cem
ducentésimo	–	duzentos
trecentésimo ou tricentésimo	–	trezentos
quadringentésimo	–	quatrocentos
quingentésimo	–	quinhentos
seiscentésimo, sexcentésimo	–	seiscentos
septingentésimo, setingentésimo	–	setecentos
octingentésimo	–	oitocentos
nongentésimo, noningentésimo	–	novecentos
milésimo	–	mil
dez milésimos	–	dez mil
cem milésimos	–	cem mil
milionésimo	–	um milhão
bilionésimo	–	um bilhão

OBSERVAÇÃO: A tradição da língua estabelece que, se o ordinal é de 2.000 em diante, o primeiro numeral usado é cardinal: 2.345.ª – *duas milésimas trecentésima quadragésima quinta*. A língua moderna, entretanto, parece preferir o primeiro numeral como ordinal, se o número é redondo: 10.000.º – *décimo milésimo aniversário*.

Escrita dos numerais
Não há princípios rígidos para, na escrita, se usarem os numerais por extenso ou em algarismos. A prática na imprensa e em livros pode-nos oferecer as seguintes recomendações extraídas do *Manual de Redação e Estilo* de *O Estado de S. Paulo*:

a) Instruções gerais
1 – De *um* a *dez*, escreva os números por extenso; a partir de *11*, inclusive, em algarismos: *dois amigos, seis operadores, 11 jogadores, 18 pessoas*. Exceção: *cem* e *mil*.
2 – Proceda da mesma forma com os ordinais: *primeira hora, terceiro aniversário, 15.ª vez, 23.º ano consecutivo*.
3 – Na mesma frase ou nas enumerações, quando houver números acima e abaixo de *11*, use somente algarismos: *Incêndio em Paris mata 7 e fere 17/ Havia na praça 3 adultos e 12 crianças/ DSV apreende 12 carros em 3 dias de vistoria/ Em 3 meses, concordatas batem recorde de 12 anos/ A decisão sairá em 10 ou 15 dias*.
4 – Não inicie frases com algarismos, mas escreva o número por extenso: *Dezoito pessoas feriram-se no acidente*. Sempre que possível, nestes casos, mude a redação para não ter de escrever o número por extenso, especialmente se ele for grande: *O acidente causou ferimentos em 123 pessoas* (em vez de: *Cento e vinte e três pessoas feriram-se no acidente*). Exceção: títulos, que podem começar com algarismos.
5 – Escreva os algarismos de 1.000 em diante com ponto: *1.237, 14.562, 124.985, 1.507.432, 12.345.678.543*, etc. Exceção: Na indicação de anos, não há ponto: *1957, 1989, ano 2000*.
6 – Com mil, milhão, bilhão e trilhão, prefira a forma mista se os números forem redondos: *60 mil, 2 milhões, 5 bilhões, 7 trilhões*. Use apenas *mil*, e nunca *1 mil*: *mil homens* (em vez de *1 mil homens*).
7 – Especifique sempre as ordens de grandeza dos números, mesmo que para tanto seja preciso repetir palavras: *Estavam ali de 40 mil a 50 mil pessoas/ A cidade tem entre 3 milhões e 4 milhões de habitantes*.
8 – Com números quebrados, use algarismos: *O senador obteve 3.127.809 votos/ A cidade tem 3.456 bancas de jornais*.
9 – Evite, mesmo nos títulos, legendas, etc., usar o *1* em algarismo, que dá margem a confusão: *Após um* (e não *1*) *dia no escuro, a luz voltou*.
10 – Prefira usar por extenso os números fracionários: *um terço, dois quintos, sete quartos*, etc.

b) Por extenso:
1 – Use o número por extenso nos nomes de cidades, em palavras compostas, nas expressões populares ou quando o número estiver substantivado: *Três Lagoas, Duas*

Barras, Santa Rita dos Passa Quatro, três-estrelinhas, quatro-olhos, segundo-tenente, dezoito-pequeno, dos oito aos oitenta, dos seiscentos diabos, cortar um doze, pintar um sete, fazer um quatro, o dois de ouros, desenhar um cinco, etc. Também por extenso: *Primeiro Mundo, Terceiro Mundo, segunda intenção, primeiro plano,* etc.
2 – Na transcrição de documentos: *"Aos dezoito dias do mês de março do ano de mil novecentos e oitenta e nove..."*
3 – Para definir períodos históricos: *o Setecentos* (século 18), *o Oitocentos* (século 19).

c) Em algarismos:
Como critério genérico, deverão ser empregados algarismos sempre que um número expressar valor, grandeza, ou medida (e não apenas mera soma, como *dois amigos, três pessoas, cinco emendas*). De maneira mais específica, use algarismos em:
1 – Tabelas, relatórios econômicos, princípios matemáticos, quadros estatísticos, tabelas de horários, etc.
2 – Horas, minutos e segundos: *Ele partirá às 4 horas/ A reunião irá das 7 às 9 horas/ O foguete foi lançado às 8h5min15s*. Exceção: quando horas designa período de tempo. Exemplos: *A reunião demorou oito horas/ A comitiva esperou três horas pelo deputado/ Faltam dois minutos.*
3 – Dias, meses (em algarismos), décadas, séculos: *O presidente chega dia 3/ A Câmara votará a emenda dia 9/ 3/1988/ Tinha saudades da década de 10/ O século 1.º, o século 4.º, o século 10.º, o século 11.* Exceção: quando se quer exprimir um período de tempo. Exemplos: *O cantor se apresentará durante cinco dias em São Paulo/ Choveu durante quatro dias seguidos/ Sua pesquisa abrange quatro décadas/ Passaram-se três séculos.*
4 – Datas em geral, incluindo-se as que se tornaram nome de locais públicos: *São Paulo, 3/3/1988 / Rio de Janeiro, 2 de abril de 1990/ Avenida 9 de Julho* (e não *Nove de Julho*) */ Rua 7 de Abril / Rua 15 de Novembro/ Largo 2 de Julho*. Exceção: quando se quer dar ênfase a uma data histórica. Exemplos: *O Sete de Setembro/ O Nove de Julho/ O Quinze de Novembro.*
5 – Idades: *Ele tem 3 anos/ Uma criança de 2 anos, 8 meses e 5 dias.* Exceção: quando anos designa período de tempo. Exemplos: *Ele esperou quatro anos/ Ela parece ter envelhecido dez anos.*
6 – Dinheiro: *8 reais, 5 centavos, 2 dólares, 3 libras, 8 marcos, R$ 3 milhões, US$ 5 milhões.*
7 – Porcentagem: *Os preços subiram 5%/ A taxa de desemprego caiu 2% em maio.*
8 – Pesos, dimensões, grandezas, medidas e proporções em geral: *5 quilos, 3 litros, 8 metros, 6 hectares, 2 arrobas, 9 acres, 6 alqueires, 2 polegadas, 2 partes,* etc. Exemplos: *A criança nasceu com 5 quilos/ A cidade consumia 6 toneladas de batatas por dia/ O garrafão comportava 3 litros de água/ O jogador mede 2 metros de altura/ Era um terreno de 6 hectares (9 acres, 6 alqueires)/ Comprou um garrote de 8 arrobas/ Pediu um tubo de 3 polegadas.* Exceção: distâncias e diferenças. Exemplos: *O carro deslizou oito metros/ Perdeu três quilos no regime/ A miss tinha duas polegadas a mais/ Faltavam dois alqueires na medição do terreno/ Coloque duas partes de café para cinco partes de água.*

9 – Graus de temperatura: *O termômetro marcava 3 graus/ A temperatura chegou a 9 graus negativos/ Temperatura cai para 1º* (só em títulos). (Diferenças de temperatura, porém, vão por extenso: *A temperatura caiu três graus.*)
10 – Números decimais: *A densidade de Mato Grosso é de 1,88 habitante por quilômetro quadrado/ A temperatura subiu 4,5 graus.*
11 – Endereços: *Rua Direita, 7, 3.º andar/ Alameda dos Caetés, 8/ Casa 3.*
12 – Indicação de zonas, distritos ou regiões: *Zona 6, 4.º Distrito Policial, 9.ª Região Militar.*
13 – Todo número que indique ordem ou sequência (especialmente em nomes de navios, aviões, naves espaciais, veículos, atos de peças teatrais, capítulos, canais, modelos, estradas, tamanhos, páginas, folhas, quartos, etc.): *Número 2, lápis n.º 1, nota 5, V8, F-1, DC-10, Apolo 7, Soyuz 9, ato 3, cena 2, 2.º ato, capítulo 7, parte 2, canal 5, modelo 4, BR-3, tamanho 7, página 7, quarto 5, enfermaria 2,* etc.
14 – Resultados esportivos: *O São Paulo venceu o Corinthians por 3 a 1/ O Brasil ganhou da Itália por 3 sets a 2/ Cássio Motta venceu por 7/6 e 6/4.* (Mas: *O São Paulo marcou dois gols de falta.*)
15 – Resultados de votação: *A emenda foi aprovada por 5 votos a 4.* (Mas: *A emenda precisava de quatro votos favoráveis.*)
16 – Contexto financeiro: *A ação caiu 3 pontos.*
17 – Latitude e longitude: *O Estado do Amazonas está situado a 2 graus de latitude norte e a 9 graus de latitude sul.*
18 – Seriação de festas, simpósios, congressos, feiras, conferências, corridas, competições, etc.: *2.ª Festa da Uva, 3.º Simpósio de Transportes, 5.º Congresso de Cancerologia, 8.ª Feira Nacional do Móvel, 4.ª Conferência do Atlântico Sul, 5.º Rali de Alfenas, 3.º Enduro da Independência, 4.ª Mil Milhas, Fórmula 1, Fórmula 3.*[51]
19 – Matemática: *Multiplique por 8/ Divida por 4/ Some 5/ Subtraia 9/ Eleve à 3.ª potência.*
20 – Conflitos e governos: *1.ª Guerra Mundial, 5.ª República, 3.º Reich.*

6 - Verbo

Entende-se por verbo a unidade de significado categorial que se caracteriza por ser um molde pelo qual o falar organiza seu significado lexical.

A - *A distinção de verbos nocionais e relacionais*
A tradicional distinção de duas subclasses em verbos *nocionais* e verbos *relacionais*, que está na base da distinção de *predicado verbal* e *predicado nominal*, tem sido posta em questionamento por notáveis linguistas modernos. Esta distinção é válida sob certo aspecto semântico, mas não no que se refere à sintaxe; o núcleo da oração é sempre o verbo, ainda que se trate de um verbo de significado léxico muito amplo e vago (costuma-se dizer "vazio", o que justifica a denominação tradicional de "cópula" – marca gramatical de identidade – e a

---

[51] Cf. pág. 231, Obs. 2.

classificação "relacional" de Said Ali). O verbo *ser* e o reduzido grupo de verbos que integram a constituição do chamado predicado nominal em nada diferem dos outros verbos: todos possuem "os morfemas de pessoa e número que com o sujeito gramatical dão fundamento à oração" [AL.1, 1994, 302]. Diz com muita justeza Benveniste que uma oração de verbo *ser* "é uma oração verbal, paralela a todas as orações verbais" [EBv.1, 169].

B - *Categorias verbais segundo Roman Jakobson*
Para esta organização, além de ser pensado como significado verbal, o verbo se combina, entre outros, com instrumentos gramaticais (morfemas) de tempo, de modo, de pessoa, de número.

Assim, *trabalhar* e o *trabalho* são palavras que têm o mesmo significado lexical, mas diferentes moldes, diferentes significados categoriais, embora se deva ter presente que este não é o simples produto da combinação do significado lexical com o significado instrumental. Por isso, como ensina Coseriu, um lexema não é verbo *porque* se combina, por exemplo, com um morfema de tempo e pessoa, mas, ao contrário, combina-se com esses morfemas *para* ser verbo, e porque está pensado com significação verbal [ECs.7, 70].

Um estudo coerente do verbo requer o estabelecimento do sistema de *categorias verbais*, isto é, tipos ou funções da forma léxicas mediante as quais se estabelecem as oposições funcionais numa língua.

Quando se usam em português as formas:

canto	–	*cantas*	–	*canta*
vejo	–	*vês*	–	*vê*
parto	–	*partes*	–	*parte*

estabelecem-se oposições da mesma espécie que afetam o conceito de "pessoa".

Quando se usam as formas:

canto – *cantamos*

estamos diante de uma mesma pessoa ("primeira pessoa") e a oposição afeta outro conceito, o de "número".

E quando se usam as formas:

canto – *cante*

temos a mesma pessoa e o mesmo número, mas não a mesma categoria de "modo".

As oposições podem ser *simples*, como as dos exemplos até aqui, isto é, quando, em cada caso, ocorre apenas uma única categoria, um só critério de diferença de conteúdo, ou *complexas*, como:

canto – *canteis*

em que a diferenciação de conteúdo se dá em três categorias: "pessoa" (1.ª e 2.ª), "número" (singular e plural) e "modo" (indicativo e subjuntivo).

No verbo português, há categorias que sempre estão ligadas: não se separa a "pessoa" do "número" nem o "tempo" do "modo"; isto ocorre em grande parte, senão totalmente, com o "tempo" e o "aspecto", como veremos depois.

O linguista Roman Jakobson elaborou um sistema geral das categorias verbais que é considerado o mais coerente e claro até agora apresentado. Será aqui tomado em consideração, ainda que nem sempre se mostre adequado para a análise do sistema verbal românico, em especial para o português que, para Coseriu, é o mais rico e complexo em comparação com as línguas da mesma família.

Tomando em consideração os atos de fala relacionados com as funções verbais, distingue Jakobson:

a) o ato de fala em si mesmo (F)
b) o conteúdo do ato de fala, isto é, o comunicado (C)
c) o acontecimento, isto é, tanto o ato de fala quanto o comunicado (A)
d) os participantes neste acontecimento (P)

Desta relação se extraem quatro conceitos fundamentais:
a) um acontecimento comunicado (AC)
b) o próprio acontecimento do falar (AF)
c) os participantes no acontecimento comunicado (PC)
d) os participantes no acontecimento da fala (PF)

As categorias verbais podem afetar um só dos elementos b) e c) ou referir-se a mais de um elemento; no primeiro caso dizem-se *caracterizadores* ("*designadores*" na nomenclatura de Jakobson), e no segundo *determinantes de relação* ("*conectores*", para Jakobson).

Assim, a categoria de número é caracterizadora, porque afeta exclusivamente o número de participantes no acontecimento comunicado; já o passivo é determinante de uma relação, porque enquadra uma relação entre o acontecimento comunicado e os participantes: *sou escutado* encerra a relação entre minha pessoa e o acontecimento de *escutar*.

Por outro lado, as categorias caracterizadoras podem sê-lo por *qualificação* ou por *quantificação* dos elementos; a de gênero é *qualificadora*, e a de número, *quantificadora*.

Vistas por outro prisma, as categorias podem estar *determinadas linguisticamente* ou ser *determinadas pelo discurso*. Assim, o plural, que é uma categoria determinada pela língua, pode ser definido sem nenhuma relação com um ato momentâneo da fala, enquanto não podemos definir do mesmo modo o "eu", porque "eu" é sempre a pessoa que fala, uma categoria "definida pelo discurso".

Com base nestas informações, podemos aproveitar o seguinte quadro sinótico das categorias gerais do sistema verbal, apresentado por Coseriu:

		Que afetam os participantes		Que não afetamos participantes	
		caracterizadora	determinante de relação	caracterizadora	determinante de relação
determinadas linguisticamente	qualificadora quantificadora	GÊNERO NÚMERO	VOZ	ESTADO ASPECTO	TAXIS
determinadas pelo discurso		PESSOA	MODO	TEMPO	EVIDÊNCIA

Explicação das categorias verbais

Gênero (PC) – Refere-se aos participantes no acontecimento comunicado e daí adquire capacidade qualificadora. Em geral, não necessita marca especial. No português, aparece apenas na voz passiva (*o livro foi escrito / a novela foi escrita*). Já no latim, é um morfema típico do particípio; também se manifestava em construções com objeto direto no português até entre os séculos XVII e XVIII, quando desapareceu definitivamente ("[Inês de Castro] *tem pisada a areia ardente*, Camões). Vigora ainda hoje no francês e no italiano (*je l'ai écrite* [*la lettre*], *l'ho scritta*).

Número (PC) – Refere-se aos participantes no acontecimento comunicado e daí adquire capacidade quantificadora. No português e demais línguas românicas, está sempre ligada à pessoa no verbo flexionado ou finito e, em parte, também na forma verbal infinita (port. *o dizê-lo eu*, esp. *el decirlo yo* – "o fato de que eu o diga"). Aparece sem pessoa apenas em uma forma infinita, novamente o particípio (*visto – vistos*).

Pessoa (PC/PF) – Determina a relação dos participantes no acontecimento comunicado com os participantes no ato de fala. Primeira pessoa: coincidência do participante no acontecimento comunicado (PC) com o falante (só em parte também, quando se trata do plural); segunda pessoa: coincidência PC com o ouvinte; terceira pessoa: PC não coincide com nenhuma das duas pessoas.

Estado (AC) – Afeta a qualidade lógica do sucesso comunicado (*afirmativo, negativo, interrogativo, negativo-interrogativo*). No português e demais línguas românicas, o estado é mais uma qualidade da oração; mas, às vezes, exige também uma forma verbal especial no âmbito da sintaxe (inversão), ou também no âmbito da morfologia (imperativo – imperativo negado: *canta / não cantes*; gerúndio – gerúndio negado; particípio – particípio negado).

Aspecto (AC) – Segundo Jakobson, assinala a ação levada até o fim, isto é, como conclusa (perfeita) ou inconclusa (imperfeita). Certas espécies de ação, como *durativa, incoativa* (*ingressiva*), *terminativa, iterativa*, etc., são apenas subdivisões desta categoria.

Tempo ou **nível temporal** (AC/AF) – Assinala a relação temporal do acontecimento comunicado com o momento do ato de fala; o presente encerra este momento, o passado é anterior, e o futuro ocorrerá depois deste momento:

```
        Presente
       ┌───┬───┐
   Passado   Futuro
```

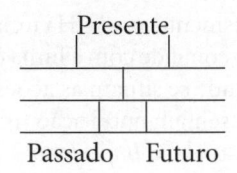

Voz ou **diátese** (PC/AC) – Determina a relação entre o acontecimento comunicado e seus participantes. O primeiro participante lógico, o sujeito, pode ser agente do acontecimento (*voz ativa*) ou objeto do acontecer (*voz passiva*), ou agente e objeto ao mesmo tempo (*voz média*, incluído o *reflexivo*):

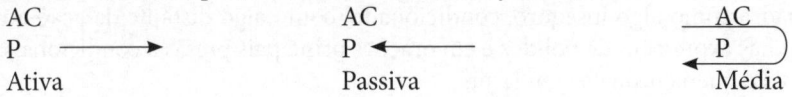

```
AC              AC                AC
P  ──────▶      P  ◀──────        P  ⤸
Ativa           Passiva           Média
```

Modo (PC/AC/PF) – Assinala a posição do falante com respeito à relação entre a ação verbal e seu agente ou fim, isto é, o que o falante pensa dessa relação. O falante pode considerar a ação como algo feito, como verossímil – como um fato incerto –, como condicionada, como desejada pelo agente, como um ato que se exige do agente, etc., e assim se originam os modos: indicativo, subjuntivo, condicional, optativo, imperativo.

Taxis (AC/AC) – Assinala a posição de um acontecimento em relação com outro sem consideração do ato de fala. Nas línguas românicas é encontrada em certas construções impessoais com o gerúndio, com o infinitivo ou com o particípio (*comer cantando, comer depois de ter cantado*, etc.). Não se trata aqui de níveis temporais, mas de simples série de ações, já que o infinitivo não encerra relação com o ato de fala.

Evidência (AC/ACF/AF) – Assinala que o falante se refere a outro ato de fala – a uma informação indireta – por meio do qual ele experimenta o acontecimento como não vivido por ele mesmo (*Pedro deve ter falado com João*). No português e demais línguas românicas, é muito empregado nestes casos o *modus conditionalis* (*teria partido* = eu não o asseguro, ouvi de outra pessoa) e às vezes o futuro (*serão duas horas*).

C – Tempo e aspecto segundo Eugenio Coseriu

Como assinalamos atrás, as categorias de "tempo" e "aspecto" costumam andar geralmente ligadas no português e nas demais línguas românicas, quer se trate de formas simples, quer de formas perifrásticas, também chamadas locuções verbais. A pura definição temporal e o *tempo* aludem à posição da ação verbal no percurso; a determinação aspectual alude à maneira de considerar a ação verbal no tempo. Coseriu apresenta uma clara e coerente proposta para a interpretação do verbo românico em relação com as categorias de tempo e aspecto com fundamento no sistema das subcategorias verbais.

Para tanto, distingue as seguintes subcategorias:

1) *Nível de tempo* ou simplesmente *nível* – Há uma estrutura temporal dupla no verbo românico: um plano que coincide com a linha do tempo mediante o presente (nível *atual*) e outra paralela onde se situam as ações que não dizem respeito com essa linha do tempo e que representam outra ação (nível *inatual*). O centro do nível atual é o *presente* e do nível inatual é o *imperfeito*:

Presente   nível atual
Imperfeito   nível inatual

Vale lembrar que nem sempre, como geralmente se supõe, o inatual com relação ao presente é interpretado como pertencente ao passado, ou que o imperfeito se enquadra como algo inseguro, condicionado, como algo distante da ação atual, como nas expressões de polidez e em orações principais presas a condicionais:

Eu queria pedir-lhe um favor.
Se soubesse, te dava a resposta.

2) *Perspectiva primária* – Enquadra a posição do falante em relação com a ação verbal. O falante pode ter a ação verbal como "paralela" a si mesmo, antes deste ponto ou depois dele. Por isso, a perspectiva primária pode ser *paralela*, *retrospectiva* ou *prospectiva*, segundo os *espaços de tempo*:

	Passado	Presente	Futuro
	retrospectiva	paralela	prospectiva
atual	*fiz*	*faço*	*farei*
inatual	*fizera*	*fazia*	*faria*

Esta estrutura está confirmada pelas possíveis neutralizações: *faço* pode substituir as formas *fiz* e *farei*; *fazia*, as formas *fizera* e *faria*.

De uma só vez a perspectiva primária define dois aspectos que emergem suplementarmente como função anexa da perspectiva:

a) na paralela tem-se uma ação em curso: *cursiva*.
b) na não paralela (retrospectiva ou prospectiva), uma ação como um todo, fora de curso: *complexiva*.

Daí se conclui que o presente e o imperfeito são cursivos e que as outras formas são complexivas.

Como o curso admite certa duração, os verbos pontuais (isto é, aqueles que se caracterizam pela ausência da duração no desenvolvimento do processo) como *encontrar*, *chegar*, etc.), aparecem no presente como formas de neutralização do passado ou do futuro ou, então, significam uma ação repetida (*eu encontro, ele chega amanhã*).

3) *Perspectiva secundária* – Consiste no fato de que cada espaço temporal delimitado pela perspectiva primária pode ser disposto outra vez segundo o mesmo princípio:

Presente:
	tenho feito	FAÇO	vou fazer
	tinha feito	FAZIA	ia fazer

Passado:
	tive feito	FIZ	fui fazer
	tivera feito	FIZERA	fora fazer

Futuro:
	terei feito	FAREI	irei fazer
	teria feito	FARIA	iria fazer

4) *Duração* – Esta categoria afeta o lapso em que se dá a ação verbal. A ação pode ser *durativa*, *momentânea* ou *intermitente* (mistura de ambas, isto é, uma ação formada por atos breves):

———————	•	- - - - - - - - - - - -
durativa	momentânea (ou pontual)	intermitente (ou iterativa)
olhar	*chegar*	*saltitar* (*dar saltos*)

Em português e nas demais línguas românicas, não tem esta categoria uma forma de expressão própria; está determinada lexicalmente ou aparece como categoria anexa à perspectiva.

5) *Repetição* – Impõe-se distinguir a categoria da repetição da de duração: a ação pode ser única (semelfáctiva ⸱) ou ação repetida (frequentativa ⸱⸱⸱⸱ ...): singular ou repetição indeterminada. É em português uma categoria sem forma de expressão própria. Só a repetição única (⸱⸱) dispõe de perífrases, como *volto a dizer*, ou procedimentos de formação de palavras, como *redizer*.

6) *Conclusão* – Uma ação pode ser considerada *conclusa*, *inconclusa* ou *sem traço de conclusão*. O português não tem neste terreno, como também suas irmãs românicas, nenhum aspecto como categoria. Todavia, noutro sentido, a conclusão pode ser *subjetiva* ou *objetiva*, na dependência de ter o sujeito levado a ação a um final objetivo ou não. Coseriu chama *terminativa* a conclusão subjetiva e *completiva* a objetiva.

terminativa: ——————————————|
       escrevi muito (subjetiva; agora não escrevo)
completiva: ——————————————O
       escrevi o livro (objetiva; o que devia fazer, levei-o a cabo)

No português, só a conclusão subjetiva é expressa por formas verbais; a objetiva fica assinalada pelo contexto e às vezes pode ser expressa junto à voz verbal.

7) *Resultado* – Uma ação pode ser assinalada como "com resultado" (*resultativa*) ou como "sem resultado" (*não resultativa*). O resultado pode ser *subjetivo* (se afeta

o sujeito [agente] e representa uma *reação efetiva*) ou *objetivo* (se afeta o objeto e representa um produto, *produtiva*).

No português, o resultado efetivo se expressa mediante *estar* + particípio: *está escrito*; o resultado produtivo, por *ter* + particípio em concordância com o objeto, porque se aplica na perspectiva secundária [*perfeito composto*]: *tenho escritos dois livros*.

8) *Visão* – É a categoria segundo a qual o falante pode considerar a ação verbal em seu todo ou parcialmente, em fragmentos, entre dois pontos de seu curso.

Na visão parcializante, podem-se diferençar diversas possibilidades:

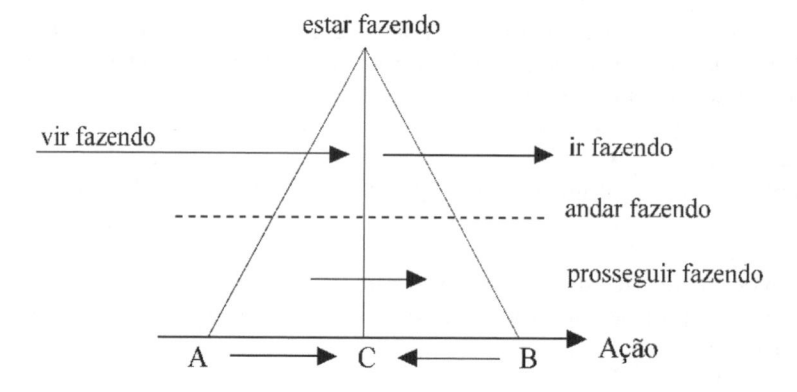

```
                    estar fazendo
                         /\
                        /  \
        vir fazendo    /    \      ir fazendo
        ──────────►   /      \   ──────────►
                     /        \
                    /          \    andar fazendo
                 ──/────────────\──
                  /              \
                 /       ──►      \  prosseguir fazendo
                /                  \
               /_____           \
              A  ───►  C  ◄───  B    ► Ação
```

Explicitando esta *visão angular*

Pelo esquema, vê-se a ação entre dois pontos (A, B); ambos podem coincidir em um (C), isto é, podem ser pontos de começo e término de ação, o que não se expressa na forma do verbo e deve ser dito complementarmente: *estive lendo o dia todo*. Explicita-se em português com *estar* + gerúndio (*estou fazendo*) ou *estar a* + infinitivo (*estou a fazer*).

Visão comitativa – Trata-se do acompanhamento da ação verbal em diversos momentos de seu curso entre A e B, e se expressa em português por *andar* + gerúndio (*ando fazendo*) ou *andar a* + infinitivo (*ando a fazer*).

A expressão pode ser ainda assinalada com o auxílio do adjetivo e particípio, como em *andar enfermo, andar desesperado*.

Visão prospectiva – Aqui se vê a ação entre o ponto C e um ponto distante, indefinido; em português há uma forma própria de expressão: *ir* + gerúndio (*vou fazendo*).

Visão retrospectiva – Aqui se vê a ação a partir do ponto indefinido anteriormente mencionado em direção ao ponto C, que coincide com o momento de observação da ação. Também aqui a ação é progressiva, e se expressa em português mediante *vir* + gerúndio (*venho fazendo*).

Visão continuativa – Trata-se de uma combinação de visão retrospectiva e prospectiva, que se expressa em português pelas perífrases: *seguir* + gerúndio (*sigo fazendo*) ou *continuar* + gerúndio (*continuo fazendo*).

Visão global – Aqui se acentua o conjunto da ação e a assinala expressamente como parcializante. A rigor, tal função poderia ser dispensada, já que pode ser desempenhada por membros neutros da oposição. Daí funcionarem as formas simples como membros neutrais:

> *estou lendo*   *leio*
> parcializante   neutral
>   (não global parcializante)

Todavia, há expressões para acentuar o global, embora menos frequentes que as parcializantes. Estão representadas por perífrases aditivas com *tomar, pegar, agarrar: pego e escrevo, agarro e escrevo, tomo e escrevo*.

Para acentuar a globalidade, acompanha-se de todas as significações "enfáticas" do modo de falar, como "de fato", "com efeito", "rápido", "inesperado", "surpreendente", "decidido", "terminantemente", pois pode ocorrer a determinação expressa como "não cursiva" ou ainda como "não parcializante", como "redundante".

De forma esquemática, temos:

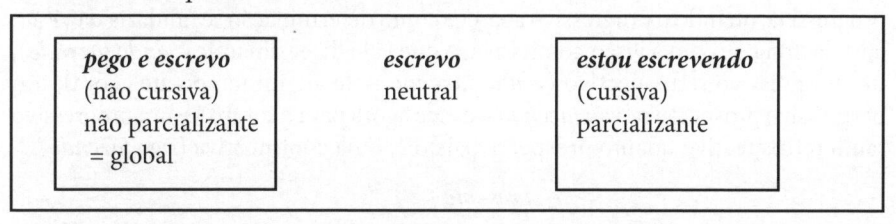

pego e escrevo	*escrevo*	*estou escrevendo*
(não cursiva)	neutral	(cursiva)
não parcializante		parcializante
= global		

9) *Fase* – Trata-se aqui da relação entre o momento da observação e o grau de desenvolvimento da ação verbal observada.

Em princípio, podem-se distinguir as seguintes "fases":

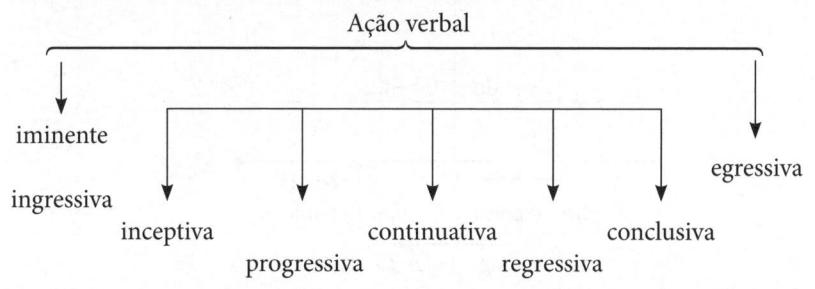

Ação verbal

iminente

ingressiva

inceptiva   continuativa   conclusiva
    progressiva   regressiva   egressiva

Fase iminente (*ingressiva*) – Trata-se da ação no seu começo. Indica-se com perífrases verbais, em geral, com o verbo *estar: estar para* (*por*) + infinitivo: *estou para* (*por*) *escrever*.

Fase inceptiva – Marca o ponto inicial da ação. Além da combinação léxica pura *começar a*, indica-se por várias perífrases verbais pondo ênfase ora na velocidade, ora no repentino da ação:

> *pôr-se a* + infinitivo: *ponho-me a escrever*

meter-se a + infinitivo: *meto-me a escrever*
pegar a (de) + infinitivo: *pego a (de) escrever*
sair + gerúndio: *saio dizendo*

E também com construções aditivas: *ele agarrou e foi-se embora*.
Esta fase é a mais rica em formas e matizes.

Fase progressiva – Considera a ação em seu desenvolvimento; expressa-se mediante *ir* + gerúndio (*vou dizendo*).

Fase continuativa – Considera a ação na zona medial de seu desenvolvimento; expressa-se por *seguir* + gerúndio ou por combinações léxicas (*sigo escrevendo, continuo a*) ou conjuntamente com a visão (*estou dizendo*).

Fase regressiva e conclusiva – Considera a ação no seu término ou em sua fase final. Expressa-se exclusivamente com perífrases verbais, sem nenhum procedimento gramatical especial: *terminar de* + infinitivo (*termino de escrever*).

Fase egressiva – Considera a ação após seu término; expressa-se por *acabar de* + infinitivo (*acabo de escrever*).

Sincretismo: visão e fase – Pode ocorrer sincretismo de "visão" e "fase" na fase progressiva, quando o progressivo aparece como determinação secundária da visão: correlaciona-se com a visão comitativa, o que vale dizer dinâmica (*ando fazendo*), um progressivo retrospectivo (*venho fazendo* – de algum tempo até agora), um progressivo prospectivo (*vou fazendo* – desde agora para o futuro), e um progressivo tanto retrospectivo quanto prospectivo, isto é, uma continuativa (*sigo fazendo*).

```
                    presente
                      /|\
                     / | \
                    /  |  \
                   /   |   \
                  / ando|fazendo\
             ----/------|--------\----
                /       |         \
               /        |          \
              A ────▶ C ────▶ B    ▶ Ação
          venho fazendo  vou fazendo
              ─────────────▶
               sigo fazendo
```

Conclusão
Concluindo, para Coseriu são as seguintes as subcategorias que devem ser consideradas no exame do tempo e do aspecto do sistema verbal português e românico, levando-se ainda em conta que, entre estas categorias, há diferenças formais que aparecem em oposições funcionais:
  • o nível temporal
  • a perspectiva primária e secundária

- a visão
- a fase
- o resultado (parcial)

Em relação com outras categorias de sentido conexo, aparecem:
- a duração
- a repetição
- a conclusão (que não são mais do que significações laterais de perspectiva, da visão ou da fase, além de poderem ser constantes, como no caso da conclusão na perspectiva secundária).

Destas categorias, o *nível do tempo* e a *perspectiva primária* devem ser expressas e não podem faltar em cada forma verbal portuguesa. Já as outras categorias podem faltar ou não serem expressas; ficam, assim, "indeterminadas", "neutrais" as formas verbais em relação a essas categorias, ou podem juntar-se até duas. É o que ocorre com *estive fazendo*, que expressa, além do nível do tempo e da perspectiva primária, também a visão. *Tenho estado fazendo* expressa nível temporal, perspectiva primária, perspectiva secundária e visão. Já *tenho estado vindo fazendo, tinha-se estado pondo a fazer*, embora teoricamente possíveis, não são correntes. A última forma expressaria formalmente cinco categorias: nível temporal (inatual), perspectiva primária paralela (por causa da forma *tinha*), perspectiva secundária retrospectiva (por causa de *ter* + particípio), visão parcial (por *estar* + gerúndio) e fase inceptiva (por *pôr-se a* + infinitivo).

Exemplo para a descrição funcional
Para a descrição funcional de uma forma verbal que leve em conta sua posição no sistema a que pertence, temos de enquadrá-la em todas estas categorias. Assim, em relação à forma do português *fiz* poderíamos dizer dela:
    1) *Nível de tempo*:   atual
    2) *Perspectiva*:   primária, retrospectiva, aspecto complexivo
    3) *Visão*:   global (neutral)
    4) *Fase*:   neutral
    5) *Resultado*:   não resultativa (neutral)
    6) *Conclusão*:   indefinida

Já de **tinha estado fazendo**:
    1) *Nível de tempo*:   inatual
    2) *Perspectiva*:   primária, paralela, aspecto cursivo;
                              secundária, retrospectiva, aspecto complexivo
    3) *Visão*:   parcial
    4) *Fase*:   continuativa
    5) *Resultado*:   não resultativa
    6) *Conclusão*:   não terminativa

Pelo visto, pode-se concluir que o sistema verbal do português – e românico – representa um edifício de três "andares", que se ligam entre si, porque, é importante frisar, cada forma verbal que aparece inserida numa definição vale para todas as outras oposições como membro sem marca (neutral, extensivo).

Estes três "andares" apresentam:

a) no primeiro, um sistema fundamental que alude à configuração dos espaços de tempo: às categorias de *nível de tempo* e de *perspectiva primária*. Formalmente correspondem a este sistema fundamental as formas simples de tempo.

b) no segundo, um sistema secundário que alude à determinação do ponto temporal dentro dos espaços de tempo: à categoria da *perspectiva secundária*. A este sistema correspondem formalmente as formas perifrásticas de *ter* (*haver*) + particípio e verbo auxiliar (de preferência com *ir*) + infinitivo.

c) no terceiro, um sistema terciário que alude à definição de valores aspectivos especiais para cada ponto de tempo: às categorias de *visão*, *fase* e, em parte, *resultado*. Formalmente, este sistema coincide com outras diversas locuções verbais.

Cantaremos é uma forma verbal, porque exprime uma ação ou processo (a de cantar), exercida (referência à voz) pela 1.ª pessoa (referência à pessoa) do plural (referência ao número), do presente (referência ao tempo) do indicativo (referência ao modo).

As pessoas do verbo
Geralmente as formas verbais indicam as três pessoas do discurso, para o singular e o plural:

1.ª pessoa do singular:	*eu canto*
2.ª pessoa do singular:	*tu cantas*
3.ª pessoa do singular:	*ele canta*
1.ª pessoa do plural:	*nós cantamos*
2.ª pessoa do plural:	*vós cantais*
3.ª pessoa do plural:	*eles cantam*

Os tempos do verbo
São:
a) PRESENTE – em referência a fatos que se passam ou se estendem ao momento em que falamos: *eu canto*;
b) PRETÉRITO – em referência a fatos anteriores ao momento em que falamos e subdividido em *imperfeito*, *perfeito* e *mais-que-perfeito*:
cantava (imperfeito), *cantei* (perfeito) e *cantara* (mais-que-perfeito);
c) FUTURO – em referência a fatos ainda não realizados e subdividido em *futuro do presente* e *futuro do pretérito*:
cantarei (futuro do presente), *cantaria* (futuro do pretérito),
que implica também a modalidade condicional (cf. abaixo).

Os modos do verbo
São, conforme a posição do falante em face da relação entre a ação verbal e seu agente:

a) INDICATIVO – em referência a fatos verossímeis ou tidos como tais: *canto, cantei, cantava, cantarei*
b) SUBJUNTIVO (CONJUNTIVO) – em referência a fatos incertos: talvez *cante*, se *cantasse*
c) CONDICIONAL – em referência a fatos dependentes de certa condição: *cantaria*
d) OPTATIVO – em relação a ação como desejada pelo agente:
E viva *eu cá na terra sempre triste*.
e) IMPERATIVO – em relação a um ato que se exige do agente:
cantai

As vozes do verbo
São:
a) ATIVA: forma em que o verbo se apresenta para normalmente indicar que a pessoa a que se refere é o *agente* da ação. A pessoa diz-se, neste caso, *agente* da ação verbal:
Eu *escrevo* a carta.
Tu *visitaste* o primo.
Nós *plantaremos* a árvore.

b) PASSIVA: forma verbal que indica que a pessoa é o *objeto* da ação verbal. A pessoa, neste caso, diz-se *paciente* da ação verbal:
A carta *é escrita* por mim.
O primo *foi visitado* por ti.
A árvore *será plantada* por nós.

A passiva é formada com um dos verbos *ser, estar, ficar* seguido de *particípio*.

Voz passiva e passividade
É preciso não confundir voz passiva e passividade. *Voz passiva* é a forma especial em que se apresenta o verbo para indicar que a pessoa recebe a ação:
Ele *foi visitado* pelos amigos.

Passividade é o fato de a pessoa receber a ação verbal. A passividade pode traduzir-se, além da voz passiva, pela ativa, se o verbo tiver sentido passivo:
Os criminosos *recebem* o merecido castigo.

Portanto, nem sempre a passividade corresponde à voz passiva.[52]

---

[52] Assim sendo, não se pode falar em voz passiva diante de linguagens do tipo *osso duro de roer*. Houve aqui, se interpretarmos *roer = de ser roído*, apenas passividade, com verbo na voz ativa. Sobre o sentido ativo ou passivo de infinitivo, veja-se páginas 315 e 316.

c) REFLEXIVA: forma verbal que indica que a ação verbal não passa a outro ser (negação da transitividade), 1) podendo reverter-se ao próprio agente (sentido reflexivo propriamente dito); 2) podendo atuar reciprocamente entre mais de um agente (reflexivo recíproco); 3) podendo indicar movimento do próprio corpo ou mudança psicológica (reflexivo dinâmico); 4) podendo expressar sentido de 'passividade com *se*' (reflexivo passivo); e 5) podendo expressar sentido de impessoalidade (reflexivo indeterminado), conforme as interpretações favorecidas pelo contexto, formada de verbo seguido do pronome oblíquo de pessoa igual à que o verbo se refere:

1) Eu *me visto* sozinho, tu *te feriste*; ele *se enfeita*; 2) Eles *se amam*, nós *nos carteamos*; 3) Ela *sentou-se*; ela *zangou-se*; 4) *Alugam-se* casas; 5) *Assistiu-se* a festas.

O verbo empregado na forma reflexiva propriamente dita diz-se *pronominal*.

A voz passiva difere da reflexiva de sentido passivo em dois aspectos:

1) pode apresentar o verbo em qualquer pessoa, enquanto a reflexiva só se constrói na 3.ª pessoa com o pronome *se* (conhecido também pela denominação de "apassivador"):

Eu *fui visitado* pelos meus parentes.
Nós *fomos visitados* pelos parentes.

2) pode seguir-se de uma expressão que denota o agente da passiva, enquanto a reflexiva, no português contemporâneo, dispensa:

Eu *fui visitado* pelos parentes.
Aluga-se a casa (não se diz: aluga-se a casa pelo proprietário).

Todavia, há casos em que se explicita o agente, como no seguinte exemplo de Drummond:

Não sei se devemos exaltar Pelé por haver conseguido tanto, ou se nosso louvor deve antes ser dirigido ao gol em si, *que se deixou fazer por Pelé*, recusando-se a tantos outros [CDa.1, 130].

OBSERVAÇÕES:
1.ª) Em construções do tipo *batizei-me, chamas-te José*, há professores que veem passiva pronominal com pronomes oblíquos de 1.ª e 2.ª pessoas. Outros, porém, não pensam assim, e interpretam o fato como um emprego da voz reflexiva, indicando "uma atitude de aceitação consciente do nome dado ou do batismo recebido" [MC.4, 36].
2.ª) Em geral, o pronome átono que acompanha a voz reflexiva propriamente dita funciona como objeto direto, embora raras vezes possa exercer a função de indireto.
3.ª) Com verbos como *atrever-se, indignar-se, queixar-se, ufanar-se, admirar-se*, não se percebe mais a ação rigorosamente reflexa, mas a indicação de que a pessoa a que o verbo se refere está vivamente afetada. Com os verbos de movimento ou

atitudes da pessoa "em relação ao seu próprio corpo" como *ir-se, partir-se*, e outros como *servir-se*, onde o pronome oblíquo empresta maior expressividade à oração, também não se expressa a ação reflexa. Alguns gramáticos chamam ao pronome oblíquo, nestas últimas circunstâncias, *pronome de realce*.

4.ª) Muitos verbos normalmente não pronominais se acompanham de pronome átono para exprimirem aspectos estilísticos, como a mudança lenta do estado ou de processo lento:

> *agonizar-se, delirar-se, desmaiar-se, enfiar-se, envelhecer-se, estalar-se, esvoaçar-se, palpitar-se, peregrinar-se, repousar-se, sentar-se, tresnoitar-se*.

5.ª) Elimina-se, no estilo informal, o pronome de muitos verbos que o exigem na língua-padrão:

> *aquecer, chamar* (ter nome), *mudar* (transferir-se), *gripar, machucar, formar* (Eu formei em medicina), *aposentar* (Ele acaba de aposentar), *classificar* (Ele classificou em 3.º lugar), etc.

6.ª) Inversamente, na variedade padrão, não aparecem como pronominais vários verbos que como tais por vezes são usados na variedade mais informal:

> *sobressair, aludir, desabafar, acordar* ('despertar'), *consultar, mudar* (de local), *avultar*, entre outros.

7.ª) Por influência de sinônimos pronominais, alguns verbos não pronominais na norma-padrão aparecem na fala coloquial com pronomes, o que deve ser evitado na língua cuidada:

> *simpatizar-se* (por influência de *agradar-se*), *antipatizar-se*.

Formas nominais do verbo

Assim se chamam o *infinitivo*, o *particípio* e o *gerúndio*, porque, ao lado do seu valor verbal, podem desempenhar função de nomes. O infinitivo pode ter função de substantivo (*recordar é viver* = a recordação é vida); o particípio pode valer por um adjetivo (*homem sabido*), e o gerúndio por um advérbio ou adjetivo (*amanhecendo, sairemos* = logo pela manhã sairemos; *água fervendo* = água fervente). Nesta função adjetiva, o gerúndio tem sido apontado como galicismo; porém, é antigo na língua este emprego, quando ocupou o lugar vago deixado pelo particípio presente, que desapareceu do quadro verbal português para ingressar no quadro nominal.

As formas nominais do verbo, com exceção do infinitivo, não definem as pessoas do discurso e, por isso, são ainda conhecidas por *formas infinitas*. Possuem, quando possíveis, desinências nominais idênticas às que caracterizam a flexão dos nomes (gênero e número):

O infinitivo português, ao lado da forma infinita, isto é, sem manifestação explícita das pessoas do discurso, possui outra flexionada:

Infinito sem flexão	*Infinito flexionado*
Cantar	Cantar eu
	Cantares tu
	Cantar ele
	Cantarmos nós
	Cantardes vós
	Cantarem eles

As formas nominais do verbo se derivam do tema (radical + vogal temática) acrescido das desinências:
a) *-r*: para o infinitivo: canta-*r*, vende-*r*, parti-*r*
b) *-do* (ou *-to*, *-so*) para o particípio: canta-*do*, vendi-*do*, parti-*do*, acei-*to*, revol-*to*, ace-*so*, pre-*so*
c) *-ndo*: para o gerúndio: canta-*ndo*, vende-*ndo*, parti-*ndo*

OBSERVAÇÃO: O verbo *vir* (e derivados) forma também o seu particípio com a desinência -*do*; mas, pelo desaparecimento da vogal temática *i*, apresenta-se igual ao gerúndio: *vindo* (por vin-i-*do*) e *vindo* (vi-*ndo*).

Conjugar um verbo
É dizê-lo, de acordo com um sistema determinado, um paradigma, em todas as suas formas nas diversas pessoas, números, tempos, modos e vozes.
    Em português temos três conjugações caracterizadas pela vogal temática:
       1.ª conjugação – vogal temática *a*: am*a*r, fal*a*r, tir*a*r.
       2.ª conjugação – vogal temática *e*: tem*e*r, vend*e*r, varr*e*r.
       3.ª conjugação – vogal temática *i*: part*i*r, fer*i*r, serv*i*r.

OBSERVAÇÕES:
1.ª) Não existe a 4.ª conjugação; *pôr* é um verbo da 2.ª conjugação cuja vogal temática desapareceu no infinitivo, mas permanece em outras formas do verbo. Veja-se a correspondência: *vend-e-s / põ-e-s*.
2.ª) Na história da língua, verbos há que mudaram de conjugação, mas deixaram vestígios em outras formas não verbais: *cair* (antigo *caer*), com vestígio no adjetivo *cadente* (e não *cadinte*, como *ouvinte*). Alencar usa *rangir* por *ranger*, e hoje *viger* (cf. *vigente*) tem o concorrente *vigir* que, apesar de muito usado, não é aceito na norma exemplar: *A lei deve vigir* (por *viger*).

Verbos regulares, irregulares e anômalos
Diz-se que um verbo é regular quando se apresenta de acordo com o modelo de sua conjugação: *cantar, vender, partir*. No verbo regular também o radical não varia. Tem-se o radical de um verbo privando-o, no infinito sem flexão, das terminações *-ar, -er, -ir*:
    am-ar, *fal*-ar, *tir*-ar, *tem*-er, *vend*-er, *varr*-er, *part*-ir, *fer*-ir, *serv*-ir.

Irregular é o verbo que, em algumas formas, apresenta modificação no radical ou na flexão, afastando-se do modelo da conjugação a que pertence:
a) variação no radical em comparação com o infinitivo:
ouvir – ouço; *dizer* – digo; *perder* – perco;

b) variação na flexão em relação ao modelo: *estou* (veja-se *canto*), *estás* (veja-se *cantas*, um tônico e outro átono).

Os irregulares se dividem em *fracos* e *fortes*. Fracos são aqueles cujo radical do infinitivo não se modifica no pretérito: *sentir-senti*; *perder-perdi*.

Fortes são aqueles cujo radical do infinitivo se modifica no pretérito perfeito: *caber* – *coube*; *fazer* – *fiz*.

Os irregulares fracos apresentam formas iguais no infinitivo flexionado e futuro do subjuntivo:

Infinitivo	Futuro do Subjuntivo
Sentir	Sentir
Sentires	Sentires
Sentir	Sentir
Sentirmos	Sentirmos
Sentirdes	Sentirdes
Sentirem	Sentirem

Os irregulares fortes não apresentam identidade de formas entre o infinitivo flexionado e o futuro do subjuntivo:

Infinitivo flexionado	Futuro do Subjuntivo
Caber	Couber
Caberes	Couberes
Caber, etc.	Couber, etc.

OBSERVAÇÃO: Não entram no rol dos verbos irregulares aqueles que, para conservar a pronúncia, têm de sofrer variação de grafia:
carre*g*ar – carre*gu*e – carre*gu*ei – carre*gu*es
fi*c*ar – fi*c*o – fi*qu*ei – fi*que*

Não há, portanto, os *irregulares gráficos*.

Anômalo é o verbo irregular que apresenta, na sua conjugação, radicais primários diferentes: *ser* (reúne o concurso de dois radicais, os verbos latinos *sedēre* e *ĕsse*) e *ir* (reúne o concurso de três radicais, os verbos latinos *ire*, *vadĕre* e *ĕsse*).

Outros autores consideram anômalo o verbo cujo radical sofre alterações que o não podem enquadrar em classificação alguma: *dar, estar, ter, haver, ser, poder, ir, vir, ver, caber, dizer, saber, pôr*, etc.

Verbos defectivos e abundantes

DEFECTIVO é o verbo que, na sua conjugação, não apresenta todas as formas: *colorir, precaver-se, reaver,* etc. É preciso não confundi-lo com os verbos chamados impessoais e unipessoais, que, como veremos, só se usam nas terceiras pessoas.

A defectividade verbal é devida a várias razões, entre as quais a primeira é o resultado histórico da conjugação mista em latim seguida da eufonia e da significação. Entretanto, a defectividade de certos verbos não se assenta em bases morfológicas, mas em razões do uso e da norma vigentes em certos momentos da história da língua. Daí certa disparidade que por vezes se encontra na relação das gramáticas. Se a tradição da língua dispensa, por dissonante, a 1.ª pessoa do singular do verbo *colorir* (*coloro*), não se mostra igualmente exigente com a 1.ª pessoa do singular do verbo *colorar*. Por outro lado, o critério de eufonia pode variar com o tempo e com o gosto dos escritores; daí aparecer de vez em quando uma forma verbal que a gramática diz não ser usada. É na 3.ª conjugação que se encontra a maioria dos verbos defectivos.

Quase sempre faltam as formas rizotônicas dos verbos defectivos. Suprimos, *quando necessário*, as lacunas de um defectivo empregando um sinônimo (derivado ou não do defectivo): Eu *recupero* (para *reaver*); eu *redimo* (para *remir*).

Há os seguintes grupos de verbos defectivos, em português:
a) os que não se conjugam nas pessoas em que depois do radical aparecem *a* ou *o*:
abolir, aturdir, banir, bramir, brandir, carpir, colorir, delinquir, delir, demolir, esculpir, espargir, exaurir, extorquir, feder, fremer (ou *fremir*), *fulgir, haurir, impingir, jungir, puir, retorquir, ruir, soer.*

Tais verbos também não se empregam no pres. do subjuntivo, imperativo negativo, e no imperativo afirmativo só apresentam as segundas pessoas do singular e plural.

b) os que se usam unicamente nas formas em que depois do radical vem *i*:
adir, aguerrir, combalir, emolir, empedernir, esbaforir, espavorir, exinanir, falir, florir, fornir, garrir, inanir, remir, renhir, ressarcir, ressequir, revelir, transir, vagir.[53]

c) oferecem particularidades especiais:
1 – *precaver(-se)* e *reaver*. No pres. ind. só têm as duas primeiras pessoas do plural: *precavemos, precaveis; reavemos, reaveis.*
Imperativo: *precavei, reavei.*
Faltam-lhes o imperat. neg. e pres. subj. No restante, conjugam-se normalmente.

---

[53] Moderna e normalmente o verbo *parir* está incluído neste grupo: Pres.: *parimos, paris.* Pret. imperf.: *paria(s).* Pret. imperf. subj.: *parisse,* etc. Fut. pres. ind.: *parirei,* etc. Mas também, apesar de, por tabu linguístico, ser desusado na linguagem de sociedade, pode ser conjugado integralmente, com irregularidade apenas na 1.ª pess. ind. e em todo o pres. subj.: *pairo, pares, pare, parimos, paris, parem.* Pres. subj.: *paira, pairas, paira, pairamos, pairais, pairam.*

2 – *adequar, antiquar, apropinquar*: cabem-lhes as mesmas observações feitas ao grupo anterior.
3 – *grassar* e *rever* (= destilar): só se usam nas terceiras pessoas.

Observações:
1.ª) Muitos verbos apontados outrora como defectivos são hoje conjugados integralmente: *aderir, agir, advir, compelir, computar, desmedir-se, discernir, emergir, explodir, imergir, fruir, polir, submergir*, entre outros. *Ressarcir* (cf. b) e *refulgir* (que alguns gramáticos só mandam conjugar nas formas em que o radical é seguido de *e* ou *i*) tendem a ser empregados como verbos completos.
2.ª) Os verbos que designam vozes de animais geralmente só aparecem nas terceiras pess. do sing. e pl., em virtude de sua significação, e são indevidamente arrolados como defectivos. Melhor chamá-los, quando no seu significado próprio, *unipessoais*.
3.ª) Também são indevidamente considerados defectivos os verbos *impessoais* (pois não se referem a sujeito), que só são empregados na terceira pess. sing.: *Chove* muito. *Relampeja*. Quando em sentido figurado, os verbos desta observação, como os da anterior, conjugam-se em quaisquer pessoas: *Chovam as bênçãos do céu*.

Abundante é o verbo que apresenta duas ou três formas de igual valor e função: *havemos* e *hemos*; *constrói* e *construi*; *pagado* e *pago*; *nascido, nato, nado* (pouco usado).
Normalmente esta abundância de forma ocorre no particípio.
Os principais verbos que gozam deste privilégio, no português moderno, são:

a) *comprazer* e *descomprazer*:
   Pret. perf. ind.: comprazi, comprazeste, comprazeu, etc. ou comprouve, comprouveste, comprouve, etc.
   M.-q.-perf. ind.: comprazera, comprazeras, comprazera, etc. ou comprouvera, comprouveras, comprouvera, etc.
   Imperf. subj.: comprazesse, comprazesses, comprazesse, etc. ou comprouvesse, comprouvesses, comprouvesse, etc.
   Fut. subj.: comprazer, comprazeres, comprazer, etc. ou comprouver, comprouveres, comprouver, etc.

b) *construir* e seu grupo:
   Pres. ind.: construo, construis (ou constróis), construi (ou constrói), construímos, construís, construem (ou constroem).
   Imper. afirm.: construi tu (ou constrói tu).
Assim se conjugam *desconstruir, destruir, estruir, reconstruir*.

c) *entupir* e *desentupir*:
   Pres. ind.: entupo, entupes (ou entopes), entupe (ou entope), entupimos, entupis, entupem (ou entopem).
   Imper. afirm.: entupe (ou entope), entupi.

OBSERVAÇÃO: O *o* das formas abundantes é de timbre aberto.

d) *haver*:
Pres. ind.: hei, hás, há, havemos (ou hemos), haveis (ou heis), hão.
Imper. afirm.: há, havei.

e) *ir*:
Pres. ind.: vou, vais, vai, vamos (ou imos), ides (is é forma antiga), vão.

f) *querer* e *requerer*
Pres. ind.: quero, queres, quer (ou quere), queremos, quereis, querem.
           requeiro, requeres, requer (ou requere), requeremos, requereis, requerem.
Quere e *requere* são formas que só têm curso em Portugal; *quere* é criação recente (século XIX-XX, sem adoção geral) e *requere* é forma já antiga na língua, sendo *requer* de data recente.

g) *valer*:
Pres. ind.: valho, vales, vale (ou val), valemos, valeis, valem.
Val é forma antiga e ainda hoje corrente, máxime em Portugal.

h) os verbos terminados em *-zer*, *-zir* no imperativo.
Podem perder o *-e* na 2.ª pess. sing.: faze tu (ou faz); traduze tu (ou traduz). São frequentíssimos os exemplos literários com os verbos *dizer, fazer, trazer* e *traduzir*.

i) e numerosos verbos no particípio.
Existe grande número de verbos que admitem dois (e uns poucos até três) particípios: um *regular*, terminado em *-ado* (1.ª conjugação) ou *-ido* (2.ª e 3.ª conjugações), e outro *irregular*, proveniente do latim ou de nome que passou a ter aplicação como verbo, terminado em *-to*, *-so* ou criado por analogia com modelo preexistente. Eis uma relação dessas formas duplas de particípio, indicando-se entre parênteses se ocorrem com a voz ativa ou passiva, ou com ambas:

Infinitivo	*Particípio regular*	*Particípio irregular*
aceitar	aceitado (a., p.)	aceito (p.), aceite (p.)
acender	acendido (a., p.)	aceso (p.)
arrepender	arrependido (a., p.)	repeso por arrepeso (a., p.)
assentar	assentado (a., p.)	assento (p.), assente (p.)
desabrir	desabrido	desaberto
desenvolver	desenvolvido (a., p.)	desenvolto (a., p.)
eleger	elegido (a.)	eleito (a., p.)
entregar	entregado (a., p.)	entregue (p.)
envolver	envolvido (a., p.)	envolto (a., p.)
enxugar	enxugado (a., p.)	enxuto (p.)
erigir	erigido (a., p.)	erecto (p.)
expressar	expressado (a., p.)	expresso (p.)
exprimir	exprimido (a., p.)	expresso (a., p.)

expulsar	expulsado (a., p.)	expulso (p.)
extinguir	extinguido (a., p.)	extinto (p.)
fartar	fartado (a., p.)	farto (p.)
findar	findado (a., p.)	findo (p.)
frigir	frigido (a.)	frito (a., p.)
ganhar	ganhado (a., p.)	ganho (a., p.)
gastar	gastado (a.)	gasto (a., p.)
imprimir	imprimido (a., p.)	impresso (a., p.)
inserir	inserido (a., p.)	inserto (a., p.)
isentar	isentado (a.)	isento (p.)
juntar	juntado (a., p.)	junto (a., p.)
limpar	limpado (a., p.)	limpo (a., p.)
matar	matado (a.)	morto (a., p.)
pagar	pagado (a.)	pago (a., p.)
pasmar	pasmado (a., p.)	pasmo (a.)
pegar	pegado (a., p.)	pego (é ou ê)
prender	prendido (a., p.)	preso (p.)
revolver	revolvido (a., p.)	revolto (a.)
salvar	salvado (a., p.)	salvo (a., p.)
suspender	suspendido (a., p.)	suspenso (p.)
tingir	tingido (a., p.)	tinto (p.)

OBSERVAÇÕES:
1.ª) Em geral emprega-se a forma regular, que fica invariável com os auxiliares *ter* e *haver*, na voz ativa, e a forma irregular, que se flexiona em gênero e número, com os auxiliares *ser*, *estar* e *ficar*, na voz passiva.
    Nós temos *aceitado* os documentos.
    Os documentos têm sido *aceitos* por nós.
Há outros particípios, regulares ou irregulares, que se usam indiferentemente na voz ativa (auxiliares *ter* ou *haver*) ou passiva (auxiliares *ser*, *estar*, *ficar*), conforme se assinalou entre parênteses.
2.ª) Há uns poucos particípios irregulares terminados em *-e*, em geral de introdução recente no idioma: *entregue* (o mais antigo), *aceite*, *assente*, *empregue* (em Portugal), *livre*.

Locução verbal. Verbos auxiliares
Chama-se *locução verbal* a combinação das diversas formas de um verbo auxiliar com o infinitivo, gerúndio ou particípio de outro verbo que se chama *principal*: *hei de estudar, estou estudando, tenho estudado*. Muitas vezes o auxiliar empresta um matiz semântico ao verbo principal, dando origem aos chamados *aspectos do verbo*.
    Entre o auxiliar e o verbo principal no infinitivo pode aparecer ou não uma preposição (*de*, *em*, *por*, *a*, *para*). Na locução verbal, é somente o auxiliar que recebe as flexões de pessoa, número, tempo e modo: *haveremos de fazer, estavam por sair, iam trabalhando, tinham visto*. Da arbitrariedade do uso é que depende

o empregar-se em alguns casos a preposição e em outros omiti-la. Também pode ocorrer, em vários casos, a alternância da preposição (*começar a/ de/ por fazer*).

Várias são as aplicações dos verbos auxiliares da língua portuguesa:

1 – *ter, haver* (raramente) e *ser* (mais raramente) se combinam com o particípio do verbo principal para constituírem novos tempos, chamados *compostos*, que, unidos aos simples, formam o quadro completo da conjugação da voz ativa. Estas combinações exprimem que a ação verbal está concluída.

Temos nove formas compostas:

Indicativo
   a) *pretérito perfeito composto*: tenho ou hei cantado, vendido, partido;
   b) *pretérito mais-que-perfeito*: tinha ou havia cantado, vendido, partido;
   c) *futuro do presente composto*: terei ou haverei cantado, vendido, partido;
   d) *futuro do pretérito composto*: teria ou haveria cantado, vendido, partido;

OBSERVAÇÃO: A língua moderna pôs de lado a forma *tive cantado*, corrente no português antigo.

Subjuntivo
   a) *pretérito perfeito*: tenha ou haja cantado, vendido, partido;
   b) *pretérito mais-que-perfeito*: tivesse ou houvesse cantado, vendido, partido;
   c) *futuro composto*: tiver ou houver cantado, vendido, partido;

Formas nominais
   a) *infinitivo composto*: ter ou haver cantado, vendido, partido;
   b) *gerúndio composto*: tendo ou havendo cantado, vendido, partido.

O verbo *ser* só aparece em combinações que lembram os depoentes latinos, sobretudo com verbos que denotam movimento: "Os cavaleiros *eram partidos* caminho de Zamora" [AC.2, I, 101]. *Era chegada* a ocasião da fuga. *São passados* três meses.

2 – *ser, estar, ficar* se combinam com o particípio (variável em gênero e número) do verbo principal para constituir a voz passiva (de ação, de estado e mudança de estado): *é amado, está prejudicada, ficaram rodeados*.

3 – os auxiliares *acurativos* se combinam com o infinitivo ou gerúndio do verbo principal para determinar com mais rigor os aspectos do momento da ação verbal que não se acham bem definidos na divisão geral de tempo presente, passado e futuro:
   a) início de ação: *começar a escrever, pôr-se a escrever*, etc.;
   b) iminência de ação: *estar para (por) escrever, pegar a (de) escrever*, etc.;
   c) continuidade da ação: *continua escrevendo, continua a escrever*, sendo a primeira forma a que é mais antiga no idioma;

d) desenvolvimento gradual da ação; duração: *estar a escrever, andar escrevendo, vir escrevendo, ir escrevendo,* etc.

OBSERVAÇÕES:
1.ª) No Brasil prefere-se a construção com gerúndio (*estar escrevendo*), enquanto em Portugal é mais comum o infinitivo (*estar a escrever*), não sendo, entretanto, a única forma.
2.ª) Está mais de acordo com o gênio da nossa língua o uso do gerúndio com auxiliar *estar* ou infinitivo com *a* para traduzir atos que se realizam paulatinamente, em vez do uso de forma simples do verbo, como faz o francês (*Jeanne nous regarde* / Joana está-nos olhando ou *a nos olhar apud* MBa.4, 233).
3.ª) O gerundismo é o uso indevido e abusivo do gerúndio, que se instalou na oralidade da linguagem moderna, especialmente comercial. É inadequado o gerúndio no exemplo: *Vou estar transferindo sua ligação,* em lugar de: *Vou transferir sua ligação.* Já no exemplo *Às oito horas de amanhã ele estará entrando no avião,* o uso do gerúndio é perfeitamente cabível e não constitui erro.

e) repetição de ação: *tornar a escrever, costumar escrever* (repetição habitual), etc.;
f) término de ação: *acabar de escrever, cessar de escrever, deixar de escrever, parar de escrever, vir de escrever,* etc.
Vir de + infinitivo é construção antiga no idioma e valia por *voltar de* (ou *chegar*) + infinitivo: "De amor dos lusitanos encendidas/ Que *vêm de descobrir* o novo mundo" [LC.1, IX, 40]. Depois passou a significar *acabar de* + infinitivo e, porque em francês ocorre emprego semelhante, passou a ser, neste sentido, condenado como galicismo pelos gramáticos: "Eu, aos doze anos, *vinha de perder* meu pai" [CBr *apud* HG.1, 462].

4 – os auxiliares *modais* se combinam com o infinitivo ou gerúndio do verbo principal para determinar com mais rigor o modo como se realiza ou se deixa de realizar a ação verbal:
a) necessidade, obrigação, dever: *haver de escrever, ter de escrever, dever escrever, precisar (de) escrever,* etc.

OBSERVAÇÕES:
1.ª) Em vez de *ter* ou *haver de* + infinitivo, usa-se ainda, mais modernamente, *ter* ou *haver que* + infinitivo: *tenho que estudar.* Neste caso, *que,* como índice de complemento de natureza nominal, funciona como verdadeira preposição. Não se confunda este *que preposição* com o *que pron. relativo* em construções do tipo: *nada tinha que dizer, tenho muito que fazer,* etc.
2.ª) Muitas vezes no português contemporâneo não é indiferente o sentido da expressão com preposição ou sem ela: *deve resultar* exprime certa precisão de resultado; *deve de resultar* traduz a probabilidade do resultado.

b) possibilidade ou capacidade: *poder escrever,* etc.

c) vontade ou desejo: *querer escrever, desejar escrever, odiar escrever, abominar escrever*, etc.
d) tentativa ou esforço; às vezes com o sentido secundário depreendido pelo contexto, de que a tentativa acabou em decepção (*foi buscar lã e saiu tosquiado*): *buscar escrever, pretender escrever, tentar escrever, ousar escrever, atrever-se a escrever*, etc.
e) consecução: *conseguir escrever, lograr escrever*, etc.
f) aparência, dúvida: *parecer escrever*, etc.
g) movimento para realizar um intento futuro (próximo ou remoto): *ir escrever*, etc.
h) resultado: *vir a escrever, chegar a escrever*, etc.

Vir a + infinitivo de certos verbos tem quase o mesmo sentido do verbo principal empregado sozinho: *Isto* vem a traduzir *a mesma ideia* (= isto por fim traduz a mesma ideia). *Vir a ser* pode ainda ser sinônimo de *tornar-se*: *Ele* veio a ser *famoso*.

NOTA FINAL – Nem sempre a aproximação de dois ou mais verbos constitui uma locução verbal; a intenção da pessoa que fala ou escreve é que determinará a existência ou inexistência da locução. "Por exemplo, na frase *queríamos colher rosas*, os verbos *queríamos* e *colher* constituirão expressão verbal se pretendo dizer que queríamos colher *rosas* e não outra flor, sendo *rosas* o objeto da declaração. Se, porém, pretendo dizer que o que nós queríamos era *colher rosas* e não fazer outra cousa, o objeto da declaração é *colher rosas* e a declaração principal se contém incompletamente em *queríamos*" [JO.1, 202-203].

Auxiliares causativos e sensitivos

Assim se chamam os verbos *deixar, mandar, fazer* e sinônimos (causativos) e *ver, ouvir, olhar, sentir* e sinônimos (sensitivos) que, juntando-se a infinitivo ou gerúndio, não formam locução verbal, mas, muitas vezes, se comportam sintaticamente como tal, isto é, acusam relações internas que se estabelecem dentro do grupo entre o infinitivo e os termos que o acompanham, como veremos no lugar próprio.

Elementos estruturais do verbo: desinências e sufixos verbais

Ao radical do verbo, que é o elemento que encerra o seu significado lexical, se juntam as formas mínimas chamadas *desinências* para constituir as flexões do verbo, indicadoras da *pessoa* e *número*, do *tempo* e *modo*. Segundo Mattoso, a constituição da forma verbal portuguesa é: T (R + VT) + D (DMT + DNP), em que T = tema; R = radical; VT = vogal temática; D = desinência; DMT = desinência modotemporal e DNP = desinência numeropessoal.

Chama-se *vogal temática* aquela classificadora da conjugação:
    1.ª conjugação – *a*: cant-*a*-r
    2.ª conjugação – *e*: vend-*e*-r
    3.ª conjugação – *i*: part-*i*-r

A vogal temática presa ao radical constitui o *tema*:
canta-r, *vende*-r, *parti*-r.

Nem todas as formas verbais possuem a vogal temática, como, por exemplo, a 1.ª pessoa singular do presente do indicativo e do subjuntivo. As vogais *e* e *a* em cant-*e*, vend-*a*, part-*a* são desinências temporais (veja a seguir). Outras vezes a vogal temática sofre variação: o *a* passa a *e* no pret. perf. ind. da 1.ª conjugação em contato com *i*, e passa a *o* em contato com *u*: cant-*a*-r, cant-*e*-i, cant-*o*-u; o *e* passa a *i* no pret. imperf. ind. e particípio da 2.ª conjugação: vend-*e*-r, vend-*i*-a, vend-*i*-do. A vogal temática *i* da 3.ª conjugação passa a *e* quando átono, no pres. ind. (2.ª e 3.ª sing. e 3.ª pl.) e imper. (2.ª sing.): part-*e*-s, part-*e* , part-*e*-m, part-*e*; se é tônico, nos mesmos casos, funde-se com o *i* da desinência *is* da 2.ª pessoa do plural: *partis* por *part-i-is*.
O *tema* é a parte da palavra pronta para receber o sufixo ou a desinência.

Sufixo verbal é o que entra na formação dos verbos derivados: salt-it-ar, real--iz-ar, etc. (↗ 375).
As desinências modotemporais são:

1) Para o *Indicativo*:
a) Ø no presente
b) -*va*- (-*ve*-), que caracteriza o pretérito imperfeito da 1.ª conjugação: *canta-va*;[54]
c) -*ia*- (-*ie*-), que caracteriza o pretérito imperfeito da 2.ª e 3.ª conjugações: *dev-ia, part-ia*;[55]
d) Ø para o pretérito perfeito (até a 2.ª pess. do pl. e -*ra*- para a 3.ª pess. pl.): *cante-i, canta-ra-m*;
e) -*ra*- (-*re*-) átona, que caracteriza o pretérito mais-que-perfeito: *canta-ra, vende-ra, parti-ra*; *cantá-re-is*;
f) -*ra*- (-*re*-) tônica, que caracteriza o futuro: *canta-re-i, canta-rá-s, canta-rã-o, deve-re-i, parti-re-i*;
g) -*ria*- (-*rie*-), que caracteriza o futuro do pretérito: *canta-ria, deve-ria, parti-ria*;

2) Para o *Subjuntivo*:
a) -*e*- caracteriza o presente da 1.ª conjugação: *cant-e*;
b) -*a*- caracteriza o presente da 2.ª e 3.ª conjugações: *vend-a, part-a*;
c) -*sse*- caracteriza o pretérito imperfeito: *canta-sse, vende-sse, parti-sse*;
d) -*r*- (-*re*-) caracteriza o futuro: *cant-a-r, vend-e-r, part-i-r*;

---

[54] Pomos entre parênteses a variante do morfema ou alomorfe (cf. pág. 373).
[55] Aceitamos as ponderações de Mattoso: "SMT é -*ia*, opondo-se a -*a*, do subjuntivo presente: *temia, partia*: *tema, parta*. Seria uma análise falsa considerar -*i* a vogal do tema e SMT a vogal -*a*, porque os dois tempos passariam a se distinguir não pelo seu SMT, mas pela presença ou ausência da vogal do tema" [MC.8, 148, n.27]. A solução com -*a* não seria de todo falsa, porque a vogal temática poderia acumular a função modotemporal, mas a análise apresentada é mais coerente com a descrição e o papel normal da vogal temática.

3) Para as *Formas nominais*:
   a) *-ndo* caracteriza o gerúndio: *canta-ndo, vende-ndo, parti-ndo*;
   b) *-do* caracteriza o particípio: *canta-do, vendi-do, parti-do*;
   c) *-r* caracteriza o infinitivo: *canta-r, vende-r, parti-r.*

Observações:
1.ª) Nem todas as formas verbais se apresentam com desinências e vogal temática.
2.ª) As características temporais terminadas em *-a* (imperf., m.-q.-perf. ind. e futuro do pretérito apresentam esta vogal alterada em *e* na 2.ª pessoa do plural, graças ao contato com a desinência pessoal *-is* que provoca a ditongação *eis*: eu *cantava*, vós *cantáveis*; eu *devia*, vós *devíeis*; eu *partia*, vós *partíeis*; eu *cantara*, vós *cantáreis*; eu *cantaria*, vós *cantaríeis*). O mesmo ocorre com a 1.ª pess. do fut. do presente: *cant-a-re-i*.
3.ª) As desinências pessoais (cf. abaixo) do pretérito perfeito servem, por acumulação, para caracterizar o tempo e modo do verbo.

As desinências numeropessoais são:

Singular
  1.ª pessoa: Ø, *-o* (só no presente do indicativo), *-i* (só no pretérito perfeito do indicativo e futuro do presente)

  2.ª pessoa: *-s, -ste*[56] (esta última só no pretérito perfeito do indicativo) e Ø no imperativo

  3.ª pessoa: Ø, *-u* (só no pretérito perfeito do indicativo)

Plural
  1.ª pessoa: *-mos*

  2.ª pessoa: *-is* (com supressão do *-s* final no imperativo), *-des* (esta última só no futuro do subjuntivo, infinitivo flexionado e presente do indicativo de alguns verbos irregulares, monossilábicos), *-stes* (só no pretérito perfeito do indicativo).

  3.ª pessoa: nasalidade representada na escrita por *-m*; quando precedida de *a* desenvolve o ditongo /ãw̃/ e precedida de *e*, o ditongo /ẽỹ/.

---

[56] Cuidado especial hão de merecer estas desinências (*-ste*, singular, e *-stes*, plural) para que, por falsa analogia, não passem a *-stes* (singular) e *-steis* (plural): tu *comestes* por *comeste*), vós *comesteis* (por *comestes*).

Observações sobre as desinências numeropessoais
1.ª pessoa do singular: geralmente falta a desinência de 1.ª pessoa do singular, exceto no presente do indicativo, onde aparece a desinência *-o*:
    cant-*o*,   vend-*o*,   part-*o*

No pretérito perfeito do indicativo e futuro do presente aparece a desinência *-i*:
    cante-*i*,   vend-*i*,   part-*i*
    canta-re-*i*, vende-re-*i*, parti-re-*i*

2.ª pessoa do singular: a desinência geral é *-s*; no pretérito perfeito do indicativo *-ste*; Ø no imperativo:
    canta-*s*,   canta-re-*s*,   canta-*ste*,   canta tu.
    vende-*s*,   vende-re-*s*,   vende-*ste*,   vende tu.
    parte-*s*,   parti-re-*s*,   parti-*ste*,   parte tu.

3.ª pessoa do singular: geralmente falta a desinência de 3.ª pess. do singular; só o pretérito perfeito do indicativo é que apresenta *-u*:
    canto-*u*,   vende-*u*,   parti-*u*

1.ª pessoa do plural: a desinência é sempre *-mos*:
    canta-*mos*,   vende-*mos*,   parti-*mos*

2.ª pessoa do plural: a desinência é *-is*; aparece *-des* no futuro do subjuntivo, infinitivo flex. e no presente do indicativo de alguns verbos irregulares (ter, vir, pôr, ver, rir, ir); o pret. perfeito do indicativo apresenta *-stes*, e o imperativo *-i* (na 3.ª conjugação há crase com a vogal temática):
    canta-*is*,   vende-*is*,   part-*is*
    canta-r-*des*, vende-r-*des*, parti-r-*des*
    canta-*stes*, vende-*stes*, parti-*stes*
    canta-*i*,   vende-*i*,   part-*i*.

3.ª pessoa do plural: a desinência é *-m*, que nasaliza a vogal precedente:
    canta-*m*,   vende-*m*,   parte-*m*
    canta-re-*m*, vende-re-*m*, parti-re-*m*
    canta-ra-*m*, vende-ra-*m*, parti-ra-*m*

OBSERVAÇÃO: No futuro do presente, dá-se uma ditongação; a nasalidade é indicada por til e se sobrepõe à característica temporal:
    canta-*rão*,   vende-*rão*,   parti-*rão*

Tempos primitivos e derivados
No estudo dos verbos, principalmente dos irregulares, torna-se vantajoso o conhecimento das formas verbais que se derivam de outras chamadas *primitivas*.

1 – Praticamente do radical da 1.ª pessoa do presente do indicativo sai todo o presente do subjuntivo, bastando que se substitua a vogal final por *e*, nos verbos da 1.ª conjugação, e por *a* nos verbos da 2.ª e 3.ª conjugações:

		Presente do indicativo	Presente do subjuntivo
	cantar	canto	cante
	vender	vendo	venda
	partir	parto	parta
Exceções:			
	ser	sou	seja
	dar	dou	dê
	estar	estou	esteja
	haver	hei	haja
	ir	vou	vá
	querer	quero	queira
	saber	sei	saiba

2 – Praticamente da 2.ª pessoa do singular e plural do presente do indicativo saem as 2.ᵃˢ pessoas do singular e plural do imperativo, bastando suprimir o *s* final:

cantar	cantas	cantais	canta	cantai
vender	vendes	vendeis	vende	vendei
partir	partes	partis	parte	parti

Exceção: ser: *sê* (tu), *sede* (vós).

OBSERVAÇÕES:

1.ª) Os verbos em *-zer* ou *-zir* podem ainda perder, na 2.ª pessoa do singular, o *e* final, quando o *z* não é precedido de consoante: *faze* (ou *faz*) tu, *traduze* (ou *traduz*) tu; mas *cirze* tu (cf. pág. 256, h).
2.ª) Para evitar os inconvenientes da homonímia que, pela identidade de formas, pode provocar ambiguidade com outras formas verbais, escritores portugueses se servem, às vezes, nos verbos da 3.ª conjugação, da antiga desinência *-ide* por *-i*:
 "Novas tenho e grandes novas, / Amigo, para vos dar: / Tomai esta chave
 e *abride*" [AGa.1].
 "*Ouvide*-a e fazei o que Ela vos disser!" [CBr *apud* MBa.3, 64-65].
O imperativo em português só tem formas próprias para as segundas pessoas; as pessoas que faltam são supridas pelos correspondentes do presente do subjuntivo. Não se usa o imperativo de 1.ª pessoa do singular como tal, mas com valor optativo. Por isto, estará assinalada nos paradigmas das formas imperativas. As terceiras pessoas do imperativo se referem a *você(s)*, e não a *ele(s)*. Também não se usa o imperativo nas orações negativas; neste caso empregam-se as formas correspondentes do presente do subjuntivo:

Imperativo afirmativo   *Imperativo negativo*
– eu   – eu
canta tu   não cantes tu
cante você, o senhor   não cante você, o senhor
cantemos nós   não cantemos nós
cantai vós   não canteis vós
cantem vocês, os senhores não cantem vocês, os senhores.

3 – Do tema do pretérito perfeito do indicativo (que praticamente se acha suprimindo a desinência pessoal da 1.ª pessoa do plural ou 2.ª do singular) saem:

a) o mais-que-perfeito do indicativo, com o acréscimo de *-ra (-re)*:
  -ra, -ra-s, -ra, -ra-mos; -re-is; -ra-m;
b) o imperfeito do subjuntivo, com o acréscimo de *-sse*:
  -sse, -sse-s, -sse; -sse-mos; -sse-m;
c) o futuro do subjuntivo, com o acréscimo de *-r (-re)*:
  -r, -re-s, -r, -r-mos; -r-des; -re-m.

Tema do pret. perf.	*M.-q.-p. ind.*	*Imp. subj.*	*Fut. subj.*
vi (-mos)	vira	visse	vir
vie (-mos)	viera	viesse	vier
coube (-mos)	coubera	coubesse	couber
puse (-mos)	pusera	pusesse	puser
fo (-mos)	fora	fosse	for

4 – Do infinitivo não flexionado se formam:

a) futuro do presente, com o acréscimo ao tema de *-ra (-re)* tônica:
  -re-i, -rá-s, -rá, -re-mos, -re-is, -rã-o;

b) futuro do pretérito, com o acréscimo de *-ria (-rie)*:
  -ria, -ria-s, -ria, -ría-mos, -ríe-is, -ria-m.

Infinitivo	*Futuro do presente*	*Futuro do pretérito*
cantar	cantarei	cantaria
	cantarás	cantarias
	cantará	cantaria
	cantaremos	cantaríamos
	cantareis	cantaríeis
	cantarão	cantariam

Exceções: *dizer, fazer, trazer*, que fazem *direi, farei, trarei; diria, faria, traria*.

c) imperfeito do indicativo, com o acréscimo de -*va* (-*ve*), na 1.ª conjugação, e -*ia* (-*ie*), na 2.ª e 3.ª:
cant-a-*va*, cant-a-*va*-s, cant-a-*va*, cant-á-*va*-mos, cant-á-*ve*-is, cant-a-*va*-m
vend-*ia*, vend-*ia*-s, vend-*ia*, vend-*ía*-mos, vend-*íe*-is, vend-*ia*-m
part-*ia*, part-*ia*-s, part-*ia*, part-*ía*-mos, part-*íe*-is, part-*ia*-m.

À parte, temos:
a) *ser* (era, eras, etc.)
b) *ter* (tinha, tinhas, etc.)
c) *vir* (vinha, vinhas, etc.)
d) *pôr* (punha, punhas, etc.)

A sílaba tônica nos verbos: formas rizotônicas e arrizotônicas
RIZOTÔNICA é a forma verbal cuja sílaba tônica se acha numa das sílabas do radical:
*que*ro, *can*to, *can*ta, *ven*dem, *fei*to

ARRIZOTÔNICA é a forma verbal cuja sílaba tônica se acha fora do radical:
que*re*mos, can*tais*, di*rei*, ven*di*do

A língua portuguesa é mais rica de formas rizotônicas.
São normalmente rizotônicas: a) as três pessoas do singular e a 3.ª do plural do presente do indicativo e do subjuntivo, e as correspondentes do imperativo; b) os particípios irregulares; c) a 1.ª pessoa e 3.ª do singular do pretérito perfeito dos verbos irregulares fortes: *cou*be, *fiz*, *fez*.
Nos verbos defectivos, em geral, faltam as formas rizotônicas.
Em vista do exposto, as três pessoas do singular e a 3.ª do plural do pres. ind. e subj. têm sempre acentuada a penúltima sílaba: *fruti*fico, *voci*feras, *senten*cia, *trafe*gam.
Exceções:
a) *resfolegar* faz *resfólego, resfólegas, resfólega, resfólegam*, etc. Existe ainda a forma reduzida *resfolgar*, de acentuação regular: *resfolgo*, etc.
b) *mobiliar* faz *mobílio, mobílias, mobília, mobiliamos, mobiliais, mobíliam; mobílie, mobílies, mobílie*, etc. Existem ainda as formas *mobilar*[57] e *mobilhar*, que se conjugam de acordo com a regra geral: *mobilo, mobilas; mobilho, mobilhas*, etc.
Mobilar é forma de pouca aceitação entre brasileiros: "Eu vivia encantonada na sala da frente, que ia de oitão a outro, com várias sacadas para o largo, *mobiliada* (atenção revisor: não ponha 'mobilada' que é palavra que eu detesto) com uma cama de vento, uma cadeira e um lavatório de ferro" [MB.1, 459-460].

---

[57] No Brasil só por imitação literária aparece este verbo. Dele nos diz Manuel Bandeira: "Esse lusitanismo está sendo introduzido por certos revisores à revelia dos autores; já me enxertaram a antipática palavra numa tradução minha, mas eu juro que não a escrevi, nem jamais a escreverei: escreverei sempre 'mobiliada'" [MB.1, 441].

c) *Aguar, desaguar* e *enxaguar* modernamente constituem também exceção entre brasileiros: *águo, deságuo, enxáguo*, etc. Entre portugueses e regionalmente vivem as pronúncias regulares: *aguo, enxaguo*, etc., como ocorre com *averiguar, apaziguar: averiguo, apaziguo*.

Alternância vocálica ou metafonia
Assim se chama a mudança de timbre que sofre a vogal do radical de um vocábulo na forma rizotônica. Muitos verbos da língua portuguesa apresentam este fenômeno:
> *ferver*: fervo, ferves, ferve, fervemos, ferveis, fervem (o *e* tônico é fechado na 1.ª pessoa do sing. e na 1.ª e 2.ª pessoa do plural; nas outras, é de timbre aberto).

Na 1.ª conjugação:
a) a vogal *a*, não seguida de *m, n* ou *nh*, passa a ser proferida bem aberta:
> *falar*: falo, falas, fala, falamos, falais, falam
> *chamar*: chamo, chamas, chama, chamamos, chamais, chamam

b) ao *e* fechado corresponde *e* aberto, exceto quando vem seguido de *m, n, nh, j, x, ch, lh*:
> *levar*: levo, levas, leva, levamos, levais, levam
> *remar*: remo, remas, rema, remamos, remais, remam
> *penar*: peno, penas, pena, penamos, penais, penam
> *desenhar*: desenho, desenhas, desenha, desenhamos, desenhais, desenham
> *alvejar*: alvejo, alvejas, alveja, alvejamos, alvejais, alvejam
> *pretextar*: pretexto, pretextas, pretexta, pretextamos, pretextais, pretextam
> *fechar*: fecho, fechas, fecha, fechamos, fechais, fecham
> *aparelhar*: aparelho, aparelhas, aparelha, aparelhamos, aparelhais, aparelham
> Exceções: *invejar* (tem *e* aberto na conjugação); *chegar, ensebar* não sofrem metafonia.

Pesar, no sentido de *causar tristeza, desprezar*, é arrolado também como exceção; porém, no Brasil, o uso mais corrente é conjugá-lo como *levar*. Os gramáticos recomendam-no com *e* fechado: *pesa, pesam; pese, pesem*, etc. (é verbo defectivo, só usado nas terceiras pessoas).

c) a vogal *o* passa a *o* aberto quando não seguida de *m, n, nh* ou o verbo não termina por *-oar*:
> *tocar*: toco, tocas, toca, tocamos, tocais, tocam
> *sonhar*: sonho, sonhas, sonha, sonhamos, sonhais, sonham
> *perdoar*: perdoo, perdoas, perdoa, perdoamos, perdoais, perdoam.

Na 2.ª conjugação:
a) as vogais tônicas *e* e *o* soam com timbre aberto na 2.ª e 3.ª pessoa do singular e na 3.ª do plural do pres. ind. e na 2.ª pess. sing. do imperativo afirmativo, salvo se vierem seguidas de *m*, *n* ou *nh*:
   dever: devo (ê), deves (é), deve (é), devemos, deveis, devem (é)
   roer: rói, roei (ô)
   volver: volvo (ô), volves (ó), volve (ó), volvemos, volveis, volvem (ó)
   temer: temo (ê), temes (ê), teme (ê), tememos, temeis, temem
   comer: como (ô), comes (ó), come (ó), etc.
   Exceções: *querer* e *poder* têm a vogal tônica aberta na 1.ª pess. do sing.

Na 3.ª conjugação:
a) a vogal *e*, última do radical, sofre alternâncias diversas quando nela recai o acento tônico:
   1 – Passa a *i* na 1.ª pess. do sing. ind. e em todo o presente subj. e *e* aberto na 2.ª e 3.ª pess. sing. e 3.ª do plural do pres. ind. e 2.ª pess. sing. do imperativo nos verbos:
   aderir, advertir, aferir, assentir, auferir, compelir, competir, concernir, conferir, conseguir, consentir, convergir, deferir, desferir, desmentir, despir, desservir, diferir, digerir, discernir, dissentir, divergir, divertir, expelir, ferir, impelir, ingerir, mentir, preferir, pressentir, preterir, proferir, prosseguir, referir, refletir, repelir, repetir, seguir, servir, sugerir, transferir, vestir
   vestir: visto, vestes, veste, etc.

OBSERVAÇÃO: Se o *e* for nasal mantém-se inalterável, exceto na 1.ª pess. singular do pres. ind. e em todo o pres. subj., onde passa a *i*: sentir: *sinto, sentes, sente*, etc.

2 – Passa a *i* nas três pessoas do singular e 3.ª do plural do presente do indicativo, em todo o pres. subj. e imperativo, salvo, neste, a 2.ª pessoa do plural:
   agredir, cerzir, denegrir, prevenir, progredir, regredir, transgredir e remir
   (este defectivo, cf. pág. 254).
   Pres. ind.: agrido, agrides, agride, agredimos, agredis, agridem
   Pres. subj.: agrida, agridas, agrida, etc.
   Imp. afirm.: agrida, agride, agrida, agridamos, agredi, agridam

3 – Os verbos *medir, pedir, despedir, impedir* e (derivados) têm *e* aberto nas formas rizotônicas, isto é, nas três pessoas do singular e 3.ª do plural do presente do indicativo e subjuntivo, e no imperativo afirmativo, exceto, neste, na 2.ª pessoa do plural:
   medir – pres. ind.: meço, medes, mede, medimos, medis, medem
      pres. subj.: meça, meças, meça, etc.
      imp. afirm.: meça, mede, meça, meçamos, medi, meçam

4 – Os verbos *aspergir, emergir, imergir* e *submergir* têm *e* tônico fechado na 1.ª pessoa do singular do presente do indicativo (e formas que daí se derivam); têm

e aberto na 2.ª e 3.ª do singular e 3.ª do plural do presente do indicativo (e formas que daí se derivam):
   aspergir: asperjo (ê), asperges (é), asperge (é), aspergimos, aspergis, aspergem (é)

b) a vogal *o* sofre também alternâncias diferentes, quando nela recai o acento tônico:
   1 – Passa a *u* na 1.ª pessoa sing. do pres. ind., em todo o pres. subj. e no imperativo, salvo, neste, a 2.ª pess. do singular e plural; e passa a *o* aberto na 2.ª e 3.ª sing. e 3.ª do plural do pres. ind. e 2.ª do singular do imperativo:
dormir – pres. ind.: durmo, dormes, dorme, dormimos, dormis, dormem
   pres. subj.: durma, durmas, durma, etc.
   imp. afirm.: durma, dorme, durma, durmamos, dormi, durmam

Assim se conjugam *cobrir, descobrir, encobrir, recobrir, tossir*. *Dormir* e *tossir* são regulares no particípio: *dormido, tossido*.
Para a conjugação de *engolir* e *desengolir* que, a rigor, deveriam seguir este modelo, veja-se o que se diz mais adiante.
   2 – Passa a *u* nas três pessoas do sing. e 3.ª do plural do presente do indicativo, em todo o pres. do subjuntivo e no imperativo afirmativo, exceto, neste, a 2.ª pessoa do plural:
sortir –   pres. ind.: surto, surtes, surte, sortimos, sortis, surtem
   pres. subj.: surta, surtas, surta, etc.
   imp. afirm.: surta, surte, surta, surtamos, sorti, surtam

Por este modelo se conjugam *despolir* e *polir* (➔ 302). Antigamente seguiam este paradigma *cortir* e *ordir*, hoje grafados *curtir* e *urdir* e de conjugação regular.
   c) a vogal *u* do radical passa a *o* aberto na 2.ª e 3.ª pess. do singular e 3.ª do plural do presente do indicativo e na 2.ª pessoa do singular do imperativo afirmativo:
acudir – pres. ind.: acudo, acodes (ó), acode (ó), acudimos, acudis, acodem (ó)
   pres. subj.: acuda, acudas, acuda, etc.
   imp. afirm.: acuda, acode (ó), acuda, acudamos, acudi, acudam

Assim se conjugam *bulir, cuspir, escapulir, fugir, sacudir*. *Consumir* e *sumir* terão o *o* fechado por estarem seguidos de *m*: *consomes* (ô), *consome* (ô); *somes* (ô), *some* (ô).

OBSERVAÇÕES:
1.ª) *Assumir, presumir, reassumir, resumir* são regulares: Pres. ind.: assumo, assumes, assumimos, assumis, assumem.
2.ª) Os verbos em *-uir* não apresentam alternâncias vocálicas no radical; a 2.ª e 3.ª pessoas do singular do presente do indicativo têm *is* e *i* em lugar de *es* e *e*, por haver ditongo oral:
   constituir: pres. ind.: constituo, constituis, constitui, constituímos, constituís, constituem.

Assim se conjugam *anuir, arguir, atribuir, constituir, destituir, diluir, diminuir, estatuir, imbuir, influir, instituir, instruir, puir* (defectivo), *restituir, redarguir, ruir*.

3.ª) *Construir, desentupir, destruir, entupir* (e cognatos) seguem este modelo ou ainda admitem alternância do *u* em *o* aberto na 2.ª e 3.ª pessoa do sing. e 3.ª do plural do presente do indicativo e na 2.ª pessoa do sing. do imperativo afirmativo. *Entupir* e *desentupir* só se afastam do grupo porque apresentam *es* e *e* na 2.ª e 3.ª pessoa do sing. do pres. ind.: *entupo, entupes* (ou *entopes*), *entupe* (ou *entope*), *entupimos, entupis, entupem* (ou *entopem*).
    construo, construis (ou *constróis*), *construi* (ou *constrói*), *construímos, construís, construem* (ou *constroem*).

Estes verbos são, portanto, abundantes. *Obstruir* é, entretanto, conjugado apenas como *constituir* (cf. obs. 2.ª).

4.ª) *Engolir*, ainda que se escreva com *o*, segue o paradigma de *acudir*; para o Vocabulário de nossa Academia: *engulo, engoles, engole, engulimos, engulis, engolem*. Melhor fora, porém, conjugá-lo com *o* nas duas primeiras pessoas do plural do pres. do indicativo, desfazendo-se a incoerência.

d) a vogal *i* do radical do verbo *frigir* passa a *e* aberto na 2.ª e 3.ª pess. sing. e na 3.ª do plural do pres. do indicativo e na 2.ª pess. sing. do imperativo afirmativo:
    Pres. ind.: frijo, freges, frege, frigimos, frigis, fregem
    Imp. afirm.: frija, frege, frija, frijamos, frigi, frijam

Não há metafonia, isto é, a vogal é proferida fechada, nos seguintes casos [SA.2, 113]:
1) quando a vogal tônica se acha no fim do radical:
    crê, crês; lê, lês

2) quando integra os ditongos *ou, ei*:
    douro, douras; cheiro, cheiras

3) no ditongo *oi* seguido de consoante:
    pernoito, pernoitas

4) quando a vogal é seguida de consoante nasal:
    como, comes

5) nos verbos terminados em *-ear, -elhar, -ejar* (exceto *invejar*) e *-oar*:
    receio, receias; aparelho, aparelhas; desejo, desejas; coroo, coroas

6) nos verbos *chegar* e *ensebar*:
    chego, chegas; ensebo, ensebas

Verbos notáveis quanto à pronúncia ou flexão
   a) *Aguar, desaguar, enxaguar* e afins podem ser conjugados de duas formas:
   1 - Ou têm as formas rizotônicas com o *u* do radical tônico, mas sem o acento agudo, conforme o modelo:
      Pres. ind.: aguo (ú), aguas (ú), agua (ú), aguamos, aguais, aguam (ú)
      Pres. subj.: ague (ú), agues (ú), ague (ú), aguemos, agueis, aguem (ú)

   2 - Ou têm as formas rizotônicas com *a* do radical com acento agudo, conforme o modelo:
      Pres. ind.: águo, águas, água, aguamos, aguais, águam
      Pres. subj.: ágûe, águes, águe, aguemos, agueis, águem

   b) *Arguir* e *redarguir* não levam acento agudo na vogal tônica *u* nas formas rizotônicas:
      Pres. ind.: arguo (ú), arguis (ú), argui (ú), arguímos, arguís, arguem (ú)
      Pres. subj.: argua (ú), arguas (ú), argua (ú), arguamos, arguais, arguam (ú)

   c) *Apaniguar, apaziguar, apropinquar, averiguar, delinquir, obliquar, santiguar* e afins conjugam-se pelo seguinte modelo:
   1 - Ou têm as formas rizotônicas com o *u* do radical tônico, mas sem o acento agudo, conforme o modelo:
      Pres. ind.: apaziguo (ú), apaziguas (ú), apazigua (ú), apaziguamos, apaziguais, apaziguam (ú)
      Pres. subj.: apazigue (ú), apazigues (ú), apazigue (ú), apaziguemos, apazigueis, apaziguem (ú)

   2 - Ou têm as formas rizotônicas com o *i* do radical com acento agudo, conforme o modelo:
      Pres. ind.: apazíguo, apazíguas, apazígua, apaziguamos, apaziguais, apazíguam
      Pres. subj.: apazígue, apazígues, apazígue, apaziguemos, apazigueis, apazíguem

   d) *Magoar* conjuga-se:
      Pres. ind.: magoo, magoas, magoa, magoamos, magoais, magoam
      Pres. subj.: magoe, magoes, magoe, magoemos, magoeis, magoem

   e) *Mobiliar* conjuga-se:
      Pres. ind.: mobílio, mobílias, mobília, mobiliamos, mobiliais, mobíliam
      Pres. subj.: mobílie, mobílies, mobílie, mobiliemos, mobilieis, mobíliem

Observação: A variante *mobilar* apresenta-se regularmente: mobilo, mobilas, mobila, etc.

   f) *Resfolegar* conjuga-se:
      Pres. ind.: resfólego, resfólegas, resfólega, resfolegamos, resfolegais, resfólegam

Pres. subj.: resfólegue, resfólegues, resfólegue, resfoleguemos, resfolegueis, resfóleguem.

OBSERVAÇÕES:
1.ª) A forma contrata de *resfolegar* é *resfolgar*, que se apresenta regularmente: resfolgo, resfolgas, resfolga, etc.
2.ª) O substantivo é *resfôlego*, proparoxítono, com *o* tônico fechado.

g) *Dignar-se, indignar-se, obstar, optar, adaptar, pugnar, impugnar, ritmar, raptar* conjugam-se:

Presente do indicativo

indigno-me (dí)	obsto (ó)	opto (ó)	impugno (ú)	ritmo (í)	rapto (rá)
indignas-te (dí)	obstas (ó)	optas (ó)	impugnas (ú)	ritmas (í)	raptas (rá)
indigna-se (dí)	obsta (ó)	opta (ó)	impugna (ú)	ritma (í)	rapta (rá)
indignamo-nos	obstamos	optamos	impugnamos	ritmamos	raptamos
indignais-vos	obstais	optais	impugnais	ritmais	raptais
indignam-se (dí)	obstam (ó)	optam (ó)	impugnam (ú)	ritmam (í)	raptam (rá)

OBSERVAÇÃO: Nestes verbos em que há grupo consonantal que na linguagem popular se desfaz com acréscimo de uma vogal, devem se evitar pronúncias viciosas como /indig*u*ino/ (por /in*d*igno/), /o*p*ito/ por /o*p*to/, etc.

h) *Obviar* conjuga-se:
Pres. ind.: obvio (í), obvias (í), obvia (í), obviamos, obviais, obviam (í)

i) *Apiedar* e *moscar* conjugam-se:
apiedar – pres. ind.: apiedo, apiedas, apieda, apiedamos, apiedais, apiedam

A lição antiga de alguns gramáticos e ortógrafos confundia o arcaico *apiadar* e *apiedar* numa só conjugação, o que não aconselhamos:
Pres. ind.: apiado, apiadas, apiada, apiadamos, apiadais, apiadam (*i.e.*:, *a* nas formas rizotônicas e *e* nas arrizotônicas).
A mesma confusão existia com *moscar* e *muscar* (sumir-se):
Pres. ind.: musco, muscas, musca, moscamos, moscais, muscam (*i.e.*: *u* nas formas rizotônicas e *o* nas arrizotônicas).
Mais certo será conjugarmos regularmente *moscar* e *muscar*:
Pres. ind.: mosco, moscas, mosca, moscamos, moscais, moscam;
Pres. ind.: musco, muscas, musca, muscamos, muscais, muscam.

A correção, porém, talvez seja mais difícil, por serem muito pouco usados *moscar* e *muscar*.

j) Verbos com os ditongos fechados *ou* e *ei* (*roubar, inteirar*) conjugam-se não se reduzindo a vogais abertas *o* e *e*, respectivamente:

        Roubar   *Inteirar*
        roubo (e não *róbo*, etc.)   inteiro (e não *intéro*, etc.)
        roubas   inteiras
        rouba   inteira
        roubamos   inteiramos
        roubais   inteirais
        roubam   inteiram

k) Verbos com os ditongos fechados *eu* e *oi* (como *endeusar* e *noivar*) conjugam-se mantendo o ditongo sem que o *e* ou o *o* passem a timbre aberto: *endeuso, endeusas, endeusa*, etc.; *noivo, noivas, noiva*, etc.

Observações: O verbo *apoiar* tinha primitivamente fechado o ditongo; hoje é mais corrente proferi-lo aberto. O novo Acordo Ortográfico extinguiu o acento gráfico dos ditongos *ei* e *oi* da sílaba tônica das palavras paroxítonas, motivo pelo qual o verbo *apoiar* não recebe mais acento gráfico para marcar o *o* aberto na pronúncia. Tem-se portanto: *apoio* (ói), *apoias* (ói), *apoia* (ói), *apoiamos, apoiais, apoiam* (ói).

l) Verbos com o hiato *au, ai* e *iu* (como *saudar, embainhar* e *amiudar*) conjugam se mantendo o hiato:

    saudar   *embainhar*   *amiudar*
    saúdo   embainho   amiúdo
    saúdas   embainhas   amiúdas
    saúda   embainha   amiúda
    saudamos   embainhamos   amiudamos
    saudais   embainhais   amiudais
    saúdam   embainham   amiúdam

Observação: *Arraigar* (com hiato) passou desde cedo a *arraigar* (com ditongo, *ar-rai-gar*) e daí a *arreigar*. As formas com ditongo são mais frequentes, embora modernamente se tenha restabelecido *arraigar* com hiato. *Saudar* proferido com ditongo (*saudo, saudas*, etc.) ocorre aqui e ali nos poetas e se fixa no falar coloquial e popular.

Verbos terminados em *-zer, -zir*: como *fazer* e *traduzir*
Perdem o *e* final na 3.ª pess. sing. do presente do indicativo e na 2.ª pess. sing. do imperativo afirmativo (este caso não é obrigatório e até, com exagero, vem condenado pelos gramáticos), quando o *z* não é precedido de consoante:
    fazer: faço, fazes, faz, etc. Imp. afirm.: faze (ou faz) tu
    traduzir: traduzo, traduzes, traduz, etc. Imp. afirm.: traduze (ou traduz) tu
    Mas *cerzir*: cirzo, cirzes, cirze, etc.

Variações gráficas na conjugação
Muitas vezes altera-se a maneira de representar na escrita a última consoante do radical para conservar o mesmo som:

1 – os verbos terminados em *-car* e *-gar* mudam o *c* ou *g* em *qu* ou *gu*, quando tais consoantes são seguidas de *e*:
   pecar: peco, peques; *cegar*: cego, cegues

2 – os verbos terminados em *-cer* ou *-cir* têm *c* cedilhado antes de *a* ou *o*:
   conhecer – conheço, conheces, conhece; *ressarcir* – ressarço, ressarces

3 – os verbos terminados em *-çar* perdem a cedilha antes do *e*:
   começar – começo, comeces

4 – os verbos terminados em *-ger* ou *-gir* mudam o *g* em *j* antes de *a* ou *o*:
   eleger – elejo, eleges; *fugir* – fujo, foges

5 – os verbos terminados em *-guer* ou *-guir* perdem o *u* antes de *a* ou *o*:
   erguer – ergo, ergues, erga
   conseguir – consigo, consegues, consiga

A vogal *e* passa a ser grafada *i* quando entra num ditongo *oral* (verbos em *-uir*): atribuo, atribu*i*s, atribu*i*.

Estas variações gráficas não constituem irregularidades de conjugação, não havendo, por isso, *verbos irregulares gráficos*.

Verbos em *-ear* e *-iar*
Os verbos em *-ear* trocam o *e* por *ei* nas formas rizotônicas:
Nomear – pres. ind.: nom*ei*o, nom*ei*as, nom*ei*a, nomeamos, nomeais, nom*ei*am.
   pres. subj.: nom*ei*e, nom*ei*es, nom*ei*e, nomeemos, nomeeis, nom*ei*em.
   imp. afirm.: nom*ei*e, nom*ei*a, nom*ei*e, nomeemos, nomeai, nom*ei*em.

Os verbos em *-iar* são conjugados regularmente:
Premiar – pres. ind.: premio, premias, premia, premiamos, premiais, premiam.
   pres. subj.: premie, premies, premie, etc.
   imp. afirm.: premie, premia, premie, premiemos, premiai, premiem.

Cinco verbos em *-iar* se conjugam, nas formas rizotônicas, como se terminassem em *-ear* (MARIO é o anagrama que deles se pode formar):
   mediar: med*ei*o, med*ei*as, med*ei*a, mediamos, mediais, med*ei*am
   ansiar: ans*ei*o, ans*ei*as, ans*ei*a, ansiamos, ansiais, ans*ei*am
   remediar: remed*ei*o, remed*ei*as, remed*ei*a, remediamos, remediais, remed*ei*am
   incendiar: incend*ei*o, incend*ei*as, incend*ei*a, incendiamos, incendiais, incend*ei*am
   odiar: od*ei*o, od*ei*as, od*ei*a, odiamos, odiais, od*ei*am

OBSERVAÇÕES:
1.ª) Enquanto no Brasil já vamos conjugando os verbos em *-ear* e *-iar* pelo que acabamos de expor, entre os portugueses ainda se notam vacilações em muitos

que, grafados com -*iar*, deveriam seguir o modelo de *premiar*, mas se acostam ao de *nomear*, dada a homofonia dos dois finais na fala corrente: além do próprio *premiar, agenciar, comerciar, licenciar, negociar, penitenciar, obsequiar, presenciar, providenciar, reverenciar, sentenciar, vangloriar, vitoriar, evidenciar, glorificar, diligenciar* e outros.

2.ª) Hoje não fazemos distinção entre *crear* (tirar do nada, dar existência) e *criar* (educar, cultivar, promover o desenvolvimento), usando apenas *criar* para ambos os casos, que se conjuga como *premiar*. Entre escritores modernos, porém, podem ocorrer exemplos de *crear*, conjugado como *nomear*.

3.ª) A diferença de conjugação torna-se imperiosa nos parônimos: *afear* e *afiar*; *arrear* e *arriar*; *estrear* e *estriar*; *vadear* e *vadiar*; etc.

Quando grafar -*ear* ou -*iar*
Grafam-se com -*ear* os verbos que possuem formas substantivas ou adjetivas cognatas terminadas em:
   a) -*é*, -*eio*, -*eia*:
      pé – apear   ceia – cear
      passeio – passear   ideia – idear
      Exceção:
      fé – fiar

   b) consoante ou pelas vogais átonas -*a*, -*e*, -*o* precedidas de consoante:
      mar – marear   pente – pentear
      casa – casear   branco – branquear
      Exceções:
      amplo – ampliar   lume – alumiar
      breve – abreviar   sede – sediar
      finança – financiar êxtase – extasiar
      graça – agraciar

Incluem-se entre os verbos em -*ear*: *atear, bambolear, bruxulear, cecear, derrear, favonear, pavonear, semear, vadear.*

Grafam-se com -*iar* os verbos que possuem formas substantivas cognatas terminadas em:
   a) -*io*, -*ia*:
      alívio – aliviar   delícia – deliciar
      sócio – associar   polícia – policiar
      óbvio – obviar   assovio – assoviar

   b) -*ânsia*, -*ência*, -*ença*:
      distância – distanciar presença – presenciar
      diligência – diligenciar sentença – sentenciar

Incluem-se no rol dos verbos em -*iar*: *anuviar, apreciar, depreciar, saciar.*

OBSERVAÇÃO: Muitas vezes o final *-ear* ou *-iar* se pode alternar com o simples *-ar*: *azular* ou *azulear*; *bajar* ou *bagear* (produzir vagens); *diferenciar* ou *diferençar*; *balançar* ou *balancear*; *homicidar* ou *homicidiar*; etc.

Erros frequentes na conjugação de alguns verbos
   a) *Vir* e seus derivados
   No presente do indicativo temos: *venho, vens, vem, vimos* (e não *viemos*), *vindes, vêm*.
   No pretérito perfeito do indicativo: *vim, vieste, veio, viemos, viestes, vieram*.
      "E, incapazes de negar a beleza (...) assaltaram a ave de Juno (...) *intervieram* para impor silêncio o leão e o tigre" [JR.2, 200].
      "O Senhor Araña y Araña *conveio* em que o panorama era magnificente (...)" [JR.2, 189].
   Notem-se estes enganos comuns nos derivados de *vir*, no pretérito perfeito do indicativo:
      Os guardas *interviram* na discussão (em lugar de *intervieram*).
      A professora *interviu* no caso (em lugar de *interveio*).

   O gerúndio é igual ao particípio, porque neste desapareceu a vogal temática: *vindo* (*vi-ndo*) e *vindo* (*vin-i-do*).
   O futuro do subjuntivo é *vier*: Quando eu *vier*... (e não *vir*):

   b) *Ver* e seus derivados
   Prover não se conjuga como *ver* no:
      pret. perf. ind.: provi, proveste, proveu, provemos, provestes, proveram
      m.-q.-perf. ind.: provera, proveras, provera, provêramos, provêreis, proveram
      imperf. subj.: provesse, provesses, provesse, provêssemos, provêsseis, provessem
      fut. subj.: prover, proveres, prover, provermos, proverdes, proverem
      particípio: provido

   Rever é conjugado como *ver*, por isso está errada a flexão em:
      A aluna *reveu* (em vez de *reviu*) a prova.

   Antever é conjugado como *ver* e, por isso, enganou-se o nosso Casimiro de Abreu ao escrever:
      "Quem *antevera* (com *e*) que dum povo a ruína
      Pelo seu próprio rei cavada fosse?" [SS.4, 34].

   O futuro do subjuntivo é *vir*:
      Quando eu vier à cidade e *vir* (e não *ver*!) oportunidade de comprá-lo, então o farei.

   c) *Precaver-se*
   É verbo defectivo que nada tem com *ver* ou *vir*; por isso evite-se dizer

Eu me *precavejo* ou Eu me *precavenho*.
Precavejam-se ou *Precavenham-se*.

Para sua conjugação, veja-se pág. 254.

d) *Reaver*
É verbo defectivo, derivado de *haver*, que só se conjuga nas formas em que este possui "*v*". Não se deve dizer: Eu *reavejo* ou Eu *reavenho*.
Cuidado especial merece também o pret. perf.: *reouve, reouveste, reouve, reouvemos, reouvestes, reouveram*.
Por isso evitem-se empregos como: *eu reavi, ele reaveu*, etc. Cf. pág. 254.

e) *Ter* e seus derivados
Deter, derivado de ter (assim como *abster-se, ater-se, manter, conter, entreter, obter, reter, suster*), conjuga-se como este. Logo está errada a conjugação:
O policial *deteu* (por *deteve*!) o criminoso.

Veja-se a flexão correta no seguinte exemplo:
"Sirva de exemplo o caso que vou referir, segundo o texto autorizado de um doutor que (...) *entreteve* um diálogo com um dos últimos gregos" [JR].

OBSERVAÇÃO: Cuidado especial há de se ter entre o futuro do subjuntivo (p.ex.: *mantiver*) e o infinitivo (*manter*): Ficarei triste quando ela se *mantiver* calada. Tenho de a *manter* calada.

No seguinte exemplo o emprego do infinitivo se explica por se ter omitido o auxiliar (*conseguir*) expresso anteriormente: E se ele conseguir largar na frente e *manter* (isto é, *conseguir manter*) a primeira posição, será possível ganhar a regata.

f) *Pôr* e seus derivados
Opor é derivado de *pôr* e por ele se modela na conjugação. Assim enganou-se o poeta Porto-Alegre nestes versos, usando *opor* em vez de *opuser*:
"Se aos paternos errores de contraste,
E à minha influição *opor* virtudes" [PA.1, II, 154 *apud* SS.4, 34].

g) *Estar* e seus derivados
Sobrestar é derivado de *estar* e por ele se conjuga; porém, costuma-se ver modelado pelo verbo *ter*, como se fosse *sobrester*. Assim não está certo o seguinte exemplo de Alberto de Oliveira:
"Deixando a enferma, *sobrestenho* o passo" [AO.2 *apud* SS.4]. (por: *sobrestou*)

h) *Haver-se* e *avir-se*
Estes verbos têm empregos diferentes. *Haver-se* (com alguém) significa:

1) *proceder, portar-se*:
"Ele, porém, *houve-se* com a maior delicadeza" [MA.1, 364].

2) *ser chamado a ordem, entrar em disputa com alguém, conciliar*, e aparece nas ameaças:
Ele tem de *se haver* comigo.
"Aquele que sobre ti lançar vistas de amor ou de cobiça, comigo *se haverá*" [MP.1, 139 *apud* SS.1, 361].

3) *conciliar*:
Felizmente o filho *se houve* com os pais.

Avir-se é sinônimo de *haver-se* no sentido de conciliar, isto é, significa 'entrar em acordo com':
"Lá *se avenham* os sorveteiros com Boileau" [FE].

Desavir-se é o contrário de *avir-se*:
Os amigos se *desavieram* (e não se *desouveram*!) por muito pouco.

Erra-se frequentes vezes empregando-se, nas ameaças, *avir-se* por *haver-se*: Ele tem de *se avir* comigo (em lugar de *se haver*).

Paradigma dos verbos regulares
Com destaque dos elementos estruturais

1 – Conjugação simples
1.ª – **Cant-a-r**   2.ª – **Vend-e-r**   3.ª – **Part-i-r**

MODO INDICATIVO
Presente

Cant-o	Vend-o	Part-o
Cant-a-s	Vend-e-s	Part-e-s
Cant-a	Vend-e	Part-e
Cant-a-mos	Vend-e-mos	Part-i-mos
Cant-a-is	Vend-e-is	Part-is
Cant-a-m	Vend-e-m	Part-e-m

Pretérito imperfeito

Cant-a-va	Vend-ia	Part-ia
Cant-a-va-s	Vend-ia-s	Part-ia-s
Cant-a-va	Vend-ia	Part-ia
Cant-á-va-mos	Vend-ía-mos	Part-ía-mos
Cant-á-ve-is	Vend-íe-is	Part-íe-is
Cant-a-va-m	Vend-ia-m	Part-ia-m

Pretérito perfeito

Cant-e-i	Vend-i	Part-i
Cant-a-ste	Vend-e-ste	Part-i-ste
Cant-o-u	Vend-e-u	Part-i-u
Cant-a-mos	Vend-e-mos	Part-i-mos
Cant-a-stes	Vend-e-stes	Part-i-stes
Cant-a-ra-m	Vend-e-ra-m	Part-i-ra-m

Pretérito mais-que-perfeito

Cant-a-ra	Vend-e-ra	Part-i-ra
Cant-a-ra-s	Vend-e-ras	Part-i-ra-s
Cant-a-ra	Vend-e-ra	Part-i-ra
Cant-á-ra-mos	Vend-ê-ra-mos	Part-í-ra-mos
Cant-á-re-is	Vend-ê-re-is	Part-í-re-is
Cant-a-ra-m	Vend-e-ra-m	Part-i-ra-m

Futuro do presente

Cant-a-re-i	Vend-e-re-i	Part-i-re-i
Cant-a-rá-s	Vend-e-rá-s	Part-i-rá-s
Cant-a-rá	Vend-e-rá	Part-i-rá
Cant-a-re-mos	Vend-e-re-mos	Part-i-re-mos
Cant-a-re-is	Vend-e-re-is	Part-i-re-is
Cant-a-rã-o	Vend-e-rã-o	Part-i-rã-o

Futuro do pretérito

Cant-a-ria	Vend-e-ria	Part-i-ria
Cant-a-ria-s	Vend-e-ria-s	Part-i-ria-s
Cant-a-ria	Vend-e-ria	Part-i-ria
Cant-a-ría-mos	Vend-e-ría-mos	Part-i-ría-mos
Cant-a-ríe-is	Vend-e-ríe-is	Part-i-ríe-is
Cant-a-ria-m	Vend-e-ria-m	Part-i-ria-m

MODO SUBJUNTIVO
Presente

Cant-e	Vend-a	Part-a
Cant-e-s	Vend-a-s	Part-a-s
Cant-e	Vend-a	Part-a
Cant-e-mos	Vend-a-mos	Part-a-mos
Cant-e-is	Vend-a-is	Part-a-is
Cant-e-m	Vend-a-m	Part-a-m

Pretérito imperfeito

Cant-a-sse	Vend-e-sse	Part-i-sse
Cant-a-sse-s	Vend-e-sse-s	Part-i-sse-s
Cant-a-sse	Vend-e-sse	Part-i-sse
Cant-á-sse-mos	Vend-ê-sse-mos	Part-í-sse-mos
Cant-á-sse-is	Vend-ê-sse-is	Part-í-sse-is
Cant-a-sse-m	Vend-e-sse-m	Part-i-sse-m

Futuro

Cant-a-r	Vend-e-r	Part-i-r
Cant-a-re-s	Vend-e-re-s	Part-i-re-s
Cant-a-r	Vend-e-r	Part-i-r
Cant-a-r-mos	Vend-e-r-mos	Part-i-r-mos
Cant-a-r-des	Vend-e-r-des	Part-i-r-des
Cant-a-re-m	Vend-e-re-m	Part-i-re-m

MODO IMPERATIVO
Afirmativo

Cant-a tu[58]	Vend-e tu	Part-e tu
Cant-e você	Vend-a você	Part-a você
Cant-e-mos nós	Vend-a-mos nós	Part-a-mos nós
Cant-a-i vós	Vend-e-i vós	Part-i vós
Cant-e-m vocês	Vend-a-m vocês	Part-a-m vocês

Negativo

Não cant-e-s tu	Não vend-a-s tu	Não part-a-s tu
Não cant-e você	Não vend-a você	Não part-a você
Não cant-e-mos nós	Não vend-a-mos nós	Não part-a-mos nós
Não cant-e-is vós	Não vend-a-is vós	Não part-a-is vós
Não cant-e-m vocês	Não vend-a-m vocês	Não part-a-m vocês

FORMAS NOMINAIS
Infinitivo
Não flexionado

Cant-a-r	Vend-e-r	Part-i-r

Flexionado

Cant-a-r	Vend-e-r	Part-i-r
Cant-a-re-s	Vend-e-re-s	Part-i-re-s
Cant-a-r	Vend-e-r	Part-i-r
Cant-a-r-mos	Vend-e-r-mos	Part-i-r-mos
Cant-a-r-des	Vend-e-r-des	Part-i-r-des
Cant-a-re-m	Vend-e-re-m	Part-i-re-m

---

[58] A 1.ª pessoa do singular no imperativo existe na língua, embora seja pouco usada.

Gerúndio
Cant-a-ndo   Vend-e-ndo   Part-i-ndo

Particípio
Cant-a-do   Vend-i-do   Part-i-do

2 – Conjugação composta[59]

MODO INDICATIVO
Pretérito perfeito composto

Tenho cantado	Tenho vendido	Tenho partido
Tens cantado	Tens vendido	Tens partido
Tem cantado	Tem vendido	Tem partido
Temos cantado	Temos vendido	Temos partido
Tendes cantado	Tendes vendido	Tendes partido
Têm cantado	Têm vendido	Têm partido

Pretérito mais-que-perfeito composto

Tinha cantado	Tinha vendido	Tinha partido
Tinhas cantado	Tinhas vendido	Tinhas partido
Tinha cantado	Tinha vendido	Tinha partido
Tínhamos cantado	Tínhamos vendido	Tínhamos partido
Tínheis cantado	Tínheis vendido	Tínheis partido
Tinham cantado	Tinham vendido	Tinham partido

Futuro do presente composto

Terei cantado	Terei vendido	Terei partido
Terás cantado	Terás vendido	Terás partido
Terá cantado	Terá vendido	Terá partido
Teremos cantado	Teremos vendido	Teremos partido
Tereis cantado	Tereis vendido	Tereis partido
Terão cantado	Terão vendido	Terão partido

Futuro do pretérito composto

Teria cantado	Teria vendido	Teria partido
Terias cantado	Terias vendido	Terias partido
Teria cantado	Teria vendido	Teria partido
Teríamos cantado	Teríamos vendido	Teríamos partido
Teríeis cantado	Teríeis vendido	Teríeis partido
Teriam cantado	Teriam vendido	Teriam partido

---

[59] Sobre o emprego dos auxiliares *ter* e *haver* na conjugação composta veja-se a pág. 285.

MODO SUBJUNTIVO
Pretérito perfeito

Tenha cantado	Tenha vendido	Tenha partido
Tenhas cantado	Tenhas vendido	Tenhas partido
Tenha cantado	Tenha vendido	Tenha partido
Tenhamos cantado	Tenhamos vendido	Tenhamos partido
Tenhais cantado	Tenhais vendido	Tenhais partido
Tenham cantado	Tenham vendido	Tenham partido

Pretérito mais-que-perfeito

Tivesse cantado	Tivesse vendido	Tivesse partido
Tivesses cantado	Tivesses vendido	Tivesses partido
Tivesse cantado	Tivesse vendido	Tivesse partido
Tivéssemos cantado	Tivéssemos vendido	Tivéssemos partido
Tivésseis cantado	Tivésseis vendido	Tivésseis partido
Tivessem cantado	Tivessem vendido	Tivessem partido

Futuro composto

Tiver cantado	Tiver vendido	Tiver partido
Tiveres cantado	Tiveres vendido	Tiveres partido
Tiver cantado	Tiver vendido	Tiver partido
Tivermos cantado	Tivermos vendido	Tivermos partido
Tiverdes cantado	Tiverdes vendido	Tiverdes partido
Tiverem cantado	Tiverem vendido	Tiverem partido

FORMAS NOMINAIS
Infinitivo
Não flexionado composto

Ter cantado	Ter vendido	Ter partido

Flexionado composto

Ter cantado	Ter vendido	Ter partido
Teres cantado	Teres vendido	Teres partido
Ter cantado	Ter vendido	Ter partido
Termos cantado	Termos vendido	Termos partido
Terdes cantado	Terdes vendido	Terdes partido
Terem cantado	Terem vendido	Terem partido

Gerúndio composto

Tendo cantado	Tendo vendido	Tendo partido

Conjugação de verbos auxiliares mais comuns

1 – Conjugação simples

Ser	*Estar*	*Ter*	*Haver*
	MODO INDICATIVO		
	Presente		
Sou	Estou	Tenho	Hei
És	Estás	Tens	Hás
É	Está	Tem	Há
Somos	Estamos	Temos	Havemos
Sois	Estais	Tendes	Haveis
São	Estão	Têm[60]	Hão
	Pretérito imperfeito		
Era	Estava	Tinha	Havia
Eras	Estavas	Tinhas	Havias
Era	Estava	Tinha	Havia
Éramos	Estávamos	Tínhamos	Havíamos
Éreis	Estáveis	Tínheis	Havíeis
Eram	Estavam	Tinham	Haviam
	Pretérito perfeito		
Fui	Estive	Tive	Houve
Foste	Estiveste	Tiveste	Houveste
Foi	Esteve	Teve	Houve
Fomos	Estivemos	Tivemos	Houvemos
Fostes	Estivestes	Tivestes	Houvestes
Foram	Estiveram	Tiveram	Houveram
	Pretérito mais-que-perfeito		
Fora	Estivera	Tivera	Houvera
Foras	Estiveras	Tiveras	Houveras
Fora	Estivera	Tivera	Houvera
Fôramos	Estivéramos	Tivéramos	Houvéramos
Fôreis	Estivéreis	Tivéreis	Houvéreis
Foram	Estiveram	Tiveram	Houveram

---

[60] O *Vocabulário Oficial* só adota esta forma; porém, nos poetas pode ocorrer a pronúncia como dissílabo – *te-em-*, como dizem *creem, deem, leem, veem*. Ocorre o mesmo com *vêm* (de *vir*). Note-se, de passagem, que os dissílabos *creem, deem, leem, veem* são pronúncias relativamente modernas. As formas antigas eram: *crem, dem, lem, vem*.

Futuro do presente

Serei	Estarei	Terei	Haverei
Serás	Estarás	Terás	Haverás
Será	Estará	Terá	Haverá
Seremos	Estaremos	Teremos	Haveremos
Sereis	Estareis	Tereis	Havereis
Serão	Estarão	Terão	Haverão

Futuro do pretérito

Seria	Estaria	Teria	Haveria
Serias	Estarias	Terias	Haverias
Seria	Estaria	Teria	Haveria
Seríamos	Estaríamos	Teríamos	Haveríamos
Seríeis	Estaríeis	Teríeis	Haveríeis
Seriam	Estariam	Teriam	Haveriam

MODO SUBJUNTIVO
Presente

Seja	Esteja	Tenha	Haja
Sejas	Estejas	Tenhas	Hajas
Seja	Esteja	Tenha	Haja
Sejamos	Estejamos	Tenhamos	Hajamos
Sejais	Estejais	Tenhais	Hajais
Sejam	Estejam	Tenham	Hajam

Pretérito imperfeito

Fosse	Estivesse	Tivesse	Houvesse
Fosses	Estivesses	Tivesses	Houvesses
Fosse	Estivesse	Tivesse	Houvesse
Fôssemos	Estivéssemos	Tivéssemos	Houvéssemos
Fôsseis	Estivésseis	Tivésseis	Houvésseis
Fossem	Estivessem	Tivessem	Houvessem

Futuro

For	Estiver	Tiver	Houver
Fores	Estiveres	Tiveres	Houveres
For	Estiver	Tiver	Houver
Formos	Estivermos	Tivermos	Houvermos
Fordes	Estiverdes	Tiverdes	Houverdes
Forem	Estiverem	Tiverem	Houverem

MODO IMPERATIVO
Afirmativo

Sê tu	Está tu	Tem tu[61]	Há tu
Seja você	Esteja você	Tenha você	Haja você
Sejamos nós	Estejamos nós	Tenhamos nós	Hajamos nós
Sede vós	Estai vós	Tende vós	Havei vós
Sejam vocês	Estejam vocês	Tenham vocês	Hajam vocês

Negativo

Não sejas tu	Não estejas tu	Não tenhas tu	Não hajas tu
Não seja você	Não esteja você	Não tenha você	Não haja você
Não sejamos nós	Não estejamos nós	Não tenhamos nós	Não hajamos nós
Não sejais vós	Não estejais vós	Não tenhais vós	Não hajais vós
Não sejam vocês	Não estejam vocês	Não tenham vocês	Não hajam vocês

FORMAS NOMINAIS
Infinitivo não flexionado

Ser	Estar	Ter	Haver

Infinitivo flexionado

Ser	Estar	Ter	Haver
Seres	Estares	Teres	Haveres
Ser	Estar	Ter	Haver
Sermos	Estarmos	Termos	Havermos
Serdes	Estardes	Terdes	Haverdes
Serem	Estarem	Terem	Haverem

Gerúndio

Sendo	Estando	Tendo	Havendo

Particípio

Sido	Estado	Tido	Havido

2 – Conjugação composta

MODO INDICATIVO
Pretérito perfeito composto

Tenho	(ou hei)	
Tens	(ou hás)	
Tem	(ou há)	sido, estado, tido, havido
Temos	(ou havemos)	
Tendes	(ou haveis)	
Têm	(ou hão)	

---

[61] Com *m* final, e não com *n*.

Pretérito mais-que-perfeito composto

Tinha	(ou havia)	
Tinhas	(ou havias)	
Tinha	(ou havia)	sido, estado, tido, havido
Tínhamos	(ou havíamos)	
Tínheis	(ou havíeis)	
Tinham	(ou haviam)	

Futuro do presente composto

Terei	(ou haverei)	
Terás	(ou haverás)	
Terá	(ou haverá)	sido, estado, tido, havido
Teremos	(ou haveremos)	
Tereis	(ou havereis)	
Terão	(ou haverão)	

Futuro do pretérito composto

Teria	(ou haveria)	
Terias	(ou haverias)	
Teria	(ou haveria)	sido, estado, tido, havido
Teríamos	(ou haveríamos)	
Teríeis	(ou haveríeis)	
Teriam	(ou haveriam)	

MODO SUBJUNTIVO

Pretérito perfeito

Tenha	(ou haja)	
Tenhas	(ou hajas)	
Tenha	(ou haja)	sido, estado, tido, havido
Tenhamos	(ou hajamos)	
Tenhais	(ou hajais)	
Tenham	(ou hajam)	

Pretérito mais-que-perfeito

Tivesse	(ou houvesse)	
Tivesses	(ou houvesses)	
Tivesse	(ou houvesse)	sido, estado, tido, havido
Tivéssemos	(ou houvéssemos)	
Tivésseis	(ou houvésseis)	
Tivessem	(ou houvessem)	

	Futuro composto	
Tiver	(ou houver)	
Tiveres	(ou houveres)	
Tiver	(ou houver)	sido, estado, tido, havido
Tivermos	(ou houvermos)	
Tiverdes	(ou houverdes)	
Tiverem	(ou houverem)	

FORMAS NOMINAIS
Infinitivo não flexionado composto

Ter   (ou haver)   sido, estado, tido, havido

Infinitivo flexionado composto

Ter	(ou haver)	
Teres	(ou haveres)	
Ter	(ou haver)	sido, estado, tido, havido
Termos	(ou havermos)	
Terdes	(ou haverdes)	
Terem	(ou haverem)	

Gerúndio

Tendo   (ou havendo)   sido, estado, tido, havido

Conjugação do verbo *pôr*

1 – Conjugação simples

MODO INDICATIVO

Presente	**Pretérito imperfeito**	**Pretérito perfeito**
Ponho	Punha	Pus
Pões	Punhas	Puseste
Põe	Punha	Pôs
Pomos	Púnhamos	Pusemos
Pondes	Púnheis	Pusestes
Põem	Punham	Puseram

Pretérito mais-que-perf.	**Futuro do pretérito**	**Futuro do presente**
Pusera	Poria	Porei
Puseras	Porias	Porás
Pusera	Poria	Porá
Puséramos	Poríamos	Poremos
Puséreis	Poríeis	Poreis
Puseram	Poriam	Porão

MODO SUBJUNTIVO

Presente	Pretérito imperfeito	Futuro
Ponha	Pusesse	Puser
Ponhas	Pusesses	Puseres
Ponha	Pusesse	Puser
Ponhamos	Puséssemos	Pusermos
Ponhais	Pusésseis	Puserdes
Ponham	Pusessem	Puserem

MODO IMPERATIVO

Afirmativo	Negativo
Põe tu	Não ponhas tu
Ponha você	Não ponha você
Ponhamos nós	Não ponhamos nós
Ponde vós	Não ponhais vós
Ponham vocês	Não ponham vocês

FORMAS NOMINAIS

Infinitivo não flexionado	Infinitivo flexionado
Pôr	Pôr
	Pores
	Pôr
	Pormos
	Pordes
	Porem

Gerúndio	Particípio
Pondo	Posto

2 – Conjugação composta

MODO INDICATIVO

Pretérito perfeito composto		Pretérito mais-que-perfeito composto	
Tenho	posto	Tinha	posto
Tens	posto	Tinhas	posto
Tem	posto	Tinha	posto
Temos	posto	Tínhamos	posto
Tendes	posto	Tínheis	posto
Têm	posto	Tinham	posto

Futuro do presente composto		Futuro do pretérito composto	
Terei	posto	Teria	posto
Terás	posto	Terias	posto
Terá	posto	Teria	posto
Teremos	posto	Teríamos	posto
Tereis	posto	Teríeis	posto
Terão	posto	Teriam	posto

Pretérito perfeito	MODO SUBJUNTIVO Pretérito mais-que-perf.		Futuro	
Tenha posto	Tivesse	posto	Tiver	posto
Tenhas posto	Tivesses	posto	Tiveres	posto
Tenha posto	Tivesse	posto	Tiver	posto
Tenhamos posto	Tivéssemos	posto	Tivermos	posto
Tenhais posto	Tivésseis	posto	Tiverdes	posto
Tenham posto	Tivessem	posto	Tiverem	posto

FORMAS NOMINAIS

Infinitivo não flexionado
Ter posto

Infinitivo flexionado
Ter posto
Teres posto
Ter posto
Termos posto
Terdes posto
Terem posto

Gerúndio composto
Tendo posto

Conjugação de um verbo composto na voz passiva: *ser amado*

MODO INDICATIVO

Presente		Pretérito imperfeito		Pretérito perf. simples	
Sou	amado	Era	amado	Fui	amado
És	amado	Eras	amado	Foste	amado
É	amado	Era	amado	Foi	amado
Somos	amados	Éramos	amados	Fomos	amados
Sois	amados	Éreis	amados	Fostes	amados
São	amados	Eram	amados	Foram	amados

Pretérito perfeito composto		Pretérito mais-que-perfeito simples	
Tenho	sido amado	Fora	amado
Tens	sido amado	Foras	amado
Tem	sido amado	Fora	amado
Temos	sido amados	Fôramos	amados
Tendes	sido amados	Fôreis	amados
Têm	sido amados	Foram	amados

Pret. mais-que-perfeito composto		Futuro do presente simples	
Tinha	sido amado	Serei	amado
Tinhas	sido amado	Serás	amado
Tinha	sido amado	Será	amado
Tínhamos	sido amados	Seremos	amados
Tínheis	sido amados	Sereis	amados
Tinham	sido amados	Serão	amados

Futuro do presente composto
Terei	sido amado
Terás	sido amado
Terá	sido amado
Teremos	sido amados
Tereis	sido amados
Terão	sido amados

Futuro do pretérito simples
Seria	amado
Serias	amado
Seria	amado
Seríamos	amados
Seríeis	amados
Seriam	amados

Futuro do pretérito composto
Teria	sido amado
Terias	sido amado
Teria	sido amado
Teríamos	sido amados
Teríeis	sido amados
Teriam	sido amados

MODO SUBJUNTIVO

Presente
Seja	amado
Sejas	amado
Seja	amado
Sejamos	amados
Sejais	amados
Sejam	amados

Pretérito imperfeito
Fosse	amado
Fosses	amado
Fosse	amado
Fôssemos	amados
Fôsseis	amados
Fossem	amados

Pretérito perfeito
Tenha	sido amado
Tenhas	sido amado
Tenha	sido amado
Tenhamos	sido amados
Tenhais	sido amados
Tenham	sido amados

Pretérito mais-que-perfeito
Tivesse	sido amado
Tivesses	sido amado
Tivesse	sido amado
Tivéssemos	sido amados
Tivésseis	sido amados
Tivessem	sido amados

Futuro
For	amado
Fores	amado
For	amado
Formos	amados
Fordes	amados
Forem	amados

Futuro composto
Tiver	sido amado
Tiveres	sido amado
Tiver	sido amado
Tivermos	sido amados
Tiverdes	sido amados
Tiverem	sido amados

FORMAS NOMINAIS

Infinitivo não flexionado
Ser	amado

Infinitivo não flexionado composto
Ter	sido amado

Infinitivo flexionado composto
Ser	amado
Seres	amado
Ser	amado
Sermos	amados
Serdes	amados
Serem	amados

Infinitivo flexionado
Ter	sido amado
Teres	sido amado
Ter	sido amado
Termos	sido amados
Terdes	sido amados
Terem	sido amados

Gerúndio	Gerúndio composto
Sendo amado	Tendo sido amado

Observações sobre a voz passiva:
1.ª) O particípio neste caso aparece na forma feminina se a referência é feita a ser do gênero feminino:
    Ele é *amado*. Ela é *amada*.
2.ª) Também nas três pessoas do plural o particípio vai ao plural:
    Voz ativa – Ela tem *estudado*. Elas têm *estudado*.
    Voz passiva – Ela é *amada*. Elas são *amadas*.
3.ª) Na voz passiva não se usa o imperativo.

Conjugação de um verbo *pronominal*: *apiedar-se*
Já vimos que o verbo se diz pronominal quando o pronome oblíquo se refere ao pronome reto:
    Eu *me* visto. Nós *nos* arrependemos. Eles *se* foram.
O pronome átono pode vir antes, no meio ou depois do verbo ou verbos (se for uma conjugação composta), de acordo com certos princípios que serão futuramente estudados (➚ 624):

a) *próclise*: se o vocábulo átono vem antes: Ele se feriu (pronome átono proclítico);

b) *mesóclise*: se o vocábulo átono vem no meio (dos futuros, do presente e do pretérito): Vestir-se-á se puder. Vestir-nos-íamos se pudéssemos (pronome átono mesoclítico);

c) *ênclise*: se o vocábulo átono vem depois: Queixamo-nos ao diretor (pronome átono enclítico).

Nota importante – Se o pronome for enclítico, nestes casos, só haverá uma alteração no verbo a que pertencer o pronome: perderá o *s* final da 1.ª pessoa do plural:
    queixo-me
    queixas-te
    queixa-se
    queixamo-nos
    queixais-vos
    queixam-se
Nas outras posições, o verbo ficará intacto:
    Nós nos queixamos. Queixar-nos-emos.
    Atente-se para o seguinte modelo e para as observações feitas sobre a impossibilidade da posposição em algumas formas:

Apiedar-se
MODO INDICATIVO

Presente	Pretérito imperfeito	Pretérito perfeito
Apiedo-me	Apiedava-me	Apiedei-me
Apiedas-te	Apiedavas-te	Apiedaste-te
Apieda-se	Apiedava-se	Apiedou-se
Apiedamo-nos	*Apiedávamo-nos*	*Apiedamo-nos*
Apiedais-vos	Apiedáveis-vos	Apiedastes-vos
Apiedam-se	Apiedavam-se	Apiedaram-se

Pretérito perfeito composto		Pretérito mais-que-perfeito
Tenho-me	apiedado[62]	Apiedara-me
Tens-te	apiedado	Apiedaras-te
Tem-se	apiedado	Apiedara-se
Temo-nos	*apiedado*	*Apiedáramo-nos*
Tendes-vos	apiedado	Apiedáreis-vos
Têm-se	apiedado	Apiedaram-se

Pretérito mais-que-perfeito composto		Futuro do presente
Tinha-me	apiedado	Apiedar-me-ei[63]
Tinhas-te	apiedado	Apiedar-te-ás
Tinha-se	apiedado	Apiedar-se-á
Tínhamo-nos	*apiedado*	Apiedar-nos-emos
Tínheis-vos	apiedado	Apiedar-vos-eis
Tinham-se	apiedado	Apiedar-se-ão

Futuro do presente composto		Futuro do pretérito
Ter-me-ei	apiedado	Apiedar-me-ia
Ter-te-ás	apiedado	Apiedar-te-ias
Ter-se-á	apiedado	Apiedar-se-ia
Ter-nos-emos	apiedado	Apiedar-nos-íamos
Ter-vos-eis	apiedado	Apiedar-vos-íeis
Ter-se-ão	apiedado	Apiedar-se-iam

Futuro do pretérito composto	
Ter-me-ia	apiedado
Ter-te-ias	apiedado
Ter-se-ia	apiedado
Ter-nos-íamos	apiedado
Ter-vos-íeis	apiedado
Ter-se-iam	apiedado

---

[62] Nunca se use pronome átono posposto a particípio.
[63] Nunca se use pronome átono posposto aos futuros do presente e do pretérito; usar-se-á a anteposição ou a interposição, como veremos depois (➚ 625).

MODO SUBJUNTIVO

NOTA: Raramente aparece pronome posposto a verbo neste modo, por aparecer, em geral, em oração subordinada.

Presente	**Pretérito imperfeito**	**Pretérito perfeito composto**
Apiede-me	Apiedasse-me	Tenha-me apiedado
Apiedes-te	Apiedasses-te	Tenhas-te apiedado
Apiede-se	Apiedasse-se	Tenha-se apiedado
Apiedemo-nos	*Apiedássemo-nos*	Tenhamo-nos apiedado
Apiedeis-vos	Apiedásseis-vos	Tenhais-vos apiedado
Apiedem-se	Apiedassem-se	Tenham-se apiedado

Pretérito mais-que--perfeito composto		**Futuro simples**	**Futuro composto**
Tivesse-me	apiedado	Eu me apiedar	Eu me tiver apiedado
Tivesses-te	apiedado	Tu te apiedares	Tu te tiveres apiedado
Tivesse-se	apiedado	Ele se apiedar	Ele se tiver apiedado
Tivéssemo-nos	*apiedado*	Nós nos apiedarmos	Nós nos tivermos apiedado
Tivésseis-vos	apiedado	Vós vos apiedardes	Vós vos tiverdes apiedado
Tivessem-se	apiedado	Eles se apiedarem	Eles se tiverem apiedado

MODO IMPERATIVO

Afirmativo	**Negativo (não se usa pron. posposto a verbo nesta forma)**
	Não me apiede
Apieda-te tu	Não te apiedes
Apiede-se você	Não se apiede
Apiedemo-nos nós	Não nos apiedemos
Apiedai-vos vós	Não vos apiedeis
Apiedem-se vocês	Não se apiedem

FORMAS NOMINAIS

Infinitivo não flexionado simples	**Infinitivo não flexionado composto**	
Apiedar-me	Ter-me	apiedado
Apiedar-te	Ter-te	apiedado
Apiedar-se	Ter-se	apiedado
Apiedar-nos	Ter-nos	apiedado
Apiedar-vos	Ter-vos	apiedado
Apiedar-se	Ter-se	apiedado

Infinito flexionado simples	**Infinito flexionado composto**	
Apiedar-me	Ter-me	apiedado
Apiedares-te	Teres-te	apiedado
Apiedar-se	Ter-se	apiedado
Apiedarmo-nos	*Termo-nos*	*apiedado*
Apiedardes-vos	Terdes-vos	apiedado
Apiedarem-se	Terem-se	apiedado

Gerúndio simples	Gerúndio composto	
Apiedando-me	Tendo-me	apiedado
Apiedando-te	Tendo-te	apiedado
Apiedando-se	Tendo-se	apiedado
Apiedando-nos	Tendo-nos	apiedado
Apiedando-vos	Tendo-vos	apiedado
Apiedando-se	Tendo-se	apiedado

Particípio
Não se usa pronome posposto a verbo nesta forma!

Conjugação de um verbo com pronome oblíquo átono (sem ser pronominal): tipo *pô-lo*
O verbo pode acompanhar-se de um pronome oblíquo átono que não se refira ao pronome reto, isto é, ao sujeito:
  Eu *o* vi. Nós *te* admiramos. Ela *o* chama.

Quando os pronomes oblíquos átonos *o, a, os, as* estiverem depois do verbo ou no meio modificam-se de acordo com o final a que se acham pospostos:
  a) se o verbo terminar por vogal ou semivogal oral, os pronomes aparecem inalterados: ponho-*o*, ponho-*a*, ponho-*os*, ponho-*as*;
  b) se o verbo terminar por *r, s* ou *z*, desaparecem estas consoantes e os pronomes aparecem nas antigas formas *lo, la, los, las*:
    pôr lo = pô-lo; pões lo = põe-lo; diz lo = di-lo; deixar lo ia = deixá-lo-ia

OBSERVAÇÕES:
1.ª) Veja a acentuação dos oxítonos apresentada nas págs. 122 e 123.
2.ª) Se o verbo termina por *ns*, o *n* passará a *m*: tens + lo = tem-lo.

  c) se o verbo terminar por som nasal (*m* ou sílaba com til), os pronomes assumem as formas *no, na, nos, nas*:
    põe + o = põe-no; viram + a = viram-na; tem + o = tem-no; têm + o = têm-no.

NOTA: Se os pronomes vêm antes do verbo, não há nenhuma alteração nos pronomes e no verbo: Ele *o* põe ali. Eu *o fiz*.
OBSERVAÇÃO: Alguns autores chamam *pronominais reflexos* aos verbos na voz reflexiva e pronominais irreflexivos (ou não reflexos) aos verbos deste parágrafo.[64]

Atente-se para o seguinte modelo e para as observações feitas sobre a impossibilidade da posposição em algumas formas:

---

[64] Acompanhado de outro pronome que não esteja nos dois casos até aqui apontados, nenhuma alteração ocorre no verbo e no pronome posposto: *conhecemos-te, chamamos-lhe, requeremos-lhe,* etc. Evitem-se, portanto, *enviamo-lhe, informamo-lhe!*

Pô-lo
(só a conjugação simples)

MODO INDICATIVO

Presente	Pretérito imperfeito	Pretérito perfeito
Ponho-o	Punha-o	Pu-lo
Põe-lo	Punha-lo	Puseste-o
Põe-no	Punha-o	Pô-lo
Pomo-lo	Púnhamo-lo	Pusemo-lo
Ponde-lo	Púnhei-lo	Puseste-lo
Põem-no	Punham-no	Puseram-no

Pret. mais-que-perf.	Futuro do presente	Futuro do pretérito
Pusera-o	Pô-lo-ei[65]	Pô-lo-ia
Pusera-lo	Pô-lo-ás	Pô-lo-ias
Pusera-o	Pô-lo-á	Pô-lo-ia
Puséramo-lo	Pô-lo-emos	Pô-lo-íamos
Pusérei-lo	Pô-lo-eis	Pô-lo-íeis
Puseram-no	Pô-lo-ão	Pô-lo-iam

MODO SUBJUNTIVO

NOTA: Raramente aparece pronome posposto a verbo neste modo.

Presente	Pretérito imperfeito	Futuro (só se usa a forma proclítica)
Ponha-o	Pusesse-o	Eu o puser
Ponha-lo	Pusesse-lo	Tu o puseres
Ponha-o	Pusesse-o	Ele o puser
Ponhamo-lo	Puséssemo-lo	Nós o pusermos
Ponhai-lo	Puséssei-lo	Vós o puserdes
Ponham-no	Pusessem-no	Eles o puserem

MODO IMPERATIVO

Afirmativo	Negativo (não se usa pron. posposto a verbo nesta forma)
	Não o ponha eu
Põe-no tu[66]	Não o ponhas tu
Ponha-o você	Não o ponha você
Ponhamo-lo nós	Não o ponhamos nós
Ponde-o vós[65]	Não o ponhais vós
Ponham-no vocês	Não o ponham vocês

---

[65] Note-se que nos futuros do presente e do pretérito há formas verbais com dois acentos gráficos.

[66] Recorde-se que o *s* final do presente do indicativo desaparece no imperativo afirmativo.

	Formas Nominais	
Infinitivo	**Gerúndio**	**Particípio**
Pô-lo	Pondo-o	Não se usa com pronome posposto.

Conjugação dos verbos irregulares
Na seguinte relação de verbos, apresentamos, além das formas irregulares, algumas regulares em que frequentemente se erra. As formas que aqui faltam e se empregam são todas regulares.

1.ª Conjugação:

Dar
Pres. ind.: dou, dás, dá, damos, dais, dão.
Pret. perf. ind.: dei, deste, deu, demos, destes, deram.
M.-q-perf. ind.: dera, deras, dera, déramos, déreis, deram.
Pres. subj.: dê, dês, dê, demos, deis, deem.
Pret. imperf. subj.: desse, desses, desse, déssemos, désseis, dessem.
Fut. subj.: der, deres, der, dermos, derdes, derem.
   Por este modelo conjuga-se *desdar*; *circundar* é, porém, regular.

Estar
Ver a conjugação dos verbos auxiliares (↗283).
   Por este conjuga-se: *sobrestar*. São regulares os seus derivados *constar, prestar, obstar, instar, distar, restar*, etc.

2.ª Conjugação:

Caber
Pres. ind.: caibo, cabes, cabe, cabemos, cabeis, cabem.
Pret. perf. ind.: coube, coubeste, coube, coubemos, coubestes, couberam.
M.-q.-perf. ind.: coubera, couberas, coubera, coubéramos, coubéreis, couberam.
Pres. subj.: caiba, caibas, caiba, caibamos, caibais, caibam.
Pret. imp. subj.: coubesse, coubesses, coubesse, coubéssemos, coubésseis, coubessem.
Fut. subj.: couber, couberes, couber, coubermos, couberdes, couberem.

Comprazer
Ver *prazer*.

Crer
Pres. ind.: creio, crês, crê, cremos, credes, creem.
Pret. perf. ind.: cri, creste, creu, cremos, crestes, creram.
Pres. subj.: creia, creias, creia, creiamos, creiais, creiam.
Pret. imp. subj.: cresse, cresses, cresse, crêssemos, crêsseis, cressem.
Fut. subj.: crer, creres, crer, crermos, crerdes, crerem.

Imp.: crê, crede.
Part.: crido.
    Como este conjuga-se *descrer*.

Dizer
Pres. ind.: digo, dizes, diz, dizemos, dizeis, dizem.
Pret. perf. ind.: disse, disseste, disse, dissemos, dissestes, disseram.
M.-q.-perf. ind.: dissera, disseras, dissera, disséramos, disséreis, disseram.
Fut. pres.: direi, dirás, dirá, diremos, direis, dirão.
Fut. pret.: diria, dirias, diria, diríamos, diríeis, diriam.
Pres. subj.: diga, digas, diga, digamos, digais, digam.
Pret. imperf. subj.: dissesse, dissesses, dissesse, disséssemos, dissésseis, dissessem.
Fut. subj.: disser, disseres, disser, dissermos, disserdes, disserem.
Imp.: dize, dizei.
Part.: dito.
    Por este se conjugam *bendizer, condizer, contradizer, desdizer, maldizer, predizer*.

Fazer
Pres. ind.: faço, fazes, faz, fazemos, fazeis, fazem.
Pret. perf. ind.: fiz, fizeste, fez, fizemos, fizestes, fizeram.
M.-q.-perf. ind.: fizera, fizeras, fizera, fizéramos, fizéreis, fizeram.
Fut. pres.: farei, farás, fará, faremos, fareis, farão.
Fut. pret.: faria, farias, faria, faríamos, faríeis, fariam.
Pres. subj.: faça, faças, faça, façamos, façais, façam.
Pret. imp. subj.: fizesse, fizesses, fizesse, fizéssemos, fizésseis, fizessem.
Fut. subj.: fizer, fizeres, fizer, fizermos, fizerdes, fizerem.
Imp.: faz(e), fazei.
Part.: feito.
    Por este se conjugam *afazer, contrafazer, desfazer, liquefazer, perfazer, refazer, rarefazer, satisfazer*.

Haver
Ver a conjugação dos verbos auxiliares (↗283).

Jazer
Pret. ind.: jazo, jazes, jaz, jazemos, jazeis, jazem.
Pret. perf. ind.: jazi, jazeste, jazeu, jazemos, jazestes, jazeram.
    As outras formas – pois é totalmente conjugado – são regulares.
    Por este se modela *adjazer*.

Ler
Pres. ind.: leio, lês, lê, lemos, ledes, leem.
Pret. perf. ind.: li, leste, leu, lemos, lestes, leram.
M.-q.-perf. ind.: lera, leras, lera, lêramos, lêreis, leram.

Pres. subj.: leia, leias, leia, leiamos, leiais, leiam.
Pret. imp. subj.: lesse, lesses, lesse, lêssemos, lêsseis, lessem.
Fut. subj.: ler, leres, ler, lermos, lerdes, lerem.
   Por este se conjugam *reler* e *tresler*.

Perder
Pres. ind.: perco (ê), perdes, perde, perdemos, perdeis, perdem.
Pres. subj.: perca (ê), percas (ê), perca (ê), percamos (ê), percais (ê), percam (ê).

Poder
Pres. ind.: posso, podes, pode, podemos, podeis, podem.
Pret. perf. ind.: pude, pudeste, pôde, pudemos, pudestes, puderam.
M.-q.-perf. ind.: pudera, puderas, pudera, pudéramos, pudéreis, puderam.
Pres. subj.: possa, possas, possa, possamos, possais, possam.
Pret. imp.: pudesse, pudesses, pudesse, pudéssemos, pudésseis, pudessem.
Fut. subj.: puder, puderes, puder, pudermos, puderdes, puderem.
   Desusado modernamente no imperativo.

Prazer
(Pouco usado na 1.ª e 2.ª pessoa)
Pres. ind.: praz, prazem.
Pret. perf. ind.: prouve, prouveram.
M.-q.-perf. ind.: prouvera, prouveram.
Pret. imp. subj.: prouvesse, prouvessem.
Fut. subj.: prouver, prouverem.
   Por este se conjugam *aprazer*, *desprazer*, *desaprazer*, verbos que se apresentam em todas as pessoas. *Comprazer* e *descomprazer* são verbos completos e se modelam por *prazer*; no pret. perfeito e m.-q.-perfeito do indicativo, pret. imperfeito e futuro do subjuntivo podem ainda ser conjugados regularmente.
   "(...) o poeta (...) não *aprazia* a uma companhia ortodoxa" [JR.2, 195].

Querer
Pres. ind.: quero, queres, quer, queremos, quereis, querem.
Pret. perf. ind.: quis, quiseste, quis, quisemos, quisestes, quiseram.
M.-q.-perf. ind.: quisera, quiseras, quisera, quiséramos, quiséreis, quiseram.
Pres. subj.: queira, queiras, queira, queiramos, queirais, queiram.
Pret. imp. subj.: quisesse, quisesses, quisesse, quiséssemos, quisésseis, quisessem.
Fut. subj.: quiser, quiseres, quiser, quisermos, quiserdes, quiserem.
Part.: querido (a forma quisto só se usa em *benquisto* e *malquisto*).

   A moderna forma *quere*, 3.ª pessoa do singular, em lugar de *quer*, só é usada pelos portugueses. Normalmente não se usa o verbo *querer* no imperativo; há exemplos de *querei* nos *Sermões* do Pe. Antônio Vieira. Quando se usa pronome átono (*o, a, os, as*) posposto à 3.ª pessoa do singular do presente do indicativo, emprega-se *qué-lo* ou *quere-o*: "Qué-lo o teu povo" [AH.4, 1, 79].

Desusado modernamente no imperativo; aparece no optativo que traduz um desejo de realização de um fato expresso pelo infinitivo seguinte: *Queira aceitar meus cumprimentos.*

Requerer
Pres. ind.: requeiro, requeres, requer (ou requere), requeremos, requereis, requerem.
Pret. perf. ind.: requeri, requereste, requereu, requeremos, requerestes, requereram.
M.-q.-perf. ind.: requerera, requereras, requerera, requerêramos, requerêreis, requereram.
Pres. subj.: requeira, requeiras, requeira, requeiramos, requeirais, requeiram.
Pret. imp. subj.: requeresse, requeresses, requeresse, requerêssemos, requerêsseis, requeressem.
Fut. subj.: requerer, requereres, requerer, requerermos, requererdes, requererem.
Imp.: requer(e), requerei.
Part.: requerido.

A 3.ª pessoa do singular do presente do indicativo *requer* é modernamente mais usada que *requere*, esta mais lusitana.

Saber
Pres. ind.: sei, sabes, sabe, sabemos, sabeis, sabem.
Pret. perf. ind.: soube, soubeste, soube, soubemos, soubestes, souberam.
M.-q.-perf. ind.: soubera, souberas, soubera, soubéramos, soubéreis, souberam.
Pres. subj.: saiba, saibas, saiba, saibamos, saibais, saibam.
Pret. imp. subj.: soubesse, soubesses, soubesse, soubéssemos, soubésseis, soubessem.
Fut. subj.: souber, souberes, souber, soubermos, souberdes, souberem.

Ser
Veja a conjugação dos verbos auxiliares (↗283).

Ter
Veja a conjugação dos verbos auxiliares (↗283).

Trazer
Pres. ind.: trago, trazes, traz, trazemos, trazeis, trazem.
Pret. perf. ind.: trouxe, trouxeste, trouxe, trouxemos, trouxestes, trouxeram.
M.-q.-perf. ind.: trouxera, trouxeras, trouxera, trouxéramos, trouxéreis, trouxeram.
Futuro do pres.: trarei, trarás, trará, traremos, trareis, trarão.
Fut. do pret.: traria, trarias, traria, traríamos, traríeis, trariam.
Pres. subj.: traga, tragas, traga, tragamos, tragais, tragam.
Pret. imp. subj.: trouxesse, trouxesses, trouxesse, trouxéssemos, trouxésseis, trouxessem.
Imp.: traz(e), trazei.

Valer
Pres. ind.: valho, vales, vale (ou val), valemos, valeis, valem.
Pres. subj.: valha, valhas, valha, valhamos, valhais, valham.
Val, por vale, é forma corrente entre os portugueses.
Como *valer* conjugam-se *desvaler* e *equivaler*.

Ver
Pres. ind.: vejo, vês, vê, vemos, vedes, veem.
Pret. imp. ind.: via, vias, via, víamos, víeis, viam.
Pret. perf. ind.: vi, viste, viu, vimos, vistes, viram.
M.-q.-perf. ind.: vira, viras, vira, víramos, víreis, viram.
Pres. subj.: veja, vejas, veja, vejamos, vejais, vejam.
Pret. imp. subj.: visse, visses, visse, víssemos, vísseis, vissem.
Fut. subj.: vir, vires, vir, virmos, virdes, virem.
Part.: visto.
    Assim se conjugam *antever, entrever, prever* e *rever*. *Prover* e *desprover* modelam-se por *ver*, exceto no pretérito perfeito do indicativo e derivados, e particípio, quando se conjugam regularmente.
Pret. perf. ind.: provi, proveste, proveu, provemos, provestes, proveram.
M.-q.-perf. ind.: provera, proveras, provera, provêramos, provêreis, proveram.
Fut. subj.: prover, proveres, prover, provermos, proverdes, proverem.
Part.: provido.

3.ª Conjugação:

Acudir
Pres. ind.: acudo, acodes, acode, acudimos, acudis, acodem.
Pret. perf. ind.: acudi, acudiste, acudiu, acudimos, acudistes, acudiram.
Pres. subj.: acuda, acudas, acuda, acudamos, acudais, acudam.
Pret. imp. subj.: acudisse, acudisses, acudisse, acudíssemos, acudísseis, acudissem.
Imp.: acode, acudi.
    Assim se conjugam *bulir, construir, cuspir, destruir, engolir,*[67] *entupir,*[68] *escapulir, fugir,*[69] *sacudir, subir, sumir.*[70]
    Construir, destruir e *entupir*, como verbos abundantes (↗ 255), apresentam como formas menos usadas *construis, construi, destrui, entupes, entupe*.

---

[67] Para seguir este modelo, melhor seria escrever *engulir* (com *u*). A forma *engolir* (com *o*) nos leva, naturalmente, à seguinte conjugação que o *Vocabulário Oficial* não registra: *engulo, engoles, engole, engolimos* (com *o*), *engolis* (com *o*), *engolem*.

[68] O verbo *entupir* pode também ser conjugado sem sofrer a metafonia que ocorre no grupo: *entupo, entupes, entupe, entupimos, entupis, entupem*.

[69] Leve-se em consideração a mudança de *g* para *j* antes de *o* e *a*: *fujo, foges, foge*, etc.

[70] Conjugam-se, porém, regularmente *assumir, presumir, reassumir, resumir*.

Os demais verbos em *udir* (*aludir, eludir, iludir*) são regulares.

Cair
Pres. ind.: caio, cais, cai, caímos, caís, caem.
Pret. imp. ind.: caía, caías, caía, caíamos, caíeis, caíam.
Pret. perf. ind.: caí, caíste, caiu, caímos, caístes, caíram.
M.-q.-perf. ind.: caíra, caíras, caíra, caíramos, caíreis, caíram.
Fut. pres.: cairei, cairás, cairá, cairemos, caireis, cairão.
Fut. pret.: cairia, cairias, cairia, cairíamos, cairíeis, cairiam.
Pres. subj.: caia, caias, caia, caiamos, caiais, caiam.
Pret. imp. subj.: caísse, caísses, caísse, caíssemos, caísseis, caíssem.
Fut. subj.: cair, caíres, cair, cairmos, cairdes, caírem.
    Por este se conjugam *atrair, contrair, distrair, esvair, retrair, sair, subtrair, trair, embair*.

Cobrir
Pres. ind.: cubro, cobres, cobre, cobrimos, cobris, cobrem.
Pret. perf. ind.: cobri, cobriste, cobriu, cobrimos, cobristes, cobriram.
Pres. subj.: cubra, cubras, cubra, cubramos, cubrais, cubram.
Imp.: cobre tu, cubra você, cubramos nós, cobri vós, cubram vocês.
    Por este se conjugam *descobrir, dormir* (regular no part.: *dormido*), *encobrir, recobrir* e *tossir* (regular no part.: *tossido*).

Frigir
Pres. ind.: frijo, freges, frege, frigimos, frigis, fregem.
Pres. subj.: frija, frijas, frija, frijamos, frijais, frijam.
Imp.: frege, frija, frijamos, frigi, frijam.
Part.: frigido e frito.
    Atente-se para a troca de *g* por *j* antes de *a* e *o*.

Ir
Pres. ind.: vou, vais, vai, vamos (ou imos), ides, vão.
Pret. imp. ind.: ia, ias, ia, íamos, íeis, iam.
Pret. perf.: fui, foste, foi, fomos, fostes, foram.
M.-q.-perf. ind.: fora, foras, fora, fôramos, fôreis, foram.
Fut. pres.: irei, irás, irá, iremos, ireis, irão.
Fut. pret.: iria, irias, iria, iríamos, iríeis, iriam.
Pres. subj.: vá, vás, vá, vamos, vades, vão.
Pret. imp. subj.: fosse, fosses, fosse, fôssemos, fôsseis, fossem.
Fut. subj.: for, fores, for, formos, fordes, forem.
Imp.: vai, vá, vamos, ide, vão.
Ger.: indo.
Part.: ido.

Medir
Pres. ind.: meço, medes, mede, medimos, medis, medem.
Pres. subj.: meça, meças, meça, meçamos, meçais, meçam.
  Assim se conjugam *desmedir* e *pedir*.

Mentir
Pres. ind.: minto, mentes, mente, mentimos, mentis, mentem.
Pres. subj.: minta, mintas, minta, mintamos, mintais, mintam.
  Por este verbo se conjugam *consentir, desmentir, persentir* (sentir profundamente), *pressentir* (prever), *ressentir, sentir.*

Ouvir
Pres. ind.: ouço, ouves, ouve, ouvimos, ouvis, ouvem.
Pres. subj.: ouça, ouças, ouça, ouçamos, ouçais, ouçam.
  Entre portugueses ocorre a variante *oiço*, ao lado de *ouço*. Também no presente do subjuntivo: *oiça, oiças, oiça, oiçamos, oiçais, oiçam.*

Pedir
Pres. ind.: peço, pedes, pede, pedimos, pedis, pedem.
Pres. subj.: peça, peças, peça, peçamos, peçais, peçam.
  Pedir serve hoje de modelo para *desimpedir, despedir, expedir* e *impedir* (que não são derivados de *pedir*).

Parir (↗ 254)

Polir (= *lustrar, civilizar*)
Pres. ind.: pulo, pules, pule, polimos, polis, pulem.
Pret. perf.: poli, poliste, poliu, polimos, polistes, poliram.
Pres. subj.: pula, pulas, pula, pulamos, pulais, pulam.
Imp.: pule, pula, pulamos, poli, pulam.
  Por este verbo se conjugam *despolir* e *sortir* (= abastecer, prover, misturar, combinar). *Surtir* (com *u*) é regular: surto, surtes, surte, surtimos, surtis, surtem.[71]
  "(...) enquanto o progresso das ciências e das artes *pule* e melhora exteriormente o gênero humano, destruiria o intolerável egoísmo que destrói ou afeia o formoso edifício da moderna civilização" [AH.2, 142].

Progredir
Pres. ind.: progrido, progrides, progride, progredimos, progredis, progridem.
Pret. imp. ind.: progredia, progredias, progredia, progredíamos, progredíeis, progrediam.
Pret. perf. ind.: progredi, progrediste, progrediu, progredimos, progredistes, progrediram.

---

[71] Significa *originar, produzir efeito.* Como *surtir* são também regulares *curtir* e *urdir*.

Pres. subj.: progrida, progridas, progrida, progridamos, progridais, progridam.
Por este verbo se conjugam *agredir, cerzir, denegrir, prevenir, regredir, transgredir*. *Remir*, hoje mais usado como defectivo (✔ 254), seguia outrora o modelo de *progredir*: rimo, rimes, rime, remimos, remis, rimem.

"Por 20 libras anuais a aldeia de Favaios *rime* todos os tributos e obtém o privilégio de nomear o seu juiz" [AH.2, 149].

Rir
Pres. ind.: rio, ris, ri, rimos, rides, riem.
Pret. imperf. ind.: ria, rias, ria,ríamos, ríeis, riam.
Pret. perf. ind.: ri, riste, riu, rimos, ristes, riram.
Part.: rido.
Segue este modelo o verbo *sorrir*.

Servir
Pres. ind.: sirvo, serves, serve, servimos, servis, servem.
Pres. subj.: sirva, sirvas, sirva, sirvamos, sirvais, sirvam.
Imperativo: serve, sirva, sirvamos, servi, sirvam.
Por este verbo se conjugam *aderir, advertir, aferir, compelir, competir, concernir, conferir, conseguir, convergir, deferir, despir, digerir, divertir, expelir, impelir, inserir, perseguir, preferir, preterir, repelir, seguir, sugerir, vestir*.

Submergir
Pres. ind.: submerjo (ê), submerges (é), submerge (é), submergimos, submergis, submergem (é).
Pres. subj.: submerja (ê), submerjas (ê), submerja (ê), submerjamos, submerjais, submerjam (ê).
Imp.: submerge (é), submerja (ê), submerjamos, submergi, submerjam (ê).
Seguem este modelo *aspergir, emergir, imergir*.

Vir
Pres. ind.: venho, vens, vem, vimos, vindes, vêm.
Pret. imperf. ind.: vinha, vinhas, vinha, vínhamos, vínheis, vinham.
Pret. perf. ind.: vim, vieste, veio, viemos, viestes, vieram.
Fut. pres.: virei, virás, virá, viremos, vireis, virão.
Fut. pret.: viria, virias, viria, viríamos, viríeis, viriam.
Pres. subj.: venha, venhas, venha, venhamos, venhais, venham.
Fut. subj.: vier, vieres, vier, viermos, vierdes, vierem.
Imp.: vem, venha, venhamos, vinde, venham.
Ger.: vindo.
Part.: vindo.
Por este modelo se conjugam *advir, avir-se, convir, desavir, intervir, provir, sobrevir*.

Emprego do verbo – *Emprego de tempos e modos*

1) **Indicativo**
É o modo que normalmente aparece nas orações independentes, e nas dependentes que encerram um fato real ou tido como tal.

Presente – Para bem entender os diversos empregos por que se desdobra o presente no sistema de oposições em que se insere, temos de considerar a lição de Coseriu, que propõe o seguinte esquema [ECs.5, 139]:

		Presente	Passado		
Não futuro		canto	cantava	cantei	Presente
			cantara		Passado
Futuro		cantarei	cantaria		

Ainda teríamos de, no interior do passado, admitir outra vez a oposição presente / passado, isto é, uma oposição entre um "presente do passado" (*cantava – cantei*) e um "passado do passado" (*cantara*).

Isto significa que o presente, a rigor, se caracteriza pelo traço "negativo" ou "neutral" em relação ao pretérito (passado) e ao futuro, que são termos "positivos", isto é, aplicados ao ocorrido, o que lhe permite, ao presente, empregar-se, em determinados contextos, "em lugar" do passado e do futuro [ECs.1, 234]. Não ocorrendo a neutralização, tais substituições ficam impedidas: em *agora estarei muito cansado*, se entendermos "agora mesmo", e não "em seguida", depois do momento em que falo" (quando a construção será perfeitamente possível), não se empregará o futuro pelo presente.

O presente denota uma declaração:
a) que se verifica ou que se prolonga até o momento em que se fala:
   "*Ocorre*-me uma reflexão imoral, que é ao mesmo tempo uma correção de estilo" [MA.1, 56].

b) que acontece habitualmente:
   A Terra *gira* em torno do Sol.

c) que representa uma verdade universal (o "presente eterno"):
   "O interesse *adota* e *defende* opiniões que a consciência reprova" [MM].

Emprega-se o presente:
a) pelo *pretérito*, em narrações animadas e seguidas (presente histórico), como para dar a fatos passados o sabor de novidade das coisas atuais:
   "Pela manhã, *bates*-lhe à porta, chamando-o. Como ninguém responda, *procuras* entrar. Um peso imprevisto *detém* o esforço do teu braço. *Insistes*.

Entras. E recuas, os olhos escancarados, o rosto transfigurado pela dor e pelo assombro, o coração parado no peito" [HC.1, 16-17].[72]

b) pelo *futuro do presente do indicativo* para indicar com ênfase uma decisão:
Amanhã eu *vou* à cidade.

c) pelo *pretérito imperfeito* do subjuntivo:
Se *respondo* mal, ele se zangaria.

d) pelo *futuro do subjuntivo*:
Se *queres* a paz, prepara-te para a guerra.

OBSERVAÇÃO: Para exprimir ação começada emprega-se, em geral, o verbo *estar* seguido de gerúndio ou de infinitivo precedido de *a* preposição.

Estava { falando / a falar } { sobre tal assunto

Pretérito imperfeito – O imperfeito, como ensina Coseriu [ECs.5, 165], é um membro não marcado, extensivo, de uma oposição que encerra três membros, dois dos quais são marcados e intensivos: o mais-que-perfeito e o chamado condicional presente, na forma simples.

Nesta oposição, o mais-que-perfeito significa um "anterior", enquanto o condicional presente (futuro do pretérito) um "depois". Daí o imperfeito não significar nem "antes" nem "depois" e, por isso, poder ocupar todo o espaço da oposição. Isto implica que não se pode, a rigor, atribuir ao imperfeito a pura e simples significação de passado, a não ser que ele seja considerado um "presente" do passado. Como um segundo "presente" pode – como ocorre com o presente próprio, que tem seu pretérito representado pelo perfeito simples, e o seu futuro representado pelo futuro simples – ter seu próprio passado (o mais-que-perfeito) e seu próprio futuro (o condicional presente). Por isso, o presente pode substituir o pretérito perfeito simples e o futuro, mas o imperfeito não.

Pode-se, neste gráfico, representar o presente e o imperfeito no sistema dos tempos em português; o imperfeito, sendo um termo neutro do plano "inatual", pode ser empregado "em lugar" do seu pretérito (passado) e de seu futuro:

---

[72] Algumas vezes os escritores, numa oração subordinada a um presente histórico, usam o pretérito imperfeito em vez do presente, como se na oração subordinante estivesse um pretérito perfeito: "O mestre da nau em que navegava Jonas... examinou todo o navio, até o lastro, onde ia dormindo o Profeta. *Desperta*-o a gritos e *repreende*-lhe o sono em ocasião que o baixel *estava* em perigo de se ir a pique" [AV *apud* MBa.2, 117].

Passado	Atualidade	Futuro
Perfeito simples ←	Presente →	Futuro
Mais-que-perfeito ←	Imperfeito →	Condicional presente (Fut. do pret.)

Daí a variedade e ambivalências destes dois tempos na atividade do discurso; geralmente uma forma verbal não está por outra ou em lugar de outra, mas sim no lugar de *outra significação* [ECs.5, 150].

Emprega-se o pret. imperfeito quando nos transportamos mentalmente a uma época passada e descrevemos o que então era presente:

"Eugênia *coxeava* um pouco, tão pouco, que eu cheguei a perguntar-lhe se machucara o pé" [MA.1, 193].

Nos pedidos e solicitações ou denota que duvidamos da realização do fato ou exprime um desejo feito com modéstia ou com o simples propósito:

"*Queria* viver para o seu filho – é como ele explicava o desejo da vida" [CBr.9, 22].

Sr. Manuel, eu *desejava* telefonar.

Pode substituir, principalmente na conversação, o futuro do pretérito, quando se quer exprimir fato categórico ou a segurança do falante:

"Se me desprezasses, morreria, *matava*-me" [CBr.9, 19].

OBSERVAÇÕES:

1.ª) Emprega-se o pretérito imperfeito do verbo *dever* (fazer uma coisa) em lugar do pretérito perfeito:

Ele *devia* [e não *deveu*] ser [ou *ter sido*] ontem mais atencioso para contigo [ED.1, § 207, a, obs.].

2.ª) Aparece em lugar do futuro do pretérito para denotar um fato certo como consequência de outro que não se deu:

Eu, se tivesse crédito na praça, *pedia* outro empréstimo.

3.ª) Ainda na referência ao futuro, entra o imperfeito chamado "prelúdico" ou imperfeito dos jogos: *Então* [neste jogo que vamos começar a jogar] eu *era* o rei e tu *eras* a rainha [ECs.1, 146]. "*Agora* eu *era* o herói e o meu cavalo só *falava* inglês" ("João e Maria", de Chico Buarque e Sivuca).

Pretérito perfeito – "O pretérito imperfeito é o tempo da ação prolongada ou repetida com limites imprecisos; ou não nos esclarece sobre a ocasião em que a ação terminaria ou nada nos informa quanto ao momento do início. O pretérito perfeito, pelo contrário, fixa e enquadra a ação dentro de um espaço de tempo determinado" [SA.5, II, 103]:

"Marcela *teve* primeiro um silêncio indignado; depois *fez* um gesto magnífico: *tentou* atirar o colar à rua. Eu *retive*-lhe o braço; *pedi*-lhe muito que não me fizesse tal desfeita, que ficasse com a joia. *Sorriu e ficou*" [MA.1, 55].

Não se pode dizer, comenta Coseriu,[73] que o perfeito simples e o imperfeito se contrapõem por uma simples oposição. Na essência, o imperfeito em português e no românico visualiza as ações como num pano de fundo, como se completando num nível secundário.

O pretérito perfeito composto (*tenho trabalhado*) exprime:

a) repetição ou prolongação de um fato até o momento em que se fala, ou fato habitual:

"Não me *tens dito* nada das tuas ocupações nessa casa" [CBr.3, II, 133].

b) fato consumado:

Tenho dito (no fim dos discursos).

Pretérito mais-que-perfeito (simples e composto) – Denota uma ação anterior a outra já passada:

"No dia seguinte, antes de me recitar nada, explicou-me o capitão que só por motivos graves *abraçara* a profissão marítima (...)" [MA.1, 66-67].

OBSERVAÇÃO: Em certas orações temporais, aparece o pretérito perfeito onde se esperaria o mais-que-perfeito:

"Logo que se *retirou* o inimigo, mandou D. João Mascarenhas enterrar os mortos" [ED.1, § 208].

"Ao revés encontra-se em orações subordinadas o mais-que-perfeito correspondendo a um presente da oração subordinada, quando este presente tem o sentido de um pretérito, *v.g.* Os antiquários dizem (= deixaram escrito) que ele *vivera* neste reinado" [ED.1].

Emprega-se ainda o mais-que-perfeito simples em lugar do futuro do pretérito do indicativo e do pretérito do subjuntivo, o que serve hoje como traço estilístico de linguagem solene:

"Dizendo: Mais *servira* (= serviria), se não *fora* (= fosse) para tão longo amor tão curta a vida" [LC.2, 147].

"Que *fora* (= seria) a vida, se nela não *houvera* (= houvesse) lágrimas?" [AH.1, 32].

---

[73] Coseriu [ECs.9, 143], que cita Togeby: "*Le plus souvent les parfaits et les imparfaits alternent, en formant dans le texte, pour ainsi dire, deux plans. Les parfaits constituent le premier plan, les événements, les actions qui sont accomplies et qui font avancer le récit, tandis que les imparfaits composent le second plan, tantôt le décor, tantôt les raisons ou les conséquences, tantôt le contenu de déclarations ou de pensées.*"

Futuro – O futuro do presente e o do pretérito denotam uma ação que ainda se vai realizar:
"Os homens nos *parecerão* sempre injustos enquanto o forem as pretensões do nosso amor-próprio" [MM].
"Sem a crença em uma vida futura, a presente *seria* inexplicável" [MM].

O futuro do presente pode ainda exprimir:

a) em lugar do *presente*, incerteza ou ideia aproximada, simples possibilidade ou asseveração modesta:
"O mal não *será* a especiaria do bem?" [MM].
Ele *terá* seus vinte anos.

No caso de ser empregado, em linguagem polida, nas interrogações, o futuro "não obriga o interlocutor a responder, como quando se emprega o verbo no presente ou no pretérito" [SA.2, 225].

b) em lugar do *imperativo*, uma ordem ou recomendação, principalmente nas prescrições e recomendações morais:
Defenderás os teus direitos.
Não *furtarás*.

"Nas orações condicionais de *se*, nas temporais de *quando* e *enquanto*, nas conformativas (de *segundo* e *conforme*, etc.), nas adjetivas que denotam simples concepção, o futuro do indicativo é substituído pelo futuro conjuntivo (subjuntivo) – o qual só nestas orações se usa (ou também em certos casos pelo presente conjuntivo); assim diz-se: *se vejo, se vi*, mas: *se vir; quando vejo, quando vi*, mas: *quando vir; aquele que vê, aquele que viu*, mas: *aquele que vir*" [ED.1, § 209, a, obs.].

O futuro do pretérito se emprega ainda para denotar:

a) que um fato se dará, agora ou no futuro, dependendo de certa condição:
"A vida humana *seria* incomportável sem as ilusões e prestígios que a circundam" [MM].
"Se pudéssemos chegar a um certo grau de sabedoria, *morreríamos* tísicos de amor e admiração por Deus" [MM].

b) asseveração modesta em relação ao passado, admiração por um fato se ter realizado:
"Eu *teria* ficado satisfeito com as tuas cartas" [RV].
Nós *pretenderíamos* saber a verdade.
Seria isso verdadeiro?

c) incerteza:
Haveria na festa umas doze pessoas.

Emprega-se o auxiliar *tivera* (ou *houvera*) na oração condicional, em lugar do mais-que-perfeito, em relação a um futuro do pretérito posto na oração principal: *Estudaria* (ou *teria estudado*), *se tivera* (= *tivesse*) sabido da prova.

É pura imitação do francês o chamado "condicional de rumor", galicismo que a nossa imprensa vai usando por ignorar as formas vernáculas que exprimem suposição (parece, consta, é provável, etc.):
O jogador *teria sido* comprado (por: Consta que o jogador *foi comprado*).
Os espiões *teriam* o vírus da varíola (por: Era provável que os espiões *tivessem* o vírus da varíola).

2) Subjuntivo
O modo subjuntivo ocorre normalmente nas orações independentes optativas, nas imperativas negativas e afirmativas (nestas últimas com exceção da 2.ª pessoa do singular e plural), nas dubitativas com o advérbio *talvez* e nas subordinadas em que o fato é considerado como incerto, duvidoso ou impossível de se realizar:
Bons ventos o *levem*.
"Não *emprestes*, não *disputes*, não *maldigas* e não terás de arrepender-te" [MM].
"Não *desenganemos* os tolos se não queremos ter inumeráveis inimigos" [MM].
"*Louvemos* a quem nos louva para abonarmos o seu testemunho" [MM].
"Talvez a estas horas *desejem* dizer-te *peccavi*! Talvez *chorem* com lágrimas de sangue" [AH.5, I, 58] (*peccávi* [lat.] = pequei).
"Faltam-nos memórias e documentos coevos em que *possamos* estribar--nos para relatar tais sucessos" [AH.6, I, 451].

OBSERVAÇÃO: Às vezes ocorre o indicativo com *talvez*: "Magistrado ou guerreiro de justo ou generoso se gaba: – e as turbas talvez o *aplaudem* e *celebram* seu nome" [AH.2, 180]. Parece que o indicativo deixa antever melhor a certeza de que o de que se duvida se pode bem realizar.

Nas orações subordinadas substantivas, ocorre o subjuntivo nos seguintes principais casos:
a) depois de expressões (verbos, nomes ou locuções equivalentes) que denotam ordem, vontade, consentimento, aprovação, proibição, receio, admiração, surpresa, contentamento:
"Prouvera a Deus, venerável Crimilde – tornou o quingentário – que nos *fosse* lícito desamparar estes muros" [AH.1, 146].
"Proibi-te que o *revelasses*" [AH.5, I, 294].
Espero que *estudes* e que *sejas* feliz.

b) depois de expressões (verbos ou locuções formadas por *ser, estar, ficar* + substantivo ou adjetivo) que denotam desejo, probabilidade, justiça, necessidade, utilidade:
Cumpre que *venhas* cedo.
Está acertado que *sejamos* cautelosos.
É bom que *compreenda* logo o problema.

c) depois dos verbos *duvidar, suspeitar, desconfiar* e nomes cognatos (dúvida, duvidoso, suspeita, desconfiança, etc.) quando empregados afirmativamente, isto é, quando se trata de dúvida, suspeita ou desconfiança reais:
"(...) me vinham à mente *suspeitas* de que ela *fosse* um anjo transviado do céu (...)" [AH.5, II, 321].
"A luz... que *suspeitávamos procedesse* de lâmpada esquecida por sonolento moço de reposte (...)" [AH.5, 333].

Se o falante tem a suspeita como coisa certa, ou nela acredita, o normal é aparecer o indicativo:
"*Suspeitava*-se que era a alma da velha Brites que andava ali penada" [AH.5, 364].

Usa-se o subjuntivo nas orações adjetivas que exprimem:

a) fim:
"Ando à cata de um criado que *seja* econômico e fiel" [RB].

b) consequência (o relativo vem precedido de preposição, geralmente, *com*):
"Daqui levarás tudo tão sobejo
Com que faças (= que com isso) o fim a teu desejo" [LC.1, II, 4].

c) uma conjectura e não uma realidade:
Compare-se:
O cidadão que *ama* sua pátria engrandece-a. (realidade)
O cidadão que *ame* sua pátria engrandece-a. (conjectura)

d) uma qualidade que determine e restrinja a ideia expressa por esse predicado ou interrogação depois de um predicado negativo, ou de uma interrogação de sentido negativo:
"Não há homem algum que *possa* gabar-se de ser completamente feliz.
Quem há aí que *seja* completamente feliz?" [RV.1, 274-275]

Nas orações adverbiais usa-se o subjuntivo:

a) nas causais com *não porque* ou *não*, quando se quer dizer que a razão aludida não é verdadeira:

"Deitei-me ontem mais cedo, não porque *tivesse* sono, mas porque precisava de me levantar hoje de madrugada" [RV.1, 274].

b) nas concessivas de *ainda que, embora, conquanto, posto que, se bem que, por muito que, por pouco que* (e semelhantes), não havendo, entretanto, completo rigor a respeito:

"Ainda que *perdoemos* aos maus, a ordem moral não lhes perdoa, e castiga a nossa indulgência" [MM].

"Por mais sagaz que *seja* o nosso amor-próprio, a lisonja quase sempre o engana" [MM].

"Veio o chá, veio depois a hora de recolher, e a baronesa deu por findo o serão, ainda que o livro *estava* quase findo" [MA.13].

Entram neste rol as alternativas de sentido concessivo (ou... ou, quer... quer) e as concessivas justapostas do tipo de *fosse ele o culpado, ainda assim lhe perdoaria*.

c) nas condições de *se, contanto que, sem que, a não ser que, suposto que, caso, dado que*, para exprimir hipótese, e não uma realidade. Entra ainda neste grupo a comparativa hipotética *como se*:

"Se as viagens simplesmente *instruíssem* os homens, os marinheiros seriam os mais instruídos" [MM].

"E moviam os lábios, como se *tentassem* falar" [AH.1, 26].

Se se tratar de coisa real ou tida como tal, geralmente aparece o indicativo:

"Não há momento que perder, se *queremos* salvar-nos" [AH.1, 253].

d) nas consecutivas quando se exprime uma simples concepção e não um fato real:

"Devemos regular a nossa vida de modo que *possamos* esperar e não recear depois de nossa morte" [MM].

"Não subais tão alto que a queda *seja* mortal" [MM].

e) nas finais:

"Os maus são exaltados para serem felizes, para que *caiam* do mais alto e *sejam* esmagados" [MM].

f) nas temporais de *antes que, assim que, até que, enquanto, depois que, logo que*, quando ocorrem nas negações ou nas indicações de simples concepção, e não uma realidade (caso em que aparece o indicativo):

"Cumprirei o que ordenas, porque jurei obedecer-te cegamente enquanto não *salvássemos* a irmã de Pelágio" [AH.1, 215].

Casos particulares:

I) A oração substantiva que completa a exclamação de surpresa *quem diria* constrói-se com indicativo ou subjuntivo:

Quem diria que ele *era* capaz disso.
Quem diria que ele *fosse* capaz disso.

II) Com os indefinidos do tipo *o que quer que* é mais comum o emprego do subjuntivo:
Saiu com o que quer que *fosse*.

Alexandre Herculano vacilou entre o emprego de *fosse* (ed. de 1876) e *era* (ed. de 1864) no seguinte passo:
"Com um olhar de simpatia e compaixão, misturada do que quer que *era* de admiração e de terror involuntário" [AH.1, 265 ed. 1864].

III) Também têm o verbo no subjuntivo as orações introduzidas por *que*, quando restringem a generalidade de um asserto:
"Não há, que eu *saiba*, expressão mais suave" [ED.1, 128].

3) Imperativo
Cumpre apenas acrescentar ao que já se disse:
a) que o infinitivo pode substituir o imperativo nas ordens instantes:
"Todos se chegavam para o ferir, sem que a D. Álvaro se ouvissem outras palavras, senão estas: *Fartar*, rapazes" [AH.2, 98].

Atenção: *Marchar*!

b) que se usa o imperativo do verbo *querer* (ou, melhor dizendo, o subjuntivo presente) seguido de infinitivo para suavizar uma ordem ou exprimir o desejo de que um fato aconteça:
Queira aceitar meus cumprimentos.

OBSERVAÇÃO: Os casos aqui lembrados estão longe de enquadrar a trama complexa do emprego de tempos e modos em português. São várias as situações que podem, ferindo os princípios aqui expostos, levar o falante ou escritor a buscar novos meios expressivos. São questões que fogem ao âmbito da Gramática e constituem preocupação da Estilística.

Emprego das formas nominais
A respeito das formas nominais, cumpre acrescentar ao que se disse nas páginas anteriores:

A - Infinitivo histórico
Entende-se por *infinitivo histórico* ou *de narração* aquele que, numa narração animada, considera a ação como já passada, e não no seu desenvolvimento:
"E os médicos a *insistirem* que saísse de Lisboa" [J. Dinis].

"Ela a *voltar* as costas, e o reitor a *pôr* o chapéu na cabeça" [J. Dinis].
"E ele a *rir*-se, ele a *regalar*-se" [EQ][74]

B – *Emprego do infinitivo (flexionado e sem flexão)*
1) *Infinitivo pertencente a uma locução verbal*
Não se flexiona normalmente o infinitivo que faz parte de uma locução verbal:
"E o seu gesto era tão desgracioso, coitadinho, que todos, à exceção de Santa, *puseram*-se *a rir*" [AAz *apud* FB.1, 138].
"Pois, se *ousais levar* a cabo vosso desenho, eu ordeno que o façais" [AH *apud* FB.1, 196].
"Depois mostraram-lhe, um a um, os instrumentos das execuções, e explicaram-lhe por miúdo como *haviam de morrer* seu marido, seus filhos e o marido de sua filha" [CBr *apud* FB.1, 221].

Encontram-se exemplos que se afastam deste critério quando ocorrem os seguintes casos:

a) o verbo principal se acha afastado do auxiliar e se deseja avivar a pessoa a quem a ação se refere:
"*Possas* tu, descendente maldito
De uma tribo de nobres guerreiros,
Implorando cruéis forasteiros,
Seres presa de vis Aimorés" [GD.4, II, 31].
"(...) dentro dos mesmos limites atuais *podem* as cristandades *nascerem* ou *anularem*-se, *crescerem* ou *diminuírem* em certos pontos desses vastos territórios" [AH.2, 173].

b) o verbo auxiliar, expresso anteriormente, cala-se depois:
"*Queres ser* mau filho, *deixares* uma nódoa d'infância na tua linhagem" [AH.2, 174].

2) *Infinitivo dependente dos verbos causativos e sensitivos*
Com os causativos *deixar, mandar, fazer* (e sinônimos), a norma é aparecer o infinitivo sem flexão, qualquer que seja o seu agente (➚ 463):
"Sancho II deu-lhe depois por válida a carta e *mandou*-lhes *erguer* de novo os marcos onde eles os haviam posto" [AH.2, 64].
"*Fazei*-os *parar*" [AH.2, 75].
"*Deixai vir* a mim as criancinhas."

---

[74] [ALb.1, 8-10 e 98], donde extraímos os exemplos.

Mas flexionado em:
"E *deixou fugirem*-lhe duas lágrimas pelas faces" [AH.2, 155].[75]
"Não são poucas as doenças para as quais, por desídia, vamos *deixando perderem*-se os nomes velhos que têm em português" [MBa.5, 211].

Com os sensitivos *ver, ouvir, olhar, sentir* (e sinônimos), o normal é empregar-se o infinitivo sem flexão, embora aqui o critério não seja tão rígido:
"Olhou para o céu, viu estrelas... escutou, *ouviu ramalhar* as árvores" [AH.2, 101].
"(...) o terror fazia-lhes crer que já *sentiam ranger* e *estalar* as vigas dos simples..." [AH.2, 172].

Os seguintes exemplos atestam o emprego do infinitivo flexionado:
"Em Alcoentre os ginetes e corredores do exército real vieram escaramuçar com os do infante, e ele próprio os *ouvia chamarem*-lhe traidor e hipócrita" [AH.2, 96].
"Creio que comi: *senti renovarem*-se-me as forças" [AH.2, 172].

Com tais verbos causativos e sensitivos a flexão do infinitivo se dá com mais frequência quando o agente está representado por substantivo, sem que isto se constitua fato que se aponte como regra geral, conforme demonstram os exemplos acima.

OBSERVAÇÕES:
1.ª) Com os causativos e sensitivos pode aparecer ou não o pronome átono que pertence ao infinitivo (➚ 251, obs. 5.ª):
"*Deixei*-o *embrenhar* [por *embrenhar-se*] e transpus o rio após ele" [AH.2, 77].
"O faquir *deixou*-o *afastar* [por *afastar-se*]" [AH.2].
"Encostando-se outra vez na sua dura jazida, Egas *sentiu alongar*-se a estropiada dos cavalheiros (...)" [AH.3, 265-266].
"E o eremita *viu*-a, ave pernalta e branca, *bambolear*-se em voo, ir chegando, *passar*-se para cima do leito, *aconchegar*-se ao pobre homem (...)" [JR.2, 327].
Por isso não cabe razão a Mário Barreto [MBa.4, 51] quando condena, nestes casos, o aparecimento do pronome átono.
2.ª) Aqui também o infinitivo pode aparecer flexionado, por se calar o auxiliar:
"*viu alvejar* os turbantes, e, depois *surgirem* rostos tostados, e, depois, *reluzirem* armas" [AH.1, 257].

3) *Infinitivo fora da locução verbal*
Fora da locução verbal, "a escolha da forma infinitiva depende de cogitarmos somente da ação ou do intuito ou necessidade de pormos em evidência o agente do verbo" [SA.2, 246].

---

[75] A flexão se apresenta geralmente quando o infinitivo vem acompanhado de um pronome pessoal oblíquo átono.

O infinitivo sem flexão revela que a nossa atenção se volta com especial atenção para a ação verbal; o flexionamento serve de insistir na pessoa do sujeito:

Estudamos { para *vencer* na vida
{ para *vencermos* na vida

"As crianças são acalentadas por *dormirem*, e os homens enganados para *sossegarem*" [MM].

Se o sujeito léxico estiver expresso, é obrigatória a flexão do infinitivo: *Estudamos para nós vencermos na vida* (nunca: *para nós vencer na vida*).

Concluindo, ocorre o infinitivo flexionado nos seguintes casos principais:

1.º) "sempre que o infinitivo estiver acompanhado de um nominativo sujeito, nome ou pronome (quer igual ao de outro verbo, quer diferente);

2.º) sempre que se tornar necessário destacar o agente, e referir a ação especialmente a um sujeito, seja para evitar confusão, seja para tornar mais claro o pensamento. O infinitivo concordará com o sujeito que temos em mente;

3.º) quando o autor intencionalmente põe em relevo a pessoa a que o verbo se refere" [SA.1, 72]:

Estudamos para nós *vencermos* na vida.

"Beijo-vos as mãos, senhor rei, por vos *lembrardes* ainda de um velho homem de armas que para nada presta hoje" [AH *apud* FB.1, 195].

"É permitido aos versistas *poetarem* em prosa" [CBr.1, 60].

Apêndice: passagem da voz ativa à passiva e vice-versa

Em geral, só pode ser construído na voz passiva verbo que pede objeto direto, acompanhado ou não de outro complemento. Daí a língua-padrão lutar contra linguagens do tipo:

A missa foi assistida por todos,

uma vez que o verbo *assistir*, nesta acepção, só se constrói com complemento relativo:

Todos assistiram à missa.

À força do uso já se fazem concessões aos seguintes verbos, entre outros, em construções que se vão consagrando:

apelar: A sentença não foi *apelada*.
aludir: Todas as faltas foram *aludidas*.
obedecer: Os regulamentos não são *obedecidos*.
pagar: As pensionistas foram *pagas* ontem.
responder: Os bilhetes seriam *respondidos* hoje.

Na passagem da ativa para a passiva segue-se o esquema:

1.º) o sujeito da ativa, se houver, passa a agente da passiva;
2.º) o objeto direto da ativa, se houver, passa a sujeito da passiva;

3.º) o verbo da voz ativa passa para a voz passiva, conservando-se o mesmo tempo e modo;
4.º) não sofrem alteração os outros termos oracionais que apareçam.

Exemplo 1:
Ativa   *Passiva*
Eu li o livro   O livro foi lido por mim

Exemplo 2 (com pronome oblíquo):
Ativa   *Passiva*
Nós o ajudamos ontem   Ele, ontem, foi ajudado por nós

Exemplo 3 (com sujeito indeterminado):
Ativa   *Passiva*
Enganar-me-ão   Eu serei enganado

Exemplo 4 (com tempo composto):
Ativa   *Passiva*
Eles têm cometido erros   Erros têm sido cometidos por eles

Exemplo 5 (com sujeito indeterminado de verbo que aparecerá na passiva pronominal):
Ativa   *Passiva*
Vendem casas   Vendem-se casas
Vendem esta casa   Vende-se esta casa

7 - Advérbio

É a expressão modificadora que por si só denota uma circunstância (de lugar, tempo, modo, intensidade, condição, etc.) e desempenha na oração a função de adjunto adverbial:
Aqui tudo vai *bem* (lugar e modo).
Hoje não irei *lá* (tempo, negação, lugar).
O aluno *talvez não* tenha redigido *muito bem* (dúvida, negação, intensidade, modo).

O *advérbio* é constituído por palavra de natureza nominal ou pronominal e se refere geralmente ao verbo, ou ainda, dentro de um grupo nominal unitário, a um adjetivo e a um advérbio (como intensificador), ou a uma declaração inteira:
José escreve *bem* (advérbio em referência ao verbo).
José é *muito* bom escritor (advérbio em referência ao adjetivo *bom*).
José escreve *muito* bem (advérbio em referência ao advérbio *bem*).

Felizmente José chegou (advérbio em referência a toda a declaração: José chegou); [o advérbio deste tipo geralmente exprime um juízo pessoal de quem fala e constitui um comentário à oração (➚ 52)].

Fundamentalmente, distribuem-se os advérbios em assinalar a posição temporal (os de tempo) ou espacial do falante (os de lugar), ou ainda o modo pelo qual se visualiza o "estado de coisas" designado na oração.

Certos advérbios são assinalados em função de modificador de substantivo, principalmente quando este é entendido não tanto enquanto substância, mas enquanto qualidade que esta substância apresenta:

"Gonçalves Dias é *verdadeiramente* poeta" [PL *apud* por EBm.1, 8].

Pessoas *assim* não merecem nossa atenção.

Também certos advérbios funcionam como predicativo, à maneira dos adjetivos:
A vida é *assim*.

Como bem diz Mattoso Câmara [MC.8, 122], perturba a descrição e a demarcação classificatória "a extrema mobilidade semântica e funcional que caracteriza os advérbios".

OBSERVAÇÃO: O advérbio latino *item* ocorre em português literário substantivado, com o valor de *igualmente*: "Meu tio cônego morreu nesse intervalo, *item* dois primos." [MA]

Combinações com advérbios
Advérbios há de *tempo* e *lugar* que marcam melhor sua função ou designação mediante o emprego de uma preposição [AL.1, § 188]:

Por agora, estão encerrados os trabalhos.
Até então os telefones não funcionavam.
Desde cedo já havia compradores de ingresso.
De longe já se viam as chamas.
Por aqui se pode entrar na cidade.
As crianças *de hoje* contam com mais divertimentos.
Eles se apresentam com as promessas *de sempre*.

Alguns advérbios – como as preposições que veremos ao seu tempo – precedem o transpositor *que* para marcar a circunstância, formando o que a gramática tradicional chama de *locuções conjuntivas* adverbiais. A rigor, trata-se de um grupo de palavras que, por hipotaxe, funciona como conjunção:

Agora que tudo serenou, podemos retornar.
Sabíamos que ele estava errado *sempre que* gaguejava.
Ainda que estude, terá de aperfeiçoar-se *depois que* se gradue.
Já que não me responde, sinto-me desobrigado de convidá-lo.
Assim que chegou, começou a trabalhar.

No capítulo de conjunção, teremos oportunidade de fazer referência a certos advérbios que, graças à sua mobilidade posicional, se colocam – quase sempre no início – de maneira tal, que têm levado alguns gramáticos a classificá-los como conjunção coordenativa explicativa (causal), conclusiva, etc. É o caso de advérbios como *pois, logo, entretanto, contudo, por conseguinte*, em construções do tipo [MMa.1, 153]:
> Ela saiu cedo, *por conseguinte* encontrou facilidade de condução.
> Tudo estava preparado, *logo* se poderia começar a reunião.

Advérbio e preposição
Já vimos que alguns advérbios se constituem pela união de preposição a substantivos, adjetivos ou a próprio advérbio, apresentando-se, conforme a ortografia vigente, ora escritos numa só palavra, ora separadamente. Unido o grupo a preposições, teremos um conjunto que, por hipotaxe, funciona como simples preposição a introduzir um adjunto adverbial: *apenas, em frente, em cima, depressa, debaixo, embaixo, detrás, defronte de*, etc.
> Os livros ficam *debaixo da* mesa. (*sob* a mesa)
> O carro estacionou *em frente da* casa.
> A jarra repousa *em cima da* mesa. (*sobre* a mesa)

Construções como:
> O vizinho escreveu *contra* o argumento,

permitem a passagem da preposição a advérbio pela redução da unidade introduzida pela preposição, construção breve, mas sem circulação frequente no idioma:
> "Toda a minha vida colegial se desenha no espírito com tão vivas cores, que parecem frescas de ontem, e todavia mais de trinta anos já lhes pairaram *sobre*" [JA.4, 102].
> O vizinho escreveu *contra*.
> Já falei *a respeito*.

O advérbio estabelece a transição dos vocábulos variáveis para os invariáveis; a rigor não tem flexão propriamente dita, mas há uns tantos advérbios que admitem graus de qualidade como os nomes [RV.1, 71].

Calcadas em expressões do tipo "pelo rio acima" e "de portas a (para) dentro", formaram-se as brasileiras "pela porta adentro", "pela porta afora", ao lado das tradicionais e antigas "pela porta dentro", "pela porta fora".

Locução adverbial
É o grupo geralmente constituído de preposição + substantivo (claro ou subentendido) que tem o valor e o emprego de advérbio. A preposição, funcionando como transpositor, prepara o substantivo para exercer uma função que primariamente não lhe é própria:
> *com efeito, de graça, às vezes, em silêncio, por prazer, sem dúvida*, etc.

Na constituição das locuções adverbiais, o substantivo que nelas entra pode estar no masculino ou no feminino e no singular ou no plural, segundo as normas fixadas pela tradição. Daí não haver razão para se condenarem expressões no plural como *às pressas* (por *à pressa*).

Outras vezes o substantivo vem com acompanhante e pode ocorrer até a omissão do substantivo, em expressões fixas:
    na verdade, de nenhum modo, em breve (subentende-se *tempo*), *à direita*
    (ao lado de *à mão direita*), *à francesa* (subentende-se *à moda*), etc.

Frequentemente se cala a preposição nas locuções adverbiais de tempo e modo:
    Esta semana (por *nesta semana*) teremos prova.
    Espingarda ao ombro (por *de espingarda ao ombro*), juntou-se ao grupo
    de pessoas.

Circunstâncias adverbiais
Constituindo o advérbio uma classe de palavra muito heterogênea, torna-se difícil atribuir-lhe uma classificação uniforme e coerente. Em geral, seu papel na oração se prende não apenas a um núcleo (verbo), mas se amplia na extensão em que se espraia o conteúdo manifestado no predicado. Isto lhe permite, em primeiro lugar, certa flexibilidade de posição não só no espaço em que se prolonga o predicado (com seu núcleo verbal), mas se estende aos domínios do sujeito, podendo antecedê-lo ou vir-lhe posposto. Este papel singular do advérbio lhe dá também certa autonomia fonológica, de contorno entonacional muito variado, a serviço do intuito comunicativo do falante.

Assim, há advérbios de papel semântico-sintático mais *internamente* ligados ao núcleo verbal (e estes não gozam das flexibilidades de posição e entoação atrás referidas), e há os advérbios mais externamente ligados ao núcleo verbal. Daí escapar ao analista uma classificação unitária que abarque todos os casos possíveis. É bom caminho, parece-nos, adotar a proposta de Alarcos Llorach no sentido de ater-se o analista "às relações que cada advérbio contrai dentro do enunciado, quer no seu papel primário de adjacente circunstancial, quer por sua combinação com outras unidades no interior de um grupo nominal unitário" [AL.1, § 178].

Na classificação do advérbio, ora se pauta pelos valores léxicos (semânticos) das unidades que o constituem, ora por critérios funcionais. No primeiro caso, são os advérbios classificados como denotadores de *tempo* (*agora, antes, tarde,* etc.), de *lugar* (*aqui, fora,* etc.), de *quantidade* (*tanto, muito, bastante,* etc.), etc. Pelo segundo critério, teremos os *demonstrativos* (*aqui, então, agora, aí,* etc.), os *relativos* (*onde, como, quando,* etc.) e *interrogativos* (*quando?, onde?, como?*).

As principais circunstâncias expressas por advérbio ou locução adverbial são:
1) *assunto*: Conversar *sobre música*.
2) *causa*: Morrer *de fome*.
3) *companhia*: Sair *com os amigos*.
4) *concessão*: Voltaram *apesar do escuro*.
5) *condição*: Só entrará *com autorização*. Não sairá *sem licença*.

6) *conformidade*: Fez a casa *conforme a planta*.
7) *dúvida*: *Talvez* melhore o tempo. *Acaso* encontrou o livro.
8) *fim*: Preparou-se *para o baile*.
9) *instrumento*: Escrever *com lápis*.
10) *intensidade*: Andou *mais depressa*.
11) *lugar*: Estuda *aqui*. Foi *lá*. Passou *pela cidade*. Veio *dali*.
12) *modo*: Falou *assim*. Anda *mal*. Saiu *às pressas*.

13) *referência*: "O que nos sobra *em glória de ousados e venturosos navegantes*, míngua-nos *em fama de enérgicos e previdentes colonizadores*" [LCo apud FB.1, 218].

14) *tempo*: Visitaram-nos *hoje*. *Então* não havia recursos. *Sempre* nos cumprimentaram. *Jamais* mentiu. *Já* não fala. Não fala *mais*. *Nunca* vi algo assim.

15) *negação*: *Não* lerá sem óculos. Sei *lá*. (= não sei)

OBSERVAÇÕES:

1.ª) Em *sei lá*, com sentido de 'não sei', além de entoação especial, o *lá* se explica pelo fato de referir-se a algo distante da área do falante e, por isso, no domínio do seu desconhecimento.

2.ª) A *Nomenclatura Gramatical Brasileira* põe os denotadores de *inclusão, exclusão, situação, retificação, designação, realce*, etc. à parte, sem a rigor incluí-los entre os advérbios, mas constituindo uma classe ou grupo heterogêneo chamado *denotadores*, que coincide, em parte, com a proposta de José Oiticica das *palavras denotativas*, muitas das quais têm papel transfrástico e melhor atendem a fatores de função textual estranhos às relações semântico-sintáticas inerentes às orações em que se acham inseridas:

1 – *inclusão*: também, até, mesmo, etc.:
   Até o professor riu-se.
   Ninguém veio, *mesmo* o irmão.

2 – *exclusão*: só, somente, salvo, senão, apenas, etc.:
   Só Deus é imortal.
   Apenas o livro foi vendido.

3 – *situação*: mas, então, pois, afinal, agora, etc.:
   Mas que felicidade!
   Então duvida que se falasse latim?
   Pois não é que ele veio?!

4 – *retificação*: aliás, melhor, isto é, ou antes, etc.:
   Comprei cinco, *aliás*, seis livros.
   Correu, *isto é*, voou até nossa casa.

5 – *designação*: eis:
   Eis o homem.

6 – *realce*: é que, etc.:
   Nós *é que* somos brasileiros.

7 – *expletivo*: lá, só, que, ora:
   E eu *lá* disse isso?
   Vejam *só* que coisa!
   Oh! Que saudade *que* tenho!
   Ora decidamos logo o negócio!

8 – *explicação*: a saber, por exemplo, isto é, etc.:
   Eram três irmãos, *a saber*: Pedro, Antônio e Gilberto.

O plano "transfrástico" e os advérbios
No estudo de certas unidades, torna-se de capital importância não deixar de lado as diversas camadas ou estratos de estruturação gramatical (↗ 52). No que toca particularmente a certos advérbios, merece atenção a camada da *antitaxe*, que diz respeito a uma unidade de um plano gramatical qualquer, já presente ou virtualmente presente ou prevista no discurso, poder ser retomada ou antecipada por outra unidade, num ponto do discurso individual ou dialogado [ECs.2, 38]. A substituição ou retomada já vinha sendo posta em evidência pela gramática tradicional no caso dos pronomes; mas a ação da antitaxe é mais ampla e vai desembocar no papel textual de alguns advérbios, como veremos a seguir.

Assim, não são advérbios mas substitutos de oração (proorações ou protextos) *sim*, *não*, *talvez*, *também*, quando retomam, como respostas, enunciados textuais:
   Você vai ao cinema? – *Sim*.
   Ela fez os exercícios? – *Não*.
   Tu não foste escolhido? – *Também*.

Estão no mesmo caso as unidades de valor circunstancial (advérbios) que aparecem em orações do tipo seguinte, mas que retomam "estados de coisas" designados ou intuídos anteriormente, que exprimem relações ligadas ao sentido do discurso:
   De fato nós saímos cedo.
   Isto, *sem dúvida*, está errado.

Estes casos de antitaxe (retomada ou substituição) se combinam com outra camada de estruturação gramatical que é a *hipertaxe* ou *superordenação*, fenômeno pelo qual uma unidade de camada inferior pode funcionar sozinha em camadas superiores. É o caso de advérbios em *-mente* quando saem da camada no nível da palavra para funcionar no nível da cláusula e daí no nível da oração ou do texto, em exemplos como:
   Certamente!
   Naturalmente!

Ambos no nível da oração e do texto, ou em:
Certamente ela não virá hoje.
Todos saíram ilesos, *felizmente*.
Naturalmente ele negará o que disse ontem.

todos no nível da cláusula comentário.

Portanto, a tais advérbios não se há de querer aplicar a série de características canônicas do advérbio que se acha exclusivamente preso às referências do núcleo verbal.

Também merecem referência especial os advérbios que estão no papel de diferençar as orações pelo seu "significado ôntico" (➚ 129), isto é, o valor de existência que se atribui ao "estado de coisas" designado pela oração (existência certa, negada, duvidosa, desejada, etc.).[76] É o caso dos advérbios de *negação* e de *dúvida*:
Ele veio / Ele *não* veio
Ela chega / Ela *talvez* chegue

Advérbios de base nominal e pronominal

O advérbio, pela sua origem e significação, se prende a nomes ou pronomes, havendo, por isso, advérbios nominais e pronominais.

Entre os *nominais* se acham aqueles formados de adjetivos acrescidos do "sufixo" *-mente*: *rapidamente* (= de modo rápido), *pessimamente*. Na realidade, ficam a meio caminho, fonológica e morfologicamente, da derivação e da composição (locução).

OBSERVAÇÕES:

1.ª) Se o nome tem forma para masculino e feminino, junta-se o sufixo ao feminino. Fazem exceção alguns adjetivos terminados em *ês* e *or*, que no português antigo só apresentavam uma forma para ambos os gêneros. Daí dizer-se *portuguesmente* (e não *portuguesamente*); *superiormente* (e não *superioramente*), *melhormente*.

2.ª) Estes advérbios em *-mente* se caracterizam por conservar o acento vocabular de cada elemento constitutivo, ainda que mais atenuado, o que lhes permite, numa série de advérbios, em geral só apresentar a forma em *-mente* no fim: Estuda *atenta* e *resolutamente*. Havendo ênfase, pode-se repetir o advérbio na forma plena:
"Depois, ainda falou *gravemente* e *longamente* sobre a promessa que fizera" [MA *apud* SS.1, § 480].

Entre os *pronominais*, temos:
a) *demonstrativos*: *aqui, aí, acolá, lá, cá*.
b) *relativos*: *onde* (em que), *quando* (em que), *como* (por que).
c) *indefinidos*: *algures, alhures, muito, pouco, que*.
d) *interrogativos*: *onde?, quando?, como?, por que...?, por quê?*.

---

[76] [EBm.1], onde se encontra o levantamento de alguns destes casos.

Os advérbios relativos, como os pronomes relativos, servem para referir-se a unidades que estão postas na oração anterior. Nas ideias de lugar empregamos *onde*, em vez de *em que, no qual* (e flexões):
   A casa *onde* mora é excelente.

Precedido das preposições *a* ou *de*, grafa-se *aonde* e *donde*:
   O sítio *aonde* vais é pequeno.
   É bom o colégio *donde* saímos.

OBSERVAÇÃO: É popular e evitado na norma exemplar o emprego de *da onde*: *Da onde você é?* (por *De onde você é?*).

Ainda como os pronomes relativos, os advérbios relativos podem empregar-se de modo absoluto, isto é, sem referência a antecedente:
   Moro *onde* mais me agrada.

Os advérbios interrogativos de base pronominal se empregam nas perguntas diretas e indiretas em referência ao lugar, tempo, modo ou causa:
   Onde está estudando o primo? Ignoro *onde* estuda.
   Quando irão os rapazes? Não sei *quando* irão os rapazes.
   Como fizeram o trabalho?[77] Perguntei-lhes *como* fizeram o trabalho.
   Por que chegaram tarde? Dir-me-ás *por que* chegaram tarde.

OBSERVAÇÃO: O *Vocabulário Oficial* preceitua que se escreva em duas palavras o advérbio interrogativo *por que*, por estar preocupado em indicar a origem pronominal do advérbio, distinguindo-o de *porque* conjunção, que, na essência, se prende também a uma combinação de *por + que*. Melhor seria, seguindo a tradição do idioma, grafar todo *porque* num só vocábulo. Quanto à origem, *por que* e *porque* se identificam: *porque* (e o mesmo vale para *quando* e *como*) não se enquadra apenas como conjunção; *porque, quando* e *como* são, em verdade, "expressões adverbiais conjuntivas, isto é, expressões que, sem perderem a sua função adverbial, têm concomitantemente função conjuntiva" [MAg.1, 197].

Adverbialização de adjetivos
Muitos adjetivos, permanecendo imóveis na sua flexão de gênero e número, podem passar a funcionar como advérbio:
   Fala *claro* na hora da sua defesa.
   Compraram *caro* a fazenda.
   Agora estão vivendo *melhor*.

---

[77] Aparece ainda em exclamações diretas e indiretas:
   Como chove! Veja como chove.

O critério formal de diferenciação das duas classes de modificador (adjetivo: modificador nominal; advérbio: modificador verbal) é a variabilidade do primeiro e a invariabilidade do segundo:[78]
Eles vendem muito *cara* a fruta. (adjetivo)
Eles vendem *caro* a fruta. (advérbio)

A concordância atrativa e intenções estilísticas e rítmicas podem desfazer as fronteiras acima apontadas.

Intensificação gradual dos advérbios
Há certos advérbios, principalmente os de modo, que podem manifestar uma relação intensificadora gradual, empregando-se, no comparativo e superlativo, de acordo com as regras que se aplicam aos adjetivos:

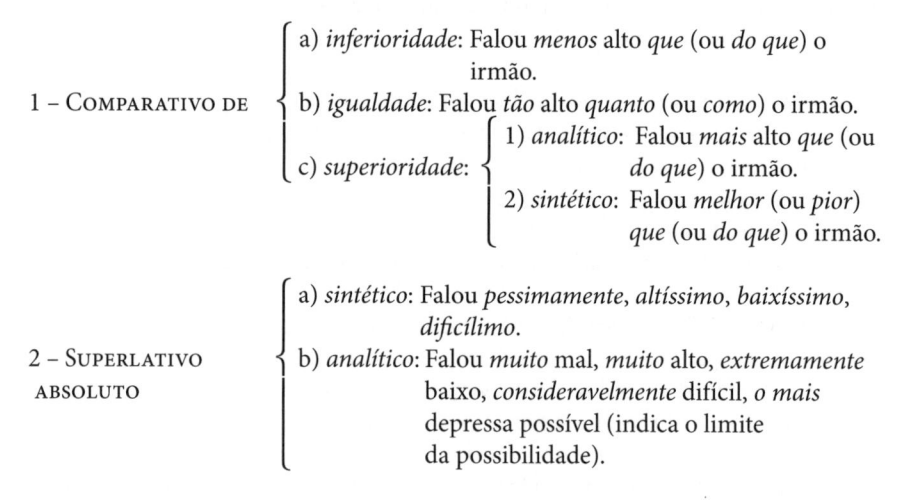

1 – COMPARATIVO DE
  a) *inferioridade*: Falou *menos* alto *que* (ou *do que*) o irmão.
  b) *igualdade*: Falou *tão* alto *quanto* (ou *como*) o irmão.
  c) *superioridade*:
    1) *analítico*: Falou *mais* alto *que* (ou *do que*) o irmão.
    2) *sintético*: Falou *melhor* (ou *pior*) *que* (ou *do que*) o irmão.

2 – SUPERLATIVO ABSOLUTO
  a) *sintético*: Falou *pessimamente, altíssimo, baixíssimo, dificílimo.*
  b) *analítico*: Falou *muito* mal, *muito* alto, *extremamente* baixo, *consideravelmente* difícil, *o mais* depressa possível (indica o limite da possibilidade).

Na realidade, tais intensificações ou gradações do advérbio – como do adjetivo – se expressam por estruturas sintáticas que devem merecer atenção no estudo dos padrões frasais do português.

3 – DIMINUTIVO COM VALOR DE SUPERLATIVO – Em linguagem familiar pode-se expressar o valor superlativo do advérbio pela sua forma diminutiva, combinada com o valor lexical das unidades que com ele concorrem:
Andar *devagarzinho* (muito devagar, um tanto devagar).
Acordava *cedinho* e só voltava à *noitinha*.
Saiu *agorinha*.

---

[78] [HM.1, 55], em que as fronteiras entre o advérbio e o adjetivo são estudadas com muita erudição e acuidade estilística.

O diminutivo e o aumentativo das fórmulas de recomendação não indicam mais lentidão ou ligeireza da realização do fato, mas servem para expressar ou acentuar a recomendação:
Vá *depressinha* apanhar o meu chapéu.
É bom que estudes *devagarinho*.
Ele chegou *cedão*.

OBSERVAÇÃO: Em lugar de *mais bem* e *mais mal* empregam-se *melhor* e *pior* quando pospostos:

"Ninguém conhece *melhor* os interesses do que o homem virtuoso; promovendo a felicidade dos outros assegura também a própria" [MM].

Usa-se tanto de *mais bem* e *mais mal* quanto de *melhor* e *pior* junto a adjetivos e particípios:
"Os esquadrões *mais bem* encavalgados foram despedidos logo em seguimento dos fugitivos" [AH.1, 224].
"Com a maça jogada às mãos ambas abalava e rompia as armas *mais bem* temperadas (...)" [AH.1, 108].
"(...) incentivo para adorações *melhor* recompensadas" [CBr].

8 - Preposição

Chama-se preposição a uma unidade linguística desprovida de independência – isto é, não aparece sozinha no discurso, salvo por hipertaxe (↗ 53) – e, em geral, átona, que se junta a substantivos, adjetivos, verbos e advérbios para marcar as relações gramaticais que elas desempenham no discurso, quer nos grupos unitários nominais, quer nas orações.
Não exerce nenhum outro papel que não seja ser índice da função gramatical de termo que ela introduz.
Em:
Aldenora gosta de Belo Horizonte

a preposição *de* une a forma verbal *gosta* ao seu termo complementar *Belo Horizonte* para ser o índice da função gramatical preposicionada *complemento relativo* (↗ 451).
Já em:
homem de *coragem,*

a mesma preposição *de* vai permitir que o substantivo *coragem* exerça o papel de *adjunto adnominal* do substantivo *homem* – função normalmente desempenhada por adjetivo. Daí dizer-se que, nestes casos, a preposição é um *transpositor*, isto é, elemento gramatical que habilita uma determinada unidade linguística a exercer papel gramatical diferente daquele que normalmente exerce. Ora, o substantivo normalmente não tem por missão ser palavra modificadora de outro substantivo, razão por que não é comum dizer-se *homem coragem*; para que *coragem* esteja habilitado a assumir o papel gramatical do adjetivo *corajoso* (homem corajoso), faz-se necessário o concurso do transpositor *de*: homem *de coragem*.

Neste papel, o termo anterior à preposição chama-se *antecedente* ou subordinante, e o posterior chama-se *consequente* ou subordinado. O subordinante pode ser substantivo, adjetivo, pronome, verbo, advérbio ou interjeição:

livro de história
útil a todos
alguns de vocês
necessito de ajuda
referentemente ao assunto
ai de mim!

O subordinado é constituído por substantivo, adjetivo, verbo (no infinitivo ou gerúndio) ou advérbio:

casa de *Pedro*
pulou de *contente*
gosta de *estudar*
em *chegando*
ficou por *aqui*

No exemplo:
De noite todos os gatos são pardos,

o grupo unitário *de noite* exerce na oração o papel de adjunto adverbial; mas o que temos como núcleo é outro substantivo, cujo significado lexical está incluído no amplo campo semântico das designações temporais das partes do dia: noite. Impõe-se a presença do transpositor *de* para que o substantivo fique habilitado ou constituindo uma locução adverbial temporal (*de noite*) e assim possa exercer a função de adjunto adverbial na oração acima.

No exemplo primeiro:
Aldenora gosta de Belo Horizonte,

diz-se que a preposição aparece por *servidão gramatical*, isto é, ela é mero índice de função sintática, sem correspondência com uma noção ou categoria gramatical, exigida pela noção léxica do grupo verbal e que, exterior ao falante, impõe a este o uso exclusivo de uma unidade linguística [GGh.1, 99]. É o que ocorre, por exemplo, com "a regência obrigatória de determinada preposição para os objetos que são alvo direto do processo verbal (*tratar de alguma coisa*, etc.)" [MC.4, 217].

Preposição e significado
Já vimos que tudo na língua é semântico, isto é, tudo tem um significado, que varia conforme o papel léxico ou puramente gramatical que as unidades linguísticas

desempenham nos grupos nominais unitários e nas orações. As preposições não fazem exceção a isto:
Nós trabalhamos *com* ele, e não *contra* ele.

Contextos deste tipo ressaltam bem o significado de unidades como *com ele* e *contra ele*, auxiliados por diferentes preposições. Todavia, devemos lembrar aqui a noção de *significado unitário* (que não quer dizer significado *único*), exposta nas páginas de introdução.

Ora, cada preposição tem o seu significado unitário, fundamental, primário, que se desdobra em outros significados contextuais (sentido), em acepções particulares que emergem do nosso saber sobre as coisas e da nossa experiência de mundo.

Coseriu lembra, para tanto, o caso da preposição *com*, à qual as gramáticas atribuem englobadamente os significados de "companhia" (*dancei* com *Marlit*), "modo" (*estudei* com *prazer*), "instrumento" (*cortei o pão* com *a faca*), "causa" (*fugiu* com *medo do ladrão*), "oposição" (*lutou* com *o ladrão*), entre outras.

A língua portuguesa só atribui a *com* o significado de "copresença"; o que, na língua, mediante o seu sistema semântico, se procura expressar com esta preposição é que, na fórmula *com + x*, *x* está sempre presente no "estado de coisas" designado. Os significados ou sentidos contextuais, analisados pela nossa experiência de mundo e saber sobre as coisas (inclusive as coisas da língua, que constitui a nossa competência linguística), nos permitem dar um passo a mais na interpretação e depreender uma acepção secundária.

Assim, em *cortar o pão com faca*, pelo que sabemos o que é "cortar", "pão", "faca", entendemos que a *faca* não só esteve presente ao ato de "cortar o pão", mas foi o "instrumento" utilizado para a realização desta ação.

Já em *dancei com Marlit*, emerge, depois da noção da "copresença", o sentido de "companhia", pois que em geral não se pratica a dança sozinho.

Em *estudei com prazer*, o *prazer* não só esteve "presente", mas representou o "modo" de como a ação foi levada a termo.

Mas que a preposição *com* por si não significa "instrumento", prova-o que esta interpretação não se ajusta a:

Everaldo cortou o pão *com* a Rosa,

pois que, assim como sabíamos o que significa *faca*, sabemos o que é *Rosa*: não se trata de nenhum instrumento cortante, capaz de fatiar o *pão*; teríamos, neste exemplo, uma acepção contextual (sentido) de "ajuda", ou "companhia", por esta ou aquela circunstância em que o *pão* se achava e que só o entorno ou situação poderia explicar o conteúdo da oração.

Assim, não se deve perder de vista que, na relação dos "significados" das preposições, há sempre um significado unitário de língua, que se desdobra em sentidos contextuais a que se chega pelo contexto e pela situação.

O sistema preposicional do português, do ponto de vista semântico, está dividido em dois campos centrais: um que se caracteriza pelo traço "dinamicidade" (física ou figurada) e outro em que os traços de noções "estáticas" e "dinâmicas" são indiferentemente marcados ambos, tanto em referência ao espaço quanto ao tempo.[79]

Ao primeiro campo pertencem: *a, contra, até, para, por* (*per*), *de* e *desde*; ao segundo: *ante, perante, após, trás, sob, sobre, com, sem, em* e *entre*.

O primeiro grupo admite divisão em dois subgrupos: a) movimento de aproximação ao ponto de chegada (*a, contra, até, para*); b) movimento de afastamento (*de, desde*). A preposição *por* se mostra compatível com as duas noções aqui apontadas.

O primeiro subgrupo ainda se pode dividir em duas outras noções suplementares: a) "chegada ao limite" (*a, até, contra*, sendo que a *contra* se adiciona a noção de "limite como obstáculo" ou "confrontamento"); b) "mera direção" ou "direção com intenção de demora" (*para*).

O segundo subgrupo também admite divisão em duas outras noções de afastamento: a) "origem" (*de*); b) "mero afastamento" (*desde*).

O segundo grupo admite divisão em dois subgrupos: *a*) situação definida e concreta (*ante, perante, após, trás, sob, sobre*); b) situação mais imprecisa (*com, sem, em, entre*).

O primeiro subgrupo acima ainda se pode dividir em duas outras noções suplementares: a) "situação horizontal" (*ante, perante, após, trás*); b) "situação vertical" (*sob, sobre*).

O segundo subgrupo também admite divisão em duas outras noções suplementares: a) "copresença", distribuída em "positiva" (*com*) e "negativa" (*sem*); b) em que a noção de "limite", dentro da imprecisão que caracteriza o par, marca a preposição *entre*. Comparem-se *ter em mãos* e *ter entre mãos*.

Veja adiante o quadro resumo do sistema preposicional do português do ponto de vista semântico.

Unidades convertidas em preposições
No sentido inverso à criação de advérbios ou locuções adverbiais mediante o emprego de preposições combinadas com substantivos (*à noite, de tarde, com prazer*, etc.) (➚ 317), certos advérbios ou outras palavras transpostas à classe de advérbio, e certos adjetivos imobilizados no masculino podem converter-se em preposição:

Fora os alunos, ninguém mais pôde entrar no salão.
Após a chuva, vieram os prejuízos.
Os negociantes foram soltos *mediante* fiança.
Durante o jogo, a torcida cantava o hino do clube.

Também podem converter-se em preposição adjetivos como *exceto, salvo, visto, devido, conforme, segundo, consoante, mediante* e os quantificadores indefinidos *mais* e *menos* quando estão empregados para exprimir não a quantidade, mas a soma e a subtração (**mais** *estes reais*, **menos** *estes reais*; *ele* **mais** *o pai*).

---

[79] [AL.1, § 289], cuja proposta retocada adotamos; [MMa.1, 149]; [MPz.1], onde se faz exaustivo estudo do sistema preposicional do espanhol [VBr.1].

Traços Semânticos

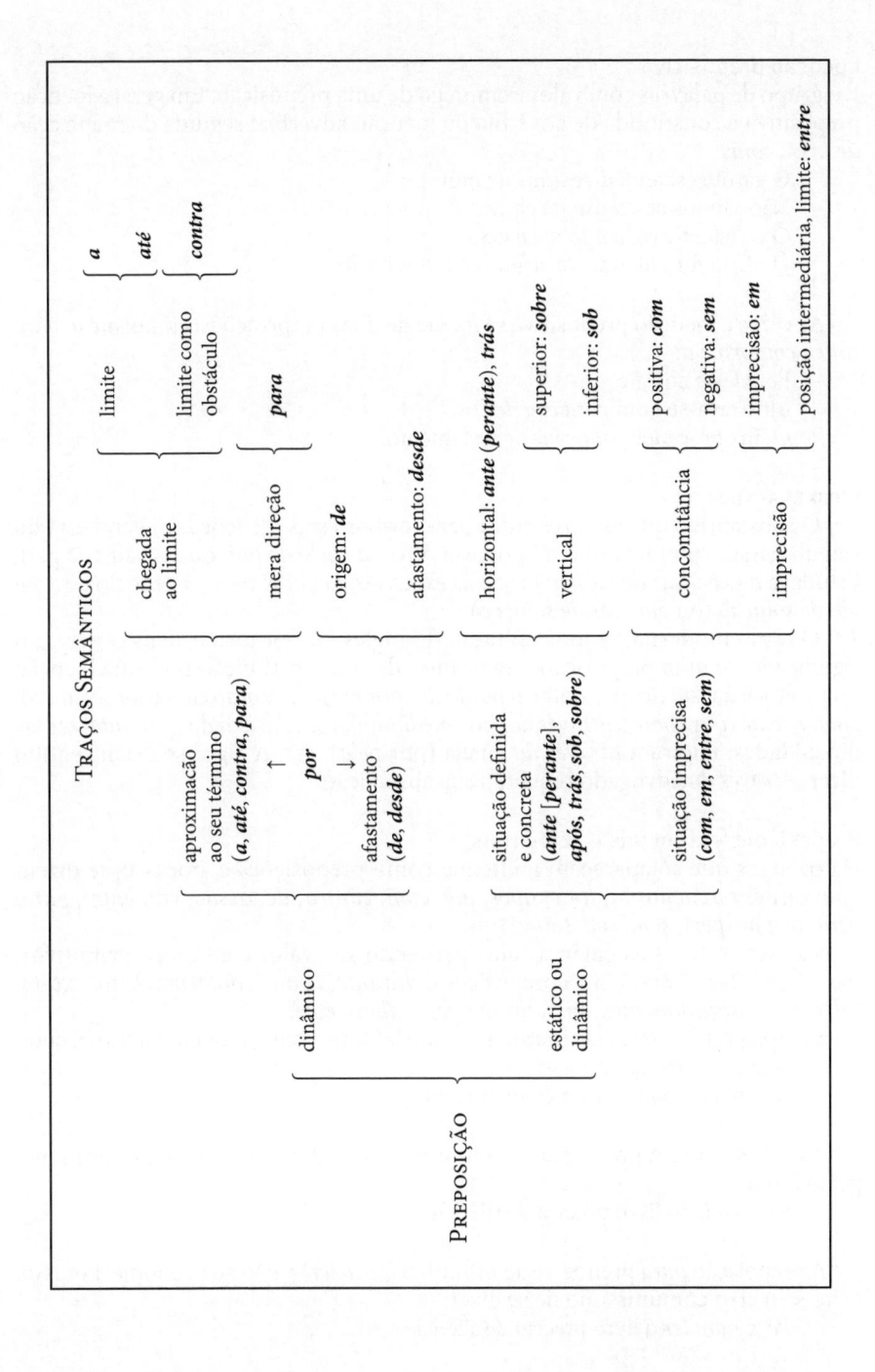

- **Preposição**
  - **dinâmico**
    - aproximação ao seu término (*a, até, contra, para*)
      - chegada ao limite
        - limite: ***a***
        - limite como obstáculo: ***até***, ***contra***
      - mera direção: ***para***
    - ← ***por*** →
    - afastamento (*de, desde*)
      - origem: ***de***
      - afastamento: ***desde***
  - **estático ou dinâmico**
    - situação definida e concreta (*ante [perante], após, trás, sob, sobre*)
      - horizontal: ***ante (perante)***, ***trás***
      - vertical
        - superior: ***sobre***
        - inferior: ***sob***
    - situação imprecisa (*com, em, entre, sem*)
      - concomitância
        - positiva: ***com***
        - negativa: ***sem***
      - imprecisão
        - imprecisão: ***em***
        - posição intermediária, limite: ***entre***

Locução prepositiva
É o grupo de palavras com valor e emprego de uma preposição. Em geral a locução prepositiva é constituída de advérbio ou locução adverbial seguida da preposição *de*, *a* ou *com*:
    O garoto escondeu-se *atrás do* móvel.
    Não saímos *por causa da* chuva.
    O colégio ficava *em frente a* casa.
    O ofício foi redigido *de acordo com* o modelo.

Às vezes a locução prepositiva se forma de duas preposições, como: *até a*, *para com* e *conforme a*:
    Foi *até ao* colégio.
    Mostrava-se bom *para com* todos.
    O juiz procedeu *conforme ao* testamento.

OBSERVAÇÕES:
1.ª) O substantivo que às vezes entra para formar estas locuções em geral está no singular; mas o plural também é possível: Viver *à custa do pai* (ou *às custas do* pai), Estudava *a expensas do padrinho* (ou *às expensas do padrinho*), O negócio está *em via de solução* (ou *em vias de solução*).
2.ª) O estilo moderno, ou por imitação do inglês ou por tornar mais concreto o significado de uma preposição, usa e abusa da sua substituição por uma locução prepositiva: *à vista de* (por *ante*), *a bordo de* (por *em*), *de acordo com* (por *segundo*), *em torno de* (por *sobre*), *através de* (por *mediante*), etc.: *À vista de* (por *ante*) tantas dificuldades; Fugiram *através da* janela (por *pela*), etc. A rigor soa sem sentido dizer: *Através do* advogado requereu sua absolvição.

Preposições essenciais e acidentais
Há palavras que só aparecem na língua como preposições e, por isso, se dizem *preposições essenciais: a, ante, após, até, com, contra, de, desde, em, entre, para, perante, por* [*per*], *sem, sob, sobre, trás*.
    São ACIDENTAIS as palavras que, perdendo seu valor e emprego primitivos, passaram a funcionar como preposições: *durante, como, conforme, feito, exceto, salvo, visto, segundo, mediante, tirante, fora, afora*, etc.[80]
    Só as preposições *essenciais* se acompanham de formas tônicas dos pronomes oblíquos:
    Sem *mim* não fariam isso.
    Exceto *eu*, todos foram contemplados.

Às vezes, entre a preposição e seu termo subordinado aparece um pronome pessoal reto:
    Para *eu* ler o livro preciso de silêncio.

A preposição *para* prende-se ao infinitivo (*para ler*) e não ao pronome. Por isso, evite-se o erro comuníssimo de se dizer:
    Para *mim* ler o livro preciso de silêncio.

---

[80] Embora *segundo* e *conforme* se acompanhem de pronome reto de 1.ª e 2.ª pessoa, em geral se prefere usar: *segundo meu parecer*, por exemplo, ao lado de *segundo eu*.

Acúmulo de preposições
Não raro duas preposições se juntam para dar maior efeito expressivo às ideias, guardando cada uma seu sentido primitivo:
Andou *por sobre* o mar.
As ordens estão *por detrás* dos regulamentos.

Estes acúmulos de preposições não constituem uma locução prepositiva porque valem por duas preposições distintas. Combinam-se com mais frequência as preposições: *de, para* e *por* com *entre, sob* e *sobre*.
"De uma vez olhou *por entre* duas portadas mal fechadas para o interior de outra sala (...)" [CBr.1, 175].
"Os deputados oposicionistas conjuravam-no a não levantar mão *de sobre* os projetos depredadores" [CBr.1].

OBSERVAÇÕES:
1.ª) Pode ocorrer depois de algumas preposições acidentais (*exceto, salvo, tirante, inclusive*, etc. de sentido exceptivo ou inclusivo) outra preposição requerida pelo verbo, sendo que esta última preposição não é obrigatoriamente explicitada:
Gosto de todos daqui, *exceto ela* (ou *dela*).

Sem razão, alguns autores condenam, nestes casos, a explicitação da segunda preposição (*dela*, no exemplo acima).
Senhoreou-se de tudo, *exceto dos* dois sacos de prata [CBr *apud* MBa.3, 326].

2.ª) Na coordenação, não é necessário repetir as preposições, salvo quando assim o exigirem a ênfase, a clareza ou a eufonia:
Quase não falaram *com* o diretor e repórteres.
Quase não falaram *com* o diretor e *com* os repórteres.

A repetição é mais frequente antes dos pronomes pessoais tônicos e do reflexivo:
"Então desde o Nilo ao Ganges / Cem povos armados vi / erguendo torvas falanges / *contra mim* e *contra ti*" [Passos *apud* ED.2, § 223, a].

A norma se estende às locuções prepositivas, quando é mais comum a repetição do último elemento da locução:
Antes do bem e *do* mal estamos nós.

Quando a preposição se encontra combinada com artigo, deve ser repetida se repetido está o artigo:
"Opor-se *aos* projetos e *aos* desígnios dalguns" [ED.2].

3.ª) Uma expressão preposicionada indicativa de lugar ou tempo pode ser acompanhada de uma segunda de significado local ou temporal:
Levou-o *para ao* pé da cruz.

Desde pela manhã, esperava novas notícias.
"Nós não fazemos senão andar atrás delas, *desde pela* manhã até a noite, desde a noite *até pela* manhã" [Mesquita *apud* MBa.2, 70].

Trata-se aqui de expressões petrificadas que valem por uma unidade léxica (*ao pé de*, *pela manhã*, etc.) e como tais podem depois ser precedidas de preposição.

4.ª) Registre-se o emprego de *um como*, *uma como* para denotar mera semelhança com os nomes a que se referem: *cair* um como *orvalho*, uma como *chuva*. Quando aparece verbo na comparação, use-se *como que*: "(...) esse não se compadece com a tristeza, que gelam *como que* endurecem o espírito" (Camilo *apud* MBa.7, 107).

Combinação e contração com outras palavras
Diz-se que há *combinação* quando a preposição, ligando-se a outra palavra, não sofre redução. A preposição *a* combina-se com o artigo definido masculino: a + o = ao; a + os = aos.

Diz-se que há *contração* quando, na ligação com outra palavra, a preposição sofre redução. As preposições que se contraem são:[81]

A
   1) com o artigo definido ou pronome demonstrativo feminino:
   a + a = à; a + as = às (esta fusão recebe o nome de *crase*)

   2) com o pronome demonstrativo:
   a + aquele = àquele; a + aqueles = àqueles (crase)
   a + aquela = àquela; a + aquelas = àquelas (crase)
   a + aquilo = àquilo (crase)

Observações:
1.ª) Muitas vezes a ligação ou não da preposição à palavra seguinte depende da necessidade de garantir a clareza da mensagem, amparada por entoação especial:
   "Para Saussure a 'ciência' dos signos era para ser um ramo da psicologia social, e a linguística uma subespécie deste ramo *apesar de a* mais importante" [JDe.1, 20].
M. Bandeira sentiu necessidade de não proceder à crase em *a aquela*, no exemplo:
   "Para tudo isso, porém, existe a adesão em massa. É o maior medo de Oswald de Andrade. De fato nada resiste *a aquela* estratégia paradoxal" [MB.2, 248].

---

[81] Pode-se também considerar *contração* apenas o caso de crase; nos outros, diremos que houve *combinação*. A *NGB* não tomou posição neste ponto. Na realidade, o termo *combinação* é muito amplo para ficar assim restringido. A nomenclatura tradicional, por exemplo, só emprega *combinação de pronomes*.

2.ª) Não se combina o artigo quando este é parte integrante do sintagma nominal, como no seguinte exemplo:
Há quem conheça o que se decidiu chamar *de o espírito carioca*.
É pela mesma razão de conservar a integridade que se deve evitar fazer a combinação da preposição com a palavra inicial dos títulos de livros, jornais e demais periódicos:
de Os Lusíadas; *em* Os Sertões.
Também é preferível não se usar apóstrofo (*d'Os Lusíadas*) nem a repetição do artigo (*dos Os Lusíadas*).
Como observa Adriano da Gama Kury, a prática dos escritores se mostra muito indecisa neste particular [AK.2, 55].

De
1) com o artigo definido masculino e feminino:
de + o = do; de + a = da; de + os = dos; de + as = das

2) com o artigo indefinido (menos frequente):
de + um = dum; de + uns = duns
de + uma = duma; de + umas = dumas

3) com o pronome demonstrativo:
de + aquele = daquele; de + aqueles = daqueles
de + aquela = daquela; de + aquelas = daquelas
de + aquilo = daquilo
de + esse = desse; de + esses = desses; de + este = deste; de + estes = destes
de + essa = dessa; de + essas = dessas; de + esta = desta; de + estas = destas
de + isso = disso; de + isto = disto

4) com o pronome pessoal:
de + ele = dele; de + eles = deles
de + ela = dela; de + elas = delas

5) com o pronome indefinido:
de + outro = doutro; de + outros = doutros
de + outra = doutra; de + outras = doutras

6) com advérbio:
de + aqui = daqui; de + aí = daí; de + ali = dali; etc.

Em
1) com o artigo definido, graças à ressonância da nasal:
em + o = no; em + os = nos; em + a = na; em + as = nas

2) com o artigo indefinido:
   em + um = num; em + uns = nuns
   em + uma = numa; em + umas = numas

3) com o pronome demonstrativo:
   em + aquele = naquele; em + aqueles = naqueles
   em + aquela = naquela; em + aquelas = naquelas
   em + aquilo = naquilo
   em + esse = nesse; em + esses = nesses; em + este = neste; em + estes = nestes
   em + essa = nessa; em + essas = nessas; em + esta = nesta; em + estas = nestas
   em + isso = nisso; em + isto = nisto

4) com o pronome pessoal:
   em + ele = nele; em + eles = neles
   em + ela = nela; em + elas = nelas

Per – com as formas antigas do artigo definido:
   per + lo = pelo; per + los = pelos; per + la = pela; per + las = pelas

Para (*pra*) – com o artigo definido:
   para (pra) + o = pro; para (pra) + os = pros; para (pra) + a = pra; para (pra) + as = pras

Co(m) – com artigo definido, graças à supressão da ressonância nasal (ectlipse):
   co(m) + o = co; co(m) + os = cos; co(m) + a = coa; co(m) + as = coas

A preposição e sua posição
Em vez de vir entre o termo subordinante e o subordinado, a preposição, graças à possibilidade de outra disposição das palavras, pode vir aparentemente sem o primeiro:

Por lá (subordinado)	todos	*passaram.* (subordinante)
Os primos (subordinante)	*estudaram*	*com José.* (subordinado)
Com José (subordinado)	os primos	*estudaram.* (subordinante)
"*Quem* (subordinante)	há de	*resistir?* (subordinado)
Resistir (subordinado)	quem	*há de?*" [LG] (subordinante)

Principais preposições e locuções prepositivas

a	de acordo com	entre
abaixo de	debaixo de	exceto
acerca de, cerca de	de cima de	fora de
acima de	de conformidade com	junto a
a fim de	defronte a	junto de
à frente de	defronte de	mediante
ante	de modo a	na conta de
antes de	dentre	não obstante
ao lado de	dentro	para
ao longo de	dentro de	para com
ao redor de	dentro em	per
a par com	desde, dês	perante
apesar de	detrás de	perante a
após	diante de	por
após de	durante	por baixo de
a respeito de	em	por cima de
à roda de	embaixo de	por defronte de
até	em busca de (à busca de)	por dentro de
até a	em cima de	por detrás de
atrás de	em favor de	por diante de
através de	em frente a	por meio de
com	em frente de	quanto a, enquanto a
como	em lugar de	segundo
conforme	em ordem a	sem
conforme a	em prol de	sem embargo de
consoante	em razão de	sob
contra	em troco de	sobre
de	em vez de	trás

Emprego da preposição

1) A

Esta preposição aparece nos seguintes principais empregos:

a) Introduz complementos verbais (objetos indiretos) e nominais representados por nomes ou pronomes:

"Perdoamos mais vezes *aos nossos inimigos* por fraqueza, que por virtude" [MM].
"O nosso amor-próprio é muitas vezes contrário *aos nossos interesses*"
"A força é hostil *a si própria*, quando a inteligência a não dirige" [MM].
doa *a quem* doer
a quem interessar possa

b) Introduz objetos diretos:
"O mundo intelectual deleita *a poucos*, o material agrada *a todos*" [MM].
"O homem que não é indulgente com os outros, ainda se não conhece *a si próprio*" [MM].

c) Prende infinitivos a certos verbos que o uso ensinará:
"Os homens, dizendo em certos casos que vão falar com franqueza, parecem *dar a entender* que o fazem por exceção de regra" [MM].

Geralmente tais verbos indicam a causa, o início, a duração, a continuação ou o termo de movimento ou extensão da ideia contida no verbo principal. Os principais são: abalançar-se, acostumar-se, animar-se, anuir, aparelhar-se, aprender, apressar-se, arrojar-se, aspirar, atender, atrever-se, autorizar, aventurar-se, chegar, começar (também com *de* e *por*), concorrer, condenar, continuar, costumar, convidar (também com *para*), decidir-se, entrar, estimular, excitar-se, expor-se, habilitar-se, habituar-se, meter-se, obrigar, pôr-se, principiar, resolver-se, vir.

d) Prende infinitivos a certos verbos, formando locuções equivalentes a gerúndios de sentido progressivo:
"Anda visitando os defuntos? disse-lhe eu. Ora defuntos! respondeu Virgília com um muxoxo. E depois de me apertar as mãos: – Ando a ver se ponho os vadios para a rua" [MA *apud* SS.1, 309].

OBSERVAÇÃO: Este último exemplo nos faz lembrar o cuidado de não se confundir o conjunto *a ver* com o verbo *haver*: *O presidente disse que aquele assunto não tinha nada **a ver** (e não **haver**) com o outro*.

e) Introduz infinitivo designando condição, hipótese, concessão, exceção:
A ser verdade o que dizes, prefiro não colaborar.
"A filha estava com quatorze anos; mas era muito fraquinha, e não fazia nada, *a não ser* namorar os capadócios que lhe rondavam a rótula" [MA.1, 201].

f) Introduz ou pode introduzir o infinitivo da oração substantiva subjetiva do verbo *custar*:
"Custou-lhe muito *a aceitar* a casa" [MA.1, 194].

g) Introduz numerosas circunstâncias, tais como:
1) termo de movimento ou extensão:
"Nesse mesmo dia levei-os *ao Banco do Brasil*" [MA.1, 151].

OBSERVAÇÃO: Com os advérbios *aqui*, *lá*, *cá* e semelhantes não se emprega preposição:
"Vem *cá*, Eugênia, disse ela (...)" [MA.1, 96].

2) tempo em que uma coisa sucede ou vai suceder:
"Indaguei do guarda; disse-me que efetivamente 'esse sujeito' ia por ali
às vezes. – *A* que horas?" [MA.1, 172].
Daqui *a* pouco haverá festa.
Daqui *a* dez minutos (e não *daqui dez minutos, daqui três dias*, etc.,
como se vai generalizando na linguagem popular, sem a presença da
preposição *a*).

3) fim ou destino:
"(...) apresentaram-se *a* falar ao imperador" [RP *apud* FB.1, 145].
Tocar *à* missa (= para assistir à missa).
Tocar o sino *a* ave-marias [EQ.5, 217].

4) meio, instrumento e modo:
matar *à* fome (= matar de fome), fechar *à* chave, vender *a* dinheiro, falar *aos* gritos, escrever *a* lápis, viver *a* frutas, andar *a* cavalo, venda *a* granel.

Com os verbos *limpar, enxugar, assoar* indicamos de preferência o instrumento com *em* e os portugueses com *a*: "limpar as lágrimas *no lenço*", "limpar as lágrimas *ao lenço*".

5) lugar, distância, aproximação, contiguidade, exposição a um agente físico:
"Vejo-a a assomar *à porta* da alcova (...)" [MA.1, 14].
Estar *à janela*, ficar *à mesa, ao portão, ao sol*, falar *ao telefone*
Você estava *a* dez metros de mim, mas não me viu.

6) semelhança, conformidade:
"Não sai *a nós*, que gostamos da paz (...)" [MA *apud* SS.1, 310].
"Desta vez falou *ao modo bíblico*" [MA *apud* SS.1].
Quem puxa *aos seus* não degenera.

7) distribuição proporcional, gradação:
um *a* um, mês *a* mês, pouco *a* pouco

OBSERVAÇÃO: Diz-se *pouco a pouco, pouco e pouco, a pouco e pouco*.
"*Pouco a pouco* muitas graves matronas... se tinham alongado da corte para suas honras e solares" [AH.3, 21].

8) preço:
A como estão as maçãs? *A* um real o quilo.

9) posse:
Tomou o pulso *ao* doente (= do doente).

h) Indica movimentos afetivos, como amor, afeição, simpatia, ódio, aversão e assemelhados, depois de nomes que exprimem esta ideia: *amor* ao *próximo, simpatia* aos *inocentes, aversão* ao *roubo*. Modernamente, tem aqui a concorrência da preposição *por*, que, em muitos contextos, pode levar ambiguidade à expressão (↗349).

i) Forma numerosas locuções adverbiais:
à pressa, às pressas, às claras, às ocultas, às cegas, a granel, a rodo, etc.

Emprego do à *acentuado*
Emprega-se o acento grave no *a* para indicar que soa como vogal aberta nos seguintes dois casos:
1.º) quando representa a contração ou fusão da preposição *a* com o artigo *a* ou o início de *aquele(s), aquela(s), aquilo*, fenômeno que em gramática se chama crase (↗ 674):
Fui *à* cidade. Entregou o livro *à* professora. Não se dirigiu *àquele* homem.

No primeiro exemplo, o verbo *ir* pede a preposição *a*; o substantivo *cidade* pede o artigo feminino *a*: *Fui a a* cidade → *Fui à* cidade.

OBSERVAÇÃO: Se o substantivo estiver usado em sentido indeterminado, não estará precedido de artigo definido e, portanto, não ocorrerá *à*, mas sim simples *a*, que será mera preposição, como no exemplo: *Ipanema perderá mais uma casa à beira-mar. O imóvel foi vendido **a** construtora* (= a uma construtora) *e será demolido para dar lugar **a** prédio* (= a um prédio).

2.º) quando representa a *pura preposição a* que rege um substantivo feminino singular, formando uma locução adverbial ou adjetiva que, por motivo de clareza, vem assinalada com acento grave diferencial:
à força, à míngua, à bala, à faca, à espada, à fome, à sede, à pressa, à noite, à tarde, barco à vela, etc. [SA.4, 11-23; CR.2, 233; ED.2, §§ 58 e 156; SL.1, 224].

OBSERVAÇÕES:
1.ª) *Crase* é um fenômeno fonético que se estende a toda fusão de vogais iguais, e não só ao *a* acentuado.
2.ª) Não há razão para condenar-se o verbo *crasear* para significar "pôr o acento grave indicativo da crase". O que se não deve é chamar *crase* ao acento grave:
"Alencar *craseava* a preposição simples *a*" [JO.3, 27].
3.ª) A locução *à distância* deverá, a rigor, entrar na norma do 2.º caso anterior, ao lado de *à força, à míngua*, etc. (*Ficou à distância, Ensino à distância*.) Todavia, uma tradição tem-se orientado no sentido de só a usar com acento grave quando a noção de distância estiver expressa: "(...) nos seres que a habitam e que formigam

lá embaixo, por entre casas, quelhas e penedos, *à distância de um primeiro andar*" [Cpi.1]. A prática de bons escritores nem sempre obedece a esta última tradição:
"Demorou a perceber que Gato Preto acenava e gritava para ele *à distância*, como se vindo de casa outra vez" [JU.5].
"Tanto, a que nem seria preciso abaixar-lhe a maxila teimosa, para espiar os cantos dos dentes. Era decrépito mesmo *à distância*: no algodão bruto do pelo (...)" [GR.1].

Ocorre a crase nos seguintes casos principais:
a) diante de palavra feminina, clara ou oculta, que não repele artigo:
Fui *à* cidade.
Dirigia-se *à* Bahia e depois *a* Paris.

Para sabermos se um substantivo feminino não repele artigo, basta construí-lo em orações em que apareçam regidos das preposições *de, em, por*. Se tivermos puras preposições, o nome dispensa artigo; se tivermos necessidade de usar, respectivamente, *da, na, pela*, o artigo será obrigatório:

Fui *à* Gávea
{ Venho *da* Gávea
Moro *na* Gávea
Passo *pela* Gávea

Fui *a* Copacabana
{ Venho *de* Copacabana
Moro *em* Copacabana
Passo *por* Copacabana

OBSERVAÇÕES:
1.ª) O nome que sozinho dispensa artigo pode tê-lo quando acompanhado de adjetivo ou locução adjetiva:

Fui *à* Copacabana de minha infância
{ Venho *da* Copacabana de minha infância
Moro *na* Copacabana de minha infância
Passo *pela* Copacabana de minha infância

Assim se diz: Irei *à* casa paterna.

2.ª) Se for facultativo, nas condições acima, o emprego de *de* ou *da*, *em* ou *na*, *por* ou *pela*, será também facultativo o emprego do *a* acentuado:

Fui { *à* / *a* } França
{ Venho { *da* / *de* } França
Moro { *na* / *em* } França
Passo { *pela* / *por* } França

b) diante do artigo *a* (*as*) e do *a*- inicial dos demonstrativos *aquele, aquela, aquilo*:

Referiu-se $\begin{cases} \text{à} \\ \text{àquele} \\ \text{àquela} \\ \text{àquilo} \end{cases}$ que estava do seu lado

c) diante de possessivo em referência a substantivo feminino oculto:
Dirigiu-se àquela casa e não *à* sua. (= à sua casa)

d) nas locuções adverbiais constituídas de substantivo feminino plural:
às vezes, às claras, às ocultas, às escondidas, às três da manhã.

Não ocorre a crase nos seguintes casos principais:

a) diante de palavra masculina:
Graças *a* Deus. Foi *a* Ribeirão. Pediu um bife *a* cavalo.

b) diante de palavra de sentido indefinido:

Falou a $\begin{cases} \text{uma} \\ \text{certa} \\ \text{qualquer} \\ \text{cada} \\ \text{toda} \end{cases}$ pessoa

OBSERVAÇÃO: Há acento antes do numeral *uma*: Irei vê-la à uma hora.

c) diante dos pronomes relativos *que* (quando o *a* anterior for uma preposição), *quem, cuja*:
Está aí a pessoa *a* que fizeste alusão.
O autor *a* cuja obra a crítica se referiu é muito pouco conhecido.
Ali vai a criança *a* quem disseste a notícia.

d) diante de verbo no infinitivo:
Ficou *a* ver navios.
Livro *a* sair em breve.

e) diante de pronome pessoal e expressões de tratamento como V. Ex.ª, V.S.ª, V.M., etc. que dispensam artigo:
Não disseram *a* ela e *a* você toda a verdade.
Requeiro *a* V. Ex.ª com razão.
Mas:
Requeiro à senhora.
Falei à d. Margarida.

f) nas expressões formadas com a repetição de mesmo termo (ainda que seja um nome feminino), por se tratar de pura preposição:
frente *a* frente, cara *a* cara, face *a* face, gota *a* gota

g) diante da palavra *casa* quando desacompanhada de adjunto, e da palavra *terra* quando oposta a *bordo*:
Irei *a* casa logo mais (cf. Entrei *em* casa; Saí *de* casa).
Foram os primeiros a chegar *a* terra firme.

h) nas expressões de duração, distância e em sequência do tipo de *de... a...*:
As aulas serão *de* segunda *a* quinta.
Estes fatos ocorreram *de* 1925 *a* 1930.
O programa abrange *de* quinta *a* sétima série.
A aula terá *de* três *a* cinco horas de duração.

OBSERVAÇÃO: Se as expressões começam com preposição combinada com artigo, emprega-se *à* ou *às* no segundo termo: A aula será *das* 8 *às* 10 horas. O treino será *das* 10 *à* 1 da tarde. *Da* uma *às* duas haverá intervalo. O programa abrange *da* quinta *à* sétima série.

i) depois de preposição, exceto *até* (= limite):
Só haverá consulta *após as* dez horas. *Desde as* nove espero o médico.
O presidente discursou *perante a* Câmara.
Mas:
O fogo destruiu toda a mata *até à* rodovia. (= até o limite da rodovia, que não foi destruída).

A e *há*
Na escrita há de se ter o cuidado de não confundir a preposição *a* e a forma verbal *há* nas indicações de tempo. Usa-se *a* para o tempo que ainda vem: Daqui *a* três dias serão os exames. Daqui *a* pouco sairei. A resposta estava *a* anos de ser encontrada. Usa-se *há* para o tempo passado: *Há* três dias começaram os exames; Ainda *há* pouco estava em casa.

A crase é facultativa nos seguintes casos principais:
a) antes de pronome possessivo com substantivo feminino claro e no singular (uma vez que o emprego do artigo antes de pronome possessivo é opcional):

Dirigiu-se $\begin{cases} à \\ a \end{cases}$ minha casa, e não à sua

No português moderno dá-se preferência ao emprego do possessivo com artigo e, neste caso, ao *a* acentuado.

b) antes de nome próprio feminino:

As alusões eram feitas $\begin{cases} à \\ a \end{cases}$ Ângela

c) antes da palavra *casa* quando acompanhada de expressão que denota o dono ou morador, ou qualquer qualificação:

Irei $\begin{cases} à \\ a \end{cases}$ casa de meus pais

OBSERVAÇÕES:
1.ª) É preciso não identificar *crase* e *craseado* com acento e acentuado. Em tempos passados, principalmente entre os românticos, a preposição pura *a* era em geral acentuada, para distingui-la do artigo *a*, ainda diante de masculino. Daí os falsos erros que se apontam em escritores dessa época, mormente em J. de Alencar.
2.ª) Deve-se usar *dormir a sesta*, e não *dormir à sesta*; *levá-lo a breca*, e não *levá-lo à breca*; *tudo está indo a breca*; *ele teria levado a breca*.

2) Até
Esta preposição indica o limite, o termo de movimento, e, acompanhando substantivo com artigo (definido ou indefinido) pode vir ou não seguida da preposição *a*:

Caminharam *até* $\begin{cases} a \\ à \end{cases}$ escola

"Ouvido isto, o desembargador comoveu-se *até às* lágrimas, e disse com mui entranhado afeto" [CBr.1, 67].
"(...) e prometem ser-lhe amparo *até ao* fim" [CBr.1, 77].
"Albernaz saiu fora da roda dos amigos e foi *até a* um canto da sala (...)" [LB *apud* SS.1, § 496].

É preciso distinguir a preposição da palavra de inclusão *até* que se usa para reforçar uma declaração com o sentido de "inclusive", "também", "mesmo", "ainda". A preposição pede pronome pessoal oblíquo tônico e a palavra de inclusão pede pronome pessoal reto:
Ele chegou *até mim* e disse toda a verdade.
Até eu recebi o castigo.

3) Com
Aparece nas circunstâncias de companhia, ajuntamento, simultaneidade, modo, maneira, meio, instrumento, causa, concessão (principalmente seguida de infinitivo), oposição:
"Quando os bons capitulam *com* os maus sancionam a própria ruína" [MM].
"Nunca agradecemos *com* tanto fervor como quando esperamos um novo favor" [MM].
"A economia *com* o trabalho é uma preciosa mina de ouro" [MM].
"Somos atletas na vida; lutamos *com* as paixões dos outros homens e *com* as nossas" [MM].
"Queremos governos perfeitos *com* homens imperfeitos: disparate" [MM].
"O silêncio *com* ser mudo não deixa de ser por vezes um grande impostor" [MM].

"A sociedade política nasceu da família; mas a família não acabou *com* (= temporal) a existência da sociedade" [AH.2, 144].

Inicia o complemento de muitos verbos e nomes (complemento relativo e complemento nominal):
"O lisonjeiro conta sempre *com* a abonação do nosso amor-próprio" [MM].
"O homem que não é indulgente *com* os outros, ainda se não conhece a si próprio" [MM].

4) Contra
Denota oposição, direção contrária, hostilidade:
Lutava *contra* tudo e *contra* todos.
Remar *contra* a maré.
Votar *contra* alguém.

Condenam bons mestres como galicismo o emprego desta preposição depois do verbo *apertar, estreitar* (e sinônimos), apesar dos exemplos de escritores corretos, uso que se vai generalizando:
"*Apertei contra* o coração o punho da espada" [AH.5, I, 37].
"E Dulce caiu nos braços do guerreiro trovador, que desta vez a *estreitou contra* o peito (...)" [AH.3, 144].

Também se considera como galicismo *contra* no sentido de "em troca de", bem como no sentido de "junto a", "ao lado de":
Dar a mercadoria *contra* recibo (por *mediante recibo*).
Encostar o móvel *contra* a parede (por *junto à parede*).

5) De
a) Introduz complemento de verbos (complemento relativo) e nomes (complemento nominal) que o uso ensinará:
"Os sábios vivem ordinariamente solitários: receiam-se *dos velhacos*, e não podem tolerar os tolos" [MM].
"O temor *da morte* é a sentinela da vida" [MM].

b) Indica a circunstância de lugar donde, origem, ponto de partida dum movimento ou extensão (no tempo e no espaço), a pessoa ou coisa de que outra provém ou depende, em sentido próprio ou figurado e o agente da passiva (por ser o ponto de partida da ação), principalmente com os verbos que exprimem sentimento e manifestação de sentimentos:
"A maior parte dos erros em que laboramos neste mundo provém *da falsa definição*, ou *das noções falazes* que temos do bem e do mal" [MM].
"A doçura e beleza *das mulheres* parecem inculcar que são anjos e serafins que desceram *dos céus* e se humanaram na terra" [MM].

"Sancionada a virtude só pela opinião pública, ela desaparece *da* vida doméstica e *de* todos aqueles lugares não vistos *da multidão*" [AH.2, 143].

OBSERVAÇÃO: Modernamente o agente da passiva se rege mais de *por*.

c) Indica a pessoa, coisa, grupo ou série a que pertence ou de que se salienta, por qualquer razão, o nome precedido de preposição:
"A credulidade e confiança *de* muitos tolos faz o triunfo *de* poucos velhacos" [MM].

d) Indica a matéria de que uma coisa é feita:
"(...) ela só lhe aceitava sem relutância os mimos *de* escasso preço, como a cruz *de* ouro, que lhe deu, uma vez, de festas" [MA.1, 54].

e) Indica a razão ou a causa por que uma coisa sucede:
"O luxo, como o fogo, devora tudo e perece *de* faminto" [MM].
Cantar de alegria, morrer *de* medo.

f) Indica o assunto ou o objeto de que se trata:
"Dizer-se *de* um homem que tem juízo é o maior elogio que se lhe pode fazer" [MM].

g) Indica o meio, o instrumento ou modo, em sentido próprio ou figurado:
"O espírito vive *de* ficções, como o corpo se nutre *de* alimentos" [MM].

h) Indica a comparação, hoje principalmente na expressão *do que*:
São mais *de* três horas.

i) Indica a posição, o lugar:
"Sucede frequentes vezes admirarmos *de* longe o que *de* perto desprezamos" [MM].

j) Indica medida:
Copo *de* leite (= o leite na medida do copo), copo d'água, garrafa *de* vinho

OBSERVAÇÃO: Pode-se dizer também: *copo com leite, com água*, mas aí não se visa à medida, mas ao conteúdo.

k) Indica o fim, principalmente com infinitivo:
Dá-me *de* beber um copo d'água.

l) Indica o tempo:
De noite todos os gatos são pardos.

m) Ligando dois substantivos, imediatamente ou por intermédio de certos verbos, serve para caracterizar e definir uma pessoa ou coisa:
"O homem *de* juízo aproveita, o tolo desaproveita a experiência própria" [MM].
Rua *do* Ouvidor.

OBSERVAÇÕES:
1.ª) Nas denominações de ruas, escolas, teatros, monumentos, edifícios, festas religiosas e casas comerciais, e em circunstâncias que tais, se costuma omitir a preposição sem que haja regra fixa para tal critério: avenida Rio Branco, Colégio Pedro II (mas rua *do* Ouvidor, praça *da* República).
2.ª) Usa-se a preposição *de* nas datas: 26 *de* fevereiro. Não é praxe da língua omiti-la nestas circunstâncias. Do mesmo modo, diz-se *o ano de 1928*, embora aqui se possa também empregar *o ano 1928*.

n) Indica o todo depois de palavras que significam parte:
A maioria *dos* homens, um terço *dos* soldados, um punhado *de* bravos; um pouco (ou uma pouca) *de* água.

OBSERVAÇÃO: Depois dos comparativos *maior*, *menor*, etc. pode ser substituído por *entre*: O maior *de* todos (= *entre* todos).

o) Indica modo de ser, semelhança, e normalmente vem precedendo predicativo:
"Muitos figuram *de* Diógenes, para se consolarem de não poderem ser Alexandres" [MM].

p) Liga adjetivo étnico ou gentílico aos substantivos *nação*, *nascimento*, *origem*:
brasileiro *de* nascimento, alemão *de* origem

q) Pode equivaler a *desde*:
Havia meio século *da* (= *desde a*) descoberta.

OBSERVAÇÕES:
1.ª) Note-se a fórmula *é de* com o sentido de *é próprio de*: "*É da* natureza humana que muitos homens trabalhem para manter os poucos que se ocupam em pensar para eles, instruí-los e governá-los" [MM].
2.ª) Construções do tipo *acusar de negligente*, *presumir de formosa* "explicam-se geralmente pela omissão de um verbo atributivo (*ser*, *estar*, etc.) ou pela fusão da construção do adjetivo com a de substantivo no mesmo lugar" [MBa.5, 297]. *Acusar de negligente* = *acusar de ser negligente*, *acusar de sua negligência*.

Não ocorre esta preposição nos seguintes principais casos:
a) em construções de tipo:
A primeira coisa que fiz foi vir a Madri (e não *foi de vir*).

b) "com os verbos e adjetivos que significam afastamento ou diferença, e com os que envolvem a ideia de aumento ou diminuição, superioridade ou inferioridade, a designação da medida que não tem preposição" [ED.1, § 125; JM.1, II, 46-47]:
Aumentar um centímetro (e não *aumentar de um*).
Este número excede aquele duas dezenas (e não *excede de duas dezenas*).
Mais novo alguns meses (e não *mais novo de alguns meses*).

c) depois do verbo *consistir*:
A prova consiste em duas páginas mimeografadas (e *não consiste de duas*).

NOTA: Os puristas, sem maiores exames, têm tachado de galicismo a expressão *de resto* (= quanto ao mais). Além de usada por grandes escritores, tem raízes no latim *de reliquo*.

d) depois do verbo *repetir*:
Repetir o ano (e não: *Repetir de ano*).

e) na locução adjetiva *de menor*:
O adolescente era menor de idade (em vez de *O adolescente era de menor*).

f) nos casos de dequeísmo (uso indevido do *de* junto a oração objetiva direta):
Suponho *que* (e não: *de que*) a emenda está errada.
Pensamos *que* (e não: *de que*) a situação há de melhorar.

6) *Em*
Denota:
a) lugar onde, situação, em sentido próprio ou figurado:
"Formam-se mais tempestades *em* nós mesmos que *no* ar, *na* terra e *nos* mares" [MM].

OBSERVAÇÃO: Com alguns verbos, para se exprimir esta circunstância, se emprega um pronome oblíquo átono em lugar da expressão introduzida por *em*:
"Pulsa-*lhe* (= nele) aquele afeto verdadeiro" [MA].
Não *me* toque. Bateu-*nos*. Mexeu-*lhe*.

b) tempo, duração, prazo:
"Os homens *em* todos os tempos, sobre o que não compreenderam, fabularam" [MM].

OBSERVAÇÕES:
1.ª) Precedendo um gerúndio, a preposição *em* aparece nas circunstâncias de tempo, condição ou hipótese:
"Ninguém, desde que entrou, *em* lhe *chegando* o turno, se conseguirá evadir à saída" [RB].

2.ª) Para denotar o espaço ou decurso de tempo usa-se a preposição *em* em concorrência a *dentro de* ou *daqui a*, emprego que alguns estudiosos, com exagero, veem como abuso ou imitação do francês [MBa.5, 75]:
Em cinco minutos irei atendê-lo.

c) modo, meio:
Foi *em* pessoa receber os convidados.
Pagava *em* cheque tudo o que comprava.

d) a nova natureza ou forma em que uma pessoa ou coisa se converte, disfarça, desfaz ou divide:
"O homem de juízo converte a desgraça *em* ventura, o tolo muda a fortuna *em* miséria" [MM].
Dar *em* doido.

e) preço, avaliação:
A casa foi avaliada *em* milhares de reais.

f) fim, destinação:
Vir *em* auxílio. Tomar *em* penhor. Pedir *em* casamento.

g) estado, qualidade ou matéria:
General *em* chefe. Ferro *em* brasa. Imagem *em* barro. Gravura *em* aço.

OBSERVAÇÃO: Tem-se, sem maior exame, condenado este emprego da preposição *em* como galicismo. Tem-se também querido evitar a expressão *em questão*, por se ter inspirado em modo de falar francês; mas é linguagem hoje comuníssima e corrente nas principais línguas literárias modernas.

h) causa, motivo (geralmente antes do infinitivo):
"Há povos que são felizes *em* não ter mais que um só tirano" [MM].

i) lugar para onde se dirige um movimento, sucessão, em sentido próprio ou figurado:
Saltar *em* terra. Entrar *em* casa. De grão *em* grão.

OBSERVAÇÃO: A língua-padrão não agasalha este emprego com os verbos *vir, chegar*, preferindo a preposição *a*: Ir *à* cidade; chegar *ao* colégio.

j) forma, semelhança, significação de um gesto ou ação:
"Resoluta estendeu os braços, juntando as mãos *em* talhadeira e arrojou-se d'alto, mergulhando (...)" [CN *apud* SS.1, § 506, 7].

7) Entre
Denota posição intermediária no espaço ou no tempo, em sentido próprio ou figurado:
"*Entre* o queijo e o café, demonstrou-me Quincas Borba que o sistema era a destruição da dor" [MA.1, 301].

Como as outras preposições, rege pronome oblíquo tônico, de modo que se diz *entre mim e ti, entre ele e mim, entre você e mim*, etc.
"Por que vens, pois, pedir-me adorações quando *entre mim e ti* está a cruz ensanguentada do Calvário (...)?" [AH.1, 46-47].

A língua exemplar tem evitado exemplos como *entre eu e tu, entre eu e eles, entre eles e eu* e semelhantes. Deste último caso, em que o pronome reto não vem junto da preposição *entre* ocorrem alguns exemplos literários que a modernidade do idioma já vem agasalhando:
"Odeio toda a gente / com tantas veras d'almas e tão profundamente /, que me ufano de ouvir que *entre eles e eu* existe / separação formal" [AC.4, 11-12].

OBSERVAÇÕES:
1.ª) Antes de verbo no infinitivo, o sujeito é um pronome reto:
Entre eu *sofrer* e tu *ficares triste, prefiro sofrer.*
2.ª) Vale lembrar que com a preposição *entre* devemos usar a conjunção *e* (*entre... e...*): *entre uma coisa e outra*:
"*Entre* meia-noite *e* uma hora, Pestana pouco mais fez que estar à janela (...)" [MA.2].

8) Para
Denota:
a) a pessoa ou coisa em proveito ou prejuízo de quem uma ação é praticada (objeto indireto, complemento relativo ou complemento nominal):
"Aborrecemos o absolutismo nos outros, porque o cobiçamos *para* nós mesmos" [MM].
"A preguiça nos maus é salutar *para* os bons" [MM].

b) a pessoa a que se atribui uma opinião (dativo livre):
"O pedir *para* quem não tem vergonha é menos penoso que trabalhar" [MM].

c) fim, destinação:
"A filha deu-me recomendações *para* Capitu e *para* minha mãe" [MA *apud* SS.1, 509, b].

d) finalidade:
"O ambicioso, *para* ser muito, afeta algumas vezes não valer nada" [MM].
Contas *para* receber (melhor do que *contas a receber*).

e) termo de movimento, direção para um lugar com a ideia acessória de demora ou destino:
Foi *para* a Europa.

OBSERVAÇÃO: Denota apenas "o lugar onde" em construções do tipo: Ele está agora *para* o Norte.

f) tempo a que se destina um objeto ou ação, ou para quando alguma coisa se reserva:
"Faz *para* as matanças seis anos que você justou comigo uma porca por 4 moedas (...)" [CBr *apud* JM.1, II, 49].
Vou aí *para* as seis horas.

9) Por (e per)
Denota:
a) lugar por onde, em sentido próprio ou figurado:
"Tais eram as reflexões que eu vinha fazendo, *por* aquele Valongo fora, logo depois de ver e ajustar a casa" [MA.1, 190].

b) meio:
Puxar *pelo* paletó, rezar *pelo* livro, segurar *pelos* cabelos, levar *pela* mão, ler *pelo* rascunho, contar *pelos* dedos, enviar *pelo* correio.

c) modo:
Repetir *por* ordem, estudar *por* vontade.
"Louvamos *por* grosso, mas censuramos *por* miúdo" [MM].

d) distribuição:
Várias vezes *por* dia.

e) divisão, indicando a pessoa ou coisa que recebe o quinhão:
Distribuir *pelos* pobres, repartir *pelos* amigos, dividir *por* três a herança.

f) substituição, troca, valor igual, preço:
Levar gato *por* lebre.
"Um viúvo sem filhos, como eu, vale *por* um solteirão; minto, aos sessenta anos, como eu, vale *por* dois ou três" [MA.8].

g) causa, motivo:
"O amor criou o Universo que *pelo* amor se perpetua" [MM].
"Muitos se abstêm *por* acanhados do que outros fogem *por* virtuosos" [MM].

h) nos juramentos e petições, a pessoa ou coisa invocada para firmar o juramento e para interceder:
   jurar *pela* sua honra, pedir *pela* saúde de alguém [ED.1, § 163, b].

i) em favor de, em prol de:
   Morrer *pela* pátria, lutar *pela* liberdade.

j) tempo, duração:
   "Qual é aquele que, assentado, *por* noite de luar e serena sobre uma fraga marinha, não sente irem-se-lhe os olhos...?" [AH.2, 159].

l) agente da passiva:
   "As mulheres são melhor dirigidas *pelo* seu coração do que os homens *pela* razão" [MM].

m) ânimo para com alguma coisa, depois dos nomes que exprimem essa ideia:
   "A paixão *pelo* jogo pressupõe ordinariamente pouco amor *pelas* letras" [MM].

OBSERVAÇÃO: Não procede mais o ter-se como errônea a construção com *por*, nestes casos, porque, no português contemporâneo, o uso de *de* se especializou no sentido de genitivo objetivo. No português de outros tempos, *amor de Deus* era tanto o que consagramos a ele (genitivo objetivo) ou o que ele tem, o que nos consagra (genitivo subjetivo). Em lugar de *amor pelas letras* diz-se também corretamente *amor às letras*. Quando nos casos de genitivo objetivo pode ocorrer ambiguidade com o emprego da preposição *de*, costuma-se substituir esta preposição por *contra* (se o nome designa sentimento hostil) ou *para com* (se o sentimento é benévolo): Guerra *contra* os inimigos e respeito *para com* todos.

n) fim (em vez de *para*):
   "Forcejava *por* obter-lhe a benevolência, depois a confiança" [MA.1, 194].

o) introduzindo o predicativo do objeto direto, denota qualidade, estado ou conceito em que se tem uma pessoa ou coisa:
   Ter alguém *por* sábio. Enviar alguém *por* embaixador. Tenho *por* certo que ele virá.

OBSERVAÇÃO: Neste emprego pode ser substituída pela preposição *como*, apesar da crítica injusta dos puristas:[82] Ter alguém *como sábio*. Enviar alguém *como* embaixador. Tenho *como* certo que ele virá.

---

[82] Que o português procedeu como as demais línguas românicas prova o trabalho de V. Väänämen, *Il est venu comme ambassadeur, il agit en soldat*, Helsinque, 1951.

10) Sobre e Sob
Não confundir sobre ('em cima de'; 'acima de'; 'a respeito de'):
    O jantar estava *sobre* a mesa.
    Os interesses da criança estão *sobre* os nossos.
    Falavam *sobre* literatura;

com *sob* ('embaixo de'; 'em estado de'; 'sujeito à influência ou ao comando de'):
    O gato se escondia *sob* a mesa.
    Após ser assaltada, ficou *sob* choque.
    Nasceu *sob* o signo de escorpião.
    Loja *sob* nova direção.

9 - Conjunção

Conector e transpositor

A língua possui unidades que têm por missão reunir orações num mesmo enunciado.

Estas unidades são tradicionalmente chamadas conjunções, que se repartem em dois tipos: *coordenadas* e *subordinadas*.

As conjunções coordenadas reúnem orações que pertencem ao mesmo nível sintático: dizem-se *independentes* umas das outras e, por isso mesmo, podem aparecer em enunciados separados.
    Pedro fez concurso para medicina, *e* Maria se prepara para a mesma profissão.

Poderíamos dizer desta maneira, em dois enunciados independentes:
    Pedro fez concurso para medicina.
    Maria se prepara para mesma profissão.

Daí ser a conjunção coordenativa um *conector*.

Como sua missão é reunir unidades independentes, pode também "conectar" duas unidades menores que a oração, desde que do mesmo valor funcional dentro de mesmo enunciado. Assim:
    Pedro *e* Maria (dois substantivos)
    Ele *e* ela (dois pronomes)
    Ele *e* Maria (um pronome e um substantivo)
    rico *e* inteligente (dois adjetivos)
    ontem *e* hoje (dois advérbios)
    saiu *e* voltou (dois verbos)
    com *e* sem dinheiro (duas preposições)

Bem diferente é, entretanto, o papel da conjunção subordinada. No enunciado:
    Soubemos que vai chover

a missão da conjunção subordinada é assinalar que a oração que poderia ser sozinha um enunciado:
Vai chover

se insere num enunciado complexo em que ela (*vai chover*) perde a característica de enunciado independente, de oração, para exercer, num nível inferior da estruturação gramatical, a função de *palavra*, já que *vai chover* é agora objeto direto do núcleo verbal *soubemos*.

Assim, a conjunção subordinativa é um *transpositor* de um enunciado que passa a uma função de palavra, portanto de nível inferior dentro das camadas de estruturação gramatical. Diz-se, por isso, que *que vai chover* é uma oração "degradada" ao nível da palavra, e isto se deveu ao fenômeno de *hipotaxe* ou *subordinação* (➚ 54).

A oração degradada ou subordinada passa a exercer uma das funções sintáticas próprias do substantivo, do adjetivo e do advérbio, como veremos mais adiante (➚ 493).

Podemos aproximar o papel do transpositor *que* ao pronome relativo – que é um transpositor de oração degradada ao nível do adjetivo – e das preposições que, como vimos, transpõem uma unidade a exercer papel de outra unidade. Na oração *Ninguém é de ferro*, a preposição *de* transpõe o substantivo *ferro* à função de predicativo por ter *de ferro* passado a equivalente de adjetivo [AL.1, 229].

Conectores ou conjunções coordenativas
Os conectores ou conjunções coordenativas são de três tipos, conforme o significado com que envolvem a relação das unidades que unem: *aditivas*, *alternativas* e *adversativas*.

Conjunções aditivas
A aditiva apenas indica que as unidades que une (palavras, grupos de palavras e orações) estão marcadas por uma relação de adição. Temos dois conectores aditivos: *e* (para a adição das unidades positivas) e *nem* (para as unidades negativas). Vejam-se os exemplos extraídos do Marquês de Maricá:
O velho teme o futuro *e* se abriga no passado.
Uma velhice alegre *e* vigorosa é de ordinário a recompensa da mocidade virtuosa.
A pobreza *e* a preguiça andam sempre em companhia.
Não emprestes o vosso *nem* o alheio, não tereis cuidados *nem* receio.

Muitas vezes, graças ao significado dos lexemas envolvidos na adição, o grupo das orações coordenadas sindéticas ou assindéticas permite-nos extrair um conteúdo suplementar de "causa", "consequência", "oposição", etc.: *Vão-se os gatos, estendem-se os ratos* (provérbio). Estes sentidos contextuais, importantes na mensagem global, não interessam nem modificam a relação aditiva das unidades envolvidas: *Rico e inteligente* e *rico e desonesto*, ambas se unem por uma relação gramatical de adição, embora a oposição semântica existente entre *rico* e *desonesto* apresente um sentido suplementar, como se estivesse enunciado *rico* **mas** *desonesto*. O mesmo se dá se uma unidade for afirmativa e outra negativa: *rico* e não *honesto*.

Em lugar de *nem* usa-se *e não*, se a primeira unidade for positiva e a segunda negativa: rico *e não* honesto (compare com: ele *não* é rico *nem* honesto).

OBSERVAÇÕES:
1.ª) Evite-se (embora não constitua erro) o emprego de *e nem* quando não houver necessidade de ênfase:
 Não tem livro *e nem* caderno.

Mas já com ênfase:
 "Nunca vira uma boneca e *nem sequer* o nome desse brinquedo" [ML.2, 9].
 "(...) mas o primo Nicolau está a dormir até tarde *e nem* à missa vai" [CBr.15].

2.ª) Algumas vezes *e* aparece depois de pausa, introduzindo grupos unitários e orações; são unidades enfáticas com função textual que extrapolam as relações internas da oração e constituem unidades textuais de situação:
 "*E* repito: não é meu" [MA.1, 314].

3.ª) A expressão enfática da conjunção aditiva *e* pode ser expressa pela série *não só... mas também* e equivalentes.
 Não só o estudo *mas também* a sorte são decisivos na vida.

Conjunções alternativas
Como o nome indica, enlaçam as unidades coordenadas matizando-as de um valor alternativo, quer para exprimir a incompatibilidade dos conceitos envolvidos, quer para exprimir a equivalência deles. A conjunção alternativa por excelência é *ou*, sozinha ou duplicada junto a cada unidade:
 "Quando a cólera *ou* o amor nos visita, a razão se despede" [MM].

A enumeração distributiva que matiza a ideia de alternância leva a que se empreguem neste significado advérbios como *já, bem, ora* (repetidos ou não) ou formas verbais imobilizadas como *quer... quer, seja... seja*. Tais unidades não são entendidas como conectores por alguns autores e, por isso, as orações enlaçadas são consideradas justapostas (↗ 363).

OBSERVAÇÃO: "Cumpre lembrar que o par *seja... seja* não está de todo gramaticalizado, tanto que, em certas construções, aparece flexionado. *Sempre discordam de tudo,* **sejam** *as discordâncias ligeiras,* **sejam** *de peso. Sempre discordavam de tudo,* **fossem** *as discordâncias ligeiras,* **fossem** *as de peso*" [AK.1, 68].

Conjunções adversativas
Enlaçam unidades apontando uma oposição entre elas. As adversativas por excelência são *mas, porém* e *senão*.
Ao contrário das aditivas e alternativas, que podem enlaçar duas ou mais unidades, as adversativas se restringem a duas. *Mas* e *porém* acentuam a oposição; *senão* marca a incompatibilidade:
"Acabou-se o tempo das ressurreições, *mas* continua o das insurreições" [MM].

Unidades adverbiais que não são conjunções coordenativas
Levada pelo aspecto de certa proximidade de equivalência semântica, a tradição gramatical tem incluído entre as conjunções coordenativas certos advérbios que estabelecem relações interoracionais ou intertextuais. É o caso de *pois, logo, portanto, entretanto, contudo, todavia, não obstante*. Assim, além das conjunções coordenativas já assinaladas, teríamos as explicativas (*pois, porquanto*, etc.) e conclusivas (*pois* [posposto], *logo, portanto, então, assim, por conseguinte*, etc.), sem contar *contudo, entretanto, todavia* que se alinham junto com as adversativas. Não incluir tais palavras entre as conjunções coordenativas já era lição antiga na gramaticografia de língua portuguesa; vemo-la em Epifânio Dias [ED.1] e, entre brasileiros, em Maximino Maciel, nas últimas versões de sua *Gramática* [MMa.1]. Perceberam que tais advérbios marcam relações textuais e não desempenham o papel de conector das conjunções coordenativas,[83] apesar de alguns manterem com elas certas aproximações ou mesmo identidades semânticas.

Que esses advérbios não são conjunções coordenativas e desempenham funções diversas prova-o o fato de poderem se compatibilizar, em exemplos como:
Não foram ao mesmo cinema *e, portanto*, não se poderiam encontrar.
Ele *e, portanto*, seu filho são responsáveis pela denúncia.
"Não queremos pensar na morte, *e por isso* nos ocupamos tanto da vida" [MM].

Cabe ao *e*, como conjunção, reunir num mesmo grupo oracional as duas orações independentes do enunciado, enquanto *portanto*, como advérbio, marca uma relação semântica com o que já foi dito. Poder-se-ia eliminar a conjunção *e* e, então, teríamos uma coordenação assindética, caso em que haveria uma pausa para marcar a fronteira das duas orações (marcada por vírgula ou ponto e vírgula):
Não foram ao mesmo cinema; *portanto* não se poderiam encontrar.

Poder-se-ia também eliminar o advérbio:
Não foram ao mesmo cinema *e* não se poderiam encontrar.

Não sendo próprio do advérbio exercer o papel de conector, ele poderia aparecer até numa oração subordinada, para marcar essa relação semântica entre os dois enunciados:

---

[83] "(...) sem todavia influírem na ordenação das orações" [ED.1, § 195, obs.].

"Nunca perdemos de vista o nosso interesse, *ainda mesmo quando* nos inculcamos desinteressados" [MM].

Outra diferença entre as conjunções coordenativas e os advérbios (a que poderíamos chamar textuais ou discursivos) é que só as primeiras efetivam a coordenação entre subordinadas equifuncionais, isto é, do mesmo valor (substantiva, adjetiva ou adverbial) e com a mesma função sintática:
Espero que estudes *e* que sejas feliz.

Como advérbios, que guardam com o núcleo verbal uma relação, em geral, mais frouxa, esses advérbios podem vir em princípio em qualquer posição dentro da oração em que se inserem:
Eles não chegaram *nem todavia* deram certeza da presença.
Eles não chegaram *nem* deram, *todavia*, certeza da presença.
Eles não chegaram *nem* deram certeza da presença, *todavia*.

Também os advérbios não participam da particularidade das conjunções coordenativas de constituírem um bloco unitário de enunciados coordenados por sua vez coordenado a outro anterior [CAz.1]:
Luís é vegetariano, *mas* [não come abóbora nem bebe chá].
Remetemos dois convites ao Paulo, *mas* [ou ele se mudou ou está doente].

Transpositores ou conjunções subordinativas
Já dissemos que o transpositor ou conjunção subordinativa transpõe oração degradada ou subordinada ao nível de equivalência de um substantivo capaz de exercer na *oração complexa* uma das funções sintáticas que têm por núcleo o substantivo.
Falamos em *oração complexa* e chegou o momento de diferençá-la em relação ao *grupo oracional*. Oração complexa é aquela que tem um ou mais dos seus termos sintáticos sob forma de uma oração subordinada.
Esperamos [*que todos venham ao baile*],

em que a oração transposta pelo *que* exerce uma das funções comuns ao substantivo: objeto direto do núcleo verbal *esperamos*.
Já no *grupo oracional* temos orações coordenadas, independentes, e que, por isso mesmo, podem ser usadas separadamente umas das outras:
Chegamos tarde e não assistimos a todo o filme, mas vimos o mais interessante dele.
Chegamos tarde. Não assistimos a todo o filme. Vimos o mais interessante dele.

As conjunções *e* e *mas* não modificam o valor sintático das orações reunidas; apenas indicam o tipo de relação semântica: *adição* (*e*) e *contraste* (*mas*).

Além do *que* transpositor de oração ao nível de substantivo, chamado *conjunção integrante*, e do *que* pronome relativo, que transpõe oração ao nível de adjetivo, a língua portuguesa conta com poucos outros transpositores:

a) *Se* que transpõe oração originariamente interrogativa total, isto é, desprovida de unidade interrogativa, ao nível de substantivo, conhecida, por isso mesmo, como conjunção integrante, a exemplo do *que* anterior:
Ela não sabe [*se terá sido aprovada*].

Aqui a oração interrogativa *Terá ela sido aprovada?* se transpõe, mediante o *se*, ao nível de substantivo e como tal está habilitada a exercer a função de objeto direto do núcleo verbal *não sabe*, sem o primitivo contorno melódico interrogativo.

b) *Se* que transpõe oração ao nível de advérbio, e como tal está habilitada a exercer a função de adjunto adverbial, com valor de circunstância de condição e é, por isso mesmo, chamado *conjunção condicional*.
"Não acabaria *se houvesse de contar pelo mundo o que padeci nas primeiras horas*" [MA].

Que e locuções: as chamadas locuções conjuntivas
A oração transposta a substantivo pela conjunção *que*, de acordo com a função sintática que exerce em relação ao núcleo verbal da oração chamada "principal", pode receber um índice funcional representado por uma preposição. Se exerce função de sujeito, objeto direto, predicativo, não precisará deste índice funcional:
Parece [*que vai chover*].
Esperamos [*que cheguem cedo*].
A verdade é [*que todos se saíram bem*].

Se a função é de complemento relativo ou de objeto indireto, ou complemento nominal, a conjunção *que* vem precedida da conveniente preposição:
Estavam precisando [*de que os ajudassem*].
Ela dedicava seu cuidado [*a que o filho tivesse boa educação*].
Eram poucas as esperanças [*de que tudo acabasse bem*].

Como todo substantivo transposto, a oração subordinada substantiva pode exercer a função de adjunto adverbial; neste caso, o *que* também terá a companhia de uma preposição adequada, que marcará a relação semântica da circunstância:
Tudo sairá bem [*desde que as providências sejam tomadas a tempo*].
[*Sem que estivesse tudo acertado*], não iria viajar.
Trabalhou afincadamente [*para que tivesse uma velhice tranquila*].
Ela só dizia tudo aquilo [*porque* (= *por que*) *gostava da verdade*].

Pelo que podemos observar, tais combinações de preposição e conjunção *que* não constituem outros tipos especiais de locuções; são, na realidade, o concurso de um *que*, transpositor de oração a substantivo e de uma preposição que o acompanha como índice de sua função sintática em relação ao núcleo verbal, função, aliás, exercida pela oração inteira.

Nisto, o *que* conjunção difere do *que* pronome relativo, pois aqui a preposição é índice da função sintática que o relativo exerce na oração em que está inserido:
O homem *de que falavas* era pouco conhecido na cidade,

em que o transpositor *que*, precedido de preposição, funciona como complemento relativo do núcleo verbal *falavas*, enquanto a oração transposta a adjetivo *de que falavas* funciona como adjunto adnominal do substantivo *homem*.

Também se formam "locuções" aparentemente especiais quando temos segmentos do tipo *logo que, sempre que, ainda que*, etc., em que aparecem advérbios (que sozinhos podem funcionar como adjunto adverbial) seguidos do transpositor relativo *que*, já que esse relativo é um "repetidor" de advérbio, papel análogo ao que desempenha como "repetidor" (*i.e*, referente) de substantivo ou pronome. Assim, se na oração independente *Logo saiu de casa*, o advérbio *logo* funciona como adjunto adverbial; quando a oração se transpõe a subordinada:
[*Logo que saía de casa*], encontrou o amigo,

exercerá também a função de adjunto adverbial. O *que* degrada a oração *saía de casa* a subordinada e lhe confere o papel de termo adjunto do advérbio *logo*. Formalmente, esse relativo será equivalente a *quando*: **Quando saía de casa, encontrou o amigo** [AL.1, 236].

Este papel repetidor do relativo *que* parece estar presente em construções do tipo *há (faz) dias* (*meses, anos, tempo*, etc.), em que já não temos um advérbio, mas substantivo cujo significado léxico aponta para o campo das expressões denotadoras de espaço ou percurso de tempo:
Há *dias que* não o vejo,

em que também, pelo sentido, o relativo equivale a *quando*.

Cabe lembrar, por fim, que, em algumas construções, se pode alterar o significado originário do advérbio, motivado pelos significados dos lexemas que entram na oração e por uma interpretação suplementar, contextual, do falante, calcada na sua experiência de mundo. Assim, *já*, que tem valor originário temporal, ao unir-se ao *que* na fórmula *já que*, passa a uma interpretação causal ou condicional:
Já que todos saíram, desisto do negócio.

Da mesma sorte, *ainda*, nitidamente temporal, ao unir-se ao *que* na locução *ainda que*, altera seu significado para valor concessivo, equivalente a *embora*:
Nada conseguiu da justiça, *ainda que* juntasse todas as provas em sua defesa.

Da mesma sorte que não são conjunções coordenativas os advérbios *contudo, entretanto, pois*, etc., equivalentes pelo sentido a unidades introdutoras de enunciados adversativos, explicativos e conclusivos, assim também não são conjunções subordinativas certos advérbios de significado causal, concessivo, temporal, consecutivo, etc.

Damos a seguir uma lista das principais conjunções e "locuções conjuntivas" subordinativas, relacionando-as pelo matiz semântico, reunindo, ainda, as que se formam com o concurso do transpositor *que* conjunção e do transpositor relativo *que*, examinados anteriormente, bem como das comparativas e consecutivas que têm outro tratamento. Estudo complementar delas veremos ao tratar das orações subordinadas (➚ 493 e 504):

1) CAUSAIS: quando iniciam oração que exprime a causa, o motivo, a razão do pensamento da oração principal: *que* (= *porque*), *porque, como* (= *porque*, sempre anteposta a sua principal, no português moderno), *visto que, visto como, já que, uma vez que* (com verbo no indicativo), *desde que* (com o verbo no indicativo), etc.:
"A memória dos velhos é menos pronta *porque* o seu arquivo é muito extenso" [MM].
"*Como* ia de olhos fechados, não via o caminho" [MA.1, 19].
"*Desde que* se fala, indeterminadamente, e no plural, em direitos adquiridos e atos jurídicos perfeitos, razão era que no plural e indeterminadamente se aludisse a casos julgados" [RB.4, 25].

OBSERVAÇÕES:
1.ª) Já se condenou injustamente o emprego de *desde que* em sentido causal, só o aceitando com ideia temporal (*assim que*) ou condicional.
2.ª) Evite-se o emprego de *de vez que* por não ser locução legítima.

2) COMPARATIVAS: quando iniciam oração que exprime o outro termo da comparação. A comparação pode ser *assimilativa* ou *quantitativa*. É assimilativa "quando consiste em assimilar uma coisa, pessoa, qualidade ou fato a outra mais impressionante, ou mais conhecida" [MC.3, II, 48]. As unidades comparativas assimilativas são *como* ou *qual*, podendo estar em correlação com *assim* ou *tal* postos na oração principal, ou ainda aparecer *assim como*:
"O medo é a arma dos fracos, *como* a bravura a dos fortes" [MM].
"A ignorância, *qual* outro Faetonte, ousa muito e se precipita *como* ele" [MM].
"O jogo, *assim como* o fogo, consome em poucas horas o trabalho de muitos anos" [MM].

A comparação *quantitativa* "consiste em comparar, na sua quantidade ou intensidade, coisas, pessoas, qualidades ou fatos" [MC.3]. Há três tipos de comparação quantitativa:
  a) *Igualdade* – introduzida por *como* ou *quanto* em correlação com o advérbio *tanto* ou *tão* da oração principal:
  "Nenhum homem é *tão* bom *como* o seu partido o apregoa, nem *tão* mau *como* o contrário o representa" [MM].

"Nada incomoda *tanto* aos homens maus *como* a luz, a consciência e a razão" [MM].

b) *Superioridade* – introduzida por *que* ou *do que* em correlação com o advérbio *mais* da oração principal:
"O orgulho do saber é talvez *mais* odioso *que* o do poder" [MM].
"O homem bom espera *mais do que* teme, o mau receia *mais do que* espera" [MM].

c) *Inferioridade* – introduzida por *que* ou *do que* em correlação com o advérbio *menos* da oração principal:
"Tempos há em que é *menos* perigoso mentir *que* dizer verdades" [MM].

3) Concessivas: quando iniciam oração que exprime que um obstáculo – real ou suposto – não impedirá ou modificará a declaração da oração principal: *ainda que*, *embora*, *posto que* (= ainda que, embora), *se bem que*, *apesar de que*, etc.:
"*Ainda que* perdoemos aos maus, a ordem moral não lhes perdoa, e castiga a nossa indulgência" [MM].
"Venceu Escobar; *posto que* vexada, Capitu entregou-lhe a primeira carta, que foi mãe e avó das outras. Nem depois de casado suspendeu ele o obséquio (...)" [MA]

4) Condicionais (e *hipotéticas*): quando iniciam oração que em geral exprime:
a) uma condição necessária para que se realize ou se deixe de realizar o que se declara na oração principal;
b) um fato – real ou suposto – em contradição com o que se exprime na principal.

Este modo de dizer é frequente nas argumentações. As principais conjunções condicionais (e hipotéticas) são: *se, caso, sem que, uma vez que* (com o verbo no subjuntivo), *desde que* (com o verbo no subjuntivo), *dado que, contanto que*, etc:
"*Se* os homens não tivessem alguma coisa de loucos, seriam incapazes de heroísmo" [MM].
"*Se* as viagens simplesmente instruíssem os homens, os marinheiros seriam os mais instruídos" [MM].

5) Conformativas: quando iniciam oração que exprime um fato em conformidade com outro expresso na oração principal: *como, conforme, segundo, consoante*:
"Tranquilizei-a *como* pude" [MA.1, 174].
Fez os exercícios *conforme* o professor determinou.

6) Consecutivas: quando iniciam oração que exprime o efeito ou consequência do fato expresso na oração principal. A unidade consecutiva é *que*, que se prende a

uma expressão de natureza intensiva como *tal, tanto, tão, tamanho*, posta na oração principal. Estes termos intensivos podem facilmente calar-se:
"Os povos exigem *tanto* dos seus validos, *que* estes em breve tempo se enfadam e os atraiçoam" [MM].
"Os vícios são *tão* feios *que*, ainda enfeitados, não podem inteiramente dissimular a sua fealdade" [MM].
"Vive de maneira *que* ao morrer não te lastimes de haver vivido" [MM].
Isto é: *vive de tal maneira que* (que em consequência...).

7) Finais: quando iniciam oração que exprime a intenção, o objetivo, a finalidade da declaração expressa na oração principal: *para que, a fim de que, que (para que), porque (para que)*:
"Levamos ao Japão o nosso nome, *para que* outros mais felizes implantassem naquela terra singular os primeiros rudimentos da civilização ocidental" [LCo *apud* FB.1, 219].

8) Modais: quando iniciam oração que exprime o modo pelo qual se executou o fato expresso na oração principal: *sem que, como*:
Fez o trabalho *sem que* cometesse erros graves.
Entrou na sala *como* bem quis.

Observação: A *Nomenclatura Gramatical Brasileira* não agasalhou as conjunções modais e, assim, as orações modais, apesar de pôr o modo entre as circunstâncias adverbiais.

9) Proporcionais: quando iniciam oração que exprime um fato que ocorre, aumenta ou diminui na mesma proporção daquilo que se declara na oração principal: *à medida que, à proporção que, ao passo que, (tanto mais)... quanto mais, (tanto mais)... quanto menos, (tanto menos)... quanto mais, (tanto mais)... menos*, etc.:
"*Quanto mais* atentava na revelação da carta, *mais* o coração lhe bradava contra ela." [MA.16].
Progredia *à medida que* se dedicava aos estudos sérios.

10) Temporais: quando iniciam oração que exprime o tempo da realização do fato expresso na oração principal. As principais conjunções e "locuções temporais" são:
a) para o tempo anterior: *antes que, primeiro que*:
"Ninguém, senhores meus, que empreenda uma jornada extraordinária, *primeiro que* meta o pé na estrada, se esquecerá de entrar em conta com suas forças (...)" [RB *apud* FB.1, 126].

b) para o tempo posterior (de modo indeterminado): *depois que, quando*:
Quando disse isso, ninguém acreditou.

c) para o tempo posterior imediato: *logo que, tanto que* (hoje raro), *assim que, desde que, eis que, (eis) senão quando, eis senão que*:
Logo que saíram, o ambiente melhorou.

d) para o tempo frequentativo (repetido): *quando* (com o verbo no presente), *todas as vezes que,* (*de*) *cada vez que, sempre que*:
Todas as vezes que saio de casa, encontro-o à esquina.
Quando o vejo, lembro-me do que me pediu.

OBSERVAÇÃO: Evite-se o erro de se preceder da preposição *em* o *que*, dizendo-se: *todas as vezes em que, ao mesmo tempo em que*. As formas corretas são: *todas as vezes que, ao mesmo tempo que*.

e) para o tempo concomitante: *enquanto,* (*no*) *entretanto que* (hoje raro):
Dormia *enquanto* o professor dissertava.
"(...) e se aposentou (S. Caetano) junto à Igreja de S. Jorge, e perto do Hospital maior, para *no entretanto que* regulava as dependências da renúncia se entreter no exercício da caridade" (Contador de Argote, *Vida de S. Caetano*, 1722, 90).

OBSERVAÇÕES:
1.ª) *Entretanto* ou *no entretanto* são advérbios de tempo, com o sentido de *nesse ínterim, nesse tempo, nesse intervalo*:
"O aperto dos sitiados aumentava *entretanto* de dia para dia" [RS.2, IV, 208].

Mais modernamente *entretanto* passou a ter sentido adversativo, e, por influência do advérbio, tem sido empregado precedido da combinação *no* (*no entretanto*). Muitos puristas condenam tal acréscimo.

2.ª) A rigor, as "conjunções" proporcionais também indicam tempo concomitante; por isso, uns autores distinguem as *temporais* das *concomitantes*, fazendo destas classe à parte das *temporais*. A *Nomenclatura Gramatical Brasileira* não fala em *concomitante*.

3.ª) Evite-se o emprego *mais* (*menos*)... *mais* (*menos*) em lugar de *quanto mais* (*menos*)... *tanto mais* (*menos*) em construções do tipo: *Quanto mais* estudamos, *tanto mais* aumentam nossas possibilidades de vitória. (E não: *Mais* estudamos e *mais* aumentam nossas possibilidades de vitória.)

Pode-se omitir o *tanto* no segundo termo: *Quanto mais* estudamos, *mais* aumentam...

f) para o tempo terminal: *até que*:
Passeou *até que* se sentisse esgotado.

O relativo *que* entra em expressões de tempo: *agora que, hoje que, a primeira vez que,* etc.
Agora, que tudo acabou, posso pensar mais tranquilamente.

Se o conjunto é proferido sem pausa, estabelece-se uma unidade de sentido à semelhança de *depois que, já que*, etc., e se passa a considerar o todo como locução conjuntiva temporal:
Agora que tudo acabou, posso pensar mais tranquilamente.

Que excessivo
Sob o modelo das "locuções" conjuntivas finalizadas por *que*, desenvolveu-se o costume de acrescentar este transpositor junto a advérbio que só por si funciona como adjunto adverbial: *enquanto que, apenas que, embora que, mal que*, etc., construções que os puristas não têm visto com bons olhos, apesar dos exemplos de escritores corretos:
"(...) porque a ciência é mais lenta e a imaginação mais vaga, *enquanto que* o que eu ali via era a condensação viva de todos os tempos" [MA.1, 24].

Aparece ainda o *que* excessivo depois de expressões de sentido temporal como:
Desde aquele dia *que* o procuro.

Sob o modelo de tais locuções conjuntivas, desenvolveu-se o costume de se acrescentar o transpositor *que* depois de expressões que denotam desde que tempo uma coisa acontece, reduzida a simples palavra de realce temporal:
Desde aquele dia *que* o procuro.

Analisando, dispensa-se o transpositor *que*.
Depois dos verbos *haver* e *fazer* com sentido temporal (*há dias que, faz dias que*) o transpositor *que* adquiriu, por contacto, a ideia de tempo, com valor aproximado de '*desde que*':
Há quatro dias *que* não o vejo.
1.ª oração – principal: *Há quatro dias*.
2.ª oração – subordinada adverbial temporal: *que não o vejo*.
Tais orações temporais admitem mais de uma construção: *Há muito tempo que não o vejo/ Há muito tempo não o vejo/ Não o vejo há muito/ De há muito não o vejo/ Desde há muito não o vejo/ Até há pouco eu o vi por aqui.*

Conjunções e expressões enfáticas
As conjunções coordenativas podem aparecer enfatizadas. Para esta ênfase o idioma se serve de vários recursos. Assim, a adição pode vir encarecida das expressões do tipo:
não só... mas (*também*)
não só... mas (*ainda*)
não só... senão (*também*)
não só... que também, etc.

Não só se aplica ao português *mas ainda* ao latim.

A alternativa pode ser enfatizada pela repetição:
Ou estudas *ou* brincas.
Já dizes sim *já* dizes não.
Ora vem aqui, *ora* vai ali.

A série *nem... nem* adquire sentido aditivo negativo.
Nem estudou *nem* tirou boas notas (não estudou e não tirou...)

Quer... quer e *ou... ou*, com o verbo no subjuntivo e tom de voz descendente, podem adquirir um sentido suplementar de concessão quando a possibilidade de ações opostas não impede a declaração contida na oração principal:
Quer estudes *quer* não, aprenderás facilmente a lição.

Nas subordinadas e principais, a correlação de uma expressão com o conectivo ou outro termo da oração a que se prende, para mostrar relação semântica em que essas orações se acham com a circunstância ou fato já expresso, é outro meio de enfatizar a interdependência oracional. Esta expressão memorativa é constituída por advérbio ou equivalente:
"Como os sábios não adulam os povos, *também* estes os não promovem" [MM].
"Quando os homens se desigualam, *então* se harmonizam" [MM].
Embora não me digam a verdade, *ainda assim* perguntarei mais vezes.
"Acabemos, *pois*, de despertar deste mortal letargo" [ED.1, 119].
"Estudemos *portanto*, e não nos deixemos dominar pela preguiça" [RV.1, 251].

10 - Interjeição

É a expressão com que traduzimos os nossos estados emotivos. Têm elas existência autônoma e, a rigor, constituem por si verdadeiras orações. Em certas situações, algumas podem estabelecer relações com outras unidades e com elas constituir unidades complexas. Acompanham-se de um contorno melódico exclamativo. Podem, entretanto, assumir papel de unidades interrogativo-exclamativas e de certas unidades próprias do chamamento, denominadas vocativo, e ainda por unidades verbais, como é o caso do imperativo [AL.1, 240; MC.4, 147].
As interjeições se repartem por quatro tipos:
a) certos sons vocálicos que na escrita se representam de maneira convencional: *ah!, oh!, ui!, hum*; o *h* no final pode marcar uma aspiração, alheia ao sistema do português;
b) palavras já correntes na língua, como *olá!, puxa!, bolas!, bravo!, homem!, valha!* (com contorno melódico exclamativo);
c) palavras que procuram reproduzir ruídos de animais ou de objetos, ou de outra origem, como: *clic* (clique), *tic-tac* (tique-taque), *pum!*;

d) locuções interjetivas: *ai de mim!*, *valha-me Deus!*, *aqui d'el-rei!*.

Eis uma relação das interjeições mais comuns da língua, conforme a situação em que se apresentam:

1) de exclamação: *viva!*
2) de admiração: *ah!*, *oh!*
3) de alívio: *ah!*, *eh!*
4) de animação: *coragem!*, *eia!*, *sus!*
5) de apelo ou chamamento: *ó!*, *olá!*, *alô!*, *psit!*, *psiu!*
6) de aplauso: *bem!*, *bravo!*
7) de desejo ou ansiedade: *oh!*, *oxalá!*, *tomara!*
8) de dor física: *ai!*, *ui!*
9) de dor moral: *oh!*
10) de dúvida, suspeita, admiração: *hum!*, *hem!* (também *hein*)
11) de impaciência: *arre!*, *irra!*, *apre!*, *puxa!* (melhor será, não registrado oficialmente, *pucha*)
12) de imposição de silêncio: *caluda!*, *psiu!* (demorado)
13) de repetição: *bis!*
14) de satisfação: *upa!*, *oba!*, *opa!*
15) de zombaria: *fiau!*
16) de saudação ou despedida: *olá!*, *oi!*, *viva!*, *salve!*, *adeus!*, *tchau!*

As interjeições são proferidas em tom de voz especial, ascendente ou descendente, conforme as diversas circunstâncias dos nossos estados emotivos.

Quando estão combinadas com uma frase maior exclamativa, podem-se separar da frase por meio de uma vírgula, ou por meio do ponto de exclamação, ao qual se deve seguir, entretanto, letra minúscula:

"*Oh!* que doce harmonia traz-me a brisa" [CAlv].

Locução interjetiva
É um grupo de palavras com valor de interjeição: *ai de mim*, *ora bolas*, *com todos os diabos*.

B) ESTRUTURA DAS UNIDADES: ANÁLISE MÓRFICA

I - Estrutura das Palavras - Palavra e Morfema

Palavra e vocábulo: conceito
O termo *palavra* se nos apresenta com aplicações diferentes, que devem ser distinguidas e, portanto, classificadas de maneira diversa. Podemos ver a palavra *habilidade* sob três prismas diferentes: a) o seu aspecto *material*, *fônico*, como *significante* ou *expressão*; b) a sua *significação gramatical* como uma classe de palavra que se apresenta sob forma de um substantivo feminino singular; c) a sua *significação lexical*, isto é, o que significa a palavra *habilidade* em relação, por exemplo, a *caridade* ou *amabilidade*.

Como expressão material, quanto ao seu aspecto fônico, formal, como "simples" palavra, não tem nenhum significado e só pode ser classificada pelas suas características físicas: *habilidade* pode ser classificada, por exemplo, pelo seu número de sílabas (polissílabo), ou pela posição da sílaba tônica (paroxítono). Consideradas como puras palavras, há uma só forma *"amo"* (*amo*, 'quero bem' e *amo* 'senhor') e uma só forma "casa" ("a *casa* de meu amigo" e "Maria se *casa* amanhã") [ECs.7, 54]. Nesta acepção, em vez de palavra, se pode usar o termo *vocábulo*, do latim *vox*, que significa 'a voz'.

Aqui temos de relembrar que a fronteira do vocábulo difere se se trata de língua oral ou de língua escrita. Na língua oral, na fala, predomina o ritmo acentual, o que resulta em que as sílabas átonas se agrupam em torno da sílaba tônica, de modo que são as pausas que marcam os limites ou fronteiras dos grupos fônicos, também chamadas *grupos de força*. Assim é que, na língua oral, há um só grupo fônico e, portanto, um só vocábulo, em *aluga-se*, em que a sílaba átona *se* se agrupa em torno da sílaba tônica (*lu*). Por isso, se dá, como reflexo na escrita, a grafia errônea *alugasse* (ou *alugase*). O vocábulo, portanto, nem sempre coincide com a palavra; no exemplo, temos um vocábulo e duas palavras significativas (*aluga* e *se*).

Como já vimos, as sílabas átonas que se agrupam em torno da sílaba tônica podem, segundo a posição, ser *proclíticas | syaluga |* – se vêm antes – ou *enclíticas | alugase |* – se vêm depois.

Na língua escrita, as fronteiras são demarcadas pelos espaços em branco: *se aluga* ou *aluga-se*.

Quando, além da parte fônica (significante), se considera a parte significativa (significado), também há diferenças que devem ser levadas em conta. A questão se põe quando se pergunta quantas palavras existem no conhecido verso de Bilac: *Cheguei. Chegaste. Vinhas fatigada.*

Responderemos que há quatro ou três palavras conforme o conceito por que tomemos o termo *palavra*. Serão quatro se entendermos *cheguei*, *chegaste* como palavras de significação gramatical diferentes, já que expressam uma o pretérito perfeito do indicativo na 1.ª pessoa do singular (*eu cheguei*) e a outra o pretérito perfeito do indicativo na 2.ª pessoa do singular (*tu chegaste*). Tais significações se dizem "gramaticais" porque decorrem de classificações estabelecidas na gramática da língua portuguesa. Assim, *cheguei* e *chegaste* são contadas como duas *palavras gramaticais*.

Diremos que só há no referido verso três palavras se entendermos *cheguei*, *chegaste* como palavras de uma só significação lexical, já que ambas têm em comum o significado lexical 'atingir o final de movimento de ida ou vinda', um significado dado pela língua, mas que se situa fora da gramática, pois se trata de uma realidade do mundo em que vivemos. Assim, *cheguei* e *chegaste* são duas formas, duas "flexões" de uma mesma *palavra léxica*, o verbo *"chegar"*.

É neste sentido de *palavra léxica* que dizemos que *boa* é o "feminino da palavra *bom*", que *meninos* é o "substantivo *menino* no plural" [HCv.1, II, 594-595].

Repare-se que nos nossos dicionários o normal é iniciar o verbete com a *palavra léxica* básica: verbo no infinitivo, substantivo no gênero gramatical usual (*livro, vela, pente, ponte*) e adjetivo no masculino singular. Explica-se o procedimento porque o infinitivo, o masculino e o singular representam as formas não marcadas respectivamente do verbo, do substantivo e do adjetivo.

OBSERVAÇÃO: Na literatura linguística e gramatical, costumam os autores distinguir convencionalmente a maneira de indicar o vocábulo e a palavra. Coseriu, por exemplo, usa *itálico* para a palavra como signo, isto é, como expressão (significante) + conteúdo (significado): *chegar* = a palavra portuguesa *chegar* concomitantemente como expressão e conteúdo; itálico e aspas normais (duplas) para a expressão: "*chegar*" = o significante de *chegar* / xegar /; só aspas duplas para o conteúdo: "chegar" = o significado de *chegar*; só aspas simples para os traços distintivos de conteúdo: 'chegar' = traço distintivo que se encontra no conteúdo de *chegar, chegada, chegança, aconchego* e demais componentes da família.

Palavra e morfema

Do que foi exposto acima, conclui-se que em nossa língua, como se repete nas chamadas línguas flexionais, a palavra está constituída indissoluvelmente (a separação só se faz para efeito de análise e estudo) de uma base fônica e de duas formas semânticas, a gramatical e a lexical, conhecidas pelo nome técnico *morfema*.

Chama-se morfema a unidade mínima significativa ou dotada de significado que integra a palavra.

A depreensão do morfema ou dos morfemas que integram a palavra nem sempre constitui uma operação fácil e sujeita a uma única solução. Se tomarmos

falávamos
falava

facilmente depreendemos o elemento comum *falava*, e *mos* como distintivo. A unidade *-mos* indica estar a primeira forma verbal referida à 1.ª pessoa do plural (*nós*), e assim, portadora de um conteúdo gramatical, é um morfema.

Se agora compararmos

falava
fala

destacamos o morfema *-va-* que indica que a ação verbal se dá num passado que se prolonga (pret. imperfeito do indicativo). É, assim, outro morfema.

Se agora compararmos

falava
falara

se poderia chegar à conclusão que o elemento ou unidade distintiva das duas formas verbais fosse o *-v-* para a primeira ou o *-r-* para a segunda. A comparação com outras formas (*falava / fala; falara / falasse*, etc.) nos mostraria que as unidades a serem consideradas serão *-va-* e *-ra-*, que marcam o pret. imperf. e o mais-que-perf. do indicativo. Portanto, a depreensão de um morfema não é uma operação puramente material; há de se levar em consideração o seu conteúdo ou significado.

Também, como são unidades que se acham em concorrência com outras unidades, estão passíveis de mudanças na sua estrutura material, devidas a regras morfofonêmicas; no português, são frequentes a elisão (➚ 674) e a crase (➚ 674): *porta + eiro → port (a) eiro → porteiro* (elisão); *porta + aria → portaria* (crase). Outras vezes, trata-se de alteração fônica: *fala*VA / *falá*VEis (por influência do *i* de *is*); outras vezes, de haplologia (➚ 375 e 635): *idade + oso → idoso* (por *idadoso*).

Tipos de morfema na estrutura das palavras
Na estrutura das palavras, os morfemas derivativos e flexionais se distribuem, quanto ao aspecto formal, pelos seguintes tipos, conforme ocorram por acréscimo (*aditivos*), por subtração (*subtrativos*) e por alternância (*modificativos*).

Há ainda relações gramaticais que se estabelecem no plano sintagmático, como a *concordância*, a *regência* e a *"consecutio temporum"*, e também pela posição dos termos no sintagma, conhecida na gramática tradicional pelo rótulo *"ordem das palavras"*. Destes tipos falaremos mais adiante.

Em nossa língua, são mais produtivos os morfemas aditivos, ao lado das formações com compostos; são raros os subtrativos, e os modificativos ocorrem com frequência nos casos de flexão nominal e verbal, conforme veremos no lugar competente.

Morfemas aditivos
Representados por:
  1) *prefixos*: anteposição à base lexical: *pôr → repor; quieto → inquieto*
  2) *sufixos, interfixos* e *desinências*: posposição à base lexical
  3) *infixos*: intercalação no interior da estrutura da base
  4) *circunfixos*: anteposição e posposição simultaneamente à base (parassintéticos)
  5) *descontínuos*: fragmentação pela intercalação de outro morfema
  6) *reduplicativos*: repetição da parte inicial da base

Morfemas subtrativos
Representados por:
  1) *subtrativos*: subtração de fonema do radical para exprimir uma indicação gramatical
  2) *supressivos*:
    a) supressão de um segmento medial pertencente a qualquer das bases
    b) supressão do segmento final
    c) supressão de elemento medial por cruzamento de bases
  3) *abreviativos*: redução da extensão da palavra, que passa a valer pelo todo

Morfemas modificativos
Representados por:
  1) *apofonia*: substituição de fonema vocálico de um radical de um mesmo paradigma flexional ou derivacional por mudança de timbre para indicação de significado gramatical

2) *metátese*: por mudança da sílaba tônica

Os morfemas podem ser classificados ainda como *livres* e *presos*, conforme apareçam independente ou dependentemente no discurso. Os morfemas apresentam: a) uma significação *externa*, referente a noções do nosso mundo (ações, estados, qualidades, ofícios, seres em geral, etc.), b) uma significação *interna* (puramente da esfera das noções gramaticais). A depreensão de um morfema depende de dois requisitos: a) a *significação* e b) a *forma fônica*. É importante observarmos que uma só forma fônica pode representar mais de um morfema: assim *-s* é marca pluralizadora em *as casas* e a 2.ª pessoa do singular em *cantas*. Por outro lado, um só morfema pode ter realizações fônicas diferentes em virtude do contexto fonético em que se acha; por exemplo, o morfema que corresponde à letra *-s* para indicar o plural em português se realiza como / x / diante de consoante surda (os cães), como / j / diante de consoante sonora (os gatos) e como / z / diante de vogal (os homens).[84]

Os elementos mórficos
Em português, as palavras se podem apresentar sob formas de estrutura diferentes:

a) *mar, sol, ar, é, hoje, lápis*;
b) *aluno, alunas, trabalhávamos*;
c) *casarão, livrinho, cantor, casamento, folhagem, alemão, fertilizar, chuviscar*;
d) *reter, conter, deter*;
e) *guarda-chuva, lanígero, agrícola, planalto, fidalgo*.

Em a) as palavras não se podem dividir em formas menores significativas porque só possuem um elemento mórfico chamado *radical*. *Radical* é o núcleo onde repousa a significação externa da palavra, isto é, relacionada com o mundo em que vivemos.

Já no grupo b) segue-se ao radical (de significação externa) um ou mais elementos de significação interna ou puramente gramatical. *Aluno* pode desmembrar-se em *alun-* e *-o*. O primeiro elemento (radical) encerra a significação da palavra, cabendo ao final *-o* primeiramente atualizá-la para funcionar como palavra, integrando-a no léxico, e secundariamente relacioná-la à marca de gênero, no caso de *-o* e *-a* (este de modo não geral, como acontece com *mapa, nauta*, masculinos). Em *alunas* o radical é *alun-*, e *-as* encerra dois elementos de significação interna: 1) *-a* (indicador do significado gramatical gênero feminino) e 2) *-s* (indicador do significado gramatical número plural). Em *trabalhávamos* o radical é *trabalh-* e os elementos mórficos de significação interna são: 1) *-va* (que caracteriza o pret. imperf. do indicativo dos verbos da 1.ª conjugação) e 2) *-mos* (que caracteriza a 1.ª pessoa do plural). Teríamos ainda a vogal temática *-a-*, a ser tratada mais adiante.

Os elementos mórficos de significação interna, indicadores das flexões gramaticais, chamam-se *desinências* e se dividem em *nominais* e *verbais*.

---

[84] O estudo das diversas realizações fônicas de um dado morfema, como é o caso do nosso índice de plural, recebe, em linguística descritiva, o nome de *morfofonêmica* ou *morfonêmica*.

As desinências nos nomes e em certos pronomes marcam as flexões de *gênero* e *número*; nos verbos: *número, pessoa, tempo* e *modo*.

Muitas vezes o radical não pode funcionar imediatamente como palavra; completa-o uma vogal para constituir o *tema* da palavra e por isso se chama *vogal temática* ou atualizador léxico, isto é, atualiza-o para funcionar concretamente no discurso [HCv.4, 7-26].

Tema
É, portanto, o radical acrescido da *vogal temática* e que constitui a parte da palavra pronta para funcionar no discurso e para receber a desinência ou sufixo. São exemplos de temas: *livro-, trabalha-*. A vogal temática pode ocorrer num tema simples (*livr- o*) ou derivado (*livr- eir- o*).

Nos nomes as vogais temáticas estão representadas na escrita pelos grafemas *-a, -o* e *-e* e nos verbos por *-a, -e* e *-i*.

Nos nomes, a vogal temática (*a, o*) cumulativa e secundariamente funciona como a desinência de gênero. A vogal temática *o* ou *e* se acha representada, às vezes, por uma semivogal de um ditongo: *pão, pães*. A vogal temática pode passar à variante *u* como ocorre com *afeto → afetuoso*, o que se dá, sem ser automático, quando se junta ao *-o* desinência ou sufixo iniciado por vogal [VK.2, 35]. Não têm vogal temática os nomes terminados em vogal tônica, e por isso se dizem *atemáticos: fé*. Neste caso, o tema coincide com o radical. Os nomes terminados em consoante (*mar, paz, mal*) apresentam a vogal temática *e*, latente no singular, mas patente no plural (*mares, pazes, males*). Uma característica desses atemáticos terminados em vogal tônica é que esta não é elidida quando seguida de sufixo: *café → cafezal, cafeeiro*.

OBSERVAÇÃO: Em geral a vogal tônica final (á, é, ó, ê, ô) resulta da crase da vogal do radical com a temática: *fé < fee < fide(m)*. Em análise mórfica fora do plano histórico não cabe desfazer esta fusão (➚ 364).

Afixos: prefixos e sufixos. Interfixos
Nas palavras do grupo c) junta-se ao final da base um elemento mórfico chamado *sufixo* que não tem curso independente na língua (e por isso se chama *forma presa*) para formar uma palavra nova, emprestando-lhe uma ideia acessória e marcando-lhe a categoria (substantivo, adjetivo, etc.) a que pertence. O sufixo assume uma função morfológica, pois, em geral, altera a categoria gramatical do radical de que sai o derivado (*real* adj. → *realidade* s., embora também possa não lhe alternar a categoria, como *feio* adj. → *feioso* adj.), e relaciona a palavra a que se agrega aos nomes aumentativos ou diminutivos, aos nomes de agente, de ação, de instrumento, aos coletivos, aos pátrios, etc.: *casarão* (aumento), *livrinho* (diminuição), *cantor, lavrador, sapateiro* (nomes de agente ou ofício), *punição, casamento, aprendizagem* (nomes de ação ou seu resultado), *folhagem, lodaçal, cardume, boiada* (nomes coletivos), *alemão, sergipano, cearense, português, minhoto, brasileiro* (nomes pátrios), *fertilizar* (ação), *chuviscar* (ação de

pouca intensidade), *alvorecer* (início de ação), *mercadejar* (repetição de ação), *suavemente* (modo). Daí se distribuírem os sufixos em *nominais* (formadores de substantivos e adjetivos), *verbais* (do verbo) e o único adverbial, que é *-mente*, que se prende a adjetivos uniformes ou, quando biformes, à forma feminina: *cômoda → comodamente*.[85]

Nas palavras do grupo d) acrescenta-se ao início da base um elemento mórfico chamado *prefixo*, que empresta ao radical uma nova significação e que se relaciona semanticamente com as preposições. Os prefixos, em geral, se agregam a verbos, como nos exemplos do grupo d), ou a adjetivos: *in- feliz, des- leal, sub- terrâneo*. São menos frequentes os derivados em que os prefixos se agregam a substantivos; os que mais ocorrem são, na realidade, deverbais, como em *des- empate*. Ao contrário dos sufixos, que assumem valor morfológico, os prefixos têm mais força significativa, podem aparecer como formas livres (isto é, ter existência independente na língua) e não servem, como aqueles, para determinar uma nova categoria gramatical. Nem sempre existe em português a preposição que corresponde ao prefixo empregado: *intermédio* (cf. preposição *entre*), *combater* (cf. preposição *com*), *depenar* (cf. preposição *de*), *avocar* (cf. prep. *a* = ao lado, para perto de), *sobraçar* (cf. prep. *sob*), *sobrepor* (cf. prep. *sobre*), *embainhar* (cf. prep. *em* = movimento para dentro), mas *abusar* (*ab* = afastamento, privação), *progresso* (*pro* = movimento para diante, favorecimento), *refazer* (*re* = repetição).

Do ponto de vista formal, há ainda para notar que os sufixos derivativos são em geral mais longos que as desinências gramaticais, além de serem estas quase sempre átonas, enquanto aqueles são normalmente tônicos; outra distinção consiste em que os sufixos vêm imediatamente após o núcleo, e as desinências após os sufixos [cf. HCv.2, II, 530 n.35].

Prefixos e sufixos recebem o nome de *afixos*; são prefixos os afixos que se antepõem ao radical, e sufixos os que se lhe pospõem. Há ainda os *infixos* próprios, pois o que se costuma apontar como tal (representado por uma nasal) é de responsabilidade do latim (por exemplo, para distinguir o presente de alguns verbos, como *rumpo* e *findo* dos perfeitos *rupi, fidi* e do particípio passado *ruptus, fissus*, e, excepcionalmente, em certas formações nominais)[86] e não interessa à gramática descritiva portuguesa. É preciso não confundir esta noção de *infixo* com as vogais e consoantes desprovidas de significado que, na formação de nossas palavras e das que importamos de línguas estrangeiras, principalmente quando o radical termina por vogal tônica, se intercalam para facilitar a pronúncia ou para evitar hiatos, e que, por isso, se chamam *vogais* e *consoantes de ligação*: cha-*l*-eira, pau-*l*-ada, cafe-*t*-eira, lan-*í*-gero, come-*z*-aina,

---

[85] Parecem, à primeira vista, constituir exceção formas como *portuguesmente, superiormente*, mas o fato se explica porque tais adjetivos em *-ês* e *-or* eram uniformes no português antigo, à época dessas derivações adverbiais.
[86] Mesmo aí, integrando o indo-europeu, a aceitação desse infixo nasal é discutível. Vejam-se os comentários em Meillet-Vendryes, GC, §§ 237-238.

pa-z-ada, chapeu-z-inho, pedre-g-ulho, pedre-g-oso.[87] A rigor, há em português duas vogais de ligação: *i* e *o*. A vogal *i* na composição de elementos latinos e *o* de elementos gregos: dentifrício, gasômetro.[88]

Temos ainda de considerar o caso dos *interfixos* (denominação adotada por Y. Malkiel), que são elementos formais átonos sem função gramatical e significativa que servem de ligação entre a base léxica e o sufixo, como ocorre em *glorificar* e *fumarada, fogaréu, solaréu*, em que os elementos *-ific, -ar* se interpõem entre as bases *glória* e o sufixo verbal *-ar* ou *fogo, sol* e o sufixo nominal *-éu*. A noção de interfixo não é ponto pacífico entre os estudiosos; muitas vezes se pode entendê-lo como integrante de um conglomerado de sufixos; nos exemplos acima, os conglomerados sufixais seriam *-ificar* e *-aréu*. Outras vezes, muito próxima desta noção, é ver o interfixo como resultado de um alongamento de sufixo, como se pode interpretá-lo na formação *ridículo* → *ridicularizar* (em vez de *ridiculizar*).

Nas palavras do grupo e) temos uma reunião de dois radicais, isto é, ao lado de um radical mais fundamental acrescenta-se outro (e até outros) para dar um significado especial ao conjunto. Dizemos então que as palavras são *compostas*. Estes radicais podem ser *livres*, isto é, usados independentemente na língua (como *guarda-chuva*) ou *presos*, isto é, não são usados isoladamente (como *agrícola* = agr + i + cola, *lanígero* = lan + i + gero).

Nas palavras compostas com radicais livres, do tipo *guarda-chuva*, persiste, como é fácil de observar, a individualidade de seus componentes. Esta individualidade se traduz: a) na escrita, pela mera justaposição de um radical a outro, normalmente separados por hífen; b) na pronúncia, pelo fato de ter cada radical seu acento tônico, sendo o último o mais forte e o que nos orienta na classificação

---

[87] M. Barreto [MBa.1, 408-410; MBa.3, 347; MBa.5, 138] condena formações do tipo de *labiodental, labionasal, linguodental*, etc., em vez de *labidental, labinasal, linguidental*, etc., por aparecer a vogal *o* em vez de *i*, por serem latinas e não gregas. Aceita, embora as considere bárbaras, as formações *novo-latino, dento-labial, anglo-russo, hispano-americano*, etc., onde também aparece o *o* grego em lugar do *i* latino, como em *plenilúnio* (p. 207), *alvinitente, altíssono, lanígero, flamífero*. A questão é muito complexa (já o era no próprio grego e no latim), porque se trata de formações nascidas em épocas diversas e em domínios culturais diferentes, além de procedimentos que se repartem pela composição e pela justaposição, com ou sem braquilogias e reduções. O português, como as línguas românicas (algumas das quais nos serviram de modelo), sofreu o impacto dessas diferentes portas de entrada de tais neologismos eruditos, e até de reflexo popular, como *gaticídio, burricida*, etc. É um domínio que está, no português, a exigir estudos mais aprofundados. Cf. A.G. Hatcher *Modern English Word-Formation and Neo-Latin* (Baltimore, 1951), B. Migliorini *Saggi sulla lingua del novecento* (Firenze, 1963, p. 9-60) e FM, 1973, 1, 68-72.

[88] A rigor, em *geografia* e *bibliófilo* não temos a vogal de ligação *o* (ge-o), porque não existe formação em que apareça o radical *ge*, ou *bibli*, como em *chá, pau, café* e *lã*. O radical grego é *ge*, mas em português é *geo*, como o é *biblio*, já que aí, como em outros casos, não se pode isolar a vogal *o*, tal qual fazemos em *gás + o + metro* [VK.2, 37-38].

da posição do acento nas palavras compostas (por isso que *couve-flor* é oxítono e *guarda-chuva* é paroxítono). Em tais casos dizemos que as palavras são compostas por *justaposição*.

Chamamos *aglutinação* o processo de formar palavras compostas pela fusão ou maior integração dos dois radicais: *planalto, fidalgo, lanígero, agrícola*. Esta maior integração traduz-se pela perda da delimitação vocabular decorrente: 1) da existência de um único acento tônico; 2) da troca ou perda de fonema; 3) da modificação da ordem mórfica [MC.4, 30].

"A adaptação da primeira palavra pode ser de quatro espécies: 1) mudança da parte final em relação à mesma palavra quando isolada; ex.: *lobis* – (comparar – *lobo*, em *lobisomem*); 2) redução da palavra ao seu elemento radical; ex.: *planalto*, onde *plan-* é o radical de *plano* (o composto indica um solo plano e alto numa montanha); 3) elemento radical alterado em relação à palavra quando isolada; ex.: *vinicultura* (*vin-*, mas *vinh-* em *vinha* 'árvore da uva'); 4) elemento radical que não aparece em português em palavra isolada; ex.: *agricultura* (a *agr-* corresponde, em palavra isolada, *campo*)" [MC.2, 95].

A segunda palavra pode ocorrer com as seguintes alterações: "1) com mudança na parte final; ex.: *monocórdio* (instrumento de uma só corda); 2) com o elemento radical alterado; ex.: *vinagre* (um vinho que é acre); 3) com um elemento radical diverso do que a correspondente palavra isolada; ex.: *agrícola* (ao elemento de composição *cola* corresponde a ideia de *habitar* ou *cultivar*)" [MC.2, 95].

Na língua literária e técnica prefere-se empregar o radical de forma latina a utilizar o de forma vernácula, principalmente quando este já sofreu a evolução fonética. Emprega-se preferencialmente *silvicultura* (e não *selvicultura*), *viticultura* (e não *vidicultura*). Assim ocorre com *áureo, capilar, auricular, ocular, digital*, etc. [Cf. MBa.1, 429-430].

Diferença entre flexão e derivação

A flexão consiste fundamentalmente no morfema aditivo sufixal acrescido ao radical, enquanto a derivação consiste no acréscimo ao radical de um sufixo lexical ou derivacional: *casa + s*: *casas* (flexão de plural); *casa + inha*: *casinha* (derivação).

A flexão dos nomes e dos verbos apresenta muito frequentemente uma alternância complementar interna que recai na vogal tônica básica: *avô → avó; novo → nova; novo → novos; fiz → fez* (1.ª pessoa → 3.ª pessoa).

Quando falta o morfema aditivo à flexão, e só há alternância, a forma diz-se *forte*: *avô → avó* ou, mais restritamente se aplica, na gramática portuguesa, à 1.ª e 3.ª pessoas do singular do pret. perfeito do indicativo quando rizotônicas e atemáticas: *ter → tive, teve* (i/e), em oposição a *dizer → disse* (eu/ele); *poder → pude, pôde* (u/o), em oposição a *haver → houve* (eu/ele).

No plano sintagmático, a flexão provoca o fenômeno da concordância: *móvel novo → móveis novos* em oposição a *a casa nova → a casinha nova*.

Conceito de raiz ou radical primário

Chama-se *raiz*, em gramática descritiva, ao radical primário ou irredutível a que se chega dentro da língua portuguesa e comum a todas as palavras de uma mesma família.

Se tomarmos um vocábulo como *desregularizar*,[89] facilmente podemos surpreender diversos graus de radical: o primeiro, destacando-se-lhe a vogal temática e a desinência de infinitivo, é *desregulariz-* (que aparece em *desregularização*); este radical pode ser reduzido, por destaques sucessivos, a: *regulariz* (sem o prefixo) > *regular* (sem o sufixo) > *regul* (cf. o latim *regŭla*) > *reg* (que aparece em *reger, régua*). Este último radical que constitui o elemento irredutível e comum a todas as palavras do grupo chama-se *primário* e coincide, em relação à língua atual, com a *raiz*. *Regul-* é um radical secundário (ou do 2.º grau), como *regular-* um radical terciário (ou do 3.º grau), e assim por diante.

OBSERVAÇÃO: Não interessa à gramática descritiva o conceito de raiz do ponto de vista histórico, que só é válido para a gramática histórica. Há frequentes divergências entre o estabelecimento de uma raiz dentro dos dois tipos de gramática; assim é que, enquanto para a histórica há raiz *ed-* em *comer* (do latim *comedere*, de *edere* = comer), a descritiva a esta reconhece em *com-* (cf. *com-ida, com-ilão, com-ilança*).

A raiz ou radical primário pode apresentar variante ou variantes; assim, a raiz *reg-* se altera em *regr-* (em *regra, regrar, desregrar*).

Base lexical real e base lexical teórica

Na análise mórfica (constitucional), torna-se importante acentuar, como já deixamos claro anteriormente, que nem sempre a unidade léxica que entra na constituição de uma forma derivada ou flexionada é a que se apresenta como básica. Muitas vezes, temos de nos socorrer de uma forma básica teórica, possível no sistema mas não vigente na norma. Assim é que nos plurais dos nomes terminados em consoante, socorremo-nos de uma forma teórica integrada pela vogal temática *-e-* para depois lhe acrescentar o pluralizador *-s*: *mar* → **mare* → pl.: *mares*.

Palavras cognatas

Chamam-se cognatas as palavras que pertencem a uma família de raiz e significação comuns: *corpo, corporal, incorporar, corporação, corpúsculo, corpanzil; fugir* (em *foges*, temos a raiz alterada), *fugaz, refúgio, subterfúgio, trânsfuga*. Uma só família de palavras pode ter dois radicais, um de forma erudita, outro de forma popular: *digital* e *dedal, parietal* e *parede, capilar* e *cabelo, auricular* e *orelha, acutíssimo* e *agudíssimo, paupérrimo* e *pobríssimo, sacratíssimo* e *sagradíssimo*, etc.

---

[89] Cf. J. Mattoso Câmara Jr. *Dicionário de Filologia e Gramática*, 293. Para estudos mais adiantados veja-se Saussure, *Cours de Linguistique Générale*, 253, E. Nida, *Morphology* (cap. de introdução) e, mais recentemente, a substancial contribuição de Rio-Torto *et alii*, *Gramática derivacional do português*.

Constituintes imediatos
Em análise mórfica, é importante ter em conta o princípio dos constituintes imediatos para que não se façam confusões no plano descritivo da classificação morfológica (vale o mesmo para as relações sintáticas) e se estabeleçam as possíveis gradações de estrutura. Assim é que, diante de uma forma como *descobrimento*, não iremos enquadrá-la no grupo das palavras chamadas *parassintéticas* (considerando *des* + *cobri* + *mento*); trata-se de um derivado secundário cujos constituintes imediatos são o radical secundário *descobri-* e o sufixo *ment* (*o*). Em *arduamente* desprezaremos a desinência de feminino *-a-* (válida no vocábulo *árdua*) e analisaremos os constituintes imediatos: *ardua* + *mente*, sendo *ardua-* o radical secundário. Também em *desrespeitosamente* os constituintes imediatos são *desrespeitosa* (por destaques sucessivos > *respeitosa* > *respeit* > *speit*, este último radical primário ou raiz). Em *cantorezinhos* temos os constituintes imediatos *cantor* (*es*) e *zinho* (*s*), depois *cantor* e finalmente *cant-or*. Nessa gradação de elementos componentes de uma estrutura morfológica, nota-se que há certa ordem em sua distribuição; destacam-se primeiro, como nos constituintes imediatos, os elementos externos característicos da flexão, seguidos de elementos internos característicos do processo de transformação das palavras. Em nosso último exemplo, os externos de natureza flexional são representados pelas desinências de plural: *cantor(es)*, e *zinho(s)*, enquanto os elementos internos são indicados pelos sufixos diminutivos de *cantor-zinho* (derivação sufixal:) e pela desinência de nome de agente em *cant-or* (derivação sufixal:).

A parassíntese ou circunfixação
Intimamente ligado à noção dos constituintes imediatos está o conceito de *parassíntese*, conceito não de todo assente entre os estudiosos. Para uns, para haver parassíntese basta a presença de prefixo e sufixo no derivado; é o caso de *descobrimento*, maneira de ver que rejeitamos, por não levar em conta a noção dos constituintes imediatos. Para outros, o processo consiste na entrada *simultânea* de prefixo e sufixo, de tal modo que não existirá na língua a forma ou só com prefixo ou só com sufixo; é o caso de *claro* para formar *aclarar*, em cujo processo entram concomitantemente o prefixo *a-* e o final *-ar*, elemento de flexão verbal que funciona, por acumulação, como sufixo. Como lembra Mattoso Câmara, pode dar-se ainda na parassíntese a adjunção de um sufixo de valor iterativo ou incoativo, o que ocorre em *entardecer* (*en* + *tard*(*e*) + *ec* + *er*) e *amanhecer* (*a* + *manh*(*ã*) + *ec* + *er*). Pode-se ainda entender que, a rigor, não existe parassíntese, se partirmos do fato de que, numa cadeia de novas formações, não poucas vezes ocorre o pulo de etapa do processo, de modo que só virtualmente no sistema exista a forma primitiva. Assim, para se chegar a *farmacolando*, parte-se de um virtual **farmacolar* (à semelhança de *doutorar* em relação com *doutorando*), ou, para *prefeitável*, de um virtual **prefeitar* (como de *amar* para *amável*, ou de um *pagar* para *pagável*). Deste modo, em *aclarar*, *entardecer*, *amanhecer* se poderá pensar em partir dos virtuais **clarar*, **tardecer*, **manhecer* ou **aclaro*, **entarde* e **amanhã*. Esta última explicação do fenômeno nos parece ser a melhor solução, abolindo a parassíntese

como processo especial de formação de palavras, além de não contrariar o princípio geral da linearidade do signo linguístico.

As formações parassintéticas mais comuns no português ocorrem com o concurso dos prefixos *es-*, *a-*, *en-*, e os sufixos *-ear*, *-ejar*, *-ecer*, *-izar*: *esverdear, esclarecer, apodrecer, anoitecer, enraivecer, entardecer, encolerizar, aterrorizar.*

Hibridismo
Chama-se hibridismo à formação de palavras com elementos de idiomas diferentes. São mais comuns os hibridismos constituídos da combinação de elemento grego com outro latino ou românico: *sociologia* (latino e grego), *autossugestão* (grego e português), *televisão* (grego e português), *burocracia* (francês *bureau* e grego), *automóvel* (grego e português), *decímetro* (latino e grego).

A nossa língua forma com facilidade hibridismos com elementos estrangeiros que se acham perfeitamente assimilados ao idioma, que passam como elementos nativos. Assim é que *fobia, mania, filo, tele, macro, micro, neo, pseudo, auto* e sufixos como *ismo, ista, ico* se juntam a elementos de qualquer procedência: *germanófilo, russófilo, germanofobia, russofobia, retratomania, teleguiado, micro-ônibus, neovencedor, pseudovencedor, autocrítica, autorretrato, caiporismo, governista.*[90]

Haplologia na formação de palavras
A fim de evitar reduplicações de sílabas que pertencem à palavra primitiva e ao sufixo, é comum ocorrer *haplologia* ou *braquilogia*, como em: *caridad(e) + oso → caridoso* (por *caridadoso*), *bondad(e) + oso → bondoso* (por *bondadoso*), *idad(e) + oso → idoso* (por *idadoso*). Estas simplificações também ocorrem em produtos por composição: *trágico + cômico → tragicômico*. Podem ocorrer também na língua as formas plenas: *caridadoso, bondadoso*. São haplologias correntes nos escritores: *esplendíssimo, candíssimo* [MBa.7, 807] (↗ 635).

Variantes dos elementos mórficos
É comum a variante de determinado elemento mórfico. Assim, altera-se a raiz em *reger* (reg-) e *regra* (regr-) ou *fazer* (faz-) e *fiz*; a desinência modotemporal do pretérito imperfeito *-va-* (na 1.ª conjugação) ou *-ia-* (na 2.ª e 3.ª conjugações) passe a *-ve-* ou *-ie-*, respectivamente, na 2.ª pessoa do plural, pelo contato do *i* de *is* da desinência pessoal (*amavas, amáveis, vendias, vendíeis, partias, partíeis*); a desinência de plural dos nomes é sempre *-s-*, mas diante de um plural como *mares*, temos, como já vimos em (↗ 136), de admitir uma forma teórica latente, no singular, não existente na norma, mas prevista no sistema, **mare*, que servirá de forma básica para o plural *mares*. Ter-se-á de recorrer a essa forma teórica quando o pluralizador *-s* tiver de anexar-se a nome terminado em consoante: *sol → *sole + s > sols > soes → sóis; gás → *gase → gases*, etc. Quando temos formas variantes,

---

[90] O ar vernáculo é tal que a rigor não se poderia falar de hibridismo em muitas dessas inovações lexicais. Só aos olhos de quem conhece a história desses elementos é que fica patente sua origem estrangeira.

aquela que ocorre isoladamente é a que se há de considerar a forma básica; assim é que temos as formas *chapéu* e *chapel* (em *chapelaria, chapeleiro*), mas a básica é *chapéu*, pois a outra só aparece nos derivados [VK.2, 20 n.2].

A forma livre *caber* (em *descaber*) apresenta, por exemplo, uma variante mórfica presa -*ceber* (em *receber, perceber*, etc.).

Tais variantes se chamam, à semelhança dos alofones, *alomorfes*. Destes alomorfes precisam ser distinguidos novos elementos mórficos oriundos de uma análise subjetiva do falante; não conhecendo a etimologia, muitas vezes o falante separa elementos que essa mesma etimologia não consigna. Por este processo, nasceram vocábulos como *sarampo* (do espanhol *sarampión*, e este do latim *sirimpionem*, por se pensar que *sarampão* fosse formado com o sufixo -*ão*) e *rosmano* (tirado de *rosmaninho*, do latim *rosmarinum*, também imaginado um derivado com o sufixo de grau -*inho*).

Neutralização e sincretismo

A neutralização representa uma restrição no funcionamento das oposições distintivas existentes numa língua, quer no plano da fonologia, quer no plano gramatical (morfologia e sintaxe), quer no plano léxico.

Entende-se por neutralização a suspensão de uma oposição distintiva. Assim, o português estabelece oposição entre *e* aberto e *e* fechado, o que permite distinguir, por exemplo, *sede* (de um governo) e *sede* (sinto sede). Todavia, esta oposição distintiva só funciona em posição tônica; se a vogal estiver em sílaba átona, só aparecerá o *e* fechado, na pronúncia normal brasileira, podendo fechar-se ainda mais a um *i*: *pedir/pidir*, sem que se altere o significado.

No plano do conteúdo gramatical, a oposição masculino/feminino fica suspensa com frequência no plural, apresentando-se apenas o masculino. Assim, *a menina e a prima estudiosas* no feminino, mas *a menina e o primo estudiosos*, em que o plural masculino se refere aos substantivos de gêneros diferentes.

Também o singular masculino pode, em certos contextos, assumir valor genérico e, assim, referir-se englobadamente a pessoas do sexo masculino e feminino: *O homem é mortal* (*i.e.*, o homem e a mulher).

Ocorre o mesmo no léxico: *meus tios* pode fazer alusão a meus tios Benedito e Henrique, ou a meu tio Benedito e minha tia Noêmia. *Noite* e *dia* se dizem de partes distintas das "24 horas", mas *dia* pode englobar as duas partes quando empregado em contextos do tipo *Passei dois dias em Maceió*. Assim, o plural como termo marcado apresenta um traço diferencial positivo (com o valor "mais de um"), enquanto o singular, como termo não marcado, apresenta dois valores: o contrário do outro (já que o singular é "unidade") e o valor genérico ("pluralidade"). Deste modo se explica por que o termo não marcado pode funcionar "em lugar" do marcado em certos contextos, não podendo haver o fenômeno contrário, isto é, o marcado aparecer "em lugar" do não marcado.

Em todos estes exemplos de neutralização, o termo que abrange toda a extensão da oposição se chamará *neutro, não marcado* ou *negativo*, e englobará o termo *positivo* ou *marcado*; assim, os masculinos *menino* e *dia* são termos neutros, e os femininos *menina* e *noite*, termos positivos ou marcados. Também, no sistema verbal, o presente se caracteriza pelo traço neutro, uma vez que, por isso, pode ser empregado "em lugar" do futuro (*Vou amanhã / Irei amanhã*) e do pretérito (*Pedro I proclama* nossa independência em 7 de setembro de 1822 / Pedro I *proclamou...*). Como ensina Coseriu, o presente, como termo neutro, pode ser empregado "em lugar" de qualquer outro tempo, e até em sentido "atemporal", ou em contextos de valor genérico ou em referência ao "presente eterno": *A Terra gira em torno do Sol.*

Não se há de confundir *neutralização* ou *sincretismo*. A neutralização, como vimos, é a suspensão, em determinado contexto, de uma oposição funcional que existe na língua em *um* dos seus dois planos: o da expressão ou o do conteúdo.

O sincretismo, por seu turno, é a ausência de manifestação material, numa seção de um paradigma ou em um paradigma, de uma distinção de conteúdo que, em outras seções do mesmo paradigma ou em outros paradigmas análogos, se manifesta também materialmente. Assim, no paradigma verbal do português, a 1.ª e a 3.ª pessoas, que se distinguem em outros casos (*canto/canta*; *cantei/cantou*, etc.), não se distinguem, por exemplo, no imperfeito (*cantava/cantava*; *saía/saía*, etc.). Assim também haverá sincretismo, e não neutralização, em *falaram* como forma da 3.ª pessoa do plural do pret. perf. e do pret. mais-que-perfeito do indicativo, oposição recuperada na forma de 3.ª pessoa do singular (*falou/falara*) e ainda pelo contexto. Repare-se que não se distinguem *na expressão* (na forma material, no significante), mas a diferença de conteúdo (de significado) persiste.

A diferença é que no sincretismo não há suspensão da oposição, nem há um termo de valor neutro que represente a soma "1.ª pessoa" + "3.ª pessoa". Pode haver sincretismos sintáticos, como, por exemplo, em *sábio alemão*, que admite duas interpretações exclusivas, conforme se entenda *sábio* como substantivo e *alemão* como adjetivo ou vice-versa.

Também em *amor de mãe* temos um sincretismo sintático, pois não se faz nenhuma distinção material se se trata do amor que a mãe tem ou nutre (pelos filhos, por exemplo) ou do amor que os filhos nutrem pela mãe; é o caso análogo ao genitivo "subjetivo" ou "objetivo" em latim. Mas os falantes fazem a distinção de conteúdo e não consideram a mãe como sujeito e objeto ao mesmo tempo.

O sincretismo pode ocorrer, principalmente, por *homonímia*, ou por *alomorfia* e desaparecimento do elemento mórfico, devidos a regras morfofonêmicas. Exemplos de homonímia: a) a vogal temática da 2.ª conjugação é *e*; esta vogal, entretanto, passa a *i* no pret. imperf.; na 1.ª pessoa do singular do pret. perf. do indicativo e no particípio, suspendendo a oposição material distintiva com a 3.ª conjugação: *vend + i + ia* (com crase dos dois *ii*) → *vendia*; *vend + i + i* → *vendi*; *vend + i + do* → *vendido*; b) por outro lado, a vogal temática da 3.ª conjugação (*i*) passa a *e* quando átona, isto é, 2.ª e 3.ª pessoa do singular e 3.ª pessoa do plural do presente do indicativo e a 2.ª pessoa do singular do imperativo, suspendendo a oposição material entre a 2.ª e 3.ª conjugações: *vendes, partes; vende, parte; vendem, partem; vende tu, parte tu*. Também em *falaram*, a análise mórfica auxiliada pelo contexto dirá existir a 3.ª pessoa do plural do pret. perf. do indicativo (*fal-a-ra-m*) ou do pret. mais-que-perfeito (*fal-a-ra-m*).

Exemplos de desaparecimento: a) pela queda da vogal temática *i* do verbo *vir*, suspende-se a oposição, material entre o gerúndio e o particípio: *vindo* (gerúndio), *vindo* (particípio); b) pela queda da vogal temática *e* no infinitivo de *pôr*, este verbo ficou aparentemente afastado da 2.ª conjugação, chegando, durante muito tempo, a constituir razão para uma falsa 4.ª conjugação em português.

Graus de coesão de morfemas
A adição de morfemas nas constituições das palavras apresenta uma combinatória que cabe aqui ser referida. A adição aponta para uma combinatória rígida de modo que a ordem das unidades mórficas se mostra bem determinada. Assim, na estrutura do verbo em português – tomamos o verbo por exemplificação por ser, nas línguas flexivas como a nossa, aquela palavra de elementos estruturais mais rica – temos:

T (radical + vogal temática) + D (DMT + DNP)
am-a + re-mos

Em *recompor*, o prefixo *com-* se acha mais integrado à significação do verbo *pôr* do que o prefixo *re-*. Também numa construção em que dois adjetivos modificam um mesmo substantivo, o adjetivo mais distante do substantivo é o menos coeso a ele, o que lhe permite normalmente permutar de posição: *céu azul maravilhoso / maravilhoso céu azul*, mas não *azul céu maravilhoso*. Entre prefixos isto não se dá: *recompor* (e nunca *comrepor*) [VK.2, 41].

Subtração nos elementos mórficos
Já vimos que os elementos mórficos podem ocorrer num processo de subtração, ao contrário do que ocorre com o processo por adição. A supressão de morfema é menos comum em português que o processo por adição.

Em português, um exemplo de morfema subtrativo é o que ocorre com os femininos *anã*, *irmã*, *órfã*, obtidos pela eliminação do *-o* do masculino:[91]

anão / anã
irmão / irmã
órfão / órfã

Temos ainda formação de palavras por procedimentos supressivos:

a) supressão do segmento medial pertencente a qualquer das bases: *petrodólares, apart-hotel, cineclube, tragicômico*.
b) supressão do segmento final: *narcótico → narcotizar; prioridade → priorizar; maldade → maldoso*.
c) supressão do elemento final por cruzamento de bases: *motel* (motor + hotel), *brasiguaio* (brasileiro + uruguaio), *malular* (malufar + Lula), *sofressora* (sofrer + professora), *criança* (criança + onça), *aborrescente* (aborrecer +

---

[91] Kehdi, *Morfologia*, 42; Rio-Torto, *FLP*, 2, 45-46; Sandmann, *Formação*, 145-152.

adolescente), *chafé* (chá + café). Este procedimento tem sido usado por bons escritores modernos (Guimarães Rosa, Mia Couto).

A subtração pode ocorrer por um processo de abreviação, em que a parte vale pelo todo: *foto* (grafia), *pneu* (mático), *metrô* (politano).

Morfema zero
Diferente do morfema subtrativo é o morfema zero (Ø). Consiste o morfema zero na ausência de uma marca de oposição gramatical em referência a outro termo marcado. Só haverá morfema zero se a noção por ele expressa for inerente à classe gramatical em que ele ocorra.

Assim, no par *alto/alta*, a oposição de gênero aparece marcada nos dois termos mediante -*o* e -*a*, já no par *alto/altos*, a noção de número plural, inerente à classe dos nomes, se acha marcada pelo pluralizador -*s*, enquanto a noção de singular está marcada pela ausência de uma marca. É esta ausência que tem o significado do valor do singular, e assim podemos considerá-la um verdadeiro morfema, a que chamaremos morfema zero (Ø).

Também em *amo, amas, ama*, as duas primeiras formas verbais apresentam marca de 1.ª e 2.ª pessoas do singular; a última (*ama*), pela falta de marca em relação às outras do mesmo paradigma, apresenta morfema zero para significado da 3.ª pessoa do singular.

OBSERVAÇÃO: Têm-se apresentado substantivos do tipo *pires, lápis, alferes*, adjetivos do tipo *simples, triste, feliz, capaz* como exemplos de morfema zero, por terem a mesma forma para o singular e o plural (nos substantivos) e para o masculino e feminino (nos adjetivos). Concordamos com a lição de Herculano de Carvalho, que não vê nestes casos morfema zero; trata-se de palavras que se mostram excepcionalmente alheias às classes gramaticais de número e gênero [HCv.2, II, 608-609]. Desta forma, *pires* não é um singular que permanece invariável no plural, pois não é em si nem singular nem plural, como *simples* não é nem masculino nem feminino.

Acumulação nos elementos mórficos
Entende-se, em geral, por *morfema cumulativo* aquele que reúne em si várias funções gramaticais. Assim, vê-se no -*o* final das formas verbais da 1.ª pessoa do presente do indicativo (*estudo, vendo, parto*) exemplo de morfema cumulativo, já que significa, simultaneamente, a pessoa (1.ª), o número (singular), o tempo (presente ou não passado) e o modo (indicativo).

Também entram na exemplificação de morfema cumulativo as desinências pessoais do pret. perfeito (-*i*, -*ste*, -*u*, -*stes*) porque eventualmente acumulam as funções de desinências modotemporais que, nestas formas, é zero.

Todavia, esta descrição não é unanimemente aceita. Segundo alguns autores, entretanto, a condição para se considerar que estamos diante de um morfema cumulativo é o fato de duas ou mais significações gramaticais *nunca* serem marcadas por morfemas diferentes: é o que ocorre com as categorias de número e caso em algumas línguas indo-europeias mais antigas ou conservadoras.[92] Não é o caso, a rigor, do nosso -o final de *estud-o, vend-o, part-o*. Como ensina Matthews, tal caso não se ajusta a um modelo regular, pois a desinência costuma permanecer constante nos diferentes tempos e modos verbais. É bem verdade que o tempo e o modo estão sem morfemas aditivos, mas é um caso meramente especial de morfema sobreposto (cumulação acidental, para Sílvio Elia, como lhe chama o linguista citado, em relação com a totalidade do paradigma.

Em relação às desinências numeropessoais do pret. perf. do indicativo, lembremos que o verbo em português separa as desinências numeropessoais das modotemporais. Assim, parece-nos que a melhor análise é considerar que no pret. perfeito do indicativo a desinência modotemporal é zero, tal como se dá no presente do indicativo e no presente do subjuntivo. Não passa a sua função gramatical para a desinência numeropessoal.[93]

Muitas vezes um elemento mórfico utilizado para certa noção pode, por acumulação acidental, servir também para determinar outra noção desprovida de elemento característico (*elemento mórfico subtrativo*). As desinências de pessoa especiais para o pret. perfeito (*-i, -ste, -u, -stes*), (➚ 262), acumulam as funções de desinência modotemporal por não existirem elas nestas formas verbais. Assim é que, embora haja elemento mórfico subtrativo, sabemos que *cantei, vendi* e *parti*, por exemplo, estão na 1ª pessoa do singular (função essencial da desinência *i*) do pret. perfeito do indicativo (função acumulativa da referida desinência), como ocorre com -o final de *estud-o, vend-o, part-o*, formas que estão na 1.ª pess. do sing. do pres. do indicativo.

Fusão nos elementos mórficos

Os elementos mórficos podem combinar-se por *justaposição* ou por *fusão*. Em *livros* juntou-se ao radical primário a desinência pluralizadora -s, justaposta. No plural *canais* (*canale + s) ou *funis* (*funile + s) a integração do radical e desinência é mais íntima, não permitindo a análise dos dois elementos fundidos. No primeiro exemplo (*canais*), a fusão deu origem a um ditongo enquanto no segundo (*funis*) favoreceu uma crase (*funile + s = funi(l)es > funiis > funis*). Na 1.ª pessoa do singular do pretérito perfeito e na 2.ª pessoa do plural do pres. do indicativo da 3.ª conjugação há crase resultante da fusão da vogal temática com a desinência pessoal: *parti* (< partii), *partis* (< partiis) [Cf. VK.2, 20 n.2].

A aglutinação é um caso de fusão e, às vezes, pode ser tão íntima que o sentimento de linguagem moderno não perceba os dois elementos justapostos que a análise histórica patenteia. Dessarte, a gramática descritiva vê em *relógio* uma palavra simples, cujo radical é *relog-*; a histórica remonta aos dois radicais *hora lógio* (isto é, máquina que "diz a hora") [MC.2, 95].

O sufixo adverbial *-mente* foi primitivamente um substantivo de forma livre que se juntava aos femininos de adjetivos: *boa mente, clara mente*; depois houve maior

---

[92] Matthews, *Morphology*, 1982, 146-147, *Inflectional Morphology*, 1972, 72.
[93] Sílvio Elia, *Confluência* (2), 1991, 87.

integração dos dois elementos porque a forma livre passou a ser usada como afixo (forma presa) formador de advérbios. Foi desta aplicação de uma palavra como forma presa (afixo) que se originaram, para o português, o futuro do presente (*trabalharei*) e do pretérito (*trabalharia*), pois se uniram ao infinitivo (*trabalhar*) o presente e o pretérito imperfeito do verbo *haver* (*dar hei, dar hia* por *havia*). São casos de *hipotaxe* ou subordinação (➚ 54).

Passando as formas do verbo *haver* a constituir parte da desinência modotemporal (*trabalharei* desdobra-se em *trabalh-a-re-i*, *trabalharia* em *trabalh-a-ria*, a gramática descritiva considera as nossas duas formas de futuro como formas simples.

Suplementação nos elementos mórficos
O ponto alto de uma irregularidade em relação ao paradigma da forma regular de determinado elemento mórfico é o processo chamado suplementação (ou *alternância supletiva*), que consiste em suprir uma forma com outra oriunda de radical diferente. O nosso verbo *ser* é anômalo (➚ 253) porque, nas suas flexões, pede o concurso de dois verbos: *esse* e *sedēre*; também *ir* está neste caso, pois, além de suas formas próprias, possui as dos verbos *vadĕre* e *esse*.

A intensidade, a quantidade, o timbre e os elementos mórficos
Muitas vezes, em lugar de uma forma linguística, a intensidade, a quantidade e o timbre servem para ressaltar uma noção gramatical. Já vimos (➚ 97) como o acento intensivo se mostra decisivo para distinguir o adjetivo, o verbo e o substantivo em *sábia, sabia* e *sabiá*.

A maior demora numa sílaba em regra traduz uma ênfase no significado da palavra:
"Idiota! Trezentos e sessenta contos não se entregam nem à mão de Deus Padre! Idiota! Idioota!... Idioooota..." [ML.1, 219].

A desinência do mais-que-perfeito do indicativo -ra- (variante -re-) difere da semelhante que ocorre no futuro do presente, porque aquela é átona e esta é tônica: *cantara* (cant-a-ra) e *cantará* (cant-a-rá), *cantaras* (cant-a-ra-s) e *cantarás* (cant-a-rá-s).

A mudança de timbre (metafonia) concorre com a desinência da palavra para caracterizar o gênero, o número ou a pessoa do verbo: *caroço* (singular com *o* tônico fechado) → *caroços* (plural com *o* tônico aberto); *esse/essa, fez/fiz*, etc.

Há três grupos de alternância de timbre da vogal tônica com funções de indicações gramaticais:
a) | ê | → | é |; | ô | → | ó |

Em alguns nomes e pronomes, marca a oposição entre masculino e feminino ou singular e plural: *esse/essa; novo/nova; ovo/ovos.*

Em verbos da 2.ª conjugação marca, no presente do indicativo, a oposição entre a 1.ª pessoa do singular e as outras formas rizotônicas: *devo/deves, deve, devem; torço/torces, torce, torcem.*

b) | ê | → | i |; | ô | → | u |
   Em pronomes, marca a oposição entre a referência de masculinos adjuntos e absolutos: *este, esse/isso; aquele/aquilo; todo/tudo.*
   Em verbos fortes, marca a oposição entre 1.ª e 3.ª pessoas: *fez/fiz; pôs/pus.*
c) | i | → | ê |; | u | → | ô |; | i | → | é |; | u | → | ó |
   Em verbos da 3.ª conjugação, marca, no presente do indicativo, a oposição entre a 1.ª pessoa e as outras rizotônicas: *minto/mentes, sinto/sentes; sumo/somes; firo/feres; durmo/dormes* [VK.2, 43-44].

Em Portugal, em geral, é o timbre aberto ou fechado da vogal tônica que distingue a 1.ª pessoa do plural do presente do indicativo e do pret. perfeito dos verbos da 1.ª e 2.ª conjugações: *lavamos* (à) (presente), *lavamos* (á) (pretérito), *devemos* (ê) (presente), *devemos* (é) (pretérito). No Brasil não fazemos em regra esta distinção, que fica, em geral, a cargo do advérbio adequado: *Hoje falamos disso. Ontem falamos disso.*[94]

2 – Formação de palavras do ponto de vista constitucional

> "No dicionário os vocábulos estão mudos, nos livros de prosadores e poetas, falam e até cantam, na consonância da frase." [SR]

Renovação do léxico: criação de palavras
As múltiplas atividades dos falantes no comércio da vida em sociedade favorecem a criação de palavras para atender às necessidades culturais, científicas e da comunicação de um modo geral. As palavras que vêm ao encontro dessas necessidades renovadoras chamam-se *neologismos*, que têm, do lado oposto ao movimento criador, os *arcaísmos*, representados por palavras e expressões que, por diversas razões, saem de uso e acabam esquecidas por uma comunidade linguística, embora possam permanecer em comunidades mais conservadoras, ou lembrados em formações deles originados. De tudo isto trataremos no lugar próprio.

Os neologismos ou criações novas penetram na língua por diversos caminhos. O primeiro deles é mediante utilização da prata da casa, isto é, dos elementos (palavras, prefixos, sufixos) já existentes no idioma, quer no significado usual, quer por mudança do significado, o que já é um modo de revitalizar o léxico da língua.

Entre os procedimentos formais temos, assim, a *composição* e a *derivação* (*prefixal* e *sufixal*).

Outra fonte de revitalização lexical são os *empréstimos* e *calcos linguísticos*, isto é, palavras e elementos gramaticais (prefixos, preposições, ordem de palavras) tomados (empréstimos) ou traduzidos (calcos linguísticos) ou de outra comunidade

---

[94] Para Sten (*Particularités*, 24-25), citado por Nascentes (*Linguajar*, 96), a não diferenciação do português dialetal e do Brasil na pronúncia de *amamos* e *amámos* se deve à analogia, num processo de uniformização, com a 2.ª e 3.ª conjugações, e não à fonologia. Todavia, cumpre lembrar que a precedência de nasal é um fator de fechamento do timbre.

linguística dentro da mesma língua histórica (regionalismos, nomenclaturas técnicas e gírias) ou de outras línguas estrangeiras – inclusive grego e latim –, que são incorporados ao léxico da língua comum e exemplar. Empréstimos há que se adaptam facilmente à história e à estrutura do português (tênis, futebol, muçarela); há os que combinam a meio caminho (mozarela, mezanino) e há os que resistem ao aportuguesamento (*show, gay*) (➤ 143).

Uma fonte muito produtiva do neologismo vem da criação de certos produtos ou novidades que recebem o nome de seus inventores ou fabricantes, como *macadame, gilete*, etc. Muito próxima a esta via são os nomes criados levando em conta os sons naturais (fonossimbolismo) produzidos por seres e objetos: *Kodak, pipilar*, etc., são as onomatopeias e palavras expressivas (➤ 86 e 87).

De todos esses procedimentos de revitalização do léxico, merecem atenção especial para a gramática a composição e a derivação, tendo em vista a regularidade e sistematicidade com que operam na criação de novas palavras.

Conceito de composição e de lexia[95]

Já está assentada a distinção entre *composição* e *lexia*; por composição entende-se a junção de dois elementos identificáveis pelo falante numa unidade nova de significado único e constante: *papel-moeda, boquiaberto, planalto*. Há os compostos com elementos eruditos, geralmente de origem grega e latina, que só ocorrem na língua nessas novas unidades, isto é, que não aparecem independentes no discurso, e há os compostos com elementos vernáculos, de existência independente na língua (*papel-moeda*) ou com leves alterações formais (*planalto: plan[o]alto, boquiaberto: boqu[i]aberto*).

Por seu turno, a *lexia complexa* (termo cunhado pelo linguista francês Bernardo Pottier), também dita *sinapsia* (termo de outro linguista francês, Emílio Benveniste – em grego 'junção', 'conexão', 'coleção de coisas juntas'), é formada de sintagmas complexos que podem ser constituídos de mais de dois elementos: *negócio da China* ('transação comercial vantajosa'), *pé de chinelo* ('diz-se da pessoa de poucos recursos'), etc.

Alguns autores incluem a sinapsia no rol dos tipos de compostos, mas Benveniste – e cremos que com razão – prefere distingui-la. São características da sinapsia, segundo este autor:

a) a natureza sintática (não morfológica) da ligação dos elementos, o que muitas vezes torna difícil verificar se houve ou não lexicalização do conjunto;
b) o emprego de transpositores (preposições);
c) a ordem fixa *determinado + determinante*;
d) sua forma lexical plena, e a livre escolha de qualquer substantivo ou adjetivo;
e) a ausência de artigo antes do determinante, pois a presença do artigo romperia a unidade do conjunto, como se pode ver em *ar de família / ar da família; casa de pensão / casa da pensão*;
f) a possibilidade de expansão tanto do determinado quanto do determinante, *pouco ar de família / ar de boa família*, pois seu significado, apesar da expansão, é único e constante;

---

[95] [EBv.2, 147] e [AE.1, 22 e ss.].

g) o caráter único e constante do significado.

Vê-se que algumas das características apontadas são também comuns aos compostos, o que explica, muitas vezes, a dificuldade de se traçarem limites rígidos entre os dois processos, já que, na língua, é tênue o limite entre o que é livre e o que está fixado.

A sinapsia, cujo resultado é sempre um substantivo ou adjetivo, tem grande vitalidade, especialmente na linguagem científica e técnica e, por isso mesmo, cria problemas na dicionarização dessas unidades lexicalizadas, já que dicionários e gramáticas, no seu levantamento, se guiam com maior atenção pela ortografia.

A relação sintática nas formações sinápticas é marcada normalmente mediante a preposição *de*, aparecendo ainda a preposição *em* ou *a*, esta última por influência estrangeira, em especial quando a unidade designa um artefato, em que o determinante indica o agente motor, *barco à vela*, *motor à explosão*, *fogão a gás*, ou uma característica distintiva, *televisão a cores / televisão em cores*.

Há compostos em que a lexicalização se apresenta mais evidente que na sinapsia; é o caso dos compostos por *disjunção* e por *contraposição*.

Nos compostos por *disjunção* nem sempre os dois elementos se juntam graficamente por mais que seja evidente a lexicalização:

	opinião pública	guerra civil
mas		
	bicho-carpinteiro	peixe-espada

Nestes compostos, o primeiro elemento é a denominação, enquanto o segundo é a sua especificação; assim *peixe-espada* é um *peixe* "que se assemelha a uma espada" e *opinião pública* é uma *opinião* "que é pública". A relação se diz de disjunção porque, embora o segundo seja uma especificação do primeiro, *espada* não é uma subclasse de *peixe* nem *pública* o é de *opinião*, como se os dois elementos pertencessem a classes diferentes.

Os compostos por disjunção são muito empregados nas denominações de plantas e animais, e menos frequentes na linguagem comum.

Os compostos por *contraposição* quando se constituem por dois substantivos, o segundo exerce uma função predicativa que designa a finalidade do primeiro, e há entre eles uma relação sintática de coordenação:

escola-modelo   navio-escola
carro-leito   carro-bomba

Nos compostos com adjetivos étnicos, em geral a forma plena só se dá no último elemento, qualquer que seja o número de componentes: acordo *luso-brasileiro* (e não lusitano-brasileiro, é um acordo que envolve portugueses e brasileiros), aliança *nipo-russa* (e não nipônico-russa, nem japonês-russa), guerra *sino-japonesa* (e não chinês-japonesa), acordo *teuto-brasileiro* ou *germano-brasileiro* (entre alemães e brasileiros), tratado *anglo-germânico* ou *anglo-alemão* (entre ingleses e alemães), *anglo-francês* (entre ingleses e franceses), *franco-italiano* (e não francês-italiano), acordo *franco-ítalo-brasileiro* (e não francês-italiano-brasileiro), etc.

A composição é uma transformação sintática em expressão nominal
Já vimos que compostos como *papel-moeda* se prendem a uma oração de base do tipo de "papel que é moeda", o que aponta para o fato de tais unidades léxicas serem transformações de construções sintáticas simples ou complexas. Benveniste dá-nos sobre isto lição magistral:
"Os compostos representam a transformação de certas orações típicas, simples ou complexas, em signos nominais. Não se pode, portanto, explicar a criação dos compostos pela simples junção imediata de dois signos anteriores. Se a composição nominal fosse, como é sempre apresentada, um processo de natureza morfológica, não se compreenderia por que ela parece se realizar em toda a parte, nem como puderam surgir essas classes formais em número limitado, tão parecidos entre as línguas mais diversas. É que o impulso que produziu os compostos não veio da morfologia, onde nenhuma necessidade os solicitaria; ele provém das construções sintáticas com suas variedades de predicação. É o modelo sintático que cria a possibilidade do composto morfológico e que o produz por transformação. A oração, com seus diferentes tipos, emerge assim na zona nominal. Consequentemente, é preciso reconhecer nos compostos uma situação particular. Em geral, eles são arrolados, com os derivados, na 'formação dos nomes'. Seria preciso, de preferência, fazê-los entrar em um capítulo novo da teoria das formas, consagrado ao fenômeno que poderia se chamar *'metamorfismo'*; entendemos por isso o processo de transformação de certas classes em outras (...). No momento em que a oração é transformada em composto e que os termos da oração se tornam membros do composto, a predicação é colocada em suspenso, e o enunciado atual torna-se virtual. É esta a consequência do processo de transformação.

"Assim se define então a função do composto: transferir para o virtual a relação atual de predicação enunciada pela oração de base. É justamente a essa função que correspondem também as características formais dos compostos. Tudo o que pode remeter a uma situação atual é apagado: a predicação verbal está apenas implícita; o primeiro membro, desprovido de qualquer índice de caso, de número, de gênero, é reduzido a um semantema; o segundo termo, sobre o qual repousa a relação sintagmática, toma uma forma e um final novos, índices do estatuto de adjetivo que o composto recebe (...). Ao passar assim para o quadro formal do nome, a oração livre sofre uma inevitável redução de suas latitudes de expressão. Seria seguramente impossível conter os dois termos do composto a multiplicidade de relações sintáticas a que é suscetível a oração livre. Todavia o composto é capaz de maior diversidade do que parece, e suas numerosas variedades recenseadas pelas gramáticas correspondem justamente a tipos diversos de orações (...).

"Mas esse relativo empobrecimento da expressão sintática transformada em expressão nominal é compensado pela variedade das combinações que o composto oferece à língua. Ele dá o poder de manejar como adjetivos ou nomes orações inteiras e de fazê-las entrar revestidas nessas novas espécies em outras orações. Assim se constitui particularmente um vasto repertório, sempre aberto, de compostos descritivos, instrumentos da classificação e da nomenclatura, aptos a se tornarem denominações científicas ou epítetos poéticos, e que, além do enriquecimento que proporcionam, mantêm essa atividade metamórfica, talvez o trabalho mais singular da língua" [EBv, 2, 163-164].

Palavras indivisíveis e divisíveis
INDIVISÍVEL é a palavra que só possui como elemento mórfico o radical: *mar, sol, ar, é, hoje, lápis, luz*.

DIVISÍVEL é a palavra que, ao lado do radical, pode desmembrar-se em outros elementos mórficos: *mares* (mar-e-s), *alunas* (alun-a-s), *trabalhávamos* (trabalh-á-va-mos).

Palavras divisíveis simples e compostas
Diz-se SIMPLES a palavra divisível que só possui um radical. Os outros elementos mórficos que a compõem ou são de significação puramente gramatical ou acrescentam ao radical a ideia subsidiária que denotam os afixos (prefixos ou sufixos).

Por causa desta nova aplicação de significado que os afixos comunicam ao radical, as palavras simples se dividem em *primitivas* e *derivadas*.

PRIMITIVA é a palavra simples que não resulta de outra dentro da língua portuguesa: *livro, belo, barco*.

DERIVADA é a palavra simples que resulta de outra fundamental: *livraria, embelezar, barquinho*.

COMPOSTA é a palavra que possui mais de um radical: *guarda-chuva, lanígero, planalto*.

Tanto as palavras simples (primitivas ou derivadas) como as compostas podem ser acrescidas de desinências que servem para exprimir uma marca gramatical (flexão) que, nos nomes e pronomes, traduz as noções de *gênero* e *número* e, nos verbos, *número, pessoa, tempo* e *modo*:
a) primitivas flexionadas: *livros, meninas*
b) derivadas flexionadas: *livrarias, meninadas*
c) compostas flexionadas: *couves-flores, guarda-livros, planaltos*

Quando a palavra é constituída de vários elementos mórficos, cabe, antes de mais nada, estabelecer o princípio dos constituintes imediatos (↗ 374). Analisando, por exemplo, *fidalgotes*, estabeleceremos que a palavra é primeiramente constituída de *fidalgote* + desinência de pluralizador s, através de *fidalg(o)* + diminutivo -*ote*.

Processos de formação de palavras
Dois são os principais processos de formação de palavras em português do ponto de vista da expressão ou da sua constituição material:
a) *composição*
b) *derivação*

A COMPOSIÇÃO consiste na criação de uma palavra nova de significado único e constante, sempre e somente por meio de dois radicais relacionados entre si. Isto não impede que um dos elementos do composto seja ele mesmo já um composto, contado como um termo único, pelo princípio dos constituintes imediatos.

1) Substantivo + substantivo:
   a) Coordenação – quando há sequência de coordenação de elemento: 1 – o determinante precede: *mãe-pátria*, *papel-moeda*; 2 – o determinante vem depois: *peixe-espada, carro-dormitório, couve-flor*;

OBSERVAÇÃO: Os compostos com o determinado antes do determinante são os tipicamente portugueses. Nos compostos coordenativos um dos substantivos funciona como aposto do outro, em geral, o segundo: *peixe-espada* (peixe que se parece com uma espada). Compostos deste tipo em que o determinante vem antes do determinado, como em *mãe-pátria*, são mais raros. Os realistas e os simbolistas são, porém, os que fazem mais vasto emprego artístico do substantivo por aposição, e cumpre confessar que, pela sua brevidade e viveza, têm estas formações alto poder estético: "A *nau-fantasma*, cortada a amarra, bamboleia nas ondas, prestes a largar" [G. Junqueiro *apud* MBa.2, 116-117]. Quando os elementos são constituídos por substantivos que apresentam formas para os dois gêneros, o determinante vai para o gênero do determinado, por ser este o principal: *batata-rainha*. As exceções explicam-se por analogia. Se não há distinção genérica, não se dará, naturalmente, a concordância: *a cobra-cascavel, a cobra-capelo, o pau-maçã, a fruta-pão, a cólera-morbo*. Quando fica obliterada ou esmaecida a natureza da composição, mais parecendo tratar-se de palavra simples, pode predominar o gênero do último, como ocorre com *o pontapé* [cf. MAg.3, 151-152].

   b) Subordinação – quando há subordinação de um elemento, isto é, de um determinante a outro determinado: *arco-íris, estrada de ferro, pão de ló*.

OBSERVAÇÃO: Nesse tipo de subordinação, os elementos se unem por uma relação de complemento do substantivo, do adjetivo ou do verbo [cf. VK.3, 42 n. 5]. É muito natural no português a omissão da preposição *de*, como acontece com *arco-íris* (por *arco da íris*, Íris é nome mitológico). Assim, *porco-espinho* (= porco de espinho), *beira-mar* (= beira do mar), *pontapé* (= ponta do pé), etc. Observe-se que quando o gênero ou o número do 2.º elemento diverge do do 1.º, dá-se muitas vezes a concordância por influência deste: *pedra-raia* (por pedra de raio), *bolo-rei* (por bolo de Reis [Magos]), *sete-estrelo* (por sete estrelas) [cf. LV.2, 1, 441-442].

2) Substantivo + adjetivo (ou vice-versa):
   aguardente, obra-prima, fogo-fátuo, belas-artes, baixa-mar, boquiaberto.

3) Adjetivo + adjetivo:
   surdo-mudo, luso-brasileiro, auriverde.

4) Pronome + substantivo:
Nosso Senhor, Sua Excelência.

5) Numeral (inclusive latino) + substantivo:
onze-letras (alcoviteira), segunda-feira, bisneto, trigêmeo, sesquicentenário (sesqui = um e meio).

6) Advérbio (*bem, mal, sempre, não*) + substantivo, adjetivo ou verbo:
benquerença, benquisto, benquerer, malcriação (inutilmente corrigido para má-criação), malcriado, sempre-viva, não aprovação.

7) Verbo + substantivo:
lança-perfume, porta-voz, busca-pé, passatempo.

8) Verbo + verbo ou verbo + conjunção + verbo:
vaivém, leva e traz, corre-corre.

9) Verbo + advérbio:
pisa-mansinho, ganha-pouco.

10) Um grupo de palavras ou uma oração inteira pode passar, pelo processo da hipotaxe (➚ 54), ao nível de palavra:
um *Deus nos acuda*, mais vale um *toma* que dois *te darei*, os *disse me disse*.

Como já vimos na pág. 371, a associação dos componentes das palavras compostas se pode dar por:
a) *justaposição*: guarda-roupa, mãe-pátria, vaivém.
b) *aglutinação*: planalto, auriverde, fidalgo.

OBSERVAÇÃO: Incluem-se no processo da aglutinação os casos, raros nas línguas românicas, de *incorporação nominal*, mediante os quais se incorpora ao verbo o seu complemento, nome ou pronome, que exerce a função semântica de paciente, locativo ou instrumental: *pesa-me – pêsame*, esp. *rabiatar* (= *atar el rabo*), etc.

"Na análise mórfica de um composto por justaposição, separam-se primeiramente as duas palavras, e, depois, procede-se à separação de cada uma delas, se são divisíveis" [MC.2, 94].

Derivação
Derivação consiste em formar palavras de outra primitiva por meio de afixos. De modo geral, especialmente na língua literária e técnica, os derivados se formam dos radicais de tipo latino em vez dos de tipo português quando este sofreu a evolução própria da história da língua: *áureo* (e não *ouro*), *capilar* (e não *cabelo*), *aurícula* (e não *orelha*), etc. [MBa.1, 429-430].

Os afixos se dividem, em português, em *prefixos* (se vêm antes do radical) ou *sufixos* (se vêm depois). Daí a divisão em *derivação prefixal e sufixal*.
DERIVAÇÃO SUFIXAL: *livraria, livrinho, livresco.*
DERIVAÇÃO PREFIXAL: *reter, deter, conter.*

OBSERVAÇÃO: Como vimos na página 369, os prefixos assumem valor semântico que empresta ao radical um novo significado, patenteando, assim, a sua natureza de elemento mórfico de significação externa subsidiária.
Baseados nisto, a gramática antiga e vários autores modernos fazem da prefixação um processo de composição de palavras.

Sufixos

Os sufixos dificilmente aparecem com uma só aplicação; em regra, revestem-se de múltiplas acepções e empregá-los com exatidão, adequando-os às situações variadas, requer e revela completo conhecimento do idioma. Ao lado dos valores sistêmicos, associam-se aos sufixos valores ilocutórios intimamente ligados aos valores semânticos das bases a que se agregam, dos quais não se dissociam.[96] A noção de aumento corre muitas vezes paralela à de coisa grotesca e se aplica às ideias pejorativas: *poetastro, mulhe-raça*. Os sufixos que formam nomes diminutivos traduzem ainda carinho: *mãezinha, paizinho, maninho*. Outras vezes, alguns sufixos assumem valores especiais (por exemplo *florão* não se aplica em geral a flor grande, mas a uma espécie de ornato de arquitetura), enquanto outros perdem o seu primitivo significado, como *carreta, camisola*. Por fim, cabe assinalar que temos sufixos de várias procedências, sendo os latinos e gregos os mais comuns nas formações eruditas.

Nas formações eruditas greco-latinas serão considerados nesta gramática elementos sufixais formas como *-ífic-, -ífer-, -duct-* e quejandos, em unidades como *sudorífico, frutífero, aqueduto*, assim como são elementos prefixais formas como *anfi-, extra-, inter-, mono-, multi-, poli-*, em *anfiteatro, extrafino, monovalente, multicolor, polianteia*, etc.

I – *Principais sufixos formadores de substantivos*:
   1) Para a formação de nomes de agente, e ainda instrumento, lugar:[97]
      -tor, -dor, -sor, -or: narrador, genitor, ascensor, cantor, metralhadora, corredor (= lugar por onde se anda)
      -nte: estudante, requerente, ouvinte
      -ista: dentista, jornalista

---

[96] Rio-Torto, *Sistêmica*, 203 e ss.
[97] É constantemente contrariada pela realidade da língua a hipótese de se estabelecer uma distribuição complementar entre tais construções agentivas calcada nos critérios 'grau de prestígio social', 'formalidade' e 'grau de especialidade'. Não se podem deixar de lado os valores semânticos dos elementos que integram os constituintes e seus reflexos não só nos produtos derivacionais mas também as motivações do contexto. A concepção afixocêntrica na produção lexical está sendo revista, para pôr em evidência o papel que desempenham as bases e os mecanismos derivacionais na criação lexical.

-*eira*, -*eiro*: lavadeira, padeiro, vendeiro
-*ária*, -*ário*: bibliotecária, secretário

2) Para a formação de nomes de ação ou resultado de ação, estado, qualidade, semelhança, composição, instrumento, lugar:
a) Derivados de verbo:
-*ame*: gravame
-*ção*, -*são*: coroação, perdição, compreensão, ascensão
OBSERVAÇÃO: Há de se atentar para a correta grafia de -*ção* e -*são*.
-*mento*: casamento, descobrimento
-*ura*, -*dura*, -*tura*: feitura, mordedura, formatura
-*ança* (-*ância*), -*ença* (-*ência*): mudança, esperança, parecença, abundância, convalescença (ou convalescência)
-*ata*: passeata
-*ada*: estada (estadia na norma de Portugal)
-*ida* (verbos da 2.ª e 3.ª conjugações): acolhida, partida
-*agem*: vadiagem
-*ário*: lapidário

b) Derivados de substantivo:
-*ada*: laçada, braçada, pousada
-*ura*: cintura
-*astro*: poetastro
-*estre*: silvestre, campestre
-*ato*: orfanato
-*aço*, -*aça*: vidraça
-*cínio*: patrocínio (não confundir com o radical -*cinio*, de *canĕre* 'cantar': galicínio 'o canto do galo')

c) Derivados de adjetivo:
-*ismo*: charlatanismo, civismo
-*tude*, -*dão*: amplitude, amplidão, solidão
-*ura*: doçura, brancura (concorrente vitorioso sobre -*or*: verdor, amargor)
-*eza*, -*ez*: beleza, viuvez
-*ácia*: audácia, falácia
-*dade*, -*idade*:[98] dignidade, idoneidade, severidade
-*mônia*: acrimônia

3) Para significar lugar, meio, instrumento:
-*douro*, -*doura*: bebedouro, manjedoura
-*tério*: necrotério

---

[98] Atenção especial merece a grafia de palavras em que só cabe -(*i*)*dade*: interdisciplinaridade, e não *inter-disciplinariedade*; hilaridade e não *hilariedade*.

-*tório*: dormitório
-*aria*, -*eria*: livraria, tesouraria, sorveteria
-*bulo*: turíbulo
-*or*: corredor
-*il*: covil (relacionado a nomes de animal, para indicar onde se recolhem)
-*anco*: barranco
-*cro*: simulacro, ambulacro

4) Para significar abundância, aglomeração, coleção:
-*aria*, -*ario*, -*eria*: cavalaria, infantaria (ou infanteria), casario
-*al*: laranjal, cipoal
-*edo*: arvoredo
-*eira*: doenceira, desgraceira
-*io*: mulherio
-*ama*, -*ame*, -*ume*, -*um*: mourama, velame, ervum, mulherum, homum, negrume
-*agem*: folhagem
-*ada*: boiada
-*aço*: chumaço
-*alha*: parentalha
-*ardo*: moscardo
-*ana*, -*aina* (por alongamento): andana, andaina
-*edo*: penedo, lajedo, vinhedo, passaredo
-*ório*: palavrório

5) Para significar causa produtora, lugar onde se encontra ou se faz a coisa denotada pela palavra primitiva:
-*ário*: relicário, herbanário
-*eiro*, -*eira*: açucareiro, chocolateira
-*aria*: livraria, mercearia, borracharia, sorveteria

6) Para formar nomes de naturalidade:
-*aco*: austríaco
-*ano*, -*ão*: pernambucano, coimbrão
-*ense*, -*ês*: cearense, português
-*enho*: estremenho (da Estremadura, Portugal)
-*eno*: madrileno, chileno
-*eu*, -*éu*: caldeu, hebreu, ilhéu (fem. *ilhoa*)
-*engo*: flamengo
-*ico*: brasílico
OBSERVAÇÃO: Em *algarvio* não há sufixo -*io*.
-*ista*: paulista
-*ol*: espanhol
-*oto*: minhoto (ô)

-*ato*: maiato (natural de Maia)
-*ino*: platino, bragantino
-*eiro*: brasileiro
-*eta*: lisboeta
-*aico*: hebraico, caldaico

7) Para formar nomes que indicam maneira de pensar; doutrina que alguém segue; seitas; ocupação relacionada com a coisa expressa pela palavra primitiva:
-*ismo*: cristianismo, classicismo
-*ista*: socialista, espiritista
-*ano*: maometano, anglicano

8) Para formar outros nomes técnicos usados nas ciências [AN.1, 123-124]:
-*ite* (emprega-se para as inflamações): pleurite, rinite, bronquite
-*ema* (é utilizado nos modernos estudos de linguagem com o sentido de "mínima unidade distintiva"): fonema (menor unidade de som); morfema (menor unidade significativa de forma), lexema, semema, estilema, etc.
-*oso* e -*ico* (distinguem óxidos, anídridos, ácidos e sais, reservando-se o último para os compostos que encerrem maior proporção do metaloide empregado): cloreto mercuroso, cloreto mercúrico
-*ato*, -*eto*, -*ito* (formam nomes de sais: clorato, cloreto, clorito): clorato de potássio, cloreto de sódio. Para os sais de enxofre usa-se o radical *sulf*: sulfeto, sulfito, e não *sulfur*, que é forma latina: sulfato de quinino, hipossulfito de sódio. Para os de fósforo usa-se o radical *fosf*, para os de flúor *flu*: fosfato, fluato. Para os de carbônio, o uso vulgar aceitou as formas *carbonato*, bem derivada, e *carbureto* (em vez de *carboneto*), que denota influência francesa: bicarbonato de sódio, carbureto de cálcio.
-*ênio* (caracteriza carbonetos de hidrogênio): acetilênio, etilênio, metilênio, etc.
-*ílio* (aparece em certos compostos chamados radicais químicos): amílio, metílio.
-*ina* (aparece em alcaloides e álcalis artificiais): *atropina*, alcaloide da beladona; *cafeína*, do café; *cocaína*, da coca; *codeína*, do ópio; *conicina*, da cicuta; *estricnina*, da noz-vômica; *morfina*, da papoula; *nicotina*, do fumo; *quinina*, da quina; *teína*, da folha do chá, etc.; anilina, alizarina, etc.
-*io* (aparece em corpos simples): silício, telúrio, selênio, sódio, potássio, etc.
-*ol* (se encontra em derivados de hidrocarbonetos): fenol, naftol, etc.

OBSERVAÇÕES:
1.ª) A Mineralogia, a Geologia, a Medicina têm também sufixos tomados em sentidos particulares:
-*ita* (para espécies minerais): pirita
-*ito* (para as rochas): granito
-*ite* (para fósseis): amonite
-*oma* (designa tumor): epitelioma, mioma

2.ª) Na indústria moderna os produtos novos são marcados com finais -*ax*, -*ex*, -*ix*, -*ox*, -*ux*, que passaram a ser entendidos como verdadeiros sufixos: ajax, tenax, paredex, pirex, atrix, inox, matox, rodox. Em *xerox* (ou etimológico *xérox*) não temos esse final, pois se prende a um adjetivo grego, que significa *enxuto*.

II – *Principais sufixos de nomes aumentativos e diminutivos, muitas vezes tomados pejorativa ou afetivamente*:
1) Aumentativos:
   -*ão*, -*zão*: cadeirão, homenzão
   -*anço*: falhanço, copianço
   -*arro*, -*arrão*, -*zarrão*, -*arraz* (arro + az): naviarra, bebarro, santarrão, coparrão, homenzarrão, pratarraz
   -*eirão*: vozeirão
   -*aço*, -*aça*: ricaço, barcaça, copaço
   -*astro*: poetastro, politicastro, padrasto, madrasta (nos dois últimos houve dissimilação)
   -*alho*, -*alha*, -*alhão*: politicalho, muralha, grandalhão
   -*ama*: ourama, poeirama
   -*anzil*: corpanzil
   -*ázio*: copázio
   -*uça*: dentuça
   -*eima*: guleima, guloseima, boleima
   -*anca*: bicanca
   -*asco*: penhasco
   -*az*: fatacaz, famanaz, famaraz
   -*ola*: beiçola
   -*orra*: cabeçorra
   -*eirão*: chapeirão, toleirão
   -*ento*: farturento

2) Diminutivos:
   -*inho*, -*zinho*, -*im*, -*zim*: livrinho, livrozinho, dormindinho, florzinha, espadim, bodim, valzim[99]

---

[99] Se a palavra primitiva é masculina e termina em -*a*, este *a* se mantém quando se lhe acrescenta o sufixo -*inho*: o *Maia* → o *Mainha*. Se o nome singular termina em -*s*, a regra é a mesma: o *Jarbas* → o *Jarbinhas*. Da mesma forma, o -*o* se mantém se é feminino em -*o*: a *Carmo* (Maria do) → a *Carminho*; a *Socorro* → a *Socorrinho*; a *Rosário* → a *Rosarinho*. (Nota que me foi fornecida por Martinz de Aguiar). Note-se ainda que os diminutivos -*inho* podem assumir valor patronímico, quando pais e filhos têm o mesmo nome: *Pacheco* (o pai), *Pachequinho* (o filho), *Diva* (a mãe), *Divinha* (a filha). Para os substantivos comuns, procedemos da mesma forma: o *cometa* → o *cometinha*; o *poema* → o *poeminha*; a *foto* → a *fotinho*; a *moto* → a *motinho*.

OBSERVAÇÃO: Nem sempre é indiferente a opção por -*inho* ou -*zinho*. Não toleram -*inho* (e -*ito*) mas -*zinho* (e -*zito*) os nomes terminados em nasal, ditongo e vogal tônica: *cãozinho, cãozito, irmãzinha, albunzinho, raiozinho, bonezinho, urubuzinho*. Também se incluem os terminados em -*r*, embora aí haja alguns em -*inho*, facultativamente: *serzinho, cadaverzinho, caraterzinho; colher* admite *colherinha*, ao lado de *colherzinha*. Os terminados em -*s* e -*z* só toleram -*inho* (-*ito*): *tenisinho, lapisinho, rapazinho*.

-*ito*, -*zito*: copito, amorzito, passeandito
-*ico*: namorico, veranico
-*isco*: chuvisco, petisco
-*eta*, -*ete*, -*eto*: saleta, diabrete, livreto, saberete
-*eco*: livreco, padreco
-*ota*, -*ote*, -*oto*: ilhota, caixote, perdigoto
-*ejo*: lugarejo, animalejo
-*acho*: riacho, fogacho
-*el*, -*ela*, -*elo* (ora com *e* aberto ora fechado): cabedelo, magricela, donzela, donzel
-*iola*: arteríola
-*ola*: camisola (também tem sentido aumentativo quando designa a camisa longa de dormir); rapazola (cf. -*iola*)
-*ucho*: gorducho, papelucho
-*ebre*: casebre
-*ula*, -*ulo*, -*cula*, -*culo*: nótula, glóbulo, radícula, corpúsculo
-*alho*, -*elho*, -*ilho*, -*olho*, -*ulho*: ramalho, rapazelho, pesadilho, ferrolho, bagulho
-*aça*, -*aço*, -*iça*, -*iço*: fumaça, caniço, nabiça
-*el*: cordel

III – *Principais sufixos para formar adjetivos*:
-*(d)io*, -*(d)iço*: fugidio, movediço (todos tirados do tema do particípio)
-*vel*, -*bil*: notável, crível, solúvel, flébil, ignóbil
-*ento*, -*(l)ento*: cruento, corpulento
-*oso*, -*uoso*: bondoso, primoroso, fastoso (ou fastuoso), untuoso, espirituoso
-*onho*: medonho, risonho
-*az*: mordaz, voraz
-*udo*: barrigudo, cabeçudo
-*ício*, -*iço*: acomodatício, enfermiço
-*ário*, -*eiro*: diário, ordinário, verdadeiro, costumeiro
-*ano*: humano
-*asco*: pardavasco
-*esco*, -*isco*: dantesco, principesco, mourisco
-*ático*: problemático, aromático
-*eno*: terreno

-*áceo*: rosáceo, galináceo
-*acho*: verdacho
-*aco*: demoníaco
-*ado*: barbado
-*ardo*: felizardo
-*al*: vital, boçal
-*âneo*, -*anho*: sucedâneo, estranho
-*átil*: portátil, volátil
-*ino*, -*im*: bailarino, paladino, paladim (a apócope de -*ino* a -*im* ocorre mais entre substantivos: *latino* [adj.], *latim* [s.])
-*bundo*: furibundo
-*undo*, -*ondo*: fecundo, redondo
-*eo*: róseo
-*timo*: marítimo
-*urno*: diurno
-*iano*: camoniano, virgiliano

OBSERVAÇÃO: Dos nomes próprios formam-se adjetivos em -*iano* e não -*eano*: camoniano, machadiano, saussuriano, wagneriano, como já era em latim [cf. JMa.1, § 189, 2].

-*ico*: público
-*engo*, -*lengo*: mulherengo, avoengo, verdoengo (verdolengo)
-*al*, -*ar*: anual, escolar
-*aico*: prosaico
-*estre*: campestre
-*este*: celeste
-*douro*: vindouro, imorredouro
-*tório*: expiatório, satisfatório
-*ivo*: afirmativo, lucrativo
-*ácea*, -*áceo* (em família de plantas): liliáceas, papilonáceos
-*ndo* (equivalente ao particípio futuro passivo latino): graduando ('que vai ser graduado'), vitando ('que deve ser evitado'), venerando ('digno de ser venerado'), despiciendo ('digno de ser desprezado', 'desprezível'). Tem tido larga aceitação na nomenclatura de profissões universitárias, nem sempre bem visto pelos puristas: doutorando, farmacolando, engenheirando, etc.

IV – *Principais sufixos para formar verbos*:

1) Para indicar ação que deve ser praticada ou dar certa qualidade a uma coisa (verbo causativo):
-*ant*(*ar*): quebrantar
-*it*(*ar*): periclitar, debilitar
-*iz*(*ar*): civilizar, humanizar, realizar

2) Para indicar ação repetida (verbos frequentativos):
-*aç*(*ar*): espicaçar, adelgaçar
-*ej*(*ar*): mercadejar, voejar

OBSERVAÇÕES:
1.ª) Nem sempre indicam repetição da ação; muitas vezes servem para exprimir a mesma noção, apenas por meio de forma entendida por mais sonora.
2.ª) Sobre -ear / -ejar [cf.MBa.5, 128].

3) Para indicar ação pouco intensa (verbos diminutivos):
   -it(ar): saltitar, dormitar

OBSERVAÇÃO: Muitos verbos exprimem esta ideia por se formarem de nomes diminutivos: petisco + ar = petiscar; chuvisco + ar = chuviscar; cuspinho + ar = cuspinhar; namorico + ar = namoricar

4) Para indicar início de ação ou passagem para um novo estado ou qualidade (verbos incoativos):
   -ec(er): alvorecer, anoitecer, apodrecer, endurecer, enfurecer
   -esc(er): florescer

OBSERVAÇÃO: A grafia -escer é própria das palavras importadas que já chegaram à língua com -sc-, ou devidas à analogia.

V – *Sufixo para formar advérbio:*
-mente (junta-se a adjetivo na forma feminina, quando houver):
   claramente, sinceramente, sossegadamente, simplesmente, horrivelmente, enormemente, primeiramente.

Por extensão, pode ainda muito expressivamente combinar-se com substantivos.

OBSERVAÇÃO: Os nomes terminados em -ês e alguns terminados em -or, porque no português antigo só tinham uma forma para os dois gêneros, não se apresentam no feminino: portuguesmente, superiormente.

Os advérbios em -mente podem ser distribuídos em três classes, conforme o sentido do adjetivo de que se formam [NE.1, 17-18]:
1) exprimem uma ideia de qualidade: *claramente, sinceramente, simplesmente, horrivelmente*;
2) exprimem uma ideia de quantidade ou medida: *copiosamente, imensamente, enormemente*;
3) exprimem uma ideia de relação de dois seres independentes um do outro; entre as ideias de relação citamos as de *tempo* e *lugar*: *primeiramente, anteriormente, atualmente*.

Prefixos
Os principais prefixos que ocorrem em português são de procedência latina ou grega, sendo que muitos dos primeiros correspondem a preposições portuguesas.

Ainda que os prefixos latinos tenham o mesmo significado de seus correspondentes gregos, formando assim palavras sinônimas, estas em regra não se podem substituir mutuamente, porque têm esferas semânticas diferentes.

Assim é que *transformação* e *metamorfose, circunferência* e *periferia, composição* e *síntese* são equivalentes, a rigor, mas não se aplicam indistintamente: *transformação*, por exemplo, é de emprego mais amplo que *metamorfose*.

Algumas vezes há duplicidade da noção expressa pelo prefixo e pela preposição que se segue à palavra derivada prefixalmente: *concorrer com, incorrer em, apor-se a*, etc.[100] Outras vezes, o reforço se dá mediante o prefixo e o significado mesmo da palavra-base; repare-se na repetição da ideia de *função, aproximidade* do prefixo *com-* e da base *vizinho* neste trecho de Euclides da Cunha: "Esta solidariedade de esforços evidencia-se melhor na vaquejada, trabalho consistindo essencialmente no reunir, e discriminar depois, os gados de diferentes fazendas *convizinhas...*" [EC.1, 125].

Prefixos e elementos latinos
    ab-, abs- (afastamento, separação): abstrair, abuso
    ad-, a- (movimento para aproximação; adicionamento; passagem para
        outro estado; às vezes não tem significação própria): adjunto, apor

OBSERVAÇÃO: Não confundir com o *a* sem significação de certas palavras como *alevantar, assentar, atambor*.

    ante- (anterioridade, precedência – no tempo ou no espaço): antessala,
        antelóquio, antegozar, antevéspera
    ambi- (duplicidade): ambiguidade, ambidestro
    bene-, bem-, ben- (bem, excelência de um fato ou ação): bendizer, benfazejo
    bis-, bi-, bin- (dois, duplicidade): bisneto, biciclo, binóculo
    centum-, cento-: centuplicar, centopeia
    circum-, circu- (em roda de): circunferência, circulação
    cis- (posição aquém): cisalpino, cisatlântico, cisandino, cisplatino

OBSERVAÇÃO: Ocorre como antônimo de *trans-*: transatlântico – cisatlântico.

    cum-, com-, con-, co-, cor- (companhia, sociedade, concomitância): cum-
        plicidade, compadre, companheiro, condutor, colaborar, corroborar
    contra- (oposição, situação fronteira; o *a* final pode passar a *o* diante de
        certas derivações do verbo): contramarchar, contrapor, contramuro,
        controverter. Em *contradança* não ocorre o prefixo *contra*; o vocábu-
        lo nos veio do francês *contredanse*, do inglês *country-dance* (dança
        rústica), por etimologia popular, talvez devida ao fato de os pares se
        defrontarem, uns com os outros (daí o francês *contre*).
    decem-, deci-, decu-, dec- (dez): decênviro, decilitro, décuplo

---

[100] Cf. [VB.1].

de- (movimento para baixo, separação, intensidade, negação): depenar, decompor. Às vezes alterna com *des-*: decair – descair.

de(s)-, di(s)- (negação, ação contrária, cessação de um ato ou estado, ablação, intensidade): desventura, discordância, difícil (dis + fácil), desinfeliz, desfear (= fazer muito feio), desmudar (= mudar muito)

dis(s)- (duplicidade, separação, diversidade de partes): dissecar ('cortar em dois'), disjungir ('separar duas coisas que estavam juntas'), dispor

ex-, es-, e- (movimento para fora, mudança de estado, esforço): esvaziar, evadir, expatriar, expectorar, emigrar, esforçar

OBSERVAÇÃO: Às vezes alterna-se com *des-, dis-*: escampado – descampado; extenso – distenso; esguedelhar – desguedelhar; esmaiar – desmaiar; estripar e destripar; desapropriar e expropriar; desfiar e esfiar; desencarcerar e excarcerar; deserdar e exerdar [MBa.4, 211].

em-, en-, e-, in- (movimento para dentro, passagem para um estado ou forma, guarnecimento, revestimento): embeber, enterrar, enevoar, ingerir

OBSERVAÇÃO: Às vezes alterna-se a forma prefixada com outra sem prefixo: *couraçar* e *encouraçar, cavalgar* e *encavalgar, trajar* e *entrajar, viuvar* e *enviuvar, bainhar* e *embainhar* [MBa.4, 206].

extra- (fora de, além de; superioridade; o *a* final passa, às vezes, a *o*): extradição, extralegal, extrafino, extroverter

in-, im-, i- (sentido contrário, negação, privação): impenitente, incorrigível, ilegal, ignorância

OBSERVAÇÕES:
1.ª) Às vezes parece atribuir ao derivado o mesmo valor semântico da forma de base: *incruento, incrueldade.*
2.ª) Algumas vezes indica no que alguma coisa se transforma, isto é, mudança de estado: *incinerar* ('reduzir a cinzas'), *inflamável* ('que se transforma em chama', 'que se transforma em fogo'), etc.
3.ª) "Os prefixos negativos mais comuns são *in* e *des* ou *de*. São poucas as palavras verdadeiramente antigas formadas com o prefixo *in*, que só se tornam frequentes por imitação literária do latim, dos quinhentistas para cá; a derivação popular é sempre feita com o prefixo *des* ou *de*: *desfazer, descoser, desandar, desamor, desigual,* etc. Alguns tiveram a forma *in*, como *injustiça*, mas ainda em tal caso sempre (antigamente) se preferiu dizer a *sem-justiça* e dizer cousa *sem-nome* a cousa *inominada* ou quejandas expressões" [JR.5, n. 124].

-infra- (abaixo): infra-assinado

inter-, entre- (posição no meio, reciprocidade): entreter, interpor, intercâmbio *intro-* (dentro): introduzir

intra- (posição interior, movimento para dentro; o *a* final passa, às vezes, a *o*): intramuscular, introverter, introduzir

justa- (posição ao lado, perto de): justapor, justalinear ('que se faz junto de cada linha')

ob-, o- (posição em frente): obstar, opor

per- (através de, coisa ou ação completa, intensidade): percorrer, perfazer, perdurar, persentir ('sentir profundamente')

pluri- (muito): pluricelular

pos-, post- (posição posterior, no tempo e no espaço): postônico, pós-escrito, posfácio

preter-, praeter- (transposição, transferência): preterir

primo- (primeiro): primogênito

pre- (anteriormente, antecedência, superioridade): prefácio, prever, predomínio

pro- (movimento para a frente, em lugar de, em proveito de): progredir, projeção

re- (movimento para trás, repetição, reciprocidade, intensidade): regredir, refazer, ressaudar ('saudar mutuamente'), ressaltar, rescaldar ('escaldar muito')

retro- (para trás): retroceder, retroagir

satis- (suficiente): satisfazer

semi- (metade de, quase, que faz as vezes de): semicírculo, semibárbaro, semivogal

so-, sob-, sub-, sus- (embaixo de, imediatamente abaixo num cargo ou função; inferioridade, ação pouco intensa): soterrar, sobestar, submarino, sustentar, supor

sobre- (nas formações vernáculas), *super-, supra-* (nas formações eruditas) (posição superior, saliência, parte final de um ato ou fenômeno; em seguida; excesso): sobrestar, superfície, supracitado, superlotado

soto-, sota- (posição inferior, inferioridade; logo após): soto-mestre, sota-voga

trans-, tras-, tres-, tra-, tre- (além de, através de, passar de um lugar a outro, intensidade): transportar, traduzir, transladar, tresloucar, tresmalhar, tresnoitar, trespassar, tresler, tresgastar[101]

OBSERVAÇÕES:

1.ª) Não se há de confundir *três* (numeral) com *tres* (de *trans*): tresdobrar (triplicar);

---

[101] *Tresler* é ler além do que está escrito, podendo, portanto, significar 'ler mal', 'ler sem entender': "Assim, em um artigo de seis páginas, João Fernandes diz, rediz, a si próprio se contradiz, anda para trás e para diante, e de tudo só deixa apurar que leu, releu, mas só *treslia* ao tomar da pena" [CL.1, II, 305].

2.ª) Às vezes *trans* é empregado como antônimo de *cis*: *transalpino* e *transandino*, por exemplo, opõem-se a *cisalpino* e *cisandino*;
3.ª) Também em certas palavras se podem alternar as variantes deste prefixo: transpassar, traspassar, trespassar; transmontar, tramontar

> *tris-, tri-, tres-, tre-* (três): trissílabo, triciclo
> *ultra-* (além de, excesso, passar além de): ultrapassar, ultrafino
> *un-, uni-* (unidade): uniforme
> *vice-, vis-* (em lugar de, imediatamente abaixo num cargo ou função): vice-presidente, visconde[102]

Prefixos e elementos gregos
> *a-, an-*, este último antes de vogal (privação, negação, insuficiência, carência, contradição): afônico, anemia, anônimo, anoxia, amoral
> *aná-* (inversão, mudança, reduplicação): anabatista, anacrônico, analogia, anatomia, anáfora
> *anfí-* (duplicidade, ao redor, dos dois lados): anfíbio, anfibologia, anfiteatro
> *antí-* (oposição, ação contrária): antídoto, antártico, Antártica,[103] antípodas, antiaéreo
> *apó-* (afastamento): apologia, apocalipse
> *árqui-, arce-* (superioridade hierárquica, primazia, excesso): arquiduque, arquimilionário, arcediago
> *catá-* (movimento para baixo): catacumba, catarata, católico
> *di-* (duplicidade, intensidade): dilema, dissílabo, ditongo
> *diá-, di-* (através de): diálogo, diagrama

OBSERVAÇÃO: Pensando-se que *diálogo* é conversa de dois, tem-se empregado erradamente *triálogo* para conversa de três.

> *dis-* (dificuldade): dispepsia, disenteria
> *ec-, ex-, exo-, ecto-* (exterioridade, movimento para fora, separação): eczema, exegese, êxodo, exógeno, ectoderma
> *en-, em-, e-* (interioridade): encômio, encíclica, enciclopédia, emblema, elipse
> *endo-* (movimento em direção para dentro): endocarpo, endovenosa

---

[102] "Do emprego de *vice* houve até abuso: *vice-deus* "grande santo", por distinguir de *semideuses*, que eram do paganismo. Vieira chamou a ausência de *vice-morte*. Filinto Elísio criou o verbo *vice-reinar*" [JR.5].

[103] *Antártica* é a forma original, isto é, a que primeiro veio nomear, no fim do século XIX, o continente do Polo Sul. A variante *Antártida* (com *d*) surgiu já no século XX, provavelmente por analogia com outros nomes que designam lugares, como Holanda, Irlanda e Atlântida. Em resumo, a língua dispõe da forma etimológica (*Antártica*) e da forma analógica (*Antártida*), ambas válidas.

ento- (interior): entófito (planta que vive dentro de outra)
epí- (sobre, em cima de): epiderme, epitáfio
eu- (excelência, perfeição, bondade): eufonia, euforia, eufemismo
hemi- (metade, divisão de duas partes): hemiciclo, hemisfério
hipér- (excesso): hipérbole, hipérbato
hipó- (posição inferior): hipocrisia, hipótese, hipoteca
metá- (mudança, sucessão): metamorfose, metáfora, metonímia
pará- (proximidade, semelhança, defeito, vício, intensidade): parábola, paradigma, paralela, paramnésia
perí- (em torno de): perímetro, período, periscópio
pró- (anterioridade): prólogo, prognóstico, profeta
prós- (adjunção, em adição a): prosélito, prosódia
proto- (início, começo, anterioridade): protótipo, proto-história, protomártir
polí- (multiplicidade): polissílabo, politeísmo
sin-, sim-, si- (conjunto, simultaneidade): sinagoga, sinopse, simpatia, silogeu
tele- (distância, afastamento, controle feito à distância): telégrafo, telepatia, teleguiado

Correspondência entre prefixos e elementos latinos e gregos

LATINOS	GREGOS
des-, in-:[104] desleal, infeliz	*a-, an-*: amoral, anemia
contra-: contrapor	*antí-*: antipatia
ambi-: ambiguidade	*anfí-*: anfibologia
ab-: abuso	*apó-*: apogeu
bi(s)-: bilabial	*di-*: dissílabo
trans-: transparente, transformação	*diá-, metá-*: diáfano, metamorfose
in-: ingressar	*en-*: encéfalo
intra-: intramuscular	*endo-*: endovenoso
ex-: exportar	*ec-, ex-*: êxodo
super-, supra-: superfície, supralingual, superlotar	*epí-, hipér-*: epiderme, hipertrofia
pre-, ante-: preceder, anteceder	*pro-*: programa, prognóstico
bene-: benefício	*eu-*: eufonia
semi-: semicírculo	*hemi-*: hemisfério
sub-: subterrâneo	*hipó-*: hipótese
ad-: adjetivo	*pará-*: paralelo

---

[104] O prefixo *in-* literário e erudito, ao contrário de *des-* popular, ganhou por isso certa cortesia e polidez, e constitui, em neologismos, um recurso de eufemismos que cada vez mais se generaliza: *inverdade* (por *mentira*), *inexato*, *indelicado*, *indouto*, *impolido*, *inverídico*, *imerecido*, *inativo*.

circum-: circunferência
de-: depenar
cum-: composição

perí-: periferia
catá-: catarata
sin-: síntese

OBSERVAÇÃO: Há também sinônimos ou equivalentes semânticos greco-latinos ou dublês bilíngues. Vejam-se os lembrados por [MBa.5, 103, n.18].

LATINOS	GREGOS
abecedário	*alfabeto*
florilégio	*antologia*
sudorífico	*diaforético*
unicórnio	*monoceronte*
rouxinol	*filomela*
península	*quersoneso*
novilúnio	*neomênia*
avareza	*filargiria*
favânio	*zéfiro*

Outros processos de formação de palavras
Além dos processos gerais típicos de formação de palavras, possui o português mais os seguintes: *formação regressiva* (deverbal), *abreviação, reduplicação, conversão, combinação* e *intensificação*.

A FORMAÇÃO REGRESSIVA OU DEVERBAL está intimamente relacionada com a derivação. Ela consiste em criar palavras por analogia, pela subtração de algum sufixo, dando a falsa impressão de serem vocábulos derivantes: de *atrasar* tiramos *atraso*, de *embarcar*, *embarque*; de *pescar*, *pesca*; de *gritar*, *grito*. Assim também os vocábulos *rosmaninho* e *sarampão* foram tomados, respectivamente como diminutivo e aumentativo, marcados, portanto, com sufixos de grau, e daí se tiraram as formas regressivas *rosmano* e *sarampo*, como falsos primitivos.

Tais derivados regressivos procedem da primeira ou da terceira pessoa do singular do presente do indicativo, o que explica sua distribuição em substantivos de tema em *-o* (se provindos da 1.ª pessoa) ou de tema em *-a* ou *-e* (se provindos da 3.ª pessoa), sem que se possa prever a opção da norma para a escolha da vogal temática. Os de tema em *-o* têm maior vitalidade no português moderno, especialmente na variedade informal: *o amasso, o agito, o achego, o sufoco, o apago* [VK.3, 23-24].

O prof. Said Ali distribui-os em quatro grupos, levando em conta seu gênero gramatical:

"1.º) Masculino em *-o*: atraso, assento, emprego, voo, esforço, choro, degelo, remo, mergulho, suspiro, mando, confronto, rodeio, galanteio, festejo, gargarejo, etc.
2.º) Masculino em *-e*: embarque, desembarque, combate, corte, toque, etc.

3.º) Feminino em -*a*: amarra, pesca, sobra, súplica, leva, engorda, desova, renúncia, rega, esfrega, entrega, escolha, etc.
4.º) Masculinos e femininos: pago, paga, custo, custa, troco, troca, achego, achega, grito, grita, ameaço, ameaça" [SA.2, 163]

Neste processo, os substantivos tirados de verbos denotam ação, enquanto os substantivos que dão origem a verbos denotam, em geral, objeto ou substância, como *arquivo* → *arquivar, timbre* → *timbrar, apelido* → *apelidar*, e assim por diante. A vitalidade lhes garante formação de derivados: de *apago* se formou *apagão* nos blecautes, momentâneos ou demorados, das grandes cidades.

A ABREVIAÇÃO consiste no emprego de uma parte da palavra pelo todo. É comum não só no falar coloquial, mas ainda na linguagem cuidada, por brevidade de expressão: *extra* por *extraordinário* ou *extrafino*.

A forma abreviada passa realmente a constituir uma nova palavra e, nos dicionários, tem tratamento à parte, quando sofre variação de sentido ou adquire matiz especial em relação àquela donde procede. *Fotografia* e *foto* são *sinônimos* porque designam a mesma coisa, embora a sinonímia não seja absoluta. *Foto*, além de ser de emprego mais corrente, ainda serve para títulos de casas do gênero, o que não se dá com o termo *fotografia*.

Pode-se incluir como caso especial da abreviação o processo de se criarem palavras, com vitalidade no léxico, mediante a leitura (isoladas ou não) das letras que compõem siglas, como, por exemplo:
ABNT (Associação Brasileira de Normas Técnicas)
ONU (Organização das Nações Unidas)
PUC (Pontifícia Universidade Católica)
UERJ (Universidade do Estado do Rio de Janeiro)
USP (Universidade de São Paulo)
PT (Partido dos Trabalhadores)

Das abreviaturas PUC, UERJ, USP e PT se derivam, mediante sufixos: *puquiano, uerjiano, uspiano, petista*.

Às vezes, há intercolocação de letra para facilitar a criação da integridade vocabular: Anatel (Agência Nacional de Telecomunicações); Ibama (Instituto Brasileiro do Meio Ambiente e dos Recursos Naturais Renováveis).

Como vimos, os nomes intitulativos designativos de associações, sociedades, empresas, companhias, firmas e afins passaram também a ser objeto de reduções. Conforme o Formulário Ortográfico de 1943, Base XI, Nomes próprios: "39. Os nomes próprios personativos, locativos e de qualquer natureza, sendo portugueses ou aportuguesados, serão sujeitos às mesmas regras estabelecidas para os nomes comuns."

As orientações para redução adotadas, em geral, são:
– utilizar as letras da primeira sílaba até a primeira consoante da segunda sílaba; havendo mais de uma consoante, registrar as duas, com ponto indicativo da abreviação: balneário -baln.; construção -constr.
– em caso de ambiguidade com a redução de outro nome, é possível registrar até a consoante da terceira sílaba: superior -sup.; superlativo -superl.
– os vocábulos de quatro letras ou menos só deverão ser objeto de abreviação se puderem, sem ambiguidade, ser reduzidos a uma só letra seguida de ponto: São -S.; Santiago -Sant.

Entende-se por *símbolo* a abreviatura de nomenclaturas científicas internacionalmente adotadas: Km = quilômetro(s), Ca = cálcio, K = potássio.

As abreviaturas do sistema métrico e unidades de tempo são grafadas sem ponto e sem o *s* pluralizador: 1km (quilômetro), 6km (quilômetros), 1h (hora), 5h (horas), 30t (toneladas), 10h 16min 14s (horas, minutos, segundos), etc.

Formam o plural com *s* as demais siglas: dois PMs, vários CPFs, algumas TVs, etc. Observe-se que não se deve usar o apóstrofo: PMs e não PM's.

A REDUPLICAÇÃO, também chamada *duplicação silábica*, consiste na repetição de vogal ou consoante, acompanhada quase sempre de alternância vocálica, geralmente para formar uma palavra imitativa:
tique-taque, reco-reco, bangue-bangue, bombom, pingue-pongue (que provavelmente representa o chinês *ping-pang*, através do inglês *ping-pong*, segundo Sapir).
Este é o processo geralmente usado para formar as onomatopeias (↗ 86).

A CONVERSÃO consiste no emprego de uma palavra fora de sua classe normal:
Terrível palavra é um não. Não consegui descobrir o porquê da questão.
Ele é o benjamim da família.
Entre os casos de conversão podemos incluir a passagem, por hipertaxe, de uma unidade da palavra (geralmente a final) a palavra isolada: *Ele tem certas **fobias*** (*fobia* é a parte de um grupo de palavras que designam aversão a uma coisa: *fotofobia, xenofobia, hidrofobia*, etc). Estamos no século dos *ismos* e das *logias*.
Inclui-se também entre os casos frequentes de conversão o emprego do adjetivo como advérbio, tanto no registro informal quanto no formal:
Eles falam *alto*. O aluno leu *rápido*.
O emprego da forma plena do advérbio com o sufixo *-mente* (O aluno leu *rapidamente*) é mais comum no registro formal, como acentua M. Hummel, *Confluência*, 24.

OBSERVAÇÃO: Os casos de conversão recebiam o nome de *derivação imprópria*. Como a conversão não repercute na estrutura do significante de base, muitos estudiosos, com razão, não a incluem como processo especial de formação de palavras, como demonstra a hipertaxe.

A COMBINAÇÃO é um caso especial de composição em que a nova unidade resulta da combinação de parte de cada um dos dois termos que entram, na formação: *português + espanhol → portunhol; Bahia + Vitória → Bavi*. São comuns na linguagem jocosa: *sofrer + professor → sofressor; aborrecer + adolescente → aborrecente*.

A INTENSIFICAÇÃO é um caso especial de reforço ou expressividade semântica de uma palavra já existente mediante o alargamento de sufixos, quase sempre *-izar*, ou às vezes por modelos franceses ou ingleses: *agilizar* por *agir*, *inicializar* por *iniciar*, *obstaculizar* por *obstar*, *protocolizar* por *protocolar*, *culpabilizar* por *culpar*, *depauperizar* por *depauperar*.

Radicais gregos mais usados em português
Grande é o número de radicais gregos que encontramos no vocabulário português. Muitos deles nos chegaram através do latim e são antiquíssimos; lembremo-nos de que nos sécs. XVI a XVIII o latim era o veículo das obras de ciência e de filosofia em que abundavam os empréstimos de palavras gregas. Na adaptação dos termos gregos para o latim, geralmente se procedia da seguinte maneira: *k, ai, ei, oi, ou, u, r* (aspirado) gregos eram transliterados para latim, respectivamente em *c, ae, i, oe, u, y* e *rh*, e esta prática prevalecia para o português e demais línguas modernas. Esta norma nem sempre é hoje obedecida quando se trata de novos termos científicos. Assim é que se prefere *calidoscópio* a *caleidoscópio* (ei > i), apesar de, na linguagem técnica, dizer-se *dêictico* e não *díctico*. Aberta a porta para a introdução de palavras ou elementos de empréstimo numa língua, esta pode utilizá-los como bem lhe aprouver, criando distinções até então desconhecidas na língua de origem; assim é que, em português, distinguimos *amoral* 'que não é nem contrário nem conforme a moral' e *imoral* 'contrário a moral'.

Nessas criações com elementos eruditos, como bem diz Benveniste, o criador pensa na sua língua e escolhe o termo greco-latino, cujo significado originário nem sempre é o pretendido. O citado linguista estuda o termo *micróbio* criado por Sédillot (1804-1882) e mostra que, além da palavra não existir no grego, jamais seria criada para significar 'vida curta', pois *mikrós* não se ligaria a *bíos*, como em português não se apõe *breve* a *vista*, mas *vista curta*. Por outro lado, em regra não vamos ao grego para formar palavras novas; elas nos vêm do estrangeiro, mormente de França, e agora dos países de língua inglesa, através da nomenclatura científica comum à maioria das nações cultas. E os erros que lá fora se cometem na formação dos neologismos não são por nós corrigidos. Aceitamos, e não há como corrigi-las, formas errôneas, como *quilômetro* (por *quiliômetro*), *hectômetro* (por *hecatômetro*).

Outras vezes não se leva em conta o significado rigoroso do termo grego. Assim se aplica *álgos* à dor física em vez da moral e se diz *cefalalgia* (dor de cabeça), *odontalgia* (dor de dente), *nevralgia* (dor de um nervo); também empregando-se *geo* para indicar *terra* como elemento, em vez de *argila* (uma vez que o primeiro só se poderia aplicar ao globo terrestre), se diz *geófago* (= comedor de terra) por *argilófago*. Ainda nos cabe dizer que muitos dos nomes técnicos, principalmente gregos, trazem na sua etimologia uma noção que o progresso científico considera errônea ou imperfeita. Destarte, *átomo*, que significa *indivisível, o que não se pode mais dividir*, não pode ser hoje tomado ao pé da letra; *oxigênio* quer dizer *gerador de ácidos*, como se todos os ácidos contivessem este corpo. Como são termos cuja etimologia não é inquirida, podem continuar a ser empregados sem inconveniência. Por fim, lembramos os casos de *esquecimento etimológico* em que o sentimento moderno não dá conta do significado de elemento constitutivo da palavra, dizendo, por exemplo, *ortografia correta* (orthós = correta), *caligrafia bonita* (calós = belo). Os bem-falantes reagem contra muitos esquecimentos como *hemorragia de sangue, decapitar a cabeça, exultar de alegria*, estes dois últimos latinos.

Os principais radicais gregos usados em português são:

aér, aér-os (ar, vapor): aeronauta, aerostato, aéreo
ángel-os, ággel-os (enviado, mensageiro): anjo, evangelho
ag-o, agog-os (conduzir, condutor): demagogo, pedagogo
ag-ón, on-os (combate, luta): agonia, antagonista
agr-os (campo): agronomia
aithér (céu): etéreo
âtlon (certame): atleta
aiti-a, eti-a (causa): etiologia
ácr-on, ákr-on (alto, extremidade): acrópole, acrobata, acróstico
alg-os (sofrimento, dor): nevralgia, nostalgia
állos (outro): alopatia
alpha (a = 1.ª letra do alfabeto): alfabeto
ánem-os (vento, sopro): anemoscópio, anêmona
ant-os, anth-os (flor): antologia
ántrop-os, ánthrop-os (homem): filantropo, misantropo, antropófago
arc-aios, arch-aios (antigo): arcaico, arqueologia
arc, arkh-ê (governo): anarquia, monarquia
arc, arch-os (chefe que comanda): monarca
aritm-ós, arithm-ós (número): aritmética, logaritmo
árct-os (urso): ártico, antártico ("o nome *ártico* refere-se às constelações Grande Ursa e Pequena Ursa, em uma das quais se acha a Estrela Polar" [SA].)
astér, ast(e)r-os (estrela): asteroide, astronomia
atmós (vapor): atmosfera
aut-ós (si mesmo): autógrafo, autonomia
bál-o, báll-o (projetar, lançar): balística, problema, símbolo
bár-is, bár-ys, bar-os (pesado, grave): barítono, barômetro
bibl-íon (livro): bibliófilo, biblioteca
bi-os (vida): biografia, anfíbio
cianos, kyanos (azul): cianídrico
cir, quir-os, cheir, cheir-os (mão): quiróptero, cirurgia, quiromancia
cion, kyon (cão): cinegética
col-é, khol-é (bílis): melancolia
cor-os, corea, chor-os (coro): coreia (dança em coro), coreografia
clorós, klorós (verde): clorofila

cron-os, chron-os (tempo): crônico, cronologia, isócrono, anacronismo
crom-a, khrom-a (cor): cromolitografia
chiliai, chilia (mil): quilômetro, quilograma
cris-ós, chrys-ós (ouro): crisóstomo, crisálida, crisântemo
cratos, kratos (força): democracia
cripto, kripto (escondido): criptônimo, criptografia
dáctil-os, dáktyl-os (dedo): datilografia ou dactilografia
deca, deka (dez): decassílabo, decálogo
dem-os (povo) democracia, epidemia
derm-a (pele): epiderme, paquiderme
dis, di (dois): dissílabo, ditongo
dis, dys (dificuldade): digestão, dispepsia, dissimetria
do-ron (dom, presente): dose, antídoto, Pandora
dox-a (opinião): ortodoxo, paradoxo
dra-ma – atos (ação, drama): drama, dramático, melodrama
drom-os (corrida, curso): hipódromo, pródromo
dínam-is, dýnam-is (força): dinâmica, dinamômetro
edr-a (base, lado): pentaedro, poliedro
electra, elektr-on (âmbar, eletricidade): elétrico, eletrômetro
estoma, stoma (boca): estômago, estomatite
erg-on (obra, trabalho), daí os sufixos *-urgo, -urgia*: metalurgia, dramaturgo, energia
escafe, scaphe (barco): escafandro
énter-a (entranhas, intestino): enterite, disenteria
estásis, stásis (ação de estar): hipóstase
etn-os, ethn-os (raça, nação): étnico, etnografia
étimos, étymos (verdadeiro): etimologia
gam-os (casamento), daí *gamo* (o que se casa): polígamo, bígamo, criptógamo
gastér, gast(e)-ros (ventre, estômago): gastrônomo, gastralgia
gê, geo (Terra): geografia, geologia
genes-is (ação de gerar): gênese, hidrogênio
gén-os (gênero, espécie): homogêneo, heterogêneo [*-genio* para substantivos; *-geneo* para adjetivos: heterogêneo]
giné, gyné (mulher): ginecologia
giminós, gyminós (nu): ginástica
gloss-a ou glott-a (língua): glossário, glotologia, epiglote
gon-ía (ângulo): polígono, diagonal
gon-ós (formação, geração): cosmogonia, teogonia
gráf-o, gráph-o (escrever), e daí *graph-ia* (descrição), *graph-o* (que escreve): geografia, telégrafo
gramm-a (o que está escrito): telegrama
hágios (sagrado): hagiologia, hagiólogo
hem-a, haim-a – atos (sangue): anemia, hemorragia

here-o, *haire-o* (tomar, escolher): heresia, herético
helios (sol): helioscópio, heliotrópio
hemér-a (dia): efêmero, efemérides
hemi (metade): hemiciclo
héter-os (outro; diferente): heterodoxo, heterogêneo
heptá (sete): heptassílabo
hex (seis): hexágono
hier-os (sagrado): hierarquia, hieróglifo
híp-os, *hípp-os* (cavalo): hipódromo, hipófago
hol-os (entregue de todo, inteiramente): hológrafo, holocausto
hom-os, *homeo* (semelhante, o mesmo): homogêneo, homônimo, homeopatia
hor-a (hora): horóscopo
horáo (vejo), *hórama* (visão): panorama
hid-or, *hyd-or* (água), daí *hidro*, *hydro*, como elemento de composição: hidrogênio, hidrografia
ic-ón – eik-ón – on-os (imagem): ícone, iconoclasta
ict-io, *icht-yo*, *yos* (peixe): ictiologia, ictiófago
ídios (próprio, particular): idioma, idiotismo
id-os, *êid-os* (forma), donde procede *oide* (que se assemelha a): elipsoide
isos (igual): isócrono, isotérmico
kak-ós, *cac-os* (mau): cacofonia, cacografia
kall-os, *cal-os* (belo), *kallos* (beleza): caligrafia
kard-ia, *card-ia* (coração): cardíaco, pericárdio
karp-os, *carp-os* (fruto): pericarpo, endocarpo
kephal-e, *cefal-e* (cabeça): cefalalgia, encéfalo
klino, *clino* (inclino): ênclise, próclise
kosm-os, *cosm-os* (ordem; mundo, adorno): cosmografia, cosmopolita, cosmético
koinós, *coinós* (em comum): cenobita
krat-os, *crat-os* (poder): democrático, aristocrático
kykl-os, *cicl-os* (círculo): hemiciclo, bicicleta
leg-o (digo, escolho): prolegômeno, ecletismo
lepís, *lepídeos* (escama): lepidóptero
lamban-o (tomar), daí *leps-is* (ação de tomar), *lemma* (coisa tomada): epilepsia, lema, dilema
lithos, *litos* (pedra): monólito, litografia
log-os (discurso, tratado, ciência): diálogo, arqueologia, bacteriologia, epílogo
maqu-e, *mach-e* (combate): logomaquia
macr-ós, *makr-ós* (comprido, longo): macróbio
man-ía (mania, loucura, gosto apaixonado por): bibliomania, monomania
manteí-a, *manci-a* (adivinhação, profecia): cartomancia, quiromancia
martis, *mártyros* (testemunha): mártir, martirólogo
mazós, *mastós* (mama, seio): mastodonte, mastologia
mégas, *megále*, *mega* (grande): megalomania, megalócito

mélas, mélan, mélanos (negro): melancolia, melanésia
mélos (música, canto): melodia, melodrama
méros (parte): pentâmero
mésos (meio): Mesopotâmia, mesoderme
meter, metros (mãe): metrópole
métron (medida): barômetro, termômetro
mikrós, micrós (pequeno): micróbio, microscópio
mimos (que imita): mimetismo, mímica
mis, mys, myós (músculo): miocárdio
misos (ódio): misantropo
mnéme, mnémon (memória, que se lembra): amnésia, mnemotécnica
mónos (um só): monólogo, monólito
morphé, morfé (forma): morfologia
mythos, mitos (fábula, mito): mitologia
myria, míria plural de *myríos* (dez mil): miriâmetro, miriápode
naûs (nau): navio, náutica
nekrós, necrós (morto, cadáver): necrópole, necrologia
né-os (novo): neologismo, neófito
nes-os (ilha): Micronésia, melanésia
nêuron (nervo): nevralgia, neurastenia
nóm-os (lei, administração, porção): astronomia, autonomia
od-e (canto): paródia
od-ús, hodós (caminho, via): êxodo, método, período
odus, odóntos (dente): odontologia
októ, octó (oito): octossílabo
ónima, ónom-a, ónyma (nome): pseudônimo, sinônimo
ófis, ofid, óphis (serpente): ofídio
oftalmos, ophthalmós (olho, vista): oftalmia, oftalmoscópio
ôicos, ôikos (casa): economia, paróquia
optikos (que se refere a visão): miopia, autópsia
oram-a (vista): cosmorama, panorama
órnis, órnitos, órmithos (ave): ornitologia
óros (montanha): orografia
ortós, orthós (direito, reto): ortodoxo, ortografia, ortopedia
ostéon (osso): osteologia, periósteo, osteoporose
osmós (impulso): osmose
óxis, óxys (ácido, agudo): oxigênio, paroxismo
paideia, pedia (educação): enciclopédia, Ciropedia (pequeno tratado escrito por
    Xenofonte sobre a educação e reino de Ciro, o Velho)
pais, pes, pedos, paidós (criança, menino): pedagogia, pedagogo, ortopedia
paleos, palaiós (antigo): paleontologia, paleografia
pas, pan, pantós (todos): panorama, panóplia, panteísmo, pantógrafo

pátos, páthos (afecção, doença, modo de sentir): patologia, simpatia
pente (cinco): pentágono, pentassílabo
phago, phagêin, fag-o (comer): antropófago, hipófago
pháino, fan-o, fen-o (fazer aparecer, brilhar): diáfano, fenômeno
phemi, femi (eu digo, falo): eufemismo, profeta
phéro, fero, forós (eu levo, trago; que leva), *phor-ós* (que leva): fósforo, semáforo
phylon, filon (folha): clorofila
philos, filos (amigo): filarmonia, filantropo
phísis, físis (natureza): fisionomia
phobe-os, fobeo, fobos, (temer, fazer fugir), daí *phob-os*: hidrófobo, anglófobo, russófobo
phos, photós, fos, fotós, (luz): fósforo, fotografia
phrásis, frasis (ato de dizer): perífrase
plut-os, plout-os (riqueza): plutocracia
phon-é, fon-é (voz articulada): cacofonia
poléo (vendo): monopólio
pólis (cidade): acrópole, metrópole, necrópole
pépsis (cozimento): dispepsia
polys, polis (muito): poligamia, polígono, policromia, polinésia, policlínica
pus, podós, pous (pé): antípoda, miriápode
pétalon (pétala): minopétalo
protos (primário, primeiro): protagonista, protocolo, protozoário, protoplasma
plésso (eu bato, firo): apoplexia
pseudos (falsidade, mentira): pseudônimo
pleurá, pleurón (lado, flanco): pleurite
psiqué, psyché (alma): psicologia, metempsicose
pnêuma, pnêumatos (que respira, sopra): pneumático, dispneia
pterón (asa): quiróptero, coleóptero
pir, pir-os, pyr, pyr-os (fogo, febre): pirotécnico, antipirina
poiéo (eu faço): onomatopeia
potamós (rio): hipopótamo
pile, pule (porta): piloro
ptissis, ptyssis (escarro): hemoptise
re-o, rhe-o (eu corro, fluo): catarro, diarreia
sarx, sarkós(carne): sarcoma, sarcófago
semion, semêion (sinal): semiologia, semântica
sepo (apodreço): antisséptico
síderos (ferro): siderurgia, siderita, siderografia
sperma (semente): esperma, espermatozoide
stéllo (eu envio): epístola
sticos, stikos (verso): hemistíquio, dístico
sism-os, seism-os (estremecimento), daí *sism*: sismologia, sísmico

scopé-o, skopéo (eu examino), daí *scópio* (que faz ver): telescópio, microscópio, osciloscópio
sofós, sophós (sábio): filósofo
statós, estatós (que se mantém): aeróstato, hidrostática
sphaira, esfera (esfera): atmosfera
stilos, estilo (coluna): peristilo
stere-ós, estere-ós (sólido): estereótipo, estereomia
stratos, estratos (exército): estratégia
streph-o, estref-o (eu viro, volto): apóstrofe, catástrofe
táfos, táphos (túmulo): epitáfio, cenotáfio
temno (divido): anatomia
tauto por to auto (o mesmo): tautologia
táxis (arranjo, ordem): sintaxe
taumatos, tháumatos (prodígio, milagre): taumaturgo
técne, téchne (conhecimento intuitivo): politécnico
teras, teratos (prodígio, fenômeno, monstro): teratologia
tema, théma (ato de colocar): anátema
têle (longe): telégrafo, telefone, telescópio
tétara, tetra (quatro): tetraedro
te-os, the-os (deus): teologia, teocracia, politeísmo
termós, thermós (calor): termômetro
tésis, thésis (ação de pôr, ter): antítese, síntese
tréfo, trepho (alimento): atrofia
tome (cortadura, seção): tomo, átomo, estereotomia
trépo (eu volto, mudo): heliotrópico
tópos (lugar): tópico, topografia, atopia
triás, triados, tres, tria (três): trinômio, tríade
traum-a, atos (ferimento): traumático
tip-os, typ-os (tipo, caráter): tipografia, arquétipo
zô-on (animal, ser vivo): zoologia, zoófito

Famílias etimológicas de radical latino
Chama-se *família etimológica* a uma série de palavras cognatas. Cabem aqui as judiciosas observações do prof. Said Ali: "parece cousa extremamente fácil distinguir palavras derivadas de palavras primitivas quando se trata de exemplo como *pedreiro, pedraria, pedregulho* ou *fechamento, laranjal, bananeira*, que não requerem especial cultivo da inteligência para alguém saber que se filiam respectivamente a *pedra, fechar, laranja, banana*. São entretanto numerosos os casos em que transparece menos lúcida a relação entre o termo derivado e o derivante, sendo necessário algum estudo para perceber a filiação. Outras vezes tem havido tal exclusão de forma e sentido, que surge um curioso conflito entre o sentimento geral do vulgo e o fato encarado à luz da pesquisa científica" [SA.2, II, 3].

Nesta matéria cabe distinguir cuidadosamente uma forma *livre* de uma forma *presa* (cf. pág. 369). *Receber*, por exemplo, é considerada como derivada prefixal, embora *-ceber* não tenha curso independente na língua, porque é uma forma presa de *caber*, que aparece numa série de palavras portuguesas:[105]

$$\left.\begin{array}{l}\text{re}\\\text{per}\\\text{con}\end{array}\right\} \text{-ceber}$$

O mesmo ocorre com *resistir* e *iludir*, cujas formas presas *-ludir* e *-sistir* são elemento comum a uma série:

$$\left.\begin{array}{l}\text{re}\\\text{per}\\\text{con}\\\text{de}\\\text{sub}\end{array}\right\} \text{-sistir} \qquad \left.\begin{array}{l}\text{i}\\\text{a}\\\text{pre}\end{array}\right\} \text{-ludir}$$

Já o mesmo critério não se aplica a outras palavras como *esquecer* e *inteligência*, que passaram a funcionar, para o sentimento dos que falam português, como palavras primitivas.

Tenha-se presente ainda que, muitas vezes, se usam em português dois radicais oriundos de duas formas flexivas de uma mesma palavra: *câncer* e *cancro*.

Os principais radicais latinos usados em português são:

aequus, a, um (direito, justo): adequar, equação, equidade, igual, iníquo
ager, agri (campo): agrário, agricultor, agrícola, peregrino
ago, agis, egi, actum, ágere (impelir, fazer): ágil, ator, coagir, exigir, indagar, pródigo
alter, a, um (outro): alterar, alternância, altruísmo, outro
ango, angis, anxi, ángere (apertar): angina, ângulo, angústia, ânsia, angusto
audio, audis, audivi, auditum, audire (ouvir): auditório, audiência
bellum, i (pugna, combate): belonave, beligerante
bos, bovis (boi): bovino
cado, cadis, cécidi, casum, cádere (cair): acidente, cadente, incidir, ocaso
caedo, caedis, cecidi, caesum, caédere (cortar): cesariana, cesura, conciso, incisão, precisar. Há numerosos derivados deste radical sob a forma *cida, cidio*, cuja

---

[105] Alguns autores só consideram verdadeiros derivados prefixais se, com a eliminação do prefixo, resta uma forma livre: *re(meter), re(fazer)*, etc. Este critério de negar a *receber* uma derivação prefixal colide com a aceitação de formas presas em compostos do tipo *agrimensor, aqueduto*, etc., nos quais o falante tem a mesma dificuldade em depreender o significado de um ou dos dois elementos da unidade criada. Preferimos ficar com a lição de Mattoso Câmara, que era também a de Nida: "A depreensão dos prefixos é uma técnica de análise descritiva. Para isso há a considerar três casos: 1) quando o radical a que se acrescenta constitui uma forma livre na língua (ex.: *predizer = pre + dizer, desconsolo + des + consolo*); 2) quando esse radical é forma livre numa estrutura variante (ex.: *permitir*, cf. *meter*); 3) quando esse radical só é forma presa, mas constitui a base de duas palavras, pelo menos, com prefixos distintos (ex.: *colisão, elisão*)" [MC.4, s.v. Prefixo]. Nossa questão se quadra neste último caso.

significação é 'matar': fratricida, homicida, infanticida, matricida, patricida, regicida, uxoricida, suicida, fratricídio, homicídio, suicídio, etc.

candeo, candes, cándui, candere (embranquecer): cândido, candura, incandescer

cano, canis, cécini, cantantum, cantum, cánere (cantar, celebrar, predizer [este na língua religiosa]): canoro, cântico, cantilena, acento. Há numerosos derivados em *-cínio*: vaticínio (canto do vate, no significado de profeta), galicínio (canto do galo), tirocínio

cápio, capis, cepi, captum, cápere (tomar): antecipar, cativo, emancipar, incipiente, mancebo

caput, cápitis (cabeça): cabeça, capitão, capital, decapitar, precipício

caveo, caves, cavi, cautum, cavere (ter cuidado): cautela, incauto, precaver-se

cedo, cedis, cessi, cessum, cédere (ceder): cessão, concessão, conceder

cerno, cernis, crevi, cretum, cérnere (passar pelo crivo): discernir, cerne, concernir

clamo, clamas, clamavi, clamatum, clamare (chamar): proclamar, clamador

clarus, clara, clarum (claro): claridade, clareza

colo, colis, colui, cultum, cólere (cultivar, habitar): agrícola, colônia, culto, íncola, inquilino, cultura (*agri-, avi-, hort-, pisci-, triti-, vini-*, etc.)

cor, cordis (coração): acordo, discórdia, misericórdia, recordar

dico, dicis, dixi, dictum, dícere (dizer): abdicar, bendito, dicionário, ditador, fatídico, maledicência

do, das, dedi, datum, dare (dar): data, doação, editar, perdoar, recôndito

doceo, doces, docui, doctum, docere (ensinar): docente, documento, doutor, doutrina, indócil

duo, duae, duo (dois): dobro, dual, duelo, duplicata, dúvida

duco, ducis, duxi, ductum, dúcere (guiar, levar, dirigir, atribuir): conduto, duque, educação, dúctil, produzir, tradução, viaduto. Deste radical há numerosos derivados em -duzir (*a-, con-, de-, intro-, pro-, re-, se-, tra-*, etc.).

edo, edis[es], edi, esum, esse, édere (comer): comer, comida, comestível (*cum + edo*)

eo, is, ivi, itum, ire (ir): comício, circuito, itinerário, transitivo, subir

facio, facis, feci, factum, fácere (fazer): afeto, difícil, edificar, facínora, infecto, malefício, perfeito, suficiente. Há numerosos derivados em -ficar (*clari-, falsi-, grati-, puri-*, etc.)

fero, fers, tuli, latum, ferre (levar, conter): ablativo, aferir, conferência, fértil, oferecer, prelado, relação

frango, frangis, fregi, fractum, frángere (quebrar): fração, frágil, infringir, naufrágio, refratário

fundo, fundis, fudi, fusum, fúndere (derreter): fútil, funil, refutar, fundir (*con-, di-, in-, re-*), confuso, difuso, profuso

gero, geris, gessi, gestum, gérere (levar, gerar): beligerância, exagero, famigerado, gerúndio, registro

gigno, gignis, génui, génitum, gígnere (produzir): genitor, genital

iáceo, iaces, iacui [part. fut. iaciturus], iacere (jazer): jazigo, jacente, adjacente, subjacente

grádior, gráderis, gressus sum, gradi (avançar andando): egresso, ingressar

iácio, iacis, ieci, iactum, iácere (lançar): abjeto, jato, jeito, injeção, sujeito
lac, lactis (leite): lácteo, lactante, lactente, leiteria, laticínio
láteo, lates, latui, latum, latere (estar escondido): latente
lego, legis, legi, lectum, légere (ler): florilégio, legível, leitura, lente
lóquor, lóqueris, locutus sum, loqui (falar): colóquio, eloquência, locução, prolóquio
ludo, ludis, lusi, lusum, lúdere (jogar): ludopédio, lúdico
mísceo, misces, miscui, mistum (e *mixtum*) *miscere* (misturar): mexer, misturar, miscível
mitto, mittis, misi, missum, míttere (mandar): demitir, emissão, missionário, remeter, promessa
móneo, mones, mónui, mónitum, monere (advertir, fazer lembrar): admoestar, admonitor
méntior, mentiris, mentitus sum, mentiri (mentir): mentir, mentira
móveo, moves, movi, motum, movere (mover): motorista, motriz, comoção, móvel
nascor, násceris, natus sum, nasci (nascer): natal, nativo, nascituro, renascimento
nosco, noscis, novi, notum, nóscere (conhecer): incógnita, noção, notável
opus, óperis (obra): obra, cooperar, operário, opereta, opúsculo
os, oris (boca): oral, oralidade
pátior, páteris, passus sum, pati (sofrer): compatível, paciente, paixão, passional, passivo
péndeo, pendis, pependi, pensum, pendere (pender): suspenso
pes, pedis (pé): pedal, pé
plico, plicas, plicavi ou plicui, plicatum ou plícitum, plicare (fazer pregas, pregar, dobrar): aplicar, cúmplice, explicar, implícito, réplica
pono, ponis, pósui, pósitum, pónere (colocar): aposto, dispositivo, disponível, posição, posto
quaero, quaeris, quaesivi ou quaesii, quaesitum, quaérere (procurar): adquirir, inquirir, quesito, questão, questor
rápio, rapis, rápui, raptum, rápere (roubar): rapto, raptar, rapinagem
rego, regis, rexi, rectum, régere (dirigir): correto, reitor, regência, regime, reto
rumpo, rumpis, rupi, ruptum, rúmpere (romper): corrupção, corruptela, roto, ruptura, erupção
scribo, scribis, scripsi, scriptum, scríbere (escrever): escritor, escritura
seco, secas, secui, sectum, secare (cortar): bissetriz, inseto, secante, seção, segador, segmento
sédeo, sedes, sedi, sessum, sedere (estar sentado): sedestre
solvo, solvis, solvi, solutum, sólvere (desunir): absolver, dissoluto, resolver, solução, solúvel
spécio, specis, spexi, spectum, spécere (ver): aspecto, espetáculo, perspectiva, prospecto, respeito, suspeito
sto, stas, steti, statum, stare (estar): estado, distância, estante, obstáculo, substância
sterno, sternis, stravi, stratum, stérnere (estender por cima): consternar, estrada, estratificar, prostrar

sumo, sumis, sumpsi, sumptum, súmere (tomar, apoderar-se): assumir, consumir, sumidade, sumário
tango, tangis, tétigi, tactum, tángere (tocar): contagioso, contingência, tato, contato, atingir
tendo, tendis, tetendi, tensum ou *tentum, téndere* (estender): atender, distenso, contente, extenso, pretensão
téneo, tenes, ténui, tentum, tenere (ter, segurar): contentar, abstinência, tenaz, sustentar, tenor, detento
trado, tradis, trádidi, tráditum, trádere (trazer): tradição, extraditar
tríbuo, tríbuis, tríbui, tributum, tribúere (repartir): atribuir, retribuir
tórqueo, torques, torsi, tortum, torquere (torcer): extorsão, tortura, extorquir, tortuoso, distorção
verto, vertis, verti, versum, vértere (tornar, voltar): verter, versão
vídeo, vides, vidi, visum, videre (ver): evidência, próvido, vidente, visionário, previdência
vénio, venis, veni, ventum, venire (vir): vir, vinda
vivo, vivis, vixi, victum, vívere (viver): vida, viver
volvo, volvis, volvi, volutum, vólvere (envolver): devolver, envolto, revolução

3 - Estudo estrutural do léxico: A lexemática

Entende-se por *lexemática* ou *semântica estrutural* o estudo da estrutura do conteúdo ("significado") léxico (➚ 127).

Para evitar confusões que perturbam tal estudo, convém distinguir as *relações de significação* das *relações de designação*. As relações de significação são relações entre significados dos signos linguísticos, enquanto as relações de designação são relações entre signos linguísticos inteiros e os "objetos", isto é, as realidades extralinguísticas por eles designados e representados no discurso. Só as relações de significação são estruturáveis. Um exemplo para clarear a distinção: a designação de dois signos pode ser a mesma sem que seus significados sejam idênticos. Coseriu exemplifica com os termos gregos *brotós* e *ánthropos*, que designam a mesma classe de objetos (os homens), mas não têm o mesmo significado, isto é, não significam "o mesmo": *brotós* significa "homem como não deus" e *ánthropos* significa "homem como não animal".

Outras disciplinas *semânticas*
É justamente o estudo da estruturação das relações de significação que separa a lexemática de outras disciplinas, todas importantes, que, chamadas ou não "estruturais", estudam a "semântica", no sentido amplo do termo. Todo problema que lide com a significação é, em certo sentido, "semântico"; todavia nem todo problema "semântico" é *lexemático*, pois este só diz respeito às relações estruturais, paradigmáticas e sintagmáticas, dos significados léxicos num mesmo sistema linguístico, isto é, numa *língua funcional* (➚ 46).

O objeto ideal das disciplinas lexicológicas[106] – a lexemática inclusive –, como de qualquer descrição estrutural, deve ser a língua funcional, como já vimos.

Destarte, a lexemática, entendida como estrutura do significado, tem propósito diferente da *onomasiologia* (partindo do significado, a disciplina estuda as relações entre este significado e os diferentes significantes que o expressam, como, por exemplo, as denominações do corpo humano "interidiomaticamente" estudadas, quer nas várias línguas funcionais de uma mesma "língua histórica" – o português, por exemplo – ou em "línguas históricas" diferentes – o português e o francês, por exemplo), da *semasiologia* (partindo do significante, a disciplina estuda as relações que unem este significante aos diferentes significados que pode expressar, como, por exemplo, os diferentes significados que idiomaticamente podem ser expressos pelo significante *"ponto"* – *ponto* para a geometria, para a linguagem escolar, para o teatro, para a costureira, para o funcionário, etc.),[107] dos *campos associativos* (estudam as associações de um signo com outros signos estabelecidos por similitude ou por contiguidade, tanto dos significantes quanto dos significados, associações motivadas por ideias, crenças e atitudes relativas às "coisas", como *boi* associado não só a *vaca, touro, bezerro, chifre*, mas também a *trabalho, força, vigor, paciência, mansidão*). São configurações associativas, como diz Coseriu, que têm interesse para a psicolinguística, para a linguística do falar e para a do texto, mas não constituem objeto da descrição estrutural das línguas [ECs.1, 165].

A lexemática e as palavras lexemáticas
Se cabe à lexemática o estudo das relações de significação, só lhe interessam, em princípio, as palavras lexemáticas, que manifestam a configuração semântica do léxico.

Por isso estão fora da consideração da lexemática as palavras que constituem "equivalências de orações" (interjeições, partículas de afirmação e de negação, como *sim, não*), as palavras morfemáticas (artigos, preposições, conjunções) e as palavras categoremáticas (dêiticos ou pronomes, como *eu, meu, agora, aqui*), bem como os nomes próprios e os numerais, porque não são estruturáveis, embora participem da maioria dos fenômenos léxicos (como a modificação, o desenvolvimento, a composição) [ECs.2, 88].

---

[106] Para L. Weisgerber: *Lexicologia da expressão* (al. *Wortformenlehre*), *lexicologia do conteúdo* (al. *Wortinhaltslehre*), *semasiologia* (al. *Semasiologie*) e *onomasiologia* (al. *Onomasiologie*). A lexemática corresponde ao nível estrutural sistemático da *lexicologia do conteúdo*, a qual abarca também a *lexicologia semântica associativa*, e, em outros níveis estruturais, a *lexicologia semântica da norma* e a *lexicologia semântica do discurso* (compreendendo o estudo das preferências e "constâncias" semânticas dos escritores). Cf. [ECs.2, 46-50].

[107] Um especial enfoque semasiológico está representado pela "semântica estrutural" dos linguistas americanos J. J. Katz e J. A. Fodor que, na realidade, trata da estrutura da interpretação, e não da estrutura do significado, pois que parte de um significante léxico para chegar à identificação do seu significado, resolvendo o problema de *desambiguização* dos signos. Cf. [ECs.2, 165-168].

Estruturas paradigmáticas
As estruturas lexemáticas que podem ser identificadas no léxico ou são paradigmáticas ou sintagmáticas.

Chamam-se estruturas paradigmáticas no léxico as estruturas constituídas por unidades léxicas que se encontram em oposição no eixo da seleção. Assim, "bom – mau", "casa – casinha", "morrer – mortal" são oposições que manifestam estruturas paradigmáticas.

Diz-se *estrutura primária* se seus termos se implicam reciprocamente, sem que um deles seja primário em relação aos outros; "jovem" implica "velho" e "velho" implica "jovem", mas nenhum deles é primário em relação ao outro.

Diz-se *estrutura secundária* se a implicação entre seus termos é de "direção única". Assim "casa" – "casinha", "morrer" – "mortal", "trabalhar" – "trabalhador" são estruturas secundárias, porque o primeiro termo de cada par está implicado pelo segundo, mas não o inverso, pois a definição do conteúdo "casa" é independente do conteúdo "casinha", mas a definição do conteúdo "casinha" inclui necessariamente o conteúdo "casa".

Os dois tipos de estruturas primárias
Há dois tipos de estruturas paradigmáticas primárias: o *campo léxico* e a *classe léxica*.

Um *campo léxico* é uma estrutura paradigmática constituída por unidades léxicas que se repartem numa zona de significação comum e que se encontram em oposição imediata umas com as outras.

Por exemplo, podemos preencher a lacuna em:
 Estive três _____ *em Fortaleza*;
selecionando um dos seguintes lexemas do paradigma relativo ao campo léxico: *segundos, minutos, horas, dias, semanas, meses, anos*, ficando excluídos termos como: *árvores, casas, rios, cadeiras*.

Em *O muro é verde*, *verde* exclui imediatamente *azul, branco, cinza*, etc., que pertencem ao mesmo campo léxico (o das cores), mas não termos como *muito, pouco, bastante, menos*, etc., que pertencem a outros campos.

Cada unidade de conteúdo léxico expresso no sistema linguístico é um *lexema*. Nos exemplos acima, *segundos, minutos, horas*, etc. são lexemas.

Uma unidade cujo conteúdo é idêntico ao conteúdo comum de duas ou mais unidades de um campo é um *arquilexema*. Os traços distintivos que caracterizam os lexemas chamam-se *semas*, como emprega o linguista B. Pottier.

Tomemos, para simples exemplo, o campo lexical de "assento", estudado pelo citado Pottier, em que "assento" é o arquilexema desse campo, que tem como lexemas, em português, entre outros que deixaremos de lado: *cadeira, poltrona, sofá, canapé, banco* e *divã* [BP.1; MV.1, 80-81].

Como traços distintivos dos lexemas, proporemos os seguintes *semas*:
 s1: 'objeto construído para a gente se sentar'
 s2: 'com encosto'
 s3: 'para uma pessoa'
 s4: 'com braços'

s5: 'com pés'
s6: 'feito de material rijo'
Levando-se em conta que a presença do sema será indicado por + e sua ausência por – , teremos:

	s1	s2	s3	s4	s5	s6
banco	+	–	–	–	+	+
cadeira	+	+	+	–	+	+
poltrona	+	+	+	+	+	–
sofá	+	+	–	+	+	–
divã	+	–	+	–	+	–
canapé	+	+	–	+	+	+

Pelo exposto, vê-se que não basta dizer, por exemplo, que "*banco* é um objeto construído para a gente se sentar", pois tal definição se aplicaria indistintamente a todos os lexemas incluídos no campo léxico. Com base nos semas, isto é, nos traços distintivos que separam os lexemas arrolados no exemplo, diremos que "banco é um objeto construído para a gente se sentar, com material rijo (madeira, ferro, cimento), dotado de pés".

Se se tratasse de *cadeira*, definiríamos "objeto construído para a gente se sentar, com encosto, para uma pessoa, dotado de pés e feito de material rijo".

Um lexema pode funcionar em vários campos; é o caso do adjetivo *fresco* que funciona no campo dos adjetivos como *novo, velho*, etc. (*queijo fresco, fruta fresca*), ou no campo dos adjetivos *frio, quente, morno*, etc. (*manhã fresca, brisa fresca*).

Sobre *neutralizações* e *sincretismos* no léxico (↗ 376).

Classe léxica

Chama-se *classe léxica* a uma classe de lexemas determinados por um *classema*. *Classema* é um traço distintivo comum que define uma classe, independentemente dos campos léxicos. Assim, *jovem, inteligente, gago* pertencem a campos léxicos distintos, mas podem estar incluídos na mesma classe pelo classema "ser humano", já que podemos dizer de uma pessoa que ela é *jovem*, ou *inteligente* ou, finalmente, *gaga* [MV.1, 70 e ECs.2, 176].

Para os substantivos, podem-se estabelecer, por exemplo, classes como: "seres vivos", "coisas" e, dentro da classe "seres vivos", por exemplo, "seres humanos", "seres não humanos", etc.

Para os adjetivos, pode haver classes como "positivo", "negativo" que justificam coordenações aditivas do tipo "*bom e inteligente*", ou coordenações adversativas do tipo "*bom* mas *brigão*".

Para os verbos podem-se também constituir várias classes, como as já conhecidas "transitivo e intransitivo" (com possibilidades de subtipos, como "transitivos que não admitem voz passiva e transitivos que a admitem"), ou ainda, com base no classema "direção" (em relação ao agente da ação), os verbos "adlativos", isto é, em direção de aproximação do agente (do tipo de *comprar, ganhar, receber, recolher,* etc.) e os "ablativos", isto é, em direção de afastamento do agente (do tipo de *vender, dar, entregar, soltar, devolver*, etc.).

Há lexemas que se apresentam na intersecção de duas classes quanto ao seu significante, mostrando-se insensível à diferença classemática, cujo significado em uso só se pode depreender no contexto.

É o que ocorre com substantivos como *hóspede* ("aquele que dá ou recebe hospedagem"), com verbos como *alugar* ("aquele que dá ou recebe de aluguel"), em orações do tipo: *Enildo é meu hóspede; Zélia alugou o apartamento.*

Entram neste rol palavras como *saudoso* ("que sente ou causa saudade"), *temeroso* ("que sente ou causa temor"), *arrendar* ("que dá ou toma de renda"), *esmolar* ("que dá ou pede esmola") [MBa.3, 290 e MBa.5, 151].

É o caso também de substantivos e adjetivos que podem ser tomados à boa e à má parte, como *sucesso, fortuna* (= destino), *êxito, ventura*, e que foram depois especializados no bom sentido; quando se empregam hoje diferentemente, requerem um adjetivo da classe "negativo": *mau sucesso, triste fortuna, mau êxito, pobre ventura*, etc. [MBa.3, 282].

Às vezes, a língua desfaz a duplicidade de conteúdo com o recurso a novas palavras; assim *hóspede* se especializa ou pode-se especializar em "aquele que recebe a hospedagem", e se cria a palavra *hospedeiro* para o que dá hospedagem. Outras vezes, com a especialização da classe, como ocorre com *hóspede* (especializado modernamente para aquele que recebe hospedagem), o que não ocorre, entretanto, com o verbo *hospedar* (= dar ou receber hospedagem; neste último significado, aparece como pronominal: *Eu me hospedei num hotel barato*).

Estruturas secundárias
As estruturas paradigmáticas secundárias correspondem ao domínio da formação de palavras e podem manifestar-se por estruturas de *modificação*, de *desenvolvimento* e de *composição*, que implicam sempre a transformação irreversível de um termo primário existente como lexema de conteúdo (significado) e de expressão (significante) na língua. Consumada a transformação, o termo – agora secundário – pode receber determinações gramaticais explícitas próprias dos termos primários, como a pluralização: *casa → casas; casa → casinha → casinhas.*

Dada a extensão que merece o estudo dos três tipos de estruturas secundárias, trataremos dele na parte mais adiante em que se estudam os procedimentos de formação de palavras do ponto de vista das relações de significação.

Estruturas sintagmáticas: as solidariedades
As estruturas sintagmáticas são solidariedades, isto é, relação entre dois lexemas pertencentes a campos diferentes dos quais um está compreendido, em parte ou totalmente, no outro, como traço distintivo (sema), que limita sua combinação.

Distinguem-se três tipos de solidariedade: *afinidade, seleção* e *implicação*.

Na AFINIDADE, o classema do primeiro lexema funciona como traço distintivo no segundo. Assim, *pé* e *pata* têm como traços distintivos ao conteúdo 'membro de sustentação do corpo' a classe 'pessoa' (*pé*: "membro de sustentação de pessoa") e 'animal' (*pata*: "pé de animal"). O mesmo com *grávida* e *prenhe*; os traços distintivos do conteúdo "fecundação" são a classe 'pessoa' (*grávida*: "fecundada em relação a pessoas"), e 'animal' (*prenhe*: "fecundada em relação a animal") [ECs.2, 141; MV.1, 77].

Na SELEÇÃO, é o arquilexema do primeiro lexema que funciona como traço distintivo no segundo. Os lexemas *pelo* e *pena*, quanto ao conteúdo 'sistema piloso', incluem como traço distintivo o arquilexema *mamífero* e *ave*: *pelo* ("sistema piloso dito de mamíferos") e *pena* ("sistema piloso dito de aves").

Na IMPLICAÇÃO é todo o primeiro lexema que funciona como traço distintivo no segundo. Por exemplo, *baio* (cor) tem como traço distintivo o lexema "cavalo", pois *baio* só se diz dos cavalos. Outro bom exemplo de implicação são as chamadas vozes dos animais, pois os lexemas *relinchar, mugir, zurrar, balir, grunhir, ladrar, miar, cacarejar, regougar* são o grito relativo, respectivamente, a "cavalo", "vaca", "burro", "cabra", "porco", "cão", "gato", "galinha", "raposa".

É preciso distinguir as solidariedades semânticas vistas aqui, propriamente linguísticas, dos "clichês léxicos", ou sintagmas estereotipados, e das solidariedades frequentes, determinadas pelo nosso conhecimento das "coisas"; assim, *branco* aplicado às *gaivotas* não é exemplo de solidariedade semântica, porque a combinação não é um fato de língua, mas apenas assinala a frequência de gaivotas brancas na realidade extralinguística, sem que se despreze a possibilidade de gaivotas de outra cor. Pelo contrário, em *cavalo alazão* temos um fato de língua, porque *alazão* implica o traço distintivo "próprio do cavalo", razão por que no discurso se pode usar só de *alazão*, sem que seja necessário explicitar o lexema *cavalo*. Esta operação não se estende a *branco* em relação a *gaivota*.

4 - Formação de palavras do ponto de vista do conteúdo

Já vimos na lição de Benveniste que o problema de procedimentos de formação de palavras ultrapassa os limites da morfologia, em que, tradicionalmente, parece enquadrada, na tradição linguística.

Por outro lado, como assinala Coseriu,[108] um estudo coerente da formação das palavras que se atenha estrita e exclusivamente ao ponto de vista da expressão – como o vimos até aqui – é possível; mas para o aspecto funcional e, portanto, para a compreensão e descrição de uma língua, tal estudo é pouco proveitoso, já que os procedimentos materiais (prefixação, sufixação, etc.) e os funcionais não guardam entre si nenhum paralelismo, uma vez que procedimentos materiais diferentes podem corresponder ao mesmo tipo funcional e vice-versa. A não consideração

---

[108] Este fato já foi de há muito assinalado. Coseriu lembra a antecipação possivelmente no gramático romano Varrão, em nosso primeiro gramático Fernão de Oliveira (1536), em Chr. Wolff (1730) e, mais recentemente, em Gabelentz (1901).

do aspecto de significado é a causa de muita discussão e incertezas em incluir no domínio da formação de palavras as combinações casuais do tipo *um salve-se quem puder, bom dia, manu tenere > manter*, que não constituem propriamente *procedimentos* da formação de palavras, entre outros casos.

Ainda com apoio na lição de Coseriu, um estudo de formação de palavras do ponto de vista do conteúdo, isto é, fundado no significado, está mais ajustado a seu objeto. Partindo deste ponto de vista, a formação de palavras corresponde a uma particular *gramaticalização* do léxico "primário". Tomemos a este linguista o seguinte exemplo para mostrar que as relações, digamos assim, gramaticais, que se dão nos produtos da formação de palavras são consequências das equivalências semânticas entre esses produtos e as construções que lhes correspondem do ponto de vista do conteúdo. Em *beldade* como equivalente a "o fato de ser belo/bela", o termo "fato" não é a palavra *fato* da linguagem primária e que em seguida seria determinada por "ser belo / bela", mas sim um *nome* para a substantivação efetuada nesta formação; do mesmo modo, "ser" é nome da 'predicatividade de ser', isto é, da predicação atribuída, e "belo / bela" é nome da unidade de *belo*(s) + *bela*(s) na linguagem primária, ou seja, um *belo* sem gênero e sem número. Em outros termos, seria o mesmo que dizer, abstratamente, acerca de nossa fórmula: "*belo*(s) / *bela*(s) gramaticalizado por predicação atributiva e com posterior substantivação". Isto significa que os produtos de formação de palavras dizem sempre mais do que suas respectivas bases léxicas.

Por tudo isto, conclui Coseriu que a formação de palavras é um domínio autônomo das línguas, que abarca fatos "paragramaticais" e fatos puramente léxicos, e seu estudo é um ramo autônomo da semântica funcional, que deve começar pelas funções "paragramaticais" dos procedimentos de formação e chegar até as fixações na designação.

Dissemos "paragramaticais" porque, na realidade, a formação de palavras encerra uma "gramática do léxico", mas essa gramática não deve ser confundida com a gramática que conhecemos, já que, na formação de palavras, estamos diante de funções gramaticais distintas daquelas que ocorrem na morfossintaxe. Por isso, não falamos aqui em funções gramaticais e sim em funções paragramaticais. Uns exemplos podem esclarecer o que dizemos: a formação de "coletivos" (*arvoredo, laranjal, casario*, etc.) implica, por certo, uma pluralização, mas aqui não se trata de um simples "plural" (*árvores*), e sim de uma "pluralização" que se dá e se considera como unidade.

Assim também, *chegada* implica um verbo predicativo mas não implica nem modo, nem tempo, nem número, nem pessoa; *beleza* implica um nome predicativo, mas não implica nem número nem gênero. É exatamente por isso, continua Coseriu a sua lição, que tais formações não remontam a orações concretas como *João chega* e *Maria é bela* (ou *João é belo*), mas tão somente a uma função predicativa genérica de *chegar* e *belo*(s), *bela*(s).

Assim também em *papeleira* está implicada uma "função preposicional", mas não uma determinada preposição (p.ex. "*para*"*papéis*), e *despertador* implica um elemento pronominal genérico "alguém ou algo" que, de outro modo, não tem realização em português.[109]

Os três tipos fundamentais de formação de palavras
Do ponto de vista do conteúdo podem-se distinguir três tipos (ou quatro se considerarmos a composição como dois) fundamentais de formação de palavras, consoante dois critérios que se entrecruzam e dizem respeito à determinação gramatical do termo primário:

a) a gramaticalização implícita afeta um só elemento ou os dois na base da formação;

b) a gramaticalização corresponde a uma função "inatual" (*i.e.*, "não semelhante a uma função oracional") ou a uma função "atual" (*i.e.*, "semelhante a uma função oracional").

Pelo primeiro critério, teremos, de um lado, a *modificação* e o *desenvolvimento* (em que a gramaticalização afeta um só termo) e do outro a *composição*.

Pelo segundo critério, a função gramatical implicada na modificação é "inatual" (do tipo do "gênero" ou do "número"), enquanto no desenvolvimento a função implicada é "atual" (do tipo das funções "sujeito", "predicado", "complemento verbal"). Na composição, a função pode ser inatual ou atual (por exemplo, em português *alvinegro* e *leitor*).

Na modificação, a categoria verbal dos produtos é sempre a mesma das respectivas bases, isto é, os substantivos produzem substantivos, os adjetivos produzem adjetivos e assim por diante, porque a função gramatical implicada é "inatual", isto é, função que afeta os lexemas modificando-os enquanto tais (e não como membros de oração ou de sintagmas). Trata-se das formações diminutivas, dos coletivos, dos verbos formados com prefixos:

cavalo → cavalinho, forte → fortão, beijar → beijocar, ver → prever

No desenvolvimento – que sempre parte de lexemas com funções de membros de oração ou de sintagma – a categoria verbal dos produtos formados é distinta da categoria da base correspondente, vale dizer, o desenvolvimento implica sempre mudança da categoria verbal do termo primário desenvolvido, isto é, substantivo produz adjetivo, substantivo produz verbo, adjetivo produz substantivo, etc., advertindo-se, na oportunidade, que pode ainda tratar-se de base não realizada como tal na norma da língua. Em:

prefeito → [verbo] → *prefeitável*,

não existe na norma do português o verbo *prefeitar, implicado no desenvolvimento citado.

Exemplos de desenvolvimentos são também *terra* → *terreno*, *céu* → *celeste*; *roda* → *rodar*, *voo* → *voar*; *útil* → *utilidade*; *rico* → *riqueza*.

---

[109] Esta aplicação do termo paragramatical vai ser importante para entendermos o fato e a explicação em compostos do tipo *corta-papel*.

Tais formações devem ser explicadas desta maneira: *belo* + função predicativa → *beleza* ("o fato de ser belo"); *chegar* + função predicativa → *chegada* ("o fato de chegar"); *branco* + função de epíteto → o *branco*; *em barco* + função predicativa → *embarcar*; *com o martelo* + função predicativa → *martelar*.

A composição implica sempre a presença de dois elementos básicos unidos por uma relação gramatical, quase sempre por uma relação de recção (➚ 445). Pode ser de dois tipos:

a) *prolexemática*: se um dos dois elementos da base é um "prolexema", isto é, um elemento de natureza pronominal, não identificável com um lexema existente na língua,[110] como ocorre em "elemento substantivo-pronominal" [do tipo "alguém" ou "algo"] + *ler* → *leitor*; o mesmo elemento + *despertar* → *despertador*. Em lugar desse tipo genérico "alguém ou algo", pode ser um arquilexema de ordem muito geral [por exemplo, *agente* + *ler* → *leitor*] ou também um arquilexema (ou um lexema) de um campo particular [por exemplo, "árvore", "comerciante": "*árvore*" + *limão* → *limoeiro*; "*comerciante*" + *leite* → *leiteiro*].

b) *lexemática*: em que os dois elementos implicados são lexemas e a categoria verbal dos compostos é sempre a dos elementos "determinados" na composição; são exemplos de compostos lexemáticos: *tira-teima, guarda-chuva*.

O primeiro tipo corresponde ao que tradicionalmente se chama "derivação" (como podemos ver, tal denominação também abarca o processo de *modificação* e *desenvolvimento* agora expostos); o segundo tipo corresponde ao que tradicionalmente se chama "composição", com exceção da prefixação verbal, a qual, nesta nova concepção de processos de formação de palavras entra como um tipo de modificação.

Combinações dos procedimentos formativos
Os procedimentos de formação de palavras podem combinar-se uma ou mais vezes, sendo decisiva a ordem das combinações para o significado do produto final, não se perdendo de vista o fato de que nessa sequência podem ocorrer combinações "prévias" cujos produtos não se realizam como fatos autônomos na norma da língua, como já aconteceu com o implicado *prefeitar* (< *prefeito*) no desenvolvimento *prefeitável*; *guarda-sol* é uma combinação de composição prolexemática e lexemática: composição prolexemática *guardar* → *guarda* [equivalente a *guardador*, 'o que guarda', com morfema zero] e uma composição lexemática, o composto *guarda-sol*. Deste podemos ter um novo composto prolexemático: elemento substantivo-pronominal do tipo "alguém" [ou, como também vimos, o lexema "comerciante"; "fabricante"] + *guarda-sol* → *guarda-soleiro* 'comerciante ou fabricante de guarda-sol'.

---

[110] Estes dois elementos combinados pertencem normalmente a campos diferentes, um dos quais (o que está representado no significante) determina (recção) o outro, que está representado no significante por um sufixo derivacional ou por zero (este último caso é o dos compostos como *tira-teima*, de que falaremos mais adiante).

O termo *desembarcar* resulta da combinação do desenvolvimento *em + barco* (→ embarcar) e modificação (→ *des-embarcar*).

Um termo formado por desenvolvimento pode dar origem a nova forma desenvolvida (produto de desenvolvimento), e pode assim estender-se por uma série, perfeitamente identificáveis como constituintes imediatos, quando há paralelismo entre a expressão e o conteúdo:

rico → enriquecer → enriquecimento
nação → nacional → nacionalizar → nacionalização

Está neste rol de combinação dos tipos fundamentais de formação de palavras o discutidíssimo tipo de compostos como *tira-teima, guarda-roupa* em que entra um tema verbal puro seguido em geral de substantivo, mas não necessariamente, pois pode aparecer outra classe, como um advérbio (*ganha-pouco, pisa-mansinho*), um numeral (*mata-sete*). Quanto à função oracional implícita nesse segundo elemento, temos em geral um objeto direto, mas podemos ter um predicativo (*espanta-coió*), um circunstancial (*pisa-mansinho, ganha-pouco, saltinvão*).

Há também particularidades formais na constituição desses compostos: na fase da composição lexemática o composto prolexemático se reduz pela supressão de possíveis sufixos, ou pelas preposições que normalmente seriam empregadas na construção de um composto prolexemático substantivo com outro substantivo; dá-se a supressão regularmente quando o segundo elemento corresponde a uma função oracional com a qual o verbo implicado na composição prolexemática se constrói sem preposição, do tipo de *girassol*, que se parafraseia aproximadamente com "algo que gira na direção do sol". Em outros casos, como vimos em *saltinvão*, mantém-se a preposição.

Entendem-se tais compostos como "alguma coisa que tira teima", "alguém ou alguma coisa que guarda roupa", isto é, paráfrases de uma composição prolexemática como *tirador* (ou *tiradora*), *guardador* (*guardadora*), a que se acrescentam o lexema *teima* ou *roupa*. Trata-se, portanto, da combinação de uma composição prolexemática com uma composição lexemática ("tirador, tiradora") + *teima → tira-teima*.

Em face desta análise semântica, chega-se à conclusão de que o chamado "elemento verbal" deste tipo de composição não é nem um imperativo nem nenhuma outra forma verbal conjugada; trata-se de uma derivação regressiva, que, do ponto de vista funcional, é um substantivo ou, então, semanticamente, um particípio substantivado. Este "particípio" pode ser um particípio ativo transitivo (como em *guarda-roupa*), um particípio causativo (como em *passatempo*: "qualquer coisa que faz passar o tempo").

Esta análise é confirmada pelo fato de, quando não há na língua um composto deste tipo, se utilizarem compostos prolexemáticos em construção preposicional com um segundo elemento: *medidor de gás, espalhador de cera, prendedor de gravata*, etc.

Subtipos dos procedimentos de formação de palavra
Dentro dos procedimentos vistos até aqui podem ocorrer subtipos, de acordo com os subtipos de funções "paragramaticais" implicadas.

Assim, na modificação podemos ter, entre outros:
a) uma mudança do gênero "natural" (sexo): *rei → rainha; galo → galinha;*

b) uma quantificação: 1) para diminutivos (*carro* → *carrinho*; *doente* → *doentinho*; *beber* → *bebericar*); com a variante "apreciação aproximativa" (*velho* → *velhusco*); 2) para aumentativos (*casa* → *casarão*; *grande* → *grandalhão*); 3) para coletivos (*casa* → *casario*); 4) para intensificação (*feio* → *feinho*);
  c) repetição: *fazer* → *refazer*;
  d) negação: *leal* → *desleal*; *útil* → *inútil*.

No desenvolvimento podemos ter, segundo a função oracional implícita de sua base:
  a) predicação: *chegar* → *chegada*; *belo* → *beleza*;
  b) atributivo: *de inverno* ("pertencente ao inverno") → *invernal*.

Generalização do significado no desenvolvimento

O desenvolvimento implica, em cada fase de produção, uma desconcentração ou generalização do significado da base. Assim, *de inverno* significa "pertencente ao inverno" (cf. *jogos de inverno*); já o termo desenvolvido *invernal* significa tanto "pertencente ao inverno" quanto "semelhante ao que pertence ao inverno" (cf. *jogos invernais*). Trata-se de um valor único de língua, que se "amplia" quando comparado com a base do desenvolvimento.

Homofonias em desenvolvimento

Desenvolvimentos formados de bases diferentes podem resultar homofonias totalmente distintas das homofonias casuais dos termos simples ou primários. Assim, em português existem duas séries homófonas *mortal-mortalidade*; a primeira desenvolvida a partir do conteúdo "morrer" ("o homem é mortal" – "a mortalidade do homem"), e a segunda a partir do conteúdo "matar" ("o golpe, o remédio foi mortal" – "a mortalidade do golpe, do remédio"). *Mortandade* é variante de *mortalidade*, e só se aplica ao conteúdo de "morrer" (= "grande número de mortes por pestes, em batalha").

Cabe ainda observar que, já que o desenvolvimento implica sempre um emprego determinado do termo primário ou de base, pode haver desenvolvimentos diferentes, conforme o significado implicado nesse termo e nos elementos formativos:

terra → *terrestre, terreal, terral, terreiro, terreno*.

esperar → *espera* (de *esperar* 'aguardar') e *esperança* (de *esperar* 'confiar').

5 - Alterações semânticas

A *semântica estrutural diacrônica* é o estudo funcional das mudanças semânticas no léxico. É uma disciplina ainda muito recente, e dada a natureza desta gramática dela não nos ocuparemos aqui. Nosso intento é tão somente chamar a atenção para alterações semânticas no léxico. Como disse muito bem Pagliaro: "Também as palavras são uma espécie de conchas, às quais temos de encostar o ouvido com humilde atenção, se quisermos apreender a voz que dentro delas ressoa" [APg.1, 210].

No decorrer de sua história nem sempre a palavra guarda seu significado etimológico, isto é, originário. Por motivos variadíssimos, ultrapassa os limites de sua primitiva "esfera semântica" e assume valores novos.

"A língua", disse Moritz Regula, "expressão consciente de impressões exteriores e interiores, está sujeita a uma perpétua transformação. As palavras mudam de significado ou porque as coisas se modificam, ou porque a 'constelação psíquica', sob cuja influência nasce o sentido do objeto, se altera graças a causas diversas" [MR.1, 26].

A significação das palavras está intimamente relacionada com o mundo das ideias e dos sentimentos; "entre as ideias, entre os pensamentos não há separação absoluta, por isso que as associações se estabelecem, sem cessar, de uns para outros. Vendo uma substância ou um objeto muito achatado, muito delgado e pouco resistente, por exemplo de estanho ou de ouro finamente laminado, alguém foi levado a compará-lo a uma folha de árvore; pôde-se assim dizer com propriedade e clareza: *uma folha de estanho, de ouro, de papel*, etc. Outra associação, posterior à precedente, deu à palavra *folha* o significado bem elástico de jornal: *uma folha diária*. É que se imprimem as notícias de cada dia em folhas de papel. A palavra *coração* serviu para exprimir tanto a parte interior de um legume ou fruta: *coração da melancia*, ou a essência de um assunto: *está no coração da questão*, como ainda os sentimentos cuja sede parece estar no fundo de nosso ser: *este homem não tem coração*, etc. Todas as associações deste gênero dão origem ao que se chama, em literatura, *imagem*; as imagens da linguagem corrente não diferem muito, pela sua natureza, das que brotam da imaginação dos poetas e dos escritores em geral" [AGr.1, 93-94 – com leves adaptações para o português].

1) Figuras de palavras

Entre as causas que motivam a mudança de significação das palavras, as principais são:

a) *Metáfora* – translação de significado motivada pelo emprego em solidariedades (↗ 430), em que os termos implicados pertencem a classes diferentes mas pela combinação se percebem também como assimilados:

> cabelos de **neve**, **pesar** as razões, **doces** sonhos, passos **religiosos** [AR.1, 17 – nos queria ressaltar a religiosidade de sua personagem], **boca** do estômago, **dentes** do garfo, **costas** da cadeira, **braços** do sofá, **pés** da mesa, **gastar rios** de dinheiro, **vale** de lágrimas, o **sol** da liberdade, os dias **correm**, a noite *caiu*.

OBSERVAÇÃO: Assim, a metáfora não resulta – como tradicionalmente se diz – de uma comparação abreviada; ao contrário, a comparação é que é uma metáfora explicitada. Importa, outrossim, distinguir a metáfora *linguística* (linguisticamente motivada pelo descompasso dos termos implicados nas solidariedades) da metáfora *motivada extralinguisticamente* pelo nosso saber sobre as coisas, como ocorre em expressões metafóricas do tipo de *não ponha a carroça diante dos bois* para expressar a inversão incorreta de uma ação ou de um juízo. As metáforas têm largo emprego na língua espontânea e na literária, e nesta teve grande difusão entre os poetas simbolistas. Cf. [ECs.1, 291], [ECs.2, 207], [ECs.3, 293 n. 22] e [HM.1, 109]: "A literatura moderna tem uma preferência para a metáfora oposta à comparação explícita. É a fusão imediata do mundo pessoal e do objetivo, do espiritual e do concreto, que levam a uma identificação direta, sem elos de ligação que intermedeiem a passagem dum plano para outro."

b) *Metonímia* – translação de significado pela proximidade de ideias:
1 – causa pelo efeito ou vice-versa ou o produtor pelo objeto produzido:
um **Rafael** (por um *quadro de Rafael*), *as* **pálidas** *doenças* (por *doenças que produzem palidez*), **ganhar** *a vida* (por *meios que permitam viver*), ler **Machado de Assis** (*i.e., um livro escrito por Machado de Assis*).

2 – o tempo ou o lugar pelos seres que se acham no tempo ou lugar:
a **posteridade** (*i.e., as pessoas do futuro*), *a* **nação** (*i.e., os componentes da nação*).

3 – o continente pelo conteúdo ou vice-versa:
passe-me a **farinha** (*i.e., a farinheira*), *comi* **dois pratos** (*i.e., a porção da comida que dois pratos continham*).

4 – o todo pela parte ou vice-versa:
diz a **Escritura** (*i.e., um versículo da Escritura*), *encontrar um* **teto amigo** (*i.e., uma casa*).

5 – a matéria pelo objeto:
um **níquel** (*i.e., moeda de níquel*), *uma* **prata** (*i.e., moeda de prata*).

6 – o lugar pelo produto ou características ou vice-versa:
jérsei (= *tecido da cidade Jersey*), **gaza** (= *tecido da cidade de Gaza*), **havana** (= *charutos da cidade de Havana*); **greve** (*as reuniões feitas na Place de la Grève*).

7 – o abstrato pelo concreto:
A **virtude** *vence o* **crime** (isto é, *as pessoas virtuosas vencem os criminosos*); *praticar a* **caridade** (= *atos de caridade*).

8 – o sinal pela coisa significada ou vice-versa:
o **trono** (= *o rei*), *o* **rei** (= *a realeza*).

9 – a característica pela coisa:
"Pelas faces vermelhas caíam-lhe *os crespos louros* (...)." [AA.2] (*i.e.*, cabelos crespos louros).

c) *Catacrese* – translação do significado por esquecimento do significado original: *panaceia universal* (*panaceia* 'remédio para todos os males' já tem no elemento *pan-* a ideia de universalidade, generalidade), *etimologia verdadeira, abismo sem fundo, anedota inédita, correta ortografia, bela caligrafia, caldo quente, homicida do vizinho, hecatombe de almas, hemorragia de sangue, embarcar no trem, calçar as luvas* [MBa.3, 311-317].

Produtos correntes da translação de significado, as catacreses são fatos normais que só devem ser evitados quando a noção primitiva ainda estiver patente para o falante.

d) *Braquilogia ou abreviação* – as diversas acepções de uma palavra devidas à elipse do determinante ou vice-versa:
dou-lhe a minha **palavra** (*i.e.*, palavra de honra), vamos à **cidade** (*i.e.*, ao centro da cidade), um **possesso** (*i.e.*, pessoa possuída do demônio), aproveitar a **ocasião** (*i.e.*, a boa ocasião), a festa da **Ascensão** (*i.e.*, da Ascensão de Jesus Cristo).

e) *Eufemismo* – translação de sentido pela suavização da ideia:
1 – para a morte:
finar-se, falecer, entregar a alma a Deus, dar o último suspiro (literários), *passar desta a melhor, ir para a cidade dos pés juntos, dizer adeus ao mundo, esticar as canelas, desocupar o beco, bater as botas,* etc. (estes populares).

2 – para a bebida:
abrideira, água que gato (*passarinho*) *não bebe, januária.*

O tabu linguístico pode favorecer o aparecimento de expressões eufemísticas. O medo de proferir palavras como *diabo, demônio, satanás* nos leva a usar desfigurações voluntárias como *diacho, diogo, demo, satã* [MG.1, 76 e ss.]. O contrário de eufemismo é o *disfemismo*, e não a *hipérbole*.

f) *Antonomásia* – substituição de um nome próprio por um comum ou vice-versa, com intuito explicativo, elogioso, irônico, etc.: *a cidade luz* (em referência a Paris); o *Salvador* (em referência a Jesus Cristo), etc.

g) *Sinestesia* – translação semântica que implica uma transposição sensorial em diferentes campos de sensação corporal: *uma mentira fria* (tato) *e amarga* (paladar); *uma gargalhada* (audição) *luminosa* (visão).

h) *Hipálage* – inversão das relações naturais entre palavras em um enunciado: "Jorge *enfiou a rédea no braço* e colocou-se ao lado dela; Iaiá tomou-lhe afoutamente o outro braço." [MA.12]. (por: *enfiou o braço na rédea*).
"Ao som do mar e à luz do céu profundo (...)" [Joaquim Osório Duque Estrada, *Hino Nacional*]. (a profundidade, que é a distância da superfície ao fundo, se refere ao mar, e não ao céu).

i) *Alterações semânticas por influência de um fato de civilização*:
tonto (= *louco*) particípio do verbo *tondere*, por *tonso*, lembra-nos o tempo em que se rapava a cabeça aos loucos.[111]
pagão (= *indivíduo que não foi batizado*) se prende à época inicial do Cristianismo, pois a Igreja fez uso especial do termo que tinha curso na linguagem militar: *paganus*, o civil, em oposição ao soldado (castrensis) passou a ser o oposto a *christianus* [cf. EG.1, 134; RH.1, 132].
cor (= *saber guardar, ter de memória*) relembra-nos a época em que a anatomia antiga fazia do coração a sede dos sentimentos, da inteligência, da memória.
judiar (= *zombar, atormentar*) lembra-nos a época dos tormentos praticados ou sofridos pelos judeus. A palavra **judas** (= *homem mal trajado*) é uma aplicação do nome próprio *Judas* a quem o povo atribui qualidades negativas.
calabrear (= *misturar; confundir; mudar para pior; alterar vinhos*): documenta a má fama em que eram tidos os calabreses, acrescida pela lenda popular de que Judas era natural da Calábria, no sul da Itália. Cf. artigo de L. Spitzer, *Boletim de Filologia* (Lisboa), V, 3-4, pág. 376.

A maneira aristocrática de ver as coisas é responsável pela mudança de significado de algumas palavras:
vilão (saído do latim *villa* = quinta, aldeia), de "*camponês*" passou a designar "homem grosseiro", "perverso", "infame".

De vez em quando, surgem pessoas que querem ver expurgadas dos dicionários certas palavras depreciativas de povo ou localidade (como *judiar, baianada* e outros). É excesso de sentimento a que a História não se curva, nem o povo leva em conta, porque, no uso do termo, não entra nas minúcias históricas do pesquisador, nem procura, usando a palavra, fazer juízo específico a respeito do povo ou da localidade.

---

[111] Recente etimologia proposta pelo sueco Gunnar Tilander. Cf. nossa nota em *Revista Brasileira de Filologia*, vol. 6, tomo I, junho de 1961, 142-144. A etimologia não goza de aceitação unânime.

j) *Etimologia popular ou associativa*
É a tendência que o falante – culto ou inculto – revela em aproximar uma palavra a um determinado significado, com o qual verdadeiramente não se relaciona.[112]

Às vezes a palavra recebe novo matiz semântico sem que altere sua forma. *Famigerado*, por exemplo, que significa "célebre", "notável",[113] influenciado pela ideia e semelhança morfológica de faminto, passa, na linguagem popular, a este último significado. *Intemerato* (= sem mancha, puro), graças a *temer*, é considerado como sinônimo de *intimorato*; *inconteste* (= sem testemunho) passa a sinônimo de *incontestável*; *falaz* (= falso, enganador) é aproximado de *falador*; *delirar* nada tem que ver com *lira*, instrumento musical, nem *abstêmio* com *abster-se*.

2) Figuras de pensamento

a) **Antítese** – oposição de palavras ou ideias: *um riso de tormenta; uma alegria dolorosa; tinha um olhar angelical e uma mente diabólica.*

b) **Apóstrofe** – invocação a seres reais ou imaginários: *Oh, tu que tens de humano o gesto e o peito; Meu Deus, mostre-me um caminho.*

c) **Hipérbole** – expressão que envolve um exagero: *Ela é um poço de vaidade.*

d) **Ironia** – dizer algo por expressão às avessas (por exemplo: "Bonito!" como expressão de reprovação).

e) **Oximoro** – figura em que se combinam palavras de sentido oposto que parecem excluir-se mutuamente, mas que, no contexto, reforçam a expressão: *obscura claridade, silêncio ensurdecedor.*

f) **Paradoxo** – consiste na expressão de pensamentos antitéticos aparentemente absurdos: *Vivo sem viver em mim.*

g) **Prosopopeia (também chamada personificação)** – figura que consiste em dar vida a coisa inanimada, ou atribuir características humanas a objetos, animais ou mortos: *Minha experiência diz o contrário do que me dizem; O relógio cansou de trabalhar;* "As *estrelas*, grandes olhos curiosos, *espreitavam* através da folhagem." [Eça de Queirós].

---

[112] "A etimologia popular (...) não difere, na essência, de sua irmã erudita, a etimologia dos filólogos. Mais vivaz, mais 'operativa' que esta última, realiza instintivamente, intuitivamente e de pronto o que a outra faz intencionalmente, graças a um sem-número de alfarrábios e fichas" [J. Orr *apud* SU.1, 104].

[113] A palavra *famigerado* pode aplicar-se à pessoa notável pelos seus dotes positivos ou negativos; todavia, no uso mais geral, a palavra se aplica às qualidades negativas.

Além dessas figuras ocorrem expressões e termos usados em algumas ciências da linguagem, como os seguintes:

a) *Eu lírico* – primeira pessoa gramatical fictícia não identificável com o autor.

b) *Função fática* (ou *de contato*) – função da linguagem que interrompe, enlaça ou dá novos aspectos à mensagem. A função fática está centrada na eficiência do canal de comunicação e faz uso de palavras ou expressões (p.ex.: *Alô!*, *Entenderam?*, *Veja bem...*, *Está me ouvindo?*) que buscam checar e prolongar o contato entre emissor e destinatário.

"João Grilo: Quem não tem cão caça com gato.
Mulher: *Como é?*
João Grilo: Quem não tem cão caça com gato e eu arranjei um gato que é uma beleza para a senhora." [ASu.1].

c) *Função referencial* – função da linguagem que consiste em o emissor se restringir a assinalar os fatos de um modo objetivo. A mensagem está centrada naquilo de que se fala, normalmente com o uso da 3ª. pessoa.

d) *Hiperônimo* – vocábulo de sentido mais genérico em relação a outro, com o qual tem traços semânticos comuns. Por exemplo: *assento* é hiperônimo de *cadeira*, de *poltrona*, etc.; *animal* é hiperônimo de *leão*; *flor* é hiperônimo de *malmequer*, de *rosa*, etc.

e) *Hipônimo* – vocábulo de sentido mais específico em relação a outro, com o qual tem traços semânticos comuns. Por exemplo: *cadeira* é hipônimo de *assento*; *leão* é hipônimo de *animal*, etc.

f) *Metalinguagem* – utilização da linguagem para falar da própria linguagem (por exemplo, um texto que fale de como devemos escrever).

Espécies de alteração semântica
 A - *Extensão do significado;*
 B - *Enobrecimento do significado;*
 C - *Enfraquecimento do significado.*

A - *Extensão do significado*
 prédio (= propriedade rústica ou urbana inamovível) passou a designar qualquer edifício sem referência ao solo.
 espraiar (= jogar algo à praia) alargou o significado como sinônimo de "estender-se por larga área".
 embarcar (= entrar na barca) significa hoje "entrar em qualquer condução".
 aliviar (= tornar mais leve uma carga) se diz hoje como igual a "minorar", "diminuir", "abrandar", uma culpa, um mal, o tempo (a chuva aliviou).

1 – **Restrição ou especialização do significado**
a) *fortuna* (destino bom ou mau) especializa seu sentido na direção positiva.
sucesso (acontecimento bom ou mau) passa a exprimir só o lado bom.
carta (= epístola) tinha em latim o sentido de qualquer livro, papel, escrito.
britar (significava "quebrar qualquer coisa") restringiu hoje o seu significado para "quebrar pedras".

b) *abreviação ou condensação: um havana* (= charuto de Havana); o champanha (= o vinho de Champagne); um (a) jato (= avião a jato).

2 – **Plenitude do significado**
Um milhão de reais já é uma *quantia*; José mostrou-se um *homem*.

3 – **Degradação do significado (pejorativos)**
vilão (cf. ↗ 429).
libertino (= escravizado liberto) passou a indicar o indivíduo devasso, sem pudor.
libidinoso (= que segue seu capricho) significa hoje o dissoluto.
valetudinário (= de boa ou má saúde ou compleição) significa hoje só a má parte.

B - *Enobrecimento do significado*
emérito (aplicado ao funcionário que se aposentava) significa hoje *distinguido, ilustre*.
marechal (= criado do cavalo) passou a indicar o posto mais elevado do Exército.
pedagogo (era o escravizado que conduzia as crianças à escola); significou depois o professor ou profissional em educação.

C - *Enfraquecimento do significado*
O emprego contínuo de uma palavra provoca a diminuição de sua energia semântica, mormente nas expressões afetivas. *Bajular* era "levar alguém às costas", o que enfatiza a ideia de servidão que tinha a palavra no início do seu emprego em expressões como "bajular o chefe".

Pequena nomenclatura de outros aspectos semânticos
1) **Polissemia** – É o fato de haver uma só forma (significante) com mais de um significado unitário pertencente a campos semânticos diferentes. Ou, em outras palavras, a polissemia é um conjunto de significados, cada um unitário, relacionados com uma mesma forma. Portanto, não se pode ver a polissemia como "significados imprecisos e indeterminados", porque cada um desses significados é preciso e determinado:
pregar (um sermão) – *pregar* (= preguear uma bainha da roupa) – *pregar* (um prego)
manga (de camisa ou de candeeiro) – *manga* (fruto) – *manga* (= bando, ajuntamento) – *manga* (parede)
cabo (cabeça, extremidade, posto na hierarquia militar) – *cabo* (= parte de instrumento por onde esse se impunha ou utiliza: *cabo* da faca)

A polissemia é, portanto, um fato de língua.

É preciso não confundir a polissemia léxica ou *homofonia*[114] com variação semântica ou polivalência no falar (ato de fala), que consiste na diversidade de acepções (sentidos) de um mesmo significado da língua segundo os valores contextuais, ou pela designação, isto é, graças ao conhecimento dos "estados de coisas" extralinguísticos:

pensar { um assunto
um ferimento

ponto {
em geometria: interseção de duas retas concorrentes
em gramática: sinal de pontuação
em teatro: auxiliar de atores
em urbanismo: parada de táxi, de ônibus
em jargão escolar: matéria (o professor deu *ponto* novo);
grau (o aluno precisa de dois *pontos*)

Como lembra Coseriu, "antes de optar pela homofonia, dever-se-á perguntar se não se trata de variação (semântica): em todos os casos em que as homofonias ou polissemias não sejam evidentes (por exemplo, por se tratar de formas que pertencem a paradigmas diversos) (...), há de se buscar primeiro aquilo que caracteriza as línguas, isto é, invariantes de significado ou 'significado unitário'. E só quando se mostre absolutamente impossível 'reduzir' todas as acepções de uma forma a um valor unitário de língua, será lícito admitir homofonia (...)" [ECs.1, 206; AV.1, 101-102].

NOTA DE NOMENCLATURA: A tradição gramatical e os linguistas divergem na conceituação de *polissemia* e *homonímia*, criada ao tempo da linguística diacrônica. Por polissemia entende a tradição a "propriedade da significação linguística de abarcar toda uma gama de significações, que se definem e precisam dentro de seu contexto" [MC.4]. Exemplifica com a preposição *a* (significação gramatical) e a palavra *andar* (significação lexical): *ir a Lisboa, andar a pé, falar a Pedro; andar a largos passos, andar de automóvel, andar doente*.

2) **Homonímia** – Já por *homonímia* entende a tradição: "propriedade de duas ou mais formas, inteiramente distintas pela significação ou função, terem a mesma estrutura fonológica, os mesmos fonemas, dispostos na mesma ordem e subordinados ao mesmo tipo de acentuação; como exemplo: um homem *são*; *São* Jorge; *são* várias as circunstâncias (...)".

Ela é possível sem prejuízo da comunicação em virtude do papel do contexto na significação de uma forma, como sucede com *são* nos exemplos dados [MC.4, s.v.].

---

[114] Pode haver homofonia em um mesmo paradigma ("sincretismo" [↗ 376]), como em *cantava*, 1.ª e 3.ª pess. do imperfeito, ou *-s* morfema pluralizador nos nomes e de 2.ª pess. sing. nos verbos.

Dentro da homonímia, alude-se, em relação à língua escrita, aos *homófonos* distinguidos por ter cada qual um grafema diferente, de acordo com o sistema ortográfico: *coser* 'costurar'; *cozer* 'cozinhar'; *expiar* 'sofrer'; *espiar* 'olhar sorrateiramente'; *sessão* 'ato de assistir'; *cessão* 'ato de ceder'; *cela* 'quarto para enclausuramento'; *sela* 'peça de arreio' [MC.4, s.v.].

O mesmo linguista aponta o artificialismo do conceito de *homógrafos*, "formas que se escrevem com as mesmas letras mas correspondendo elas a fonemas distintos, pois já não se trata evidentemente de homônimos da língua, cuja essência são as formas orais" [MC.4, s.v.].

Todos apontam a dificuldade de nem sempre se poder distinguir a polissemia da homonímia. Têm sido propostos alguns critérios para aclarar se se trata de uma mesma palavra com dois ou mais significados diferentes (polissemia) ou de duas palavras distintas com idênticos fonemas (homonímia):

a) critério histórico-etimológico – é o que fazem, em geral, os nossos dicionários;
b) a consciência linguística do falante;
c) critério das relações associativas;
d) critério dos campos léxicos.

Todos estes critérios estão sujeitos a críticas, como resenhou exaustivamente Geckeler [HGe.1, 146-158].

Em erudito artigo, Coseriu chega, cremos, à correta interpretação da *polissemia*, na análise que faz do ensinamento de Aristóteles e resumo crítico desse artigo em AVi.1, 92-107.

3) **Sinonímia** – É o fato de haver mais de uma palavra com semelhante significação, podendo uma estar em lugar da outra em determinado contexto, apesar dos diferentes matizes de sentido ou de carga estilística.

casa, lar, morada, residência, mansão

Um exame detido nos mostrará que a identidade dos sinônimos é muito relativa; no uso (quer literário, quer popular), eles assumem sentidos "ocasionais" que no contexto um não pode ser empregado pelo outro sem que se quebre um pouco o matiz da expressão. Uma série sinonímica apresenta-se-nos com pequenas gradações semânticas quanto a diversos domínios: o sentido abstrato ou concreto; o valor literário ou popular (*fenecer / morrer*); a maior ou menor intensidade de significação (*chamar / clamar / bradar / berrar*); o aspecto cultural (*escutar / auscultar*) e tantas outras.

4) **Antonímia** – É o fato de haver palavras que entre si estabelecem uma oposição *contraditória* (*vida; morte*), *contrária* (*chegar; partir*) ou *correlativa* (*irmão; irmã*) [JK.1 apud HGe.1, 288 n.23].

Já Lyons [JLy.1 apud HGe.1, 291] entende que se podem distinguir três subconceitos do que se há de compreender por antonímia em sentido amplo:

a) *complementaridade* (a negação de uma implica a afirmação da outra e vice-versa: *João não está casado* implica que *João é solteiro*; *João está casado* implica que *João não é solteiro*);
b) *antonímia* (opostos por excelência: *grande* : *pequeno*);
c) *correlação* (*comprar* : *vender*; *marido* : *mulher*).

Quanto à sua manifestação constitucional, Mattoso cita os três aspectos diferentes:
a) mediante palavras de radicais diferentes: *bom* : *mau*;
b) com auxílio de um prefixo negativo em palavras do mesmo radical: *feliz* : *infeliz*; *legal* : *ilegal*; *político* : *apolítico*;
c) palavras que têm prefixos de significação contrária: *excluir* : *incluir*; *progredir* : *regredir*; *superpor* : *sotopor*.

Às vezes, a negação serve para atenuar a oração afirmativa: *Pedro não está bem* : *Pedro está mal*.

Às vezes ocorre a antonímia porque a palavra apresenta valor ativo e passivo:

alugar
 a) dar de aluguel
 b) receber de aluguel

emprestar
 a) dar de empréstimo
 b) receber de empréstimo

hóspede
 a) quem recebe a hospedagem
 b) quem dá a hospedagem (hoje hospedeiro)

esmolar
 a) dar esmolas
 b) receber esmolas

5) **Paronímia** – É o fato de haver palavras parecidas na sua estrutura fonológica e diferentes no significado.

Os parônimos dão margem a frequentes erros de impropriedade lexical:

descrição: ato de descrever
emergir: ir de dentro para fora ou para a superfície
iminente: pendente, próximo para acontecer
infringir: transgredir, violar
intimorato: destemido, intrépido
matilha: grupo de cães
proscrever: proibir
ratificar: confirmar
tráfego: trânsito

discrição: qualidade de quem é discreto
imergir: ir de fora para dentro ou para o fundo
eminente: ilustre
infligir: aplicar pena, castigo
intemerato: puro, imaculado
mantilha: pequena manta
prescrever: aconselhar
retificar: corrigir
tráfico: comércio

Em geral diferem na base de prefixos ao mesmo radical (*proscrever / prescrever*), ou de radicais diferentes (*matilha / mantilha*).

C) ESTRUTURA DO ENUNCIADO OU PERÍODO. A ORAÇÃO E A FRASE

I - A oração e as funções oracionais

Enunciado ou período
Toda a manifestação da linguagem com vistas à comunicação com nossos semelhantes se constrói com uma sequência de unidades delimitadas por um silêncio que precede o início dessa atividade e o que se lhe segue, acompanhada de contorno melódico, também chamado curva de entoação e normalmente marcada, na escrita, pelos sinais de pontuação e pelo emprego da maiúscula inicial:
O galo-da-campina ergue a poupa escarlate fora do ninho.

A esta unidade linguística que faz referência a uma experiência comunicada e que deve ser aceita e depreendida cabalmente pelo nosso interlocutor se dá o nome de *enunciado* ou *período*.
Há enunciados relativamente curtos, como o do nosso exemplo, ou ainda mais curtos, como *Sim* ou *Vou*, e há os que se dilatam por muito maior extensão:
O galo-da-campina ergue a poupa escarlate fora do ninho e seu límpido
trinado anuncia a aproximação do dia.

Conforme a realidade designada, os enunciados se apresentam com formas variadas:
1. Os homens desejam a paz.
2. Ela não trabalha aos sábados.
3. Muitas crianças viram os pássaros.
4. Bebel gosta do colégio.
5. O chefe dará oportunidades aos jovens.
6. O Sol é um astro luminoso.
7. Chove muito no verão.
8. Relampeja.
9. Que achou você da festa?
10. Eles ainda não chegaram?!
11. Vivam os campeões!
12. Que calor!
13. Depressa!

Apesar de tão variadas formas por que se apresentam os enunciados, há traços comuns que devem ser ressaltados [AL.1, 256]:
a) são mensagens completas e de acordo com a situação em que se acham falante e ouvinte;
b) são unidades sequenciais delimitadas por um silêncio precedente a ele e uma pausa final;
c) são proferidos com um contorno melódico particular.

Esta curva de entonação é o significante ou expressão material que evoca a modalidade de intenção comunicativa do enunciado (significado ôntico ↗ 129) que o falante quer transmitir ao seu interlocutor:
a) ou para lhe expor, afirmando ou negando, certos fatos (*Pedro estuda. Pedro não estuda.*);
b) ou para indagar sobre algo (*Pedro estuda? Pedro não estuda? Quem chegou?*);
c) ou para apelar-lhe, em geral, atuando sobre ele (*Dê-me o livro. Não me dê o livro. Volte cedo.*);
d) ou para chamar-lhe a atenção (*Ó Pedro.*);
e) ou para traduzir-lhe os próprios pontos de vista ou sentimentos (*Que prazer! Como está frio!*).

Assim, quanto à significação fundamental do enunciado, temos cinco tipos ou classes essenciais deles: *declarativo* ou *enunciativo, interrogativo, imperativo--exortativo, vocativo* e *exclamativo*, dos quais o primeiro corresponde à função representativa – informativa da linguagem, os três seguintes à função apelativa e o último à função expressiva [HC.1, s. v. Frase].

Entre o primeiro e o segundo tipos há maior afinidade do que entre o primeiro e os restantes. Talvez porque o primeiro encerre o aspecto ou papel fundamental da intenção comunicativa da linguagem, é considerado o enunciado típico – base do impulso inicial da especulação gramatical pela lógica grega –, do qual os outros tipos são considerados derivados ou ao qual todos os outros tipos se podem reduzir. Por isso é que a unidade linguística, dentro desta concepção original, recebe o nome de *enunciado*; na tradição gramatical brasileira, *período*.

Oração e frase
Entre os tipos de enunciados há um conhecido pelo nome de *oração* que, pela sua estrutura, representa o objeto mais propício à análise gramatical, por melhor revelar as relações que seus componentes mantêm entre si, sem apelar fundamentalmente para o entorno (situação e outros elementos extralinguísticos) em que se acha inserido. É neste tipo de enunciado chamado *oração* que se alicerça, portanto, a gramática, e será especificamente dela que trataremos a seguir.

Mas antes devemos adiantar que o enunciado também aparece sob forma de *frase*, cuja estrutura interna difere da oração porque não apresenta relação predicativa. São às vezes simples palavras, outras vezes uma reunião delas, que são transpostas à função do enunciado. Em nosso exemplário anterior, constituem *frases* os seguintes enunciados:
Depressa!
Que calor!

Mais adiante trataremos desse tipo de enunciado com mais atenção.

A oração se caracteriza por ter uma palavra fundamental que é o *verbo* (ou sintagma verbal) que reúne, na maioria das vezes, duas unidades significativas entre as quais se estabelece a *relação predicativa* – o *sujeito* e o *predicado*:

Sujeito   Predicado
Pedro   estuda.
Pedro   não estuda.

Comparemos agora as seguintes possibilidades:
Eu estudo português às segundas-feiras no horário da manhã.
Eu estudo português às segundas-feiras.
Eu estudo português.
Eu estudo.
Estudo.

Nas possibilidades acima, o único constituinte indispensável foi o verbo *estudo*, o que o faz *núcleo* da oração, enquanto os outros constituintes são adjacentes ao núcleo. Esta adjacência não guarda a mesma relação entre os diversos constituintes da oração, pois a relação entre o sujeito *eu* é mais estreita com o verbo *estudo* que os demais. Mas a relação predicativa pode ser *referida* a um sujeito, como em *Eu estudo*, ou *não referida*, como *Chove*. Por isso, nem mesmo o sujeito é um constituinte imprescindível da oração e, por conseguinte, da relação predicativa, embora a sua presença ao lado do verbo pessoal constitua o tipo mais frequente – diríamos até a estrutura favorita – de oração em português.

Em *Chove*, o verbo flexionado na 3.ª pessoa marca o sujeito gramatical, isto é, assinalado apenas gramaticalmente, mas temos uma relação predicativa não referida, pois não admite sujeito explícito. Diz-se que o verbo é *impessoal* e a oração é *sem sujeito explícito*. A chamada 3.ª pessoa é a não pessoa, é a não "eu" nem "meu interlocutor", e assim é a forma utilizada para indicar a relação predicativa não referida, isto é, as orações sem sujeito explícito.

Os principais verbos ou expressões impessoais da língua são:

a) os que denotam fenômenos atmosféricos ou cósmicos, como *chover, trovejar, relampejar, nevar, anoitecer, fazer* (frio, calor, sol, etc.), *estar* (frio, quente, etc.), entre outros:
Trovejou muito ontem.
Faz trinta graus nesta tarde.

b) *haver* e *ser* em orações equivalentes às constituídas com *existir*, do tipo de:[115]
Há bons livros.
Eram vinte pessoas no máximo.

c) *haver, fazer* e *ser* nas indicações de tempo:
Há cem anos nasceu meu avô.
Faz cinco anos não aparece aqui.

---

[115] Constitui incorreção, na língua culta, o emprego do verbo *ter* no lugar de *haver* em orações como: *Tinha livros na mesa* por *Havia livros na mesa*. Este emprego corre vitorioso na conversação de todos os momentos, e já vai ganhando aceitação nos escritores modernos brasileiros que procuram aproximar a língua escrita da espontaneidade do falar coloquial.

Era a hora da ceia.
É uma hora.
São duas horas.

d) *bastar, chegar* + *de* (nas ideias de suficiência):
"*Basta de* comissões! *Basta de* relatórios! *Basta de* vanilóquios!" [AGu.1].
"Pra isso trabalhava sem férias, *basta de* reflexões" [MAn.1].
"– *Chega de* caraminholas, ó barata tonta!" [ML.2]

e) *ir* acompanhado das preposições *em* ou *para* exprimindo o tempo em que algo acontece ou aconteceu:
Vai em dois anos ou pouco mais.

f) *vir, andar* acompanhados das preposições *por* ou *a* exprimindo o tempo em que algo acontece:
"Nesse mesmo dia quando *veio pela tarde* (...)" [AC]
Andava por uma semana que não comparecia às aulas.

g) *passar* acompanhado da preposição *de* exprimindo tempo:
Já passava de duas horas.

h) *tratar-se* acompanhado da preposição *de* em construções do tipo:
Trata-se de assuntos sérios.

A principal característica dos verbos e expressões impessoais é que (salvo em alguns casos o verbo *ser*) aparecem, na língua exemplar, sempre na 3.ª pessoa do singular.

Por isso, são evitadas, na língua exemplar, as seguintes construções com verbo no plural:
Haviam muitas pessoas no baile.
Fazem cinco dias que não chove.
Bastam de histórias.
Já *passavam* de duas horas.

Faz exceção o verbo *ser* em construções do tipo:
É uma hora.
São duas horas.
Eram vinte pessoas no máximo.

Não se confundem as construções especiais vistas até agora com aquelas em que o sujeito explícito está representado por um pronome indefinido:
Alguém veio à minha procura.
Todos são meus desconhecidos.
Nem sempre *a gente* é compreendido.

Aproximando-se dessas orações de sujeito explícito constituído por pronomes ou outras expressões indefinidas, mas delas sintaticamente diferentes, estão as orações ditas de *sujeito indeterminado*. Estas não apresentam nenhuma unidade linguística para ocupar a casa ou função de sujeito; há uma referência a sujeito, no conteúdo predicativo, só de maneira indeterminada, imprecisa:
>Estão batendo à porta.
>Precisa-se de empregados.
>Só raramente se assiste a bons filmes.

A língua portuguesa procede de três maneiras na construção de orações com sujeito indeterminado:

a) verbo na 3.ª pessoa do plural sem referência a qualquer termo que, anterior ou seguinte, lhe sirva de sujeito:
>Nunca me *disseram* isso.
>Onde *puseram* o livro?

b) verbo no infinitivo ou na 3.ª pessoa do singular com valor de 3.ª pessoa do plural, nas mesmas circunstâncias do emprego anterior. Este último uso do singular é menos frequente que o do plural:
>É bom *resolver* o problema.
>*Diz* que o fato não aconteceu assim. (diz = dizem)

c) verbo na 3.ª pessoa do singular acompanhado do pronome *se*, originariamente reflexivo, não seguido ou não referido a substantivo que sirva de sujeito do conteúdo predicativo; trata-se de um sujeito indiferenciado, referido à massa humana em geral; dizemos, neste caso, que o *se* é *índice de indeterminação do sujeito* ou *pronome indeterminador do sujeito*:
>*Vive-se* bem aqui.
>*Lê-se* pouco entre nós.
>*Precisa-se* de empregados.
>*É-se* feliz.

OBSERVAÇÕES:
1.ª) Divergem os autores na classificação deste tipo de indeterminação com o pronome *se*; para uns, trata-se de oração de sujeito indeterminado, para outros, de oração sem sujeito.
2.ª) A indeterminação do sujeito nem sempre significa nosso desconhecimento dele; serve também de manobra inteligente de linguagem, quando não nos interessa torná-lo conhecido, como em situações do tipo:
>Pedro, disseram-me que você falou mal de mim.

Outras vezes, o nosso saber do mundo percebe que se trata de uma só pessoa a praticar a ação verbal, mas se usa o plural por ser a norma frequente da indeterminação do sujeito:
>Estão batendo à porta.

Sujeito e predicado
O primeiro grupo natural corretamente identificado exerce uma função sintático-
-semântica chamada SUJEITO, e o segundo grupo exerce outra função sintático-
-semântica chamada PREDICADO.

Sujeito	Predicado
Os homens	desejam a paz.
Eu	trabalho como professor.
Muitas crianças	viram os pássaros.
O bom filho	compreende o esforço dos pais.
O Sol	é um astro luminoso.

Conhecendo melhor o sujeito: núcleo e determinantes[116]
Chama-se sujeito à unidade ou sintagma nominal que estabelece uma relação predicativa com o núcleo verbal para constituir uma oração. É, na realidade, uma *explicitação léxica* do sujeito gramatical que o núcleo verbal da oração normalmente inclui como morfema numeropessoal. Em:
Eu estudo no colégio e *Eu e dois irmãos brincamos no clube*,

os núcleos verbais das duas orações *estudo* e *brincamos* incluem os morfemas *-o* (*estud-o*) e *-mos* (*brinca-mos*), que indicam os sujeitos gramaticais "1.ª pessoa do singular" e "1.ª pessoa do plural", respectivamente. Estes sujeitos gramaticais, quando necessários ao melhor conhecimento da mensagem veiculada no texto, podem ser explicitados por *formas léxicas* que guardam com os sujeitos gramaticais a relação gramatical de concordância em número e pessoa. Assim é que em *Eu estudo*, *eu*, pronome de 1.ª pessoa do singular, se acomoda à indicação do morfema *-o*, indicador, nos verbos, da 1.ª pessoa do singular no presente do indicativo:
Eu estudo.

Já em *brincamos*, o sujeito gramatical "1.ª pessoa do plural" está indicado pelo morfema *-mos*. Este sujeito inclui necessariamente a pessoa que fala (eu), mas abre um amplo leque de pessoas que com ela participam do processo indicado pelo lexema *brincar*:
Eu e meu vizinho
Eu e minha colega
Eu e os primos, etc.

---

[116] Usamos aqui determinantes numa aplicação muito abrangente, que inclui as noções de adjunto e complemento, funções de que falaremos mais adiante (↗ 481).

Por isso, sente o falante a necessidade de explicitar, de indicar claramente a que pessoas ele quer referir-se:
Eu e dois irmãos brincamos no clube.

Vê-se, então, que não se pode falar, a rigor, de elipse (✒ 630) do sujeito, quando aparece apenas o núcleo verbal da oração (*Estudo, Brincamos*), já que ele aparece sempre presente na forma verbal flexionada no morfema que representa o sujeito gramatical (1.ª, 2.ª e 3.ª pessoas, do singular ou plural). Trata-se, pelo contrário, da sua expansão ou não, mediante o sujeito explícito, fato que não está mais na exigência da gramática (quando há, é claro, relação predicativa referida), mas do texto, para a transmissão efetiva e clara da mensagem.

Sujeito é uma noção gramatical, e não semântica, isto é, uma referência à realidade designada, como ocorre com as noções de *agente* e *paciente*. Assim, o sujeito não é necessariamente o agente do processo designado pelo núcleo verbal, como se patenteia em:
Machado de Assis escreveu extraordinários romances.

O sujeito pode representar o paciente desse processo:
Extraordinários romances foram escritos por Machado de Assis.

O sujeito, quando explicitado ou claro na oração, está representado – e só pode sê-lo – por uma expressão substantiva exercida por um *substantivo* (*homem, criança, Sol, José*) ou pronome (*eu*) ou equivalente. Diz-se, portanto, que o núcleo do sujeito é um substantivo ou equivalente. Uma palavra não é substantivo porque pode exercer a função de sujeito; ao contrário, só pode ser sujeito porque é um substantivo ou equivalente.

A característica fundamental do sujeito explícito é estar em consonância com o sujeito gramatical do verbo do predicado, isto é, se adapte (isto é, *concorde com*) a seu número, pessoa e gênero (neste caso quando há particípio no predicado):
Eu nasci. Nós nascemos. Elas não eram nascidas.

O reconhecimento seguinte do sujeito se faz pela sua posição normal à esquerda do predicado, bem como por responder às perguntas *quem...?* (aplicado a seres animados), *que...? o que...?* (aplicado a coisas), feitas antes do verbo.
José escreveu uma bela redação.
Quem escreveu uma bela redação? – *José.*
O livro caiu.
Que caiu? – *O livro.*

Muitas vezes a expressão substantiva núcleo do sujeito – ou de qualquer função que tem por núcleo uma expressão substantiva – se faz acompanhar de determinantes que têm por papel expressivo *dizer algo acerca de algo com signos da língua*, isto é, com instrumentos verbais da língua. Assim, para ficarmos só nos limites do grupo natural representado pelo sujeito de enunciados, os determinantes dos núcleos substantivos são: *os* (homens), *muitas* (crianças), *o* e *bom* (filho), *o* (Sol).

1) Determinantes, pré-determinantes e pós-determinantes
O exemplo da oração:
    O bom filho compreende o esforço dos pais

nos põe diante da possibilidade de estar o núcleo substantivo que funciona como sujeito explícito acompanhado de mais de um determinante (*o* e *bom*). Nestes casos, a língua portuguesa conhece determinantes que podem figurar antes de outro determinante (os pré-determinantes) e os que podem figurar depois de outro determinante (os pós-determinantes).

Os determinantes estão, em geral, representados pelas seguintes classes de palavras: *adjetivo*, *artigo* e *pronome demonstrativo* ou equivalentes de adjetivos (estes veremos mais adiante):
    Noites *claras* prenunciam bom tempo.
    O livro está esgotado.
    Esta manhã prometia chuva.

Na sequência de determinantes, aparecem como pré-determinantes, à esquerda do determinante, as palavras que podem receber globalmente o nome de *quantificador* (*algum, certo, vários, todo, todos, qualquer, alguns* [*de*], *vários* [*de*], etc.):
    Alguns bons momentos são inesquecíveis.
    Todos os alunos saíram.
    Alguns de nós não foram à festa.

Aparecem como pós-determinantes, isto é, as palavras que ocorrem à direita do determinante e do pré-determinante, o *pronome possessivo* e o *numeral*:
    Os *seus* livros não estavam na estante.
    Aqueles *dois* erros eram graves.
    Vários de *meus* sobrinhos são engenheiros.
    Aqueles *dois seus* vizinhos trabalham no comércio.

Antes de passarmos à descrição dos termos sintáticos integrantes da oração em português, precisamos falar de algumas noções que se fazem necessárias a que tal tarefa se realize o mais adequadamente possível. Estas noções dizem respeito a *termos nucleares* e *marginais* e *termos argumentais* e *não argumentais, termos opcionais* e *não opcionais*, e, finalmente, *termos integráveis* e *não integráveis*.

2) Termos nucleares e marginais
Numa oração como:
    Graciliano falou de temas universais em seus romances,

além de *Graciliano* e *falou*, que são núcleos do sujeito e do predicado, temos os termos *de temas universais* e *em seus romances*, que se dizem *nucleares*, do ponto de vista sintático-semântico, porque estão intimamente referidos à relação predicativa, já que *de temas universais* explicita aquilo de que falam os romances de Graciliano Ramos, enquanto *em seus romances* faz alusão ao tipo de escritos nos quais o autor fala desses temas.

Já em:

   Certamente, Graciliano viveu experiências amargas durante sua vida,

experiências amargas e *durante sua vida* são *nucleares*, porque também estão intimamente ligados, pelas relações sintáticas e semânticas, à função predicativa da oração, que tem por núcleo o verbo *viveu*. Tal não ocorre, porém, com o termo *certamente*, que não está referido nem somente ao sujeito nem somente ao predicado, mas a toda a oração. Esta independência sintática e semântica lhe permite deslocar-se livremente nos limites da oração:

   Certamente, Graciliano viveu experiências amargas durante sua vida.
   Graciliano, certamente, viveu experiências amargas, durante sua vida.
   Graciliano viveu, certamente, experiências amargas durante sua vida.
   Graciliano viveu experiências amargas, certamente, durante sua vida.
   Graciliano viveu experiências amargas durante sua vida, certamente.

Este termo *certamente*, verdadeiro comentário à parte do narrador, se considera um termo *marginal* da frase, de que nos ocuparemos mais adiante.

3) Termos argumentais e não argumentais

Se os termos nucleares se referem sintática e semanticamente à relação predicativa da oração, eles nem sempre o são no mesmo grau de coesão e de dependência ou subordinação. Assim, na oração:

   Graciliano conheceu experiências amargas durante sua vida,

experiências amargas e *durante sua vida*, já o dissemos, são termos nucleares, mas o primeiro (*experiências amargas*) está mais estreitamente ligado ao conteúdo do pensamento designado pelo verbo *conhecer* do que o termo *durante sua vida*. Dizemos, então, que o termo nuclear *experiências amargas* é também um termo *argumental* ou é um *argumento*, porque aparece solicitado ou regido pelo significado lexical referido pelo verbo *conheceu*. Já o termo *durante sua vida* não está condicionado pelas relações sintáticas e semânticas do mesmo verbo; por isso pode não aparecer na referida oração, sem que esta se prejudique na sua estruturação sintático-semântica:

   Graciliano conheceu experiências amargas,

o que não se daria, se eliminássemos o termo argumental *experiências amargas*:

   *Graciliano conheceu durante sua vida.

Assim, *durante sua vida* é um termo *não argumental*. *Argumental* e *não argumental* distinguem as mesmas características sintáticas e semânticas que a gramática tradicional utiliza para separar os *complementos* ou termos *regidos* ou ainda *integrantes* dos *adjuntos* ou termos *acessórios*.

Além da capacidade de poder ser eliminado da oração, o termo não argumental, pela sua coesão fraca e independência sintático-semântica em relação ao predicado, goza de maior liberdade de colocação na *oração*, marcado com pausa adequada, assinalada quase sempre por sinais de pontuação:

Graciliano conheceu experiências amargas durante sua vida.
Durante sua vida, Graciliano conheceu experiências amargas.
Graciliano conheceu, durante sua vida, experiências amargas.
"(...) caem amareladas, poucas, as folhas" [MRe.1, 59].

Esta liberdade, já o vimos, conheceu também o termo marginal *certamente*, do exemplo anterior; só que *durante sua vida* é termo nuclear, e não marginal, porque está referido ao predicado das orações acima. Esta liberdade se deve às características sintáticas e semânticas do verbo *conheceu*.

É oportuno lembrar também que um termo argumental o é por motivação das características sintáticas e semânticas da relação predicativa, e não apenas pelo conteúdo designado. Assim, uma noção de lugar como *no Brasil* pode funcionar como argumental ou complemento na oração (1), e como não argumental na oração (2):

(1) Ele mora *no Brasil*.
(2) Ele trabalha *no Brasil*.

Na oração (1), em condições normais, não se pode prescindir de *no Brasil*:
*Ele mora.

Já na oração (2), o apagamento de *no Brasil* é perfeitamente normal:
Ele trabalha.

4) Termos opcionais e não opcionais
É preciso não confundir termo argumental e não argumental com termo não opcional e opcional, respectivamente.

Muitas vezes um termo argumental, isto é, condicionado pelas características sintáticas e semânticas de recção ou regência do termo regente, pode ser dispensado, apagado ou eliminado da oração pelo falante ou porque já foi referido anteriormente e, por isso, é facilmente subentendido pelo ouvinte, ou porque, graças ao conhecimento que temos das coisas e do mundo, a nossa experiência também facilmente entende aquilo de que estamos falando.

Assim é que não se precisa repetir o sujeito *Antônio* junto ao segundo verbo do grupo de orações:

Antônio saiu cedo, mas não gostou da ideia,

que seria
Antônio saiu cedo, mas Antônio não gostou da ideia.

Também em razão do nosso saber sobre as coisas do mundo extralinguístico é que podemos fazer o chamado "emprego absoluto" de vários verbos, desacompanhados de seus argumentos ou complementos, implícitos na ação designada pelo verbo, mas que a nossa experiência recupera. Podemos ser entendidos e a oração "fazer sentido" com enunciados do tipo:
Hoje não *escrevi* [sabe-se que se trata de um texto qualquer]
Enchi o copo [sabe-se que se trata de um líquido, água, suco, etc.]

Não se fazem tais apagamentos se se trata de uma declaração que contrarie a nossa experiência:
Enchi o copo *de areia*.

5) Termos integráveis e não integráveis
Cabe, por fim, distinguir termos *integráveis* e termos *não integráveis*. Chamam-se integráveis aquelas funções sintáticas que podem ser substituídas por pronome pessoal adverbal átono, também chamado *clítico* (do grego *klísis*, 'inclinação') pela possibilidade de integrar-se no mesmo grupo acentual da palavra a que se inclina na pronunciação, na curva melódica.

No português, são integráveis os complementos direto e indireto, como veremos ao seu tempo. Bastem-nos estes exemplos:
Li *o livro* – Li-*o*.
Viu *as crianças* – Viu-*as*.
Dei o livro *a Pedro* – Dei-*lhe* o livro.
Escreveram cartas *aos primos* – Escreveram-*lhes* cartas.

Termos argumentais podem não ser integráveis: é o que acontece com o complemento relativo. Neste caso, a expressão que substitui esta função está representada por um sintagma prepositivo que repete a mesma preposição seguida dos pronomes *ele, ela, eles, elas* ou *isso*:
Não pensava *nos amigos* / Não pensava *neles*.
Assistimos *ao jogo* / Assistimos *a ele*.

Por outro lado, termos não argumentais podem ser integráveis, como ocorre com o chamado dativo de interesse, que estudaremos mais adiante (↗ 455):
Não *me* mexam nesses papéis!

Conhecendo melhor o predicado: núcleo e determinantes
Já vimos que sujeito e predicado organizam a relação predicativa, relação que constitui oração favorita e normal da língua portuguesa, organização que se traduz por marcas formais, como a concordância de número e pessoa, que estudaremos mais adiante (↗ 569).

O núcleo do predicado está constituído por uma classe de palavra chamada *verbo*; assim é que as orações ditas favoritas não dispensam o verbo, explícito ou oculto pelas possibilidades da referência discursiva.

O predicado de uma oração pode ser *simples* ou *complexo*, conforme o conteúdo léxico do verbo que lhe serve de núcleo. Há verbos cujo conteúdo léxico é de grande extensão semântica; de modo que, se desejamos expressar determinada realidade, temos de delimitar essa extensão semântica mediante o auxílio de outros signos léxicos adequados à realidade concreta. Estes outros signos léxicos que nos socorrem nessa delimitação da extensão semântica do verbo, verdadeiros delimitadores semânticos verbais, se chamam *argumentos* ou *complementos verbais*.

Os verbos que necessitam dessa delimitação semântica recebem o nome de *transitivos*:

O porteiro *viu o automóvel*.
Eles *precisam de socorro*.

Os verbos que apresentam significado lexical referente a realidades bem concretas não necessitam de outros signos léxicos, como fazem os que integram predicados complexos. Dizemos, então, que o predicado é *simples*. A tradição gramatical chama *intransitivos* a tais verbos:

Ela não *trabalha*.
José *acordou* cedo.
As crianças *cresceram* rapidamente.

Um mesmo verbo pode ser usado transitiva ou intransitivamente, principalmente quando o processo verbal tem aplicação muito vaga:

Eles *comeram* maçãs (transitivo).
Eles não *comeram* (intransitivo).

Esta particularidade só é possível quando a extensão significativa do verbo aponta para um termo geral (arquilexema) (↗ 417) que englobe a natureza de todos os signos léxicos que naturalmente apareceriam à direita do verbo:

Eles *bebem* pouco (algo líquido: *água, refrigerante, suco*, etc.).
O aluno não *escreveu* (um texto: *bilhete, carta, oração*, etc.).

E é justamente por isso que não se podem usar intransitivamente, a não ser que os entornos venham em socorro da perfeita compreensão da mensagem, predicados do tipo:

Ele ofereceu
Nós reparamos,

já que o signo lexical do complemento não pode ser preenchido por um signo léxico abrangente, um arquilexema, como ocorreu nos exemplos anteriores.

Certos verbos normalmente transitivos, quando empregados intransitivamente, podem adquirir especial matiz semântico:

Ele não *vê*. / 'não enxerga', 'é cego'
Já não *bebe*. / 'abandonou o alcoolismo'
Ainda não *lê*. / 'é analfabeto'

Por tudo isto, conclui-se que a oposição entre transitivo e intransitivo não é absoluta, e mais pertence ao léxico do que à gramática.

1) Os tipos de argumentos determinantes do predicado complexo

a) O complemento direto ou objeto direto – O predicado complexo acompanha-se de tipos diferentes de argumentos, conhecidos por *complementos verbais*.

O primeiro deles é o *complemento direto*, também chamado *objeto direto*, representado por um signo léxico de natureza substantiva (substantivo ou pronome) não introduzido por preposição necessária:

Os vizinhos não viram *o incêndio*.
Não encontramos *os responsáveis*.
O pai comprou *nova casa*.

Constituído, como o sujeito, por expressão substantiva não marcado por um índice funcional (a preposição, neste caso), o complemento direto se distingue do sujeito por vir à direita do verbo (o sujeito vem normalmente à esquerda) e não influir na flexão deste. Assim, a troca de posição destes dois termos na oração está circunscrita aos casos em que dela não resulte ambiguidade ou ruído de comunicação, principalmente no texto escrito. No texto oral, são as pausas e a entonação elementos decisivos para que a oração respeite a intenção comunicativa do falante, sem deixar de haver também, é evidente, a contribuição dos entornos:

José viu o irmão não é a mesma coisa que *O irmão viu José*. Mas já em *José viu os irmãos* e *Os irmãos viu José*, a flexão do verbo no singular patenteia que o sujeito, nas duas orações, só pode ser *José*.

A identificação deste tipo de complemento se faz, além da não presença de preposição necessária, mediante as seguintes estratégias:

a) a comutação do complemento direto pelos pronomes pessoais *o, a, os, as*, marcados formalmente com o gênero e o número do termo comutado:
Os vizinhos não viram *o incêndio*. / ... não *o* viram.
Não encontramos *os responsáveis*. / ... não *os* encontramos.
O pai comprou *nova casa*. / ... *a* comprou.

b) a passagem da oração na chamada voz ativa para a oração de voz passiva, mediante a qual o sujeito da ativa se transforma em agente da passiva introduzido pela preposição *por* (na combinação *per*), enquanto o complemento direto da ativa passa a sujeito da passiva:
Os vizinhos não viram *o incêndio*. / *O incêndio* não foi visto *pelos vizinhos*.
Não encontramos *os responsáveis*. / *Os responsáveis* não foram encontrados *por nós*.
O pai comprou *nova casa*. / *Nova casa* foi comprada *pelo pai*.

c) a substituição do complemento direto pelos pronomes interrogativos *quem* [é que]? (para pessoas) e [o] *que* [é que]? antes da sequência sujeito + verbo, ou antes dos verbos *fazer* ou *acontecer*:
O caçador viu *o companheiro*.
Quem é que o caçador viu? – *o companheiro* (complemento direto)
O caçador viu *o lobo*.
Que é que o caçador viu? – *o lobo* (complemento direto)

d) finalmente, a transposição (topicalização) do complemento direto para a esquerda do verbo, operação que permite a presença de um pronome pessoal objetivo no local vizinho ao verbo onde deveria estar o complemento direto:
O caçador viu *o lobo*. / *O lobo*, o caçador *o* viu.

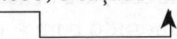

Nenhuma dessas estratégias por si só é operação infalível na identificação do complemento direto; devemos, portanto, utilizar mais de uma estratégia, porque:

a) nem todo predicado complexo de oração de voz ativa admite a passagem à oração de voz passiva; ocorre o fato com certos verbos, como os seguintes [AB.1]:
Eu quis o livro. → **O livro foi querido por mim.*
Cremos isso. → **Isso é crido por nós.*
O aluno tem o livro. → **O livro é tido pelo aluno.*
Os refugiados perderam tudo. → **Tudo foi perdido pelos refugiados.*
O atleta pesava sessenta quilos. → **Sessenta quilos eram pesados pelo atleta.*

b) por outro lado, certos predicados complexos delimitados por signo léxico não constituído com complemento direto também admitem a transformação de oração de voz ativa em oração de voz passiva:
Assistimos à missa → *A missa foi assistida por nós.*
O proprietário pagou aos operários → *Os operários foram pagos pelo proprietário.*
O diretor perdoará aos alunos → *Os alunos serão perdoados pelo diretor.*
Os cidadãos obedecem à lei → *A lei é obedecida pelos cidadãos.*
Todos responderam ao anúncio → *O anúncio foi respondido por todos.*
Apelaram da sentença → *A sentença foi apelada.*
Não aludiram a essas razões → *Essas razões não foram aludidas.*

c) não são naturais, embora gramaticalmente possíveis, as perguntas com *quem...?, que...?* nas frases cujos predicados complexos contêm verbos que significam medida, peso, preço e tempo:
O corredor mede cinco metros.
O atleta pesa sessenta quilos.
O novo carro custou trinta mil reais.
O filme durou três horas.

d) também não são frequentes, embora gramaticalmente possíveis, as pronominalizações com os verbos da natureza semântica referida no item anterior:
O corredor mede-os.
O atleta pesa-os.
O novo carro custou-os.
O filme durou-as.

b) Objeto direto preposicionado – Não raro o objeto aparece iniciado por preposição:
Amar a Deus sobre todas as coisas.

A preposição quase sempre aparece para evidenciar o contraste entre o sujeito e o complemento, não se confundindo com o caso do posvérbio, porque este repercute na significação do verbo. Ocorre o objeto direto preposicionado nos seguintes casos principais:
a) quando se trata de pronome oblíquo tônico (uso hoje obrigatório):
"Nem ele entende *a nós*, nem nós *a ele*" [LC.1, V, 28].

b) quando, principalmente nos verbos que exprimem sentimentos ou manifestações de sentimento, se deseja encarecer a pessoa ou ser personificado a quem a ação verbal se dirige ou favorece:
Amar *a Deus* sobre todas as coisas.
Consolou *aos amigos*.

c) quando se deseja evitar confusão de sentido, principalmente nas ocorrências:
1 - *inversão* (o objeto direto vem antes do sujeito):
A Abel matou Caim.

2 - *comparação*:
"Isto causou estranheza e cuidados ao amorável Sarmento, que prezava Calisto como *a filho*" [CBr.1, 80].

OBSERVAÇÃO: Sem preposição poder-se-ia interpretar *filho* como sujeito: *como filho preza*; todavia, o uso da preposição neste caso não é gramaticalmente obrigatório.

d) na expressão de reciprocidade: *um ao outro, uns aos outros*:
Conhecem-se *uns aos outros*.

e) com o pronome relativo *quem*:
Conheci a pessoa *a quem* admiras.

f) nas construções paralelas com pronomes oblíquos (átonos ou tônicos) seguidos de substantivo, do tipo:

"Mas engana-se contando com os falsos que nos cercam. Conheço-os, e *aos leais*" [AH.3, 102].

g) nas construções de objeto direto pleonástico, sem que constitua norma obrigatória:
"*Ao ingrato*, eu não o sirvo, porque (para que) me não magoe" [RLb.2, 278].

Poderia ser:
O ingrato, eu não o sirvo.

Para casos de pleonasmos viciosos com pronomes relativos, cf. pág. 520.

c) A preposição como posvérbio – Muitas vezes aparece depois de certos verbos uma preposição que mais serve para lhes acrescentar um novo matiz de sentido do que reger o complemento desses mesmos verbos. É o que na gramática inglesa se chama *two-word verbs*: *to look* ('olhar'), *to look for* ('procurar'):
Arrancar a espada.
Arrancar da espada (acentua a ideia de uso do objeto e a retirada total da bainha ou cinta).
Cumprir o dever.
Cumprir com o dever (acentua a ideia de zelo ou boa vontade para executar algo).
Fiz que ele visse.
Fiz com que ele visse (acentua a ideia do esforço ou dedicação empregada).

A preposição que se emprega nestes casos deu-lhe o prof. Antenor Nascentes o nome de *posvérbio* [AN.2, 17].

d) O complemento relativo – O predicado complexo também pode conter verbo cujo conteúdo léxico é de grande extensão semântica, que exige outro tipo de signo léxico que delimite e especifique a experiência comunicada, à semelhança do que vimos com o complemento direto. A diferença é que neste segundo caso o determinante do predicado complexo vem introduzido por preposição; a tal termo preposicionado chamamos *complemento relativo* [RL.1, 251]:
Todos nós *gostamos de cinema*.
O marido não *concordou com a mulher*.
Poucos *assistiram ao concerto*.
O comerciante não *confiou no empregado*.

A preposição que introduz o complemento relativo constitui uma extensão do signo léxico verbal como parece indicar o fato de que cada verbo se acompanha de sua própria preposição, por servidão gramatical (↗ 326).
A escolha de qual preposição deva introduzir este complemento relativo depende da norma estabelecida pela tradição, tradição que pode permitir, às vezes, o emprego variado e indiferente de mais de uma preposição:
Ela se parece *ao* pai   Ela se parece *com* o pai.

Há, todavia, certos usos gramaticalmente previsíveis, como a frequente identidade do prefixo e da preposição (*depender de, concorrer com, agregar a,* por exemplo), ou a preferência relativa da preposição *de* depois de verbos pronominais (*arrepender-se de, queixar-se de, lembrar-se de, condoer-se de,* por exemplo), o que não deixa de ser aspectos da historicidade da norma.

A identidade, como termos funcionais argumentais do predicado complexo, entre o complemento direto e o complemento relativo justifica a quase nula frequência de coexistirem os dois termos no mesmo predicado, e nenhuma na coordenação deles:
   O vizinho disse *mentiras do primo.*
   O comerciante encheu *o copo de vinho.*
   A jovem pôs *os livros na estante.*

Por outro lado, essa identidade funcional explica a possibilidade de, para muitos verbos, alternar a construção do complemento direto com o complemento relativo, e até a norma admite indiferentemente qualquer dos dois complementos:

Ajudar a missa	*Ajudar à missa*
Atender o telefone	*Atender ao telefone*
Assistir os carentes	*Assistir aos carentes*
Chamar românicas essas línguas	*Chamar românicas a essas línguas*
Presidir a sessão	*Presidir à sessão*
Satisfazer o pedido	*Satisfazer ao pedido*

No decurso do tempo e nas variedades linguísticas – diatópicas, diastráticas e diafásicas (↗ 45) – é muito documentada essa mudança entre o complemento direto e o complemento relativo; assim, já se usaram como complemento relativo (o que hoje se fixou como complemento direto) os verbos *socorrer, contentar* e muitos outros.

O signo léxico que representa o complemento relativo é comutável pelos pronomes pessoais tônicos *ele, ela, eles, elas,* introduzidos pela respectiva preposição, marcando o gênero e o número da expressão substantiva comutada:
   Todos gostam *do ator.* / Todos gostam *dele.*
   Os turistas assistiram *à ópera.* / Os turistas assistiram *a ela.*
   O comerciante não confiou *nos empregados.* / O comerciante não confiou *neles.*

Porque delimitam a extensão semântica do signo léxico do predicado complexo, incluem-se como complemento relativo os argumentos dos verbos ditos locativos, situativos e direcionais, o que permite sua comutação com advérbios de equivalência semântica:
   Seus parentes moram *no Rio.* / Seus parentes moram *aqui.*
   O artista já não vive *em São Paulo.* / O artista já não vive *lá.*
   Iremos *a Petrópolis.* / Iremos *aí (ali).*
   Ela chegou *do Ceará.* / Ela chegou *de lá.*

OBSERVAÇÃO: Não há unanimidade entre os estudiosos em considerar tais argumentos do predicado complexo como complementos relativos. Levando em conta exclusivamente o aspecto semântico, muitos preferem considerar tais termos como adjuntos circunstanciais ou adverbiais, que estudaremos mais adiante. Pelas mesmas razões, também não é unânime a identificação como objeto direto de argumentos do predicado complexo que têm por núcleo verbos que significam medida, peso, preço e tempo. A verdade é que significados gramaticais ["agente", "paciente", "locativo", "direção", etc.] se manifestam mediante esquemas sintáticos muito variados. Repare-se que, numa oração como *O policial acompanhou o idoso ao banco na hora do tumulto*, o termo indicativo do lugar (*ao banco*) é inerente ao predicado, e, portanto, não pode ser dispensado, como ocorre com *na hora do tumulto*.

e) O complemento objeto indireto – Integrada a delimitação da amplitude semântica do predicado complexo mediante um signo léxico (*complemento direto* ou *complemento relativo*), pode aparecer um outro signo léxico, subsidiário desse conjunto da função predicativa, que denota geralmente relação a um ser animado, introduzido pela preposição *a* e que se refere à pessoa destinada ou beneficiada pela experiência comunicada no primeiro momento da intenção comunicativa do predicado complexo (verbo + argumento):

O diretor <u>escreveu cartas</u> <u>AOS PAIS</u>.

Os vizinhos <u>se queixaram do barulho</u> <u>À POLÍCIA</u>.

Este novo argumento do predicado complexo se chama *complemento* ou *objeto indireto* [HB.1, 261] e apresenta as seguintes características formais e semânticas: a) é introduzido apenas pela preposição *a* (raramente *para*); b) o signo léxico denota um ser animado ou concebido como tal; c) expressa o significado gramatical "beneficiário", "destinatário"; d) é comutável pelo pronome pessoal objetivo *lhe* / *lhes*, que leva a marca de número do signo léxico referido, mas não a de gênero, como ocorre no caso dos pronomes pessoais que comutam o signo léxico correspondente ao complemento direto (*o, a, os, as*) ou ao complemento relativo (prep. + *ele, ela, eles, elas*).

Enviaram o presente *à aniversariante*. / Enviaram-*lhe* o presente.
O diretor escreveu cartas *aos pais*. / O diretor escreveu-*lhes* cartas.

Acrescente-se ainda a possibilidade de poder esse pronome duplicar o complemento indireto na mesma oração, sem que este termo esteja obrigado a topicalizar-se, isto é, a aparecer antecipado na oração:

Sempre *lhe* dei *ao aluno* muita atenção.
Ao aluno sempre *lhe* dei muita atenção.

Assim, o complemento indireto é um termo que se distancia mais da delimitação semântica do predicado complexo e parece melhor um elemento adicional da intenção comunicativa que fica, no esquema sintático, a meio caminho entre os verdadeiros complementos verbais e os adjuntos circunstanciais.

Os estudiosos têm encontrado dificuldade em estabelecer um rigoroso critério de identificação do complemento indireto, preferindo servir-se concomitantemente de critérios léxicos, formais e sintáticos.

A integração da relação predicativa se faz *imediatamente* com o complemento direto e relativo, e só *mediatamente* com o complemento indireto. Tanto é assim que em condições normais (isto é, quando não se trate de evidente elipse ou de auxílio de entorno) não se pode eliminar o complemento direto ou complemento relativo, mas é possível não anunciar o complemento indireto:

Vi o acidente. | *Vi.
Preciso do auxílio. | *Preciso.

mas:

Escrevi cartas aos pais. | Escrevi cartas.
Queixou-se da turma ao diretor. | Queixou-se da turma.

Embora o complemento ou objeto indireto integre o conjunto *verbo + complemento direto* ou *complemento relativo*, as circunstâncias do discurso (os entornos, a referência anterior ou seguinte no discurso) permitem que se omita o complemento direto ou complemento relativo, permanecendo na oração apenas o indireto, ou se pode omiti-lo, deixando apenas um daqueles complementos:

O diretor escreveu *aos pais*. O diretor escreveu *cartas*.
Os vizinhos se queixaram *à polícia*. Os vizinhos se queixaram *do barulho*.

f) Objeto indireto e adjuntos com *para* – Cabe insistir que a preposição que introduz o complemento indireto é *a*; muitas vezes, parece que, nesta função, se acha a preposição *para*, já que *a* e *para* se alternam em muitos esquemas sintáticos, mas não quando se trata do complemento indireto, o que só raramente acontece:

Alguns alunos compraram flores *para a professora*.

Se prestarmos atenção, *para a professora* do exemplo não introduz o termo que funcionaria como complemento indireto, e a prova disto está na possibilidade, na referida oração, de aparecer um complemento indireto:

Alguns alunos compraram flores *ao florista* para a professora.

Note-se que se *ao florista* e *para a professora* exercessem a mesma função de complemento indireto, deveriam aparecer coordenados mediante a conjunção *e*, como ocorre com todos os termos de igual valor gramatical. Não seria possível construir a seguinte oração:

Alguns alunos compraram flores *ao florista e para a professora*.

Diante de uma oração como a nossa
Alguns alunos compraram flores *ao florista para a professora*,

a pronominalização só pode ser comutada com o objeto indireto *ao florista*:
Alguns alunos compraram-lhe flores para a professora.
mas não:
*Alguns alunos compraram-lhe ao florista.

g) Construção especial com objeto indireto – Um pequeno número de verbos contraria o princípio geral que aqui adotamos, segundo o qual o objeto indireto integra a função predicativa exercida por *verbo + argumento* (objeto direto ou complemento relativo).
A notícia não agradou *ao povo*.
A notícia não *lhe* agradou.

Ocorre esta construção com verbos como *agradar, desagradar, pertencer, ocorrer, acontecer, saber* (= sentir sabor), *cheirar* (= sentir o cheiro), *interessar, aparecer, sorrir* (= aparecer favoravelmente).
O imóvel pertence *aos herdeiros* (pertence-*lhes*).
Esses fatos *lhe* aconteceram repentinamente.
Isto não *lhe* sabe bem.
O café *lhe* cheira bem.
Apareceram-*lhe* uns ruídos estranhos.
A sorte *lhe* sorriu nesta semana.

h) Os chamados "dativos livres" – Os objetos indiretos vistos nesta seção são argumentos sintático-semânticos extensivos da função predicativa do conteúdo comunicado nas respectivas orações.
Todavia, remanescentes de construções (algumas das quais da sintaxe latina) aparecem sob forma de objeto indireto, nominal ou pronominal, alguns termos que não estão direta ou indiretamente ligados à esfera do predicado: são os chamados *dativos livres*, representados pelos seguintes tipos:
a) *dativo de interesse (dativus commodi et incommodi)* – é aquele mediante o qual se indica de maneira secundária a quem aproveita ou prejudica a ação verbal:
Ele só trabalha *para os seus*.
"Ele ligou-*me* amavelmente a luz" [MV.2, 123].

Este dativo fica muito próximo da circunstância de fim ou proveito (beneficiário). (↗ 474)
b) *dativo ético* – é uma variedade do anterior, muito comum da linguagem da conversação, e representa aquele para o qual o falante tenta captar a benevolência do seu interlocutor na execução de um desejo:
Não *me* reprovem estas ideias!
Não *me* mexam nos papéis!

Ele sempre *te* saiu um grande mentiroso.
Não *me* enviem cartões a essas pessoas.

Repare-se que, neste último exemplo, o verbo se acompanha de complemento direto (*cartões*) e indireto (*a essas pessoas*), enquanto o pronome *me*, fora da esfera da transitividade verbal, denuncia o meu interesse de que a tais pessoas não sejam enviados cartões.

c) *dativo de posse* – exprime o possuidor:
O médico tomou o pulso *ao* doente (tomou-*lhe* o pulso).
Doem-*me* as costas.
"O vaso partiu-se-*me*" [MV].

d) *dativo de opinião* – exprime a opinião de uma pessoa:
Para ele a vida deve ser intensamente vivida.
Para nós ela é a culpada.

A alguns destes pronomes dativos o velho e grande filólogo venezuelano Andrés Bello chamava *dativos supérfluos*.

Isto evidencia que os pronomes adverbais átonos, especialmente o caso do *lhe* como símbolo formal do objeto indireto, cobrem outras funções além daquela de complementação verbal.

i) O complemento predicativo – Um grupo reduzido de verbos integra o predicado complexo acompanhado de outro tipo de argumento verbal conhecido pelo nome de *complemento predicativo* ou tão somente *predicativo*. Estes verbos se caracterizam por uma referência tão vaga à realidade comunicada, que fazem do predicativo um argumento, pelo aspecto semântico, muito mais intrinsecamente relacionado com o verbo do que os demais integrantes do predicado complexo (os complementos direto, relativo e indireto) e portador de referência a traços essenciais do sujeito.

Esta pequena lista de verbos inclui *ser, estar, ficar, permanecer, parecer* e poucos outros, que aparecem matizados semanticamente pelo signo léxico que funciona como predicativo:

O trabalho *é* proveitoso.
Janete *é* minha irmã.
As alegrias *eram* passageiras.
O céu *está* azulado.
Os argumentos *permaneceram* incompletos.
A situação *parecia* resolvida.
Esses livros não *são* seus.

Se atentarmos para o aspecto formal, tirante o fenômeno da concordância do predicativo com o sujeito, verificaremos que há pontos de contato entre este predicativo e o complemento direto: a) ambos matizam a extensão semântica do verbo, funcionando como seu delimitante; b) aparecem normal e imediatamente (sem preposição) à direita do verbo; c) são comutados por pronome átono, ainda que de maneira diferente, quando o verbo é *ser, estar, ficar, parecer*; d) e, finalmente, porque muitas das construções oracionais com predicativo são equivalentes na designação, isto é, na referência à realidade comunicada, são equivalentes a orações com verbos que exprimem ação e processo, especialmente se o verbo está no presente: *Pedro é cantor / Pedro canta*; *O colega está irritado / O colega irrita-se*.

Tais aproximações levaram alguns estudiosos a considerar que, em orações do tipo *Ele é meu irmão, meu irmão* poderia identificar-se com o *complemento direto*; outros, adotando a distinção, insistiam em juntar essas duas como variantes funcionais duma só função.

A primeira particularidade formal que distingue o predicativo dos demais argumentos verbais é a concordância (quando representado por adjetivo e alguns pronomes) em gênero e número com o sujeito da oração, conforme demonstram os exemplos anteriores.

A segunda particularidade é a possibilidade de comutação do predicativo pelo pronome invariável *o*, qualquer que seja o gênero e o número do núcleo do predicativo que substitui, quando o verbo é *ser, estar, ficar* e *parecer*:[117]

O trabalho é *proveitoso*. → O trabalho *o* é.
As alegrias eram *passageiras*. → As alegrias *o* eram.
Janete é *minha irmã*. → Janete *o* é.

Mas:
A professora continua *doente*. → *A professora *o* continua.

A terceira particularidade é a impossibilidade de ser a oração com tais verbos construída na voz passiva, como ocorre com a que tem complemento direto.

A quarta particularidade é a incompatibilidade de aparecer com o seu representante invariável *o* na mesma oração:
Filipe é *simpático*. Filipe *o* é. *Filipe *o* é *simpático*.

2) Vale a pena distinguir predicado verbal e predicado nominal?
Tal esvaziamento do signo léxico representado por esses verbos, esvaziamento que se supre com o auxílio de um nome (substantivo ou adjetivo), e a particularidade de concordar o predicativo em gênero e número com o sujeito levaram a uma distinção entre predicado *verbal* (*Pedro canta*) e predicado *nominal* (*Pedro é cantor, Maria é professora*), o que implicava retirar de tais verbos o *status* de verbo – pois sua missão gramatical se restringiria a "ligar" (daí os nomes de *copulativos, de ligação* ou *relacionais* que se lhes atribuíam) o predicativo ao sujeito. A realidade

---

[117] Este emprego invariável do *o* parece dever-se à confluência de alguns fatos, entre os quais se destaca o de só haver obrigatoriedade de concordância do predicativo com o sujeito quando é representado por adjetivo ou alguns pronomes e pela referência de dêixis e de valor neutral do pronome *o*.

comunicada residiria no nome predicativo, e o verbo seria apenas o marcador do tempo, modo e aspecto da oração. Ora, do ponto de vista funcional e formal, tais verbos apresentam todas as condições necessárias à classe dos verbos, incluindo-se aí os morfemas de gênero, número, pessoa, tempo e modo; daí acompanharmos neste livro os linguistas e gramáticos que defendem a não distinção entre o *predicado verbal* e o *predicado nominal*, incluindo também a desnecessidade de distinguir o *predicado verbonominal* [EBv.1, cap. 13 e 16]. Toda relação predicativa que se estabelece na oração tem por núcleo um verbo.

Como o signo linguístico que aparece na função de predicativo costuma ser um nome – substantivo ou adjetivo –, a tradição gramatical passou a designar *nominal* a esse tipo de predicado complexo, para diferi-lo dos outros chamados *verbais*. Além da sem-razão dessa diferença, conforme acabamos de ver, cabe lembrar que funcionam como predicativo outras classes de palavras, inclusive advérbios.

João é meu *irmão*.
O sol está *quente*.
Os argumentos continuam os *mesmos*.
Ela mais parece uma *Maria vai com as outras*.
Os vizinhos estão *bem*.
Os jovens são *assim*.
O primo é *dos nossos*.
A mesa parece *de madeira*.
Nós somos *do Norte*.
As provas parecem *de boas fontes*.
Está *tarde*.
O compromisso está *de pé*.
Ela estava *que estava*.

Observações:
1.ª) Levada pela equivalência do conteúdo do pensamento designado com orações declarativas que têm por núcleo os verbos *ser*, *estar* ou outro adequado à intenção comunicativa, a tradição tem considerado que há elipse de um de tais verbos em enunciados como os seguintes, comuns em provérbios, refrãos, clichês do discurso repetido, isto é, de fórmulas fossilizadas da língua ou a elas assimiladas:

Tal pai, tal filho.
Casa de ferreiro, espeto de pau.
Povo educado, povo limpo.

Na realidade, trata-se de exemplos de frases de estrutura bimembre, de que falaremos mais adiante, em que não há necessidade de se apelar para elipse (➚ 630).

2.ª) Como já vimos, um mesmo verbo pode ser usado de maneira diferente, conforme a realidade comunicada; vejamos, por exemplo, o verbo *virar*:

O tempo virou (usado num predicado simples, intransitivamente).

O vento virou o barco (usado num predicado complexo, com o argumento complemento direto *o barco*).
O vizinho virou fera (usado num predicado complexo, com o argumento predicativo *fera*).

3) A posição do predicativo
A construção básica da oração apresenta o predicativo à direita do verbo: *Meu amigo é inteligente*. Mas pode apresentar uma construção derivada em que o predicativo se antecipa e aparece antes do sujeito. Se o predicativo é representado por adjetivo, não há dificuldade em identificá-lo como tal: *Inteligente é meu amigo*, em que inteligente, apesar de colocar-se antes do sujeito *meu amigo*, continua a exercer a função de predicativo. Todavia, a dificuldade pode surgir, se o sujeito e o predicativo estão representados por dois substantivos ou um substantivo e um pronome:
O meu amigo é o padrinho. / O padrinho é o meu amigo.
Eu sou o padrinho. / O padrinho sou eu.
João é o padrinho. / O padrinho é João.

Pelo expediente da comutação podemos com facilidade assinalar a correta classificação, já que vimos que o predicativo é, nesses casos, comutável com o pronome invariável *o*; quando não se trata do verdadeiro predicativo, a comutação não se mostra natural:
O meu amigo é o padrinho. → O meu amigo o é.
O padrinho é o meu amigo. → **O padrinho o é.*

Eu sou o padrinho. → Eu o sou.
O padrinho sou eu. → **O padrinho o sou.*

João é o padrinho. → João o é.
O padrinho é João. → **O padrinho o é.*

É justamente pela comutação que no exemplo *Seu orgulho eram os velhinhos* ficamos sabendo que houve apenas inversão do predicativo: Os velhinhos *o* eram / *Seu orgulho *o* era.
Tiramos, assim, duas conclusões importantes para a sintaxe:
a) *Seu orgulho eram os velhinhos* é uma construção derivada da construção básica *Os velhinhos eram seu orgulho*;
b) em *Seu orgulho eram os velhinhos* o verbo concorda com seu verdadeiro sujeito (*os velhinhos*), e não com o predicativo (*seu orgulho*) [VK.1, 438].

Ainda a comutação vem pôr luz a um falso problema de classificação sintática de *dez horas* na oração de função predicativa não referida (a oração não tem sujeito): *São dez horas*.

A classificação corrente é atribuir a *dez horas* a função de predicativo. Como o verbo é impessoal e está, por concordância atrativa, no plural, tem-se-lhe proposto a função de sujeito. Ora, a comutação nos mostra ser a classificação como predicativo a única possível:
São dez horas? – São-**no**.
Já são seis horas? – Já **o** são.

Jamais o sentimento linguístico do falante aceitaria como normal:
São dez horas? – *****Elas** são,
como seria, se o sujeito fosse *dez horas*.

4) Outro tipo de predicativo: *anexo predicativo*
Este determinante predicativo não se restringe à referência ao sujeito, em orações com o concurso de verbos como *ser, estar, ficar*, etc. Pode aparecer em predicados simples e complexos, com o concurso de verbos outros de ação ou processo, referidos ao sujeito, ao complemento direto, ao complemento relativo e ao complemento indireto (talvez restrito ao verbo *chamar* 'dar nome'):
Ele estudou *atento*. Ela estudou *atenta* (predicativo do sujeito).
Os trens chegaram *atrasados* (predicativo do sujeito).
O auditório ouviu os conferencistas *atento* (predicativo do sujeito).
A polícia encontrou a porta *arrombada* (predicativo do complemento direto).
"Definiu-se o caso como *impossível*" (predicativo do sujeito) [ABo.1, 71].
Tratou-se da questão como *insolúvel* (predicativo do complemento relativo).
Nós lhe chamávamos *doutor* (predicativo do complemento indireto).

Não é raro vir o predicativo precedido de preposição ou palavra equivalente:
Tachou-o *de louco*.
A maioria tinha o réu *por* (ou *como*) *inocente*.
"Jesus, pareces desenterrado! exclamou assustadíssima a pobre mulher, vendo-o *pálido e de olheiras* cavadas e negras" (AFg.1, 118).

Com o verbo *chamar* podemos dizer:
Chamaram-no *tolo / de tolo*.
Chamaram-lhe *tolo / de tolo*.

Acompanham-se de predicativo do complemento direto os verbos:
a) que significam 'chamar' e 'ter na conta de': *chamar, considerar, reputar, julgar, supor, declarar, intitular, crer, estimar, ter* e *haver por, dar* e *tomar por*, etc.;

b) *deixar, ver, ouvir, encontrar*, em construções do tipo:
Viu-o *vivo e forte*.
Deixei-o *de cama* e encontrei-o *sarado*.

Pode o predicativo que exprime resultado ou consequência do processo verbal indicar a situação anterior e a que resulta da mudança:
O secretário passou José *de auxiliar a chefe*.

À semelhança do predicativo em predicado complexo com *ser, estar*, etc., esse argumento concorda em gênero e número com o núcleo referido, e por isso tem merecido em muitos autores a classificação de *predicativo*; todavia há entre os dois predicativos diferenças:
a) é normalmente representado por um adjetivo, enquanto o outro tipo de predicativo pode vir expresso por adjetivo, substantivo, pronome, advérbio, etc.;
b) este último determinante apresenta-se numa relação semântica intermédia, entre a realidade comunicada pelo verbo e uma qualificação ao signo lexical núcleo do sujeito ou do complemento verbal;
c) por essa maior frouxidão relacional com o verbo, pode ser suprimido sem provocar uma construção agramatical:
*Ele é estudioso / *Ele é; Ele estudou atento / Ele estudou; O auditório ouviu os conferencistas atento / O auditório ouviu os conferencistas*;
d) ao contrário dos outros predicativos, esse determinante não pode ser comutado pelo pronome invariável *o*, mas por um advérbio como *assim*:
Ele estudou atento / Ele estudou *assim* / Ela estudou *assim*.
A polícia encontrou a porta arrombada / A polícia encontrou a porta *assim*;
e) essa relação com uma palavra de natureza adverbial (*assim*) permite a substituição do adjetivo por advérbio, resultando daí orações equivalentes na designação:
Ele estudou atento / Ele estudou atentamente; O auditório ouviu os conferencistas atento / O auditório ouviu os conferencistas atentamente.

Tais diferenças levam alguns autores a dar outra classificação a predicativos dessa natureza; Said Ali chamou-lhes *anexo predicativo*, e cremos que, se houver necessidade de dar nomes diferentes a tais predicativos, a expressão sugerida pelo mestre Said Ali pode ser utilizada. As propostas *predicativo atributivo* ou *atributo predicativo* também correm em bons autores [AK.1, 83; SL.1, 46-47].

Pode-se variar a construção em que entra esse segundo tipo de predicativo transpondo-o para junto do termo referido, caso em que se profere com breve pausa ou com pausa mais longa; neste último caso, usa-se vírgula na língua escrita:
Os rios corriam sonorosos.
Os rios sonorosos corriam.
Sonorosos corriam os rios.
Os rios, sonorosos, corriam.

Observação: No exemplo *Os rios sonorosos corriam* podemos ver em *sonorosos* tanto um adjunto adnominal de *rios* como um predicativo do sujeito. A intenção comunicativa do falante ou escritor, quando possível, dependerá do sentido textual que será resgatado mediante a gramática do texto ou análise gramatical. Para o responsável pelo conteúdo do pensamento designado não há essa ambiguidade, porque, como diz Coseriu, "os falantes intuem e conhecem determinadas relações entre paradigmas diversos de sua língua" [ECs.1, 254].

Dentro desta função do predicativo podemos incluir o determinante que denota o "tempo, hipótese, concessão, causa, comparação, ou debaixo de que respeito é considerada a pessoa ou cousa", na época referida pela relação predicativa [ED.2, 45, b]:

"'Stamos em pleno mar... Doudo no espaço.
Brinca o luar – *dourada borboleta*" [CAlv.1, 92].
(isto é, "como dourada borboleta")
"*Rainha* esquece o que sofreu *vassala*" [BBo].
(isto é, "como rainha esquece o que sofreu quando vassala")

Também esses predicativos podem vir introduzidos por preposição ou advérbio, ou palavras em função equivalente:

Em rapaz dizia verdades que *quando velho* silenciou.
Audaz D. Quixote ele entrou na discussão.
Quando Presidente esqueceu-se das promessas *como candidato*.

Os exemplos acima podem ser reescritos sem os instrumentos verbais introdutórios, quando esses predicativos à moda latina emprestam ao enunciado certa energia e elegância. Neste caso são marcados por pausa, ainda que breve; no exemplo acima de Castro Alves, a pausa é indicada graficamente pelo travessão, enquanto no de Bocage não há sinal de pontuação, ainda que a pausa exista para que *rainha* não seja proferido com a linha melódica igual à que o marcaria como sujeito de *esquece*. O seguinte exemplo de Eça de Queirós é bom testemunho desse tipo de predicativo marcado por pausa, para distingui-lo do adjetivo com função de adjunto adnominal; observe que a pausa, marcada por vírgula, é decisiva para tal distinção:

"Mas os meses passaram, naquela vida de uma regularidade triste de pêndulo, entre a casa e a farmácia e o grosso livro encadernado, onde ele devia copiar os *Esmaltes e Joias*, permanecia ainda quase todo branco. Lá estavam os três poemas que o *Pensamento* acolhera: *Ofélia, A ti* – que era a Aninhas Serrana, *amada* – e *Mulher de Mármore* – que era a Aninhas Serrana, *odiada!*" [EQ.1, 53-54].

Observações:
1.ª) Levados pela equivalência designativa, alguns autores preferem considerar como se fossem orações abreviadas sem verbo explícito os predicativos introduzidos por *como, quando, porque*, por considerá-los, nestes casos, conjunções subordinativas:

Quando Presidente → Quando era Presidente...

2.ª) Exemplos como o já citado
   Os rios, sonorosos, corriam,
aproximam formalmente este tipo de anexo predicativo.

5) O infinitivo e o gerúndio como predicativo[118]
Já tivemos oportunidade de ver que o infinitivo, como forma nominal do verbo, funciona também como substantivo: *Querer é poder. Escrever é um ato de cultura.*

Em *Convém prestar atenção aos conselhos, prestar atenção aos conselhos* (em que o infinitivo é núcleo de um predicado complexo, com objeto direto [*atenção*] e indireto [*aos conselhos*]) funciona unitariamente como sujeito explícito do núcleo *convém*.

Em *Vejo abrir a porta*, o infinitivo com seu objeto direto (*abrir a porta*) funciona unitariamente como objeto direto do núcleo *vejo*: *vejo-o*.

Mas em enunciados do tipo *Ouço soprar o vento* ou *Vejo crescer as árvores*, apesar de serem aparentemente análogos aos anteriores, temos outras construções em que entram como núcleo verbos que significam atos mentais de percepção, embora os conjuntos *soprar o vento* ou *crescer as árvores* possam ser comutados por pronomes adverbais átonos (*Ouço-o* e *Vejo-as*). Os substantivos *vento* e *árvores* não funcionam como objeto direto do infinitivo, mas sim dos núcleos *ouço* e *vejo*, razão por que são comutados por pronomes adverbais átonos: *Ouço-o* (= o vento) *soprar* e *vejo-as* (= as árvores) *crescer*, em cujo procedimento não se incluem os infinitivos *soprar* e *crescer*.

Agora, se compararmos as construções estudadas antes:
   Encontrou a porta arrombada,

em que *arrombada* funciona como predicativo do objeto direto *porta* e em que, comutando este objeto direto por pronome adverbal átono, teremos:
   Encontrei-a arrombada,

onde o predicativo *arrombada* não fica incluído na função de *a*.
   Analogamente, nos nossos exemplos
      Ouço-o soprar.
      Vejo-as crescer.

os infinitivos funcionam como modificadores dos respectivos pronomes adverbais e funcionam como seus predicativos.

Desta maneira, não cabe falar aqui de "sujeito" de infinitivo exercido por *vento* e *árvores* nas construções:
   Ouço soprar o vento.   / Ouço o vento soprar.
   Vejo crescer as árvores. / Vejo as árvores crescer.

---

[118] [BC.1, §1100; AL.1, 311, AL.2, 182].

A analogia se deve ao fato de *vento* e *árvores* serem, na análise do conteúdo semântico, *agente* da ação da atividade percebida, como em *O vento sopra* e *As árvores crescem*, o que não quer dizer que, naqueles exemplos, exerçam a função sintática de sujeito: são, sim, objeto direto de *ouço* e *vejo*. Por isso, em *Ouço soprar o vento* e *Vejo crescer as árvores*, o normal é que não se precise flexionar o infinitivo, já que *vento* e *árvores* não funcionam como sujeito de *soprar* e *crescer*.

Repare-se que, ao comutar o objeto direto do núcleo *ouço* ou *vejo*, se tem de deixar à parte o infinitivo, que, como vimos, funciona como predicativo do objeto direto *vento* ou *árvores*:

Ouço o vento soprar. → Ouço-o soprar.
Vejo as árvores crescer. → Vejo-as crescer.

Tal como ocorreu com:
Encontrou a porta arrombada. → Encontrou-a arrombada.

Se, como vimos, não se pode falar nestes casos de "sujeito" de infinitivo, também é impróprio afirmar que tais substantivos são "objeto direto" do núcleo *ouço* ou *vejo* e ao mesmo tempo "sujeito" do infinitivo.

A concordância que pode aparecer em
Ouço soprarem os ventos. / Ouço os ventos soprarem.
Vejo crescerem as árvores. / Vejo as árvores crescerem.

se deve à análise do conteúdo semântico da equivalência na designação, isto é, na referência à realidade percebida, com:
Ouço que os ventos sopram.
Vejo que as árvores crescem.

em que *ventos* e *árvores* são agentes e agora também sujeitos.

A diferença entre o *agente* da análise semântica e o *sujeito* da análise gramatical (da estrutura sintática) é comparável à que ocorre entre o *paciente* da análise semântica e o *sujeito* da construção sintática reflexiva em (só que aqui a língua-padrão ainda não agasalhou o resultado do procedimento):
Alugam-se casas / Aluga-se casas.

Pelo mesmo efeito da equivalência na designação é que aparece o primeiro verbo no singular quando se combina com o pronome reflexivo *se*, procedimento que, na análise gramatical, passa os antigos objetos diretos (*ouço os ventos* / *vejo as árvores*) a sujeito do sentido passivo da nova construção:
Ouve-se soprar os ventos / Ouve-se os ventos soprar.
Vê-se crescer as árvores / Vê-se as árvores crescer.

Trata-se aqui de concordâncias tão irregulares à luz da análise gramatical e da tradição da língua exemplar quanto as que ocorrem em:
Aluga-se casas.
Vende-se apartamentos.

Em lugar do infinitivo em função de predicativo, pode aparecer o *gerúndio*, quando é representado por signo léxico que denote atividade:
Ouço o vento soprando.
Vejo as árvores crescendo.
"No entanto ouvia [eu] as negras falando da morte dele com pavor" [JL.3, 37].

À semelhança da construção com infinitivo, a de gerúndio, na referência à realidade percebida, pode ser substituída pela de relativo:
Ouço o vento que sopra.
Vejo as árvores que crescem.
"Subitamente a chuva fustigou as vidraças; o primeiro bofar do vento fez ramalhar as árvores meias calvas; e *senti-o que se abismava* debaixo das arcarias de pedra" [AH.7, I, 139].

A mesma particularidade se repete com *eis*, que rigorosamente se acompanha de objeto direto:
"(...) apenas os primeiros raios de sol faziam reluzir as armas, semelhantes no brilho trêmulo ao alvejar da geada, *ei-las* que pareciam rolar-se pelas encostas (...)" [AH.7, I, 172].

6) O complemento de agente ("agente da passiva")
Um tipo de termo argumental não obrigatório é o que a gramática tradicional chama *agente da passiva*; caracteriza-se por ser um termo preposicionado marcado pelas preposições *por* e, mais raramente, *de*, com verbos empregados como transitivos diretos na chamada voz ou construção passiva:
Os exercícios foram feitos *por José*.
O réu é condenado *pelo júri*.

Tal complemento de agente pode ser opcional, pois são construções gramaticalmente corretas:
Os exercícios foram feitos.
O réu é condenado.

A gramática tradicional tem posto este agente entre os complementos verbais em vista de seu relacionamento com o sujeito e com o complemento direto. Com o sujeito, porque, na transformação da estrutura passiva à estrutura ativa, o complemento agente passa a sujeito:
Os exercícios foram feitos *por José* / *José* fez os exercícios.

Com o complemento direto, porque, enquanto este vem exigido pela característica gramatical da construção ativa, o agente o é da construção passiva.

Em geral, o complemento de agente apresenta o traço semântico *animado*, como revelam, nos exemplos acima, *José* (*por José*) e *júri* (*pelo júri*).

Quando não há o traço *animado*, pode apresentar o traço *potente*, representado lexicalmente por nome de coisa, mas capaz de praticar ou fazer desenvolver uma ação, como nos exemplos seguintes [PD.1, 46]:

O menino foi atropelado *pelo ônibus escolar*.
Os alpinistas foram surpreendidos *pelo vendaval*.

Dissemos que o complemento de agente pode vir introduzido pela preposição *de*, construção mais comum em outros tempos da história do português, e ainda usado literariamente; no português contemporâneo, *de* está praticamente restrito a unidades léxicas que exprimem sentimentos ou manifestações de sentimentos:

Ela é estimada *de todos*.
O professor não foi esquecido *dos alunos*.

Nem todo termo introduzido pela preposição *por* funciona como complemento de agente, principalmente se apresenta o traço *não animado*, referente a uma coisa, quando deve ser classificado como adjunto circunstancial de causa ou meio. Neste caso, *por* é comutável por outra preposição (p.ex., *com*) ou por locuções prepositivas do tipo *por causa de*, *por meio de*, *em virtude de* e equivalentes:

O artista foi elogiado *pela sua técnica*.
Ficaram aborrecidos *pelas falsas promessas*.
Os ladrões foram encontrados *pela denúncia anônima*.

Em tais exemplos, a experiência comunicada em *pelas falsas promessas* e *pela denúncia anônima* pode ser expressa mediante outra construção:

Ficaram aborrecidos *com* (*por causa de*) *as falsas promessas*.
Os ladrões foram encontrados *em virtude de* (*graças a*) *denúncia anônima*.

Não é, portanto, a relação sintática, mas o contexto em que se enquadra a experiência comunicada, que irá resolver se se trata de um complemento de agente ou de adjunto circunstancial ou adverbial.

A construção dita "passiva pronominal" ou "passiva reflexa" (denominações melhores que "passiva sintética") não se acompanha, no português contemporâneo, do complemento de agente, como acontece na chamada construção passiva com auxiliar + particípio, vista até aqui:

Vendem-se casas.

O complemento de agente pode aparecer junto a substantivo ou adjetivo constituído por um signo léxico referido a um processo ou ação, como *assalto*, *vitória*, *derrota*, etc.

O assalto *pelo primeiro batalhão* foi decisivo.
O derrotado *pelo concorrente* achou justa a classificação.

7) Construção passiva e o predicativo
Partindo do fato de que a realidade comunicada nas orações *A casa está espaçosa* e *A casa está pintada* aponta ao sujeito *a casa* um atributo, muitos estudiosos não veem razão de estruturação sintática para distinguir o adjetivo *espaçosa* como predicativo do sujeito, e o signo léxico *pintada* como verbo na forma de particípio. Ora, já sabemos que um particípio verbal pode funcionar como adjetivo. A dificuldade desta distinção fica ainda mais notável quando comparamos *A equipe é vencedora* e *A equipe é vencida*, em que, não havendo nenhuma diferença na estrutura sintática das duas orações (um sujeito *a equipe*, um núcleo verbal e um termo que, à maneira dos predicativos, concorda em número com o núcleo da oração [o verbo] e em gênero e número com o sujeito explícito), a distinção repousa apenas no traço semântico 'ativo' do lexema *vencedora* em oposição ao traço semântico 'passivo' do lexema *vencido*.

Poder-se-ia objetar contra tal identificação dos dois termos o fato de poder levar o particípio *vencido*, ao contrário do predicativo como *vencedora*, uma expansão preposicionada "que se refere na realidade ao agente da atividade designada pelo signo léxico do particípio" [AL.1, 303], apesar do paralelismo da estrutura sintática.

Um argumento forte em favor de considerar o particípio como adjetivo e, assim, na função de predicativo, na construção dita "voz passiva", é a possibilidade de comutação do particípio pelo pronome invariável *o* – como ocorre com o signo léxico na função de predicativo:

A equipe é *vencedora*.   A equipe *o* é.
A equipe é *vencida*.   A equipe *o* é.
A equipe é *vencida* pelo adversário.   A equipe *o* é pelo adversário.

Ocorre o mesmo se se trata de adjunto adverbial de causa ou meio, e não de complemento de agente.

A pressão é *controlada* com remédios.   A pressão *o* é com remédios.
O artista foi *elogiado* pela sua técnica.   O artista *o* foi pela sua técnica.

Fica, assim, ao analista optar por uma das duas maneiras, apesar dos fortes argumentos em favor da solução como predicativo. Neste livro, por motivação didática, seguimos a análise como passiva.

Os determinantes circunstanciais ou adverbiais
Se atentarmos para as frases:
A criança caiu da cama durante a noite
Os carregadores puseram o móvel na sala logo pela manhã
O marido acompanhou a esposa ao hospital na ambulância,

facilmente verificaremos que os termos *da cama* e *durante a noite* – para só ficarmos por enquanto no primeiro exemplo – denotam uma circunstância de lugar donde (*da cama*) e de tempo (*durante a noite*). Levada exclusivamente pelo aspecto semântico, a gramática tradicional igualou estes termos também sintaticamente, considerando-os ambos *adjuntos adverbiais*, isto é, como termos não argumentais, vale dizer, fora do âmbito da regência do verbo da oração, isto é, não pedidos por ele.

Ora, basta aplicarmos o *teste da redução* para verificarmos que o termo *da cama* é termo obrigatório, argumental, pois pertence à regência do verbo *cair*; assim, torna-se incompleta do ponto de vista sintático (e semântico, naturalmente) a oração sem este complemento relativo:

A criança caiu durante a noite.

Já não se dá o mesmo com a redução ou supressão do termo *durante a noite*:
A criança caiu da cama.

OBSERVAÇÃO: Para distinguir a identidade designativa de circunstância, presente em *da cama* e *durante a noite*, da função sintática diferente dos dois termos, talvez fosse conveniente encontrar outra denominação para o *adjunto circunstancial* que evitasse a alusão à natureza de "circunstância".

Se *da cama* é o complemento relativo de *cair*, *durante a noite*, mero acréscimo à informação, à realidade comunicada, receberá a classificação de *adjunto circunstancial*. Os adjuntos adverbiais são semântica e sintaticamente opcionais. Respondem às clássicas perguntas *como?*, *quando?*, *onde?*, *por quê?*, enquanto o complemento relativo responde à pergunta *quê?*, *quem?*, precedidos da preposição que acompanha tradicionalmente o verbo:

Pedro fala sempre *de negócios* (fala de quê?: compl. relativo).
Pedro fala sempre *de memória* (como fala?: adjunto adverbial).

Se recorrermos ao teste de clivagem ou relevo mediante o usual instrumento *é ... que/quem*, verificaremos a diferença de resultado entre o complemento relativo e o adjunto adverbial:

É de negócios *de que* sempre fala o José.
É de memória *como* sempre fala o José [AL.1, 323].

Semanticamente, o papel desses adjuntos adverbiais é matizar o processo designado na relação predicativa, acrescentando à mensagem informações que o falante julga indispensáveis ao conhecimento do seu interlocutor.

Entretanto, se o conteúdo semântico desses adjuntos adverbiais não oferece maiores problemas, seu comportamento sintático na oração é heterogêneo e requer maior atenção de quem procura descrever esse termo. Assim, a coesão dele ora é maior com o verbo ou com o sintagma verbal, ora faz referência a toda a oração, sem que com isso deixe de formar parte dela, à maneira dos termos marginais.

São aspectos muitas vezes que fogem ao âmbito dos esquemas idiomáticos e entram no domínio da gramática do texto. É o caso, por exemplo, do termo *em casa* nas orações:
    (1) *Em minha casa* grito eu.
    (2) Eu grito *em casa*.

Enquanto na segunda, *em casa* afeta exclusivamente o verbo *grito*, na primeira *em minha casa* modifica a oração como um todo, a combinação *sujeito + predicado*, e esta coesão tênue com o verbo permite a possibilidade de pausa que normalmente aparece ao ser proferida a oração [PD.1, 18].

Tais variedades de coesão gramatical, motivadas por objetivos pragmáticos, discursivos e entonacionais, têm levado estudiosos a enveredar por indagações de graus ou níveis de hierarquização de adjuntos adverbiais, tema que extrapola a natureza deste livro; por isso, consideraremos aqui todos estes casos uniformemente como adjuntos adverbiais.

Falam, assim, dos adjuntos adverbiais na condição de adjuntos de substantivos e adjetivos:
    O inverno *em Campos do Jordão* é rigoroso.
    Os conflitos *em praça pública* nem sempre são prenúncios de direitos feridos.
    As brincadeiras *nas praias* são sempre ruidosas.

Retornando aos outros exemplos do início, notaremos que os termos *na sala* e *ao hospital*, apesar de semanticamente denotarem circunstâncias, funcionam como complemento relativo dos verbos *puseram* e *acompanhou*, respectivamente:
    Os carregadores puseram o móvel logo pela manhã.
    (sintaticamente incompleta)
    Os carregadores *puseram* o móvel *na sala*.
    O marido acompanhou a esposa na ambulância. (sintaticamente incompleta)
    O marido *acompanhou* a esposa *ao hospital*.

Um termo preposicionado designativo da mesma circunstância (aqui "de lugar") pode exercer na oração diferentes funções sintáticas dependendo do conteúdo de pensamento designado, isto é, das circunstâncias concretas do discurso; por exemplo, *de Minas* é um complemento relativo em:
    O escritor saiu jovem *de Minas*;

é um complemento predicativo em:
    O escritor é *de Minas*;

é um adjunto adverbial em:
    O escritor telegrafou *de Minas*;

é um adjunto adnominal em:
   Os escritores *de Minas* gozam de muita aceitação;

é um complemento nominal (de substantivo ou adjetivo):
   Sua permanência *em Minas* foi breve.
   Necessária *na vida toda*, a educação começa na infância.

Que não se trata de termos sintaticamente equivalentes mostra o fato de não poderem coordenar-se. Não é possível uma construção do tipo:
   A criança caiu *da cama e durante a noite*,

como seria possível em:
   As crianças caem *do balanço e do escorrega* durante o recreio.

Outra particularidade a ser observada entre as diferenças que separam o complemento relativo do adjunto adverbial é o caráter semântico bastante tênue (e às vezes até vazio) da preposição que introduz a primeira dessas funções que faz o papel de marca de função sintática, em oposição ao valor semântico da preposição que encabeça o adjunto adverbial. A preposição que marca o complemento relativo está determinada pela tradição do idioma, razão por que só muito raramente admite a substituição por outra preposição, salvo nos casos em que a mesma tradição o permite:
   Preciso *do* livro.
   *Preciso *ao* livro.
   *Preciso *no* livro, etc.

Já a preposição que encabeça o adjunto adverbial conhece quase sempre a possibilidade dessa substituição:
   Fez a horta *sob* as árvores.
   Fez a horta *debaixo das* árvores.

Com frequência esses adjuntos adverbiais de conteúdo posicional ou temporal se combinam com uma ideia secundária de direção ou extensão, o que leva ao emprego concomitante de duas preposições:
   Fez a horta *por debaixo das* árvores.
   A janela estava aberta *desde pela* manhã.
   A neve escorregou *de sobre* o telhado.

Enquanto no âmbito dos termos argumentais só pode existir no domínio da relação predicativa um só complemento direto ou indireto (salvo aqui os chamados dativos livres), predicativo ou complemento relativo – excluindo o caso de termos coordenados –, os adjuntos adverbiais não conhecem esta restrição, podendo aparecer quantos forem necessários à experiência comunicada:
   De noite, o jovem trabalhava *em casa em companhia dos irmãos*.

Também ao contrário dos termos argumentais, se for elidido, o adjunto adverbial não exige preenchimento da casa vazia:
    O jovem trabalhava em casa, em companhia dos irmãos.
    O jovem trabalhava em companhia dos irmãos.
    O jovem trabalhava.

Os principais tipos de adjuntos adverbiais
O adjunto adverbial constitui uma classe muito heterogênea – à semelhança do advérbio que normalmente desempenha o papel de seu núcleo – não só do ponto de vista formal como ainda do ponto de vista de valor semântico. Tal fato leva a que constantemente esteja a não delimitar com nitidez as fronteiras com outras funções sintáticas – conforme aqui mesmo já assinalamos – e com conteúdos de pensamento designado vizinhos. Diante de tão vasta amplitude, fixar-nos-emos nos principais adjuntos adverbiais, detendo-nos aos aspectos mais interessantes à descrição gramatical e aos esquemas com que se representam tais funções nas circunstâncias concretas do discurso [PD.1, 30].

    a) Adjuntos adverbiais de lugar – A característica de tais adjuntos é responder à pergunta *onde?*, precedido este advérbio ou não de preposição que marca a designação circunstancial (*donde?, por onde?, aonde, até onde*, etc.), em relação à ideia expressa pelo verbo, pelo sintagma verbal ou conteúdo de uma oração dita principal.
    Pedro trabalhava *em Petrópolis*. (onde?)
    Pedro trabalhava *aí*. (onde?)
    O professor tem parentes no *Recife*. (onde?)
    Contemplamos *da janela* o cair da tarde. (donde?)
    Procuraram-no *por toda a cidade*. (por onde?)
    O atleta correu *até a chegada*. (até onde?)
    "*Onde me espetam*, fico" [MA.2].

    Distinguimos, assim, vários matizes da ideia locativa: *lugar onde* ou *de situação, direção, origem* e *ponto de partida, lugar por onde, proximidade, distância, orientação, extensão*, etc., tanto numa perspectiva horizontal quanto na vertical.
    Algumas expressões preposicionadas que funcionam como adjunto adverbial compartilham tanto do valor locativo quanto do temporal, modal ou instrumental, como ocorre nas seguintes orações:
    Ela me foi apresentada *na festa*. (onde? ou quando?)
    O primo não viaja *em avião*. (onde? ou por que transporte?)

    O advérbio núcleo do adjunto de lugar pode vir anteposto de um substantivo, e o conjunto precedido ou não de preposição, como ocorre nos exemplos:
    O barco navegava *rio acima*.
    O capitão anda *mundo fora*. (ou *afora*)
    O sonâmbulo andava *casa dentro*. (ou *pela casa dentro*)

b) Adjuntos adverbiais temporais – Respondem às perguntas *quando?*, *desde quando?*, *até quando?*, *durante quanto tempo?* e podem referir-se ao verbo, ao sintagma verbal ou a toda a oração:
A natureza *resplandece na primavera*. (referido ao verbo)
O fazendeiro *colhe frutas pela manhã*. (referido ao sintagma verbal *colhe frutas*)
De noite todos os gatos são pardos. (referido a toda a oração *todos os gatos são pardos*)

Podem vir representados por advérbio, por sintagmas preposicionados ou por oração dita subordinada:
Augusto *não* trabalha *hoje*.
Estuda-se melhor *pela manhã*.
Ele saiu *quando o professor chegou*.

Também entre os adjuntos adverbiais de tempo distinguimos vários matizes temporais: o tempo propriamente dito, a duração, a quantificação temporal, a repetição, etc.:
Pedro não trabalha *hoje*.
Pedro trabalhou *das três às cinco*.
Pedro trabalhou *duas horas*.
Pedro trabalha *todos os dias*.

Os diversos tipos de adjuntos adverbiais de tempo podem vir ou não introduzidos por preposição ou locução prepositiva; estas matizam o valor temporal:
Não se trabalha *domingo / no domingo*.
Pedro não trabalha *hoje / por hoje*.
O vizinho viu televisão *até as três da madrugada*.
O baile terminou *depois das quatro*.
O aniversário será *daqui a cinco dias*.

OBSERVAÇÃO: Não se há de confundir o emprego da preposição *a* para indicar tempo vindouro com a expressão em que entra o verbo *haver* (há) para indicar tempo passado: Sairá *daqui a três horas* / Saiu *há três horas*.

Para a análise da oração em que, nestes casos, entra o verbo *haver*, veja-se o capítulo da oração complexa (➚ 493).
Em circunstâncias do tipo de
Pedro trabalha muitas horas,

o adjunto adverbial *muitas horas*, do ponto de vista semântico, se situa entre a ideia temporal e a quantitativa, zona limítrofe que explica como resultado, por exemplo, o uso indistinto do advérbio *já*, nitidamente temporal, e do advérbio *mais*, nitidamente quantitativo, em orações negativas do tipo:
Já não chove / Não chove *mais*.

No início, deve ter havido perfeita distinção; a ideia temporal existia em *Já não quero, Já não o tem, Já não serve*, onde o advérbio *já*, como lembra Morais (1813), se refere a "cousas que agora se acham em situação diversa da em que estavam antes", e a quantitativa em *Não quero mais, Não tem mais*. Sem levar em conta o trânsito semântico, alguns puristas consideram injustamente como galicismo o emprego temporal de *não mais* pelo *já não*, imitação servil, dizem, do francês *plus*. Ocorre que, nas orações citadas no início, poder-se-ia usar o *plus* francês como equivalente do *mais* (quantitativo) e do *já* (temporal): *Não quero mais (je n'en veux plus), Já não quero (je ne veux plus)* [PS.1, 603].

No Brasil, é mais geral o emprego de *não mais* em ambos os valores semânticos; em Portugal, como ensina Gladstone Chaves de Melo, *já não* é mais comumente usado "quando o que se focaliza é um trânsito de passado para presente", enquanto *não mais* se usa quando se quer "significar o futuro em relação ao tempo indicado pelo verbo" [GM.1, 111].

Também não têm razão os puristas na condenação da negativa enfática *já não... mais* em construções do tipo *Já não se faz mais musical como antigamente*. Ênfase nas orações negativas é fato corriqueiro nas línguas [OJ.1, 62-80; HS.1, 19-91].

Também apresentam pontos de contacto com a circunstância modal os advérbios de tempo do tipo de *rapidamente, de imediato, logo, num instante* e locuções equivalentes como *abrir e fechar de olhos, num piscar de olhos*, etc., que integram os adjuntos adverbiais de orações iguais a:

Saiu rapidamente.
Chegou de imediato.
Respondeu num piscar de olhos.

Essa ideia subsidiária de modo aproxima tais adjuntos adverbiais de outra função sintática já vista aqui, o anexo predicativo; basta que se use adjetivo (flexionado, para formalmente estabelecer a diferença de marca de função sintática):

Eles saíram rápidos.
Elas saíram rápidas.

Se se empregar *Ele saiu rápido, rápido* pode ser tanto considerado advérbio (= adjunto adverbial, igual a *rapidamente*) quanto adjetivo (= anexo predicativo). Já em *Ela saiu rápido, rápido* só pode ser classificado, graças à sua invariabilidade em gênero, como advérbio [HM.1, 55-56].

Como os locativos, o advérbio de tempo se deixa antepor de substantivo, conjunto que pode ou não vir introduzido por preposição:

Ela trabalhava *semana adentro*.
O fato ocorreu *dias atrás*.

c) Adjuntos adverbiais modais – Respondem às perguntas *como?, de que modo ou maneira?* e se reportam ao verbo ou ao sintagma verbal da oração, para qualificar ou descrever como o processo verbal se realiza:

O aluno está escrevendo *bem*.

O fogo propagou-se *imperceptivelmente*.
Os vizinhos falaram do incêndio *com tristeza*.
Entraram no estádio *aos empurrões*.
Os ladrões fugiram *sem que fossem percebidos*.

Como vimos, podem tais adjuntos adverbiais estar integrados por advérbios, palavras ou sintagmas prepositivos com valor adverbial e orações inteiras; destas falaremos no capítulo sobre a oração complexa.

Muitas vezes a experiência que se comunica aproxima o valor modal de adjuntos adverbiais ao sentido modal ou qualitativo que se atribui ao sujeito e ao complemento direto por meio de um anexo predicativo.

Ela me cumprimentou muito educadamente / Ela me cumprimentou muito *educada*.

Esta aproximação semântica também ocorre quando a expressão encerra um sintagma preposicionado introduzido por *com* ou *sem* em construções alusivas à posse ou carência do sujeito ou de complemento direto; a melhor classificação parece ser como anexo predicativo [PD.1, 39].

O garoto chegou a casa *com a calça rasgada*.
Ele foi deitar-se *sem pijama*.

d) Adjuntos adverbiais de fim, de causa, de instrumento e de companhia – Característica comum a essas quatro circunstâncias adverbiais é que não podem ser representadas por meros advérbios, mas sim por sintagmas preposicionados ou, com exceção da de companhia, por uma oração subordinada, fato que estudaremos no capítulo da oração complexa:

Ele estudou *para médico* (fim).
Tremiam *de frio* (causa).
Fechou a porta *com a chave* (instrumento).
Saiu *com Maria* (companhia).

A realidade designada por meio desses adjuntos adverbiais pode ser equivalente àquela expressa por meio de complementos relativos:

O vizinho casou-se *com a prima*.
O garçom encheu o copo *de vinho*.

No que toca ao adjunto adverbial de fim, cabe não confundi-lo com o chamado dativo de interesse (↗ 455); este se refere sempre a pessoa e às vezes integrável pelo pronome *lhe*, e alude ao beneficiário ou prejudicado pelo processo verbal:

Mário trabalha *para a família*.
Comprou as flores [ao florista] *para a noiva*.
"Disse-me também que me daria, *para Você*, um retrato (...)" [MA, Corresp. II, 294].

Como o complemento de agente da passiva é introduzido pelas preposições *por* e *de*, pode haver dificuldade em distingui-lo do adjunto adverbial de causa. Todavia, o agente da passiva está sempre representado por ser animado ou então capaz de praticar a ação verbal, além de, na transformação para a ativa, passar a sujeito; por seu turno, o adjunto adverbial de causa pode ter a preposição substituída pelas locuções *por causa de*, *devido a*, o que não se dá com o agente da passiva. Assim, estamos diante de agente da passiva em orações como:

A atriz foi bafejada *pela sorte* / *A sorte* bafejou a atriz.
A exposição era admirada *por todos* / *Todos* admiraram a exposição.

Já nas orações abaixo a expressão introduzida pela preposição *por* funciona como adjunto adverbial de causa:

O pintor foi admirado *pelos seus quadros*.
O jogador é expulso *pela falta desleal*.

Não é natural a transformação em ativa.
*Os quadros admiraram o pintor.
*A falta desleal expulsa o jogador.

Por outro lado, podemos substituir *por* pela locução *por causa de*:
O pintor foi admirado *por causa de seus quadros*.

O adjunto adverbial de causa, além das preposições *por*, *com* e *de*, pode vir introduzido por locuções prepositivas, como *por causa de*, *em virtude de*, *em razão de*, *devido a*, *graças a*, etc.:

Não saiu cedo *por causa da chuva*.
Houve faltas *devido à greve de ônibus*.

OBSERVAÇÃO: Não se usa neste emprego *devido* sem a preposição *a*: *Devido ao mau tempo* (e não *Devido o mau tempo*):

"Um casamento que tivera de ser apressado *devido à* gravidez extemporânea de Laurinda" [R.F.2].
"*Devido ao* temporal do dia, todas estavam juntas, ligadas umas às outras, como uma fiada de peixes (...)" [CCo.3].

Em vez de um substantivo (ou pronome), pode vir um adjetivo usado neutralmente, para expressar a ideia de causa, aproximando o adjunto adverbial do anexo predicativo:

Os marginais fugiram *de medrosos*.
Por teimoso não viajou conosco.

Dentro da denominação de instrumento incluem-se circunstâncias afins, como o meio, a intermediação, a matéria, o domínio, o utensílio, e, por extensão, os contextos matemáticos do tipo de *multiplicar por*, *dividir por*:

Os amigos nunca viajaram *de avião*.
Mediu o quarto *com o metro*.
Escrever *à máquina*.
O jogador fez gol *com a proteção do juiz*.
Prenderam o ladrão *com a arma*.
O índice epidêmico foi multiplicado *por dois*.
A partida foi ganha *pela estratégia do técnico*.

Este último exemplo evidencia a possibilidade de aproximação designativa da circunstância de instrumento ao agente da passiva introduzido também pela preposição *por*. Um modo de distingui-los, além da análise da experiência comunicada, é substituir a preposição *por* do instrumental por *com* ou *mediante*:

A partida foi ganha *com* (*mediante*) a estratégia do técnico.

Os adjuntos adverbiais de companhia repartem-se em dois grupos: os associativos, ou participativos, e os que não o são. Os primeiros participam ou ajudam, ao lado do sujeito, ou, no caso de complemento verbal, são afetados pelo estado de coisas designado no predicado, como nos exemplos:

O capitão *com seus soldados* desbaratou o inimigo.
O professor *com seus colegas* dirigiu a exposição.
A diretora expulsou da sala o aluno *com os colegas de arruaça*.

Como exemplos de não participativos temos:
O colega trouxe *consigo* o livro pedido.
Minha irmã foi ao baile *com o vestido novo*.
O pai gostava dos filhos *com os avós*.

Pelos últimos exemplos, vê-se que a noção de companhia abarca o que é levado ou possuído pelo sujeito ou pelo complemento verbal.

O adjunto adverbial pode, por meio da preposição *sem*, assinalar a ausência ou a carência:

A garota já vai à escola *sem a mãe*.

Em muitos contextos, alguns desses adjuntos de companhia se aproximam dos de valor modal.

Com a presença do adjunto de companhia participativo pode o verbo da oração ir ao plural, como se se tratasse de um sujeito composto:

O capitão com seus soldados *desbaratou* o inimigo.
O capitão com seus soldados *desbarataram* o inimigo.

Em tais condições, a estrutura *sujeito + adjunto adverbial* pode alternar com a estrutura de sujeito composto:

O capitão e os seus soldados desbarataram o inimigo.

Se a estrutura gramatical permite esta alternância, do ponto de vista de estado de coisas comunicado, não é indiferente o emprego de um modo por outro; com o adjunto adverbial, a ênfase do processo verbal recai na pessoa do sujeito, enquanto na construção com sujeito composto desaparece essa ênfase especial.

e) Adjuntos adverbiais de quantidade – Tais adjuntos adverbiais respondem a perguntas do tipo *quanto?*, *até quanto?*, *em que medida?* e se repartem em intensivos ou gradativos, de medida e de preço, conforme a realidade designada:
    Nesta região chove *mais* no verão.
    Maria trabalha *muito* aos domingos.
    Andaram *bastante* em busca de emprego.
    A assistência ria *às bandeiras despregadas*.
    O clube ganhou a partida *por dois a zero*.
    O cavalo perdeu a corrida *por pescoço*.
    Ela deixou de comprar o carro *por bom preço*.

Unidades léxicas designativas de unidades de tempo, peso, medida, preço, duração e quantidade que acompanham verbos (*durar, passar, percorrer, correr, medir, pesar*, etc.) empregados transitivamente têm merecido classificações diferentes; há autores que as consideram adjuntos adverbiais:
    O filme durou *uma hora*.
    O atleta percorreu *dez quilômetros*.
    A criança já pesa *vinte quilos*.
    O viaduto mede *duzentos metros*.

Outros autores, levando em conta traços semânticos e sintáticos que caracterizam o complemento direto (além do valor de termo argumental, quase sempre estas unidades léxicas atendem aos testes da passiva, da integração, com a pergunta *quê?*, etc.), preferem vê-los como verdadeiros objetos. Tome-se por exemplo a oração:
    O atleta percorreu *dez quilômetros*,

verifica-se que a expressão constitui um termo argumental, isto é, exigido pelas características semânticas do verbo, já que estaria imperfeita a construção:
    *O atleta percorreu.

Por outro lado, a oração admite a transformação em passiva:
    Dez quilômetros foram percorridos pelo atleta.

E também a passagem a termo integrável, por meio do pronome átono *os*, referido a *dez quilômetros*:
    O atleta percorreu-*os*.

Pode-se ainda incluir neste problema classificatório o caso de unidades léxicas de significado intensivo do tipo de *muito, pouco, demasiado, bastante*, que não se

referem diretamente a substantivos, mas à sua quantidade. Com verbos usados transitivamente assumem papel de termo argumental, isto é, necessário à integração sintático-semântica da oração, em textos do tipo:
Sabia *muito* para ser aprovado (*muito* = muitas coisas).
Vimos *pouco* por causa do nevoeiro (*pouco* = pouca coisa).
Não disse *bastante* em sua defesa.

Em favor de classificar estas unidades léxicas como termo argumental, leva-se em conta o fato de poderem vir referidas na oração adjetiva por meio de pronome relativo, como em orações do tipo:
Tenho muito *que* pedir-lhe.
Sabe pouco *que* dizer-me.

Também fala em favor desta classificação a possibilidade de virem tais unidades léxicas precedidas de artigo definido:
Você sabe *o muito* que lhe devo.
Elas não fizeram *o bastante* para vencer.

Observação: Sobre o falso erro no emprego de *o quanto* e outras expressões quantitativas em construções do tipo: *Não soube o quanto se enganara*, veja-se o ensinamento de Epifânio Dias:
"Às orações interrogativas indiretas de *como, por que* e *quão* pode antepor-se o artigo definido" [ED.2, § 362].

Tratar-se-á sem dúvida de adjunto adverbial se o verbo for usado intransitivamente ou se, transitivo, já vier acompanhado de complemento verbal:
Comprou a casa por cem mil reais.
O pedreiro mediu o aposento com linha.
Ela já sabia muito matemática.

f) Adjunto adverbial de distribuição – É aquele que especifica os termos designativos da distribuição.
Os jogadores ganham prêmio extra *por partida vencida*.

g) Adjuntos adverbiais de inclinação e oposição[119] – São os adjuntos que expressam a relação de "favor", "ajuda" ou "disposição favorável", muito próximo ao valor benefactivo do dativo, bem como as relações contrárias, de "oposição", "disposição desfavorável".
Trabalhou sempre *pelos amigos*.

---

[119] [PD.1, 51].

Para a primeira relação, introduz-se o adjunto adverbial por meio da preposição *por* ou de locuções prepositivas equivalentes, do tipo de *a favor de, em benefício de, em prol de, em auxílio de*, etc.

Para a segunda relação, usa-se a preposição *contra* ou locuções do tipo:
Esforçava-se *por lutar contra os maus pensamentos*.

h) Adjunto adverbial de substituição, troca ou equivalência – Assim se chama o adjunto adverbial que expressa a relação de "substituição", "troca" de algo por outro no processo designado no predicado, seja pessoa, coisa, circunstância ou processo verbal. Tal adjunto vem introduzido pela preposição *por* ou pelas locuções prepositivas *em vez de, em lugar de*.

O guarda-costa se passou *pelo presidente*.
A colega fez a redação *pelo namorado*.
Na época de exames, trocava o dia *pela noite*.
Iremos amanhã *em vez de hoje*.
Durante o recreio jogava *em vez de alimentar-se*.
Comeu gato *por lebre*.
João trabalha *por dois*.
Ana trocou a merenda *por uma revista*.

Entra no âmbito deste adjunto adverbial a circunstância de delegação, pela qual uma pessoa representa outra na execução do processo expresso no predicado. Aparece para introduzi-lo a preposição *de* ou, então, as locuções prepositivas *da parte de, na representação de*:
Retribua-lhe o favor *de minha parte*.

Esta circunstância adverbial deixa estes adjuntos muito próximos do valor de "preço", em orações do tipo:
Deu vinte mil reais *pela motocicleta* (preço).
Deu a motocicleta *por vinte mil reais* (troca).

i) Adjunto adverbial de campo ou aspecto – É o adjunto adverbial que exprime o campo ou o aspecto da realidade referida:
O primo formou-se *em medicina*.
Deixaram de examinar a questão *por esse prisma*.

Nos exemplos abaixo, a circunstância se aproxima à de lugar virtual:
Cometeu-se grave erro *nesse tipo de explicação*.
A decisão do júri surpreendeu a todos *sob o ponto de vista ético*.

j) Adjunto adverbial de assunto ou matéria tratada – Introduz-se tal adjunto adverbial por meio das preposições *de, em* ou *sobre*, ou das locuções prepositivas *acerca de, a respeito de, em torno de* e equivalentes:

Hoje o professor falou pouco $\begin{cases} \text{de história.} \\ \text{em moral.} \\ \text{sobre tais fatos.} \\ \text{acerca do caso.} \\ \text{a respeito de crase.} \end{cases}$

José de Alencar escreveu romances *sobre os brasileiros de várias regiões do país*.

É muito frequente aparecer o assunto ou a matéria tratada expressos como termo argumental exigido pelo significado léxico do verbo, em predicados em que entram unidades léxicas do tipo de *tratar, versar, falar* e equivalentes, como nas orações abaixo:
O orador tratou *de fatos literários*.
A dissertação versou *sobre história*.
Na aula o professor falou *de regência verbal*.

Outras vezes aparece como adjunto adnominal de substantivo:
O vizinho escreveu um livro *de histórias infantis*.

k) Adjunto adverbial de adição ou inclusão, exclusão e concessão – Os adjuntos adverbiais que expressam adição vêm introduzidos pela preposição *sobre*, por palavras de valor inclusivo (*mesmo, inclusive,* etc.), mais frequentemente, pelas locuções prepositivas *além de, a mais de, ademais de*:
Sobre desemprego, havia doença.
Além das notas ruins, faltava muito às aulas.
Ademais dos parentes, vinham os convidados.
Todos ficaram, *mesmo Ana*.
Os visitantes já se foram, *Daniel inclusive*.

Os que expressam exclusão vêm introduzidos por *menos, salvo, exceto, fora, exclusive*, e pelas locuções prepositivas ou não (*com*) *a exceção de, a não ser* e equivalentes:
Todos saíram, *menos o culpado*.
Eles foram a todos os bairros, *salvo Casa Amarela*.

Os que expressam concessão vêm introduzidos por *malgrado*, pela locução prepositiva *apesar de*:
Malgrado a chuva, fomos ao passeio.
Diva ganhou o concurso, *apesar da resistência da colega*.

Ainda uma vez os determinantes nominais
1) Adjunto adnominal
Depois de conhecidas as funções sintáticas até aqui enumeradas, estamos em condições de prosseguir no aprofundamento dos determinantes nominais, também chamados *adjuntos adnominais*, que começamos a ver quando falamos da expansão do núcleo do sujeito em (↗ 441).

Toda expressão nominal, qualquer que seja a função exercida pelo seu núcleo, pode ser expandida por determinantes que têm por missão acrescer ideia acidental complementar ao significado desse substantivo nuclear. O resultado dessa expansão é um grupo unitário sintagmático nominal. Estas expansões não alteram a relação gramatical do núcleo, mas tão somente aludem a aspectos diferentes da realidade do conteúdo significativo do substantivo ou da expressão nominal a ele equivalente. Daí o resultado de a expansão exercer na oração a mesma função do núcleo despojado do(s) seu(s) determinante(s):

Sujeito	Núcleo do predicado	Objeto direto	Compl. relativo	Compl. indireto	Adj. adv.
José	estuda.				
O meu primo José	estuda.				
Ela	comprou	livros.			
Ela	comprou	muitos livros de literatura.			
Nós	demos	presentes		a parentes.	
Nós	demos	muitos presentes		a todos os parentes distantes.	
Os professores	gostam		de alunos.		
Os professores	gostam		de alunos estudiosos.		
Meus pais	trabalham				em casa.
Meus pais	trabalham				em casa de campo.

O grupo sintagmático nominal pode constituir-se de vários tipos:
1 – Os que podem ocorrer à esquerda ou à direita do *substantivo + adjetivo*:
Passei *belos dias* em *cidades agradáveis*.

Os determinantes estão, em geral, representados pelas seguintes classes de palavras: *adjetivo, artigo* e *pronome demonstrativo* ou equivalentes de adjetivos (estes veremos adiante):
Noites *claras* prenunciam bom tempo.
O livro está esgotado.
Esta manhã prometia chuva.

Na sequência de determinantes, aparecem como pré-determinantes, à esquerda do determinante, as palavras que podem receber globalmente o nome de *quantificador* (*algum, certo, vários, todo, todos, qualquer, alguns* [de], *vários* [de], etc.):
Alguns bons momentos são inesquecíveis.
Todos os alunos saíram.
Alguns de nós não foram à festa.

Aparecem como pós-determinantes, isto é, as palavras que ocorrem à direita do determinante e do pré-determinante, o *pronome possessivo* e o *numeral*:
Os *seus* livros não estavam na estante.
Aqueles *dois* erros eram graves.
Vários de *meus* sobrinhos são engenheiros.
Aqueles *dois seus* vizinhos trabalham no comércio.

2 – Os que normalmente só ocorrem à esquerda do *substantivo + determinantes*, que incluem as seguintes classes de palavras:
a) artigo e os pronomes demonstrativos
Os bons filmes entrarão em cartaz *esta semana*.

b) substantivo + pré-determinantes (que incluem as seguintes classes de palavras: *pronome possessivo* e o *numeral*):
Os *seus livros* não estavam na estante.
Aqueles *dois* erros eram graves.

c) substantivo + pós-determinantes (que incluem os quantificadores, representados pelos pronomes indefinidos)
Todos os três meus bons amigos chegam hoje.

Os do tipo 1 (*substantivo + adjetivo*) podem ter estruturas diferentes:
a) um adjetivo:
belos dias em cidades *agradáveis*

b) um grupo preposicionado equivalente a adjetivo, que pode ou não ter um correspondente signo léxico na língua. Neste caso, quando o substantivo entra num grupo adjetivado, não concorda em gênero e número com o substantivo núcleo, e, se aparece no plural, não o faz pelo fenômeno da concordância, mas em atenção à realidade comunicada: *copo com defeito / copos com defeito*; mas *copo com defeito / copo com defeitos* (por se querer referir a mais de um defeito existente no *copo*).
homem *de coragem* (corajoso)
pão *com manteiga* (amanteigado)
copo *com defeito* (defeituoso)
casa *de Pedro*
cama *de solteiro*

c) uma oração transposta à função adjetiva:
O homem *que tem coragem* (corajoso)
A casa *que Pedro possui*

2) Complemento nominal
Uma tradição gramatical mais recente, atentando para o aspecto da realidade comunicada, e de certas relações gramaticais nela existentes, tem procurado distinguir os diversos sentidos em que se interpretam as expansões de substantivo como as seguintes, sem esgotar a exemplificação:
a resolução *do diretor*
a prisão *do criminoso pela polícia*
a remessa *dos livros*
a resposta *ao crítico*
o assalto *pelo batalhão*
a ida *a Petrópolis*

Assim é que essa tradição, partindo do conteúdo de *resolução do diretor* equivalente a *o diretor resolveu*, classifica *do diretor* como "complemento (e não adjunto) nominal subjetivo". Já em *prisão do criminoso*, equivalente a *o criminoso foi preso*, teremos um "complemento nominal subjetivo passivo". Em *a remessa dos livros*, equivalente a *alguém remeteu os livros*, *dos livros* se classificará como "complemento nominal objetivo". Como "complemento nominal objetivo indireto ou terminativo" será *ao crítico* do grupo sintagmático nominal *a resposta ao crítico*. Em *o assalto pelo batalhão*, a expressão preposicionada será classificada como "complemento de agente ou de causa eficiente". Já em *ida a Petrópolis*, teremos um "complemento nominal circunstancial" [JO.1, 223-227].

À primeira vista, em relação aos termos primários da relação predicativa (sujeito-predicado), não há razão para um tratamento sintático diferente do adjunto adnominal, tendo em vista que também com o complemento nominal a expansão do grupo sintagmático não modifica a relação gramatical do núcleo:

Sujeito	Predicado
A casa de Pedro	é espaçosa.
A resolução do diretor	surpreendeu a todos.
A prisão do criminoso pela polícia	mereceu elogio da imprensa.

Assim também qualquer variação tanto no núcleo do adjunto adnominal quanto no do complemento nominal não alterará a relação com o núcleo verbal:
A casa *do vizinho*
A casa *dos vizinhos* } é espaçosa.

A resolução *do diretor*
A resolução *dos diretores* } surpreendeu a todos.

Poderíamos apontar outros aspectos gramaticais em que os dois termos apresentam traços comuns, como: a) a posição à direita do núcleo; b) a inexistência de pausa; c) a introdução por preposição, obrigatória no complemento nominal e muito frequente no adjunto.

Todavia, o complemento nominal está semanticamente mais coeso ao núcleo, por representar uma construção derivada mediante a nominalização, fenômeno que não ocorre no adjunto adnominal:
  O diretor resolveu → A resolução do diretor
  A polícia prendeu o criminoso → A prisão do criminoso pela polícia

Esta relação semântico-sintática provoca a impossibilidade – se não estiver já assinalado ou conhecido no contexto – de apagamento do complemento nominal, *sem que isto estabeleça a razão primordial para distinguir o complemento do adjunto*, uma vez que há adjuntos imprescindíveis:
  *A resolução surpreendeu a todos.
  *A prisão pela polícia mereceu elogio.

Estando a nominalização presente quer no complemento nominal de função primária subjetiva (*a resolução do diretor* ← *o diretor resolveu*), quer no de função primária objetiva (*a descoberta da imprensa* ← *Gutenberg descobriu a imprensa*), não cabe classificar, no exemplo *a resolução do diretor*, *do diretor* como adjunto adnominal, enquanto no exemplo *a descoberta da imprensa*, *da imprensa* como complemento nominal [VK.4].

A doutrina firmada pelo prof. Rocha Lima, atualmente adotada por muitas bancas examinadoras de concursos públicos, recomenda esta distinção. Todavia, existe razão para propor outra solução, uma vez que ambos os termos participam das mesmas características próprias ao complemento nominal – além da nominalização, não admitem apagamento:
  a resolução do diretor → *a resolução
  a descoberta da imprensa → *a descoberta

Daí a melhor doutrina nos parece considerar, em ambos os exemplos, complemento nominal.

OBSERVAÇÃO: Cabe não confundir casos de impossibilidade de apagamento com outros em que o nosso saber sobre as coisas do mundo impede, por incoerentes, construções do tipo *Conheci um homem de pernas, João tem uma voz*, uma vez que a nossa experiência concebe todo homem com pernas, ou com voz. Todavia, anula-se a incoerência se tais substantivos vêm acompanhados de adjetivos: *Conheci um homem de pernas longuíssimas, João tem uma voz roufenha*, já que nem todos os homens têm pernas longuíssimas nem voz fanhosa. Portanto, nestes casos não se trata de um saber idiomático, mas de um saber elocutivo (➚ 40).

Há evidente paralelismo entre a estrutura interna do complemento nominal e das orações. Este tratamento especial do complemento nominal serve para explicar fatos gramaticais que ficam mais evidentes à luz desta distinção.

Por exemplo, o termo nominalizado (substantivo, adjetivo ou advérbio de base nominal) pode contrair as mesmas relações sintáticas da construção básica; se o núcleo verbal é complexo e se acompanha de complementos, a construção derivada apresenta estes termos:
    A mãe ama o filho → O amor *de mãe ao filho*
    A polícia prendeu o ladrão → A prisão *do ladrão pela polícia*
    Jesus ama as criancinhas → O amor *de Jesus às criancinhas*
    O carteiro entregou a carta de José ao Mário → A entrega *da carta de José ao Mário pelo carteiro*

A seleção da preposição que introduz o complemento nominal quase sempre está determinada pela preposição que acompanha o complemento verbal:
    Foi *à cidade* → A ida *à cidade*
    Penetrou *na floresta* → A penetração *na floresta*
    Inclinou-se *à música* → A inclinação *à música*

De modo geral, a gramática tradicional tem apontado complementos nominais restritos a processos de nominalizações que envolvem substantivos (***desejo*** *de vitória* ↔ *desejar a vitória*), adjetivos (***desejoso*** *de vitória* ↔ *desejar a vitória*), ou advérbios (***referentemente*** *ao assunto* ↔ *referente* [adjetivo] *ao assunto* ↔ *referência* [substantivo] *ao assunto*). Mas há outros que devem sua presença a traços semânticos do núcleo nominal, independentes de nominalizações. Vejamos alguns desses tipos.

Como núcleo do sintagma nominal, teremos, de início, substantivos formalmente relacionados a verbos que assumem relações muito semelhantes às que ocorrem nas orações, conforme já vimos nos exemplos:
    a saída do trem / *o trem saiu*
    a entrega da carta / (alguém) *entregou a carta* ou *a carta foi entregue*

O substantivo formado de adjetivo também goza da estrutura argumental que lhe é própria:
    a *cultura* do professor / o professor *culto*

Todavia, como a estrutura argumental depende do significado léxico de cada palavra, substantivos há que, não se relacionando morfológica ou materialmente a verbos e adjetivos, selecionam termos argumentais, inerentes ao conteúdo de pensamento designado. Tais termos atendem às duas condições básicas do estatuto dos argumentos: a) o núcleo os seleciona semântica e categorialmente; b) o núcleo lhes impõe uma interpretação determinada [EV.1, 32].

Estão neste caso de argumentos inerentes:
a) Os substantivos relacionais, isto é, aqueles que não fazem referência a indivíduos, mas expressam relações entre indivíduos. É o caso dos termos de parentesco, do tipo de *pai, mãe, filho, irmão*:
    o pai *de Eduardo*

a tia *do Daniel*
o irmão *da Bebel*

Incluem-se neste rol, naturalmente, substantivos como *amigo, colega, companheiro*:
o amigo *de Cleto*
a colega *de Georgete*

Cabe lembrar que substantivos referidos à mesma entidade podem incluir-se ou não no grupo dos relacionais. Por exemplo, *pátria* e *país*; o primeiro é relacional, se significa o lugar de nascimento, porque é *pátria* sempre relacionado a alguém, enquanto *país* ('nação', 'região') não faz necessariamente referência a um indivíduo. O exemplo apresentado por Escandell Vidal *mascote* e *cão* é mais evidente, porque a *mascote* pressupõe sê-lo de alguém, o que não se dá com o substantivo *cão*.

Os nomes de partes do corpo e aqueles que aludem a partes constitutivas de uma entidade, física ou abstratamente considerada:
os *braços* da *dançarina*
o *rosto* da *criança*
a *face* do *problema*
o *galho* da *árvore*
o *cérebro* da *equipe*
o *x* da *questão*

b) Os substantivos icônicos, isto é, que designam representação, tais como *retrato, quadro, fotografia, filme, película*, quando referidos a entidades retratadas, pintadas, fotografadas, etc.

Note-se a diferença entre:
(1) *O retrato de Machado de Assis*
(2) *O retrato da galeria*

Em (1), o significado de *retrato* seleciona o termo argumental *Machado de Assis*, interpretado o sintagma nominal como 'o retrato em que aparece M. de Assis'.

Em (2), já *retrato* se acha acompanhado de um adjunto adnominal, sendo 'o retrato da galeria' interpretado como 'o retrato exposto na galeria'.

Também pode, no caso (1), o termo argumental referir-se não à entidade retratada, mas ao próprio autor do retrato ou quadro:
O quadro de Vitor Meireles

As referências à entidade retratada e ao seu autor podem concorrer no sintagma nominal mediante os dois termos argumentais:
O quadro da Proclamação da Independência de Vitor Meireles (i.e., o quadro que retrata a Proclamação da Independência de autoria de Vitor Meireles).

Pode até juntar-se a esses dois termos argumentais o adjunto adnominal:

O quadro do Grito do Ipiranga de Vitor Meireles do Museu de Belas Artes

Incluem-se entre os substantivos que designam representação os que se aplicam a produtos da atividade intelectual, como *livro, artigo*, etc.:
O livro de Graciliano Ramos intitula-se *Vidas Secas.*

Assim como o adjunto adnominal pode ser representado por uma expansão mais complexa do núcleo nominal, isto é, por uma oração subordinada adjetiva:
A casa   *comprada*   está perto da cidade
A casa   *que comprei*   está perto da cidade,

assim também o complemento nominal pode ser representado por uma oração subordinada (originalmente substantiva) completiva nominal (➚ 498):
O desejo   *de tua vitória*   é constante.
O desejo   *de que venças*   é constante.

OBSERVAÇÃO: Em *perto da cidade, longe da cidade*, e semelhantes, autores há que consideram *da cidade* complemento nominal dos advérbios *perto, longe*, etc. Preferimos ver aqui as locuções prepositivas *perto de, longe de* integrando com o substantivo *cidade* uma locução adverbial e, portanto, funcionando como adjunto adverbial.

3) O aposto
Outro componente do grupo sintagmático nominal é o chamado *aposto*, cujo limite de distinção com o adjunto adnominal propriamente dito é muitas vezes difícil de traçar. Aparece em construções do tipo:
O rio *Amazonas* deságua no Atlântico.
O professor *Machado* honrou o magistério.
Sousa *cabeleireiro* me conhece bem.
Meu *primo* José morou na Itália.
"E com ele [programa] tem vindo pela vida, satisfazendo a portugueses e brasileiros, que o consideramos *uns e outros*, soldado do seu grupo" [MC.2, 206].
Clarice, *a primeira neta da família*, cursa Direito.
Sousa, *nosso cabeleireiro*, não trabalha hoje.
Pedro II, *imperador do Brasil*, protegia jovens talentosos.
Eu *Aníbal* peço a paz [MMa].
Amanhã, *sábado*, não sairei [AK].

Chama-se *aposto* a um substantivo ou expressão equivalente que modifica um núcleo nominal (ou pronominal ou palavra de natureza substantiva como *amanhã, hoje*, etc.), também conhecido pela denominação *fundamental*, sem precisar de outro instrumento gramatical que marque esta função adnominal.

Há diferença de conteúdo semântico entre uma construção do tipo *O rio Amazonas* e *Pedro II, imperador do Brasil*; na primeira, o substantivo que funciona como aposto se aplica diretamente ao nome núcleo e restringe seu conteúdo semântico de valor genérico, tal como faz um adjetivo, enquanto na segunda a sua missão é tão somente explicar o conceito do termo fundamental, razão pela qual é em geral marcado por pausa, indicada por vírgula ou por sinal equivalente (travessão e parêntese). Daí a aposição do primeiro tipo se chamar *específica* ou *especificativa* e a do segundo, *explicativa*.

O aposto explicativo pode apresentar valores secundários que merecem descrição especial, como ocorre com os seguintes:

a) *Enumerativo*, quando a explicação consiste em desdobrar o fundamental representado por um dos pronomes (ou locução) *tudo, nada, ninguém, cada um, um e outro*, etc., ou por substantivo:

Tudo – *alegrias, tristezas, preocupações* – ficava estampado logo no seu rosto.
Duas coisas o encorajavam, *a fé na religião e a confiança em si*.
"Duas cousas se não perdoam entre os partidos políticos: *a neutralidade e a apostasia*" [MM].

Às vezes esse tipo de aposto precede o fundamental:
A matemática, a história, a língua portuguesa, nada tinha segredos para ele.

Em todos estes exemplos, o fundamental (*tudo, duas coisas, nada*) funciona como sujeito das orações e, por isso, se estabelece a concordância entre ele e o verbo.

Este aposto pode vir precedido das locuções explicativas *isto é, por exemplo, a saber, verbi gratia* (abreviatura [v. g.]):
Duas coisas o incomodavam, *a saber, o barulho da rua e o frio intenso*.

b) *Distributivo*, quando marca uma distribuição de alusões no período:
Machado de Assis e Gonçalves Dias são os meus escritores preferidos, *aquele na prosa e este na poesia*.
Um no automobilismo, outro no futebol, Senna e Pelé marcaram um período de ouro no esporte brasileiro.

c) *Circunstancial* (comparação, tempo, causa, etc., precedido ou não de palavra que marca esta relação a mais, já que o aposto explicativo acrescenta um dado a mais acerca do fundamental):
"As estrelas, *grandes olhos curiosos*, espreitavam através da folhagem" [EQ.2, 8 *apud* AK.1].
"*Artista* – corta o mármore de Carrara;
Poetisa – tange os hinos de Ferrara" [CAlv.1, II: 142].

Este tipo de aposto pode ser introduzido por *como, na qualidade de*:
As estrelas, *como grandes olhos curiosos*, espreitavam através da folhagem.
A ti, *na qualidade de general*, compete o comandar.

Este tipo de aposto pode ser introduzido por *quando, porque*:
"D. João de Castro, *quando vice-rei da Índia*, empenhou os cabelos da barba" [ED].
Paulinho, *amigo*, tirou-o da dificuldade.
Paulinho, *porque amigo*, tirou-o da dificuldade.

4) Aposição com *de* x adjunto adnominal
Algumas vezes, o aposto especificativo vem introduzido pela preposição *de*, especialmente se se trata de denominações de instituições, de logradouros, de acidentes geográficos:
Colégio *de Santa Rita*
Praça *da República*
Ilha *de Marajó*
Cidade *do Recife*

Tal construção, materialmente falando, aproxima o aposto do adjunto adnominal preposicionado, que vimos antes; todavia, do ponto de vista semântico, há diferença entre *Ilha de Marajó* e *casa de Pedro*. Em *casa de Pedro*, *casa* e *Pedro* são duas realidades distintas, enquanto em *ilha* e *Marajó* se trata de uma só realidade, já que ambos querem referir-se a um só conteúdo de pensamento designado.[120] Quanto ao emprego da preposição *de* nas construções deste último tipo, como bem ensina Epifânio Dias, "da arbitrariedade do uso é que depende o empregar-se em uns casos *de* definitivo, em outros a aposição. Diz-se, por exemplo: *o nome de Augusto*, mas *a palavra Augusto*; *a cidade de Lisboa*, mas *o rio Tejo*".

Às vezes podem as construções com *de* provocar casos de sincretismo sintático, com consequente efeito de ambiguidade, não diferençando o título da ideia de posse ou pertença. Por isso, para os títulos, no desejo de evitar a ambiguidade, vai-se generalizando o não emprego da preposição *de*: *Rua Santa Teresa, Praça Paris*, etc. Esta construção é antiga na língua e paralela ao uso latino (*Urbs Roma, Garumna flumen*). Mas a presença da justaposição no francês e inglês tem feito que tal prática seja condenada sem sucesso por estrangeirismo. A justaposição vai-se impondo em *bomba-relógio, mandato-tampão, homem bala, traje passeio*, em que o procedimento morfológico de formação de compostos se sobrepõe ao processo sintático. A prática, nestes casos, vacila entre o emprego ou não do hífen.

De qualquer maneira, o aposto e o adjunto adnominal são ambos expansões sintáticas do núcleo nominal.

5) As construções *uma joia de pessoa* e *o pobre do rapaz*
Em vez de *uma pessoa joia* e *o pobre rapaz*, em que o núcleo nominal (*pessoa, rapaz*) se acha acompanhado de um adjunto adnominal (*joia, pobre*), aparecem, numa forma carregada de afetividade, as expressões *uma joia de pessoa* e *o pobre do*

---

[120] Esta diferença de conteúdo de pensamento designado em *Ilha de Marajó* se reflete bem no exemplo da maiúscula.

rapaz, em que o primitivo adjunto passa formalmente a núcleo e o antigo núcleo passa a adjunto, mediante a presença da preposição *de*. Nos seguintes exemplos, o adjetivo se flexiona por conta da forma do substantivo: "Não é muito, dez libras só; é o que a avarenta de sua mulher pôde arranjar (...)" [MA.4]. Tem-se muito discutido como se formaram estas expressões derivadas, sem que tenhamos uma solução cabal; mas se pode filiá-las a frases exclamativas sem verbo do tipo de *ai de mim!*, *pobre de mim!*, etc. [FDz.1, III: 131].

Ao lado da carga afetiva positiva em construções do tipo *o bom do pároco* pode ocorrer a carga negativa *o burro do cliente*, *a droga do cliente*; neste último caso cria-se uma ambiguidade entre as equivalências "o cliente é uma droga" e "o cliente tem uma droga".

Substantivo + adjetivo = Adjetivo + substantivo

Pode ocorrer sincretismo sintático em grupos nominais do tipo *sábio alemão*, em que se pode corretamente entender, de um lado, a existência de um *sábio* (substantivo) de nacionalidade alemã (adjetivo), ou, de outro, um *alemão* (substantivo) que é *sábio* (adjetivo). Há aqui, portanto, uma coincidência material de combinação de formas linguísticas, mediante a qual substantivo + adjetivo = adjetivo + substantivo [ECs.4, 246].

A interpretação mais natural ou, pelo menos, mais imediata, é considerar o segundo termo como adjetivo, isto é, como adjunto adnominal. É a lição de M. Barreto, em grupos nominais do tipo *menino rei / rei menino, filósofo rei / rei filósofo* [MBa.7, 326]. Assim entendeu Machado de Assis ao definir que as *Memórias Póstumas de Brás Cubas* eram as de um *defunto autor* (= que escreve) e não de um *autor defunto* (= que morreu).

6) Graus de coesão nos grupos nominais
Às vezes, o núcleo nominal já expandido por um adjunto adnominal constituído por adjetivo vem acrescido de outro adjetivo, como
    os competentes atletas mineiros,

em que ao grupo inicial *os competentes atletas* se junta o adjunto adnominal *mineiros*, que não se refere tão somente ao substantivo *atletas*, mas ao conjunto *competentes atletas*. Assim, *competentes* guarda maior grau de coesão em relação a *atletas* do que o adjetivo *mineiros*. Temos aqui um exemplo de hipotaxe estudada em (↗ 54), em que o grupo de palavras *competentes atletas* passa a funcionar no estrato de palavra e, assim, pode receber o adjunto adnominal *mineiros*.

Podem estar juntos os dois adjetivos, sem que se altere o grau de coesão:
    a situação política atual [VK.1, 161]

O adjetivo menos coeso (*atual*) em relação ao nome (*situação*) pode mudar de posição, diferentemente do mais coeso (*política*):
    a atual situação política

mas não:
a política situação atual

Também o menos coeso não pode intercalar-se entre o núcleo e o mais coeso:
a situação atual política

7) O aposto com expressões do tipo *pôr nome*
Depois do substantivo das expressões *pôr nome, ter nome* e equivalentes, com o significado de "chamar(-se)", "dar nome", pode aparecer um aposto:
"Quem o seu cão quer matar, *raiva* lhe põe nome" [MBa.4, 64].

8) Aposto referido a uma oração
O aposto não só se refere a qualquer núcleo nominal em qualquer função da oração; pode referir-se ao conteúdo de pensamento expresso numa oração inteira:
Depois da prova, Filipe estava radiante, *sinal de seu sucesso*.

Como aposto de uma oração inteira costuma aparecer um substantivo como *coisa, razão, motivo, fato* e equivalente, sempre acompanhado de um adjunto adnominal, ou de uma oração subordinada adjetiva substantivada pelo artigo *o*:
O desastre provocou muitas vítimas, *coisa lastimável*.
Os convidados não foram à festa, *o que deixou o aniversariante frustrado*.

OBSERVAÇÃO: A tradição gramatical entre nós tem considerado neste último caso como pronome demonstrativo (= aquele, aquilo, isto) usado neutralmente o *o* que precede o *que*, modificado por uma oração adjetiva, em vez de considerar essa mesma oração adjetiva substantivada pelo artigo *o*, como fizemos aqui. Discutimos o assunto mais adiante.

9) Vocativo: uma unidade à parte
Desligado da estrutura argumental da oração e desta separado por curva de entoação exclamativa, o vocativo cumpre uma função apelativa de 2.ª pessoa, pois, por seu intermédio, chamamos ou pomos em evidência a pessoa ou coisa a que nos dirigimos:
José, vem cá!
Tu, *meu irmão*, precisas estudar!
Felicidade, onde te escondes?

Algumas vezes vem precedido de *ó*, que a tradição gramatical inclui entre as interjeições, pela sua correspondência material, mas que, na realidade, pode ser considerado um morfema de vocativo, dada a característica entonacional que a diferencia das interjeições propriamente ditas [HCv.2, 197 n.47].
"*Deus, ó Deus*, onde estás que não respondes?" [CAlv.1, 141].

Estes exemplos nos põem diante de algumas particularidades que envolvem o vocativo. Pelo desligamento da estrutura argumental da oração, constitui, por si só, a rigor, uma frase exclamativa à parte ou um fragmento de oração, à semelhança das interjeições. Por outro lado, como no caso de *Tu, meu irmão, precisas estudar!*, às vezes, se aproxima do aposto explicativo, pela razão que vai constituir a particularidade seguinte. Por fim, o vocativo, na função apelativa, está ligado ao imperativo ou conteúdo volitivo da forma verbal, já que, em se tratando de ordem ou manifestação de desejo endereçada à pessoa com quem falamos ou a quem nos dirigimos, presente quase sempre, não há necessidade de marcar gramaticalmente o sujeito. Quando surge a necessidade de explicitá-lo, por algum motivo, aludimos a esse sujeito em forma de vocativo [RLz.1, 66].

Assim é que em:

"Deixa-me! Deixa-me a vagar perdida...
Tu! – parte! volve para os lares teus" [CAlv.1, 191],

tu não é o sujeito de *parte*, e sim vocativo, "espécie de aposição à ideia do sujeito, contida no imperativo" [HCv.2, 197 n.47]. Ocorre o mesmo com o substantivo *poeta* em:

Vai, *Poeta*... (*Id., ibid.*: 116)

Pelos exemplos aduzidos até aqui, vê-se que o vocativo pode ser representado por substantivo ou pronome, podendo admitir a presença de expansões (p.ex., de adjuntos adnominais, de orações adjetivas):

Desce do espaço imenso, *ó águia do oceano!*
"*Senhor Deus*, que após a noite
Mandas a luz do arrebol,
Que vestes a esfarrapada
Com o manto rico do sol" [CAlv.1, 88].

Na correspondência epistolar, o vocativo vem separado do resto do enunciado por vírgula, enquanto em textos de outra natureza costuma aparecer o emprego dos dois-pontos (:) ou do ponto de exclamação (!).

"Rio de Janeiro, 29 de maio.
Meu caro Nabuco,
Há cerca de um mês que esta carta deveria ter seguido" [MA].

2 - Orações complexas e grupos oracionais: a subordinação e a coordenação

A justaposição

Subordinação: oração complexa
Uma oração independente do ponto de vista sintático, que sozinha, considerada como unidade material, constitui um texto, se este nela se resumir, como em
    A noite chegou,

pode, pelo fenômeno de estruturação das camadas gramaticais conhecido por *hipotaxe* ou *subordinação* (✔ 54), passar a uma camada inferior e aí funcionar como pertença, como membro sintático de outra unidade:
    O caçador percebeu que *a noite chegou*.

A primitiva oração independente *a noite chegou* transportou-se do nível sintático de independência para exercer a função de complemento ou objeto direto da relação predicativa da oração a que pertence o núcleo verbal *percebeu: o caçador percebeu*.
    Dizemos, então, que a unidade sintática *que a noite chegou* é uma oração *subordinada*. A gramática tradicional chama à unidade *o caçador percebeu* oração *principal*. Gramaticalmente, a unidade oracional *O caçador percebeu que a noite chegou* é uma unidade sintática igual a *O caçador percebeu a chegada da noite*, onde *a chegada da noite* integra indissoluvelmente a relação predicativa que tem por núcleo o verbo *percebeu*, na função de complemento ou objeto direto.
    Assim, levando em conta os constituintes imediatos (✔ 374), há um primeiro momento em que se analisa por inteiro a unidade sintática *O caçador percebeu que a noite chegou*, para depois se analisar o termo sintático que se apresenta sob forma oracional:
    Sujeito: *o caçador*
    Predicado: *percebeu que a noite chegou*
    Objeto direto: *que a noite chegou*

Como o objeto direto está constituído por uma oração subordinada, são passíveis de análise suas unidades sintáticas constitutivas:
    Sujeito: *a noite*
    Predicado: *chegou*

Oração complexa e grupos oracionais
A rigor, o conjunto complexo *que a noite chegou* não passa de um termo sintático na oração complexa *O caçador percebeu que a noite chegou*, que funciona como objeto direto do núcleo verbal *percebeu*. Estas unidades transpostas exercem função própria de meros substantivos, adjetivos e advérbios, razão por que são assim classificadas na oração complexa. Todavia, a presença de um núcleo verbal (que a noite *chegou*) leva a tradição a ver aí também uma unidade de caráter oracional, ao

lado da unidade oracional (porque também tem verbo) a que se prende, embora, isoladamente, nenhuma das duas satisfaça as demais condições que caracterizam uma oração, além da presença do verbo integrando uma relação predicativa:

a) a delimitação entre duas pausas e o contorno melódico;
b) existência de um ato completo de comunicação em cada situação de fala concreta.

Assim, apesar destas considerações, esta gramática respeitará o peso da tradição e verá, num primeiro momento de análise em constituintes imediatos, uma oração complexa (a que também alguns gramáticos nossos chamavam *oração geral*, como, por exemplo, José Oiticica), para depois analisar como oração subordinada o complexo unitário correspondente a uma função sintática exercida por substantivo, adjetivo ou advérbio.

Diferente deste caso será o *grupo oracional* integrado por orações sintaticamente independentes, que, por isso, poderiam aparecer em separado:

O caçador chegou à cidade e procurou um hotel.
ou
O caçador chegou à cidade. Procurou um hotel.

Temos aqui um grupo de enunciados da mesma camada gramatical, isto é, como *orações*, o que caracteriza uma das propriedades de estruturação das camadas gramaticais conhecida por *parataxe* ou *coordenação* (➔ 55).

Daí só podermos, a rigor, falar em *orações compostas*, *grupos oracionais* ou *período composto* quando estivermos diante de orações coordenadas.

Não causará estranheza, se atentarmos para o princípio dos constituintes imediatos, que haja coordenação entre qualquer unidade da mesma camada gramatical: *homem e mulher* (dois substantivos), *estudioso e inteligente* (dois adjetivos), *ontem e hoje* (dois advérbios), *leio e compreendo* (dois verbos), *com e sem* (duas preposições), um substantivo e oração substantiva (*desejo a vitória e que tenhas sucesso*), um adjetivo e oração adjetiva (*inteligente e que tem bom coração*), um advérbio e oração adverbial (*agora e quando estiveres pronto*), duas orações da mesma função sintática (*desejo que venças e que sejas feliz*), etc.

Por hipertaxe ou hipotaxe (➔ 53), uma unidade pode passar, respectivamente, a camadas gramaticais superiores ou inferiores, e depois ocorrer a coordenação.

Que: marca de subordinação oracional
No exemplo *O caçador percebeu que a noite chegou*, a marca de que a oração independente passou pelo processo da subordinação, a funcionar como membro de uma outra oração, é o *que*, conhecido tradicionalmente como "conjunção" integrante.

Na realidade esse *que* não tem por missão precípua "juntar" duas orações – como fazem as conjunções coordenativas –, mas tão somente marcar o processo por que se transpôs uma unidade de camada superior (uma oração independente) para funcionar, numa camada inferior, como membro de outra oração.

Daí não corresponder à nova realidade material da unidade sintática subordinada a denominação tradicional de *orações compostas* ou *período composto*. Temos, sim, orações *complexas*, isto é, orações que têm termos determinantes ou argumentais complexos, representados sob forma de outra oração. Só haverá orações ou períodos *compostos* quando houver *coordenação*. Dizemos que esse *que* é um *transpositor*.

Orações complexas de transposição substantiva
A oração transposta, inserida na oração complexa, é classificada conforme a categoria a que corresponde e pela qual pode ser substituída no desempenho da mesma função. Daí ser a oração transposta classificada como *substantiva, adjetiva* ou *adverbial*, segundo a tradição gramatical, pois desempenha função sintática normalmente constituída por substantivo, adjetivo ou advérbio. Assim, em nosso exemplo, *O caçador percebeu que a noite chegou*, a oração transposta inserida na oração complexa (que) *a noite chegou* será substituída pelo substantivo *a chegada da noite* (*O caçador percebeu a chegada da noite*), e a oração transposta pelo processo da subordinação funcionará também como objeto direto da relação predicativa que tem como núcleo verbal *percebeu*.

A oração subordinada transposta substantiva aparece inserida na oração complexa exercendo funções próprias do substantivo, ressaltando-se que a conjunção *que* pode vir precedida de preposição conforme exerça função que necessite desse índice funcional:

a) Sujeito: *Convém que tu estudes. / Convém o teu estudo.*
b) Objeto direto: *O pai viu que a filha saíra. / O pai viu a saída da filha.*
c) Complemento relativo: *Todos gostam de que sejam premiados. / Todos gostam de prêmio.*
d) Predicativo: *A verdade é que todos foram aprovados. / A verdade é a aprovação de todos.*
e) Objeto indireto: *Enildo dedica sua atenção a que os filhos se eduquem. / Enildo dedica sua atenção à educação dos filhos.*
f) Aposto: *Uma coisa lhe posso adiantar, que as crianças são a alegria dos adultos. / Uma coisa lhe posso adiantar, a alegria das crianças aos adultos.*

OBSERVAÇÃO: Para as funções de complemento nominal e agente da passiva ↗ 483 e 465.

Orações subordinadas resultantes de substantivação: as interrogativas e exclamativas
Sem precisar do transpositor *que*, as orações interrogativas e exclamativas, desprovidas do particular contorno melódico e iniciadas por uma unidade desses valores semânticos, podem-se substantivar e exercer função própria de substantivo na oração complexa:
  Ainda não sei *que vou fazer hoje* (cf. *Que vou fazer hoje?*).
  Os comerciantes desconhecem *que mercadoria terá mais saída no próximo verão*.

O professor pergunta *qual é o motivo da algazarra.*
Ainda não descobrimos *por que ele saiu cedo.*
A vizinha descobriu *quem lhe telefonou de madrugada.*
O treinador decidiu *como o time conterá o adversário.*
O calouro ainda não sabe *para que especialidade médica se dirigirá.*
Não adivinhava *quanta alegria causou em nós.*

OBSERVAÇÕES:
1.ª) Opondo-se ao transpositor *que*, que não exerce função sintática, as unidades interrogativas e exclamativas (pronomes e advérbios) têm função sintática na oração subordinada a que pertencem.
2.ª) Na língua popular e regional – reminiscência de antigo uso –, pode aparecer o transpositor *que* antes da unidade interrogativa: Não sei *que por que só chega tarde.* Perguntavam-me *que por onde havia fugido.*

Também aparece desprovida do *que* a oração subordinada de valor semântico de incerteza ou dúvida, que primitivamente era uma interrogativa geral, passando a conjunção *se* a transpositora: Não sei *se a prima virá cedo.* Perguntavas *se o jogo seria hoje.*

Orações complexas de transposição adjetiva
1) Orações adjetivas ou de relativo
Tomemos a seguinte oração
O aluno estudioso vence na vida,

em que o adjunto adnominal representado pelo adjetivo *estudioso* pode também ser representado por uma oração que, pela equivalência semântica e sintática com *estudioso*, se chama *adjetiva*:

O aluno   que estuda   vence na vida.
O aluno   estudioso   vence na vida.

Repare que a oração independente
O aluno estuda,

mediante o transpositor *que*, representado pelo pronome relativo, transpõe a oração independente a funcionar, num nível inferior, como adjunto adnominal do substantivo *aluno*, tal qual fazia o adjetivo *estudioso* da oração básica *O aluno estudioso vence na vida.* Daí dizer-se que a oração transposta *que estuda* é subordinada adjetiva.

O transpositor relativo *que*, na oração subordinada, reintroduz o antecedente a que se refere e acumula também uma função de acordo com a estrutura sintática da oração transposta. Trata-se de um caso de antitaxe.
No exemplo acima:
O aluno que estuda vence na vida,

a oração *que estuda* vale por *o aluno estuda*, já que o pronome relativo é aí o representante do antecedente *aluno*. Analisando *o aluno estuda*, o sujeito explícito é *o aluno*, o que nos leva a verificar que o pronome em *que estuda* funciona como sujeito explícito do núcleo verbal *estuda*.

2) O relativo marcado por índice preposicional
Já em
O livro de que gostas está esgotado,

o relativo *que* reintroduz também o antecedente *livro*, de modo que a oração subordinada *de que gostas* vale por *gostas do livro*, em que *do livro* é complemento relativo do núcleo verbal *gostas*. Se assim é, na oração subordinada *de que gostas* o pronome relativo funciona como complemento relativo. E como o complemento relativo é um termo argumental marcado por um índice preposicional e como o verbo *gostar* se acompanha da preposição *de*, é imprescindível que este índice esteja introduzindo o relativo *que*:

O livro *de que gostas* está esgotado.

Em
A cidade a que nos dirigimos ainda está longe,

o relativo *que* reintroduz na oração subordinada adjetiva *a que nos dirigimos* o substantivo *cidade*, e vale por *nos dirigimos à cidade*, em que o núcleo verbal *dirigimos* requer um termo argumental marcado pelo índice preposicional *a*, preposição que, portanto, não deve faltar anteposta ao relativo, que funciona como complemento relativo do núcleo verbal *nos dirigimos* (↗ 451):

A cidade *a que* nos dirigimos ainda está longe.

Orações adjetivas explicativas e restritivas
Já vimos que o adjetivo pode antepor-se ou pospor-se ao substantivo e que, segundo sua posição, o adjetivo pode variar de valor. Em geral, o adjetivo anteposto (também chamado *epíteto*) traduz, por parte da perspectiva do falante, valor *explicativo* ou *descritivo*: *a triste vida*. Aqui o adjetivo não designa nenhum tipo de *vida* que se oponha a outro que não seja *triste*; apenas se descreve como a *vida* é, e, como diz Alarcos Llorach, quase vale por "a vida com sua tristeza" [AL.1, 82]. Agora, se disséssemos, *a vida triste*, nos estaríamos restringindo a uma realidade que se opõe a outras, como *vida alegre*, *vida boêmia*, etc. Neste caso, o adjetivo se diz *restritivo*.

A oração adjetiva também conhece esses dois valores; a adjetiva explicativa alude a uma particularidade que não modifica a referência do antecedente e que, por ser mero apêndice, pode ser dispensada sem prejuízo total da mensagem. Na língua falada, aparece marcada por pausa em relação ao antecedente e, na escrita, é assinalada por adequado sinal de pontuação, em geral, entre vírgulas:

O homem, que vinha a cavalo, parou defronte da igreja.

Repare-se em que a oração adjetiva *que vinha a cavalo* denuncia que, na narração, só havia um homem, de modo que a declaração *que vinha a cavalo* pode ser dispensada:
O homem parou defronte da igreja.

Já em
O homem que vinha a cavalo parou defronte da igreja,

a oração adjetiva, proferida sem pausa e não indicada na escrita por sinal de pontuação a separá-la do antecedente, demonstra que na narração havia mais de um homem, mas só o "que vinha a cavalo" *parou defronte da igreja*. A esta subordinada adjetiva se chama *restritiva*.

À semelhança do que se fez com a oração complexa em cuja estrutura há uma oração subordinada substantiva, num primeiro momento da análise, levando em conta o princípio dos constituintes imediatos, analisar-se-á por inteiro a unidade sintática *O aluno que estuda vence na vida*, para depois se analisar o termo sintático que se apresenta sob forma oracional:

Sujeito:	*O aluno que estuda*
Predicado:	*vence na vida*
Adjunto adverbial:	*na vida*

Como o adjunto adnominal está constituído por uma oração subordinada adjetiva, são passíveis de análise suas unidades sintáticas constitutivas:

Sujeito:	*que* (= o aluno)
Predicado:	*estuda*

Adjetivação de oração originariamente substantiva
A unidade complexa *homem corajoso* pode ser substituída por *homem de coragem*, em que o substantivo *coragem* transposto por uma preposição ao papel de adjetivo funciona também como adjunto do núcleo nominal.

Esta mesma possibilidade de transposição a adjetivo modificador de um grupo nominal mediante o concurso de preposição conhece a oração originariamente substantiva. Este grupo nominal pode ter como núcleo um substantivo ou um adjetivo.
Núcleo substantivo:
O desejo *de que se apurem os fatos* é a maior preocupação dos diretores.
A crença *em que a crise se espalhe* atormenta todos nós.
A desconfiança *de se devemos ir avante* é logo desfeita.

Núcleo adjetivo:
Estávamos todos desejosos *de que o concurso saísse logo*.
O negociante estava cônscio *de que sua responsabilidade era grande*.

OBSERVAÇÃO: Sendo as expressões preposicionadas *desejo de glória, ânsia de liberdade, desejoso de glória, ansioso de liberdade* modificadoras dos núcleos nominais (e por isso mesmo chamados *complementos nominais* ➢ 483) e funcionalmente partícipes da natureza dos adjetivos, manda a coerência que as orações que funcionam como complemento nominal sejam incluídas entre as adjetivas – como fizemos aqui – e não entre as substantivas, como faz a tradição entre nós. Como vimos, elas são primitivamente substantivas, mas que, num segundo momento de estruturação, para funcionarem como modificadoras de substantivos e adjetivos, são transpostas a adjetivas mediante o concurso da preposição. Veja-se a argumentação de José Luís de Oliveira em *Nomenclatura Gramatical Brasileira*, p. 143.

Ocorre o mesmo com as orações que funcionam como agente da passiva que, primitivamente substantivas, são transpostas a adverbiais mediante a preposição *por*.

Substantivação de oração originariamente adjetiva
Em *O homem sábio é guia seguro*, o adjetivo *sábio* pode ocupar o papel da unidade complexa mediante sua substantivação: *O sábio é guia seguro*, onde se deu o apagamento do substantivo *homem* e se marcou o novo caráter substantivo de *sábio* com a conservação do artigo *o*.

Também conhece esse expediente de substantivação a oração transposta adjetiva mediante o apagamento do antecedente dos relativos *quem* e *que* e a presença do artigo, se o antecedente, pela situação do discurso, é conhecido dos interlocutores ou se lhe quer dar certo ar de generalização:

"O homem que cala e ouve não dissipa *o que sabe*, e aprende *o que ignora*" [MM].
"*Os que mais blasonam de honra e probidade* são como os poltrões que se inculcam de valentes" [MM].
"Os elogios de maior crédito são *os que os nossos próprios inimigos nos tributam*" [MM].
"*Para quem não tem juízo* os maiores bens da vida se convertem em gravíssimos males" [MM].

OBSERVAÇÃO: Alguns autores preferem desdobrar o *quem* em *aquele(s) que*, *aquela(s) que* e considerar a unidade *o, a, os, as* como pronomes demonstrativos representados na oração adjetiva pelo pronome relativo *que*, de modo que, não aceitando a substantivação nesses casos, analisam a subordinada como adjetiva: *Não conheço quem chegou* = *Não conheço aquele que chegou*. *Não conheço os que chegaram* = *Não conheço aqueles que chegaram*. São possíveis as duas maneiras de analisar tais construções.

Ocorre o mesmo com outros pronomes e advérbios relativos destituídos de antecedente:

| Não sabemos | quanto
por que
como
quando
onde
que
qual | comprou |

NOTA: A oração substantiva funciona, nestes exemplos, como objeto direto do verbo saber.

Desconheço QUE admiráveis presentes ganhaste (oração *objetiva direta*).
Ignorava QUAIS os alunos que haviam perturbado as aulas (oração *objetiva direta*).
QUEM *tudo quer* tudo perde (oração *subjetiva*).[121]
Falava a QUEM *lhe pedia conselhos* (oração *objetiva indireta*).
Fizeram QUANTO *lhes pedi* (oração *objetiva direta*).
Reconheço QUÃO *enganados nos achávamos a seu respeito* (oração *objetiva direta*).
Peço que anote QUAIS *foram os responsáveis* (oração *objetiva direta*).
A polícia descobriu QUANDO *foi o roubo* (oração *objetiva direta*).
Os jornais explicaram COMO *os ladrões conseguiram fugir* (oração *objetiva direta*).
Os garotos não descobriram ONDE *os pais tinham posto os presentes* (oração *objetiva direta*).
Os vizinhos não entenderam POR QUE *o fogo foi violento* (oração *objetiva direta*).
Ele é QUEM *os avisa* (oração *predicativa*).
Não sabia *por* QUEM *tinha sido enganado* (oração *objetiva direta*).

Assim, substituem *quem* por *a pessoa que, aquele que*; *quanto* por *o tanto que*; *quando* por *o momento em que*; *como* por *o modo pelo qual*; *onde* por *o lugar em que*; *por que* por *o motivo pelo qual*.
Analisam *Quem tudo quer tudo perde* desta maneira:
A pessoa | que tudo quer | tudo perde.
1.ª oração: – principal: *a pessoa tudo perde*.
2.ª oração: – subordinada adjetiva: *que tudo quer*.

---

[121] Estas orações de *quem* apresentam certa liberdade de colocação em relação à sua principal, e aparecem frequentemente no início do período.

A análise que adotamos tem a vantagem de encarar uma realidade da língua, e não uma substituição que a ela realmente nem sempre equivale.[122]

Não se transportam a substantivas as orações adjetivas introduzidas pelos relativos *cujo* e *o qual*.

Transposta a substantiva, a oração de relativo sem antecedente expresso pode exercer as funções próprias das substantivas originais (➚ 499). Assim, no primeiro exemplo desta citação do Marquês de Maricá, *o que sabe* e *o que ignora* fazem o papel de objeto direto dos núcleos verbais *dissipa* e *aprende*. No segundo, *os que mais blasonam de honra e probidade* é o sujeito de *são*; no terceiro, *os que os nossos próprios inimigos nos tributam* é predicativo de *são*. No quarto exemplo, *para quem não tem juízo* funciona como objeto indireto (dativo livre de interesse).

Para marcar a natureza substantiva da oração transposta, costuma-se anteceder de artigo a interrogativa indireta, prática às vezes injustamente condenada [ED.2, § 362]:

Não sei *o* quanto lhe devo nessa ajuda.

Mais uma construção de oração já transposta

A oração relativa sem antecedente transposta a substantiva pode ser de novo transposta a adjetiva com o concurso de preposição – geralmente *de* – e funcionar como modificadora de substantivo.

Repare-se nas construções derivadas da construção básica *o homem sábio* → *o sábio* → *o trabalho do sábio*, em que, nesta última fase, o adjetivo substantivado *sábio* recebe o concurso da preposição *de* para desempenhar o papel de modificador ou adjunto do núcleo *trabalho*. Assim também em:

"*O maior trabalho dos que governam é tolerar os importunos*" [MM],

a oração relativa substantivada *os que governam* (= os governantes), mediante a preposição *de* em *dos que governam*, passa a exercer função própria de adjetivo como modificador do substantivo *trabalho*.

---

[122] Ensina-nos SAID ALI: "Em proposições como *quem porfia mata a caça*, *quem espera sempre alcança*, servimo-nos de um pronome visivelmente destituído de antecedente. Mas como o vocábulo *quem* aí sugere a noção de 'homem (ou mulher) que', 'alguém que', sentimo-nos propensos a ladear a questão linguística, analisando não já o pronome tal qual em tais frases se apresenta, mas sim o seu equivalente semântico. Esse método condenável, de conciliação forçada, não satisfaz todavia ao espírito quando aplicado a *quem quer que*, expressão ampliativa do mesmo pronome *quem* nestas proposições: *quem quer que o disse: não faças mal a quem quer que te ofenda*. SWEET propõe para o pronome nas condições dos dois primeiros como dos dois últimos exemplos a denominação de relativo *condensado* 'por desempenhar o próprio relativo também funções de antecedente'. Qualificativo cômodo, sem dúvida, mas não ditado pelo critério histórico-comparativo. Estudos mais rigorosos (DELBRÜCK e BRUGMANN) permitem presumir que o pronome em questão deve a sua origem a uma causa dupla: ao interrogativo *quem* nas interrogativas indiretas e ao indefinido *quem*" [SA.5, 114-115].

Também a oração de relativo transposta a substantiva pode, com o concurso de preposição, passar a exercer papel de advérbio e, assim, funcionar como adjunto circunstancial.

"Nenhum senhorio é tão absoluto *como o que conferem os povos aos tiranos de sua escolha*" [MM] (comparativa).
"O tempo voa *para quem goza*, e se arrasta *para quem padece*" [MM] (inclinação).
O livro foi escrito *por quem não se esperava* (agente da passiva).

Orações complexas de transposição adverbial
Refletindo a classe heterogênea dos advérbios (↗ 467), também as orações transpostas que exercem funções da natureza do advérbio se repartem por dois grupos:

a) as subordinadas adverbiais propriamente ditas, porque exercem função própria de advérbio ou locução adverbial e podem ser substituídas por um destes (advérbio ou locução adverbial): estão neste caso as que exprimem as noções de *tempo, lugar, modo* (substituíveis por advérbio), *causa, concessão, condição* e *fim* (substituíveis por locuções adverbiais formadas por substantivo e grupos nominais equivalentes introduzidos pelas respectivas preposições);
b) as subordinadas *comparativas* e *consecutivas*.

As subordinadas adverbiais propriamente ditas
As adverbiais do 1.º grupo exercem função própria de advérbio, que é, como vimos, um adjunto ou determinante circunstancial não argumental do núcleo verbal. Do ponto de vista constitucional, estão representados por advérbios (os de *tempo, lugar* e *modo*) ou pelas chamadas locuções adverbiais, constituídas por substantivos ou grupos nominais equivalentes introduzidos pelas respectivas preposições (as circunstâncias anteriores e, especialmente, as que denotam causa, concessão, condição e fim).

Daí tais orações adverbiais, do ponto de vista constitucional, se assemelharem às substantivas, já que se identificam com estas em funções adverbiais, como ocorre com o substantivo transposto ao papel de advérbio mediante o concurso de preposição:

Saiu *de noite*.
Estudamos *com prazer*.
Trabalhas *na fábrica*.
Passeamos *pela cidade*.

Destarte, quando as orações mediante o transpositor *que* se transpõem a subordinadas substantivas e passam a funcionar como adverbiais, são marcadas pela respectiva preposição, constituindo assim as impropriamente chamadas *locuções conjuntivas*: *sem que, para que, desde que, porque* (= *por* + *que*), *que*, etc. Impropriamente locuções conjuntivas, porque não se trata de uma unidade complexa, mas de dois elementos com papéis diferentes: a preposição assinala a noção circunstancial de que semanticamente se reveste a oração transposta ou subordinada; o *que* marca

o novo papel da oração independente originária que passa a funcionar, num plano inferior, como termo sintático dentro da oração complexa:
Os alunos estudam muito *para que possam preparar-se para as exigências da vida*.
Os convidados saíram *sem que fossem notados*.
O advogado não o defendeu *porque o réu só mentiu no depoimento*.

Outras particularidades nos transpositores das orações adverbiais
Além do *que* precedido da conveniente preposição como vimos até aqui, devemos assinalar as seguintes outras particularidades:

a) Quando usados sem referência a antecedente, os advérbios relativos *onde*, *quando*, *como* e *quanto* (este com preposição) transpõem a oração a que pertencem, que passa a exercer papel de adjunto adverbial:
"*Onde me espetam*, fico." [MA.2].
Saíste *quando a festa melhorava*.
O prédio foi construído *como estava planejado*.
Só trabalhava *por quanto dinheiro ganhasse para a viagem*.

b) Outros advérbios ou unidades de valor adverbial, próximos aos advérbios relativos, também transpõem orações para exercer papel adverbial, como ocorre com *se* (hipotético), *conforme*, *apenas*, *caso*, *enquanto*:
Se o emprego é nessas condições, ele não me interessa.
Seus sonhos se realizaram *conforme ela planejara*.

c) Também os pronomes relativos sem referência a antecedente ou precedidos de artigo transpõem oração subordinada a substantivo, podendo esta oração subordinada substantiva passar a exercer função adverbial se vem acompanhada da conveniente preposição:
Ela só saía *com quem lhe merecia confiança*.
O vizinho errou quando depositou suas economias *no que era bastante precário*.

d) A oração transposta de *que* pode funcionar como determinante de um advérbio, de modo que às vezes o conjunto advérbio + *que* passa a funcionar como um transpositor unitário (*ainda que*, *já que*, *sempre que*, *logo que*, *assim que*, etc.), em que o significado originário do advérbio fica modificado [AL.1, 355]:
Sempre que corríamos à janela, assistíamos ao espetáculo da natureza.
Logo que tudo fique resolvido, o vizinho se mudará.
Já que todos saíram, desisto do negócio. (já "temporal" – já que "causal")

OBSERVAÇÃO: Primitivamente o advérbio era um elemento da oração deslocado, que devia modificar um núcleo verbal daquela a que a rigor pertencia, e que passou a integrar outra oração.

e) Pelo fenômeno da subordinação ou hipotaxe (➚ 54), palavras ou grupos de palavras (advérbio ou substantivo adverbializado) passam a um estrato inferior e exercem papel próprio de morfema, aqui de preposição, pela qual podem ser substituídos:
em virtude de doença = *por* doença
em cima da mesa = *sobre* a mesa
graças à ajuda = *com* a ajuda
debaixo da escada = *sob* a escada
dentro de pouco = *por* pouco

Neste caso, introduzindo uma oração transposta mediante *que*, esta exercerá papel adverbial:
Em virtude de que era o mais saudável, dispôs-se a trabalhar pelo grupo.

f) Alguns particípios fixos no masculino singular se unem a orações transpostas mediante *que* dando origem a transpositores complexos de orações adverbiais, do tipo de *dado que, posto que, visto que, suposto que, salvo que, exceto que, não obstante que*:
Nada resolveu o problema, *visto que não houve entendimento prévio das partes em litígio*.
Os turistas desistiram da visita, *dado que chovia torrencialmente*.

OBSERVAÇÃO: Primitivamente o *que* introduzia oração que funcionava como sujeito do particípio, o que explica estar este no masculino singular, pois uma oração definida materialmente é considerada do gênero masculino e do número singular.

As subordinadas adverbiais comparativas e consecutivas
As subordinadas adverbiais do 2.º grupo, integradas pelas comparativas e consecutivas, guardam certa analogia com as adjetivas porque dependem de um antecedente, de natureza quantificadora ou de unidade quantificada (adjetivo ou advérbio) e só mantêm relação direta com o núcleo verbal da oração junto com seu antecedente. Assim é que em
Janete estuda mais que trabalha,

a oração subordinada *que trabalha* está presa ao advérbio *mais*, e o conjunto *mais que trabalha*, que manifesta uma comparação com o fato anterior, funciona como adjunto adverbial do núcleo verbal *estuda*.
O mesmo ocorre em
Janete é tão aplicada aos estudos que não lhe sobra tempo para o trabalho.

Aqui a oração subordinada *que não lhe sobra tempo para o trabalho*, que manifesta a consequência ou encarecimento do fato anterior, também está presa ao quantificador *tão* que funciona como adjunto adverbial de *aplicada*, e o conjunto *tão aplicada aos estudos que não lhe sobra tempo para o trabalho*, valendo por um adjetivo a modificar o substantivo *Janete*, funciona como predicativo do verbo *é*.

O caráter do adjunto, portanto de termo não argumental, tanto da oração subordinada comparativa quanto da consecutiva, se manifesta pelo fato de se poder eliminar, em cada caso, a oração subordinada, e continuar perfeita a oração anterior:
Janete estuda mais.
Janete é tão aplicada aos estudos.

Os diversos tipos de comparativas
Como já vimos, a comparação pode manifestar-se estabelecendo uma igualdade (*tanto... quanto*), uma superioridade (*mais... que* ou *do que*), uma inferioridade (*menos... que* ou *do que*) entre duas realidades ou conceitos.

A alternância de *que* e *do que* nasceu, em época relativamente recente, da construção primitiva em que a oração transposta que modificava *mais* ou *menos* era uma substantivada iniciada por *o que...*, precedida de preposição *de*: *mais* (*menos*) *do que* = *mais* (*menos*) *daquilo que* [ED.2, 171; TM.1, 205].

Dos quantificadores, também já dissemos (✓ 482) que só aparece flexionado em gênero e número o *tanto* adnominal, em conformidade com o substantivo ou pronome que modifique. *Tanto* é invariável quando se apresenta como advérbio. Vale ainda lembrar que os quantificadores *mais* e *menos* podem ser reforçados por advérbio: *muito mais, pouco mais, muito menos, pouco menos*, etc.

Outras unidades comparativas
Além dos quantificadores referidos, podem em seu lugar aparecer:
a) as formas adjetivas *maior, menor, melhor, pior*:
As qualidades devem ser *maiores que os vícios*.

b) unidades multiplicativas, indefinidas (como *outro, mesmo, igual*) e advérbios de valor seletivo (como *antes*):
A nota conseguida é o *dobro que o candidato merecia*.
Não pensava em *outra coisa que tirar proveito dos amigos*.
Tudo nele era o *mesmo que se vira antes*.
O roubo antes denigre o ladrão *que lhe aumenta os haveres*.

As orações subordinadas consecutivas
Como vimos, a oração transposta consecutiva também se aproxima da adjetiva relativa por estar o transpositor *que* relacionado com uma unidade quantificadora da oração anterior:
Janete é tão aplicada aos estudos *que não lhe sobra tempo para o trabalho*.

Pelo exemplo acima percebe-se que a oração subordinada manifesta uma consequência; mas o valor semântico primordial é assinalar que o quantificador encarece o conteúdo de pensamento designado.

No exemplo:
Ela sentia tal medo que a deixava paralisada,

se eliminarmos o encarecedor, o quantificador *tal*, a oração subordinada poderá confundir-se com a adjetiva relativa se não for proferida com o contorno melódico que em geral marca a consecutiva, o que a faz poder ser assinalada por vírgula:
Ela sentia medo que a deixava paralisada.

OBSERVAÇÃO: Esta aproximação da adverbial consecutiva desprovida de quantificador com a adjetiva relativa tem levado alguns escritores a repetir a função sintática desempenhada pelo *que* relativo mediante o pronome adverbal *o* (*a, os, as*), construção que a norma-padrão desaconselha: "o homem que se destina, ou *que o* destinou seu nascimento, a uma vocação pública, não pode, sem vergonha, ignorar as belas letras e os clássicos" [AGa.4, 29].

Tal como ocorreu nas orações subordinadas comparativas, em *Ela sentia tal medo que a deixava paralisada*, constitui uma unidade complexa o conjunto *tal medo que a deixava paralisada*, que, na oração complexa, funciona como objeto direto do núcleo verbal *sentia*.

Outras unidades consecutivas
Os quantificadores a que se prendem as orações consecutivas podem ser substituídos por outras unidades, naturalmente sem que deixem de ser marcadas pelo contorno melódico que manifesta o encarecimento do conteúdo do pensamento designado:

a) O indefinido *cada*:
   Ele diz *cada* mentira *que já está desacreditado no grupo.*

b) O indefinido *um* (*uma, uns, umas*):
   De repente caiu *uma ventania que afugentou do estádio todos os espectadores.*

c) As unidades *de modo, de maneira, assim*:
   O mágico falava *de modo que impressionava a plateia.*
   O escritor escrevia *de maneira que compunha um livro por mês.*
   O atleta era *assim forte que punha nos concorrentes a certeza da derrota.*

OBSERVAÇÃO: Acerca da substituição de *de modo que, de maneira que* + verbo flexionado por *de modo a, de maneira a* + infinitivo (*de modo a fazer*, etc.) (↗ 529).

d) Pode faltar a unidade quantificadora, garantida pelo contorno melódico e pelo contexto:
   É feio *que mete medo.*

Grupos oracionais: a coordenação
Já vimos que as orações coordenadas são orações sintaticamente independentes entre si e que se podem combinar para formar *grupos oracionais* ou *períodos compostos*:
  Mário lê muitos livros e aumenta sua cultura.
  Mário lê muitos livros e aprende pouco.

É fácil observar que as duas orações do primeiro exemplo são sintaticamente independentes, porque, ao analisar a primeira (*Mário lê muitos livros*), verificamos que possui todos os termos sintáticos previstos na relação predicativa, ao contrário da oração complexa, conforme vimos (➚ 493):
  Sujeito: *Mário*
  Predicado: *lê muitos livros*
  Objeto direto: *muitos livros*

Entretanto, é também fácil verificarmos que a segunda oração *e aumenta sua cultura* manifesta o resultado, uma consequência do fato de Mário ler muito. Esta interpretação, aliás correta, não interfere na relação sintática que as duas orações mantêm entre si no grupo oracional. Esta interpretação adicional não resulta da relação sintática existente nas duas orações, mas sim da nossa experiência do mundo, porque sabemos que a leitura é uma das nossas fontes de cultura. E muito menos a manifestação nasce do emprego da conjunção *e*, que, por ser mero conector das orações, tem por missão semântica apenas adicionar um conteúdo de pensamento a outro. Por isso, é denominada *conjunção* (= conector) *aditiva*.

Prova evidente do que estamos falando é o segundo exemplo:
  Mário lê muitos livros e aprende pouco.

Do ponto de vista sintático, já vimos que aqui também estamos diante de orações independentes e que podem figurar isoladamente:
  Mário lê muitos livros. Ele aprende pouco.

É partindo desse nosso saber sobre as coisas do mundo e dos significados dos lexemas utilizados que interpretamos a 2.ª oração como o contrário do que estávamos esperando pelo fato de Mário ler muitos livros.

Como no exemplo anterior, essa interpretação adicional não tira da 2.ª oração o caráter de *coordenada aditiva* nem permite que se classifique o *e* diferentemente de uma conjunção aditiva. É o texto, com suas unidades léxicas, e não a gramática, que manifesta o sentido adversativo que claramente expressa a 2.ª oração em face do conteúdo que se enunciou na 1.ª. São, assim, unidades textuais, o que vale dizer, são unidades que manifestam funções sintagmáticas no nível do texto. Trata-se de exemplos de coordenação no nível da oração e de subordinação no nível do texto.

Cabe também assinalar que as orações conectadas por *e* não manifestam nenhum sentido textual subsidiário, além da adição; a ordem das orações é, em geral, livre, salvo quando o significado dos lexemas estabelece uma disposição natural dos

conteúdos de pensamento designados. São, neste último caso, questões relativas ao nosso saber elocutivo, e não ao saber idiomático, exclusivamente (➚ 40):
Trabalhava de dia e estudava de noite.
Estudava de noite e trabalhava de dia.

Mas há ordem fixa em:
Ficou noivo em fevereiro e casou-se em junho.
Cursava a Faculdade de Direito e formou-se em advocacia.

Em sentido inverso, muitas orações subordinadas – especialmente as reduzidas, em vista da amplitude semântica em que podem ser envolvidas pela influência das unidades léxicas empregadas e do nosso saber e experiências do mundo – podem admitir um sentido "aditivo", como nos seguintes casos:

a) as orações reduzidas de gerúndio, quando equivalente a uma oração coordenada iniciada pela conjunção *e*:
Compreendeu bem a lição, *fazendo* depois corretamente os exercícios
(= e fez depois...)

b) as reduzidas de infinitivo precedidas da preposição *sobre* e da locução prepositiva *além de*:
"Além de que a fumarada do charuto, *sobre ser* purificante ou antipútrida, dava aos alvéolos solidez, e consistência aos dentes" [CBr.1, 108] (*sobre ser* = além de ser purificante... a fumarada do charuto dava...).

Apesar destas interpretações "aditivas", estas reduzidas, quanto à sua estruturação gramatical, pertencem ao quadro das orações subordinadas.

Os tipos de orações coordenadas e seus conectores
As orações coordenadas estão ligadas por conectores chamados conjunções coordenativas (➚ 352), que apenas marcam o tipo de relação semântica que o falante manifesta entre os conteúdos de pensamento designados em cada uma das orações sintaticamente independentes.
São três as relações semânticas marcadas pelas conjunções coordenativas ou conectores:

1) *Aditiva*: adiciona ou entrelaça duas ou mais orações, sem nenhuma ideia subsidiária.
As conjunções aditivas são *e* e *nem* (esta para os conteúdos negativos, e pode vir na 2.ª oração ou em ambas).
Pedro estuda *e* Maria trabalha.
Pedro não estuda *nem* trabalha.
Nem Pedro estuda *nem* Maria trabalha.

2) *Adversativa*: contrapõe o conteúdo de uma oração ao de outra expressa anteriormente:

João veio visitar o primo, *mas* não o encontrou.

As conjunções adversativas são *mas, porém, senão* (esta depois de conteúdo negativo).
Não saía *senão* com os primos.

3) *Alternativa*: contrapõe o conteúdo de uma oração ao de outra e manifesta exclusão de um deles, isto é, se um se realizar, o outro não se cumprirá: Estudas *ou* brincas.

Enlaces adverbiais em grupos de orações
Certas unidades de natureza adverbial e que manifestam valores de concessão, conclusão, continuação, explicação, causa, que fazem referência anafórica ao que anteriormente se expressou, podem aparecer como aparentes conectores de orações em grupos oracionais: *logo, pois, portanto, por conseguinte, entretanto, contudo, todavia, por isso, por isto, também, daí, então, pelo contrário*, etc.:
"Será a primeira vez que copiará estes quadros, *pois* não há oito dias que os comprei" [JA.3, 257].
"O amor, como eu sonho e espero, há de ser a minha vida inteira; *portanto* parece-me que tenho o direito e até o dever de conhecê-lo antes (...)" [JA.3, 379].
"O que a protegia na confusão não era tanto o rápido olhar, como um sétimo sentido, que só ela possuía: uma espécie de previsão dos objetos que se aproximavam.
Contudo, eu sofria muito vendo Emília assim esquecida de mim e engolfada nos prazeres (...)" [JA.3, 380].

Partindo desses valores semânticos, a gramática tradicional estabeleceu, entre os conectores coordenativos, as conjunções *conclusivas* e *causais-explicativas*. Realmente, nestes casos se trata de unidades que manifestam esses valores de dependência interna, semelhantes às orações subordinadas, mas no nível do sentido do texto. São unidades transfrásticas, já que ultrapassam os limites de fronteira das orações.

Observação: A inexistência, a rigor, das conjunções conclusivas e causais-explicativas, orientação que também é seguida em gramáticas de outras línguas, já tinha sido defendida entre nós por Maximino Maciel (1865-1923) na última revisão de sua *Gramática Descritiva*, em que as considerava advérbios, dada a facilidade com que se deslocavam nas orações, aparecendo em várias posições, o que lhes tirava o caráter de conectores (➚ 352).

Justaposição ou assindetismo
Ao lado da presença de transpositores e conectores vistos até aqui, as orações podem encadear-se, como ocorre com os termos sintáticos dentro da oração, sem que

venham entrelaçadas por unidades especiais; basta-lhes apenas a sequência, em geral proferidas com contorno melódico descendente e com pausa demarcadora, assinalada quase sempre na escrita por vírgulas, ponto e vírgula e ainda por dois-pontos:
"O moço que dizia 'Similes' costumava zombar de mim com barulho. *Qualquer dito nem o excitava: mordia os beiços, avermelhava-se como um peru, lacrimejava, enfim não se continha, caía num riso convulso, rolava sobre o balcão, meio sufocado*" [GrR.1, 197].

Este procedimento de enlace chama-se *justaposição*.

Do ponto de vista sintático e semântico, tais justaposições se aproximam, pela independência sintática e estreito relacionamento semântico, da parataxe ou coordenação. Seu efeito para o discurso é variado, ora apontando para um estilo cortado com grande dose impressionista, ora para um estilo que focaliza quadros rápidos e movimentos ascendentes, especialmente se está constituído por sequência de verbos. Já a sequência de substantivos manifesta lentidão.

Aproximam-se as orações justapostas das coordenadas, e com elas às vezes se alternam, por permitirem, no nível da camada superior do texto, um sentido subsidiário de causa-explicação, concessão, consequência, oposição, tempo, levando-se em conta o conteúdo de pensamento nelas designado:
"Uma vez por dia o grito severo me chamava à lição. Levantava-me, com um baque por dentro, *dirigia-me à sala, gelado. E emburrava: a língua fugia dos dentes, engrolava ruídos confusos*" [GrR.1, 102].
"Não me ajeitava a esse trabalho: *a mão segurava mal a caneta, ia e vinha em sacudidelas, a pena caprichosa fugia da linha, evitava as curvas, rasgava o papel, andava à toa como uma barata* doida, semeando borrões" [GrR.1, 114].

A chamada "coordenação distributiva"
Podem-se incluir nas orações justapostas aquelas que a gramática tradicional arrola sob o rótulo de coordenadas distributivas, caracterizadas por virem enlaçadas pelas unidades que manifestam uma reiteração anafórica do tipo de *ora... ora, já... já, quer... quer, um... outro, este... aquele, parte... parte, seja... seja*, e que assumem valores distributivos alternativos, e subsidiariamente concessivos, temporais, condicionais.

Do ponto de vista constitucional, essas unidades são integradas por várias classes de palavras: substantivo, pronome, advérbio e verbo, e do ponto de vista funcional não se incluem entre os conectores que congregam orações coordenadas:
Ora eram eles capazes de atos de vandalismo, *ora* eram capazes de atos de ajuda ao próximo.
Já não se mostravam como pessoas educadas, *já* se revelavam como se fossem inocentes crianças.
Uns estavam sempre satisfeitos, *outros* só viviam reclamando da vida.

Orações intercaladas
Também se incluem nos grupos oracionais como orações justapostas as intercaladas, também caracterizadas por estarem separadas do conjunto por pausa e por contorno

melódico particular. Na escrita, aparecem marcadas por vírgula, travessão ou parêntese. Do ponto de vista de conteúdo de pensamento designado, dividem-se em:
1) *citação*: onde se acrescenta a pessoa que proferiu a oração anterior:
Dê-me água, *me pediu o rapaz*.[123]
Quem é ele? – *interrompeu a jovem*.

2) *advertência*: esclarece um ponto que o falante julga necessário:
Em 1945 – *isto aconteceu no dia de meu aniversário* –, conheci um dos meus melhores amigos.

3) *opinião*: em que o falante aproveita a ocasião para opinar:
D. Benta (*malvada é que era*) dizia que a sua doença impedia a brincadeira da garotada.
"Comíamos, *é verdade*, mas era um comer virgulado de palavrinhas doces" [MA.1, 198].

4) *desejo*:[124] em que o falante aproveita a ocasião para exprimir um desejo, bom ou mau:
José – *Deus o conserve assim!* – conquistou o primeiro lugar da classe.
"É bem feiozinho, *benza-o Deus*, o tal teu amigo!" [AAz].
O teu primo – *raios que o partam!* – pôs-me de cabelos brancos.

5) *escusa*: em que o falante se desculpa:
"Pouco depois retirou-se: eu fui vê-la descer as escadas, e não sei por que fenômenos de ventriloquismo cerebral (*perdoem-me os filósofos essa frase bárbara*) murmurei comigo (...)" [MA.1, 325].

6) *permissão*: em que solicita algo:
"Meu espírito (*permita-me aqui uma comparação de criança*), meu espírito era naquela ocasião uma espécie de peteca" [MA.1, 282].

7) *ressalva*: em que faz uma limitação à generalidade de um enunciado:
"Daqui a um crime distava apenas um breve espaço e ela transpôs, *ao que parece*" [AH.2, 123].

---

[123] Professores há que preferem, havendo na intercalada um verbo transitivo direto, considerar este tipo de oração como principal. Assim, analisam:
Oração principal: *me pediu o rapaz*.
Oração subordinada, substantiva objetiva direta, justaposta: *dê-me água*.
Se a intercalada não encerra verbo transitivo direto, acham-no por elipse.
[124] A este José Oiticica denominava de *exclamação*.

Ele, *que eu saiba*, nunca veio aqui.[125]
"Cobiça de cátedras e borlas que, *diga-se de passagem*, Jesus Cristo repreendeu severamente aos fariseus" [CBr.2, 300].
Os livros, *pode-se bem dizer*, são o alimento do espírito.

Aparentes orações complexas
Entram, assim, neste caso as intercaladas de citação que, em estilo direto, reproduzem o que no estilo indireto funcionaria como objeto direto do núcleo verbal, claro ou subentendido: *Dê-me água, me pediu o rapaz*, equivalente no conteúdo a *O rapaz pediu que lhe desse água*; *Quem é ele? – interrompeu o jovem*, equivalente no conteúdo a *O jovem interrompeu [perguntando] quem é ele*.

Atendendo às equivalências do conteúdo, mas em contradição com a estrutura sintática e textual, alguns autores analisam tais orações justapostas como complexas. Só poderíamos proceder dessa maneira e considerá-las orações complexas se viessem introduzidas pelo transpositor, como ocorreu nas equivalências apontadas.

Como bem ensina A. da Gama Kury, devemos "considerar essas orações interferentes como períodos à parte, intercalados ou justapostos, que se analisarão lado a lado com aquele em que se inserem" [AK.1, 70].

3) Discurso direto, indireto e indireto livre

O português, como outras línguas, apresenta normas textuais para nos referirmos no enunciado às palavras ou aos pensamentos de responsabilidade do nosso interlocutor, mediante os chamados *discurso direto, discurso indireto* e *discurso indireto livre*.

No DISCURSO DIRETO reproduzimos ou supomos reproduzir fiel e textualmente as nossas palavras e as do nosso interlocutor, em diálogo, conforme vimos nos exemplos das orações ou períodos intercalados de citação, com a ajuda explícita ou não de verbos como *disse, respondeu, perguntou, retrucou* (os chamados verbos *dicendi*) ou sinônimos. Às vezes, usam-se outros verbos de intenção mais descritiva, como *gaguejar, balbuciar* (do exemplo, a seguir, de Machado de Assis), *berrar*, etc. São os *sentiendi*, que exprimem reação psicológica do personagem.[126] No diálogo, a sucessão da fala dos personagens é indicada por travessão (outras vezes, pelos nomes dos intervenientes):

"– Não contava hoje com sua visita, disse Vasconcelos.
– Admira, respondeu o Sr. José Brito com uma placidez de apunhalar, porque hoje são 21.

---

[125] Com seus alunos deve apenas o professor insistir na conceituação de oração intercalada, desprezando minúcias de classificação. Nem sempre se traçam linhas rigorosas de demarcação entre o sentido de muitas dessas intercaladas.

[126] Cf. O. Moacir Garcia, onde se encontra excelente e larga exposição sobre o emprego dos verbos *dicendi* e *sentiendi*, bem como as alterações que podem ter os tempos e modos verbais e os pronomes demonstrativos e possessivos na passagem do discurso direto a indireto, a pontuação e a colocação desses verbos. O assunto extrapola, na sua análise mais profunda, o âmbito da gramática para inserir-se na linguística do texto.

– Cuidei que eram 19, *balbuciou* Vasconcelos.
– Anteontem, sim; mas hoje são 21."

No DISCURSO INDIRETO os verbos *dicendi* se inserem na oração principal de uma oração complexa tendo por subordinada as porções do enunciado que reproduzem as palavras próprias ou do nosso interlocutor. Introduzem-se pelo transpositor *que*, pela dubitativa *se* e pelos pronomes e advérbios de natureza pronominal *quem, qual, onde, como, por que, quando*, etc., já vistos antes:
Perguntei *se lavou as orelhas.*

O discurso direto em
José Dias recusou, dizendo: *É justo levar a saúde à casa de sapé do pobre*

passa a discurso indireto, em que se transpõe o presente *é* do discurso direto para o pretérito imperfeito do indireto:
"José Dias recusou, dizendo *que era justo levar a saúde à casa de sapé do pobre*" [MA.4, 14].

O DISCURSO INDIRETO LIVRE consiste em, conservando os enunciados próprios do nosso interlocutor, não lhe fazer referência direta. Como ensina Mattoso Câmara, mediante o estilo indireto livre reproduz-se a fala dos personagens – inclusive o narrador – sem "qualquer elo subordinativo com um verbo introdutor *dicendi*" [MC.4, 28]. Se tomássemos o exemplo acima de *Dom Casmurro*, bastaria suprimir a forma verbal *dizendo* e construir dois períodos independentes com as duas partes restantes:
José Dias recusou. *Era justo levar a saúde à casa de sapé do pobre.*

Uma particularidade do estilo indireto livre é a permanência das interrogações e exclamações da forma oracional originária, ao contrário do caráter declarativo do estilo indireto. Mattoso Câmara cita um trecho de *Dom Casmurro* em que D. Glória tenta demover Pádua da ideia de suicídio por lhe ter mudado a vida financeira de repente, mediante um enunciado em estilo indireto livre a partir do segundo período:
"Minha mãe foi achá-lo à beira do poço, e intimou-lhe que vivesse. *Que maluquice era aquela de parecer que ia ficar desgraçado, por causa de uma gratificação menos, e perder um emprego interino? Não, senhor, devia ser homem, pai de família, imitar a mulher e a filha...*" (p. 48)

Em suma, o discurso indireto livre "estabelece um elo psíquico entre o narrador e o personagem que fala (...): o narrador associa-se ao seu personagem, transpõe-se para junto dele e fala em uníssono com ele" [MC.4, 30-31].

Particularidades outras das orações transpostas substantivas
O transpositor da oração substantiva junto à oração principal se diz *conjunção integrante*: *que* (nas declarações de certeza) e *se* (nas declarações de incerteza):

Sei *que* virá hoje.
Não sei *se* virá hoje.

Conforme vimos, pode a conjunção integrante vir ou não precedida de preposição necessária. O quadro seguinte resumirá as orações substantivas, levando-se em conta a preposição necessária:

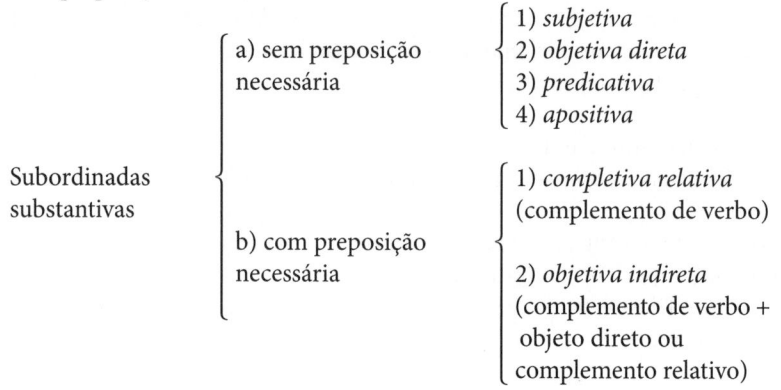

Subordinadas substantivas
- a) sem preposição necessária
  - 1) *subjetiva*
  - 2) *objetiva direta*
  - 3) *predicativa*
  - 4) *apositiva*
- b) com preposição necessária
  - 1) *completiva relativa* (complemento de verbo)
  - 2) *objetiva indireta* (complemento de verbo + objeto direto ou complemento relativo)

OBSERVAÇÕES:

1.ª) Continuamos a insistir no termo *necessária* (*preposição necessária*), porque ela pode aparecer, esporadicamente, em lugares que a não exigem, como omitir-se onde seria esperada. Assim, pode-se prescindir da preposição que inicia uma oração objetiva indireta ou completiva nominal:
"Em Coimbra recebeu o infante esta triste nova por uma carta da rainha sua filha, em que o avisava *que em conselho se decidira que o fossem cercar* (...)" [AH.2, 94]

Isto é: *em que o avisava que* está por *em que o avisava **de que***.

2.ª) Pode ocorrer a omissão tanto da preposição quanto do transpositor:
"Quis defendê-la, mas Capitu não me deixou, continuou a chamar-lhe beata e carola, em voz tão alta que tive medo *fosse ouvida os pais*" [MA *apud* MBa.3, 80].

Isto é: tive medo *de que fosse ouvida*.
Também se pode preceder de preposição uma oração subjetiva ou objetiva direta. Assim, por influência da construção *fazer com alguém* (= conseguir deste alguém) *que* passamos a empregar *fazer com que* ao lado de *fazer que* em orações objetivas diretas do tipo:
"(...) fizeram (os cortesãos) *com que se retirasse para Sintra* (...)" [AH.2, 93].

Isto é: *fazer* significa "diligenciar e conseguir que uma coisa aconteça".

Ou subjetiva, como:
"Desaire real seria *de a deixar sem prêmio*" [AGa].

Registrem-se ainda as construções *dizer de sim, dizer de não*, em lugar de *dizer que sim, dizer que não*: "Eu me abalanço a lhes dizer e redizer *de não*" [RB.5, 225].

Características da oração subjetiva e predicativa
A oração substantiva subjetiva apresenta as seguintes características: estar depois da principal, estar o verbo da oração principal na 3.ª pessoa do singular e num destes quatro casos:
a) verbo na voz reflexiva de sentido passivo:
   Sabe-se que tudo vai bem.

b) verbo na voz passiva (*ser, estar, ficar*) seguido de particípio:
   Ficou provado que estava inocente.

c) verbos *ser, estar, ficar* seguidos de substantivo ou adjetivo:
   É verdade que sairemos cedo.
   Foi bom que fugissem.
   Está claro que consentirei.
   Ficou certo que me telefonariam.

d) verbo do tipo *parece, consta, ocorre, corre, urge, importa, convém, dói, punge, acontece*:
   Parece que vai chover.
   Urge que estudem.
   Cumpre que façamos com cuidado todos os exercícios.
   Acontece que todos já foram punidos.

OBSERVAÇÕES:
1.ª) Não se pautam pela tradição literária as construções em que se personaliza o verbo *pesar* significando arrependimento ou dor, do tipo de:
   Pesam-me os dissabores que lhe causei.
A boa construção é dar-lhe objeto indireto de pessoa e complemento relativo de coisa introduzida pela preposição *de*, e na forma de 3.ª pessoa do singular:
   Pesa-me dos dissabores que lhe causei.
2.ª) O prof. Sousa Lima [SL.1, § 530] acha que só se poderá considerar *predicativa* a oração que contiver o verbo *parecer* concordando "com outro sujeito que não seja a proposição: *Tu pareces ser estrangeiro*", outro exemplo, "Nunca nos esquecemos de nós, ainda quando *parecemos* que mais nos ocupamos dos outros" [MM].

A oração substantiva predicativa introduzida pela conjunção complementa, na maioria das vezes, o verbo *ser*:
   A verdade *é que não ficaremos aqui*.

OBSERVAÇÃO: Nos casos em que aparece o verbo *ser* em construções enfáticas do tipo *O professor é quem dará a palavra final* (ênfase da oração de base *O professor dará a palavra final*), a análise poderá considerar a oração de *quem* como predicativa, ou considerar uma só oração e *é quem* como expletivo.

Omissão da conjunção integrante
Se o enunciado encerra mais de um *que*, podemos, com elegância, omitir a conjunção integrante, principalmente nas orações subjetivas e objetivas presas a núcleos verbais que exprimem vontade ou temor:
"Devia, pois, ser melancólico, além do exprimível o que aí se passou nessa grade: triste, e desgraçado direi, a julgá-lo pelas consequências que se vão descrever, com um certo pesar em *que esperamos tomem* os leitores o seu quinhão de pena (...)" [CBr.4, 223].

Esperamos tomem está por *esperamos que tomem*.
Ainda que não haja acúmulo de *ques*, constitui leveza a omissão da conjunção integrante, que ocorre principalmente no estilo administrativo:
"Frequentes vezes me *disse esperava* lhe anulassem no supremo tribunal o processo" [CBr.10, 51].
Requeiro *seja enviado o Processo a outra instância*.

Evitou-se, no primeiro exemplo, o emprego de duas conjunções integrantes: "(...) me disse *que esperava que* lhe anulassem o processo".
"Posto que, dizia ele, muito desejasse ver levar o negócio a cabo, *aconselhava-o não tentasse* nada de leve (...)" [AH.6, 262, apud AH.2, 149].

Aconselhava-o não tentasse está por *aconselhava-o a que não tentasse*.
Também se dá a omissão da integrante *que* depois do transpositor na comparação com *que* ou *do que*, como se observa no seguinte exemplo:
É melhor *que* lhe deem uma oportunidade *do que estejam* a retê-lo na prisão,

isto é: *é melhor que lhe deem... do que que estejam...*
Pode-se ainda fugir à repetição pondo-se o verbo no infinitivo:
... do que *estar* a retê-lo na prisão.

Pleonasmos da conjunção integrante
Quando a oração substantiva não segue imediatamente o verbo de que serve de integração, pode ocorrer, mormente no falar coloquial, o pleonasmo da conjunção integrante, como o provam os seguintes exemplos:
"e disse *que*, se lhe não queríamos mais nada, *que* podíamos ir à nossa vida" [CBr, 45].

"O meu amor me disse ontem
Que eu *que* andava coradinha" [AO.1].[127]
"A verdade é *que* desde que anunciei ao rapaz a volta de sua mãe, *que* observei nele uma bizarra mudança de atitude" [LCa.1].

Particularidades sobre as *orações transpostas adjetivas*
Funções sintáticas do relativo das orações adjetivas – As orações adjetivas iniciam-se por pronome relativo que, além de marcar a subordinação, *exerce uma função sintática da oração a que pertence*. Em:
"Há enganos *que* nos deleitam, como desenganos *que* nos afligem" [MM],

os dois *ques* exercem funções sintáticas na oração subordinada que iniciam. O primeiro é sujeito de *deleitam* (que nos deleita? – *enganos*, representado na oração subordinada pelo *que*); o segundo é sujeito de *afligem* (que nos aflige? – *desenganos*, representado na oração subordinada pelo *que*).

É importante assinalar que *a função sintática do pronome relativo nada tem a ver com a função do seu antecedente; ela é indicada pelo papel que desempenha na oração subordinada a que pertence.*

Desta maneira, no exemplo dado, *enganos* e *desenganos* são *objetos diretos* (a oração não tem sujeito, porque o verbo *haver* = *existir* é impessoal) e os *ques* são sujeitos.

a) *Que* – não precedido de preposição necessária – pode exercer as funções de *sujeito*, *objeto direto* ou *predicativo*:
O menino *que* estuda aprende (*sujeito*).
O livro *que* lemos é instrutivo (*objeto direto*).
Somos o *que* somos (*predicativo*).

b) *Que* – precedido de preposição necessária – pode exercer as funções de *objeto indireto*, *complemento relativo*, *complemento nominal*, *adjunto adverbial* ou *agente da passiva*:
A pessoa *a que* entreguei o livro deixou-o no táxi (*objeto indireto*).
Os filmes *de que* gostamos são muitos (*complemento relativo*).
A cidade *a que* te diriges tem bom clima (*complemento relativo*).
O livro *de que* tenho necessidade é caro (*complemento nominal*).
A caneta *com que* escrevo não está boa (*adjunto adverbial de meio/instrumento*).
Esta é a obra *por que* foi dado o maior lance (*agente da passiva*).

Observação: Constitui impropriedade o emprego do pronome relativo precedido de preposição *de* como adjunto adnominal, em lugar de *cujo*. Assim se evita dizer "o escritor *de que* todos conhecemos o livro", "as pessoas *de quem* reconheceis os privilégios".

---

[127] Para estes e outros exemplos ver [MBa.1, 181-183].

Em boa linguagem diremos "o escritor *cujo* livro todos conhecemos", "as pessoas *cujos* privilégios reconheceis". Todavia não são raros os exemplos em bons escritores: "O anarquista maldiz de todos os governos *de que* não compartilha as vantagens" [MM]. "Para certa classe de gente, a consciência é uma gaveta fechada *de que* se perdeu a chave" [AR.2, 168], isto é, *de cujas vantagens não compartilha; gaveta cuja chave se perdeu.*

c) Quem – sempre em referência a pessoas ou coisas personificadas – só se emprega precedido de preposição, e exerce as seguintes funções sintáticas:
Ali vai o professor *a quem* ofereci o livro (*objeto indireto*).
Apresento-te o amigo *a quem* hospedei no verão passado (*objeto direto*).
Não conheci o professor *a quem* te referes (*complemento relativo*).
As companhias *com quem* andas são péssimas (*adjunto adverbial*).
O amigo *por quem* fomos enganados desapareceu (*agente da passiva*).

d) *Cujo(s), cuja(s)* – precedidos ou não de preposição – valem sempre *do qual, da qual, dos quais, das quais* (caso em que a preposição *de* tem sentido de posse) e funcionam como *adjunto adnominal* do substantivo seguinte com o qual concordam em gênero e número. O sintagma a que *cujo* pertence exercerá a função que determinar sua relação com o núcleo verbal. Assim, *cuja casa* é objeto direto de *comprei* e *sobre cuja matéria* é complemento relativo de *discutíamos*:
O homem *cuja* casa comprei embarcou ontem (= a casa do qual).
Terminei o livro *sobre cuja* matéria tanto discutíamos (= sobre a matéria do qual).

OBSERVAÇÃO: Constitui erro empregar *cujo*:
1) como sinônimo de *o qual, a qual, os quais, as quais*:
Aqui está o livro *cujo* livro compramos (= o qual);
2) precedido ou seguido de artigo:
Este é o autor *à cuja* obra te referiste (não há artigo, logo não há acento indicativo da crase).
Compramos os livros de *cujos os* autores nos esquecemos.

e) *O qual* – e flexões que concordam em gênero e número com o antecedente – substitui *que* e dá à expressão mais ênfase. Para maior vigor ou clareza pode-se até repetir o antecedente depois de *o qual*:
"O primeiro senhor de Ormuz de que temos notícia foi Male-Caez, *o qual*, habitando na ilha de Caez, dominava todas as ilhas daquele estreito" [AH.2, 54].
Ao livro ninguém fez referência, *o qual* livro merece a maior consideração, no meu entender.

Às vezes o antecedente se acha apenas esboçado, como no seguinte exemplo, onde se percebe claramente o termo *cidade*.

"Logo, porém, que este prazo expirou, o rei de Leão fez uma estrada até Talavera, perto *da qual cidade* destroçou as tropas que intentaram opor-se-lhe" [AH.6, 94].

É mais comum a substituição de *que* por *o qual* depois de preposição, principalmente depois de preposição ou locução prepositiva de duas ou mais sílabas. Dizemos indiferentemente *de que* ou *do qual*, *com que* ou *com o qual*, *a que* ou *ao qual*, *sem que* ou *sem o qual*, mas só ocorrem *apesar do qual*, *conforme o qual*, *segundo o qual*, *entre o qual*, *fora dos quais*, *perante os quais*, etc. A razão se deve ao movimento rítmico da oração e a uma necessidade expressiva que exigem um vocábulo tônico (como *o qual*), e não átono (como *que*).

Posição do relativo – Normalmente o *que* vem junto do seu antecedente; quando isto não se dá e o sentido da oração periga, desfaz-se a dúvida com o emprego de *o qual*, de *e este* ou se repete o antecedente, ou se põe vírgula para mostrar que o relativo não se refere ao antecedente mais próximo:
"Mas ele tinha necessidade da sanção de alguns, que [isto é, *sanção* e não *alguns*] lhe confirmassem o aplauso dos outros" [MA.1, 138].
"Arrastaram o saco para o paiol e o *paiol* ficou a deitar fora" [CN.1, 12].

Poderia também dizer o autor:
Arrastaram o saco para o paiol *que* ficou a deitar fora.
Arrastaram o saco para o paiol *o qual* ficou...
Arrastaram o saco para o paiol *e este* ficou...

Note-se como Camilo evita o equívoco nesta passagem:
"Eu de mim, se não estivesse amortalhada no sobretudo do meu marido, *que* vou escovar (o sobretudo), era dele, como a borboleta é da chama (...)" [CBr.12, 18 apud MBa.5, 303].

Não é impossível, entretanto, mormente nos autores mais antigos e naqueles que, embora contemporâneos, primam por escrever como os clássicos, vir o pronome relativo afastado do seu antecedente, como neste trecho de João Ribeiro, depois do verbo da oração principal [MLk.1, § 637; ECs.4, 257-258]:
"No fundo de um triste vale dos Abruzos, terra angustiada e sáfara, um pobre eremita vivia *que deixara as abominações do século pela soledade do deserto*" [JR.2, 219].

Era comum nos clássicos:
"(...) àquele haveis de dar vosso voto para governar, *que* entre todos tiver mais saber" [HP, 178-179].

Por fim, cumpre assinalar que ocorre ainda a inversão de um termo da oração adjetiva para antes do relativo, como no exemplo de Vieira:
"O padre Francisco Gonçalves, *provincial* que acabou de ser [em lugar de: *que acabou de ser provincial*] da província do Brasil (...)" [AV apud FB, 289].

Pleonasmo que deve ser evitado
Exercendo o pronome relativo função sintática, evitem-se pleonasmos viciosos com o uso do complemento verbal em construções do tipo:
O livro *que* acabei de lê-*lo* (= o) (*que* e *lo* são objetos diretos de *ler*).
As pessoas *que* ontem *as* cumprimentamos no clube pertencem a uma só família (*que* e *as* são objetos diretos de *cumprimentar*).

Corrige-se esse tipo de pleonasmo vicioso omitindo-se os pronomes oblíquos *lo* e *as*: *o livro que acabei de ler; as pessoas que ontem cumprimentamos.*

Pronome relativo sem função na oração em que se encontra
Em expressões do tipo:
Ali está o homem que eu pensei que tivesse desaparecido.
Não faças a outrem o que não queres que te façam,

o pronome relativo *que* inicia as orações *que eu pensei, que não queres*, dando-lhes o caráter de adjetivas, mas não exerce nelas função sintática; pertence, isto sim, às orações substantivas *que tivesse desaparecido* ou *que te façam*, das quais é o sujeito (na 1.ª) e objeto direto (na 2.ª). Cuidado especial há de ter-se no que toca à concordância, pois o escritor inexperiente logo opta por flexionar o verbo: ... distinção adiada *sine die* por motivos que não vem (e não vêm no plural) a pelo declarar (vir a pelo = vir a propósito; ser pertinente) [CL.1, 66].
Esta construção é correta e coerente, e resiste a um enquadramento nos processos normais de análise sintática.[128]
Pode-se evitar a repetição dos *ques* substituindo-se o verbo da oração substantiva por um infinitivo:
Ali está o homem *que* eu pensei *ter desaparecido.*

"No português moderno, esta construção só tem lugar, em geral, quando a oração subordinada é substantiva; fora deste caso só se emprega, de ordinário, com o pronome *o qual*, e então coloca-se este pronome depois da expressão por ele determinada: *É problema, para resolver o qual são necessárias duas condições;* "O jugo da obediência, para lhes impor *o qual* muitas vezes faltava a força" [AH.6, 244]. Todavia, evita-se esta construção quanto possível, e diz por exemplo: *É problema para cuja resolução são necessárias duas condições*" [ED.2, § 367].

O QUE, A QUE, OS QUE, AS QUE
No exemplo:
"De ordinário os que reclamam mais liberdade são os que menos a merecem" [MM],

---

[128] O fato ocorre também em francês, alemão e línguas escandinavas, conforme observa NYROP, *Grammaire Historique*, VI, §377 e REMARQUE: *Les confidences que je ne doutais pas qu'elle eût reçues de ma soeur. This man who I thought was my friend.* "Ferner will ich deinem Vater sagen, was ich glaube, dass du wünschest" (LESSING).

as orações adjetivas substantivadas (↗ 499) *os que reclamam mais liberdade* e *os que menos a merecem* não têm seus antecedentes explícitos.

Analisando a oração complexa constitutiva do enunciado, teremos uma cláusula do comentário *de ordinário* e uma comentada, assim analisada:
Sujeito: *os que reclamam mais liberdade*
Predicado: *são os que menos a merecem*
Predicativo: *os que menos a merecem*

Análise do sujeito oracional:
Sujeito: *os que*
Predicado: *reclamam mais liberdade*
Obj. direto: *mais liberdade*

Análise do predicativo oracional:
Sujeito: *os que*
Predicado: *menos a merecem*
Obj. direto: *a*

Em
José partiu, o que deixou a casa triste,

a oração adjetiva transposta a substantivo *o que... triste* é aposto da oração *José partiu*.

OBSERVAÇÕES:
1.ª) Foge do plano de interpretação sintática o entender-se *o que* = *e isto*, como querem alguns gramáticos. Veja-se [CP.1, § 510].
2.ª) Em lugar de *o que* também pode ocorrer apenas *que*, construção que vai caindo em desuso: "(...) depois a 17 de agosto de 1710 acabou de expirar *que* (= o que) foi, como bem podemos presumir, voar do cárcere carregado com as palmas de confessor e mártir para a pátria onde os frutos se colhem do que na terra se cultivou" [AC.8, 278 *apud* MBa.4, 139. Cf. ainda MBa.5, 234].

Com *o que, a que, os que, as que*, pode ocorrer uma preposição regendo toda a oração substantivada, o relativo ou ambos:

a) Gostei *do que disseste*.
b) O professor dissertou *sobre o de que* ontem conversávamos.

Com frequência, a preposição que deveria acompanhar o relativo emigra para o artigo que introduz a oração substantivada:
Não sei *no que* pensas (por *o em que*).
"Agora já sabe a fidalga *no que* ele estraga dinheiro" [CBr.1, 148].

Estas migrações de preposição para a unidade anterior ao relativo tornam a construção mais harmoniosa e espontânea. Os seguintes exemplos de Rui Barbosa, embora gramaticalmente corretos, trazem o selo do artificialismo:

"Assim me perdoem, também, *os a quem* tenho agravado, *os com quem* houver sido injusto, violento, intolerante (...)" [RB.2, 23].
"e daí, com estupenda mudança, começa a deixar ver *o a que* era destinada (...)" [RB.2, 36].
"Os meus serão *os a que* me julgo obrigado (...)" [RB.2, 61].

O DE que mais gosto é DE
É frequente ver-se a preposição que acompanha o relativo repetida junto ao termo ou oração que faz o papel de predicativo:
"*do que* [= o de que] duvido é *de que* comecemos, se por el-rei houvermos de esperar" [AH.4, 222].
"*No que* [= o em que] em grande parte discordo de Schlegel é *no* severo conceito que forma do estilo de Addison" [AGa.4, 35; cf. MBa.4, 239-40].

Emprego de À em À QUE, ÀS QUE
As linguagens *a que*, *as que*, sendo o *a* artigo, podem vir regidas da preposição *a*, caso em que se usam as unidades complexas acentuadas *à que*, *às que*:
Não se referiu *à que* estava ao nosso lado (*à que* equivalente a *àquela que*).
Os prêmios foram entregues *às que* discursaram (*às que* equivalente a *àquelas que*).

É claro que se o *a* antes de *que* for apenas preposição não levará acento grave indicativo de crase, e não mais se tratará de adjetiva substantivada, mas tão somente adjetiva:
A pessoa *a que* te referes não veio hoje.

Outras particularidades das orações adverbiais
Tipos de oração subordinada adverbial – A oração subordinada adverbial funciona como adjunto adverbial da sua oração principal:
Toca sempre a sineta, *quando terminam as aulas* (subordinada adverbial temporal).

As orações subordinadas adverbiais iniciam-se pelo transpositor *que*, acompanhado de preposição ou advérbios ou de outras unidades adverbiais (↗ 354):

1 – CAUSAIS: quando a subordinada exprime a causa, o motivo, a razão do pensamento expresso na oração principal – *que* (= porque), *porque*, *como* (= porque), *visto que*, *visto como*, *já que*, *uma vez que* (com o verbo no indicativo), *desde que* (com o verbo no indicativo), etc.:
Saiu cedo *porque precisou ir à cidade*.
Como está chovendo, transferiremos o passeio.
Desde que assim quiseram, vão arrepender-se.

OBSERVAÇÕES:
1.ª) Evite-se na língua-padrão o emprego de *de vez que* e *eis que* por não serem locuções legítimas.
2.ª) A língua moderna só usa *como* causal quando vier antes da principal.

2 – COMPARATIVAS: quando a subordinada exprime o ser com que se compara outro ser da oração principal. A comparação é *assimilativa*, quando "consiste em assimilar uma coisa, pessoa, qualidade ou fato a outra mais impressionante, ou mais conhecida" [MC.3, II, 48].

É introduzida a oração subordinada comparativa desta espécie por *como* ou *qual*, podendo ainda estar em correlação com *assim* ou *tal* postos na oração principal:
"Os importunos são *como as moscas* que, enxotadas, revertem logo" [MM].

A comparação pode ainda ser *quantitativa*, quando "consiste em comparar, na sua quantidade ou intensidade, coisas, pessoas, qualidades ou fatos" [MC.3, II, 48].
Há três tipos de comparação quantitativa:

a) *igualdade*, introduzida por *como* ou *quanto* em correlação com *tanto* ou *tão* da oração principal, ou *o mesmo que*:
"Nada conserva e resguarda *tanto* a vida *como a virtude*" [MM].
Isto é *o mesmo que* nadar em ouro.

b) *superioridade*, introduzida por *que* ou *do que* em correlação com *mais* da oração principal:
"Um homem pode saber *mais do que muitos*, porém nunca tanto como todos" [MM].

c) *inferioridade*, introduzida por *que* ou *do que* em correlação com *menos* da oração principal:
"O governo dos loucos dura pouco, o dos tolos ainda *menos que o dos velhacos*" (*id.*).

As orações subordinadas comparativas, geralmente, não repetem certos termos que, já existentes na sua principal, são facilmente subentendidos:
Os importunos são como as moscas *são*...
Nada conserva e resguarda tanto a vida como a virtude *conserva e resguarda*...
Um homem pode saber mais do que muitos *sabem*...
O governo dos loucos dura pouco, o dos tolos ainda *dura menos* que *dura* o dos velhacos... (note-se que o primeiro *governo* omitido não está em oração comparativa).

Ocorre a presença do verbo em:
"Não tens inimigo mais poderoso, mais astuto, mais emperrado e mais doméstico *do que é teu* amor-próprio" [MBe.2, 213].

"O ar como que *era* cortado de relâmpagos sensuais, sentiam-se passar lufadas de tépida volúpia" [JRi.1, 70].

Em lugar de *mais bom, mais grande, mais mau, mais pequeno, mais bem* e *mais mal* dizemos normalmente *melhor, maior, pior, menor* (*melhor* e *pior* se aplicam tanto para os adjetivos como para os advérbios).
"Os velhacos têm de ordinário mais talento, porém *menor* juízo do que os homens probos" [MM].
"Não há escravidão *pior* do que a dos vícios e paixões" [MM].
"Não há *maior* nem *pior* tirania que a dos maus hábitos inveterados" [MM].
"Dão-se os conselhos com *melhor* vontade do que geralmente se aceitam" [MM].
"Ninguém conhece *melhor* (advérbio) os seus interesses do que o homem virtuoso; promovendo a felicidade dos outros assegura também a própria" [MM].

Entretanto, se compararmos duas qualidades, usaremos os comparativos analíticos (*mais bom, mais grande*, etc.), em vez dos sintéticos (*melhor, maior*, etc.):
Ele é mais grande do que pequeno e não Ele é maior do que menor.

Para evitar confusões no sentido, usam-se as comparativas *como, que, do que* junto ao sujeito e, seguidas de preposição, *como a, que a, do que a* junto de objeto direto (o *a* é preposição).
Estimo-o *como* um pai (= como pai estima).
Estimo-o *como a* um pai (= como se estima a um pai).

Se o contexto não admitir esta dupla interpretação, pode-se dispensar o auxílio da preposição:
"Meu pai encarregou-a do governo doméstico e nós habituamo-nos a tê-la em conta de segunda mãe; também ela nos amava *como filhos*" [AH apud MBa.7, 172].

Para realçar-se a semelhança, a aparência, em vez de simples *como* pode-se usar *como que* quando se lhe segue o verbo:
"A luz do dia, ao desaparecer, *como que* se dobrava para afagar e beijar o desgraçado, que talvez não a tornaria a ver" [AH.3, 225]. Entenda-se: a luz do dia *parecia dobrar* para afagar...
"Entretanto, ainda no espírito me passa *como que* a visão profética do futuro concílio (...)" [AH.8, I, 19].

NOTA – *Como que*, neste último caso, não inicia oração subordinada comparativa.

Quando depois do termo de comparação vem um substantivo, denota-se ainda a aparência, a semelhança, por meio da expressão *um como*, caso em que *um* concorda em gênero e número com o substantivo seguinte:
Refrescou-o *um como* orvalho do céu.
Aproximou-se dele *uma como* visão fantástica.
"Raimundo foi dali em diante *um como* espírito externo de seu senhor (...)" [MA. 12].
"A chácara naquele dia era a mesma que nos outros, mas Guiomar achou-lhe um aspecto novo e melhor, *uma como* expansão divina (...)" [MA. 13].

NOTA – Também aqui não se tem oração comparativa.

Por meio de *como se* indicamos que o termo de comparação é hipotético:
"O velho fidalgo estremeceu *como se* acordasse sobressaltado" [RS.1, 174]. Entenda-se: ele não acordou sobressaltado, mas, se acordasse, estremeceria daquele jeito.

OBSERVAÇÕES:
1.ª) A maioria dos gramáticos de língua portuguesa prefere desdobrar o *como se* em duas orações, sendo a primeira *comparativa* e a segunda *condicional*:
O velho fidalgo estremeceu como estremeceria se acordasse sobressaltado.
2.ª) Pode-se obter a mesma expressão por meio de *como a* + infinitivo:
"(...) outro ia no céu *como a decifrar* o enigma da sensação nunca experimentada" [CBr.6, 50].
3.ª) Atente-se para a concordância dos termos correlatos *tal qual*, que devem concordar com o substantivo ou pronome a que se referem:
Ele era *tal quais* os colegas.
Elas eram *tais qual* o irmão.
Nós somos *tais quais* os pais.
4.ª) Deve-se preferir *mais... (do) que* a *mais... a* + infinitivo em construções comparativas do tipo: Talvez seja *mais* interessante ao país gastar na educação *do que investir* na construção de presídios (e não: *a investir*).

Em vez de *como, do mesmo modo que, tanto como*, empregamos com frequência *que nem*:
É forte *que nem* um touro.

O verbo *preferir* sugere uma ideia implícita de comparação, à semelhança de *querer mais, querer antes*, mas exige complemento regido da preposição *a*:
Prefiro a praia *ao campo*.
Preferia estudar *a não fazer nada*.

A aproximação de *preferir* a *querer mais* e *querer antes* (embora não sejam perfeitamente sinônimos) tem gerado duas construções tidas como errôneas pelos nossos gramáticos:

a) a adjunção dos advérbios *mais* ou *antes* ao verbo *preferir*:
Antes prefiro... ou Prefiro mais...

b) iniciar o complemento do verbo *preferir* pelos transpositores comparativos *que* ou *do que*:
Prefiro a praia *do que o campo.*
Preferia estudar *do que não fazer nada.*
Preferiam *mais* mentir *do que dizer a verdade.*

Aluísio Azevedo poderia ter dado outro torneio à construção para evitar o desvio no seguinte trecho de *O Coruja*:
"E que, no caso de erro, *é preferível* sempre nos enganarmos contra, *do que* a favor de quem quer que seja (...)" (cap. VI).

Note-se que a simples substituição de *do que* por *a* não seria ideal pela aproximação dos dois *aa*.

Observação: Distinga-se a construção errada de *preferir* da sequência *antes preferir* do seguinte exemplo do Marquês de Maricá, em que leve pausa aparece depois de *antes* [MM.1]:
"Ninguém quer passar por tolo, *antes* [pausa] *prefere* parecer velhaco"

3 – concessivas: quando a subordinada exprime que um obstáculo – real ou suposto – não impedirá ou modificará de modo algum a declaração da oração principal – *ainda que, embora, posto que, se bem que, conquanto,* etc.:
Embora chova, sairei.

Isto é, a chuva não será obstáculo tal, que me impedirá de sair.
"*Ainda que* perdoemos aos maus, a ordem moral não lhes perdoa, e castiga a nossa indulgência" [MM].

Ao lado destas concessivas comuns, empregam-se ainda as concessivas *intensivas* quando é nosso intuito assinalar qualidade ou modalidade qualquer, "consideradas em grau intensivo e sem limites" [SA]:
Por inteligente que seja, encontrará dificuldades em entender o problema.
Por mais que estude, ainda tem muito que aprender.

As concessivas intensivas caracterizam-se pelas expressões *por mais... que, por menos... que, por muito... que*, onde se pode dar ainda a eliminação do advérbio *mais, menos, muito.*

Em vez de *ainda que*, *ainda quando*, pode-se empregar simplesmente *que* e *quando* em construções que, proferidas com tom de voz descendente e com verbo no subjuntivo, exprimem a ideia concessiva:

Os obstáculos, *que fossem muitos*, não tiravam aos rapazes a certeza da vitória.

E, *quando as palavras não o digam*, aí estão os fatos, para comprovar que só enunciei verdades.

Nestes casos, empregando *que*, dá-se preferência à inversão de termos, passando a iniciar a oração concessiva a expressão que funciona como predicativo, ou complemento do verbo:

Os rapazes, *pobres que sejam*, merecem a nossa consideração.

Aqueles livros, *difíceis que fossem*, sempre nos serviram para elucidação de muitas dúvidas.

Mil desculpas que me desse, eu continuaria achando que procedeu mal comigo.

Não raro a oração principal contém uma expressão adverbial (*contudo, todavia, ainda assim, não obstante,* ou equivalente) que, no nível do texto, serve como resumo do pensamento anterior, avivando ao ouvinte a ideia concessiva da subordinada:

Ainda que todos saiam, *todavia* ficarei.

Embora não me queiram acompanhar, *ainda assim* não deixarei de ir à festa.

Conteúdos de valor concessivo podem vir, justapostos, iniciados por unidades alternativas (neste caso o verbo está no subjuntivo), quando denotam que a possibilidade de ações opostas ou diferentes não impede a declaração principal:

Quer estudes, quer não, aprenderás facilmente a lição.

Ou estudemos medicina, ou sejamos advogados, conquistaremos na sociedade um lugar de relevo.

4 – CONDICIONAIS: quando a oração subordinada exprime uma condição necessária para que se realize ou deixe de se realizar o que se declara na principal: *se, caso, sem que, uma vez que* (com o verbo no subjuntivo), *desde que* (verbo no subjuntivo), *dado que, contanto que, com a condição que,* etc.

A oração condicional exprime um fato que não se realizou ou, com toda a certeza, não se realizará:

a) falando-se do presente:
Se eu sou aplicado, obterei o prêmio.

b) falando-se do passado:
Se eu fosse aplicado, obteria o prêmio.
ou
Se eu tivesse sido aplicado, teria obtido o prêmio.

No primeiro caso do item b), usam-se na oração condicional o pretérito imperfeito do subjuntivo (*fosse*) e, na principal, o futuro do pretérito (*teria*).

No segundo caso, ou se repete o verbo nas formas apontadas para o caso anterior, ou usam-se na condicional o pretérito mais-que-perfeito (*tivesse sido*) e, na principal, o futuro do pretérito composto (*teria obtido*).

Pode ainda a oração condicional exprimir um fato cuja realização esperamos como provável:
    Se eu estudar, obterei o prêmio.

Nestas circunstâncias, empregam-se o futuro do subjuntivo, na condicional, e, na principal, o futuro do presente (*obterei*).

OBSERVAÇÃO: Cumpre notar que no caso a), estudado acima, em lugar de *Se eu sou aplicado, obterei o prêmio*, a linguagem coloquial realça a ideia do presente usando no presente do indicativo os verbos das duas orações: *Se eu sou aplicado, obtenho o prêmio*.

As orações condicionais não só exprimem condição, mas ainda podem encerrar as ideias de *hipótese, eventualidade, concessão, tempo*, sem que muitas vezes se possam traçar demarcações entre esses vários campos do pensamento. Esta é a razão por que *sem que* admite mais de uma interpretação textual. O *que não* (= sem que) flutua entre a condição e o tempo frequentativo (repetido) em *Não lê que não cometa vários enganos*; o *quer... quer* (*ou... ou*, etc.) é um misto de concessão e condição (cf. por exemplo de [JO.1, 64-66]), e tantos outros casos que fogem à alçada de uma descrição gramatical por pertencerem ao plano textual.

5 – CONFORMATIVAS: quando a subordinada exprime um fato apresentado em conformidade com a declaração da principal: *como, conforme, segundo, consoante*:
    Conseguiu fazer o trabalho *como lhe ensinaram*.
    Todos procederam *conforme a ocasião* ensejava.

6 – CONSECUTIVAS: quando a subordinada exprime o efeito ou consequência do fato expresso na principal.

A oração consecutiva é introduzida pelo transpositor *que* a que se prende, na principal, uma expressão de natureza intensiva como *tal, tanto, tão, tamanho*, termos que também se podem facilmente subentender:
    Alongou-se tanto no passeio, *que chegou tarde*.
    Executou a obra com tal perfeição, *que foi premiada*.
    É feio *que mete medo* (= É *tão* feio...).

A oração consecutiva não só exprime a consequência devida à ação ou ao estado indicado na principal, mas pode denotar que se deve a consequência ao modo pelo qual é praticada a ação da principal. Para este último caso, servimo-nos, *na*

oração principal, das unidades complexas *de tal maneira, de tal sorte, de tal forma, de tal modo*:
Convenceu-se *de tal maneira* que surpreendeu a todos.[129]

Estando completo o conteúdo da primeira oração, empregam-se as expressões (destituídas de *tal*) *de maneira que, de sorte que, de forma que, de modo que*, como "locuções" conjuntivas, sem pausa entre o substantivo e o *que*, para introduzir uma consecutiva atenuada em orações justapostas:
Você estudou bem, *de modo que pôde tirar boa* colocação.
O livro estava rasgado, *de modo que muitas páginas tiveram sua leitura prejudicada*.

A independência sintática das duas orações, neste caso, pode vir indicada por uma pausa maior, isto é, por ponto e vírgula ou por ponto, valendo assim a unidade por um advérbio de oração para avivar ao ouvinte o pensamento anterior, com o sentido aproximado de *por conseguinte, consequentemente, daí*:
As alegrias da vida quase sempre são rápidas e fugidias, ainda que disto não tomemos conhecimento. *De modo que* elas devem ser aproveitadas inteligentemente.

Por tudo isto se vê que nem sempre podemos delimitar, no nível do texto, os campos dos valores consecutivo e conclusivo, acrescentando-se ainda que há vizinhanças destes valores com outros, como, por exemplo, a ideia de finalidade, o que estudaremos mais adiante.

Cumpre evitar um erro frequente com a expressão do pensamento consecutivo (e conclusivo): pôr no plural o substantivo nas locuções *de maneira que, de modo que*, etc., dizendo-se incorretamente:
Saiu rapidamente *de maneiras que* não pude vê-lo.
Estudou *de formas que* conseguiu aprender.

As unidades *de maneira que, de modo que*, etc., seguidas de verbo na forma finita, só modernamente aparecem substituídas por *de maneira a, de modo a*, etc., seguidas de infinitivo:
Estudou *de forma a conseguir* aprender (em lugar de: *de forma que conseguiu aprender*).
"(...) arredar o biombo da sua estreiteza natural, *de modo a deixar* entrar ar fresco" [AR.3, 170].

Aquilo que se apresenta na oração consecutiva como efeito ou resultado pode representar uma consequência intencional, de modo que se associa ao conteúdo

---

[129] Pode ainda aqui faltar o *tal*:
Falaste *de modo* que desistiram do pedido. (Há acentuada pausa entre o substantivo e o *que*.)

consecutivo uma noção subsidiária de finalidade. Neste caso o verbo se acha normalmente no subjuntivo:
>Chegou cedo ao serviço *de maneira que pudesse ser* elogiado pelo patrão.
>Correu *de sorte que os inimigos não o pudessem alcançar.*

Daí resultam certos cruzamentos consecutivo-finais na construção do enunciado, cruzamentos que nem sempre são vistos com bons olhos pelos gramáticos (porque tais fatos não estão de acordo com a tradição do idioma e se repetem no francês), embora uns datem de longo tempo. Entre os tipos condenados está a construção acima referida *de modo a, de maneira a* + *infinitivo*. Com tais fórmulas, realmente se procura traduzir uma consecutiva intencional. Ao lado de: *Estudou de modo a poder passar*, usa-se: *Estudou de modo (a) que passasse.*

Presa ao mesmo caso parece estar a construção que emprega depois de *demais, demasiado, muito* (= *assaz, bastante, demasiado*) uma oração final de *para que* ou *para a* + *infinitivo*, para indicar a noção de proporção ou desproporção:
>"*É demasiado esperto para que caia em tal*, equivalente a: não é tão pouco esperto que caia em tal" [ED.2, § 395].
>"(...) os tempos não são mais de *bastante* fé ou desprendimento *para que* os ricos católicos façam doações (...)" [MB.1, II, 144].
>"Entretanto a igrejinha tem tanto caráter (...), que ela só e mais uma meia dúzia de palmeiras bastam *a guardar* a fisionomia (...)" [MB.1, II, 149].

7 – FINAIS: quando a oração subordinada indica a intenção, o objetivo, a finalidade do pensamento expresso na principal: *para que, a fim de que, porque* (= para que),[130] *que* (= para que):
>Saíram *para que pudessem ver o incêndio.*
>Reclamou *a fim de que o nomeassem.*
>Trabalhou *porque fosse promovido.*
>Falta pouco *que isto suceda.*

Abreviadamente usa-se de *não* + *subjuntivo* com o valor de *para que não, de modo que não,* quando se quer expressar cautela, cuidado, restrição:
>"Senhor, que estás nos céus, e vês as almas,
>Que cuidam, que propõem, que determinam,
>Alumia minha alma, *não se cegue*
>No perigo, em que está" [AF.2, vv. 770-773 apud SS.1, § 485-a].

OBSERVAÇÃO: Os antigos, e hoje mais raramente, se serviam de *por se* em que *por* é o vestígio de uma ideia final: "Deixai-o amaldiçoar (lhes disse), *por se acaso* se compadece Deus, por essa causa, da minha aflição..." [MBe.2, III, 51 apud MBa.4, 227].
>*Por se acaso* compadece = *para ver se acaso* compadece.

---

[130] Hoje raro.

8 – LOCATIVAS: são orações iniciadas por *onde*, sem referência a antecedentes:
"Os meninos sobejam *onde estão* e faltam *onde não se acham*" [MM].
"Não pode haver reflexão *onde tudo é distração*" [MM].
"*Onde me espetam*, fico" [MA.2].
"Estácio dirigiu os olhos *para onde Helena lhe indicava*" [MA.15].
"– João, bota este vaso *onde estava antes*, disse ela" [MA.9].

9 – MODAIS: a oração subordinada exprime o modo pelo qual se executou o fato expresso na oração principal (locução *sem que*):
Fez o trabalho *sem que cometesse erros graves*.
"De um relance leu na fisionomia do mancebo, *sem que suas pupilas estáticas se movessem nas órbitas.*" [JA.1, 157].

Se a oração principal estiver na negativa, usar-se-á de *que não* + subjuntivo:
Não emite um parecer *que não se aconselhe com o diretor*.

OBSERVAÇÃO: A *Nomenclatura Gramatical Brasileira* (NGB) não reconhece as conjunções modais e, assim, as orações modais, apesar de pôr o modo entre as circunstâncias adverbiais.

10 – PROPORCIONAIS: quando a subordinada exprime um fato que aumenta ou diminui na mesma proporção do fato que se declara na principal – *à medida que, à proporção que, ao passo que, tanto mais... quanto mais, tanto mais... quanto menos, tanto menos... quanto mais*, etc.:
À medida que a idade chega, a nossa experiência aumenta.
Aprendia *à proporção que* lia o livro.
Aumentava o seu vocabulário *ao passo que* consultava os mestres da língua.

OBSERVAÇÕES:
1.ª) A unidade *ao passo que* pode ser empregada sem ideia proporcional, para indicar que um fato não se deu ou não tem as características de outro já enunciado: "A nudez habitual, dada a multiplicação das obras e dos cuidados do indivíduo, tenderia a embotar os sentidos e a retardar os sexos, *ao passo que* o vestuário, negaceando a natureza, aguça e atrai as vontades, ativa-as, reprodu-las e conseguintemente faz andar a civilização" [MA.1, 260]; Ele foi ao cinema, *ao passo que* eu resolvi ir à praia.
2.ª) Evite-se o emprego *mais (menos)... mais (menos)* em lugar de *quanto mais (menos)... tanto mais (menos)* em construções do tipo: *Quanto mais* estudamos, *tanto mais* aumentam nossas possibilidades de vitória (e não: *Mais* estudamos e *mais* vencemos). Pode-se omitir o *tanto* no segundo termo: *Quanto mais* estudamos, *mais* aumentam nossas possibilidades...

11 – TEMPORAIS: quando a oração subordinada denota o tempo da realização do fato expresso na principal.
As principais chamadas conjunções e "locuções" conjuntivas temporais são:

a) para o tempo anterior: *antes que, primeiro que* (raro):
   Saiu *antes que* eu lhe desse o recado.
   "Ninguém, senhores meus, que empreenda uma jornada extraordinária, *primeiro que* meta o pé na estrada, se esquecerá de entrar em conta com as suas forças (...)" [RB].

b) para o tempo posterior (de modo vago): *depois que, quando*:
   Saiu *depois que* ele chegou.

c) para o tempo posterior imediato: *logo que, tanto que* (raro), *assim que, desde que, apenas, mal, eis que, (eis) senão quando, eis senão que*:
   Saiu *logo que* ele chegou.
   "*Eis senão quando* entra o patrão (...)" [AAr.1, 183].

d) para o tempo frequentativo (repetido): *quando* (estando o verbo no presente), *todas as vezes que, (de) cada vez que, sempre que*:
   Todas as vezes que saio de casa, encontro-o à esquina.
   Quando o vejo, lembro-me do que me pediu.

OBSERVAÇÃO: Evite-se o erro de se preceder da preposição *em* o *que*, dizendo-se: *todas as vezes em que* (➚ 535).

e) para o tempo concomitante: *enquanto, (no) entretanto que* (hoje raro):
   Dormia *enquanto* o professor dissertava.
   "(...) e se aposentou (S. Caetano) junto à Igreja de S. Jorge, e perto do Hospital maior, para *no entretanto que* regulava as dependências da renúncia se entreter no exercício da caridade" (Contador de Argote, *Vida de S. Caetano*, 1722, 90).

OBSERVAÇÕES:
1.ª) *Entretanto* ou *no entretanto* são advérbios de tempo, com o sentido de *neste ínterim, neste intervalo de tempo, neste meio-tempo*. Mais modernamente, *entretanto* passou a valer por uma unidade de valor adversativo e, por influência do advérbio, tem sido empregado precedido da combinação *no* (*no entretanto*). Muitos puristas não aprovam esta última construção.
2.ª) A rigor, as "conjunções" proporcionais também indicam tempo concomitante; por isso, uns autores não distinguem as *temporais* das *concomitantes*, fazendo destas classes à parte das *temporais*. A Nomenclatura Gramatical Brasileira não fala em *concomitante*.
3.ª) A conjunção *enquanto*, além de exprimir tempo concomitante, pode indicar: a) duração até um limite não ultrapassável, equivalendo a 'durante todo o tempo em que': *Enquanto* a criança estivesse acordada, a mãe estaria a seu lado.

b) prioridade no tempo, até se atingir um objetivo: "Não haverá paz para ti nem para mim *enquanto* não levares adiante essa vingança." [JU.2]. c) contraposição: "Nos intervalos não me levantava da cadeira (...). As senhoras ficavam quase todas nos camarotes, *enquanto* os homens iam fumar." [MA.4]. Antes de substantivo, equivale a 'na qualidade de, na condição de; como': *Enquanto* professor, tinha o dever de corrigi-la; "(...) não é nossa vontade que deve agora guiar nossa conduta. É o caráter imperioso de nossas convicções e processos, *enquanto* militantes radicais." [JU.2].

f) para o tempo limite, terminal: *até que*:
Brincou *até que* fosse repreendido.

Assume valor temporal o *que* relativo repetidor de advérbio e expressões que designam "desde que época um fato acontece": *agora que, hoje que, então que, a primeira vez que, a última vez que,* etc.:
Agora que consegui aprender a lição, passarei adiante.
Esta foi *a última vez que* o vi.

Não se fazendo pausa entre o advérbio e o transpositor (*agora que, então que,* etc.), estabelece-se uma unidade de valor semelhante ao que existe em *depois que,* etc., e se pode passar a considerar o todo como "locução conjuntiva":
Agora que tudo está certo vou embora.

Sob o modelo de tais linguagens, desenvolveu-se o costume de se acrescentar o transpositor *que* depois de expressões que denotam "desde que tempo uma coisa acontece", reduzida a simples palavra de realce temporal:
Desde aquele dia *que* o procuro.

Analisando, dispensa-se o *que*.
Depois dos verbos *haver* e *fazer* com sentido temporal (*há dias que, faz dias que*) o transpositor *que* (parece ter sido, neste caso, primitivamente integrante)[131] adquiriu, por contato, a ideia de tempo, com valor aproximado de *desde que*:
Há quatro dias *que* não o vejo.
Fazia quatro meses *que* estivera doente.

---

[131] Cf. Löfstedt, *Philologischer Kommentar zur Peregrinatio Aetheriae,* 56 e ss.; Norberg, *Syntaktische Forschungen auf dem Gebiete des Spätlateins und des frühen Mittellateins,* 239; Svennung, *Untersuchungen zu Palladius und zur lateinischen Fach – und Volkssprache,* 505, n.º 4. Maximino Maciel, *Lições Elementares de Língua Portuguesa,* 120; Mário Barreto, *Estudos da Língua Portuguesa,* 93 e ss. Martinz de Aguiar (em carta particular), Cândido Jucá (filho), *O Fator Psicológico na Evolução Sintática,* 91, consideram a oração de *fazer* como *subjetiva*.

Em tais orações, a análise se torna difícil pelo fato de a construção ter-se fixado apesar de alterado o sentimento linguístico. Há um visível descompasso entre a sua estrutura de superfície e a profunda. Considerar o *que* com valor temporal e, portanto, temporal a respectiva oração, é classificar como principal justamente a oração que expressa a circunstância de tempo:

1.ª oração – *principal*: Há quatro dias
2.ª oração – *subordinada adverbial temporal*: que não o vejo.[132]

Poder-se-á analisar como substantiva subjetiva a oração de *que*, depois de *fazer*, como fazem os autores patrícios lembrados na nota anterior.

Cremos, também, ser possível considerar que o *que* não serve de introduzir uma oração subordinada adverbial temporal, mas, *reduzido a simples palavra memorativa*, relembra, na oração principal, a partir de que fato se faz alusão ao tempo na subordinada anterior. Esta subordinada, não se ligando à principal por transpositor, será considerada justaposta:

1.ª oração – *subordinada adverbial temporal*: Há quatro dias
2.ª oração – *principal*: (que) não o vejo.[133]

Entretanto, não misturando o plano gramatical com o conteúdo designado, a orientação mais seguida é classificar a oração de *que* como adverbial temporal.

Tais orações temporais admitem mais de uma construção:
    Há muito tempo que não o vejo.
    Há muito tempo não o vejo.
    Não o vejo há muito.
    De há muito não o vejo.
    Desde há muito não o vejo.
    Até há pouco eu o vi por aqui.

OBSERVAÇÕES:

1.ª) Advérbios e unidades adverbializadas (*ontem, hoje, há muito, há pouco, há tantos anos*, etc.), precedidos da preposição *de*, são transpostos a adjetivos (adjuntos adnominais):
    As notícias *de hoje*.
    As lembranças *de ontem*.
    Um testamento *de há cem anos*.
    Modas *de há trinta anos*.
    Meninos *de há pouco*. [ED.2, §423; MBa.3, 158]

---

[132] Assim fazem os mestres Said Ali e Epifânio Dias.
[133] Outros autores supõem que as orações do tipo de "há quatro dias", "faz quatro dias", sofreram um processo de *gramaticalização*, passando a ser consideradas como simples adjuntos adverbiais de tempo. Distinguindo – a meu ver sem razão – a sintaxe de *fazer* e *haver* nestas expressões, diz Maximino Maciel a respeito deste último verbo: "Procurar conferir ao verbo *haver* nestes casos a função proposicional é complicar a análise sem proveito na prática; e, além disso, nestas frases equivale praticamente à preposição *desde*" (*Lições Elementares*, 122, nº 1). Cf. *Gramática Descritiva* do autor, p. 343 e 395.

2.ª) A preposição junto ao verbo *haver* em *De há muito não o vejo, desde há muito, até há pouco*, assinala melhor a ideia temporal. Adolfo Coelho considera, sem razão, viciosa a linguagem *de há muito* que explica desta maneira: "Influência semelhante (fala da influência por analogia) se nota na expressão frequente, mas viciosa, *de há muito* por *há muito*. *Há muito* fixa-se como a indicação dum tempo passado; *há* não é apercebido como verbo, mas antes como preposição (*a*); daí o antepor-se-lhe a preposição *de* por analogia de expressões como *de então* (*para cá, até hoje*), *de ontem, de muito*" [ACo.2, I, 82].

3.ª) Em lugar de *quando foi a vez dele* diz-se também *quando foi da vez dele* ou, abreviadamente, *quando da vez dele*. Estas duas últimas construções são modernas e Epifânio Dias as considera incorretas, devidas à má tradução do francês *lors de* [ED.2, § 182]. Júlio Moreira [JM.1, II, 68] e com ele Mário Barreto [MBa.3, 230] explicam o fenômeno por cruzamento sintático das duas expressões; *quando foi a vez dele* e *da vez dele*, de que resultou uma terceira mista: *quando foi da vez dele*. Ocorre ainda *a quando de* (*a quando da vez dele*), onde Epifânio Dias vê ainda influência do *a* do francês *alors*, "com requinte de barbarismo" (*ibid.*). Preferimos a explicação de Júlio Moreira por não vermos na correspondente francesa a vitalidade suficiente para tal repercussão no português.

4.ª) Em muitos dizeres de sentido temporal, "há tendência, bem notória hoje em dia, para confundir *que* conjunção com *que* pronome relativo, e para afirmar este caráter pronominal em certos casos, hoje se prefere *em que* ao simples *que* da linguagem antiga" [SA.2, 197]. Dá-se com frequência esta alternância de *que* e *em que* quando o substantivo que se considera antecedente do pronome relativo vem precedido da preposição *em*. Prefere-se dizer *ao mesmo tempo que, a tempo que, ao tempo que*, mas *no tempo que* (ou *em que*), *no dia que* (ou *em que*), etc. Tem-se estendido sem razão nem tradição no idioma o emprego de *em que* em construções onde só deve figurar o *que*, como *todas as vezes em que*. Prefira-se *todas as vezes que* ou *em todas as vezes em que* (ou simplesmente *que*).

5.ª) *O verbo* haver (*HÁ*) *e a preposição* A *em sentido temporal*. Atente-se no emprego correto destas duas formas. *Há*, verbo, refere-se a tempo decorrido e *a*, preposição, a tempo futuro:

Há três dias não o vejo.
Já devia ter-lhe escrito *há* mais tempo.
Daqui *a* três dias o verei.
Este produto é famoso *há* mais de meio século.

Também se há de levar em conta o caso de a preposição pertencer à regência do verbo, como no caso de *remontar* em construções do tipo:

Era uma guerra feroz que remonta *a* cinco séculos (e não *há cinco séculos*).

Usa-se ainda a preposição *a* nas indicações da distância de lugar:

Estamos *a* cinco quilômetros do sítio.

Cuidado especial hão de merecer também as expressões *a cerca de* e *há cerca de*, onde a locução *cerca de* (= aproximadamente, perto de, mais ou menos) vem precedida da preposição *a* ou da forma verbal *há*:
    Ele falou *a cerca de* mil ouvintes (= para cerca de mil ouvintes).
    Há cerca de trinta dias foi feita esta proposta.

Temos ainda a locução *acerca de* que significa *sobre, a respeito de, em relação a*:
    O professor dissertou *acerca dos* progressos científicos.

Por outro lado, pode-se ou não suprimir as palavras *atrás* ou *passado(s)* que aparecem com o verbo *haver*, uma vez que este já indica tempo decorrido:
    Há três dias atrás   ou   *Há três dias.*
    Há três dias passados   ou   *Há três dias.*

6ª.) Normalmente usamos *há* nas construções indicativas de tempo em que a oração principal tem seu verbo no presente do indicativo ou no pretérito perfeito. E empregamos *havia* quando a oração principal tem o verbo no pretérito imperfeito do indicativo ou pretérito mais-que-perfeito:
    "Faço essa distinção para tornar a dar ênfase ao que *repito há* anos, como um estribilho – todo cidadão tem direito à literatura (...)" [AMM.5].
    "Ele continuou a me insultar, andando desordenadamente pela sala, enquanto eu perguntava a mim mesmo o que já me *perguntava havia* meses (...)" [JU.2].

Apesar do uso de *havia* neste último exemplo corresponder à norma-padrão, ele provoca estranheza no falante moderno. Na linguagem corrente falada e escrita, o mais comum é a fossilização dos dois tempos em favor de *há*, nos casos em que se deveria usar *havia*, como podemos comprovar em diversos exemplos literários. Ou seja, é compreensível e comum que se opte por usar desta forma:
    "– Olhe que lá fora é isto mesmo que você vê aqui, continuou, voltando-se para D. Severina, senhora que *vivia* com ele maritalmente, *há* anos" [MA.2].
    "Rita pedira-me notícias do leiloeiro, por lhe dizerem que ele morava no Catete, e *adoecera* gravemente *há* dias" [MA.7].
    "Aquele marido possessivo, que *há* anos *tomava* conta da vida dela toda, não deixava nunca (...)" [AMM.6].
    "Pelo contrário se acentuou a insônia com a inesperada recordação daquele sonho que ela *tivera há* muito tempo, talvez há anos" [JAl.1].

7.ª) Nas orações adverbiais precedidas de principal que encerra advérbio de valor temporal (*apenas, mal*), devemos empregar *quando* e não *que*:
    Apenas tinha terminado a questão, *quando o professor recolheu a prova.*
    Mal saía da escola, *quando se lembrou da pasta.*

Pode-se, também, suprimir o *quando*:
"*Apenas* Pelágio transpôs o escuro portal da gruta, *Eurico levantou-se*" [AH *apud* MBa.5, 20].

Análise de SEM QUE
De modo geral, tem-se enquadrado a locução *sem que* no grupo das chamadas "conjunções condicionais". A verdade é que a locução assume variados sentidos contextuais, entre os quais lembraremos:
1) *condição* (subordinada condicional):
Sem que estude, não passará.

2) nega uma *consequência* (subordinada consecutiva):
Estudou *sem que conseguisse aprovação*.

3) exprime uma *consequência* esperada (depois de negativa):
Não brinca *sem que acabe chorando* (todas as vezes que brinca acaba chorando).

4) exprime uma *concessão* (subordinada concessiva):
Ele é responsável, *sem que o saiba*, por todas essas coisas erradas.

5) nega uma *causa*, chegando quase a exprimir *concessão* (subordinada causal ou concessiva):
Estudou *sem que seus pais lho pedissem* (nega-se a causa ou uma das causas do estudo: o pedido dos pais, e vale quase por: *estudou ainda que seus pais não lho* pedissem).

6) denota simplesmente que tal ou qual circunstância não se deu, aproximando-se da ideia de *modo* (subordinada modal):
Entrou em casa *sem que tomasse nenhum alimento*.Retirou-se *sem que chamasse seus colegas*.

A *Nomenclatura Gramatical Brasileira*, entretanto, desprezou as orações modais. Em lugar de *sem que* pode-se usar também de *sem* + infinitivo:
Saiu *sem ser* percebido.
Estes foram os melhores teatrólogos, *sem falar* em Machado de Assis e Franklin Távora, mais ilustres no romance e no conto.

Em lugar de *sem que*, depois de uma principal de valor negativo, usa-se também *que não*, para indicar que a consequência se dá a todo o transe, se repete sempre que ocorrer o fato expresso na principal (o verbo da subordinada está no subjuntivo):
Não brinca *sem que acabe chorando*.
Não brinca *que não acabe chorando*.
"Eu não posso abrir um livro de história *que não me ria*" [AGa.5, 255].

OBSERVAÇÃO: Alguns autores dão à construção *não... que não* valor condicional. Cf. [AGo, 420] e [MBa.7, 48-49].

QUE depois de advérbio
Muitas vezes emprega-se *que* depois de advérbio onde a rigor poderia ser dispensado. São comuns as linguagens *talvez que, apenas que, felizmente que, oxalá que, quase que, enquanto que, embora que*:
"Assim, sem mais preâmbulos,
e *apenas que* te vejo,
venço o nativo pejo,
meu belo sedutor" [AC, 96 *apud* MBa.1, 176].
"Mas eu creio que Capitu olhava para dentro de si *enquanto que* eu fitava deveras o chão (...)" [MA.4, 130 *apud* MBa.1, 177].

Puristas têm condenado tais modos de dizer.

Orações justapostas de valor contextual adverbial
A justaposição pode, no nível do texto, apresentar as seguintes interpretações:

a) *concessivas*: tendo o verbo no subjuntivo anteposto ao sujeito ou caracterizadas por expressões do tipo *digam o que quiserem, custe o que custar, dê onde der, seja o que for, aconteça o que acontecer, venha donde vier, seja como for*, etc.:
Tivesse ele dito a verdade, ainda assim não lhe perdoaríamos.
Sairemos, *aconteça o que acontecer*.
Não é o subjuntivo que de per si denota a concessão, mas sim o contexto e a entoação descendente.

b) *condicionais*: tendo o verbo no tempo passado (mais-que-perfeito do indicativo ou imperfeito do subjuntivo) anteposto ao sujeito:
Tivesse eu dinheiro, conheceria o mundo.
Não fora a escuridão, veria o perigo.
Quisesse eu, amanhã mesmo ele estaria aqui.

Em tais casos, a segunda oração pode começar pela conjunção *e*:
Vencesse eu, e não me dariam o prêmio.
Vissem-na, e ninguém a reconheceria.

c) *temporais*:
Há dias não o encontro.
Chegaram àquela cidade *havia pouco*.
Não lhe escrevia *fazia meses*.

d) *finais*:
"Cala-te já, minha filha, *ninguém te oiça mais falar*" [AGa.1, II, 83].

Composição do enunciado
O enunciado ou período pode encerrar, ao mesmo tempo, orações independentes (coordenadas e justapostas) e dependentes (subordinadas). Daremos exemplos de análise depois de serem apontadas as orações complexas e os enunciados justapostos:
   a) *coordenada* e *subordinada*:
      "Todos se tinham posto em pé quando el-rei se erguera e esperavam ansiosos o que diria o velho" [AH].

   1.ª oração – *principal de 1.ª categoria*:
      Todos se tinham posto em pé + subordinada temporal
   2.ª oração – *subordinada adverbial temporal*:
      quando el-rei se erguera,
   3.ª oração – *coordenada à principal e principal de 2.ª categoria*:
      e esperavam ansiosos + subordinada substantiva
   4.ª oração – *subordinada substantivada (de primitiva adjetiva) objetiva direta*:
      o que diria o velho.

OBSERVAÇÃO: Não é novidade o achar-se mais de uma oração principal num período. Se conceituarmos com rigor tal tipo de oração, seremos levados a esta necessidade. Com efeito, no exemplo dado, temos duas orações que apresentam um dos seus termos sob forma oracional; a subordinada *quando el-rei se erguera* denota o tempo da primeira principal, e a subordinada *o que diria o velho* funciona como objeto direto da segunda principal que, por sua vez, se acha coordenada à primeira principal. As expressões *principal de 1.ª categoria, de 2.ª categoria*, etc., já se acham nas excelentes noções elementares de análise sintática que abrem, desde 1887, a hoje tradicional *Antologia Nacional*, devidas a Fausto Barreto (o título primitivo era *Seleção Literária*, de parceria com Vicente de Sousa). Outra maneira de ver a principal, diferente desta (como, por exemplo, na excelente *Gramática* de Celso Cunha – Lindley Cintra), atenta mais para a estruturação textual do que a gramatical, objeto da análise sintática.

   b) *justaposição* e *subordinação*:
      "Lembrai-vos, cavaleiro – disse ele – de que falais com D. João I" [AH].

   1.ª oração do 1.º período – *principal*:
      Lembrai-vos, cavaleiro + oração subordinada
   2.ª oração do 1.º período – *subordinada substantiva completiva relativa*:
      de que falais com D. João I.
   1.ª oração do 2.º período – *justaposta de citação*:
      disse ele

   c) *coordenação* e *justaposição*:
      "El-rei manda nos vivos e eu vou morrer! – atalhou o ancião em voz áspera, mas sumida" [RS].

1.ª oração do 1.º período – *coordenada* (ou *coordenante*):
El-rei manda nos vivos
2.ª oração do 1.º período – *coordenada aditiva*:
e eu vou morrer!
1.ª oração do 2.º período – *justaposta de citação*:
atalhou o ancião em voz áspera, mas sumida.

d) *coordenação, justaposição e subordinação*:
"Agora sim, disse então aquela cotovia astuta, agora sim, irmãs, levantemos o voo e mudemos a casa, que vem quem lhe dói a fazenda" (MBe).

1.ª oração do 1.º período – *coordenada* (ou *coordenante*):
Agora sim, agora sim, irmãs, levantemos o voo

2.ª oração do 1.º período – *coordenada aditiva* e *principal* da 3.ª:
e mudemos a casa

3.ª oração do 1.º período – *subordinada causal* e *principal* da 4.ª:
que vem

4.ª oração do 1.º período – *subordinada substantiva subjetiva justaposta*:
quem lhe dói a fazenda.

1.ª oração do 2.º período – *justaposta de citação*:
disse então aquela cotovia astuta

OBSERVAÇÃO: Quando o período encerra mais de um tipo de oração, dá-se-lhe comumente o nome de *misto*, denominação que a *Nomenclatura Gramatical Brasileira* não agasalha. Todos os exemplos acima analisados são de períodos ou enunciados mistos.

Decorrência de subordinadas
A oração principal é aquela que tem um dos seus termos sob forma de outra oração. Ora, no período, mais de uma oração – qualquer que seja o seu valor sintático – pode acompanhar-se de oração subordinada:
Não sei se José disse que viria hoje.

A 1.ª principal pede a oração subordinada objetiva direta *se José disse*, que, por sua vez, pede a terceira *que viria hoje*. Assim sendo, a 2.ª oração se nos apresenta sob duplo aspecto sintático: subordinada em relação à 1.ª e principal em relação à 3.ª.
Não sei
  se José disse
    que viria hoje.

Havendo mais de uma oração principal, designá-las-emos, respectivamente, por *principal de 1.ª categoria, de 2.ª categoria, de 3.ª categoria*, etc.:

1.ª oração – *principal de 1.ª categoria*:
   Não sei + subordinada

2.ª oração – *subordinada substantiva objetiva direta* (em relação à anterior) e *principal de 2.ª categoria* (em relação à seguinte):
   se José disse + subordinada

3.ª oração – *subordinada substantiva objetiva direta* (em relação à principal de 2.ª categoria):
   que viria hoje.

Neste ponto, precisamos assentar algumas noções importantes:

a) *no período pode haver mais de uma oração principal;*
b) *a oração ou orações principais podem ter o seu verbo no indicativo ou subjuntivo*:
   Espero que vá embora (indicativo).
   Espero que me *diga* se vai embora (indicativo e subjuntivo).

c) *a oração ou orações principais podem vir iniciadas por conectivos coordenativos ou transpositores*:
   "Rubião passa muitas horas fora de casa, mas não o trata mal, e consente que vá acima (...)" [MA].

A oração coordenada aditiva *e consente* é também principal da subordinada *que vá acima*, pois esta lhe serve de objeto direto.

Concorrência de subordinadas: equipolência interoracional
Assim como uma oração pode depender de outra subordinada, assim também duas ou mais orações subordinadas podem servir à mesma principal:
   Espero que estudes e que sejas feliz.
Isto é:

Espero { que estudes (*objetiva direta*)
         e
         que sejas feliz (*objetiva direta*)

Como a concorrência de subordinadas só é possível se *as orações exercem a mesma função*, elas estarão coordenadas entre si, porque a *coordenação se dá com expressões do mesmo valor* e na mesma camada de estruturação gramatical.

No exemplo dado, a 3.ª oração se nos apresenta sob duplo aspecto sintático: *é coordenada* em relação à 2.ª (porque são do mesmo valor) e *subordinada* em relação à principal (*Espero*), comum às duas subordinadas. Em vez desta classificação um tanto longa (*coordenada à anterior e subordinada à principal*), dizemos apenas que a 3.ª oração é *equipolente* à 2.ª oração. Infelizmente, esta denominação cômoda não encontrou agasalho na *Nomenclatura Gramatical Brasileira*.

A equipolente pode ser:

a) *substantiva*:
   Espero que estudes *e que sejas feliz.*

b) *adjetiva*:
   O livro que li *e que lhe devolvi* é ótimo.

c) *adverbial*:
   Quando chegou *e quando me disse o ocorrido*, não acreditei.

Costuma-se, com elegância, omitir o transpositor subordinativo da oração equipolente (quando se tratar de pronome relativo, este exerce a mesma função sintática do pronome relativo anterior):
   Espero que estudes *e sejas feliz.*
   O livro que li *e lhe devolvi* é ótimo.
   Quando chegou *e me disse o ocorrido*, não acreditei.
   "Venho *porque se trata de instrução e tenho embocadura para o magistério*" [GrR.2, 59].

Se os pronomes relativos exercem funções diferentes, o normal é repetir cada pronome, sendo raros os exemplos como o seguinte:
   "Pois vão também essas que aí deixei, e mais a figura de Tristão, *a que* cuidei dar meia dúzia de linhas e levou a maior parte delas" [MA.12, 37 *apud* MBa.2, 102. Cf. ainda ED.2, § 375 c].

Em construção do tipo "magistrado a cujo cargo estavam as obras públicas e *cuidava* do reparo dos templos da cidade de Roma" há vício de sintaxe, pois que antes de *cuidava* há de se subentender *que*, e não o anterior *a cujo* [Cf. MBa.1, 387].

No português moderno cumpre evitar a prática de se lembrar na oração ou orações equipolentes uma unidade adverbial simples (geralmente *quando* e *como*) por meio de um simples *que*:[134]
   Quando chegou e *que* me disse o ocorrido, não acreditei.

Ou se repete a unidade anterior ou se omite: *quando* chegou e (*quando*) me disse.
Se se trata, porém, de "locução conjuntiva", é possível, na boa linguagem, repetir-se simplesmente o *que*:
   Logo que chegou e me disse o ocorrido...

ou

   Logo que chegou e *que* me disse o ocorrido...

Pode-se também omitir a conjunção coordenativa numa série de equipolentes:

---

[134] Este emprego do *que* é comum no francês e, por isso, se tem a construção como galicismo.

"Rubião passa muitas horas fora de casa, mas não o trata mal, e consente que vá acima, *que assista ao almoço ou ao jantar, que o acompanhe à sala ou ao gabinete*" [MA].

1.ª oração – *coordenada* (ou *coordenante*):
Rubião passa muitas horas fora de casa,

2.ª oração – *coordenada adversativa*:
mas não o trata mal,

3.ª oração – *coordenada aditiva e principal*:
e consente + subordinada

4.ª oração – *subordinada substantiva objetiva direta*:
que vá acima,

5.ª oração – *equipolente à 4.ª*:
que assista ao almoço ou ao jantar,

6.ª oração – *equipolente à 5.ª*:
que o acompanhe à sala ou ao gabinete.

Concorrência de termo + oração subordinada
Às vezes a concorrência não se dá entre duas orações da mesma função sintática, mas entre um termo da oração e outra oração:

"(...) conheci a violência das suas paixões e que a do ciúme devia ser terrível naquele coração" [AH.3, 119].

O verbo *conhecer* tem dois objetos diretos: o substantivo *violência* e a oração substantiva *que a do ciúme devia ser terrível naquele coração*, que se acham coordenados entre si.

No seguinte exemplo de Machado de Assis [MA.1, 242]:

"Virgília tragou raivosa esse malogro, e disse-mo com certa cautela, não pela cousa em si, senão porque entendia com o filho",

temos dois adjuntos adverbiais de causa: a expressão *pela cousa em si* e a oração subordinada adverbial *porque entendia com o filho*, que se acham conectadas pela série *não... senão*.

3 – As chamadas orações reduzidas

Que é oração reduzida
Em
    Estuda agora, porque, quando o verão *chegar, entraremos* de férias,

as três orações se dizem *desenvolvidas*, porque seus verbos estão no imperativo (*estuda*), no subjuntivo (*chegar*)[135] e no indicativo (*entraremos*).

Podemos, entretanto, alterar a maneira de expressar a subordinada *quando o verão chegar* sem nos utilizarmos dos três modos verbais acima apontados:
quando o verão chegar = ao chegar o verão
quando o verão chegar = chegando o verão
quando o verão chegar = chegado o verão

Dizemos então que as subordinadas *ao chegar o verão*, *chegando o verão* e *chegado o verão* são orações *reduzidas*, porque apresentam o seu verbo (principal ou auxiliar, este último nas locuções verbais), respectivamente, no *infinitivo, gerúndio e particípio* (reduzidas infinitivas, gerundiais e participiais).

Nota sobre o conceito de oração reduzida
Dentro e fora da gramática portuguesa tem sido muito diversificado o conceito de oração reduzida. A opinião mais generalizada, partindo da ideia de que o que caracteriza a relação predicativa é a presença de verbo na forma finita, é que a construção com verbo nas formas nominais (infinitivo, gerúndio e particípio) não constitui oração, e, neste caso, é uma subunidade da oração, um termo dela, quase sempre como um adjunto adnominal ou adverbial. Esta maneira de ver se estende até àquelas construções em que vem acompanhada a forma nominal de unidades que, se estivessem numa oração com verbo finito, funcionariam como termo argumental ou não argumental (no caso de papel de adjunto adverbial).

Outros autores, nestas últimas construções, dão estatuto de orações à parte (nem sempre usando a nomenclatura "reduzida") apenas àquelas que encerram infinitivo e gerúndio independentes, considerando as de particípio meros termos oracionais.

Em português, que possui o infinitivo flexionado, fica ainda mais difícil não aproximar *É necessário que estudes a lição* a *É necessário estudares a lição*, ainda que se trate de um idiotismo da língua.

Neste livro, optamos por dar estatuto à parte às reduzidas de qualquer forma nominal do verbo desde que apresentem autonomia sintática dentro do enunciado e possam estar estruturadas analogamente às orações com verbo de forma finita, as desenvolvidas.

OBSERVAÇÕES:
1.ª) Havendo locução verbal é o auxiliar que indica o tipo de reduzida. Assim são exemplos de reduzidas de gerúndio: "estando amanhecendo", "tendo de partir",

---

[135] Deve-se distinguir cuidadosamente o infinitivo do futuro do subjuntivo: este aparece na oração não integrante. Assim as formas verbais do seguinte exemplo estão no futuro do subjuntivo, e não no infinitivo (a oração é adverbial condicional introduzida por *se*): "Se do céu, onde estais, *abaterdes* os olhos e os *puserdes* em Amarante (...)" [AV.1, 7, VII, 294 *apud* FB.1]. O texto foi eliminado das edições modernas.

"tendo partido"; são exemplos de reduzidas de infinitivo: "ter de partir", "depois de ter partido"; é exemplo de reduzida de particípio: "acabado de fazer". Se, por outro lado, o auxiliar da locução estiver na forma finita, não haverá oração reduzida: *Quanta gente havia de chorar.*

2.ª) Nem toda oração desprovida de transpositor é reduzida, uma vez que este transpositor pode estar oculto: *Espero que sejas feliz* ou *Espero sejas feliz*. Em ambos os exemplos a subordinada *que sejas feliz* ou *sejas feliz* é desenvolvida. *O que caracteriza a reduzida é a forma infinita ou nominal do verbo (principal ou auxiliar): infinitivo, gerúndio e particípio.*

3.ª) A *Nomenclatura Gramatical Brasileira* desprezou a denominação *infinito* para designar as *formas nominais* do verbo, desfazendo uma incômoda sinonímia antiga entre *infinito* = *infinitivo*, que, em muitos casos, levava os leitores de gramática a confusões. *Infinita* é uma forma verbal normalmente sem flexão, enquanto *infinitivo* é uma das chamadas formas nominais do verbo; assim, se fala em emprego do *infinitivo*, e não em emprego do *infinito*.

O desdobramento das orações reduzidas
As orações reduzidas são subordinadas e quase sempre se podem desdobrar em orações desenvolvidas.[136] O emprego de reduzidas por desenvolvidas e vice-versa, quando feito com arte e bom gosto, permite ao escritor variados modos de tornar o estilo conciso, não acumulado de *ques* e outros transpositores, enfim, elegante.[137]

Vejamos os seguintes exemplos:

a) Declarei *estar ocupado* = declarei *que estava ocupado.*
b) *Para estudarmos* precisamos de sossego = *para que estudemos*, precisamos de sossego.
c) *Chovendo* não sairei = *se chover*, não sairei.
d) *Acabada a festa*, retirou-se = *quando acabou a festa*, retirou-se.

Estes desdobramentos são meros artifícios de equivalências textuais, que nos ajudam a classificar as orações reduzidas, uma vez que poderemos proceder da seguinte maneira:

a) Declarei *estar ocupado* = declarei *que estava ocupado.*
que estava ocupado: *subordinada substantiva objetiva direta.*
Logo:
estar ocupado: *subordinada substantiva objetiva direta reduzida de infinitivo* (ou *reduzida infinitiva*).

---

[136] Com razão insiste Adolfo Coelho: "Não deve nunca confundir-se o que é simplesmente equivalente com que é idêntico na forma, conquanto haja vantagem em fazer ver aos alunos que o mesmo pensamento se exprime de diversos modos" [ACo.1, 121, nota].
[137] Leia-se a respeito [MBa.1, cap. XI].

b) *Chovendo* não sairei = *se chover*, não sairei.
se chover: *subordinada adverbial condicional*.
Logo:
chovendo: *subordinada adverbial condicional reduzida de gerúndio* (ou *reduzida gerundial*).

c) *Acabada a festa*, retirou-se = *quando acabou a festa*, retirou-se.
quando acabou a festa: *subordinada adverbial temporal*.
Logo:
acabada a festa: *subordinada adverbial temporal reduzida de particípio* (ou *reduzida participal*).

Orações substantivas reduzidas
Normalmente as orações substantivas reduzidas têm o verbo, principal ou auxiliar, no infinitivo:

a) *subjetiva*:
"Agora mesmo, custava-me *responder* alguma coisa, mas enfim contei-lhe o motivo da minha ausência" [MA.1, 208].

b) *objetiva direta*:
"(...) como se estivesse ainda no vigor da mocidade e contasse como certo *vir a gastar frutos desta planta*" [LCo *apud* FB.1, 38].

c) *objetiva indireta*:
"Tudo, pois, aconselhava o rei de Portugal *a tentar uma expedição para aquele lado*" [AH.2, 148].

d) *completiva relativa*:
"Um povo que se embevecesse na História, que cultivasse a tradição, que amasse o passado, folgaria *de relembrar esses feitos* (...)" [CL.1, I, 123].

e) *predicativa* (do sujeito ou do objeto):
"O primeiro ímpeto de Luísa foi *atirar-se-lhe aos braços*, mas não se atreveu" [MLe *apud* FB.1, 31].
"(...) o averbara *de não possuir atributos de administrador*."
"O resultado foi eu *arrumar* uns cocotes na Germana e esfaquear João Fagundes" [GrR.2, 13].

f) *apositiva*:
"Dois meios havia em seguir esta empresa: *ou atacar com a armada por mar, ou marchar o exército por terra e sitiar aquela cidade*" [AH.2, 69].

OBSERVAÇÕES:
1.ª) Não é raro vir precedido de preposição o infinitivo das orações reduzidas subjetivas e objetivas:
"Desaire real seria *de a deixar sem prêmio*" [AGa.3, 122, da 5.ª ed.].
"(...) mas não era assaz difícil *de reconhecer um cadáver coberto de feridas*" [AH.2, 72].
"Custou-lhe muito *a aceitar a casa*" [MA.1, 194].
"Mostrou-se pesarosa de não o encontrar, e prometeu *de voltar hoje às três horas*" [CBr.1, 118].
"Senhor Luís de Melo, eu tenho por princípio *de me não intrometer...*" [AGa.6, 173 *apud* MBa.3, 212, da 2.ª ed.].

2.ª) Não raro também a oração substantiva reduzida de infinitivo vem precedida de artigo (mormente se a oração funciona como sujeito ou objeto direto):
"(...) *o haver de marchar* em um país inimigo, ocupado por gente belicosa, era considerado muito grave" [AH.2, 69].
"Daí nasce *o trabalharem* os mais notáveis escritores da Europa por vivificarem o espírito religioso" [AH.2, 145].
"Aumentando (o rei) as fortificações da ilha, tornou impossível aos portugueses *o reconquistá-la*" [AH.2, 62].

Orações adjetivas reduzidas
As orações adjetivas reduzidas têm o verbo, principal ou auxiliar, no:
a) *infinitivo*:
"O orador ílhavo não era homem *de se dar assim por derrotado*" [AGa.5, 14 *apud* ED.2, § 308].
Está marcada a festa *a realizar-se na próxima semana*.
"(...) mas nem um momento duvidamos de que a sua convicção íntima seja a necessidade *de restituir o antigo lustre e preço à filosofia do Evangelho*" [AH.2, 145].

OBSERVAÇÕES:
1.ª) "Ligar qualificativamente a substantivos o infinitivo precedido de *a* (*v. g.*: *livros a consultar*) em vez de uma oração relativa (*v. g.*: *livros que se hão de consultar*), ou de um infinitivo precedido de *para* (*v. g.*: *roupa para consertar*), é imitação moderna da sintaxe francesa, imitação que só por descuido se encontra nos que melhor falam a língua pátria.
"*Qual é a relação a deduzir destas considerações e destes fatos?*" [AH.8, IV, 177]. [ED.2, § 304]. [Cf. MBa.1, 490, 515].

2.ª) Condenam também algumas autoridades o emprego do infinitivo precedido da preposição *a* depois de adjetivos como *único*, *último*, *derradeiro*, além dos ordinais (*primeiro*, etc.). Para tais mestres o melhor é o emprego da preposição *em*, nesses casos, ou de uma oração iniciada por pronome relativo: *o primeiro em fazer* ou *o primeiro que fez*, e não *o primeiro a fazer*. Epifânio Dias, excelente conhecedor do português e francês, aceita a expressão condenada [Cf. ED.2, § 299], no que concordamos com ele.

b) *gerúndio, indicando um substantivo ou pronome*:
1) uma atividade passageira:
"cujos brados selvagens de guerra começavam a soar ao longe como um trovão *ribombando no vale*" [AH.3, 218, ed. de 1878].
"Realmente, não sei como lhes diga que não me senti mal, ao pé da moça, *trajando* garridamente um vestido fino (...)" [MA.1, 260].

Em todos estes exemplos o gerúndio figura com a ideia de tempo transitório muito acentuada, servindo de atribuir um modo de ser, uma qualidade, uma atividade a um nome ou pronome, mas apenas dentro de certo período e em determinada situação. Assim, *água fervendo* é água *que naquele momento fervia* ou *fervia dentro de certo espaço de tempo*. Vale o gerúndio, nestas circunstâncias, por uma expressão formada de preposição *a* + infinitivo: *água a ferver*:
"Também algumas vezes foram dar com ela *a abraçar* a cadelinha" [MLe apud JR.5, 32].

2) uma atividade permanente, qualidade essencial, inerente aos seres, própria das coisas:
"O livro V, *compreendendo* as leis penais, aquele que, após os progressos efetuados na legislação e na humanidade, mais carecia de pronta reformação" [LCo.1, I, 288].
"Decreto de 14 de fevereiro de 1786, *proibindo* a entrada das meias de seda que não fossem pretas, e decreto de 2 de agosto de 1786, *suscitando* a observância e *ampliando* o cap. II (...)" [LCo.1, I, 298].
"Algumas comédias havia com este nome *contendo* argumentos mais sólidos" [FF apud SA.2, 249].

Também visto como imitação da sintaxe francesa é o emprego do gerúndio não progressivo em oração adjetiva, como no exemplo de José de Alencar, no romance *As minas de prata*: "Figure-se um gabinete pouco espaçoso (...) *tendo* uma só porta (...)." [*As minas de prata*, I, citado por José Oiticica].
Estes e muitíssimos outros exemplos atestam que tal emprego do gerúndio[138] não progressivo ocorre vitorioso na língua culta portuguesa, desde longos anos, dando-nos a impressão de se tratar de uma evolução normal, comum a mais de uma língua românica, e não de uma simples influência francesa. Entretanto, notáveis mestres condenam este uso como galicismo: Epifânio Dias, Júlio Moreira, Leite de Vasconcelos, Mário Barreto, José Oiticica, entre outros. Defendem-no Otoniel Mota, Said Ali, Eduardo Carlos Pereira, Cláudio Brandão, entre outros.

---

[138] Cf. [CBd.1, 62; SA.5, II, 151 e ss.; LSp.2].

Para os que têm a expressão como francesa, deve-se substituir o gerúndio por uma oração adjetiva iniciada por pronome relativo, ou por uma preposição conveniente:
Livro *contendo* gravuras
passaria a
Livro *que contém* gravuras
ou
Livro *com* (ou *de*) gravuras.

Aceitar o gerúndio como construção vernácula não implica adotá-lo a todo momento, acumulando-o numa série de mau gosto. Em muitos casos, como bem pondera Rodrigues Lapa [RLp.1, 227], "não há dúvida que o uso do gerúndio é preferível à oração relativa, sobretudo quando não temos o recurso acertado, expressivo das preposições. Não abusemos dele, mas não hesitemos em empregá-lo, sempre que o reconheçamos superior a outros modos de escrever".

c) *particípio*:
"Os anais ensanguentados da humanidade estão cheios de facínoras, *empuxados* (= que foram empuxados) ao crime pela ingratidão injuriosa de mulheres muito amadas, e perversíssimas" [CBr.1, 120].

Orações adverbiais reduzidas
Têm o verbo, principal ou auxiliar, no:
A) *infinitivo*: caso em que, normalmente, se emprega o verbo regido de preposição adequada. Para o desdobramento da reduzida em desenvolvida basta substituir a preposição ou locução prepositiva por uma conjunção ou locução conjuntiva do mesmo valor e pôr o verbo na forma finita. É de toda conveniência conhecermos as principais preposições que correspondem a "conjunções" subordinativas adverbiais, porque isso melhor nos adestra na plástica da sintaxe portuguesa:
1) para as *causais* temos:

a) *com*:
"Porém, deixando o coração cativo,/ *com fazer-te* a meus rogos sempre humano,/ fugiste-me traidor (...)" [RD.1, c. VI].
com fazer-te = porque te fizeste sempre humano.

b) *em*:
"Em verdade, bem louco deve ser este homem *em estar a plantar* agora esta nogueira, como se estivesse ainda no vigor da mocidade" [LCo *apud* JR.5, 38].
em estar a plantar = porque está a plantar.

c) *por*:
"(...) é tão desairoso falar um homem a sua língua mal, sob o pretexto de que ela é difícil, como tirar as botas num salão *por lhe doerem os calos*" [SR.1].

d) *visto*:
Visto sair de manhã bem cedo, não é muito conhecido pelos vizinhos.[139]

e) locuções prepositivas: *à força de, em virtude de, em vista de, por causa de, por motivo de, devido a*, etc.:
"À força de se tornar trivial, esta verdade eterna, que resume todo o espírito do cristianismo, deixou de ser para muitos" [AH.2, 159].

2) para as *concessivas*:

a) *com*:
Com fazer todas as obrigações corretamente, não conseguiu livrar-se da falência.
com fazer = embora fizesse.

b) *sem*, negando a causa e a consequência, pode exprimir *concessão*:
"Este era funestamente o sistema colonial adotado pelas nações que copiavam *sem o entender* nem fecundar, como os romanos, o governo discricionário das províncias avassaladoras" [LCo apud FB.1, 215].

c) *malgrado*:
Estudou *malgrado ter perdido o caderno*.

d) *não obstante*:
Saíram *não obstante terem ouvido os conselhos do pai*.

e) locuções prepositivas: *apesar de, sem embargo de*:
"Apesar, porém, *da casa ser tida* como imagem dos perigos e privações da guerra, *e do duque haver adquirido* com ela grande disposição e robustez, observou-se depois que as armas o atraíam pouco" [RS.2, IV, 96].

3) para as *condicionais* (*e hipotéticas*):

a) *a*:
"(...) houve quem visse, ou fingisse ver, um notável reflexo que *a ser verdadeiro devia nascer das muitas luzes que provavelmente estariam acesas*" [AH.2, 83].[140]

No seguinte trecho vale por uma comparativa hipotética do tipo de *como se* ou modal:

---

[139] Falando-se com rigor, funcionava originariamente como sujeito de um particípio absoluto o infinitivo que se junta a *não obstante, visto, posto*, etc. [Cf. ED.2, § 288 a)] e [EB.1, 35].

[140] Melhor fora pontuar: que, a ser verdadeiro, devia...

"(...) depois veio a mim, que estava sentado, deu-me pancadinhas na testa, com um só dedo, *a repetir*: – Isto, isto – e eu não tive remédio senão rir também, e tudo acabou em galhofa" [MA.1, 209].[141]

OBSERVAÇÃO: *como* a + infinitivo (➚ 525).

b) *sem*:
Não sairá *sem apresentar os exercícios*.

4) para a *consecutiva* temos *de*:
É feio *de meter medo*.

OBSERVAÇÃO: Sobre a construção *de modo a* (➚ 529).

5) para as *finais*:

a) *a*:
"Muitos personagens eminentes do Império e diversas famílias, ligadas por aproximação de afeto à família imperial, apresentaram-se *a falar ao imperador* (...)" [RP apud FB.1, 145].

OBSERVAÇÃO:
O infinitivo das orações finais pode aparecer sem preposição: "Diz-se que ele era um dos doze que foram a Inglaterra *pelejar* (= para pelejar) em desagravo das damas inglesas, fato assaz duvidoso (...)" [AH.2, 92].
Construções deste tipo, aproximando-se o infinitivo do verbo principal anterior (*foram pelejar*), permitiriam um início de locução verbal, onde o 1.º verbo passaria a ser sentido como auxiliar modal denotador de movimento para realizar um intento futuro. Este histórico importa para a explicação do emprego antigo da preposição *a*, suplantado depois, entre brasileiros principalmente, pela preposição *em*, no termo adverbial de lugar. Em *O rio Amazonas vai desaguar ao Atlântico*, temos ainda vestígio da fase em que o sentimento linguístico levava em consideração o verbo de movimento, *vai desaguar* (= para desaguar). Perdida esta noção de movimento, *vai ao Atlântico desaguar* passou a ser interpretado como um todo, prevalecendo a regência que competia ao verbo *desaguar*: *vai desaguar no Atlântico*.
Ambas as construções são corretas, tendo sido esta última, sem razão, recriminada por certos gramáticos:
"*Veio embarcar-se* (D. João) *a Aldeia Galega*, aonde o guardavam muitos fidalgos e eclesiásticos" [RS.2, IV, 171];

---

[141] Presos a um critério semântico, e não sintático, alguns professores ensinam que este *a* é conjunção condicional, lição que deve ser cuidadosamente evitada. Cf. a crítica de E. Carneiro Ribeiro [CR.1, 454], embora não seja convincente a solução que apresenta, socorrendo-se ao cômodo, mas enganador, recurso da elipse.

"Do outro lado da povoação corre o pequeno rio... que *vem desaguar no Lucus*" [AH.2, 70];
"(...) enquanto a frota *se ia colocar na boca do rio* a que deu nome aquela povoação" [AH.2, 70].

b) *de*:
Dava aos pobres algo *de comer pela manhã*.

OBSERVAÇÃO: Estas expressões alternam com as de preposição *a*: Dava aos pobres algo *a comer pela manhã*. Entretanto, parece entrever aqui uma imitação do francês: "A preposição *à* entre *donner* e infinitivo equivale a *de*: *donner à boire et à manger, dar de comer e beber; donner à diner à quelqu'un, dar de jantar; elle lui donna à souper, deu-lhe de cear*. Nessas construções *dar de comer, dar de almoçar, dar de mamar, pedir de beber, pedir de almoçar, ganhar de comer*, o complemento formado por *de* e um infinitivo é, na sua origem, de caráter adjetivo. *Dê-me algo, alguma coisa, qualquer coisa de comer*, é como se disséramos *algo comível* ou *comestível*. Omitido o substantivo, significa por si só as coisas sobre que se exerce a ação do infinitivo: *dê-me de comer* = dê-me coisa que comer" [MBa.3, 129]. Apesar do voto do ilustre mestre, julgamos ser irreprovável a linguagem *dar a comer*. Epifânio Dias [ED.2, § 293, a, 1] não vê galicismo na construção: *dar a alguém algo a beber*.[142]

c) *para*:
"Tudo isto diz o quadro a quem tiver olhos *para ver*, coração *para sentir*, entendimento *para perceber*" [AH.2, 165].

d) *por*, hoje mais rara, fixada em *por assim dizer* e semelhantes:
"Recomendava el-rei D. Manuel, por suas cartas, a Afonso de Albuquerque que trabalhasse *por haver às mãos* a cidade de Adém" [AH.2, 105].

e) *em*:
"(...) e por isso posto que a Inglaterra não precisasse dela, para este fim, *trabalhou em possuí-la* para que os holandeses não se aproveitassem das vantagens que a sua situação oferecia" [AH.2, 102-103].
"Dois meios havia *em seguir esta empresa*" [AH.2, 69].

---

[142] Temos dúvidas em apontar como galicismos vários empregos da preposição *a* em sentido final, pois é modo que as línguas românicas herdaram do latim. Para as condenações ver Mário Barreto [MBa.1, 515] e Epifânio Dias [ED.2, § 325, a) obs.]. Para fontes de estudos remetemos o leitor a Meyer-Lübke [MLk.1, III, §§ 331 e 505] e Dag Norberg [DN.1, 211].

f) locuções prepositivas: *a fim de, com o fim de*, etc.:
"Da sua parte, os alunos não devem dar de mão à gramática elementar *a fim de se* exercitarem nos verbos e adquirirem outras noções básicas e, como tais, indispensáveis (...)" [SR.1].

6) para iniciar orações *locativas* reduzidas (correspondem a orações justapostas): *em*:
"Filha, *no muito possuir* não é ainda posta a felicidade, mas sim *no esperar e amar muito*" [AC apud JR.5, I, 37].[143]

7) para as ideias de *meio* e *instrumento*:

a) *com*:
"(...) até o (D. Afonso) induzirem a mandá-lo (D. Pedro) sair da corte, ao que D. Pedro atalhou *com retirar-se* antes que lho ordenassem" [AH.2, 91].

b) *de*:
"Eu não sou, minha Nise, pegureiro,
Que viva *de guardar alheio gado*" [TG.1, 15].

8) para as *temporais*:

a) tempo anterior: *antes de*:
"E, se ambos morrermos *antes de estarem em idade* que se possam por si manter, terão por pai aquele que mora nos céus" [AC apud JR.5, 35].

b) tempo concomitante: *a* (neste caso o infinitivo pode vir ou não precedido de artigo):
"Tais eram as minhas reflexões *ao afastar-me* do pobre (...)" [AH.2, 190].
"E o moço, *a falar* de sua mãe, chorava (...)" [CBr.6, 59].

Note-se a diferença entre a ideia condicional e a temporal nas construções:
A persistirem os sintomas, procure o médico.
Ao persistirem os sintomas, procure o médico.

c) tempo posterior: *depois de, após*:
"A borboleta, *depois de esvoaçar* muito em torno de mim, pousou-me na testa" [MA.1, 99].[144]

---

[143] Pode-se enquadrar este tipo no caso dos infinitivos substantivados, sem formar oração à parte.

[144] Carlos de Laet já condenou a Camilo o emprego pronominal do verbo *esvoaçar-se*, e o notável escritor lusitano defendeu-se com exemplo de Castilho (cf. *Ecos Humorísticos do Minho*, n.º 2, p. 11). Rui Barbosa comenta [RB.1, 159]: "Teve-se por erro a Camilo haver pronominado o verbo *esvoaçar*. Não havia razão: várias vezes lhe dera Castilho Antônio essa categoria... e Vieira usara de *voar-se*." Cf. ainda [JC.1, 16, n.º 3]. Em [CBr.1, 56] colhemos *volitar-se*: "(...) a pomba que *se volita da arca* (...)"

d) tempo futuro próximo: *perto de, prestes a*:
"(...) e só abandona (o comandante) o posto quando voa em socorro da Parnaíba ou do Belmonte, *prestes a soçobar*" [Ouro Preto *apud* FB.l, 84].

e) duração de prazo: *até*:
"(...) o Sália (...) arrancava os penedos, aluía as raízes das árvores seculares, carreava as terras e rebramia com som medonho, *até chegar às planícies* (...)" [AH.1, 236].

OBSERVAÇÃO FINAL: É importante não confundirmos (e às vezes se não podem traçar limites rigorosos neste assunto, por serem razões extraídas dos elementos fornecidos pelo texto e não pela gramática), em certas expressões, o conjunto preposicional com um substantivo seguido de seu complemento nominal reduzido de infinitivo. Como bem ensina José Oiticica, "em certas locuções como *por causa de, por motivo de, em virtude de, em vista de*, etc., a oração de infinitivo não deve ser tida por *complementar*. Exemplo: 'Em vista de lhe haverem furtado a chave, não pôde abrir o depósito.' Esta oração de infinitivo seria *complementar* se o substantivo *vista* conservasse seu valor semântico; porém, na locução, desapareceu tal valor, e vigora num todo meramente prepositivo".[145] E mais adiante continua: "Com locuções: *no intuito de, no propósito de, com intenção de*, etc., as orações são *complementares*, porque os substantivos mantêm seu valor (semântico) normal." Destarte, é de valor adjetiva completiva nominal reduzida grifada do seguinte período:
"Mandou então el-rei por seus arautos apregoar à roda do arraial de D. Pedro que, sob pena *de serem havidos em conta de traidores*, todos os que seguiam o Duque de Coimbra o abandonassem" [AH.2, 96].

B) *gerúndio* e aí equivalente a:
1) uma oração *causal*:
"*Vendo este os seus maltratados*, mandou disparar algumas bombardas contra os espingardeiros" [AH.2, 97].
vendo = porque visse.

2) uma oração *consecutiva*:
"Isto acendeu por tal modo os ânimos dos soldados, que sem mandado, nem ordem de peleja, deram no arraial do infante, *rompendo-o por muitas partes*" [AH.2, 97].
rompendo-o = e como consequência o romperam.

---

[145] Curso dado no Inep, 1949. Súmula 14.ª, p. 2. Vale a pena lembrar que aqui estamos diante de um exemplo do fenômeno de hipotaxe ou subordinação: são palavras (lexemas) ou grupos de palavras que experimentam o procedimento da subordinação no nível dos elementos mínimos da camada de estruturação gramatical e passaram a funcionar, na condição de unidades deste nível, como preposições (➚ 54).

3) uma oração *concessiva*:
   Tendo mais do que imaginavam não socorreu os irmãos.
   tendo = embora tivesse.

4) uma oração *condicional*:
   Tendo livres as mãos, poderia fugir do cativeiro.
   tendo = tivesse livres as mãos.

5) uma oração que denota *modo, meio, instrumento*:
   "Um homem agigantado e de fera catadura saiu da choupana *murmurando sons* mal-articulados" [AH.1 *apud* ED.2, § 316, b, 1].
   "E não os (destinos) podia realizar senão *ceifando cidades em lugar de farragiais, e enfeixando com mão robusta povos*" [AC.1 *apud* ED.2, 2].

6) uma oração *temporal*:
   "El-rei, quando o mancebo o cumprimentou pela última vez, sorriu-se e disse *voltando-se*: Por que virá o conde quase de luto à festa?" [RS *apud* FB.5, 205].
   voltando-se = enquanto se voltava.

No seguinte exemplo se acha reforçado por um advérbio de tempo:
   "*Desviando* depois a mão que o suspendia baixou mais dois degraus" [RS *apud* FB.5, 209].
   desviando = depois que desviou, no momento em que desviou.

Observações:
1.ª) O gerúndio pode aparecer precedido de preposição *em* quando indica tempo, condição ou hipótese. Neste caso, o português moderno exige que o verbo da oração principal denote acontecimento futuro ou ação que costuma acontecer:
   "Ninguém, desde que entrou, *em lhe chegando* o turno, se conseguirá evadir à saída" [RB *apud* FB.1, 126].

Aqui o gerúndio indica tempo, e o verbo da principal exprime ação futura (*conseguirá*).
   "Em Vieira morava o gênio: em Bernardes o amor, que, *em sendo verdadeiro*, é também gênio" [AC *apud* FB.1, 186].

Nesta passagem, o gerúndio exprime condição ou hipótese, e o verbo da oração *que é também gênio* (subordinante da condicional) denota um acontecimento que costuma ocorrer.

2.ª) Ocorrem mais modernamente empregos da expressão gerundial *sendo que* sem nenhum valor circunstancial:
   As novidades foram inúmeras, *sendo que* as melhores vieram por último.

Tais críticas aparecem nos jornais, *sendo que* as mais frequentes se estampam em artigos não assinados.

Há várias maneiras de alterar a construção do período:
a) usando-se a conjunção *e* em lugar de *sendo que*. Ou sinal adequado de pontuação, como, por exemplo, ponto e vírgula:
    As novidades foram inúmeras *e as melhores vieram por último*.
    As novidades foram inúmeras; *as melhores vieram por último*.

b) usando-se a construção com relativo ou outra adequada:
    Aparecem nos jornais tais críticas, *das quais as mais frequentes se estampam em artigos não assinados*.

Este uso moderno é uma articulação oracional tão cômoda para a expressão do pensamento que se vem generalizando até entre bons escritores:
    "Viana tinha cousas más e boas, *sendo que* as cousas boas eram justamente as que se opunham ao gênio especulativo da viúva" [MA.16].
    "O assombro da assembleia foi imenso, e não menor a incredulidade de alguns, não digo de todos, *sendo que* a maioria não sabia que acreditasse (...)" [MA.16].
    "Naturalmente que isso se estende a qualquer tipo de documento, *sendo que* alguns saem com letra fibriladíssima (...)" [JU.1].
    "Logo tivemos dois caseiros, Eurico Novais e Manuel Firme, *sendo que* este era apenas um pouco mais velho do que eu (...)" [CCo.2].

C) *particípio* e aí equivale a:
1) uma oração *causal*:
    "*Irado* o infante com as injúrias que lhe tinham dito, mandou enforcar uns e degolar outros (...)" [AH.2, 96].

2) uma oração *condicional*:
    Entramos em uma batalha, onde, *vencidos* os inimigos, honraremos nosso país.
    vencidos = se forem vencidos.

3) uma oração *temporal*:
    "E neste sentido, *mudados* os nomes, fez uma comunicação à sociedade cientista dos avicultores da imperial cidade da Mogúncia" [JR.2, 42].

Observações:
1.ª) Nestes empregos do particípio, observam-se as regras de concordância, estudadas no capítulo da Concordância, entre o verbo e o seu sujeito.

2.ª) Alguns particípios passaram a ter emprego equivalente a preposições e advérbios: *exceto, salvo, mediante, não obstante, tirante*, etc., e, como tais, normalmente devem aparecer invariáveis. Entretanto, não se perdeu totalmente a consciência de seu antigo valor, e muitos escritores de nota procedem à concordância necessária:

> "Os tribunais, *salvas* exceções honrosas, reproduziam, povoados de criaturas do valido, todos os defeitos do sistema" [RS.2, IV, 67].
>
> "A razão desta diferença é que a mulher (*salva* a hipótese do capítulo CI e outras) entrega-se por amor (...)" [MA.1, 327].

Utilizar estas maneiras de dizer, devidas ao "amor excessivo da exatidão" é, como bem pondera Epifânio, expressar-se na verdade com correção gramatical, mas de modo desusado [ED.2, § 220, a].

3.ª) Elegantemente podemos empregar, para a ideia de tempo, o particípio seguido de *que* e duma forma adequada do verbo *ser*:

> *Acabado que foi* o prazo destinado à revisão, os candidatos continuaram insatisfeitos.

Há discordância entre os autores quanto à natureza deste *que* posposto ao particípio. Para Maximino Maciel (*Gramática Descritiva*, 368), é conjunção, segundo este trecho: "Também *elegantemente* se conjuncionalizam as reduzidas de particípio passado, interpondo entre o particípio e o substantivo sujeito a conjunção *que* a uma forma do verbo *ser*, adaptável ao tempo, exemplo: 'A ideia republicana e democrática se acabaria em toda a Europa, eclipsado *que* fosse o esplêndido luzeiro que até então lhe serviu de fanal'" (Latino Coelho, *República e Monarquia*).

Para Epifânio, o *que* é pronome relativo, e julgamos que com ele está a razão (cf. *Sintaxe Histórica Portuguesa*, § 91, c): "Na qualidade de nome predicativo ou aposto, pode (o pronome relativo) referir-se a adjetivos (ou particípios), servindo de realçar a qualidade ou estado: *acabada que esteja a obra*" (Cf. ainda a *Gramática Francesa*, § 282, 2, obs. 1.ª).[146]

Orações reduzidas fixas
A nossa língua possui certo número de orações reduzidas que normalmente não aparecem sob forma desenvolvida. Neste grupo se acham:

a) as orações subjetivas que se seguem a certos verbos, como *caber, valer, impedir*, em construções do tipo de:
Coube-nos *ornamentar o salão* (e não: *que ornamentássemos*).

---

[146] F. Brunot dá o *que* também como pronome relativo em expressões francesas do tipo: *Arrivé que fut ledict conte* [cf. FBr.1, 767]. Também Meyer-Lübke [MLk.1, III, § 633] e A. Llorach [AL.1, § 208].

Valeu-nos *estarem perto alguns amigos* (e não: *que estivessem perto*).
Impediu-nos a viagem *ter vindo ordem* de voltarmos (e não: *que veio*).[147]

b) as orações objetivas diretas que se seguem a verbos como *agradecer, perdoar* e o impessoal *haver* na expressão *não há valer-lhe* (e equivalentes) em construções do tipo:
"Perdoou-lhes o *haverem-nos ofendido*" [ED.1, § 226, b].
"E lá se vão: não há mais *contê-los ou alcançá-los*" [EC, 128].

c) as de sentido aditivo enfático do tipo (verbo no infinitivo):
"Além de que a fumarada do charuto, *sobre ser purificante e antipútrida*, dava aos alvéolos solidez, e consistência aos dentes" [CBr.1, 108].

d) as que denotam pensamentos para cuja expressão não existem conjunções subordinativas, como as que indicam:

1) *exclusão* (verbo no infinitivo):
"*Em vez* (diziam) *dos nossos navios carregarem as mercadorias daqueles portos para o de Lisboa*... são embarcações estranhas as que hoje demandam as ilhas..." [RS.2, IV, 533].
Longe de desanimar com os obstáculos, reanima-se para vencê-los.

2) *exceção* (verbo no infinitivo):
"A filha estava com quatorze anos; mas era muito fraquinha, e não fazia nada, *a não ser* namorar os capadócios (...)" [MA.1, 201].

3) *meio* ou *instrumento* (verbo no infinitivo ou gerúndio) e *modo* (verbo no gerúndio, embora aqui haja conjunção correspondente):
"Salvou-o o senado, *segurando-lhe a pessoa* até poder sair a bordo de uma nau holandesa a 21 de maio" [RS.2, IV, 244].
Desmoralizou-o *com desmenti-lo em público*.
"Procurou este logo estorvar-lhe (a missão) por todos os ombros, *prendendo-o* ou *matando-o*." [RS.2, 244].
Enfrenta a vida *sorrindo dos perigos*.[148]

---

[147] Exemplos de José Oiticica, *Curso do INEP.*
[148] "Às vezes procura-se desdobrar este tipo de orações em explícitas [= desenvolvidas] temporais iniciadas por *quando* ou *enquanto*. É mero expediente, pois a noção de tempo não é equivalente à de modo ou meio de fazer alguma coisa" [SA.2, 183].

Quando o infinitivo não constitui oração reduzida
A presença do infinitivo não caracteriza oração reduzida nos seguintes principais casos, podendo, contudo, constituir, em alguns exemplos, oração (não reduzida):

a) quando, sem referência a nenhum sujeito, denota a ação de modo vago, à maneira de um substantivo:
   Recordar é viver.

b) quando faz parte de uma locução verbal (➚ 257):
   Tinham de chegar cedo ao trabalho.

c) quando, precedido de preposição e em referência a substantivo, o infinitivo tem sentido qualificativo, o que ocorre:

1) quando exprime a destinação:
   sala *de jantar*, ferro *de engomar*, tábua *de passar*, criado *de servir*.

2) quando equivale a um adjetivo terminado em *-vel*:
   É *de esperar* que todos se saiam bem (esperável).
   Pareciam menos *de louvar* (louvável).
   Foi caso muito *de recear* (receável).

d) quando, precedido de preposição e depois de certos adjetivos (*difícil, fácil, duro, bom*, etc.), o infinitivo tem sentido limitativo (com certa interpretação passiva ou ativa):
   Osso duro *de roer* (*de ser roído* ou *de alguém roer*).
   Poesia fácil *de decorar* (*de ser decorada* ou *de alguém decorar*).

e) quando, equivalente a imperativo, exprime o infinitivo ordem, recomendação:
   "Todos se chegavam para a ferir, sem que a D. Álvaro se ouvissem outras palavras senão estas: *Fartar*, rapazes!" [AH.2, 98].

f) quando, nas exclamações, o infinitivo exprime estranheza pela realização de um acontecimento:
   "*Pôr-me* a mim lá fora?! – bradou Teodora" [CBr.1, 175].
   "Tu, Hermengarda, *recordas-te?!*" [AH.1, 47].

g) quando entra em orações interrogativas (diretas ou indiretas):

Que fazer?[149]
Não sei *que fazer.*
Nada tinha *que dizer.*

---

[149] Baseados nesta construção, muitos romanistas explicam a construção *não sei que fazer* pelo emprego do infinitivo numa interrogação indireta por influência do infinitivo da interrogação direta *que fazer?*. Estudos mais recentes nos ensinam que o infinitivo, nestes casos, se explica por contaminação sintática de uma oração de infinitivo (no latim *nihil habeo dicere*) com uma oração de relativo (no latim *nihil habeo quod dicam*). A discussão do problema se acha no artigo de Dag Norberg, *Zum Infinitiv in lat. Frage – und Relativsätzen* (na revista alemã *Glotta*, 1939, XXVII, 3-4, p. 261-70) e no livro do mesmo autor *Syntaktische Forschungen*, 259 e ss., onde se encontra extensa bibliografia.
Esta singular inexatidão de expressão (para usar as palavras de Meyer-Lübke, *Grammaire*, III, § 676), porque contraria o conceito de orações desenvolvidas e reduzidas, se explica, para Epifânio Dias (*Gramática Portuguesa Elementar*, § 244 e *Sintaxe Histórica*, §§ 274, a, obs. 2.ª e 307), por uma elipse de *poder, dever* ou *haver*, no presente ou pret. imperfeito: Não há um momento que (*possamos*) perder. Não sabia que (*havia de*) fazer.
Não nos foi possível fixar a opinião definitiva de Mário Barreto, pois que, através de sua extensa obra, encontramos as duas explicações. Nos *Últimos Estudos*, pp. 277-279, em artigo de 1929, pensa como Epifânio Dias e lhe cita a *Gramática Portuguesa Elementar*. Na 2.ª edição dos *Novíssimos Estudos*, p. 132, nota, anterior, portanto ao artigo antes citado, contraria a Epifânio Dias, visivelmente influenciado que estava pelo § 133, b) dos excelentes *Éléments de Linguistique Romane*, de E. Bourciez, embora não lhe faça referência, e nos dá uma lição digna de repetida:
"Quando se trata de interrogação indireta, feita por meio de um pronome ou de um advérbio interrogativo, o emprego do infinitivo na frase subordinada (com condição que o sujeito dela seja o mesmo que o da principal) é efeito de um cruzamento sintático. Uma frase como *nescio quid dicam*, aproximada no nosso espírito de *nescio dicere*, dá lugar a *nescio quid dicere* no latim falado. Contaminam-se duas construções: *Não sabe que diga* + *não sabe dizer nada* = *não sabe que dizer*. Idêntica combinação ou fusão de duas frases sinônimas de estrutura normal acharemos em: *Não sei como diga isso* + *não sei dizer isso* = *não sei como dizer*. – *Buscou aquele lugar onde fizesse penitência* + *buscou aquele lugar para fazer penitência* = *buscou aquele lugar onde fazer penitência*. – Eis aqui três exemplos da construção com infinitivo, construção que, neste caso, o latim clássico não admitia, mas sim a do verbo finito em subjuntivo, a qual também admite o idioma português: "Dinheiro não aceitavam de esmola, porque não achavam *que comprar* com ele" (Sousa, *Anais de El-rei D. João Terceiro*, publicados por A. Herculano, Lisboa, 1844, p. 44); "Não sei *que fazer* ao teu coração" (Camilo, *Memórias de Guilherme do Amaral*, 3.ª ed., p. 171): "Não sabia escrever, não tinha ninguém *a quem pedir* a esmola de uma carta" (*Id., Maria Moisés*, 1.ª parte, p. 40, ed. de 1876). Mas isto faz-se quando o agente da oração subordinante é o mesmo que o da proposição subordinada. Quando cada uma tem o seu nominativo, não tem cabimento usar o infinitivo. – Indaga-me tu *que* poderá ela ter. – Pergunta-lhe *que* tem. – Não sei *que* notou. Não é aceitável a explicação que do infinitivo dão alguns autores (e entre eles o ilustre filólogo Sr. Epifânio Dias na sua excelente *Gramática Portuguesa Elementar*, § 244), supondo a elipse dos verbos *poder, dever* no presente ou pretérito imperfeito do conjuntivo. Figure-se este exemplo: *Não lhe ocorreu que poder replicar-me*. Não é possível subentender-se o mesmo verbo num modo pessoal. O mesmo se dirá destoutro exemplo, só com diferença que em vez da frase interrogativa se trata da relativa: "Não tinha o governador baixelas, nem diamantes, *de que poder valer-se*; assim recorreu a outros penhores, a que a fidelidade deu valia, a Natureza não" (Jacinto Freire, *Vida de D. João de Castro*, liv. III, número 29). Antes de pôr fim a esta nota, lembra-nos a seguinte passagem do livro divino de Frei Luís de Sousa, na qual se emprega em orações relativas o infinitivo como equivalente do subjuntivo latino: "Estava o arcebispo só, não tinha homem *de quem se valer*; lançou os olhos pela casa, não viu coisa *que dar*, e viu-se obrigado a acudir" (*Vida de D. Fr. Bartolomeu dos Mártires*, liv. I, cap. 21).

h) quando se trata de um infinitivo de narração, isto é, aquele que, numa narração animada, considera a ação como já passada, e não no seu desenvolvimento.[150]
"E os médicos *a insistirem que saísse* de Lisboa [Júlio Dinis].
"Ela *a voltar as costas*, e o *reitor a pôr* o chapéu na cabeça" [*id*.].
"E ele *a rir-se*, ele *a regalar-se*" [EQ].
"O senhor *a dizer-lhe* uma palavra, e eu *a provar-lhe* que..." [ED.2, § 309, 3].

NOTA: Não estão acordes os autores quanto à origem do infinitivo de narração: a hipótese mais cômoda, mas nem por isso mais convincente, é a da elipse. Assim pensavam Quintiliano, para o latim, e Burguy, Littré, Kastner, Plattner, Lubker, entre outros, para o francês. É a opinião que expende M. Barreto para o português: "Na frase: – *Eu falo, e eles a rir* (isto é, põem-se a rir, estão a rir-se, começam a rir) – temos o que se chama *infinitivo histórico*, que assim se diz o que na proposição tem valor de voz verbal de modo finito. A proposição que tem por predicado perifrástico, um elemento do qual está subentendido" (*Últimos Estudos*, 241). Contra esta maneira de explicar estão Diez, Schulze, Darmesteter, Strohmeyer e Brøndal. A segunda hipótese é a que o deriva do infinitivo de ordem ou infinitivo imperativo (opinião de Wackernagel, para o latim, e Marcou, Spitzer e Lerch, para o francês). Para Lombard (*Op. cit.*, 212) o infinitivo de narração é originariamente uma oração nominal. O problema se acha exaustivamente tratado nas páginas 186-243 do citado livro do romanista sueco.

OBSERVAÇÃO: Foge a uma análise rigorosa a série de expressões do tipo *temer, não teme*, com que, na linguagem afetiva, enunciamos réplicas e objeções. Epifânio (*Sintaxe Histórica Portuguesa*, § 309, 3, obs.) e Bello-Cuervo (*Gramática Castelhana*, § 926 e *Notas*, p. 63) supõem que se trata de uma construção elíptica, subentendendo-se, antes do infinitivo, a expressão *quanto a*, Meyer-Lübke crê que se trata de um *infinitivo de intensidade* e explica assim o nascimento do torneio de frase: "Nous devons prendre comme point de départ la question et la réponse prononcés sous l'empire de l'émotion. Ainsi, pour nous en tenir au premier exemple, on raconte quelque chose qui, de l'avis du conteur, pourrait provoquer de la crainte chez un des auditeurs ou chez tous. Un d'entre eux repousse cette pensée en demandant avec indignation: 'Craindre?! Je ne crains pas'. En conséquence, à l'origine il devait y avoir une pause entre l'infinitif et le verbe personnel. Plus tard, naturellement, la formule finit par devenir, comme expression de l'intensité d'une action, plus fixe et par conséquent plus générale" (*Grammaire*, III, § 135). Levando-se em conta que se devem algumas alterações de linguagem a esta atenção que o falante dá a um público, real ou imaginário, a hipótese do romanista é assaz sugestiva, apesar de Epifânio achar "improvável que o infinitivo, sendo rigorosamente interrogativo, viesse a deixar de o ser" (*ibid.*). Cremos que o problema estaria melhor resolvido se levássemos em conta os níveis da oração e do texto, conforme nos ensina Coseriu, já esboçado, aliás, na explicação de Meyer-Lübke. Em *temer, não teme* estamos diante

---

[150] Cf. [ALb.1, 9-10 e 98 e ss.], donde extraímos os exemplos.

de um enunciado que, no nível do texto (e não da oração), pressupõe uma declaração repetida em relação ao que proferiu nosso interlocutor e a que nos referimos agora mediante o *temer*, e que só no nível do texto deve encontrar cabal explicação.

O gerúndio e o particípio não constituem oração reduzida
a) quando fazem parte de uma locução verbal:
   Estão saindo todos os alunos.
   As lições *foram aprendidas* sem esforço.

b) quando aparecem como simples função qualificadora, à maneira dos adjetivos:
   Livro *encadernado*.
   Água *fervendo*.

Construções particulares com o infinitivo
São dignas de atenção certas construções em que o infinitivo é precedido de verbos que exprimem percepção física (*ver, ouvir, olhar, sentir*) ou atuação e ordenação (*deixar, mandar, fazer*). Já tivemos oportunidade de nos referir ao caso, quando examinamos a função sintática do infinitivo e gerúndio que entram nestas construções.

Praticamente, estas construções de infinitivo se repartem em dois grupos:

a) um, em que o infinitivo tem o mesmo agente e sujeito do primeiro verbo (regente):
   Preferimos *estudar* pela manhã.

b) outro, mais complexo, em que o infinitivo, depois dos verbos regentes acima aludidos, tem diferente agente:
   Vejo *abrir* a porta.
   Ouço *soprar* o vento.
   Eu a vi *sair* de casa.
   Ouvimos a sineta *chamar* os alunos.

No primeiro grupo, o infinitivo integra uma oração reduzida que exerce o papel de objeto direto do verbo regente *preferimos*, e, por isso, pode ser comutado pelo pronome adverbal átono *o*:
   Preferimos *estudar* pela manhã → Nós *o* preferimos → Preferimo-*lo*.

O segundo grupo se subdivide em dois tipos: o infinitivo sozinho ou acompanhado de complementos:
1) o infinitivo integra uma oração subordinada objetiva direta:
   Vejo *abrir* a porta.
   Ouço *soprar* o vento.

em que *abrir a porta* e *soprar o vento* podem ser comutados pelo pronome adverbal átono *o*:
Vejo-*o*. Ouço-*o*.
Vês abrir a porta? Vejo-*o*.
Ouves soprar o vento? Ouço-*o*.

2) o verbo regente exprime percepção física e o infinitivo exerce o papel de predicativo do objeto direto:
Eu *a* vi *sair* de casa.
Ouvimos *a sineta chamar* os alunos.

Aqui os verbos regentes que exprimem percepção física (*vi* e *ouvimos*) se acompanham do objeto direto (*a* e *a sineta*) que se acham modificados pelos infinitivos que exercem a função de seus predicativos (*sair* e *chamar*).
Por mais que equivalham no plano do conteúdo de pensamento designado, *Eu a vi sair de casa* a *Eu vi que ela saía de casa*, do ponto de vista gramatical as construções são diferentes. O pronome *a* (Eu *a* vi sair) e *ela* (Eu vi que *ela* saía de casa) são ambos *agentes* do processo *sair de casa*, mas *a* é *objeto direto* e *ela* é *sujeito*. Pela análise do conteúdo, a gramática tradicional tem atribuído a esse pronome *a* dupla função sintática: objeto direto do verbo regente (*vi*) e sujeito do infinitivo (*sair*).
Também os verbos que exprimem atuação ou ordenação (*deixar, mandar, fazer*) apresentam a mesma construção dos verbos de percepção física:
O policial *fez* calar o assaltante. / O policial *fê*-lo calar.
O professor *mandou* o aluno saltar. / O professor *mandou*-o saltar.

Até aqui o infinitivo não se acompanha de objeto direto próprio, mas ele pode aparecer, como ocorre em:
O professor mandou o aluno fazer *o exercício*,

quando os complementos do verbo regente *mandou* (*o aluno*) e do infinitivo *fazer* (*os exercícios*) podem ser teoricamente comutados pelos pronomes adverbais átonos *o*:
O professor mandou-*o* fazê-*lo*.

Ou ainda:
O professor mandou-*o o* fazer,

o que daria uma contiguidade incômoda e artificial de dois *o... o*, onde a clareza do texto poderia ser prejudicada. Veja-se este exemplo de A. Herculano:
"(...) a tia Domingas ouviu-*o* chamá-*la* de novo mansamente" [AH.2, 76].

A tradição literária contornou o problema adotando duas normas seguintes:

a) Expressar o complemento do verbo regente sob forma de objeto direto se constituído por substantivo:
O professor mandou *o aluno* fazê-lo.

b) Expressar o complemento do verbo regente sob forma de objeto indireto se constituído por pronome adverbal átono:
O professor mandou-*lhe* fazer os exercícios.
O professor mandou-*lhe* fazê-lo.
O professor *lhe* ouviu dizer que melhoraria seu comportamento.
A colega *lhe* deixou ver suas bonecas.[151]

OBSERVAÇÕES:
1.ª) Pela possibilidade de poder o complemento do infinitivo se aproximar do verbo regente, pode ocorrer a junção do pronome adverbal átono *lhe* (ou outro indireto) com o pronome *o*, como no seguinte exemplo:
"(...) posto que Afonso I se houvesse apoderado de vários lugares... a desgraça de Badajoz *lhos* fizera perder (...)" [AH.2, 76],
isto é: a desgraça *lhe* fizera perdê-los.
2.ª) É raro o emprego de *lhe* por *o* quando o verbo no infinitivo não se acompanha de objeto direto: "A vista só da vaca... nem *lhes* deixa pensar em soutos e pastios" [AC.9, 181].

A prática se estenderia a se empregar sob forma de objeto indireto o complemento do verbo regente, mesmo se constituído por substantivo:
O professor mandou *ao menino* fazer o exercício.
O professor ouviu *ao aluno* dizer que melhoraria o comportamento.
O namoro fez *ao jovem* perder a cabeça.

Por fim, cumpre assinalar que normalmente se usa *o*, e não *lhe*, quando o infinitivo é pronominal.
"(...) o Sália... rebramia com som medonho, até chegar às planícies, onde o solo não comprimia e *o deixou espraiar-se* pelos pauis e juncais (...)" [AH.2, 76-77].

OBSERVAÇÃO: O infinitivo que se segue a *deixar, mandar e fazer* pode ser tomado em sentido passivo, e neste caso o agente da ação do infinitivo é regido pelas preposições *por* ou *de*:
"D. João de Castro, sem *deixar-se vencer do amor do filho*, nem *dos medos do tempo*, resolveu enviar o socorro" [FF apud ED.2, 289, a), obs. 2.ª].

---

[151] Cf. [SA.5, 194-196]. Para o latim [DN.1, 48].

A omissão do pronome átono em *eu os vi afastar daqui* em vez de *afastar-se daqui*
Não é rara a omissão do pronome átono que devia acompanhar um infinitivo pronominal, quando este mesmo infinitivo tem por agente um pronome átono:
"*Deixei-o embrenhar* e transpus o rio após ele" [AH.2, 77].
"O faquir *deixou-o afastar*" [AH.2, 77].

Os seguintes exemplos mostram-nos que a presença do pronome também é correta:
"*Sentiu-o* parar aqui um pouco e depois *encaminhar-se* ao longo do corredor" [AH.2, 76].
"E o eremita *viu-a*, ave pernalta e branca, *bambolear-se* em voo, ir chegando, *passar-se* para cima do leito, *aconchegar-se* ao pobre homem (...)" [JR.2, 227].[152]

A posição do sujeito nas orações reduzidas
No português contemporâneo, o sujeito das orações reduzidas de gerúndio e particípio vem normalmente depois do verbo (nas locuções verbais pode aparecer depois do auxiliar):
"A guerra diplomática andava acesa em Roma, *lidando o enviado português* por contrariar com energia os meneios e dilações do Cardeal Torregiani" [LCo.1, I, 44].
"*Não me havendo chegado notícia das viagens de Gulliver,* penso que a minha gente liliputiana teve origem nas baratas e nas aranhas" [GrR.1, 94].
"*Findo o susto,* considerava-me isolado, continuava nas infrações sem nenhuma vergonha" [GrR.1, 180].
Acabada a festa, foram ao cinema.

Estariam erradas as construções se colocássemos o sujeito antes do verbo: *o enviado português lidando, o susto findo, a festa acabada.*
Nas reduzidas de gerúndio é preciso distinguir cuidadosamente essas linguagens imperfeitas daquelas que, por falta de pontuação adequada, nos fazem supor que se trata de anteposições do sujeito. Nos seguintes exemplos só houve falta da vírgula para separar a principal da subordinada:
"*O cristianismo elevando o culto da mulher* inspirou a cavalaria e a poesia cavaleiresca, nobilitando pelo amor e pelo sacrifício o sexo que era também o de Maria Santíssima" [JR.2, 51].

---

[152] Julgamos injusta a condenação de Mário Barreto [MBa.4, 51 da 3.ª ed.]: "É um dos instintos mais naturais do nosso falar: mas, em muitos textos escritos, uma preocupação pedantesca das mais descabidas põe de novo o pronome: é um indício singular de deformação artificial."
Nos *Últimos Estudos* se mostra menos rigoroso: "Os verbos reflexivos no infinitivo depois dos verbos *fazer, deixar, ouvir, ver,* perdem em geral o seu pronome complemento" [MBa.2, 206].

A pontuação correta seria: "O cristianismo, elevando o culto da mulher, inspirou (...)"
"Então *Gonçalo Mendes fazendo* recuar o capuz que cobria a cabeça do suposto mensageiro olhou para ele alguns instantes" [AH.3, 116].[153]

Entre as reduzidas de gerúndio, fazem exceção ao princípio exposto aquelas que, precedidas da preposição *em*, denotam circunstâncias de tempo, hipótese ou condição, quando o sujeito pode vir antes ou depois desta forma verbal:
"Ninguém, desde que entrou, *em lhe chegando o turno*, se conseguirá evadir à saída" [RB *apud* FB.1, 126].
"A semelhança entre as filhas de Felipe da Gama reduzia-se a isto: mas era tão grande, que *em as duas conversando* a fala confundia-se, e o ouvinte mais não era capaz de distinguir" [RS.3, 2, 122 *apud* ED.2, §316, b, 2, obs.].

No tocante às reduzidas de particípio, podem ter o sujeito anteposto ou posposto ao verbo, quando constituído pelos pronomes *isto, isso, aquilo* e *o que*:
Isto posto, resolvemos voltar
ou
Posto isto, resolvemos voltar.

Reduzidas decorrentes e concorrentes
Como as desenvolvidas, as orações reduzidas podem ser:

a) *decorrentes*:
"O Conde de Avranches saiu a eles com quase toda a gente do arraial e *fazendo-os fugir* tomou alguns prisioneiros" [AH.2, 96].

A oração de *fazendo* é reduzida gerundial de tempo e se acompanha da oração também reduzida *fugir* (reduzida de infinitivo), modificadora do objeto direto *os*.

---

[153] Por isso é injusta a crítica feita por A. Feliciano de Castilho – e a crítica foi acolhida pelo nosso ilustre gramático E. Carlos Pereira (*Gramática Expositiva*, § 496 in Galicismos Fraseológicos) – ao seguinte trecho do Padre Bernardes (e note-se que está com a respectiva vírgula!): "Nos casos chamados nas escolas absolutos ou ablativos absolutos dos romanos, antepõe (Bernardes) alguma vez o substantivo ao adjetivo, o que mais soa a francês que a português genuíno, e se deve evitar com grande escrúpulo: 'Frei Domingos, vindo de Tortosa para Valença, com outros companheiros, que tinham ido tomar ordens, se lhe ajuntou ao caminho um moço mui confiado, etc.' Havia de dizer: 'Vindo Frei Domingos, etc.' (Livraria Clássica, Padre Manuel Bernardes, II, 304-305). Pondo de lado a lição de gramática de um amador, ainda que ilustre, adiantamos que o pretenso erro não é de Bernardes, mas do crítico, uma vez que se lê o seguinte na *Nova Floresta*: "Vindo o servo de Deus de Tortosa para Valença (...)" (III, 492).

b) *concorrentes*:
"Irado o infante com as injúrias que lhe tinham dito, mandou *enforcar uns e degolar outros*, e o conde perseguiu o resto até Portugal" [AH.2, 96].

As orações reduzidas de infinitivo *enforcar uns* e *degolar outros* são subordinadas equipolentes; por isso se acham coordenadas entre si.

Não raro aparece, entre as orações equipolentes, uma reduzida coordenada à outra desenvolvida ou vice-versa [MBa.1, 168, nota].

"*Para provar-lhe* que não falto à menor condição estipulada, *e para que a minha consciência fique pura de escrúpulos*, vou dar-lhe a gratificação prometida" [CBr.14, drama, ato II, cena IX].

"Na província de Alentejo o recrutamento fazia-se para exclusiva defesa dela, cabendo um terço de cada comarca, *se era grande*, ou a duas unidas, *sendo pequenas*" [RS.2, 227].

4 - As frases: enunciados sem núcleo verbal

Oração e frase
Já tínhamos antecipado (↗ 436) que a unidade sintática chamada *oração* constitui o centro da atenção da gramática por se tratar de uma unidade em que se relacionam sintaticamente seus termos constituintes e se manifestam as relações de ordem e recção que partem do núcleo verbal e das quais se ocupa a descrição gramatical.

Isto não impede a presença de enunciados destituídos desse núcleo verbal conhecidos pelo nome de *frases*:
Bom dia!
Saúde!
Depressa!
Que calor!
Casa de ferreiro, espeto de pau.

Estas frases diferem da oração porque são proferidas, quase sempre, em situações especiais, fora as quais o enunciado não se manifesta em toda sua plenitude.

Em geral seus elementos constituintes são de natureza nominal (substantivos, adjetivos ou advérbios), e a ausência do núcleo verbal, donde dimanam as relações sintático-semânticas, impede que se identifiquem entre seus constituintes as funções que se manifestam na oração. Por outro lado, a frase aponta para asserção de uma verdade geral, já que exclui a forma verbal responsável por uma particularização da expressão [EBv.2, 181]. Entretanto, como são enunciados reais, apela-se para a interpretação mais ou menos próxima dos possíveis equivalentes expressos sob forma de oração. Assim, "entende-se" que um enunciado como *Bom dia!* equivale a *Desejo bom dia* ou *Espero que tenha bom dia!*, ou *Casa de ferreiro, espeto de pau* valeria aproximadamente a *Casa de ferreiro usa espeto de pau* ou *Quando a casa é de ferreiro, o espeto é de pau* ou, ainda, *Em casa de ferreiro não se usa espeto de ferro, mas de pau.*

A simples verificação das várias possibilidades de paráfrases mostra bem como são tênues as relações gramaticais que os termos existentes mantêm entre si dentro da frase. Por isso a descrição da frase não se fará pelos mesmos critérios empregados na oração, mas segundo sua constituição interna. Inicialmente, podemos dividir as frases em *unimembres* e *bimembres*.

Frases unimembres: interjeição
O tipo mais simples de frase é o constituído por *interjeição*. Já é antiga em gramática a ideia de a interjeição não ser, a rigor, uma "palavra", mas que equivale a um enunciado independente ou a uma oração inteira (↗ 363):
 Oh!
 Psiu!

Pode ainda aparecer combinada com outras unidades para constituir frases mais complexas:
 Ai de mim!
 Oh pátria minha!

Já vimos (↗ 363) que outras classes de palavras e grupos nominais se podem transpor ao papel de interjeição, empregados em função apelativa, endereçada ao interlocutor, ou como manifestação da atitude do falante [AL.1, 385]:
 Socorro!
 Depressa!
 Meu pai!
 Que horror!
 Viva!

Podem aparecer unidades mais longas resultantes de respostas ou comentários a diálogos reais ou imaginários com o interlocutor. São frases elípticas, quase sempre de valor nominal, resíduos de orações sintaticamente incompletas ou truncadas, que devem ser tratadas no rol dos enunciados independentes sem núcleo verbal, ao largo de qualquer restituição corretiva do ponto de vista sintático:
 "– Está bem, deixe-me ficar algum tempo mais, estou na pista de
 um mistério...
 – *Que mistério?*" [MA.1, 28].
 "– Raposo, vou sair; há alguma cousa?
 – *Nada, Capitão Viveiros*" [LB.3, 91].
 "Fez-me sentar ao pé de si, na varanda, entre muitas exclamações
 de contentamento:
 – *Ora, o Brasinho! Um homem! Quem diria, há anos... Um homenzarrão!
 E bonito! Qual! Você não se lembra de mim...*" [MA.1, 94-95]
 "– Qual é a sua profissão?
 – *Estudante.*" [LB.3, 91]

Entre essas verdadeiras *proorações* (⌐ 321) estão as palavras *sim, não, talvez, tampouco* e assemelhadas (sozinhas ou combinadas) que de primitivos advérbios passam por transposição hipertáxica (⌐ 53) ao papel de frases:
"– Já deste a notícia?
– *Ainda não*" [LB.3, 165].

Algumas vezes, nestes casos, um dos interlocutores ou o autor num monólogo faz uso de uma frase exclamativa complexa que vale, unitariamente, por transposição hipotáxica (⌐ 54), por uma interjeição:
"Eugênia sentou-se a concertar uma das tranças. *Que dissimulação graciosa! Que arte infinita e delicada! Que tartufice profunda!*" [MA.1, 107].

Etiquetas e rótulos
Diferente contexto linguístico ocorre com frases que entram na indicação de etiquetas, letreiros e rótulos situados em circunstâncias tais que, com ajuda de tais entornos, são suficientes para constituir informações precisas. Deste rol fazem parte a sinalização verbal das indicações de trânsito (*Entrada, Saída, Retorno*, etc.), de estabelecimentos bancários e comerciais (*Clientes de Conta Ouro, Fila Única, Padaria, Carnes, Laticínios, Limpeza, Estacionamento, Entrada proibida, Entrada só permitida a funcionários*, etc.).

Frases assertivas bimembres
Embora frases assertivas bimembres possam ser facilmente parafraseadas a orações de estrutura regular e com estas, muitas vezes, se alternar no discurso, não devem ser "reconstituídas" e "emendadas" com auxílio de elipses e outros recursos, para depois serem descritas como orações. A expressividade decorre da leveza e espontaneidade com que se caracterizam.
Incluem-se, portanto, no rol de frases assertivas bimembres (dotadas também de entoação ou contorno melódico assertivos) os seguintes exemplos:
Casa de ferreiro, espeto de pau.
Tal pai, tal filho.

A vivacidade e leveza que tais frases emprestam ao discurso explicam o seu largo emprego nas máximas e provérbios (⌐ 458).

5 - Concordância

Considerações gerais
Em português a *concordância* consiste em se adaptar a palavra determinante ao gênero, número e pessoa da palavra determinada.

A concordância pode ser *nominal* ou *verbal*
Diz-se *concordância nominal* a que se verifica em gênero e número entre o adjetivo e o pronome (adjetivo), o artigo, o numeral ou o particípio (palavras determinantes) e o substantivo ou pronome (palavras determinadas) a que se referem:
"O capitão rosnou *alguma* cousa, deu *dous* passos, meteu *a* mão no bolso, sacou *um* pedaço de papel, muito *amarrotado*; depois *à* luz de *uma* lanterna, leu *uma* ode *horaciana* sobre *a* liberdade *da* vida *marítima*" [MA.1, 65].

Diz-se *concordância verbal* a que se verifica em número e pessoa entre o sujeito (e às vezes o *predicativo*) e o verbo da oração:
"Os outros, não sabendo o que *era, falavam, olhavam, gesticulavam*, ao tempo que ela *olhava* só, ora fixa, ora móbil, levando a astúcia ao ponto de olhar às vezes para dentro de si, porque *deixava cair* as pálpebras" [MA.1, 183].
"Chegando à rua, *arrependi*-me de ter saído" [MA.1].
"*Eram* 2 de novembro de 1952" [AH.2, 124].

A concordância pode ser estabelecida de *palavra* para *palavra* ou de *palavra* para *sentido*. A concordância de *palavra* para *palavra* será *total* ou *parcial* (também chamada *atrativa*), conforme se leve em conta a totalidade ou o mais próximo das palavras determinadas numa série de coordenação:
"Repeli-a, porque se me *ofereciam* vida e honra a troco de perpétua infâmia" [AH.1, 147].

O verbo *ofereciam* concorda com a totalidade do sujeito composto: *vida* e *honra*.
"Porque entre ele e Suintila... *está* o céu e o inferno" [AH.1, 143].

O verbo *está* concorda, atrativamente, com o sujeito mais próximo (o *céu*) da série coordenada o *céu* e o *inferno*.
"(...) *via*-se em todas as faces *pintado* o espantoso e o terror" [AH.2, 124].

O verbo *via* e o adjetivo *pintado* concordam, por atração, com o sujeito mais próximo da série *o espantoso* e *o terror*.
"Quando a educação, os livros, e o sentir daqueles que nos odeiam *apagou* em nossa alma o selo da cruz" [AH.2, 143].

O verbo *apagou* concorda, por atração, com o sujeito mais próximo (*o sentir daqueles*) do sujeito composto, ainda que este venha anteposto ao verbo. A língua moderna em geral dá preferência à concordância atrativa quando o verbo vem anteposto ao sujeito, mas não tira ao escritor a faculdade de optar pela outra forma, principalmente quando há razões estilísticas.

A concordância de *palavra* para *sentido* se diz ainda *concordância ideológica*, "*ad sensum*" ou *silepse*:

"A plebe *vociferava* as mais afrontosas injúrias contra D. Leonor: e, se *chegassem* a entrar no paço, ela sem dúvida seria feita pedaços pelo tropel furioso" [AH.2, 41].

O verbo *vociferava* concorda com o sujeito *plebe* que, sendo um coletivo, pôde, pelo seu conteúdo semântico de pluralidade, levar ao plural o verbo *chegassem*, mais afastado dele.

"Era gente colectícia, *muitos*, acaso, sem pátria da guerra, e por isso pouco *habituados* a resignar-se com as várias e tediosas fases de um assédio" [AH.2, 51].

O termo *gente*, de valor coletivo, é o responsável pela flexão masculina de *muitos* e *habituados*, por se levar em conta a ideia de *soldados* contida na palavra *gente*.

É preciso estar atento a que a liberdade de concordância que a língua portuguesa muitas vezes oferece deve ser cuidadosamente aproveitada para não prejudicar a clareza da mensagem e a harmonia do estilo.

Na língua oral, em que o fluxo do pensamento corre mais rápido que a formulação e estruturação da oração, é muito comum enunciar primeiro o verbo – elemento fulcral da atividade comunicativa – para depois se seguirem os outros termos oracionais. Nestas circunstâncias, o falante costuma enunciar o verbo no singular, porque ainda não pensou no sujeito a quem atribuirá a função predicativa contida no verbo; se o sujeito, neste momento, for pensado como pluralidade, os casos de discordância serão aí frequentes. O mesmo ocorre com a concordância nominal, do particípio.

A língua escrita, formalmente mais elaborada, tem meios de evitar estas discordâncias.

Concordância nominal
A - *Concordância de palavra para palavra*
   1) *Há uma só palavra determinada.*
   A palavra determinante irá para o gênero e número da palavra determinada:
      "Aflige-nos a glória *alheia contestada* com a *nossa* insignificância" [MM].
      "*Os bons* exemplos *dos* pais são *as melhores* lições e a *melhor* herança para *os* filhos" [MM].
      "Eu amo *a* noite *solitária e muda*" [GD.3, I, 314].
      Eu estou *quite*. Nós estamos *quites*.

Observação: Os nomes femininos como *sentinela*, *guarda*, *guia* e assemelhados, quando aplicados a pessoas do sexo masculino, mantêm o gênero feminino, e levam para este gênero os determinantes a eles referidos: *a sentinela avançada*; "Depois desta digressão que acabais de fazer pelo mundo, com tão *má guia* como eu, voltemos a ouvir de novo as vossas pedras" [Agostinho de Campos *apud* MBa.2, 212].

2) *Há mais de uma palavra determinada.*
Observar-se-ão os seguintes casos:
1.º) Se as palavras determinadas forem do mesmo gênero, a palavra determinante irá para o plural e para o gênero comum, ou poderá concordar, principalmente se vier anteposta, em gênero e número com a mais próxima:
A língua e (a) literatura *portuguesas* ou A língua e (a) literatura *portuguesa.*
"Amava no estribeiro-mor as virtudes e a lealdade nunca *desmentidas*" [RS.1, 124].
"O tom e gesto *caricioso*, com que ela dizia isto, não moveu medianamente o esposo" [CBr.1, 158].
"(...) *e os nossos* Basílio e Durão, bem assim o Sr. Magalhães (...)" [OM, 72].[154]

OBSERVAÇÕES:
1.ª) Se as palavras determinadas se referirem a uma só pessoa ou coisa, impõe-se o singular do determinante: *seu fiel* amigo e servidor
2.ª) É injusta a crítica do gramático E. Carlos Pereira [CP.1, § 427, 3, nota] aos seguintes exemplos: "(...) a mão esquerda, entre *cujos* índice e polegar pendia o pergaminho (...)" [AH.5, II, 24] e "(...) pelas exigências cada vez maiores destas *devoradoras* e *insaciáveis* fome e sede de leitura" [AC.1, 315].
3.ª) Precedendo um substantivo (título ou prenome), ocorre o plural: Os *irmãos* Pedro e Paulo. Os *apóstolos* Barnabé e Paulo.
4.ª) Um determinante (adjetivo) no plural pode estar aposto a um sujeito do singular que venha colocado depois, quando este sujeito é algum dos pronomes *cada um, cada qual, ninguém, nenhum,* referidos a pessoas ou coisas já mencionadas:
"(...) *sobressaltados* com esta vista, procurava *cada um* pôr-se a salvo" [ED].

2.º) Se as palavras determinadas forem de gêneros diferentes, a palavra determinante irá para o plural masculino ou concordará em gênero e número com a mais próxima:
"Vinha todo coberto de negro: *negros* o elmo, a couraça e o saio" [AH.1, 107].
"(...) como se um grande incêndio devorasse as brenhas e os carvalhais *antigos*" [AH.1, 86].
"*Calada* a natureza, a terra e os homens" [GD.3, I, 315].
"Por que não hei de eu, afinal, vencer também com *esta* ânsia e força de alma, com este *amor* e saudade, com esta voz profética prometedora de honrosos triunfos?" [CBr].

---

[154] Comenta com razão Sousa da Silveira [SS.3, 251]: "O possessivo no plural, determinando dois substantivos do singular, e evitando assim o impreciso de 'o nosso Basílio e Durão' e o pesado de 'o nosso Basílio e nosso Durão.'" Cf.: "Os mesmos Pitt e Napoleão, apesar de precoces, não foram tudo aos vinte e um anos" [MA.5, 88].

Com *boa* coragem e zelo, com coragem e zelo *bom* (ou *bons*), com *bons* coragem e zelo.
Toda sua luta e sacrifícios.
Todos seus sacrifícios e luta.

OBSERVAÇÕES:
1.ª) Por uma questão de agrado auditivo (eufonia), prefere-se que, numa série de palavras determinadas de gêneros diferentes seguida de palavra determinante no masculino plural, venha a determinada masculina em último lugar:
   Com coragem e zelo patrióticos (em vez de: *Com zelo e coragem patrióticos*).
2.ª) Se, neste caso, se tratar de pronome possessivo posposto, a concordância deste se fará com o último substantivo:
   "Este velho desterrado por *gosto* e *eleição sua* (...)" [RS.1, 16].
3.ª) Quando há ideia de reciprocidade, torna-se obrigatório o emprego do plural:
   "Ele entrou prazenteiro... e encontrou padrinho e afilhada *empenhados* em uma discussão sobre autoridade" [LBa *apud* SS.1, § 257, obs.].

3) *Há uma só palavra determinada e mais de uma determinante.*
A palavra determinada irá para o plural ou ficará no singular, sendo, neste último caso, facultativa a repetição do artigo. Em geral, isto ocorre com adjetivos de nacionalidade: *As literaturas brasileira e portuguesa* ou *A literatura brasileira e portuguesa* (maneira de dizer menos frequente e, com exagero de lógica gramatical, considerada errônea por muitos autores) ou *A literatura brasileira e a portuguesa*.
   "(...) e os *cronistas tudense e toledano* fazem a luta dos dous reis depois daquele consórcio" [AH.6, III, 86].
   "Li um anúncio, convidando mestra de *línguas inglesa* e *francesa* para o colégio" [CBr.1, 128].
   "O pequeno reino sucessivamente perlustrou *as costas ocidental e oriental* da África (...)" [CL.1, I, 211]
   As séries quarta e quinta.
   A quarta e quinta série (ou *séries*).

B - *Concordância de palavra para sentido*
A palavra determinante pode deixar de concordar em gênero e número com a *forma* da palavra determinada para levar em consideração, apenas, o *sentido* em que esta se aplica: *o* (vinho) *champanha, o* (rio) *Amazonas*.
   Entre os diversos casos desta concordância pelo sentido aparecem os seguintes:
   1) As expressões de tratamento do tipo de V.Ex.ª, V.S.ª, etc.:
      V.Ex.ª é { *atencioso* (referindo-se a homem)
                { *atenciosa* (referindo-se a mulher)

OBSERVAÇÃO: Quando se junta um adjetivo a tais formas de tratamento, tal adjetivo fica no gênero da forma de tratamento:
   Sua Majestade *fidelíssima* foi contrariado pelos representantes diplomáticos.

2) A expressão *a gente* aplicada a uma ou mais pessoas com inclusão da que fala:
"Pergunta a gente a si *próprio* (refere-se a pessoa do sexo masculino) quanto levaria o solicitador ao seu cliente por ter sonhado com o seu negócio" [PC *apud* MBa.2, 413].[155]

3) O termo determinado é um coletivo seguido de determinante em gênero ou número (ou ambos) diferentes:
Acocorada em torno, *risonhos*, a meninada *miúda*, de três a sete anos.

Note-se que *acocorada* e *miúda* concordam com a forma gramatical de *meninada*, enquanto *risonhos* o faz levando em conta o seu sentido (= grupo de meninos de três a sete anos).

4) A palavra determinada aparece no singular e mais adiante o determinante no plural em virtude de se subentender aquela no plural:
"Não compres *livro* somente pelo título: ainda que pareçam bons, são muitas vezes péssimos" [JR.1, 321].
"Mas não nos constou em que *ano* começou nem *quantos* esteve com ele" [LS *apud* JR.1].[156]

C - *Outros casos de concordância nominal*
1) Um e outro, nem um nem outro, um ou outro
Com *um e outro*, põe-se no singular o determinado (substantivo), e no singular ou no plural o verbo da oração, quando esta expressão aparece como sujeito:
"Alceu Amoroso Lima (...) teve a boa ideia de caracterizar e diferençar o ensaio e a crônica, dizendo que *um e outro gênero se afirmam* pelo estilo."
"Parou um momento e, olhando para *um e outro lado*, endireitou a carreira (...)" [AH.1, 107].
"Mas *uma e outra cousa duraram* apenas rápido instante" [AH.1, 218].

Modificada a expressão por adjetivo, este vai ao plural, conforme exemplos lembrados por Firmino Costa:
"(...) e [Rubião] desceu outra vez, e o cão atrás, sem entender nem fugir, um e outro *alagados, confusos*" [MA].
"Nem uma nem outra coisa; ou antes, uma e outra coisa *juntas*" [RB.1, 280].
Com *nem um nem outro* é de rigor o singular para o substantivo e verbo:
Nem um nem outro livro merece ser lido.

---

[155] Está correto neste caso também o emprego da concordância com a forma gramatical da palavra determinada: "Com estes leitores assim previstos, o mais acertado e modesto é *a gente ser sincera*" [CBr. *apud* MBa.2, 411].
[156] Pode ocorrer a aparente discordância entre um nome e um pronome: "Luís escreveu uma *ode* admirável como sabia escrevê-*las*" [JR].

Com *um ou outro* o substantivo também fica no singular e invariavelmente no singular aparece o verbo de que a expressão serve de sujeito:
"*Um ou outro* soldado, indisciplinadamente, *revidava*, disparando à toa, a arma para os ares" [EC, 2.ª ed., 428].

Havendo adjetivo, este vai ao plural nos três casos:
Um e/ou outro aluno aplicados.
Nem um nem outro aluno aplicados.

Se as expressões *um e outro, nem um nem outro* se aplicarem a nomes de gêneros diferentes, é mais comum o emprego das formas masculinas:
"Tornou a vê-la, foi visto por ela, e acabaram namorados *um do outro*" [MA.12, 1.ª ed., 39].
"Ali teve el-rei escondido algum tempo, e lá começaram os seus amores com a rainha, que tão fatais foram para *um e outro*" [AH.2, 35].
"Repousavam bem perto *um do outro* a matéria e o espírito" [AH.1, 44].
Não raro pode aparecer a concordância com o termo referido:
"(...) vivia o casal venturoso de um certo Izraim persa letrado e da sua esposa Proftásia que *um e outra* cultivavam para deleite do espírito a filosofia grega" [JR.2, 15].

2) **Mesmo, próprio, só**
Concordam com a palavra determinada em gênero e número:
Ele *mesmo* disse a verdade. Ela *mesma* disse a verdade.
Elas *próprias* foram ao local.
Viajei por *lugares* distantes e *sós* (= desertos, desabitados).
"Eles *sós* se encaminham para essa parte (...)" [AH.1, 153].
"E por isso insistem tanto em negar que estão *sós* e assim se transformam (...)" [JU.2].

Hoje se dá preferência a *só* como advérbio (= somente, apenas), portanto invariável, enquanto outrora, entre bons escritores, usava-se *só* como adjetivo variável:
"Com *sós* 27 anos de idade (...) já a palidez da morte se via lutar no seu rosto com as rosas da mocidade" [AC.10].
"E aconselhando-se ao couto que conhecem/ *Sós* as cabeças na água lhe aparecem" [LC.1].
"(...) uma contemplação feita de recolhimento, em que *só* os olhos enredavam" [AMM.4].

Mesmo, além de se empregar na ideia de identidade (= em pessoa), aparece ainda como sinônimo de *próprio, até*:
"(...) ao *mesmo* demônio se deve fazer justiça, quando ele a tiver" [AV *apud* ED.2, § 86, a].

Este último sentido e mais o emprego adverbial junto de *aqui, já, agora* (aqui mesmo, já mesmo, agora mesmo) facilitaram o aparecimento moderno da palavra como advérbio, modo de dizer que os puristas condenam, mas que vem ganhando a simpatia geral:
> "(...) vaidosos de seus apelidos, mas inofensivos, e virtuosos *mesmo* por vaidade de imitarem seus avoengos" [CBr.6, 219].[157]

Falava da máfia *mesmo*, a própria.
> "(...) eu às vezes, quase com volúpia – ou com volúpia *mesmo*, não há o que esconder (...)" [JU.2].

3) **Menos *e* somenos**
É preciso atenção para não fazer a concordância de *menos* com o substantivo seguinte:
> Mais amores e *menos* confiança (e não *menas*!).

Vale a mesma observação para *somenos* (= de menor valor):
> "Há neles coisas boas e coisas más ou *somenos*" [MB.2, 239].

4) **Leso**
É adjetivo, e não forma do verbo *lesar*, em construções do tipo: crime de lesa-pátria, crime de leso-patriotismo, crime de lesa-humanidade, crime de lesa-majestade. Por isso há de concordar com o seu determinado em gênero e número:
> "Como se a substância não fosse já um crime de *leso-gosto* e *lesa-seriedade*, ainda por cima as pernas saíam sobre as botas" [CBr.1, 83].

5) **Anexo, apenso *e* incluso**
Como adjetivos, concordam com a palavra determinada em gênero e número:
> Correm *anexos* (*inclusos, apensos*) aos processos vários documentos.
> Vai *anexa* (*inclusa, apensa*) a declaração solicitada.

OBSERVAÇÃO: Usa-se invariável *em anexo, em apenso*: Vai *em anexo* (*em apenso*) a declaração. Vão *em anexo* (*em apenso*) as declarações.

6) **Dado *e* visto**
Usados adjetivamente, concordam em gênero e número com o substantivo determinado:
> *Dado* (*Visto*) o problema que se nos apresentou, resolvemos desistir do contrato.
> *Dadas* (*Vistas*) as circunstâncias, foram-se embora.

7) **Meio**
Com o valor de "metade", usado adjetivamente, concorda em gênero e número com o termo determinado, claro ou oculto:

---

[157] O mesmo Camilo reprovou a um amigo tal prática de linguagem: "Se fizeres terceira edição deves purificá-la das palavras *mesmo* como advérbio, posto que tenhas um exemplo em Camões e outros em D. Francisco Manuel de Melo" [CBr.3, II, 167].

"Para aquilatar a importância do tropeiro, basta lembrar que o Brasil tem cerca de oito e *meio* milhões de quilômetros quadrados de superfície (...)" [AAr.2, 102].

"O método de investigação do delegado, como até hoje, na maior parte do Brasil, era tomar uma *meia* garrafa de cachaça (...)." [JU.2].

Era *meio-dia e meia* (*i.e.*: e *meia hora*).

8) **Pseudo *e* todo**
Usados em termos compostos ficam invariáveis.
   A *pseudo-harmonia* do universo o intrigava.
   A *fé todo-poderosa* que nos guia é nossa salvação.

9) **Tal *e* qual**
Tal, como todo determinante, concorda em gênero e número com o determinado:
   Tal opinião é absurda.
   Tais razões não me movem.
Em correlação, *tal qual* também procedem à mesma concordância:
   Ele não era *tal quais* seus primos.
   Os filhos são *tais qual* o pai.
   Os boatos são *tais quais* as notícias.

OBSERVAÇÕES:
1.ª) Em lugar de *tal qual*, podem aparecer: *tal e qual, tal ou qual*.
2.ª) Não confundir *tal qual* flexionáveis com *tal qual, tal qual como* invariáveis com valor adverbial (= como):
   "Descerra uns sorrisos discretos, sem mostrar os dentes, *tal qual como* as inglesas de primeiro sangue" [CBr *apud* CJ.1, 32].

10) **Possível**
Com *o mais possível, o menos possível, o melhor possível, o pior possível, quanto possível*, etc. o adjetivo *possível* fica invariável, ainda que se afaste da palavra *mais*:
   Paisagens o mais *possível* belas.
   Paisagens o mais belas *possível*.
   Paisagens quanto *possível* belas.
   "(...) onde se andava na ponta dos pés para pisar no menor número de livros *possível* (...)" [JU.4].
Com o plural *os mais, os menos, os piores, os melhores*, o adjetivo *possível* vai ao plural:
   Paisagens as mais belas *possíveis*.
Estão erradas concordâncias como:
   Paisagens as mais belas possível.

Fora destes casos, a concordância de *possível* se processa normalmente:

"As alturas e o abismo são as fronteiras dele: no meio estão todos os universos *possíveis*" [AH.2, 160].
"(...) houve olhares que davam às duas irmãs, em pacote, o futuro promissor de *possíveis* rainhas" [CCo.1].
De todos os pontos de vista *possíveis*.

11) A olhos vistos
É tradicional o emprego da expressão *a olhos vistos* no sentido de *claramente, visivelmente*, em referência a nomes femininos ou masculinos:
"(...) padecia calada e definhava *a olhos vistos*" [MA.5, 13 apud *Tradições Clássicas*, 370].

Mais rara, porém correta, é a concordância de *visto* com a pessoa ou coisa que se vê:
"As minhas forças medravam *a olhos vistas* de dia para dia"
[AC *apud* CR.1, 554].
"O barão desmedrara *a olhos visto*" [CBr *apud* PDo.2, 32].

12) É necessário, é bom, é preciso
Com as expressões do tipo *é necessário, é bom, é preciso*, significando 'é necessário ter', o adjetivo pode ficar invariável, qualquer que seja o gênero e o número do termo determinado, quando se deseja fazer uma referência de modo vago ou geral:
É *necessário* paciência.

Caso o sujeito seja usado acompanhado de uma determinação (artigo, pronome), faz-se a concordância regular com ele:
É *necessária muita* paciência.
"O fato de ter sido *precisa a* explicação (...)" [AP.1, 424, n.º 25].
"Eram *precisos outros* três homens (...)" [AM.1 *apud* RBa.1, 33].

Como acentua Barbadinho, a flexão de *necessária(s)* é mais frequente que a de *precisa*.

13) Adjetivo composto
Nos adjetivos compostos de dois ou mais elementos referidos a nacionalidades, a concordância em gênero e número com o determinado só ocorrerá no último adjetivo do composto:
Acordo *luso-brasileiro*
Amizade *luso-brasileira*
Lideranças *luso-brasileiras*

14) Alguma coisa boa *ou* alguma coisa de bom
Em *alguma coisa boa* o adjetivo concorda com o termo determinado:
"Quem tivesse reparado em Fr. Vasco perceberia facilmente que na sua alma se passava também *alguma cousa extraordinária*" [AH *apud* MBa.7, 144].

Em *alguma coisa de bom*, e semelhantes, o adjetivo não concorda com *coisa*, sendo empregado neutralmente (como *algo de novo, nada de extraordinário, nada de trágico*, etc.).

Por atração pode-se fazer a concordância do adjetivo com o termo determinado que funciona como sujeito da oração:

"Que tinha pois, Ricardina, de *sedutora*!" [CBr *apud* MBa.7, 146].

"Amor próprio do vilão; que a infâmia nada tinha de *engenhosa*" [*Id., ibid.*].

"Se os homens não tivessem alguma coisa de *loucos* seriam incapazes de heroísmo" [MM].

A vida nada tem de *trágica*.

15) Um pouco de/ Uma pouca de + substantivo

Ao lado de construções do tipo *um pouco de luz* pode ocorrer a concordância atrativa *uma pouca de luz*, por se haverem fundido numa só expressão as duas seguintes maneiras de dizer: *pouco de luz + pouca luz*:[158]

"e aos pés deles os fiéis que obtinham para última jazida *uma pouca de terra* (...)" [AH.1, 154].

16) Concordância do pronome

O pronome, como palavra determinante, concorda em gênero e número com a palavra determinada.

Emprega-se o pronome oblíquo *os* em referência a nomes de diferentes gêneros:

"A generosidade, o esforço e o amor ensinaste-*os* tu em toda a sua sublimidade" [AH.1, 35].

17) Nós *por* eu, vós *por* tu

Empregando-se *vós* em referência a uma só pessoa, põe-se no singular o adjetivo:

"Sois *injusto* comigo" [AH *apud* ED.2, §14, b].

Ao se empregar, em idênticas condições, o pronome *nós*, o adjetivo pode ficar no singular ou ir ao plural:

Antes sejamos *breve* que *prolixo*.

"Entre o desejo de alimentar a curiosidade do leitor e o receio de faltar à exação histórica, hesitávamos *perplexos*" [AH *apud* ED.2, § 14, b].

18) Alternância entre adjetivo e advérbio

Há casos em que a língua permite usar ora o advérbio (invariável), ora o adjetivo ou pronome (variáveis):

"Vamos a falar *sérios*" [CBr *apud* MBa.1, 265].

Vamos a falar *sério*.

"Os momentos custam *caros*" [RS *apud* MBa.1, 265].

Os momentos custam *caro*.

---

[158] Dá-se ao fenômeno o nome de contaminação ou cruzamento sintático. Cf. p. 635.

"A vida custa tão *cara* aos velhos quanto é *barata* para os moços" [MM].
"Era esta a herança dos miseráveis, que ele sabia não escassearem na quase solitária e *meia* arruinada Carteia" [AH.1, 12].
"A voz sumiu-se-lhe, *toda* trêmula" [EQ.3, 647].

Observe-se que a possibilidade de flexões é antiga na língua e, assim, não há razão para ser considerada errônea, como fazem alguns autores.

A distinção entre adjetivos (e pronomes) e advérbios só se dá claramente quando a palavra determinada está no feminino ou no plural, caso em que a flexão nos leva a melhor interpretar o termo como adjetivo. Na língua-padrão atual, a tendência é para, nestes casos, proceder dentro da estrita regra da gramática e usar tais termos sem flexão, adverbialmente.

Entram nesta possibilidade de flexão as construções de *tanto mais*, *quanto menos*, *pouco mais*, *muito mais*, em que o primeiro elemento pode concordar ou não com o substantivo:

Com *quanto* mais *razão*, *muito* mais honra.
Com *quanta* mais *razão*, *muita* mais honra.
"*Poucas* mais *palavras* trocamos" [CBr *apud* MBa.4, 21].

Notemos que *alerta* é originariamente um advérbio e, assim, não aparece flexionado:
Estamos todos *alerta*.

Há uma tendência moderna para se usar desta palavra como adjetivo, podendo guardar a natureza da palavra invariável ou sofrer a flexão própria dos adjetivos. O primeiro emprego parece ser o mais antigo na língua. Junto de substantivo *alerta* adquire significado e função de adjetivo:

"Ali, dia e noite, havia sempre duas espias *alerta*." [BG.1]
"A moça aguardava com inteligência curta, os sentidos *alertas*" [CLi *apud* RBa.2, 14].
"Luzinha trêmula, coada através dos garranchos, lhe feriu as pupilas *alertas*." [GB.1]

O adjetivo *quite* deve concordar com o termo a que se refere:
Estou *quite*.
Estamos *quites*.

19) Particípios que passaram a preposição e advérbio
Alguns particípios passaram a ter emprego equivalente a preposição e advérbio (por exemplo: *exceto*, *salvo*, *mediante*, *não obstante*, *tirante*, etc.) e, como tais, normalmente devem aparecer invariáveis. Entretanto, não se perdeu de todo a consciência de seu antigo valor, e muitos escritores procedem à concordância necessária:

"Os tribunais, *salvas* exceções honrosas, reproduziam... todos os defeitos do sistema" [RS.2, IV, 67].

"A razão desta diferença é que a mulher (*salva* a hipótese do cap. CI e outras) entrega-se por amor (...)" [MA.1, 327].

Como bem pondera Epifânio Dias, flexionar tais termos "é expressar-se na verdade com correção gramatical, mas de modo desusado" [ED.2, § 220, a].

Deste modo, a língua moderna dá preferência a dizer "*salvo* exceções", "*salvo* a hipótese".

20) A concordância com numerais
Quando se empregam os cardinais pelos ordinais, não ocorre a flexão:
Página *um*. Figura *vinte e um*.

OBSERVAÇÕES:
1.ª) Na linguagem jurídica diz-se: A folhas *vinte e uma*. A folhas *quarenta e duas*.
2.ª) Embora se tenha usado o substantivo no singular precedido de numeral combinado com *um, uma*, a preferência atual é pô-lo no plural: *vinte e um dias, as mil e uma noites*, etc.
3.ª) *Milhar* e *milhão* são masculinos e, portanto, não admitem seus adjuntos postos no feminino a concordar com o núcleo substantivo feminino:
Os milhares de pessoas (e não: *As milhares* de pessoas).
Os milhões de crianças (e não: *As milhões* de crianças).
"Mas ninguém pode decodificar *os milhares* de informações cifradas que recebe a cada segundo" [RF.1].

Se o sujeito da oração for *milhões*, o particípio ou adjetivo pode concordar no masculino, com *milhões*, ou no feminino, com o núcleo substantivo feminino: "*Milhões de milhões de criaturas* estavam ali *ajoelhadas*" [MA. 14]; "E mal chegado a casa já haveria recados de *milhões de amigas preocupadíssimas* com suas azáleas, seus rododendros, seus antúrios" [VM.3].

OBSERVAÇÃO: Atenção especial merecem entendimento e leitura de certas expressões numéricas abreviadas de uso moderno na linguagem jornalística e técnica: *1,4 milhão* (com 1 o numeral coletivo fica no singular), *3,2 bilhões, 8,5 bilhões*, etc. devem ser entendidos e lidos "um milhão e quatrocentos mil", "três bilhões e duzentos milhões", "oito bilhões e quinhentos milhões" ou "oito bilhões e meio". Note-se que, embora em *1,4 milhão* o substantivo esteja no singular, o verbo pode ir ao plural: *Apenas* 1,4 milhão de estudantes conseguiram *vagas no ensino superior*.

O mesmo vale para outros substantivos que acompanham a quantidade inferior a 2: *A veterinária calculou que* 1,5 quilo de frutas seriam suficientes *para o animal*.

21) A concordância com os adjetivos designativos de nomes de cores
Surgem as incertezas quando o nome de cor é constituído de dois adjetivos. Neste caso, a prática tem sido deixar o primeiro invariável na forma do masculino e fazer a concordância do segundo com o substantivo determinado:
bolsa *amarelo-clara*; calças *verde-escuras*; olhos *verde-claros*; onda *azul-esverdeada*

Exceções: *Azul-marinho* e *azul-celeste*, como adjetivos, ficam invariáveis:
jaquetas azul-marinho; olhos azul-celeste

Ambos os elementos ficam invariáveis nos adjetivos compostos que designam cores quando o segundo elemento é um substantivo:
olhos verde-água; lençol azul-turquesa; uniformes verde-oliva; paredes verde-abacate; bolsa amarelo-limão

Concordância verbal

A - *Concordância de palavra para palavra*
1) Há sujeito simples
Às vezes um só sujeito simples referido a uma só pessoa ou coisa desdobra-se em dois, dando a aparência formal de um sujeito composto: *Meu pai e melhor amigo* soube preparar-me para a vida.

   a) Se o sujeito for simples e singular, o verbo irá para o singular, ainda que seja um coletivo:
   "Já no trem, o plano *estava* praticamente traçado." [JU.2].
   "*Diz* o povo em Itaparica (...)." [JU.1].

   b) Se o sujeito for simples e plural, o verbo irá para o plural:
   "As mãos de alguém *taparam* os olhos de Bia." [AMM.2].

2) Há sujeito composto
Se o sujeito for composto, o verbo irá, normalmente, para o plural, qualquer que seja a sua posição em relação ao verbo:
   "(...) os ódios civis, as ambições, a ousadia dos bandos e a corrupção dos costumes *haviam* feito incríveis progressos" [AH.1, 21].
   "Na estação de Vassouras, *entraram* no trem Sofia e o marido, Cristiano de Almeida e Palha" [MA.3].
   "E abre-se a porta da Arca/ De par em par: *surgem* francas/ A alegria e as barbas brancas/ Do prudente patriarca" [VM.2].

OBSERVAÇÕES:
1.ª) Pode dar-se a concordância com o núcleo mais próximo, *se o sujeito vem depois do verbo*:
   "Foi neste ponto que *rompeu* o alarido, os choros e os chamados que ouvimos (...)." [SLn.1, 110].
   "O romeiro é livre como a ave do céu: respeitam-no o besteiro e o homem d'armas; *dá-lhe* abrigo o vilão sob o seu colmo, o abade no seu mosteiro, o nobre no seu castelo" [AH.3, 145].

2.ª) Quando o núcleo é singular e seguido de dois ou mais adjuntos, pode ocorrer o verbo no plural, como se tratasse na realidade de sujeito composto:
"(...) ainda quando *a autoridade paterna e materna fossem delegadas* (...)" [AGa.2, 25].
A concordância do verbo no singular é a mais corrente na língua-padrão moderna.

3.ª) Nas obras com mais de um autor adota-se modernamente o hábito alemão de se indicar a autoria com os nomes separados por hífen, caso em que o verbo da oração vai ao plural ou ao singular (levando-se, neste caso, apenas em conta a obra em si): Meillet-Ernout *dizem* (ou *diz*) – no seu *Dictionnaire Étymologique* – que a origem é duvidosa.

4.ª) Pode ocorrer o verbo no singular ainda nos casos seguintes:
a) se a sucessão dos substantivos indicar gradação de um mesmo fato:
"A censura, a autoridade, o poder público, inexorável, frio, grave, calculado, lá *estava*" [AH.7, VII, 113].

b) se se tratar de substantivos sinônimos ou assim considerados:
"O ódio e a guerra que declaramos aos outros nos *gasta* e *consome* a nós mesmos" [MM].
"A infeliz, a desgraçada, a empesteada da moléstia *se recusara* a lhe dizer uma palavra de consolo (...)" [JU.3].

c) se o segundo substantivo exprimir o resultado ou a consequência do primeiro:
"A doença e a morte de Filipe II (...) *foi* como a imagem (...)" [RS.2, IV, 6].

d) se os substantivos formam juntos uma noção única:
O fluxo e refluxo das ondas nos *encanta*.
"*Era* um entrar e sair de bandejas" [MRe., *Cenas*, 33].

5.ª) Quando o verbo se põe entre os núcleos do sujeito, como acontece às vezes em poesia e no estilo solene, a concordância pode ser feita com o núcleo mais próximo ou gramaticalmente com a totalidade do sujeito [RC.1, 251].

B - *Concordância de palavra para sentido*
Quando o sujeito simples é constituído de nome ou pronome no singular que se aplica a uma coleção ou grupo, o verbo irá ao singular:
O povo *trabalha* ou A gente *vai*.

Se houver, entretanto, distância suficiente entre o sujeito e o verbo e se quiser acentuar a ideia de plural do coletivo, não repugnam à sensibilidade do escritor exemplos como os seguintes:
"Começou então *o povo* a alborotar-se, e pegando do desgraçado cético o *arrastaram* até o meio do rossio e ali o *assassinaram*, e *queimaram*, com incrível presteza" [AH.2, 83].

"Faça como eu: lamente as misérias dos homens, e viva com eles, sem participar-lhe dos defeitos; porque, meu nobre amigo, se *a gente* vai a rejeitar as relações das famílias, justa ou injustamente abocanhadas pela maledicência, a poucos passos não *temos* quem nos receba" [CBr.1, 64].

C - *Outros casos de concordância verbal*

1) Sujeito constituído por pronomes pessoais

Se o sujeito composto é constituído por diferentes pronomes pessoais em que entra *eu* ou *nós*, o verbo irá para a 1.ª pessoa do plural:

"*Vínhamos* da missa ela, o pai e eu" [MA.1, 309].

Se na série entra *tu* ou *vós* e nenhum pronome de 1.ª pessoa, o verbo irá normalmente para a 2.ª pessoa do plural:

"E, assim, te repito, Carlota, que Francisco Salter voltará, será teu marido, e tereis (*i.e.*, *tu e ele*) larga remuneração dos sofrimentos que oferecerdes a Deus (...)" [CBr.4, 79].

OBSERVAÇÃO: Ou porque avulta como ideia principal o último sujeito ou porque, na língua contemporânea, vai desaparecendo o tratamento *vós*, nestes casos, a norma consagrou o verbo na 3.ª pessoa do plural:

"(...) quando *tu e os outros velhacos* da tua laia lhe *estorroaram* na cara lixo e terra (...)" [AH.5, I, 152 *apud* SA.5, II, 69].

Tu e os teus são dignos da nossa maior consideração.

Para a concordância com expressões de tratamento (➚ 187).

2) Sujeito ligado por série aditiva enfática

Se o sujeito composto tem os seus núcleos ligados por série aditiva enfática (não só... mas, tanto... quanto, não só... como, etc.), o verbo concorda com o mais próximo ou vai ao plural (o que é mais comum quando o verbo vem depois do sujeito):

"Tanto o lidador como o abade *haviam* seguido para o sítio que ele parecia buscar com toda a precaução" [AH.3, 184].

3) Sujeito ligado por com

Se o sujeito no singular é seguido imediatamente de outro termo no singular ou no plural mediante a preposição *com*, ou locução equivalente, pode o verbo ficar no singular, ou ir ao plural *para realçar a participação simultânea na ação*:

"El-rei, com toda a corte e toda a nobreza, *estava* fora da cidade, por causa da peste em que então Lisboa ardia" [AH.2, 84].

"Estas explicações não evitaram que o desembargador, com os seus velhos amigos, *prognosticassem* o derrancamento do morgado da Agra (...)" [CBr.1, 108].

"Nesta conjuntura, um deputado dileto da rainha, por nome Antônio José da Silva Peixoto, *coadjuvado pelo foliculário José Acúrsio das Neves, levantaram-se e prorromperam* em 'vivas' (...)" [CBr *apud* MBa.1, 206].

4) Sujeito ligado por **nem... nem**
O sujeito composto ligado pela série aditiva negativa *nem... nem* leva o verbo normalmente ao plural e, às vezes, ao singular:
"Mas *nem* a tia *nem* a irmã *haviam almoçado*, à espera dele (...)" [MA.15].
"O silêncio era pior que a resposta; e *nem* o caso *nem* as pessoas *permitiam* tão grande pausa" [MA.15].

Constituído o sujeito pela série *nem um nem outro*, fica o verbo no singular:
"Alguns instantes decorreram em que *nem um nem outro* falou; ambos pareciam medir-se (...)" [MA.13].
"*Nem um nem outro* imaginava que o caso era um simples início de cousas futuras" [MA.9].

5) Sujeito ligado por **ou**
O verbo concordará com o sujeito mais próximo se a conjunção indicar:

a) *exclusão*:
"(...) a quem a doença *ou* a idade *impossibilitou* de ganharem o sustento (...)" [AH.2, 16].
"Se João Fernandes (*ou* Platzhoff) os *dá* como entes sem afeições (...)" [CL.1, II, 304]

b) *retificação de número gramatical ou dúvida*:
"Cantares é o nome que o autor *ou* autores do Cancioneiro chamado do Colégio dos Nobres *dão* a cada um dos poemetos (...)" [AH.3, 131].
"Sei que algures *existe* a alma *ou* as almas, às quais eu me dirijo" [ACt.1, 23].
Um *ou* dois livros *foram retirados* da estante.

c) *identidade* ou *equivalência*:
O professor *ou* o nosso segundo pai *merece* o respeito da pátria.

Se a ideia expressa pelo predicado puder referir-se a toda a série do sujeito composto, o verbo irá para o plural mais frequentemente, porém pode ocorrer o singular:
"A nulidade *ou* a validade do contrato... *eram* assunto de direito civil" [AH.2, 20].
"A ignorância *ou* errada compreensão da lei não *eximem* de pena (...)" [Código Civil].
"Mas aí, como se o destino *ou* o acaso, *ou* o que quer que fosse, *se lembrasse* de dar algum pasto aos meus arroubos possessórios (...)" [MA.1, 146].

6) Sujeito representado por expressão como **a maioria de, a maior parte de + nome no plural**
Se o sujeito é representado por expressões do tipo de *a maioria de, a maior parte de, grande parte (número) de, parte de* e um nome no plural ou nome de grupo no plural, o verbo irá para o singular, ou plural, como se a determinação no plural fosse o sujeito:
> "(...) a maior parte deles *recusou* segui-lo com temor do poder da regente" [AH.2, 38].
> "(...) e a maior parte dos esquadrões *seguiram*-nos" [AH.1, 111].
> "Que quantidade de casas não *ruiu* [ou *ruíram*] com o temporal!" [JG].
> "Com razão ou sem ela, a opinião crê que *a maior parte dos doudos* ali metidos *estão* em seu perfeito juízo (...)" [MA.5].
> "Como a maior parte dos homens não *sabe* finanças, disse-me ele, ainda que os sabedores me atacassem, o público ficava em dúvida (...)" [MA.14].
> "A maioria das pessoas que viajam nem *sabem* ver, nem *sabem* contar" [MA.6].

Entram neste caso expressões como *número, preço, custo* e outros seguidos de *de* + plural:
> *Número* cada vez maior *de impostos prejudicam* a economia do homem comum.

Diferente destes é o caso em que o núcleo do sujeito não se refere à ideia de número. Nestas circunstâncias deve prevalecer a concordância do verbo no singular:
> A circunstância desses problemas *ocasiona* (e não: *ocasionam*) o desleixo das autoridades.
> O nível das inadimplências *eleva* (e não: *elevam*) os cuidados dos comerciantes.

OBSERVAÇÃO: Se se tratar de coletivo geral (e não partitivo como nos exemplos até aqui), o verbo ficará no singular:
> Uma equipe de médicos *entrou* em greve.
> O cardume de peixes *estava* na rede.
> A totalidade dos feriados *caiu* na quinta-feira.
> A parte dos jovens que o diretor surpreendeu na briga *será* punida.

7) Sujeito representado por **cada um de, nem um de, nenhum de + plural**
Neste caso, o verbo fica no singular:
> Cada um dos concorrentes *deve* preencher corretamente as fichas de inscrição (e não *devem* preencher!).
> "Cada um de nós *é* isso e, se nos diferençamos na prática, devemos creditar ao acaso (...)" [JU.2].
> "Silêncio profundo, enquanto cada um dos parentes *ia assimilando* o fato" [NR.1].

8) Concordância do verbo **ser**
Como se dá com a relação sintática de qualquer verbo e o sujeito da oração, o normal é que sujeito e verbo *ser* concordem em número:
   José *era* um aluno aplicado.
   Os dias de inverno *são* menores que os de verão.

Todavia, em alguns casos, o verbo *ser* se acomoda à flexão do predicativo, especialmente quando se acha no plural. São os seguintes os casos em que se dá esta concordância:

a) quando um dos pronomes *isto, isso, aquilo, tudo, ninguém, nenhum* ou expressão de valor coletivo do tipo de *o resto, o mais* é sujeito do verbo *ser*:
   "*Tudo eram* alegrias e cânticos" [RS.1, 5].
   "*Tudo é* missa, *tudo são* finanças" [MA.14].

A concordância normal com o sujeito ocorre, apesar de mais rara:
   Tudo é alegrias.
   "Esta é a razão e a realidade; *o mais* é ilusão e fantasia" [MA.15].

b) quando o sujeito é constituído pelos pronomes interrogativos *quem, que, o que*:
   "*O que são* comédias?" [CBr.1, 40].
   Quem eram os convidados?
   Não sei *quem são os vencedores.*
   Quem manda somos nós.

c) quando o verbo *ser* está empregado na acepção de "ser constituído por":
   A provisão *eram alguns quilos de arroz.*

d) quando o verbo *ser* é empregado impessoalmente, isto é, sem sujeito, nas designações de horas, datas, distâncias, imediatamente após o verbo:
   São dez horas? Ainda não *o são.*
   Hoje *são 15* de agosto. (Mas: *Hoje é dia 15 de agosto.*)
   "Da estação à fazenda *são três léguas* a cavalo" [SA].

OBSERVAÇÃO: Precedido o predicativo plural de expressão avaliativa do tipo de *perto de, cerca de* é ainda possível vir o verbo *ser* no singular:
   "*Era perto de duas horas* quando saiu da janela" [MA.3 *apud* SS].
   "*Eram perto de oito horas*" [MA.3, *apud* SS].

e) quando o verbo *ser* aparece nas expressões *é muito, é pouco, é bom, é demais, é mais de, é tanto* e o sujeito é representado por termo no plural que denota preço, medida ou quantidade:
   "Sessenta mil homens *muita gente é* para casa tão pequena" [RS.1, 1873, 172].
   Dez reais *é pouco.*
   Um *é* pouco, dois *é* bom, três *é* demais.

Nas orações ditas equativas em que com *ser* se exprime a definição ou a identidade, o verbo, posto entre dois substantivos de números diferentes, concorda em geral com aquele que estiver no plural. Às vezes, um dos termos é um pronome:

"A pátria não *é* ninguém: *são* todos" [RB.3, 11].

Mas:

"Justiça é tudo, justiça *é* as virtudes todas" [AGa.2, 45].

Às vezes, em lugar de *ser*, aparece o verbo *parecer*:

"Essa imensa papelada
- - - - - - - - - - - - - - -
Parecem indiscrições" [GD.3, II, 445].[159]

Se o sujeito está representado por pronome pessoal, o verbo *ser* concorda com o sujeito, qualquer que seja o número do termo que funciona como predicativo:

Ela era as preocupações do pai.

"Nas minhas terras o rei *sou eu*" [AH].

"O Nordeste não *são* 'eles', somos nós todos, os brasileiros" [JU em *O Globo*, 11/2/2003].

Se o sujeito está representado por nome próprio de pessoa ou lugar, o verbo *ser*, na maioria dos exemplos, concorda com o predicativo:

"Ouro Preto *são* dois temperamentos dentro de duas freguesias" [CL].

"Santinha *eram* dois olhos míopes, quatro incisivos claros à flor da boca" [MB].

Na expressão, que introduz narrações, do tipo de *era uma princesa*, o verbo *ser* é intransitivo, com o significado de *existir*, funcionando como sujeito o substantivo seguinte, com o qual concorda:

Era uma princesa muito formosa que vivia num castelo de cristal.

"*Eram quatro irmãs tatibitates* e a mãe delas tinha muito desgosto com esse defeito" [CC.1, 292].

Com a expressão *era uma vez uma princesa*, continua o verbo *ser* como intransitivo e o substantivo seguinte como sujeito; todavia, como diz A.G. Kury, "a atração fortíssima que exerce o numeral *uma* da locução *uma vez*" leva a que o verbo fique no singular ainda quando o sujeito seja um plural:

"Disse que *era uma vez* dois (...) compadres, um rico e outro pobre" [CC.1, 31].

"*Era uma vez três moças* muito bonitas e trabalhadeiras" [CC.1, 120].

---

[159] Elemento decisivo aqui é o ritmo com que se profere a oração, que determina a concordância com o sujeito ou com o predicativo. São oportunas as considerações de Rodrigues Lapa neste sentido, na sua *Estilística*.

A verdade é que muitos idiomas, em textos de níveis distensos, apresentam essas irregularidades que se afastam do uso normal e padrão, principalmente quando o verbo é anunciado antes do sujeito, com alguma distância, como se o falante ao começar a oração pelo verbo ainda não tivesse decidido como iria apresentar formalmente a expressão do sujeito.

A moderna expressão *é que*, de valor reforçativo de qualquer termo oracional, aparece em geral com o verbo *ser* invariável em número:
   Nós é que somos brasileiros / Nós somos brasileiros.
   Esses livros é que não compraremos agora.

Afastado do *que* e junto do termo no plural, aparece às vezes o verbo *ser* no plural, concordância que a língua-padrão rejeita:
   São de homens assim *que* depende o futuro da pátria. / De homens assim *é que* depende o futuro da pátria.
   Foram nesses livros *que* estavam as respostas. / Nesses livros *foi que* estavam as respostas.

A norma nestes casos é proceder como fez Manuel Bandeira:
   "No entanto, na hora atual em que um sociólogo da clarividência de Gilberto Freyre denuncia o perigo que ameaça a velha cultura luso--brasileira, *é de homens ardentes e combativos* como Júlio Ribeiro que necessitamos (...)" [MB. 1, II, 964].

Nas expressões que denotam operação aritmética do tipo *um e um, um mais um, um com um*, que funcionam como sujeito do verbo *ser* (*fazer, somar*, etc.), o verbo vai ao plural concordando normalmente com o sujeito:
   "– Sempre ouvi dizer que duas semanas são quinze dias.
   – Eu também tenho ouvido, confessou o Dr. Magalhães. Mas é um engano. Uma semana tem sete dias. *Sete e sete não são* catorze? E então?" [GR.2, 3.ª ed., 75].

Nas expressões do tipo *é de ver, é de reparar*, por influência de *é coisa de ver, é coisa para ver*, põe-se o verbo *ser* no singular, ainda que anteposto a substantivo no plural:
   Era de ver os gestos incontrolados daquelas criaturas.

Se a expressão vier posposta ao nome no plural, impõe-se o plural ao verbo:
   Os gestos *eram de ver*.

9) *A concordância com* **mais de um**
Depois de *mais de um* o verbo é em geral empregado no singular, sendo raro o aparecimento de verbo no plural:
   "(...) *mais de um* poeta *tem* derramado (...)" [AH.2, 155].
   "*Mais de um* coração de guerreiro *batia* apressado (...)" [AH.2, 169].

"E *mais de um tinha* pena do pobre diabo; comparando as duas fortunas, *mais de um agradecia* ao céu a parte que lhe coube (...)" [MA.3].
"Sei que há *mais de um* que não se *envergonham* dela" [AH.2, 169].

Se se tratar de ação recíproca, ou se a expressão vier repetida ou, ainda, se o sujeito for coletivo acompanhado de complemento no plural, o verbo irá para o plural:
Mais de um *se xingaram*.
"Mais de uma gravata, mais de uma bengala, mais de uma luneta *levaram*-lhe as cores, os gestos e os vidros" [MA.8].
Mais de um milhão de reais *saíram* dos cofres públicos.

10) A concordância com **que de**
Com *que de* (= que quantidade de, quanta) seguido de substantivo sujeito no plural o verbo vai ao plural:
Que de forças *existem* no coração feminino!

11) A concordância com **quais de vós, de nós**
Se o sujeito for constituído de um pronome plural de sentido partitivo (*quais, quantos, algumas, nenhuns, muitos, poucos*, etc.), o verbo concorda com a expressão partitiva introduzida por *de* ou *dentre*:
"*Quais dentre vós... sois* neste mundo sós e não tendes quem na morte regue com lágrima a terra que vos cobrir? *Quais de vós sois*, como eu, desterrados no meio do gênero humano?" [AH.1, 188-9].

Pode ainda ocorrer o verbo na 3.ª pessoa do plural:
"(...) *quantos dentre vós estudam* conscienciosamente o passado?" [JA apud SS.1, § 456].

Se a expressão partitiva estiver no singular, impõe-se o verbo no singular:
Qual de *nós* saiu *ileso*?

12) A concordância com os pronomes relativos

a) Se o sujeito da oração é o pronome relativo *que*, o verbo concorda com o antecedente, desde que este não funcione como predicativo de outra oração:
"Não gastava ele as horas *que* lhe *sobejavam* do exercício do seu laborioso ministério numa obra do senhor?" [AH.1, 18].
"Ó tu, *que tens* de humano o gesto e o peito" [LC.1, III, 127].

b) Se o antecedente do sujeito *que* for um pronome demonstrativo, o verbo da oração adjetiva vai para a 3.ª pessoa:
Aquele que trabalha acredita num futuro melhor.
Aqueles que trabalham acreditam num futuro melhor.

Observações:
1.ª) Entra neste princípio a oração adjetiva que se substantiva mediante *o, a, os, as*:
"*Os que prometem* fazer felizes os povos *são* ordinariamente os que pretendem sê-lo à custa deles" [MM].
2.ª) Quando, por silepse, se quer incluir a pessoa que fala ou a que se dirige, pode-se pôr o verbo da oração adjetiva na 1.ª ou 2.ª pessoa do plural:
"Por que a verdade é que somos nós *os que fabricamos* os próprios aspectos da natureza (...)" [JR.2, 191].
"Porque voltastes sem vo-lo eu ordenar, *vós os que tínheis* jurado obedecer-me em tudo?" [AH.1, 223].
"(...) *vós a que não tendes* nenhum préstamo de minhas mãos!" [AH.3, 174, ed. 1878].

c) Se o antecedente do pronome relativo funciona como predicativo, o verbo da oração adjetiva pode concordar com o sujeito de sua principal ou ir para a 3.ª pessoa (se não se quiser insistir na íntima relação entre o predicativo e o sujeito):
"Sou eu o primeiro que não *sei* classificar este livro" [AH.1, 311].
Fui o primeiro que *conseguiu* sair.
"Éramos dois sócios, que *entravam* no comércio da vida com diferente capital" [MA *apud* SS.1, § 461].

d) É de rigor a concordância do verbo com o sujeito de *ser* nas expressões do tipo *sou eu que, és tu que, foste tu que*, etc. (neste caso, era prática da língua até fins do século XVIII usar o artigo como antecedente do relativo: *sou eu o que*, etc.):
"Não fui eu que o *assassinei*" [AH *apud* SA.5, II, 75].
"Foste *tu que* me *buscaste*" [AH *apud* SA.5, II, 75].

e) Se ocorrer o pronome *quem*, o verbo da oração subordinada vai para a 3.ª pessoa do singular, qualquer que seja o antecedente do relativo, ou concorda com este antecedente:[160]
"Eram as paixões, os vícios, os afetos personalizados *quem fazia* o serviço dos seus poemas" [AH *apud* SA.5].
"*És tu quem me dás* rumor à quieta noite,
És tu quem me dás frescor à mansa brisa,
Quem dás fulgor ao raio, asas ao vento,
Quem na voz do trovão longe *rouquejas*" [GD *apud* SA.5].
És tu quem me dá alegria de viver.

---

[160] Sobre esta última possibilidade comenta Said Ali: "À força de combater-se uma concordância que não é mais do que o corolário de um fenômeno de sintaxe histórica portuguesa fundada em sintaxe latina, tem desaparecido da linguagem literária o emprego de *quem* com verbo em 1.ª e 2.ª pessoa, vigorando todavia a antiga concordância desde que se empregue *que* em lugar de *quem*" (*op. laud.*).

f) Em linguagem do tipo *um dos... que*, o verbo da oração adjetiva pode ficar no singular (concordando com o seletivo *um*)[161] ou no plural (concordando com o termo sujeito no plural), prática, aliás, mais frequente, se o dito verbo se aplicar não só ao relativo mas ainda ao seletivo *um*:
"Este era *um dos que* mais se *doíam* do procedimento de D. Leonor" [AH.2, 37].
"*Um dos* nossos escritores modernos *que* mais *abusou* do talento, e que mais portentos auferiu do sistema (...)" [AH.2, 46].
"Demais, *um dos que* hoje *deviam* estar tristes, eras tu" [CL.1, I, 190].

O singular é de regra quando o verbo da oração só se aplica ao seletivo *um*. Assim nos dizeres "foi um dos teus filhos que jantou ontem comigo", "é uma das tragédias de Racine que se representará hoje no teatro", será incorreto o emprego do número plural; o singular impõe-se imperiosamente pelo sentido do discurso [CR.2, 763].

13) A concordância com os verbos impessoais
Nas orações sem sujeito o verbo assume a forma de 3.ª pessoa do singular:
    Há vários nomes aqui.   *Trata-se* de casos absurdos.
    Deve haver cinco premiados.   Irei já, *haja* os empecilhos que *houver*.
    Não o vejo *há três* meses.   Já *passa* das dez horas.
    Não o vejo *faz* três meses.   *Basta de* mentiras, *chega de* promessas.

OBSERVAÇÃO: Outros casos dignos de nota ocorrem com: a) *dar-se*: "como quem não *se* lhe *dá* da vizinha fronteira" (Machado de Assis, *Memórias Póstumas de Brás Cubas*); b) *constar*: "nem me *consta* de serviços que nunca entre nós se trocassem" (Rui Barbosa, *Cartas políticas e literárias*); c) *ir* acompanhado de advérbio ou locução adverbial para exprimir como correm as coisas a alguém: "Pouco te *vai* em meus negócios" (Mário Barreto, *Fatos*); d) *ir* acompanhado das preposições *em* ou *para* exprimindo o espaço de tempo em que uma coisa acontece ou aconteceu: Vai *em* dois anos ou pouco mais; e) *vir* acompanhado das preposições *por* ou *a* exprimindo o tempo em que algo acontece: "Nesse mesmo dia quando *veio pela* tarde" (Antônio Feliciano de Castilho, *Quadros históricos de Portugal*, II); f) *passar* acompanhado da preposição *de* exprimindo tempo: Já *passava de* dois meses; g) *feito é de*, locução do estilo literário que significa que uma coisa está perdida: "*Feito era* talvez para sempre, *dos* alterosos fados nascentes desta Monarquia, se dos céus lhe não assistira uma providência, e na terra um D. Egas" (*Idem, Quadros históricos de Portugal*, I).

Portanto, evitem-se concordâncias do tipo:
    Tratam-se de casos absurdos.
    Já *passam* das dez horas.

---

[161] Pode dar-se a omissão de *um*: "Foi dos últimos que *usaram* presilhas, rodaque e gravata de moda" [MA.4].

OBSERVAÇÃO: Os exemplos literários que se encontram de tais verbos no plural, especialmente *haver* e *fazer*, não ganharam foros de cidade:
"*Houveram* alguns que aluminados da graça do Espírito Santo abraçaram o culto e a fé de Cristo" [FE.1, I, 20].
"*Houveram* coisas terríveis" [CBr *apud* JC, I, 98].

14) A concordância com **dar** *(e sinônimos) aplicado a horas*
Se aparece o sujeito *relógio*, com ele concorda o verbo da oração:
O *relógio deu* duas horas.

Não havendo o sujeito *relógio*, o verbo concorda com o sujeito expresso pela expressão numérica:
No *relógio deram* duas horas.

15) A concordância com o verbo na reflexiva de sentido passivo
A língua-padrão pede que o verbo concorde com o termo que a gramática aponta como sujeito (↗ 441):
Alugam-se casas.
Vendem-se apartamentos.
Fazem-se chaves.
"Não *se perdem cinco contos*, como se perde um lenço de tabaco. *Cinco contos levam-se* com trinta mil sentidos, *apalpam-se* a miúdo, não *se* lhes *tiram* os olhos de cima, nem as mãos, nem o pensamento, e para *se perderem* assim totalmente, numa praia, é necessário que (...)" [MA.1, 151].
"No ensino público *vazou-se um olho*, ou antes *vazaram-se os dois* que olhavam para o passado: a Filosofia e a História" [CL].

OBSERVAÇÃO: Se o verbo estiver no infinitivo com sujeito explícito, o normal é usar o infinitivo flexionado como no exemplo acima de Machado de Assis:
"(...) e para *se perderem* assim (...)"
Todavia, aqui e ali, bons escritores deixam escapar exemplos com o infinitivo sem flexão:
"Basta ver o que este bom povo é para *se avaliar* (= para se avaliarem) as excelências de quem assim o educou" [CBr.6, 53].

16) A concordância na locução verbal
Havendo locução verbal, cabe ao verbo auxiliar a flexão, concordando com a indicação do sujeito:
Exercitem-se as habilidades que se *deseja desenvolver*.
"Bem sei que me *podem vir* (sujeito indeterminado) com duas objeções que (sujeito explícito) geralmente se *costumam fazer*" [AC.11 *apud* MBa.1, 215].

Se se considera *costumar fazer* como dois verbos principais, caso em que não há locução verbal, o *costumar* terá como sujeito a 2.ª oração que, considerada materialmente, vale como substantivo do número singular:

"Não *se costuma punir* os erros dos súditos sobre a efígie venerável dos monarcas" [RS *apud* MBa.1, 215].

Assim se poderá dizer:
As estrelas { *parecem brilhar* (loc. verbal)
{ *parece brilharem* (= parece brilharem as estrelas)

Em *as estrelas parecem brilharem* temos a contaminação sintática das duas construções, prática que deve ser evitada como norma.

Com *poder* e *dever* seguidos de infinitivo, a prática mais generalizada é considerar a presença de uma locução verbal, isto é, fazendo-se que o *poder* e *dever* concordem com o sujeito plural:
Podem-se dizer essas coisas.
Devem-se fazer esses serviços.

Todavia aparece o singular, corretamente:
"Não é com a embriaguez que *se deve celebrar os sucessos* felizes (...)" [MM.1, 3326].

São ambas as construções corretas e correntes que se distinguem por apresentar diferentemente a ênfase sobre o sujeito da oração.

Quando, porém, o sentido determinar exatamente o sujeito verdadeiro, a concordância não pode ser arbitrária. Ex.: "*Quer-se inverter as leis*, e nunca *querem-se inverter as leis*. Neste caso, é evidente que o único sujeito possível é *inverter*" [JR.1, 322].

17) A concordância com a expressão **não (nunca)... senão** *e sinônimas*
O verbo que se interpõe na expressão exceptiva *não... senão* (ou *não... mais que*) concorda com o sujeito:
"Ao aparecer o dia, por quanto os olhos podiam alcançar, *não se viam senão* cadáveres" [AH.2, 117].

O mesmo ocorre com *não (nunca)... mais que (mais do que)*:
Não se viam mais do que cadáveres.
Não me couberam mais que alegrias na vida.

Quando a excepcionalidade recai na 1.ª ou 2.ª pessoa, tem-se de dar outro torneio à oração, como, por exemplo:
"Ninguém votou contra o projeto *senão nós três*" [SA.2, 215].
Não haveria outro culpado *senão tu*.

OBSERVAÇÃO: Em vez de *não... mais que* pode-se usar *mais não... que*: "O som que vos fere os ouvidos *mais não é que* um rude eco da voz íntima" [*apud* MBa.4, 181]. Deve-se evitar o emprego de *que* em lugar de *senão*, por ser imitação do francês: "Isto não é *que* uma insolência" por "Isto não é *senão* uma insolência" [FF *apud* MBa.4].

Construção vernácula é o emprego de *que* por *senão* precedido de *outro*: *outro, outra coisa*, etc.: "Quando deu por ele, quis expeli-lo, para que entre ele e Fortunato não houvesse *outro laço que* o da amizade; mas não pôde" [MA.2 *apud* MBa.4]. "(...) sem obter *outra coisa que* a atenção cortês e acaso uma palavra sem valor" [MA.8 *apud* MBa.4].

18) A concordância com títulos no plural
Geralmente se usa o verbo no plural, principalmente com artigo no plural:
"Por isso, as *Cartas Persas anunciam* o Espírito das Leis" [MBa.6, XII].

Com o verbo *ser* e predicativo no singular pode ocorrer o singular:
"as *Cartas Persas é* um livro genial (...)" [MBa.6, XII].
"Dos seus livros didáticos *é* o mais importante as *Lições de História do Brasil* professadas no antigo Colégio de Pedro II" [JR.4, 76 da 15.ª ed.].

OBSERVAÇÃO: Em referência a topônimos como os Estados Unidos, os Andes, as Antilhas, as Bahamas, etc., em que a presença do artigo é comum, é frequente verbo e determinantes no plural:
"– Mas se *os Estados Unidos achassem* que não convinha ceder?" [AMM.1].
Com o verbo *ser* há possibilidade normal da concordância com o predicativo:
Os Estados Unidos é (ou: são) *um país de história muito nova.*
Os Andes são uma cordilheira.

19) A concordância no aposto
Quando a um sujeito composto se seguem, como apostos, expressões de valor distributivo como *cada um, cada qual*, o verbo, posposto a tais expressões, concorda com elas:
"Pai e filho *cada um seguia* por seu caminho" [ED.2, 28].

Se o verbo vem anteposto a essas expressões, dá-se normalmente a concordância no plural com o sujeito composto ou no plural:
"(...) não era possível que os aventureiros *tivessem cada um* o seu cubículo" [JA *apud* SS.1, §465, obs.].
Eles *saíram cada um* com sua bicicleta.

Se o sujeito aparece ampliado por um aposto, permanece a obrigatoriedade da concordância do verbo com o sujeito:
Muitos aspectos, a maioria talvez, *são* bem diversos.

20) A concordância com **haja vista**
A construção mais natural e frequente da expressão *haja vista*, com o valor de *veja*, é ter invariável o verbo, qualquer que seja o número do substantivo seguinte:
"*Haja vista* os exemplos disso em Castilho" [RB.1, 572].

Pode, entretanto, ocorrer o plural, considerando-se o substantivo no plural como sujeito:
> "*Hajam vista* os seguintes exemplos." [CF]

Ocorre, ainda, a construção com o verbo no singular e substantivo precedido das preposições *a* ou *de*:
> "*Haja vista* às tangas" [CBr.16, 61].
> "*Haja vista* dos elos que eles representam (...)" [CBr *apud* CR.1, 624].

Não é correta a expressão *haja visto* (p.ex.: *Haja visto o ocorrido*), que surge por influência de *visto que, visto como*.

21) A concordância do verbo com sujeito oracional
Fica no singular o verbo que tem por sujeito uma oração, que, tomada materialmente, vale por um substantivo do número singular e do gênero masculino:
> *Parece* que tudo vai bem.
> "Cá não se *usa* as noivas andarem a namoriscar à surdina" [CBr *apud* MBa.1, 2.ª ed., 207].
> *É bom* que compreendas estas razões.
> Ainda *falta* entregar a prova os alunos retardatários (e não *faltam!*).
> *Basta* ver os últimos resultados da pesquisa.
> *Falta* apurar os votos de duas urnas.
> Eis os fatos que me *compete* explicar a vocês.
> Não são poucos os casos que me *falta* elucidar.
> Esses crimes *cabe* à polícia averiguá-los.
> "Porque não *basta* haver aparelhos" [MRe., *Cenas*, 106].

Permanece no singular o verbo que tem como sujeito duas ou mais orações coordenadas entre si:
> "Que Sócrates nada escreveu e que Platão expôs as doutrinas de Sócrates *é sabido*" [JR.1, 318].
> Fumar e utilizar celulares não *será permitido* até a parada total da aeronave.

Por isso evitar-se-á o plural como nesse exemplo de jornal:
> "Tirar a roupa e pichar o traseiro não *parecem* atos libertários" (e sim: não *parece* atos libertários).

22) Concordância nas expressões de porcentagem
Nas linguagens modernas em que entram expressões numéricas de porcentagem, a tendência é fazer concordar o verbo com o termo preposicionado que especifica a referência numérica:
> Trinta por cento *do Brasil assistiu* à transmissão dos jogos da Copa.
> Trinta por cento *dos brasileiros assistiram* aos jogos da Copa.
> Dois por cento *da assistência detestou* o filme.
> Dois por cento *dos espectadores detestaram* o filme.

Se for *um* o numeral que entra na expressão de porcentagem, o verbo irá para o singular:
> *Um por cento* dos erros *foi* devido a distrações.

Se o termo preposicionado não estiver explícito na frase, a concordância se faz com o número existente:
> *Cinquenta por cento aprovaram* a mudança. (Diferentemente de: Cinquenta por cento *do público aprovou* a mudança).

Se a porcentagem for particularizada por artigo ou pronome, o verbo concordará com ela:
> *Os tais 10%* do empréstimo *estarão* (e não: *estará*) embutidos no valor total.
> *Esses 20%* da turma *deverão* (e não: *deverá*) submeter-se à nova prova.

Se o verbo vier antes da expressão de porcentagem, ou se o termo preposicionado estiver deslocado, a concordância se fará com o número existente:
> *Ficou excluído 1%* dos candidatos.
> *Foram admitidos* este mês *10%* da lista.
> Da turma, *10% faltaram* às aulas.
> "Dos livros enviados, apenas *1% se perdeu*" [EMa].

23) Concordância em **Vivam os campeões!**
Unidades como *viva!, morra!* e similares podem guardar seu significado lexical e aparecer como verbos, ou, esvaziado esse valor, serem tratadas como formas interjetivas.

No primeiro caso, far-se-á normalmente a concordância com seu sujeito:
> "*Vivam* os meus dois jovens, disse o conselheiro, *vivam* os meus dois jovens, que não esqueceram o amigo velho" [MA.8].

Todavia, a língua moderna revela acentuada tendência para usar, nestes casos, tais unidades no singular, dada a força interjetiva da expressão: *Viva os campeões!* A língua-padrão prefere que seja observada a regra geral de concordância com o sujeito.

Salve!, como pura interjeição de aplauso, não se flexiona; portanto: *Salve os campeões!*

24) Concordância com **ou seja, como seja**
A norma exemplar recomenda atender à concordância do verbo com o seu sujeito:
> "Para que uma mina fosse boa, era preciso que desse pelo menos duas oitavas de ouro de 'cada bateada' – *ou sejam* 35.000 em moeda de hoje" [CG].
> "Estávamos a cerca de 1.500 milhas itinerárias da foz, *ou sejam*, aproximadamente, três quartos de todo o Purus já percorrido" [EC.2].
> "E foram pondo mais parelhas de cavalos até o número de oito, *ou sejam* dezesseis cavalos" [ML.3].

Facilmente as expressões *ou seja, como seja* podem ser gramaticalizadas como unidade de significação explicativa e, assim, tornarem-se invariáveis:
Todos os três irmãos já chegaram, *como seja*, Everaldo, João e Janete.
"Tendem a prevalecer as leis da acumulação, *ou seja*, os critérios de racionalidade, os quais têm sua expressão formal (...)" [CFt.1].
"Penso ter demonstrado alhures que existem 'invariantes axiológicas', *ou seja*, valores supremos e universais (...)" [MRl.1].
"Bastava, como basta, que eu no fundo a entenda e ela no fundo me aceite. *Ou seja*, saudades banais, como todas as saudades mais pertinentes e persistentes" [JU.6].

25) Concordância com **a não ser**
É possível fazer a concordância com o sujeito do verbo:
"Nesta Lisboa onde viveu e morreu, *a não serem* os raros apreciadores do seu talento, poucos o conheciam (...)" [JJN].
"(...) nada mais obtivera Estêvão durante aqueles seis compridos meses, *a não serem* os tais olhares, que afinal são olhares, e vão-se com os olhos donde vieram" [MA.13].

Também pode ser considerada uma locução invariável com o sentido de *salvo, exceto, senão*:
"(...) quase ninguém, que eu saiba, *a não ser* os candidatos, simpatiza com o voto obrigatório" [JU.4].
"Não saiu nada, *a não ser* uns garranchos que nem eu mesmo entendi" [JU.1].

26) Concordância nas expressões **perto de, cerca de** *e equivalentes*
Nos casos em que o sujeito está acompanhado de expressões avaliativas como *perto de, cerca de* e equivalentes, o verbo concorda com seu sujeito:
Já *votaram* cerca de mil eleitores.
Em torno de dez dias se *passaram* sem que houvesse distúrbios.
Perto de dois terços de sua vida *foram perdidos* no jogo.

Se o sujeito está no singular, o verbo vai para o singular:
Apodreceu cerca de uma tonelada de carne.

27) Concordância com a expressão **que é de**
Ocorrendo a expressão *que é de*, com o valor de *que é feito de*, o verbo aparecerá sempre no singular:
Que é dos papéis que estavam aqui?

28) Concordância com a expressão **que dirá**
Empregando esta expressão com o valor de *quanto mais/ muito menos*, o comum é fazê-la invariável:

Se você errou, *que dirá* nós?/ Se você não é feliz, *que dirá* eles?
"Mas eu sou inútil também neste mundo dele. Inútil para qualquer coisa. Se até ele é inútil, dispensável, *que dirá* eu?" [DR.1].

É preciso não confundir a locução invariável acima com a forma flexionada em sentido comum, podendo vir acompanhada de seu(s) complemento(s):
Se nos prenderem, *que direi* eu às autoridades, ou melhor, *que diremos* nós às autoridades?
"Ora, se, nessas corridas do futuro, os homens, por meio de sinais, sussurro ou até meias-palavras, combinarem entre si uma troca de palpites, de modo que os últimos cheguem primeiro, e os considerados primeiros cheguem por último, *que dirá* o senhor?" [MA.14].

29) Concordância com **Bem haja**
A locução *bem haja* (em oposição a *mal haja*), usada em frases optativas e imprecativas, expressa aplauso, felicitação, louvor ou agradecimento. O verbo *haver* aqui tem o sentido de 'obter, conseguir', não é impessoal, devendo concordar com o sujeito, que vem sempre posposto:
"*Bem hajam*, porém, todos eles sempre que não lhes falecer a coragem de comentar alto aquilo que a maioria cochicha em surdina e à socapa (...)" [ACou.1].
"*Bem hajam* os promotores desta solenidade (...)" [ACor.1].
"*Bem haja* Vênus! a vitória é tua!" [MA.10].
"*Bem haja* a crítica que faz justiça pela própria contradição" [MAm.1].

30) Concordância em **Já vão, Já vai**
Na indicação de tempo com o verbo *ir* em orações cujo sujeito é a expressão temporal, o verbo concorda com esta indicação:
Já vão cinco anos desta nossa amizade.
"*Já lá vão* quarenta anos, não é verdade?" [JR.3, 219, apud J.F. S1, 39].

Se a oração tem a expressão temporal precedida de preposição (*em, para, por*), o verbo ficará sempre no singular:
Já lá vai em vinte anos esta nossa amizade.
Já vai para vinte anos esta nossa amizade.

6 - Regência

Diz-se *regência*, em sentido restrito, o processo sintático em que uma palavra determinante subordina uma palavra determinada. A marca de subordinação é expressa, nas construções analíticas, pela preposição.
Ao que dissemos nos capítulos sobre complementos verbais e nominais e sobre emprego de preposição, cumpre acrescentar os casos relacionados a seguir.

A preposição que serve a dois termos coordenados pode vir repetida ou calada junto ao segundo (e aos demais termos), conforme haja ou não desejo de enfatizar o valor semântico da preposição:
    As alegrias *de* infância e *de* juventude / As alegrias *de* infância e juventude.
    Precisava da ajuda *dos* pais e *dos* parentes / Precisava da ajuda *dos* pais e parentes.
    "(...) mas as argolas do caixão foram seguras *pelos* cinco familiares e *o* Benjamim" [MA *apud* MBa.4, 250].

A omissão da preposição parece ser mais natural quando não se combina com artigo, talvez porque em português (ao contrário, por exemplo, do francês e do espanhol) a presença de ambos leva-os a combinarem-se, como supõe Mário Barreto.

1) A construção *pedir para*
Em:
    "Eu retive-a, *pedi-lhe* que ficasse, que esquecesse" [MA.1, 271],

o verbo *pedir* exige dois objetos: o indireto *lhe* e o direto oracional composto *que ficasse, que esquecesse*.
    Normalmente, em tais casos, não se usa o objeto direto oracional sob forma reduzida. Evita-se dizer: *Pedi-lhe ficar, pedi-lhe esquecer*.
    Em:
    "Dito isto, *peço licença para ir* um dia destes expor-lhe um trabalho (...)" [MA.1, 245],

o verbo *pedir* vem acompanhado apenas do objeto direto *licença*; a oração reduzida de infinitivo *para ir um dia destes expor-lhe um trabalho* é adverbial de fim.
    Pode-se omitir o objeto direto e construir o verbo *pedir*, assim: *peço-lhe para ir um dia destes expor-lhe um trabalho*.
    Como estão próximas as ideias de *pedir que algo aconteça* e *trabalhar para que algo aconteça*, passou-se a usar a preposição *para* no início da oração que seria objeto direto do verbo *pedir*, tendo-se em mira indicar a finalidade da coisa pedida:
    Pediu para que Pedro *saísse*
    ou
    Pediu para Pedro *sair*.

Os gramáticos não aceitaram a operação mental e ainda hoje esta maneira condensada de dizer é repudiada, apesar da insistência com que penetra na linguagem das pessoas cultas. Para as autoridades de nossa língua, só está certo o emprego do verbo *pedir* quando se tem para objeto direto o substantivo *licença* (claro ou

subentendido) e a oração de *para que* ou *para* + infinitivo é sentida como adverbial de fim, *com sujeito igual ao da oração principal*.[162] Assim, em:
   O aluno pedia-lhe para sair,

o *aluno* pedia licença para ele mesmo sair.

A confusão dos dois empregos do verbo *pedir* traz ao enunciado incontestavelmente duplicidade de sentido, pois que em:
   Ele pedia-lhe para sair

ficamos em dúvida sobre a pessoa que sairá. Para o gramático só pode ser a que fez o pedido, e, na realidade, todos, ou quase todos, os exemplos abonados dos bons escritores têm o mesmo sujeito para a oração de *pedir* e para a oração iniciada pela preposição *para*.

---

[162] Tem-se dito que Epifânio Dias (*Sintaxe Histórica*, § 347, 6, obs. 1ª) admite a construção censurada pelos gramáticos (veja-se, entre outros, A. C. Pires de Lima na sua resenha in *Revista Lusitana*, XXX, p. 205, nº 4): mas a redação do ilustre sintaticista não nos autoriza a pensar assim. Tratando dos verbos que pedem oração objetiva direta, diz em observação: "Alguns dos verbos de que trata este § também têm outra sintaxe. v. g.: 1) *pedir* também se constrói intransitivamente seguido de *para que*, ou *para* (com infinitivo)". E acrescenta: "Também em latim a oração de *ut* que se junta ao verbo *peto* é originariamente uma oração final." Pondo de lado a argumentação do latim, creio não encontrarmos fundamento de que a construção censurada tenha o beneplácito de Epifânio. Aquele *intransitivamente* nos leva a interpretar assim a lição (note-se que, na nomenclatura gramatical do sintaticista português, *intransitivo* é o verbo que não pede complemento ou que pede complemento indireto): Epifânio defendia o emprego do verbo *pedir* sem o objeto direto *licença*, modo de dizer que Cândido de Figueiredo e outros tinham por errôneo, conforme se vê da defesa de Rui Barbosa, *Réplica*, 136 da 1.ª ed. nota 3 do n.º 95.
Somos de opinião que no caso do verbo *pedir* houve contágio da noção de objeto direto com a de adverbial de fim, que a expressão linguística traduz por formas condensadas, dando ocasião, muitas vezes, ao aparecimento da preposição como posvérbio (cf. o capítulo dos complementos verbais). Tais formas condensadas são frequentes: *atirar o livro* e *atirar com o livro* (condensação da noção de objeto direto com a de adverbial de instrumento), *olhar os campos* e *olhar para os campos* (do objeto direto e adjunto adverbial de direção, de lugar), *puxar a espada* e *puxar da espada* (do objeto direto e adjunto adverbial de lugar donde, origem), *pegar a pena* e *pegar na pena* (do objeto direto e do adjunto adverbial de lugar), etc., onde o pensamento não considera apenas o objeto, mas encarece uma circunstância concomitante na realização do processo indicado pelo verbo.
Entretanto, Carlos Góis, pensando que o *para* rege a oração objetiva direta, explica o fato por cruzamento sintático: "Do cruzamento da primeira forma (com o objeto direto expresso: *um soldado pediu-lhe licença para sair*) com a segunda (com o objeto direto indeterminado: *um soldado pediu-lhe para sair*) resultou uma terceira – a do verbo *pedir* seguida da preposição *para* regendo esta, não mais o adjunto adverbial de fim (note-se bem), mas o próprio objeto direto!" (*Sintaxe de Regência*, 124).

2) A construção *dizer para*
Semelhantemente ao que ocorre com o verbo *pedir*, a linguagem coloquial despreocupada constrói o verbo *dizer* (*falar* e sinônimos) seguido da preposição *para* junto ao que normalmente seria o seu objeto direto:
> *Disse para que ele fosse embora*

ou
> *Disse para ele ir embora.*

São expressões condenadas que os gramáticos recomendam se evitem no falar correto.

3) A construção *para eu fazer*
Em:
> *O exercício é para eu fazer*

a preposição *para* rege o verbo *fazer*, cujo sujeito é o pronome pessoal *eu*. Evite-se a construção errônea *o exercício é para mim fazer*, devida ao fato de se supor que a preposição se prende ao pronome, como: *este presente é para mim*.

Diz-se corretamente *o presente é para mim*, porque a preposição sempre rege pronome oblíquo tônico.

Distinga-se claramente este uso errôneo do correto, em que há antecipação do objeto indireto livre de opinião; o ritmo oracional marca a diferença:
> Para mim (pausa) fazer isso é sempre agradável.

4) A construção *é da gente rir*
A antecipação do sujeito ao verbo, nas orações reduzidas de infinitivo preposicionado, possibilita a combinação da preposição com o sujeito ou um adjunto do sujeito:
> Já era tempo *de* saírem *os alunos* de férias

pode passar facilmente a *Já era tempo **de os alunos** saírem de férias* e daí à combinação *Já era tempo **dos alunos** saírem de férias*.

A preposição pode-se combinar com o núcleo do sujeito. Assim, diremos:
> *É tempo DE ELE sair*

ou
> *É tempo DELE sair.*

Alguns gramáticos e ortógrafos não aceitam a combinação apontada sob o pretexto de que o sujeito "não pode vir regido de preposição"; *não se trata aqui, entretanto, de regência preposicional de sujeito, mas do contato de duas palavras que, por hábito e por eufonia, costumam ser incorporadas na pronúncia*. Se tais combinações parecem contrariar a lógica da gramática, cumpre observar que não repugnam a tradição do idioma com o testemunho de seus melhores escritores, antigos e modernos. O que a lição dos fatos nos permite ensinar é que ambas as construções são corretas, segundo nos atestam as seguintes passagens que não se podem dar como errôneas ou descuidos de revisão.[163] Trata-se de um problema de estilística fônica, pelo qual a não combinação encarece o papel do sujeito do infinitivo. Do ponto de vista meramente gramatical são válidas ambas as construções:

"(...) só voltou *depois do infante estar* proclamado regedor" [AH.2, 44].

"Os que no serviço militar perdiam o cavalo tiravam o valor deste dos despojos *antes destes* (*d'estes*, no original) *se repartirem*" [AH.2].

"*Apesar da sua ação ser...* superior à autoridade dos bispos (...)" [AH.2].

"(...) a unidade que resulta da síntese do ideal, *antes deste ser* revelado pela expressão material" [AH.2, 162].

"(...) sabia-o, senhor, *antes do caso suceder*" [AH.4, I, 267].[164]

"(...) mesmo *depois dos descobrimentos dos portugueses haverem* transformado as condições do comércio geral do mundo" [RS.2, IV, 16].

"*Apesar, porém, da caça ser tida* como imagem dos perigos e privações da guerra (...)" [RS.2, 96].

"Notou, igualmente, a vantagem *dos confederados repartirem* de antemão os postos entre si (...)" [RS.2, 139].

"(...) e *a despeito do dia estar* chuvoso" [RS.2, 171-2].

"Nos dias pequenos o sino de recolher soava muito antes *dos mercadores terem* acabado a ceia nas hospedarias (...)" [RS.2, 527].

"*Depois do Garrett escrever* erradamente no seu *Camões* (...)" [AC, "Anotações à 6.ª edição do *Dicionário de Morais*", in *Arquivos Literários* de Delfim Guimarães, V apud P. A. Pinto, revista *Colaboração*, nº 5, p. 20].

"(...) se, por exemplo, me concederem um monopólio do plantar couves, *apesar das couves serem* uma das muitas espécies de legumes" [RB apud P. A. Pinto, *ibid.*].

"*Pelo fato do verbo* restituir, numa de suas acepções, e entregar, em certos casos, *terem*, como diz o Dr. Rui, o mesmo sentido (...)" [CR.2 apud P. A. Pinto].

"(...) *no caso do infinitivo trazer* compl. direto" [ED.2, 226].[165]

---

[163] Sem razão, Leite de Vasconcelos (*Lições de Filologia*, 382) condena como galicismo a palavra *passagem*, no sentido aqui empregado, mandando substituí-la por *passo*. Os melhores escritores da língua usam *passagem* nesta acepção, e o clássico *Dicionário de Morais* (1813) a registra sem nenhuma crítica.

[164] Assim escreveu Alexandre Herculano e não como aparece na edição moderna da *Antologia Nacional* de Fausto Barreto e Carlos de Laet (p. 196): *antes de o caso suceder*. Com a responsabilidade dos antigos editores da *A. Nacional* corria a combinação tida por correta. Aliás, Laet praticava a combinação: "Entre as duas opiniões antinômicas e inconciliáveis do João Fernandes, esta *do cara ser exótico* (...) e aquela de ser indígena (...)" (*Obras Seletas*, II, 261).

[165] Para maiores exemplos, veja-se o prestimoso livro do Padre Pedro Adrião, *Tradições Clássicas da Língua Portuguesa*, § 691, p. 259.

Terminamos esta pequena lista com um fato que não deixa dúvidas de que os exemplos aduzidos não se explicam por descuidos. Na página 87 do vol. IV da sua excelentemente escrita *História de Portugal*, contrariando a sintaxe que lhe vem natural e frequente, Rebelo da Silva não faz a combinação:
"Nem o rei, nem o ministro apreciaram o perigo, senão *depois de ele declarado e irremediável.*"

Mas, para surpresa de muitos gramáticos, no final do volume, na página destinada a erratas, declara textualmente:
"Onde se lê: *depois de ele* leia-se *depois dele*" (*d'elle* no original). [166]

Tem-se estendido o exagero da condenação aos casos em que a preposição precede um advérbio, quando, na realidade, o que decide a existência ou não existência da combinação é a menor ou a maior pausa no proferir as duas palavras, ou ainda a eufonia e, como vimos, o realce. No seguinte exemplo de Alexandre Herculano, a pausa maior entre a preposição e o advérbio evita a combinação:
"A afirmativa *de ali* se ajuntarem e agasalharem 20.000 pessoas é naturalmente impossível" [AH.2, 44].

É forçoso reconhecer que a facilidade da combinação da preposição *de* não se estendeu, com a mesma frequência, a outras preposições, nas circunstâncias aqui estudadas. Dá prova disto o seguinte trecho de Rebelo da Silva, tão afeito às construções combinadas:
"*No caso do reino se constituir* em república, que partido seguiria D. João, o do país, ou o dos castelhanos?" "Em qualquer acontecimento, redarguiu o duque, hei de acostar-me ao que seguir o comum do reino". "Então, continuou o secretário, está dada a resposta. Mais vale arriscar tudo para reinar, do que arriscar tudo ainda e ficar vassalo. A ocasião é chegada, e parece que Deus a trouxe. A maior dificuldade consistia *em os outros proporem* a empresa (...)" [RS.2, IV, 134].

Por fim, cabe-nos assinalar que, neste assunto de combinações de preposição, o português moderno desprezou certos giros que – embora também contrários à lógica da gramática – foram estimados dos antigos e ainda hoje puristas aplaudem. Interessa-nos agora aquela em que se combinava a preposição *por* (antigo *per*) com os pronomes *o, a, os, as*, em função de objeto direto:
Esforcei-me pelo convencer.

---

[166] Tal preceito gramatical se torna ainda mais difícil de se conciliar com a prática, quando se está diante de construções como: *O fato é devido AO* (por *a o*) *avião se ter atrasado* (ou, noutra ordem: *é devido a se ter o avião atrasado*); *PRO menino* (por *para o menino*) *ver*. Sentimos discordar da lição de Rebelo Gonçalves no seu *Tratado de Ortografia* (p. 286, obs. 2.ª) cujos exemplos não vão em sua defesa. Cf. Diez, *Grammaire*, III, 425 e Meyer-Lübke, *Grammaire*, III, § 744.

hoje desbancado por:
> *Esforcei-me por convencê-lo* (ou *para convencê-lo*) ou *por o convencer*
> (mais raro entre os brasileiros).

Apesar de exemplos de autores modernos (Rui Barbosa entre eles) e do voto de Mário Barreto [MBa.1, cap. VII, 111-25], concordo com o parecer de Said Ali [SA.6, 4, 160]:
> "A construção de *por* e antigo *per* com as formas pronominais *o, a, os, as* pertence ao número das formas arcaicas, de que se encontram ainda restos, na linguagem popular de Portugal. É imprópria da linguagem culta de hoje, e se ocorre – o que é muitíssimo raro – em algum escritor moderno, deixa-nos logo a impressão de um estilo afetado. Não provam exemplos dessa espécie o uso geral, nem podem servir de norma para o falar correto".[167]

É elucidativo este passo de Rebelo da Silva, onde ocorrem os dois casos aqui estudados:
> "(...) em que o tribunal proferiu a sentença, mandando entregar as fazendas a Adão Bans e sócios sob fiança *de as* restituírem *no caso dos portugueses* dentro de seis meses *pagarem a quantia* (...)" [RS.2, 515].

5) Migrações de preposição
Com muita frequência vê-se migrar a preposição que deveria aparecer com o relativo para junto do antecedente deste pronome:
> *Não sei no que pensar* por
> *Não sei o em que pensar*

Ou:
> *Lisboa e Porto, das quais cidades venho agora* por
> *Lisboa e Porto, cidades das quais venho agora*
> [LV.1, 312].

Destas migrações resultam giros mais agradáveis ao ouvido e que nos afastam de certas durezas de estilo artificial a que nos poderia levar a construção rigorosamente gramatical, como se depreende dos seguintes trechos de Rui Barbosa:
> "Assim me perdoem, também, *os a quem* tenho agravado, *os com quem* houver sido injusto, violento, intolerante (...)" [RB.2, 23];
> "(...) e daí, com estupenda mudança, começa a deixar ver *o a que* era destinada (...)" [RB.2, 36].

---

[167] Cf. ainda do mesmo autor *Dificuldades da Língua Portuguesa*, 30-31, e Solidônio Leite, *Clássicos Esquecidos*, 211 e ss. Também consideram arcaica a combinação Epifânio Dias 1933, 457, obs. 3ª, e Cláudio Brandão 1963, 354.

Estas migrações correm na língua literária apadrinhadas pelos seus melhores representantes. Alexandre Herculano e Carlos de Laet nos dão testemunho do fato:
"A barra é perigosa, como dissemos; porém a enseada fechada é ancoradouro seguro, *pelo que* (= o por que) tem sido sempre couto dos corsários de Berbéria" [AH.2, 69];
"(...) até o induzirem a mandá-lo sair da corte, *ao que* (= o a que) D. Pedro atalhou com retirar-se antes que lhe ordenassem" [AH.2, 91].
"Eis *para o que* (= o para que) esperas utilizar o domínio dos ares" [CL in SS.3, 180].

É interessante a posição da preposição *de* a introduzir o predicativo quando se esperava antes do relativo:
"O que precisamos é *de* braços valorosos e de peitos resolutos"
[RS.2, IV, 184].

Note-se de passagem que, em construções como a do último exemplo, é possível haver o pleonasmo da preposição, a qual aparece antes do termo a que rigorosamente se prende e antes de *de braços*:
"O *de que* me não penitencio é *do* esmero, bem ou malsucedido, que pus em dar os cuidados que dei à forma, com que nos veio da câmara o projeto" [RB.1, *apud* MBa.4, 3.ª ed., 235 e ss.].

6) Repetição de prefixo e preposição
Sem atentar para a tradição do idioma e de suas raízes latinas, alguns autores (p.ex., Cândido de Figueiredo) condenam a concorrência de prefixo com preposição em usos como *co*ncorrer *com, de*duzir *de, de*pender *de,* incluir *em,* aderir *a, co*ncordar *com, co*incidir *com,* etc. Daí repudiarem, por exemplo, a construção *consentâneo com*, recomendando se diga *duas coisas consentâneas* em vez de *uma coisa consentânea com outra*. Também substituem *uma coisa coincide com outra* por *uma coisa incide na outra*. São lições que, pela concorrência de prefixo e preposição, devem ser rejeitadas [VB.1].

7) Complementos de termos de regências diferentes
O rigor gramatical exige que não se dê complemento comum a termos de regência de natureza diferente. Assim não podemos dizer, consoante este preceito:
   Entrei e saí de casa
em lugar de
   Entrei em casa e dela saí (ou equivalente),

porque *entrar* pede a preposição *em* e *sair* a preposição *de*.

Ao gênio de nossa língua, porém, não repugnam tais fórmulas abreviadas de dizer, principalmente quando vêm dar à expressão uma agradável concisão que o giro gramaticalmente correto nem sempre conhece:

"Tenho-o visto *entrar e sair do Colégio de S. Paulo*" [AH.5, I, 154];
"(...) que se deduz daí *a favor* ou *contra o direito* de propriedade literária?" [AH.7, II, 60].

Estendem certos autores a proibição aos dizeres em que duas ou mais preposições de sentido diferente, e até contrário, se referem a um só termo:
Com ou sem vantagens sairei
Antes e depois da luta

Para tais autores devemos dizer: *com vantagens ou sem elas, antes da luta e depois dela*, ou repetindo-se o substantivo como fez M. de Assis em:
"Os gritos da vítima, *antes da luta e durante a luta*, continuavam a repercutir dentro de mim" [apud MBa.3, 103].

Salvo as situações de ênfase e de encarecimento semântico de cada preposição, como a que se depreende do trecho acima, a língua dá preferência às construções abreviadas que a gramática insiste em condenar, sem, contudo, obter grandes vitórias.

Vale lembrar aqui de passagem – pois não se trata de regência –, pois estamos falando de simplificações formais, que o mesmo processo se repete com alguns prefixos:
"(...) o apalpá-la nas costelas *sobre* e *subjacentes* ao coração" [CBr apud MBa.3, 113 n.].
"(...) algumas faíscas de amor profano tinham entrado *ob* e *sub-repticiamente*" [Id., ibid.]
"Esperemos, e oxalá não esperemos em vão, que chegue o dia longínquo em que todos os escritores *cis* e *transatlânticos* aprendam a sua língua (...)" [MBa.3, 127n.].

Também nas expressões comparativas podem-se encontrar simplificações ou braquilogias, como nos seguintes exemplos muito comuns: *tanto (tão) mais que, tanto (tão) ou menos que* (por *tanto* ou *quanto* e *mais que*, etc.).
"A gota, o reumatismo, a ciática impacientavam-no *tanto ou menos que* o desmancho das coisas políticas" [CBr.6, 55].

8) Termos preposicionados e pronomes átonos
Tanto se pode dizer *não fujas **de mim*** como *não **me** fujas*:
"O corajoso major tem afrontado teu irmão (...) mas Simão teme-o e *foge-lhe* com o pretexto de desafiar primeiro quem primeiro o ofendeu" [CBr apud MBa.4, 273, de onde se colhem os exemplos abaixo].

Assim em vez de *pôs-se diante dele* se pode dizer *pôs-se-lhe diante*; em vez de *aparecer diante dele, aparecer-lhe diante*.

Nunca *me* tornaria a pôr a vista *em cima*.
Pretendem cair-*nos em cima*.
Tudo *lhe* girou *em volta*.
Sentaram-se-*lhe* em frente dois guardas.

Assim também em equivalência com a preposição *em*:
Deu um beijo *em* Nelina / Deu-*lhe* um beijo
Deu um abraço *em* Dolores / Deu-*lhe* um abraço

A mesma possibilidade se dá com verbos que se constroem com *de* ou *a* (*avizinhar-se, aproximar-se, acercar-se de*, entre outras) e *com* (*ralhar*, por exemplo):
Avizinhou-se *dela* / Avizinhou-se-*lhe*
Aproximou-se *dela* (ou *a ela*) / Aproximou-se-*lhe*
Ralhar *com o filho* / Ralhar-*lhe*

9) Pronomes relativos preposicionados ou não
O pronome relativo exerce função sintática na oração a que pertence:

a) *Sujeito*: O livro *que* está em cima da mesa é meu.
b) *Objeto direto*: O livro *que* eu li encerra uma bonita história.
c) *Predicativo*: Dividimos o pão como bons amigos *que* éramos.
d) *Complemento relativo*: O livro *de que* precisamos esgotou-se.
e) *Objeto indireto*: Este é o aluno *a que* dei o livro.
f) *Adjunto adverbial*: O livro *por que* aprendeste a ler é antigo. A casa *em que* moro é espaçosa.
g) *Agente da passiva*: Este é o autor *por que* a novela foi escrita.

As três primeiras funções sintáticas dispensam preposição, enquanto as quatro últimas a exigem. Deve-se evitar, em língua literária, o emprego do relativo universal (➚ 224).

10) Relação de regências de alguns verbos e nomes[168]

---

[168] A presente lista não dispensa a consulta ao dicionário, o de regência, uma vez que o emprego do verbo como transitivo (com ou sem preposição) ou intransitivo depende de sua significação. Por exemplo, considera-se errônea a construção "aumentar *de* cinco quilos" (por "aumentar cinco quilos"), mas está correto o uso em "aumentar *de* peso".
Quando ao verbo se segue um travessão (–), isto significa que ele pode ser também usado como transitivo direto. Por exemplo: *atender– a: atender o cliente, o cliente foi atendido, atendê-lo, atender ao cliente*. Umas vezes a variedade não implica mudança de significado; outras vezes sim. Daí a necessidade de consulta aos dicionários para se ter uma lição mais completa e adequada. O principal objetivo da relação é oferecer ao leitor a preposição que acompanha o verbo, quer no complemento quer no adjunto adverbial.

A

abalançar-se a
aborrecer-se com
abrigado de
absolver– de
abster-se de
abundar– (= inspirar); em
abusar de
acabar– com
acautelar-se com
aceder– a
aceito a
acercar-se de
acessível a
acomodar-se a
aconselhar– a
acontecer a, com
acordar– com
acreditar– em
acudir– a
acusar– de
adaptar– a
adequado a
aderir– a
admirar-se de, com, por
afastar– de
afável com, para com
afixar– a
agradar– a
agradável a
agradecer– a
agregar-se a
ajudar– a
ajuntar– a, -se com
alertar– de, sobre, contra
alhear-se de
alheio a
alimentar– com, de

almejar– por
aludir a
amante de
ameaçar– com, de
amercear-se de
amigo de
amofinar-se com, de, por
amoroso com, para com
análogo a
anelar– por
ansiar– por
ansioso de, por
antecipar-se a
antepor– a
anterior a
apaixonar-se por, de
aparentado com
apartar– de
apear-se de
apegar-se a
apelar para, de
aperceber-se de
apetrechar-se com
apiedar-se de
aplicar-se a
apoderar-se de
apoiar-se em
aportar– a, em
aprender– a, com, de
apressar-se a, em, por, para
aproveitar-se de
aproximar-se a, de
apto para, a
arguir– de
arrancar– de
arrepender-se de
arribar a, em, de

arrimar-se a, em, contra
arriscar-se a, em, contra
arrostar-se com, a
aspirar– (= inspirar);
   a (= desejar)
assemelhar-se a, com
assenhorear-se de
assentir a, em
assinalar– com
assistir a (= presenciar)
assistir– (= ajudar)
assustar-se com
atapetar-se de, com
atemorizar-se com
atender– a
atento a, em
ater-se a
atestar–a, contra, por
atinar– com, em
atingir– (sem *a*!)
atrair– a, para
atrever-se a, em
atribuir– a
aumentar– de, em
ausentar-se de
autorizar– a
avaliar– em, por
avaro de
averiguar– de
avesso a
avezar-se a
aviar-se de
ávido de
avir-se com
avisar– de
avizinhar-se de, a
avocar– a, para

B

bacharel em
bandear-se para
baixar– a, para
bastante a, para
bastar a, para

batalhar– com, contra, por
benéfico a
bater– a, em
bem (fazer) em, de
blasfemar– contra

blasonar– de
bom para, para com
brigar com, por
brindar– com, a

C

cair em, sobre
calcar– a
capaz de, para
capitular– com
carecer de
caritativo com, para com
caro a
casar-se com
ceder– a
cego a, de
chamar– a, por, para[169]
chegar(-se) a (não *em* junto à expressão de lugar)
cheio de
cheirar– a
cheiro a, de
chorar– por
ciente de
cingir– de, (-se) a
circunscrever-se a
circunvizinho de
clamar– por, contra, a
cobiçoso de
cobrar– de
cobrir– de
coetâneo de
coevo de, a
coexistir com
coincidir com, em
coligar-se com, a
combater– contra, por
combinar– com
começar– a, por
comedir-se em
cometer– a
compadecer-se de
comparar– a, com

comparecer a
compatível com
compelir– a
competir com, a
compor-se de
comprazer a, (-se) em, com
compreensível a
comprometer-se a
comprovar– com, em
comum a, de
comungar– com
comunicar– a
comutar– em, por
concentrar– em
concordar– com, em
concorrer a, com
condenar– a
condescender com
condoer-se de
confabular com
confederar-se com
conferenciar com, sobre
confessar– a
confiar em, a
confinar– com
conformar-se com, a
conforme a, com
confrontar– com
confundir-se com
congraçar-se com
congratular-se com
consagrar– a
consentir– em
considerar– como
consistir em (e não *de*!)
consolar-se com
conspirar a, contra, para

constante em
constar de, em
constituir-se em
contagiar-se com
contaminar-se de, com
contemporâneo de
contemporizar– com
contender com, de, sobre
contentar-se com, de, em
conter-se em
contíguo a
continuar– em, com
contrapor– a
contrário a
contribuir para, com
convalescer– de
convencer-se de
conversar– com[170]
converter– em, a
convidar– a, para
convir a, com, em
convocar– a, para
cooperar com, para
coroar– de, com
corresponder a, (-se) com
corrigir-se de
cotejar– com
crer– em, a
cristalizar– em
cruel com, para com
cuidadoso com
cuidar– de, em
culpar– de
cúmplice em
cumprir– com, a
curar-se de
curioso de

---

[169] "No sentido de *mandar vir* é transitivo direto; no de *dar nome* é transitivo indireto. Já é muito corrente no Brasil a construção *chamar de* com obj. dir., contaminada de outras, como *acusar, arguir de*" [AN.1, 38].

[170] Usa-se também transitivo em Portugal, com o sentido de "namorar", "tratar intimamente".

D

dar– a, em, com, por
dar-se (pressa) a, em
decair de
decidir– sobre
declarar-se contra
declinar– de
dedicar– a
dedignar-se de
deduzir– de
deitar-se a, em, sobre
deleitar-se com, em, de
denotar– a, em
deparar– com
depender de
dependurar– de
depressivo de
derivar– de
desafiar– para
desagradar– a
desagradável a
desalojar– de
desapegar-se de
desapossar– de
desapropriar– de
desatar– de, em
desatento a
desavir-se com
descansar– de, em, sobre
descartar-se de
descender– de
descer– de, a
desconfiar– de

descontar– de
descontente com
descuidar-se de
desculpar-se de, com
descurar-se de (não *por*)
desdizer-se de
desejoso de
desembaraçar-se de
desempenhar-se de
desenganar-se de
desertar– de
desesperar– de
desfavorável a
desfazer-se de
desgostar-se de, com
designar-se de
desistir de
desleal a
desobedecer a
despedir-se de
despenhar– de
despojar– de
desprender– de
desquitar-se de
destituir– de
deter-se em, com
determinar-se a
dever– de
devoto de
diferenciar– de
diferente de
difícil de

dignar-se de, a
digno de
diligente em, para
discordar de
discrepar em
disfarçar– em
dispensar– de, a
dispor– de, (-se) a, para
disposto a
disputar– com
dissemelhante de
dissentir de
dissuadir– de
distar– de
distinguir– de
distrair-se com
distribuir– a, por, com, entre
ditoso com
diverso de
divertir-se com
divorciar-se de
dizer– de
doce a
dócil a, para com
doente de
doer-se de
dotado de
dotar– com, em
doutor em
duro de
duvidar– de

E

eleger– por, em, como
embaraçar-se com
embeber– de, em
embelezar-se com
embevecer-se em, com
emboscar-se em
embriagar-se de, com
embutir– em
emendar-se de
empapar– de, em, com
empenhar-se por, em, com
emular– com
empregar-se com
êmulo de
encarar– com
encarregar– de
encarniçar-se com, contra
encharcar-se em
encher– de
encomendar– a
encostar– a
encontrar-se com
enfadar-se com
enfastiar-se de, com
enfatuar-se com
enfeitar-se com
enfermar– de
enfurecer-se com, contra
engalanar-se com
enganar-se com, em
engenhar-se a

engolfar-se em
enlaçar-se em
enlear-se em
enraivecer-se contra
enredar-se em
ensaiar-se em, para
ensinar– a
entender– de
entendido em
entregar-se a
entreter-se com, em
entristecer-se com, de
envaidar-se com, por
envelhecer– (sem *de*!)
equiparar– a, com
equivalente a
equivaler– a
eriçado de
erigir– (-se) em
erudito em
escapar a, de
escapulir– de
escarmentado de, com
escarnecer– de
escasso de
escolher– entre
escrupulizar– em
escusar-se de
esforçar-se em, por, para
esmaltar– de
esmerar-se em

espantar-se com, de
especular– com, em
esperar– de, em
espraiar-se em
esquecer-se de
esquivar– de
esquivar-se a
essencial para
estabelecer-se com
estender-se em, a, por
estéril de
estimular– a, com
estranho a
estreito de, para
estribar-se em
estropiado de
exato em
exceder– a, em, de
excetuar– de
excitar– a
excluir– de
exercitar-se em
exortar– a
expor– a
extrair– de
exigir– de, a
eximir– de
exonerar– de
extorquir– a, de

F

fácil de
falar– de, em, com, a, sobre
faltar com, a
falto de
fartar– com, de
farto em
fatigar-se de, com
favorável a
favorecer– com, de
fechar– (-se) a
fecundo em

feder a
felicitar– por, de
fértil de, em
fiar-se em, de
fiel a
fincar-se em
firme em
florescer– em
folgar– de, em
formar-se em
forrar– de, com

forte de, em
fraco de, em
franco para com, de, em
franquear– de, a
frouxo de
fugir– de, a
fundar-se em
furioso com, de
furtar– a, de

G

gabar-se de
galardoar– com
ganhar– de, a
generoso com
glorificar-se de
gordo de
gostar– de

gostoso a
gozar– de
graduar-se em
grande de
grato a
gravar– com
gravoso a

grosso de
guardar-se de
guarnecer– com
guerra a
guindar-se a

H

hábil em
habilitar– com, para
habituar-se a
habituado a

haver-se com
herdar– de
hesitar– em, sobre
horror a

hostil a
humilhar-se a

I

ida a
idêntico a
idôneo para, a
imbuir-se de, em
imediato a
impaciente com
impedir– de, a
impelir– a
impenetrável a
impetrar– de, a
implicar– com[171]
impor– a

importar– a (impessoal), de (país), em (quantia)[172]
inconsequente com
impossibilitar– para, a
impossibilidade de
impossível de
impotente contra, para
impróprio para
imputar– a
inábil para
inabilitar– para
inacessível a

incansável em
incapaz de, para
incerto de, em
incessante em
incidir em
incitar– a
inclinar– a, para
incluir– em
incompatível com
incompreensível a
inconsequente com
inconstante em

---

[171] No significado de *resultar* é transitivo direto: *Isto implica erro*.
[172] No significado de *produzir*, *acarretar* é transitivo direto.

incorporar– a, em
incorrer– em
incrível a, para
inculcar– em
incumbir– de
indébito a
indeciso em
indenizar– de
independente de, em
indiferente a
indignar-se com
indigno de
indispor– contra, (-se) com
indócil a
indulgente para, para com
indultar– de
induzir– a, em
inerente a
inexorável a
infatigável em
infeccionar– em
inferior a, de

infestar– de
infiel a
inflamar-se de
inflexível a
influir– em, para, sobre
informar– sobre, de, (-se) de
ingerir– em
ingrato com, para com
inibir– de
iniciar– em, a
inimigo de
inimizar-se com
injuriar– com
inocente de
inquietar-se de, com
insaciável de
insensível a
inseparável de
inserir– em
insinuar– em
insípido a
insistir sobre, em

instar– por, a
instruir– de, em, sobre
inteirar-se de
intercalar– entre
interceder por
interessar-se por
interesse em, por
intermédio a
internar-se em
interpolar– entre, com
interpor– entre
interrogar– a
intervir em
intolerante com, para com
inundar– de, em
intrometer-se em
inútil para, a
investir– contra, com
irmanar– com
isentar– de

J

jactar-se de
jubilar– em

juncar– de
jungir– a

juntar– a, com
justificar– (-se) de

L

lamentar-se de
lançar– em, (-se) sobre
lastimar-se de
leal a, com, para com
lembrar-se de
lento em
levar– em, a, por
liberal com
libertar– de

lidar– com
ligar– a, com
ligeiro de
limitar-se a, com
limitado de
limpar– em, a, (-se) de, em
limpo de
lisonjear-se de
litigiar com, contra

livrar– de
livre de
lograr– (-se) de
longe de
longínquo de
louco de, com
lutar– com, contra

M

maior de, entre
maldizer– de
maliciar– de
malquistar-se com
manco de

mancomunar-se com
manso de
manter-se com
maquinar– contra
maravilhar-se com, de

matizar– de
mau com, para, para com
mediano de, em
mediar– entre
medir– (-se) com, por

meditar– em, sobre
medrar– em
melhorar– de
menor de
merecer de
mergulhar– em
mesclar– em
meter-se– a, em juiz

mimosear– com
ministrar– a
misericordioso com, para com
moderar-se em
mofar– de, com
molestar– com
molesto a

morador em[173]
moroso de, em
morrer de, por
mortificar-se com
motejar– de
mudar– de, (-se) para
murmurar– de

N

namorar–[174]
namorar-se de
negar-se a
natural de
necessário a

necessitar– de
negligente em
nutrir-se de, com
negociar– em, com
nivelar-se a, com

nobre de, em, por
nocivo a, com

O

obedecer a
obediente a
oblíquo a
obrigar– a
obrigação de
obsequioso com
obstar– a
obstinar-se em

obviar– a
ocupar-se com, em, de
ódio a, de, contra, para com
odioso a, para
ofender– com, por
ombrear-se a, com
oneroso a

opinar– sobre, de
opor– (-se) a
oposto a
oprimir– com
optar– por, entre
orar– por
orgulhoso com, para com, de

P

pactuar– com
padecer– de
pagar– a, de, em[175]
pálido de
parco em, de
parecer com, a, de
parecido a, com
paralelo a
participar– de, em, a
pasmar– de
passar– de, com, em
passível de

peculiar a
pegar– de, em
pender– de, a
pendurar– de, a
penetrado de
pensar– em
perdoar– a
perfumar– com
perguntar– a, por
perito em
permutar– com, por
pernicioso a

perpendicular a
persistir em
perseverar em
persuadir– de
pertencer a, pertencer para (= ser próprio de)
pertinaz em
pesado a
pesar– de (impessoal), a
piedade de
pleitear– com, contra
pobre de

---

[173] *Morador na rua tal, no largo tal* (e não *à rua tal*).
[174] É coloquial o uso da preposição *com*, influenciado talvez pela regência de *casar*.
[175] Não pode aceitar obj. direto de pessoa: Paguei *o médico*, mas sim de coisa paga: Paguei *a conta* ao garçom.

poderoso para, em
porfiar– em, por
pospor– a
possível de
possuído de
posterior a
povoar– de
prático em
precaver-se contra, de
preceder– em
precisar– de
proeminência sobre, de
preferir– a[176]
prejudicial a
preocupar-se com
preparar-se para
preponderar sobre
prescindir de

presentear– com
preservar– de
presidir– a, em
prestes a, para
presto a, para
presumir– de
prevalecer– sobre
prevenir– de, para, contra
prezar-se de
primeiro de, dentre, a, em[177]
privar– de, com
proceder a, com
processar– por
pródigo de, em
professar– em
proibir– a
promover– a
pronto para, em

propender para
propício a
propínquo de
próprio para, de
proporcionado a, com
prorromper em
prosseguir– em
prestar por
protestar– contra
provar– de, a
proveitoso a
prever– a, de
provocar– a, contra
próximo a, de
pugnar por, contra
purgar-se de
purificar-se de
puxar– de, por

Q

quadrar– com
qualificar– de
quebrantar-se com

queixar-se a, de
querelar contra
querer– a[178]

quebrado
querido de, por

R

radicar-se em
ralhar com
rebaixar– de, (-se) a
rebelde a
rebentar de
recair em, sobre
reclamar– contra
reclinar-se sobre
recolher-se a
recomendar– a
recompensar– com
reconciliar-se com
reconvir– sobre

recorrer– a
recostar-se sobre, em
recrear-se com
recusar– a
redundar em
reduzir– a (não *em*)
referir-se a
refletir– em, sobre
refugiar-se em
regalar-se com
regar– de
regozijar-se de, com
regular-se por

reincidir em
reintegrar– em
rejubilar– com
relaxar-se em
remontar– a
remover– de
renascer a
render-se a
renegar– de
rente com, a, de
renunciar– a
repartir– entre, com, por
representar– contra

---

[176] É errôneo o emprego do advérbio *antes* ou *mais* com este verbo porque a noção de preferência ou excelência já está contida no prefixo. É também errôneo o uso da conjunção comparativa *que* (ou *do que*). Deve dizer-se *prefiro isto àquilo, prefiro o teatro ao cinema*.

[177] O uso de *a* é considerado errado com exagero, por francesismo.

[178] No sentido de *estimar, querer bem*.

reptar– para
requerer– a
resguardar-se de, contra
residir em
resignar-se a, com
resistir a
resolver-se a
respeito a, de, por
responsável por

ressentir-se de
restabelecer-se de
resultar de
retirar-se de, a
retrair-se a
retratar-se de
retroceder– a, para
revestir– de, com
rico de, em

rígido de
rijo de
rir-se de
rivalizar– com
roçar-se com
rodear-se de, com
rogar– por
romper– com

S

saber– a (ter gosto), de
sábio em
sacar– de
saciar– de, a
sacrificar– a, (-se) por
sacudir– de
safar-se de
sair de, (-se) com
salpicar– de
salvar– de
sanar– de
são de
sarar– de
satisfazer– a, (-se) com
seco de
sedento de, por
seguro de, em
segregar– de, a
semelhante a
semelhar– a
sensível a
sentir-se de

separar– de
serviço em
servir– a, (-se) de, para
severo com, para com, em
sindicar– de
singularizar-se por
sito em[179]
soberbo com, de
sobrar a
sobreviver a
sobrevir a
sobrepujar– em
sobressair em, por
sobressaltar-se com
sóbrio de, em
socorrer– (-se) de, com, a
sofrido em
solicitar– de
solícito com
solto de
sonhar– com
sortir– de

submeter– a
subordinar– a
sub-rogar– em
subsistir com
substabelecer– em
substituir– por, a
subtrair– de, (-se) a
suceder– a
sujar-se com
sujeitar-se a
sujo de
sumir-se em
superior a
suplicar– a
surdo a, de
surpreender-se com
suspeitar– de
suspeito a, de
suspender– de
sustentar-se de, com
suster– com
suster-se de

T

tachar– de
tapar– com
tapizar– de
tardar– em
tardo a, em
tauxiado de
teimar em

temer– de, por
temeroso de
temível a
terçar– com
terminar– em, por
terno de
timbrar– em, de

tingir– de
tirar– de
tiritar de
topar– com
tornar– a
trabalha– de, por, para, em
traduzir– em, para, de

---

[179] *Sito na rua tal, no largo tal* e não *à rua*.

traficar– com, em	transitar– por	tresandar– a
traidor a, de	transplantar– de, para	trespassado de
transbordar– de	transportar-se de	tributar– a
transferir– a	trasladar– a, em, de	triste de, com
transfigurar-se em	tratar– de	triunfar– de
transformar– em	travar-se de	trocar– por, de
transido de	tremer– de	

U

ufanar-se de, com	único em	usar– de
último em, de, a	uniformizar– com	útil a, para
ultrajar– com	unir– a, com	utilizar-se de
ungir– com	untar– de, com	

V

vacilar– em	vedar– a	vingar-se de, em
valer– a	velar– por, em	visar– a (= pretender)
valer-se de	versado em	visar– (= dar o visto)
vangloriar-se de, por	verter– de, para, em	visível a
variar– de, em	vestir-se com, de	vizinho a, de
vazar– em	viciar-se com, em	voltar– de, a
vazio de	vincular– a	

Z

zangar-se com	zombar– de	zelar– por

7 - Colocação

"A colocação é um dos aspectos onde a criação individual, que pressupõe uma frase no discurso, é limitada por certos padrões sintáticos, impostos pela língua no indivíduo. É também onde a liberdade que ela deixa ao indivíduo é aproveitada amplamente para fins de estilística. Assim, há uma colocação sintático-gramatical e a seu lado uma colocação estilística, que se coordenam e complementam" [MC].

Sintaxe de colocação ou *de ordem*
É aquela que trata da maneira de dispor os termos dentro da oração e as orações dentro do período.

A *colocação*, dentro de um idioma, obedece a tendências variadas, quer de ordem estritamente gramatical, quer de ordem rítmica, psicológica e estilística, que se coordenam e completam. O maior responsável pela ordem favorita numa língua ou grupo de línguas parece ser a entonação oracional. Entre os casos de colocação usual ou normal em português sobressaem os seguintes:

a) a colocação do adjunto preposicionado depois do seu substantivo:
a casa *de Vera*

b) a colocação do adjunto adjetivo depois do seu substantivo:
homem *rico*

c) a colocação do adjunto não representado por adjetivo (artigo, pronome adjunto, quantificadores) antes do substantivo:
o homem bom
meu tio rico
sete pecados capitais
muitos livros raros

d) a colocação do verbo depois do sujeito, não havendo passiva com o pronome *se* ou quando não se trata de interrogação parcial com pronome não sujeito ou advérbio interrogativo:
Dudu mudou de colégio.
Mas: Aluga-se *esta casa*. Por que cometeu *ele* essa falta?

e) a colocação do complemento verbal depois do verbo:
Compramos *maçãs*.
Assistiram *ao filme*.
Bebel é *estudiosa*.

f) a colocação do objeto direto antes do indireto, quando constituídos por substantivos:
Escreveram *cartas ao sócio prejudicado*.

g) a colocação do objeto indireto antes do direto, quando constituídos por pronomes (ou o direto por substantivos):
Escreveram-*lhe cartas*.
Escreveram-*lhas*. (*lhe* + *as*)

"O português pertence ao número daquelas que se caracterizam pelo ritmo ascendente, em que se anuncia o termo menos importante e depois, com acentuação mais forte, a informação nova e de relevância para o ouvinte" [SA.2, 270].

Isto nos leva a uma ordem considerada *direta*, *usual* ou *habitual*, que consiste em enunciar, no rosto da oração, o sujeito, depois o verbo e, em seguida, os seus complementos, como vimos antes.

A ordem que saia do esquema SVC (sujeito – verbo – complemento) se diz *inversa* ou *ocasional*.

Chama-se *anástrofe* a ordem inversa da colocação do termo subordinado preposicionado antes do termo subordinante:
De teus olhos a cor vejo eu agora. (por: *A cor de teus olhos*)

Quando a colocação chega a prejudicar a clareza da mensagem, pela disposição violenta dos termos, diz-se que há um *hipérbato*:
a grita se levanta ao céu da gente por
a grita da gente se levanta ao céu [MC.4, s.v. Ambiguidade].

Diziam os retóricos que o hipérbato era a forma de expressões da paixão. Quando a deslocação cria a ambiguidade ou mais de uma interpretação do texto, alguns autores dão à forma o nome *sínquise*.

Quase sempre essa deslocação violenta dos termos oracionais, fonte de ambiguidades, exige, para o perfeito entendimento da mensagem, nosso conhecimento sobre as coisas e de ordem cultural:
Abel matou Caim

Pela lição bíblica não se há de entender que Abel praticou a ação e Caim a sofreu, mas sim ao contrário.

Sendo a ordem direta um padrão sintático, a ordem inversa, como afastamento da norma, pode adquirir valor estilístico. E realmente se lança mão da ordem inversa para enfatizar esse ou aquele termo oracional.

Posto no rosto da oração um termo sobre o qual queremos chamar a atenção do nosso ouvinte, quebra-se a norma sintática e consegue-se o efeito estilístico desejado. Por um jogo natural de oposição, a ordem direta também pode assumir valor estilístico para traduzir situações do campo da novidade. O estilo descritivo ama a ordem direta; José de Alencar tirou dela notáveis efeitos no seguinte trecho:

"A tarde ia morrendo. O sol declinava no horizonte e deitava-se sobre as grandes florestas, que iluminava com os seus últimos raios. A luz frouxa e suave do ocaso, deslizando pela verde alcatifa, enrolava-se como ondas de ouro e de púrpura sobre a folhagem das árvores. Os espinheiros silvestres desatavam as flores alvas e delicadas; e o ouricuri abria as suas palmas mais novas, para receber no seu cálice o orvalho da noite. Os animais retardados procuravam a pousada; enquanto a juriti, chamando a companheira, soltava os arrulhos doces e saudosos com que se despede o dia. Um concerto de notas graves saudava o pôr do sol, e confundia o rumo da cascata, que parecia quebrar a aspereza de sua queda, e ceder à doce influência da tarde. Era Ave-Maria" [JA.2, 37].

O ritmo ascendente predominante no português, dispondo os termos de acentuação mais fraca e menos significativos antes dos termos mais fortes, estabelece as seguintes normas válidas para as situações em que não predomine a linguagem emocional, algumas delas já enunciadas anteriormente e agora completadas:

a) os artigos, os pronomes (adjuntos), os quantificadores (com exceção dos cardinais com valor de ordinais) se antepõem:
    o livro, *um* livro, *este* livro, *meu* livro, *cada* livro, *três* livros

b) a preposição vem antes de um termo nominal ou pronominal:
    de noite, *a* ele

c) o advérbio *não* precede o verbo:
    não quero

d) o verbo auxiliar precede seu verbo principal:
    hei de ver, *quero* dizer, *costuma* falar

e) o adjetivo monossilábico modificador precede o nome de maior extensão fonética:
    bom dia, *má* hora, etc.

f) o adjetivo que exprime forma ou cor vem depois do substantivo, especificando seu conceito e o opondo a outros da espécie:
    rua *larga*, blusa *verde*

g) vem antes o adjetivo empregado não para designar o seu sentido próprio, mas para atribuir uma significação figurada:
    grande homem (em vez de: homem *grande*)
    "(...) eu não sou propriamente um autor defunto, mas um defunto autor" [MA.1, 1].

h) numa sequência de dois adjetivos e um substantivo, aqueles aparecem em geral juntos: *Bons e estimados livros* ou *Livros bons e estimados*. A quebra desta disposição, pondo o substantivo no meio, é recurso comum na poesia, mas também não ausente na prosa artística: *Bons livros e estimados*. No seguinte passo João Ribeiro afastou ainda mais os dois adjetivos:
    "E quando foi noite, a donzela *transida* de terror e *lagrimosa* buscou o eremita" [JR.2, 97].

i) na sequência dos pronomes sujeitos *eu* e *tu*, *eu* e *ele* ou entre *eu* + pronome de tratamento ou substantivo, em geral a série começa com *eu*:
    Eu e ele saímos juntos.

   Todavia a inversão é possível (apesar de já ter sido apontada como francesismo), especialmente quando, por delicadeza e educação, se quer dar precedência ao interlocutor:
   "Estamos no Minho, *o leitor e eu*" [CBr.12, 1].
   "E assim galgamos *ele e eu* o rochedo" [JR.2, 194].

Colocação dos termos na oração e das orações no período
A norma sintática do português registra os seguintes casos:
1.º) Põe-se de ordinário o sujeito representado por substantivo depois do verbo na passiva pronominal:
Alugam-se casas.

Outra posição pode mudar a análise da oração, desde que entre um termo a que nossa tendência anímica atribua a realização da oração. Note-se a diferença contextual entre *Abriu-se a porta* (voz passiva) e *A porta abriu-se* (voz ativa).
A norma já não é imperiosa se o sujeito está representado por um pronome:
"*Aquilo* nunca se vira por ali" [JL.1, 74].

2.º) Nas orações reduzidas de gerúndio e particípio, o sujeito vem depois do verbo na língua contemporânea (exceto com o pronome isto: *Isto* posto ou Posto *isto*):
Terminando o discurso, dirigiu-se ao hotel.
Terminado o discurso, dirigiu-se ao hotel.

3.º) O verbo vem no início das orações que indicam existência (*ser*, *existir*, *haver*, *fazer*), tempo, peso, medida:
Era uma vez um príncipe.
Existiam várias razões.
Houve discussão.
Faz três anos que não o vejo.
São várias horas de distância.
Faltam dois dias para a festa.

4.º) O verbo vem no início das subordinadas condicionais e concessivas sem transpositor:
Tivesse-me ele dito a verdade, tudo acabaria bem.
Acabasse falando comigo, mesmo assim não lhe perdoaria.

5.º) Nas orações intercaladas de citação, o sujeito vem de ordinário depois do verbo:
Suma-se – ordenou *o policial*.

6.º) Nas interrogações introduzidas por pronomes e advérbios (*quem, que, o que, quanto, qual, como, quando, onde, por que*), o verbo vem em geral antes do sujeito, desde que este não seja o pronome interrogativo:
Quem veio aqui? (*quem* sujeito)
De quem falava você quando chegamos?
Como foi ele passar nessa encrenca?

Usa-se ainda, neste caso, sujeito antes do verbo ou a palavra interrogativa no fim da oração:
De quem você falava?
Ele comprou o quê?

OBSERVAÇÃO: Na pergunta retórica costuma-se pôr o sujeito antes do verbo em construção do tipo: *O médico aconselhou esta dieta, e você seguiu?*

7.º) Nas orações exclamativas, de sentido optativo ou não, é frequente o sujeito vir depois do verbo:
Como era verde *o meu vale!*
Viva *o rei!* (construção fixa)

8.º) A oração subordinada subjetiva vem normalmente depois do verbo regente:
Consta *que o trem atrasou.*
Ficou patente *que o progresso começara.*
É aconselhável *que não se retirem agora.*

9.º) A oração subordinada adverbial causal iniciada por *como* vem em geral no início do enunciador de sua principal:
Como o tempo melhorou, sairemos agora.

10.º) Numa sequência de pronomes átonos, vem em primeiro lugar o que funciona como objeto indireto seguido do objeto direto:
Eu vo-*lo* darei.
Nunca *lho* dissemos.

OBSERVAÇÃO: Nas ocorrências com o pronome *se* + *me, te, lhe, nos, vos*, o *se* vem sempre em primeiro lugar:
Não *se me* afiguram boas as soluções.
Pouco *se nos* dá esse tipo de solução.

11.º) Diante de negação, o pronome átono pode vir antes ou depois do advérbio *não*:
Ele *não me* disse. Ele *me não* disse (rara entre brasileiros).

12.º) Não raro se intercala uma ou mais palavras entre o pronome átono em próclise e o verbo:
"Eram grandes raids, entradas, como *se* então *dizia*" [AAr.2, 128].
Se *me* isto o céu *concede.*

13.º) Nas orações em que entra verbo intransitivo parece haver preferência da posposição do sujeito, como indica esta passagem de Garrett:
"Assim passaram *meses*, assim correu *o inverno* quase todo, e já as amendoeiras se toucavam de suas alvíssimas flores de esperança, já uma depois de outras iam renascendo *as plantas*, iam abrolhando *as árvores*; logo vieram *as aves* trinando seus amores pelos ramos... insensivelmente era chegando *o mês* de abril, estávamos em plena e bela primavera" [AGa *apud* GM.1, 365].

14.º) Por elegância e ênfase de expressão, pode-se deslocar para antes do pronome relativo o predicativo da oração adjetiva:
Daniel, *professor* que foi daquela escola, nunca se dispôs a mudar de cidade.

Colocação e clareza
Levadas em conta as construções fundamentais de que a linguagem natural e espontânea não costuma afastar-se, é certo que para a estrutura oracional temos em português bastante liberdade. Esta, porém, é maior no verso, em que ocorrem certas transformações complementares estranhas não só ao falar comum, mas ainda ao discurso limado. Alguns escritores abusaram da liberdade poética, a ponto de tornarem a linguagem obscura e quase ininteligível:
"Ama a vivenda dos contrários ao fogo undosos rios" [AC].
"A do rei potente mimosa filha
Dos sem conto que há passado maléficos portentos" [AC *apud* SA.2, 276].

Colocação dos pronomes pessoais átonos e do demonstrativo *o* é questão de fonética sintática
Durante muito tempo viu-se o problema apenas pelo aspecto sintático, criando-se a falsa teoria da "atração" vocabular do *não*, do *quê*, de certas conjunções e tantos outros vocábulos. Graças a notáveis pesquisadores, e principalmente a Said Ali em estudos do final do século XIX, passou-se a considerar o assunto pelo aspecto fonético-sintático. Abriram-se com isso os horizontes, estudou-se a questão dos vocábulos átonos e tônicos, e chegou-se à conclusão de que muitas das regras estabelecidas pelos puristas ou estavam erradas, ou se aplicavam em especial atenção ao falar lusitano levantadas por José Feliciano de Castilho, nas suas críticas a José de Alencar. A Gramática, alicerçada na tradição literária, ainda não se dispôs a fazer concessões a algumas tendências do falar de brasileiros cultos, e não leva em conta as possibilidades estilísticas que os escritores conseguem extrair da colocação de pronomes átonos. Daremos aqui apenas aquelas normas que, sem exagero, são observadas na linguagem escrita e falada das pessoas cultas. Não se infringindo os critérios expostos, o problema é questão pessoal de escolha, atendendo-se às exigências da eufonia e do ritmo frasal. É urgente afastar a ideia de que a colocação brasileira é inferior à que os portugueses observam, porque:
"*a pronúncia brasileira diversifica da lusitana; daí resulta que a colocação pronominal em nosso falar espontâneo não coincide perfeitamente com a do falar dos portugueses*" [SA.2, 279].

O pronome átono pode assumir três posições em relação ao vocábulo tônico, donde a *ênclise*, *próclise* e *mesóclise*.

ÊNCLISE é a posposição do pronome átono (vocábulo átono) ao vocábulo tônico a que se liga:
Deu-*me* a notícia.

PRÓCLISE é a anteposição ao vocábulo tônico:
Não *me* deu a notícia.

MESÓCLISE é a interposição ao vocábulo tônico:
Dar-*me*-ás a notícia.

Critérios para a colocação dos pronomes pessoais átonos e do demonstrativo *o*

A - Em relação a um só verbo
1.º) Não se inicia período por pronome átono, de modo que está correto o seu emprego em:
"Sentei-*me*, enquanto Virgília, calada, fazia estalar as unhas" [MA.1, 125].
"Não! *vos* digo eu!" [AH *apud* FB.1, 197].
"Querendo parecer originais, *nos* tornamos ridículos ou extravagantes" [MM].

OBSERVAÇÕES:
1.ª) Ainda que não vitorioso na língua exemplar, mormente na sua modalidade escrita, este princípio é, em nosso falar espontâneo, desrespeitado, e, como diz Sousa da Silveira, em alguns exemplos literários, a próclise comunica "à expressão encantadora suavidade e beleza" [SS.1, § 523, a, obs.]. Aparece em texto literário quando não se quer quebrar a corrente contínua do pensamento, como se fora verdadeira linguagem eco, patente neste exemplo de Manuel Bandeira: "Li-o [o discurso de posse de Valéry] e me senti, ai de mim, na maior depressão moral. Me senti como que desamparado" [MB.1, II, 93]. Alguns modernistas, com Mário de Andrade à frente, tentaram estender essa próclise inicial de enunciado a todos os pronomes átonos, exagerando, porque isto não ocorre com *o, a, os, as*: O vi. Depois, só Mário persistiu no uso, apesar das ponderações de Manuel Bandeira em carta ao escritor paulista.
2.ª) Preso a critério de *oração* (e não *período*, como aqui fizemos), Rui Barbosa [RB.1] tem por errônea a colocação em: "Se a simulação for absoluta, sem que tenha havido intenção de prejudicar a terceiros, ou de violar disposições de lei, e for assim provado a requerimento de algum dos contratantes, – *se julgará o ato inexistente*". Os que adotam o critério de *oração*, só aceitam a posição inicial do pronome átono na intercalada de citação, como ocorre no exemplo de Herculano acima transcrito.
3.ª) Em expressões cristalizadas de cunho popular aparece o pronome no início do período: "*T'esconjuro!... sai, diabo!...*" [MA.1, 97].

2.º) Não se pospõe, em geral, pronome átono a verbo flexionado em oração subordinada:
"Confesso que tudo aquilo *me* pareceu obscuro" [MA.1, 79].
"Se *a* visse, iria logo pedi-la ao pai" [MA.1, 87].
"Tu que *me* lês, Virgília amada, não reparas na diferença entre a linguagem de hoje...?" [MA.1, 91].

OBSERVAÇÃO: Quando se trata de orações subordinadas coordenadas entre si, às vezes ocorre a ênclise do pronome átono na segunda oração subordinada. Também quando na subordinada se intercalam palavras ou oração, exigindo uma pausa antes do verbo, o pronome átono pode vir enclítico: "Mas a primeira parte se trocou por intervenção do tio Cosme, que, ao ver a criança, *disse-lhe* entre outros carinhos..." [MA *apud* MBa.2, 197]. Em todos estes e outros casos que se poderiam lembrar, a ação dos gramáticos se tem dirigido para a obediência ao critério exposto, considerando esporádicos e não dignos de imitação os exemplos que dele se afastam.

3.º) Não se pospõe pronome átono a verbo modificado diretamente por advérbio (isto é, sem pausa entre os dois, indicada ou não por vírgula), ou precedido de palavra de sentido negativo, bem como de pronome ou quantitativo indefinidos, enunciados sem pausa (*alguém, outrem, qualquer, muito, pouco, todo, tudo, quanto*, etc.):
"Não *me* parece; acho os versos perfeitos" [MA.1, 69].
Sempre *me* recebiam bem.   Ninguém *lhe* disse a verdade.
Alguém *me* ama.   Todos *o* querem como amigo.

Se houver pausa, o pronome pode vir antes ou depois do verbo:
"Ele esteve alguns instantes de pé, a olhar para mim; depois estendeu-*me* a mão com um gesto comovido" [MA.1, 86].
"O poeta muitas vezes se delicia em criar poesia, não tirando-*a* de si (...)" [MM].

OBSERVAÇÃO: Como já foi indicado antes, o pronome átono, não inicial, pode vir antes da palavra negativa:
"(...) descia eu para Nápoles a busca de sol que *o não* havia nas terras do norte" [JR.2, 187].

4.º) Não se pospõe pronome átono a verbo no futuro do presente e futuro do pretérito (condicional). Se não forem contrariados os princípios anteriores, ou se coloca o pronome átono proclítico ou mesoclítico ao verbo:
"A leitora, que ainda *se lembrará* das palavras, dado que me tenha lido com atenção (...)" [MA.4]. (proclítico)
"Teodomiro *recordar-se-á* ainda de qual foi o desfecho do amor de Eurico (...)" [AH.1, 60]. (mesoclítico)
"Os infiéis... *contentar-se-ão*, talvez, com as riquezas..." [AH.1, 146]. (mesoclítico)

5.º) Não se pospõe ou intercala pronome átono a verbo flexionado em oração iniciada por palavra interrogativa ou exclamativa:
"Quantos *lhe* dá?" [MA.1, 97].
"Quem *me* explicará a razão dessa diferença?" [MA.1, 158].
Como *te* perseguem!

6.º) Não se antepõe pronome átono a verbo no gerúndio inicial de oração reduzida. Coloca-se o pronome átono enclítico:
Encontrei-o na condução, *cumprimentando-o* cordialmente.

OBSERVAÇÕES:
1.ª) Se o gerúndio não estiver iniciando a oração reduzida, pode ocorrer também a próclise, a qual será obrigatória se estiver precedido da preposição *em*.
Ela veio a mim, *em me dizendo* novidades que eu desconhecia.
Saí contente, *ela me dizendo* que não esquecera a infância feliz.
2.ª) Com o infinitivo preposicionado, o pronome átono pode vir anteposto ou posposto ao verbo: A maneira *de achá-los* (ou: *de os achar*).

B - *Em relação a uma locução verbal*
Temos de considerar dois casos:

a) Auxiliar + { infinitivo: ***quero falar***
ou
gerúndio: ***estou falando*** }

Se os princípios já expostos não forem contrariados, o pronome átono poderá aparecer:

1) Proclítico ao auxiliar:
Eu *lhe* quero falar.
Eu *lhe* estou falando.

2) Enclítico ao auxiliar (ligado por hífen).
Eu quero-*lhe* falar.
Eu estou-*lhe* falando.
"(...) e a conversação de Adrião *foi-a* lentamente acostumando à sua presença" [EQ.4, 56].

OBSERVAÇÃO: Não se usa a ênclise ao auxiliar da construção *haver de* + infinitivo. Neste caso se dirá *Havemos de ajudá-lo* ou *Havemos de o ajudar*.

3) Enclítico ao verbo principal (ligado por hífen):
Eu quero falar-*lhe*.
Eu estou falando-*lhe*. (mais raro)

OBSERVAÇÕES:
1.ª) Com mais frequência ocorre entre brasileiros, na linguagem falada ou escrita, o pronome átono proclítico ao verbo principal, sem hífen:
Eu quero *lhe* falar.
Eu estou *lhe* falando.

A Gramática clássica, com certo exagero, ainda não aceitou tal maneira de colocar o pronome átono, salvo se o infinitivo estiver precedido de preposição: *Começou a lhe falar* ou *a falar-lhe*.

2.ª) Com o infinitivo podem-se contrariar os princípios 2.º e 3.º anteriormente formulados:

Eu não quero falar-*lhe*.
Espero que não queira falar-*lhe*.

3.ª) Nas construções com o verbo *haver* do tipo *há-se de* + *infinitivo* ou *há de se* + *infinitivo*, esta última é mais corrente, e a primeira, mais comum em Portugal, aparece apenas como reminiscência literária:

"(...) e *hão-me* ainda a face
De encobrir ervançais, para não *ver-te*" [AO *apud* SS.1, § 524, 3, obs.].

4.ª) Evite-se, por antieufônica, a colocação de *o*(*s*), *a*(*s*), sem hífen, depois do auxiliar: *Quero o ver*; *Estamos o chamando*. Empregar-se-á: *Eu o quero ver* (ou: *Quero vê-lo*); *Nós o estamos chamando* (ou: *Estamos chamando-o*).

5ª.) Pelos exemplos dados vê-se que o pronome átono pode, corretamente, acostar-se tanto ao verbo auxiliar quanto ao verbo principal, ao qual serve de complemento.

b) Auxiliar + particípio: **tenho falado**...
Não contrariando os princípios iniciais, o pronome átono pode vir:

1) Proclítico ao auxiliar:
Eu *lhe* tenho falado.

2) Enclítico ao auxiliar (ligado por hífen):
Eu tenho-*lhe* falado.

Jamais se pospõe pronome átono a particípio. Entre brasileiros também ocorre a próclise ao particípio:
Eu tenho *lhe* falado.

Depois do particípio usamos a forma tônica do pronome oblíquo, precedida de preposição:
Eu tenho falado *a ele*.
Ela tem visitado *a nós*.

Posições fixas
A tradição fixou a próclise ainda nos seguintes casos:
1) com o gerúndio precedido da preposição *em*:
"Ninguém, desde que entrou, em *lhe* chegando o turno, se conseguirá evadir à saída" [RB.2, 30].

2) nas orações exclamativas e optativas, com o verbo no subjuntivo e sujeito anteposto ao verbo:
Bons ventos *o* levem!
Deus *te* ajude!

Explicação da colocação dos pronomes átonos no Brasil
Nos princípios anteriormente comentados, vimos certas tendências brasileiras que nem sempre a Gramática agasalha como dignas de imitação, presa que está a um critério de autoridade que a linguística moderna pede seja revisto.

Sobre o assunto, em lúcido resumo, comenta o prof. Martinz de Aguiar:
"A colocação de pronomes complementos em português não se rege pela fonética, nem é o ritmo, o mesmo binário-ternário, em ambas as modalidades, brasileira e lusitana, que impõe uma colocação aqui, outra ali, não. Ela obedece a um complexo de fatores, fonético (rítmico), lógico, psicológico (estilístico), estético, histórico, que às vezes se entreajudam e às vezes se contrapõem. Numa frase como *ele vem-me ver*, geral em Portugal, literária no Brasil, o fator lógico deslocou o pronome *me* do verbo *vem*, para adjudicá-lo ao verbo *ver*, por ser ele determinante, objeto direto, do segundo, e não do primeiro. Isto é: deixou a língua falada no Brasil de dizer *vem-me ver* (fator histórico, por ser mera continuação do esquema geral português), para dizer *vem me-ver* (escrito sem hífen), que também vigia na língua, ligando-se o pronome ao verbo que o rege (fator lógico). Esta colocação de tal maneira se estabilizou, que pouco se diz *vem ver-me* e trouxe consequências imprevistas:

1.ª) Pôde-se juntar o pronome ao particípio, procliticamente:
Aqueles *haviam se corrompido* (escrito sem hífen aqui e nos iguais exemplos).

2.ª) Pôde-se pôr o pronome depois dos futuros (do presente e do pretérito): *Poderá se reduzir, poderia se reduzir*. Deixando de ligar-se aos futuros, para unir-se ao infinitivo, deixou igualmente de interpor-se-lhe aos elementos constitutivos.

3.ª) Em frases como *vamos nos encontrar*, deixando o pronome de pospor--se à forma verbal pura, para antepor-se à nominal, deixou igualmente de determinar a dissimilação das sílabas parafônicas, podendo-se então dizer *vamo-nos encontrar*" [MAg.1, 408-409].

Pelas mesmas razões variadíssimas é que no Brasil, na linguagem coloquial, o pronome átono pode assumir posição inicial de período.

Apêndice

I - FIGURAS DE SINTAXE (OU DE CONSTRUÇÃO)

Fenômenos de sintaxe mais importantes

1) Elipse

Chama-se *elipse* a omissão de um termo facilmente subentendido por faltar onde normalmente aparece, ou por ter sido anteriormente enunciado ou sugerido, ou ainda por ser depreendido pela situação ou contexto. É o que ocorre quando, diante de um quadro, uma pessoa dá sua opinião:
"*É belo!*" [MC.4, s.v.].
São barulhentos, mas eu admiro *meus alunos*.

Assim, não se há de considerar elipse a omissão do sujeito léxico já que ele está indicado na desinência verbal, o sujeito gramatical. A necessidade de explicitação do sujeito gramatical mediante um sujeito explícito é ditada pelo texto; a rigor, portanto, não se trata da "elipse" do sujeito, mas do "acréscimo" de expressão que identifique ou explicite a que se refere o sujeito gramatical indicado na desinência do verbo finito ou flexionado. Em português, salvo nos casos de ênfase ou contraste, não se explicita o sujeito gramatical mediante os pronomes sujeitos de 1.ª e 2.ª pessoas do singular e do plural:
Sairei depois do almoço (desnecessário: *Eu* sairei...)
Foste contemplado na crítica (desnecessário: *Tu* foste...)
Mas:
Eu sairei, e *tu* ficarás.

Entre as elipses que ocorrem com mais frequência estão:

a) a da preposição em algumas circunstâncias adverbiais depreendidas pelo contexto:
As visitas, *pés sujos*, entraram no salão.
O tecido custava dez reais *o metro*.

Domingo irás à festa.
Conhecem-no *uma légua* em redondo.

OBSERVAÇÃO: Também ocorre a elipse de preposição em séries coordenadas:
"(...) eu disse a seu pai que a sustentação *de sua filha e marido...*" [CBr.6, 104].
"Deus não dá *para ócios ou desperdícios*" [CBr.6].
Geralmente é mais rara a elipse quando a preposição vem com artigo:
"Estou farto das afrontas *dos nobres e dos plebeus*" [CBr.6, 110].
Ou quando há ênfase:
"(...) (duas almas) recolhidas *em si e em Deus*" [CBr.6].
Também é mais comum repetir-se a preposição antes dos pronomes pessoais monossilábicos e do pronome reflexivo:
Não se lembrou *de mim e de ti*.
Nas locuções prepositivas também é comum esta praxe; entretanto, só se costuma repetir o último componente da locução:
Através da história e *da* lenda, o fato chegou até nós.
Antes de mim e *de* ti há a justiça.

b) a da preposição antes do conectivo que introduz as orações de complemento relativo e completivas nominais:
Preciso (*de*) que venhas aqui.
Estou necessitado (*de*) que venhas aqui.

OBSERVAÇÃO: Pode ocorrer a elipse não só da preposição, mas também da conjunção integrante:
"Quis defendê-la, mas Capitu não me deixou, continuou a chamar-lhe beata e carola, em voz tão alta que *tive medo fosse* ouvida dos pais" [MA *apud* MBa.3, 80].

c) a da conjunção integrante, mormente como transpositor das subordinadas subjetivas e objetivas diretas:
É necessário (*que*) se faça tudo rapidamente.
Espero (*que*) sejam felizes.

OBSERVAÇÃO: Às vezes dois verbos seguidos vêm desacompanhados das respectivas conjunções integrantes:
"Frequentes vezes me *disse esperava* lhe arrumassem o processo" [CBr.10, I, 51].

d) a do verbo *dizer* (e assemelhados) nos diálogos:
E ela: – Você está zangado comigo?

e) a do objeto direto representado por pronome átono para aludir ao substantivo anteriormente expresso:
Você recebeu *o convite*? *Recebi* sim (por Recebi-*o* sim)

"Cuidas que não tem cura lançar sangue? *Tem*, meu filho, *tem*" [CBr. *apud* MBa.5, 172].
Alguns autores condenaram sem razão este tipo de elipse por anáfora.

f) a da preposição *de* em construções do tipo *vestido cor-de-rosa* por vestido *de cor-de-rosa*; pode-se também omitir toda a expressão *de cor de*: *vestido rosa*.

g) a elipse de rigor da conjunção integrante *que* depois de *que* ou *do que* comparativo:
A um animal atacado de raiva é melhor que o matem *do que esteja a penar* (por *do que que esteja a penar*).

h) a elipse do primeiro elemento (preposição ou advérbio) que integra a chamada locução conjuntiva (*posto que, dado que*, etc.) na oração subordinada coordenada à anterior:
Nada houve contra ela, *se bem que* uma voz rouca se levantou no tribunal e *que* (por: *se bem que*) dois ou três presentes a acompanharam com certo entusiasmo.

OBSERVAÇÃO: Evite-se a simples lembrança da conjunção subordinativa da 1.ª oração por um *que* na 2.ª subordinada, coordenada à anterior:
Quando ele me viu e *que* disse isso, acreditei na sua versão do fato.
Ou se repete o *quando* (*Quando... e quando*) ou só se usa a conjunção coordenativa (*Quando... e disse*).
"*Quando* as senhoras-donas, todas caladas, viram aquele condenado, *e* uma, mais animosa, *gritou*-lhe (...)" [SLn.1, 110].

2) Pleonasmo

É a repetição de um termo já expresso ou de uma ideia já sugerida, para fins de clareza ou ênfase:
Vi-*o a ele* (pleonasmo do objeto direto).
Ao pobre não *lhe* devo (pleonasmo do objeto indireto).
"(...) o conde atirava à mísera cantora alguns soldos que ainda *lhe* reforçavam *a ela* as cordas vocais" [JR.2, 188] (pleonasmo do dativo de posse).
Subir para cima.

O grande juiz entre os pleonasmos de valor expressivo e os de valor negativo (por isso considerados erro de gramática) é o *uso*, e não a *lógica*. Se não dizemos, em geral, fora de situação especial de ênfase: *Subir para cima* ou *Descer para baixo*, não nos repugnam construções com *O leite está saindo por fora* ou *Palavra de rei não volta atrás*.

"A vida não é apagável, pensei. Nem *volta atrás*. Ainda não construíram a máquina do tempo" [CFe.1].

Eis alguns casos comuns de pleonasmo:

a) a série possessiva *seu... dele, sua... dela* para fugir à ambiguidade:
"Mas não esmoreceu o Sr. Conde de Laet. Ninguém melhor do que ele fez então a psicologia da maior parte dos nossos movimentos revolucionários. Não só mostrou que quase sempre a *sua* causa *deles*, 'é um segredo' (...)" [JR *apud* CL.1, II, 333].

b) o emprego de dois termos de significado negativo para afirmar (*não indouto* = douto; *não sem razão* = *com razão*; *nada anormal* = *muito normal*; *sem desconhecer* = *conhecendo*; *indesculpável* = *culpável*) [MBa.3, 54 e MBa.4, 64].

c) a repetição da conjunção integrante em construções do tipo (➚ 516):
"(...) e disse *que*, se lhe não queríamos mais nada, *que* podíamos ir à nossa vida" [CBr.1, 45].
É frequente na variedade coloquial falada acompanhando transpositores de oração subordinada:
Quero saber *como que* você fez isso.
Ainda não marcamos *quando que* iremos nos casar.

OBSERVAÇÃO: Ao termo repetido pleonasticamente pode faltar a preposição requerida [MBa.7, 63]:
Quem mal fizer, mal lhe venha.

Finalmente, há de se ter presente para não usar sempre que possível o pleonasmo léxico que resulta do esquecimento do verdadeiro significado de certas expressões portuguesas ou estrangeiras: *decapitar* (por *decepar*, já que *decapitar* só pode referir-se à *cabeça*) *a cabeça, exultar de alegria, panaceia universal, esquecimento involuntário, desde ab aeterno* (*ab aeterno* é expressão latina que já indica *desde a eternidade*), *desde ab initio, tornar a repetir, prever de antemão, antídoto contra* e tantos outros. Alguns, usados pelos melhores escritores, já correm com alguma despreocupação diante da crítica mais severa, como é o caso de *suicidar-se*. Já está incorporada a repetição do prefixo e preposição de mesmo significado, como: *in*corporar *em*, *co*abitar *com*, *co*incidir *com*, *con*formar-se *com*, etc.

3) Anacoluto

É a quebra da estruturação lógica da oração:
>Os três reis magos, conta a lenda que um *deles* era negro.
>"*Os que acompanhavam o enterro*, apenas dois o faziam por estima à finada: eram Luís Patrício e Valadares" [MA].

"Resulta esta anomalia em geral do fato de não poder a linguagem acompanhar o pensamento em que as ideias se sucedem rápidas e tumultuárias. É a precipitação de começar a dizer alguma cousa sem calcular que pelo rumo escolhido não se chega diretamente a concluir o pensamento. Em meio do caminho dá-se pelo descuido, faz-se pausa, e, não convindo tornar atrás, procura-se saída em outra direção" [SA.4, 38].

O anacoluto, fora de certas situações especiais, é evitado pelas pessoas que timbram em falar e escrever corretamente a língua.

Coloca-se entre as construções anacolúticas o começar o enunciado por um termo não preposicionado e depois recuperá-lo na sua função própria, como que desprezando o inicial:
>*A pessoa* que não sabe viver em sociedade, *contra ela* se põe a lei.
>A construção gramatical seria: *Contra a pessoa* que... se põe a lei.

Um anacoluto muito comum é: *Eu parece-me* que tudo vai bem. (➚ 224)

4) Antecipação ou prolepse

É a colocação de uma expressão fora do lugar que logicamente lhe compete:
>*O tempo parece que vai piorar*

por
>*Parece que o tempo vai piorar.*

As antecipações são ditadas por ênfase e muitas vezes geram anacolutos, mas destes diferem porque não quebram a estrutura gramatical do enunciado. Assim há apenas antecipação do termo *irapuru* (que deve ficar na oração de *quando*), e não anacoluto, nos conhecidos versos de Humberto Campos:
>"Dizem que o irapuru quando desata
>A voz – Orfeu do seringal tranquilo –
>O passaredo, rápido a segui-lo
>Em derredor agrupa-se na mata",

isto é: dizem que, *quando o irapuru* desata a voz (...) o passaredo (...) agrupa-se na mata.

5) Braquilogia

É o emprego de uma expressão curta equivalente a outra mais ampla ou de estruturação mais complexa:

> *Estudou como se fosse passar*

por

> *Estudou como estudaria se fosse passar.*

Incluem-se nos casos de braquilogia deste tipo construções como *Entrei e saí de casa*, derivada de *Entrei em casa e daí saí* (ou *donde saí*).

É o que também ocorre naquelas em que entram graus de comparação, como: *Eles são melhores ou tão bons como nós* por *Eles são melhores do que nós ou tão bons como nós*.

Ainda há braquilogia quando se coordenam dois verbos de complementos diferentes e se simplifica a expressão dando-se a ambos o regime do verbo mais próximo: *Eu vi e gostei do filme* (por *Eu vi o filme e gostei dele*).

6) Haplologia sintática

É a omissão de uma palavra por estar em contato com outra (ou final de outra palavra) foneticamente igual ou parecida:

> Iracema *antes quer que* o sangue de Caubi tinja sua mão *que* a tua [JA.4, 223]. Isto é: *antes quer que... que quer que* a tua.

7) Contaminação sintática

"É a fusão irregular de duas construções que, em separado, são regulares" [ED.2, § 482].

> *Fiz com que Pedro viesse*
> (fusão de *Fiz com Pedro que viesse* e *Fiz que Pedro viesse*).
> *Caminhar por entre mares*
> (fusão de *Caminhar por mares* e *Caminhar entre mares*).
> *As estrelas pareciam brilharem* (sintaxe que não é recomendada na língua-padrão)
> (fusão de *As estrelas pareciam brilhar* com *Parecia que as estrelas brilhavam*).
> *Fazer de conta*
> (fusão de *Fazer conta* = imaginar, supor, com expressões em que *fazer* é seguido da preposição *de: fez de tolo, de sonso*, etc).
> *Ter como obrigação de fazer*
> (fusão de *Ter por obrigação fazer* e *Ter a obrigação de fazer*).
> *Chegou de a pé*
> (fusão de *Chegou de pé* e *Chegou a pé*).

Estas contaminações são frequentes e ocorrem nos bons escritores quando o verbo admite uma construção com complemento direto de pessoa e preposicionado de coisa, e outra com preposicionado de pessoa e direto de coisa. É o caso, entre muitos outros, de *persuadir* (*persuadir alguém a fazer* ou *persuadir a alguém que faça*), *fazer* (*fazer que alguém* e *fazer com alguém que*), que admitem fusões do tipo:
    O fato *lhe* persuadiu *a* deixar o trabalho.
    Fizemos com que Pedro chegasse logo.

Também resultam de contaminações sintáticas acumulações de preposições como:
    Andar *por entre* espinhos (*andar por espinhos* + *andar entre espinhos*).

8) Expressão expletiva ou de realce

É a que não exerce função gramatical:
    Nós *é que* sabemos viver
    Aqui *é onde a* ilusão se acaba.
    Oh! Que saudades *que* tenho!
    Quanto *que* é a conta?

Há um *é* reforçativo em: "Não o vejo assim: vejo-o *é* nadando no mistério como um peixe n'água" [MB.II, 290].

É frequente o aparecimento de um *que* expletivo depois de conjunções, advérbios e expressões adverbiais:
    Eu não sei *quando que* ele vem.
    Enquanto que isso acontecia, não vinha nenhum socorro.
    Desde cedo que esperavam por elas.
    Verdadeiramente que ficamos amedrontados.
    Quase que o incidente se transforma num caso de polícia.

OBSERVAÇÃO: Quando há circunstâncias de lugar e de tempo, o *que* é substituído, respectivamente, por *onde* e *quando*.
    No Recife *é onde* fez o primário.
    Durante a chuva *é quando* ocorrem mais acidentes de trânsito.

Tratando de pessoa, *é quem* pode aparecer por *é que*:
    É Everaldo *quem* melhor conhecia o serviço.

É preciso distinguir o *é que* expletivo do *é que* que indica:

    a) *é* + *que* (conj. integrante):
        A verdade *é que* saíram.

b) *é* (verbo vicário) + *que* (conj. integrante):
"Que quer dizer este nome? *É que* as almas..." [MBe *apud* JO.1]. (*É que* = *quer dizer que*)

c) *é* (vicário) + *que* (conj. causal):
Por que veio? *É que* teve medo (*é que* = *veio porque*)

d) *é que* = *é o que*
Este livro *é que* lemos ontem (= *é o que* lemos ontem)

e) há um *é que* que difere dos demais pela forte pausa que separa os dois termos, dando a impressão de se tratar de um resquício de oração seguido de conj. integrante que introduz seu antigo sujeito (= *é verdade, é certo que*):
"Ou *é que* o digesto não vale para os que o estudaram?" [AH.5, II, 35].
Modernamente se usa muito desta linguagem em *será que*:
Ou *será que* eu estou errado?

9) Anáfora

Repetição da mesma palavra em começo de frases diferentes:
Quem pagará o enterro e as flores/ Se eu me morrer de amores?/ *Quem*, dentre amigos, tão amigo/ Para estar no caixão comigo?/ *Quem*, em meio ao funeral/ Dirá de mim: – Nunca fez mal.../ *Quem*, bêbedo, chorará em voz alta/ De não me ter trazido nada?/ *Quem* virá despetalar pétalas/ No meu túmulo de poeta? [VM.1].

Também chamamos de anáfora o processo sintático em que um termo retoma outro anteriormente citado: A *cadela* Laika foi o primeiro *animal* da Terra a ser colocado em órbita. *Ela* morreu horas depois do lançamento.

10) Anástrofe

Inversão de palavras na frase:
De repente *chegou a hora*. (Por: De repente *a hora chegou*.)

11) Assíndeto

Tipo de elipse que se aplica à ausência de conectivos:
Vim, vi, venci. [Júlio César]
"Sonha como a noite, canta como os anjos, dorme entre as flores!" [AA.2]
Espero sejas feliz! (Por: *Espero que sejas* feliz!)

12) Hipérbato

Inversão violenta entre termos da oração:
"Sobre o banco de pedra que ali tens/ Nasceu uma canção" [VM.1].

13) Polissíndeto

Repetição enfática de conectivos:
E corre, *e* chora, *e* cai sem que possamos ajudar o amigo.

14) Silepse

Discordância de gênero, de pessoa ou de número por se levar mais em conta o sentido do que a forma material da palavra:
Saímos todos desiludidos da reunião. (Por: *Saíram todos* desiludidos da reunião).

15) Sínquise

Inversão violenta de palavras na frase que dificulta a compreensão. É prática a ser evitada.
Quase sempre essa deslocação violenta dos termos oracionais exige, para o perfeito entendimento da mensagem, nosso conhecimento sobre as coisas e saber de ordem cultural:
Abel matou Caim. (Por: *Caim matou Abel*)

16) Zeugma

Costuma-se assim chamar a elipse do verbo:
"Não *queria*, porém, ser um estorvo para ninguém. *Nem atrapalhar* a vida da casa" (omissão do verbo *querer*) [AMM.3].

2 - VÍCIOS E ANOMALIAS DE LINGUAGEM

Entre os vícios de linguagem cabe menção aos seguintes:

1) Solecismo

É o erro de sintaxe (que abrange a concordância, a regência, a colocação e a má estruturação dos termos da oração) que a torna incompreensível ou imprecisa, ou a inadequação de se levar para uma variedade de língua a norma de outra variedade; em geral, da norma coloquial ou popular para a norma exemplar:

Eu *lhe* abracei (por *o*)
A gente *vamos* (por *vai*)
Tu *fostes* (por *foste*)
Aluga-se casas (por *alugam-se*)
Vendas *à* prazo (por *a*)
Queremos *fazermos* tudo certo (por *queremos fazer*)

Como acertadamente frisa Mattoso Câmara, "não constituem solecismos os desvios das normas sintáticas feitas com intenção estilística (➚ 659), em que a afetividade predomina sobre a análise intelectiva, como na silepse, na atração, no anacoluto" [MC.4, 227].

2) Barbarismo

É o erro no emprego de uma palavra, em oposição ao solecismo, que o é em referência à construção ou combinação de palavra. Inclui o erro de pronúncia (ortoepia), de prosódia, de ortografia, de flexões, de significado, de palavras inexistentes na língua, de formação irregular de palavras:

contricto	por *contrito*
gratuíto	por *gratuito*
rúbrica	por *rubrica*
proesa	por *proeza*
cidadões	por *cidadãos*
fosteis	por *fostes*
a telefonema	por *o telefonema*
areonáutica	por *aeronáutica*
intemerato (= sem temor)	por *intimorato*

Também já se empregou o termo *barbarismo* para referir-se aos erros cometidos pelos estrangeiros ao adaptar ao seu idioma palavras e expressões de outra língua.

3) Estrangeirismo

É o emprego de palavras, expressões e construções alheias ao idioma que a ele chegam por empréstimos tomados de outra língua. Os estrangeirismos léxicos que entram no idioma, por um processo natural de assimilação de cultura ou de contiguidade geográfica, assumem aspecto de sentimento político-patriótico que, aos olhos dos puristas extremados, trazem o selo da subserviência e da degradação do país. Esquecem-se de que a língua, como produto social, registra, em tais estrangeirismos, os contatos de povos. Este tipo de patriotismo linguístico (Leo Spitzer lhe dava pejorativamente o nome de *patriotite*) é antigo e revela reflexos de antigas dissensões históricas. Bréal lembra que os filólogos gregos que baniam os vocábulos turcos do léxico continuavam, à sua moda, a guerra da independência [MBr.1, 226]. Entre nós, o repúdio ao francesismo ou galicismo nasceu da repulsa, aliás justa, dos portugueses aos excessos dos soldados de Junot quando Napoleão ordenou a invasão de Portugal. O que se deve combater é o excesso de importação de línguas estrangeiras, mormente aquela desnecessária por se encontrarem no vernáculo palavras e giros equivalentes. A introdução de uma palavra estrangeira para substituir uma vernácula em geral se explica pela debilidade funcional da palavra ameaçada de substituição.

Modernamente no mundo globalizado em que vivemos, onde os contactos de nações e de culturas são propiciados por mil modos, os estrangeirismos interpenetram-se com muita facilidade e rapidez. Para nós, brasileiros, os estrangeirismos de maior frequência são os *francesismos* ou *galicismos* (de língua francesa), *anglicismos* (de língua inglesa), *espanholismos* ou *castelhanismos* (de língua espanhola), *italianismos* (de língua italiana).

De modo geral, os estrangeirismos léxicos se repartem em dois grupos: os que se assimilam de tal maneira à língua que os recebe, que só são identificados como empréstimos pelas pessoas que lhes conhecem a história (*guerra*, *detalhe*, etc. – a esses os alemães chamam *Lehnwörter*, "empréstimos"); mas há os que facilmente mostram não ser prata da casa, e se apresentam na vestimenta estrangeira (*maillot*, *ballet*, *feedback*, *footing*, etc.) ou se mascaram de vernáculos, como *maiô*, *abajur*, *tíquete*, etc. (são os, em alemão, *Fremdwörter*, "estrangeirismos"). O termo *empréstimo* abarca estas duas noções e se aplica tanto aos estrangeirismos léxicos quanto aos sintáticos e semânticos.

Os empréstimos lexicais durante muito tempo sofreram as críticas dos puristas, mas hoje vão sendo aceitos com mais facilidade, exceto aqueles comprovadamente desnecessários e sem muita repercussão em outros idiomas de cultura do mundo.

Entretanto, os de sintaxe e os de semântica continuam merecendo o reparo dos guardiães da vernaculidade, aliás de meritória atividade quando não se mostram extremados. Por isto, relacionaremos aqui um pequeno rol desses dois tipos de empréstimos. Começaremos pelos galicismos:[180]

---

[180] Seleção de fatos apresentados por F. J. Martins Sequeira em *Rol de Estrangeirismos*.

1) Certos empregos da preposição *a* em vez de *de*:
   incumbido a dizer
   moinho a vento
   combinação a dois
   equação a duas incógnitas
   face a (por *em face de*)

2) Certos empregos da preposição *contra*:
pagar contra recibo	por	*pagar com, mediante recibo*
encostar a mesa contra a parede	por	*encostar a mesa à parede*
remete-se contra reembolso	por	*remete-se a reembolso* (ou *a cobrança*)

3) Certos empregos da preposição *de*:
envelhecer de dez anos	por	*envelhecer dez anos*
aumentar de vinte reais	por	*aumentar vinte reais*
aposento largo de três metros	por	*aposento de* (ou *com*) *três metros de largura*

4) Certos empregos da preposição *em*:
barco em madeira	por	*barco de madeira*
relógio em ouro	por	*relógio de ouro*
chão em mármore	por	*chão de mármore*
capa em azul	por	*capa azul*
tingir em azul	por	*tingir de azul*

5) Expressões como:
estar ao fato de	por	*estar ciente de*
declarar a guerra	por	*declarar guerra*
pôr o acento nesse problema	por	*enfatizar esse problema*
pessoa de alguns vinte anos	por	*pessoa dos seus vinte anos*

6) Emprego do *que* nas orações negativas de exclusão:
a mãe nada viu que seu filho	por	*a mãe só viu o filho*
o egoísta não procura que o seu bem	por	*o egoísta não procura senão o seu bem*

7) Emprego, na coordenação de orações subordinadas adverbiais, do *que* para evitar a repetição da conjunção da subordinada anterior, quando não constituída pelas chamadas locuções conjuntivas:
   Quando me viu e que me falou por *Quando me viu e me falou*

Mas já é vernácula a substituição pelo simples *que* em:
   Logo que me viu e que me falou...

8) Anteposição do sujeito de orações com verbo no gerúndio e particípio:
   O dia amanhecendo   por   Amanhecendo o dia
   A aula terminada   por   Terminada a aula

9) Não flexão dos nomes e sobrenomes pluralizados pelo artigo:
   Os Almeida   por   Os Almeidas
   Os irmãos Paiva   por   Os irmãos Paivas
   Os Pereira de Abreu   por   Os Pereiras de Abreu

Quanto aos *anglicismos*, vale chamar a atenção para o fato de que o inglês vai constantemente ao grego e ao latim buscar-lhes os tesouros, mas os usa com tal liberdade, que muitas vezes deturpa o emprego ou o significado original. Daí, não basta acalmar os ânimos com a alegação de que se trata não imediata, mas mediatamente, da boa cepa clássica. Alguns nos chegaram pela porta da França.

São exemplos de *anglicismos*:
1) Léxicos:
   admitir (= julgar possível, dar como provável, acreditar, crer). Quando o significado vernáculo é 'receber', 'deixar entrar', 'concordar'.
   assumir por *supor, acreditar*
   básico (p.ex.: *inglês básico, francês básico*, etc.)
   contactar por *entrar em contacto com*
   diferente por *melhor* (p.ex.: *um produto diferente*)
   doméstico (voo, ala) por *nacional*
   leasing (= tipo de financiamento)
   marketing (= mercadologia)
   politicamente correto
   praticamente por *virtualmente, faltando pouco* (p.ex.: *O tanque está praticamente cheio*)
   relax (= relaxamento, descanso)

2) Sintáticos [MC.4, s.v.]:

a) a anteposição do adjetivo ao seu substantivo, com valor meramente descritivo, como nos nomes de hotéis e estabelecimentos comerciais: *Majestoso Hotel*.
b) o emprego de um substantivo com função de adjetivo por vir anteposto: *Rio Hotel*.
c) o emprego da preposição *com* isolada do nome que deveria reger ou da preposição *contra* no fim da oração: *capa com e sem forro; eu sou pelo povo e tu és contra*.

São exemplos de *castelhanismos* (léxicos):
   aficionado (= afeiçoado; dedicado)
   bolero (= jaqueta)
   charla (= conversa de passatempo)

contestar (= responder, replicar). É vernáculo no significado de *refutar, negar direitos.*
ensimesmar-se (= concentrar-se em si mesmo)
entretenimento (= divertimento)
frente a (= ante)
muchacho (= garoto, rapazinho)
piso (= andar, pavimento)
quefazer (es) (= ocupações)
recuerdo (= lembrança)
redatar (= redigir)
resultar (= tornar-se, ficar). É vernáculo no significado de *provir, proceder.*
suelto (= breve comentário de jornal, nota crítica de jornal)

São exemplos de *italianismos* léxicos (muito frequentes em termos de arte, música):
adágio (= andamento musical vagaroso)
allegro (= movimento alegre)
andante (= andamento moderado)
aquarela (= pintura feita com tinta diluída em água)
bambino (= criança pequena; filho)
belvedere (= mirante; terraço)
belcanto (= canto clássico da tradição italiana)
cicerone (= guia)
condottiére (= capitão de soldados mercenários; aventureiro)
confete (= rodela de papel para ser atirada, usada em festas; de *confetti*, italiano, plural de *confètto*)
corso (= cortejo, desfile)
diletante (= pessoa que se dedica por gosto a uma ocupação, sem ter preparação adequada para tal)
dueto (= composição para duas vozes ou instrumentos)
furbesco (= velhaco)
imbróglio (= confusão, enredo, atrapalhada)
influenza (= doença catarral, *gripe*, fr.)
intermezzo (= entreato)
libreto (= texto ou argumento de uma peça musical ou teatro)
Madonna (= Nossa Senhora)
maestro (= regente de orquestra)
nitrido (= relincho)
nitrir (= relinchar)
piano (= com suavidade)
primadona (= cantora principal de ópera)
raconto (= conto, história)
sonata (= tipo de composição musical)
soprano (= cantora lírica de voz aguda)
espaguete (= tipo de pasta alimentar)

estúdio (= galeria de arte, sala de trabalho)
tarantela (= tipo de dança popular napolitana)
terracota (= argila cozida ou objeto modelado com essa argila)
trombone (= tipo de instrumento de sopro)
vendeta (= vingança)
virtuose (= músico, escritor ou pessoa de muito talento)

Anomalias de linguagem

Idiotismo ou *expressão idiomática* é toda a maneira de dizer que, não podendo ser analisada ou estando em choque com os princípios gerais da Gramática, é aceita no falar culto.

São idiotismos de nossa língua a expressão *é que*, o *infinitivo flexionado*, a preposição em *o bom do pároco*, etc.

Sobre o conceito de idiotismo nunca é demais relembrar a lição de Said Ali: "Não devemos definir o idiotismo, segundo alguns gramáticos, como construção particular de *uma* língua, estranha, portanto, às outras línguas, porque ninguém conhece todos os outros idiomas em todos os seus segredos e modos especiais de falar" [SA.2, 310].

Assim, o infinitivo flexionado é um idiotismo, não porque só exista em português (na realidade outras línguas o conhecem, como alguns dialetos do sul da Itália, e outras o conhecem com aplicação diferente da que tem em português, como em húngaro), mas porque a sua flexão contraria o conceito de forma infinita (*i.e.*, não flexionada).

III - Pontuação

Os diversos tipos de sinais de pontuação
Com Nina Catach, entendemos por pontuação um "sistema de reforço da escrita, constituído de sinais sintáticos, destinados a organizar as relações e a proporção das partes do discurso e das pausas orais e escritas. Estes sinais também participam de todas as funções da sintaxe, gramaticais, entonacionais e semânticas" [NC.1, 7].

Os sinais de pontuação datam de época relativamente recente na história da escrita, embora se possa afirmar uma continuidade de alguns sinais desde os gregos, latinos e alta Idade Média; constituem hoje peça fundamental da comunicação e se impõem como objeto de estudo e aprendizado. Ao lado dos grafemas que "vestem" os fonemas, os morfemas e as unidades superiores, esses sinais extra-alfabéticos, como assinala Catach, são essencialmente unidades sintáticas, "sinais de orações" e "sinais de palavras", podendo comutar com tais unidades alfabéticas, substituí-las e tomar de empréstimo seu valor. Assim, um apóstrofo indica a supressão de um grafema; uma vírgula, uma unidade de coordenação ou de subordinação. Na essência, os sinais de pontuação constituem um tipo especial de grafemas.

Pode-se entender a pontuação de duas maneiras: numa acepção larga e noutra restrita. A primeira abarca não só os sinais de pontuação propriamente ditos, mas de realce e valorização do texto: títulos, rubricas, margens, escolha de espaços e de caracteres e, indo mais além, a disposição dos capítulos e o modo de confecção do livro.

Segundo a concepção restrita, a pontuação é constituída por uns tantos sinais gráficos assim distribuídos: os essencialmente *separadores* (vírgula [,], ponto e vírgula [;], ponto-final [.], ponto de exclamação [!], reticências [...]), e os sinais de comunicação ou "mensagem" (dois-pontos [:], aspas simples ['], aspas duplas ["], o travessão simples [–], o travessão duplo [—], os parênteses [( )], os colchetes ou parênteses retos [[ ]], a chave aberta [{], a chave fechada [}]. Alguns destes dois tipos de sinais admitem ainda uma subdivisão em sinais de *pausa conclusa* (fundamentalmente o ponto, e depois o ponto e vírgula, o ponto de interrogação, o ponto de exclamação, as reticências, quando em função conclusa) e de *pausa inconclusa* (fundamentalmente a vírgula, mas também dois-pontos, parênteses, travessão, colchetes, quando em função inconclusa, *i.e.*, quando as orações estão articuladas entre si).

A primeira palavra depois de um sinal de pausa conclusa é escrita com letra inicial maiúscula; se a oração seguinte constitui novo conjunto de ideias, ou mudança de interlocutor de diálogo, será escrito na outra linha e terá o seu final marcado pelo ponto parágrafo.

Estes sinais não se aplicam igualmente a todas as atividades linguísticas, razão por que podem ser distribuídos em três domínios de função da pontuação:

a) *a pontuação de palavras* (espaços em branco; maiúsculas iniciais; ponto abreviativo; traço de união, hífen ou traço de separação; apóstrofo; sublinhado; itálico).
b) *a pontuação sintática e comunicativa* (a pontuação propriamente dita e objeto deste capítulo).
c) *a pontuação do texto.*

Os dois primeiros, assinala ainda Catach, têm uma série de características que os distinguem do terceiro tipo: são *interiores* ao texto, aparecem de maneira linear, são comuns ao manuscrito e ao texto impresso e, em princípio, fazem parte da mensagem linguística. Apesar de poderem sofrer interferência de outra pessoa, é bem provável que pertençam à iniciativa e decisão do autor no seu desejo de levar ao texto algo mais de expressividade, de contorno melódico, rítmico e entonacional, além das palavras e construções utilizadas. Todavia, há de se levar em conta que os editores e preparadores de textos antigos (quando nem sempre se pode pensar em critérios inexistentes ou caóticos) e modernos têm muito interferido na pontuação original do autor de tal maneira, que é muito precária a certeza de que os sinais – e principalmente a falta deles – revelem as funções sintáticas, comunicativas e expressivas que o escritor pretendera passar às palavras e orações empregadas no texto.

Ao contrário, no que toca ao terceiro tipo de pontuação, dela participam todos os que exercem atividade nesse âmbito, com funções específicas: calígrafos, secretários, tipógrafos, digitadores, revisores, editores.

Levando em conta tais distinções, podemos definir o conjunto dos dois primeiros tipos de pontuação que constituem essencialmente o objeto deste capítulo, como o fez Catach:

"Conjunto de sinais visuais de organização e apresentação que acompanham o texto, *interiores* ao texto e *comuns* tanto ao manuscrito quanto ao impresso; abrange a pontuação várias classes de sinais gráficos discretos e constitutivos de um sistema, complementando ou suplementando a informação escrita".

Já o terceiro tipo é assim definido pela mesma autora:

"Conjunto de técnicas visuais de organização e de apresentação do objeto livro, que vão do espaço entre palavras aos espaços de páginas, passando por todos os procedimentos interiores e exteriores ao texto, com vista ao seu arranjo e sua valoração".

A pontuação e o entendimento do texto
O enunciado não se constrói com um amontoado de palavras e orações. Elas se organizam segundo princípios gerais de dependência e independência sintática e semântica, recobertos por unidades melódicas e rítmicas que sedimentam estes princípios. Proferidas as palavras e orações sem tais aspectos melódicos e rítmicos, o enunciado estaria prejudicado na sua função comunicativa. Os sinais de pontuação, que já vêm sendo empregados desde muito tempo, procuram garantir no texto escrito esta solidariedade sintática e semântica. Por isso, uma pontuação errônea produz efeitos tão desastrosos à comunicação quanto o desconhecimento dessa solidariedade a que nos referimos.

Várias situações incômodas já foram criadas pelo mau emprego dos sinais de pontuação. Notem-se as diferenças entre as seguintes ordens de comando:
    Não podem atirar!
    Não, podem atirar!

Há numerosos jogos, bem mais divertidos e inocentes do que as situações de ordem anterior, cuja integridade comunicativa depende do bom emprego desses sinais.

Vejamos um exemplo:
Levar uma pedra para a Europa uma andorinha não faz verão.

Ou
Um fazendeiro tinha um bezerro e a mãe do fazendeiro era também o pai do bezerro.

Ou ainda
Maria toma banho porque sua mãe disse ela pegue a toalha.

Para integridade da mensagem, no primeiro basta uma vírgula depois de *faz*, sendo *verão* a forma de futuro do verbo *ver*. No segundo, basta colocar vírgula ou ponto e vírgula depois de *mãe*. Já no último exemplo, coloque-se um ponto e vírgula depois de *sua* (do verbo *suar*), vírgula depois de *mãe* (vocativo) e vírgula depois de *ela*, para separar a oração intercalada.

Ponto
O ponto simples final, que é dos sinais o que denota maior pausa, serve para encerrar períodos que terminem por qualquer tipo de oração que não seja a interrogativa direta, a exclamativa e as reticências.

É empregado ainda, sem ter relação com a pausa oracional, para acompanhar muitas palavras abreviadas: *p.*, 2.ª, etc.

Quando o período, oração ou frase termina por abreviatura, não se coloca o ponto-final adiante do ponto abreviativo, pois este, quando coincide com aquele, tem dupla serventia. Ex.: "O ponto abreviativo põe-se depois das palavras indicadas

abreviadamente por suas iniciais ou por algumas das letras com que se representam, v.g.; *V. S.ª* ; *Il.ᵐᵒ* ; *Ex.ª* ; etc." (Dr. Ernesto Carneiro Ribeiro).
Com frequência, aproxima-se das funções do ponto e vírgula e do travessão, que às vezes aparecem em seu lugar.

Ponto parágrafo
Um grupo de períodos cujas orações se prendem pelo mesmo centro de interesse é separado por ponto. Quando se passa de um para outro centro de interesse, impõe-se-nos o emprego do ponto parágrafo, iniciando-se a escrever, na outra linha, com a mesma distância da margem com que começamos o escrito.
Na linguagem oficial dos artigos de lei, o parágrafo é indicado por um sinal especial (§).

Ponto de interrogação
Põe-se no fim da oração enunciada com entonação interrogativa ou de incerteza, real ou fingida, também chamada retórica.
Enquanto a interrogação conclusa de final de enunciado requer maiúscula inicial da palavra seguinte, a interrogação interna, quase sempre fictícia, não exige essa inicial maiúscula da palavra seguinte:
"Pensas que eu e meus avós ganhamos o dinheiro em casas de jogos ou a vadiar pelas ruas? Pelintra!" [MA.1, 72].
"– Nhonhô, diga a estes senhores como é que se chama seu padrinho.
– Meu padrinho? é o Excelentíssimo Senhor coronel Paulo Vaz Lobo Cesar de Andrade e Sousa Rodrigues de Matos" [MA.1, 32].

O ponto de interrogação, à semelhança dos outros sinais, não pede que a oração termine por ponto-final, exceto, naturalmente, se for interna.
– "Esqueceu alguma cousa? perguntou Marcela de pé, no patamar."
[MA.1, 50].

A interrogação indireta, não sendo enunciada em entonação especial, dispensa ponto de interrogação (p.ex.: *Gostaria de saber se você esqueceu alguma coisa.*). No nosso sistema gráfico, o ponto de interrogação da pergunta cuja resposta seria "sim" ou "não" é o mesmo usado na pergunta de resposta completa.
No diálogo pode aparecer sozinho ou acompanhado do de exclamação para indicar o estado de dúvida do personagem diante do fato:
"– Esteve cá o homem da casa e disse que do próximo mês em diante são mais cinquenta...
– ? !..." [ML.1, 226].[1]

---

[1] Em português, em geral se despreza o cômodo expediente do espanhol de indicar a interrogação no início da oração, com o sinal invertido: ¿O José chegou? Alguns escritores nossos fizeram uso deste expediente.

Ponto de exclamação
Põe-se no fim da oração enunciada com entonação exclamativa:
"Que gentil que estava a espanhola!" [MA.1, 50].
"Mas, na morte, que diferença! Que liberdade!" [MA.1, 81].

Põe-se o ponto de exclamação depois de uma interjeição:
"Olé! exclamei." [MA.1, 74].
"Ah! brejeiro!" [MA.1, 93].

Aplicam-se ao ponto de exclamação as mesmas observações feitas ao ponto de interrogação, no que se refere ao emprego do ponto-final e ao uso da maiúscula ou minúscula inicial da palavra seguinte.
Há escritores que denotam a gradação da surpresa através da narração com aumento progressivo do ponto de exclamação ou de interrogação:
"E será assim até que um senhor Darwin surja e prove a verdadeira origem do *Homo sapiens*...
– ? !
– Sim. Eles nomear-se-ão *Homo sapiens* apesar do teu sorriso, Gabriel, e ter-se-ão como feitos por mim de um barro especial e à minha imagem e semelhança.
– ? ! !" [ML.1, 204].

Reticências
Denotam interrupção ou incompletude do pensamento (ou porque se quer deixar em suspenso, ou porque os fatos se dão com breve espaço de tempo intervalar, ou porque o nosso interlocutor nos toma a palavra), ou hesitação em enunciá-lo:
"Ao proferir estas palavras havia um tremor de alegria na voz de Marcela; e no rosto como que se lhe espraiou uma onda de ventura..." [MA.1, 121].
"Não imagina o que ela é lá em casa; fala na senhora a todos os instantes, e aqui parece uma pamonha. Ainda ontem... Digo, Maricota?" [MA.1, 120].
"– Moro na rua...
– Não quero saber onde mora, atalhou Quincas Borba" [MA.1, 169].

Postas no fim do enunciado, as reticências dispensam o ponto-final, como se pode ver nos exemplos acima.
Se as reticências servem para indicar uma enumeração inconclusa, podem ser substituídas por *etc.*
Na transcrição de um diálogo, as reticências indicam a não resposta do interlocutor.
Numa citação, as reticências podem ser colocadas no início, no meio ou no fim, para indicar supressão no texto transcrito, em cada uma dessas partes. Quando há supressão de um trecho de certa extensão, costuma-se usar uma linha pontilhada. Depois de um ponto de interrogação ou exclamação podem aparecer as reticências.

Vírgula
Emprega-se a vírgula:
a) para separar termos coordenados, ainda quando ligados por conjunção (no caso de haver pausa).
"Sim, eu era esse garção bonito, airoso, abastado" [MA.1, 48].
– "Ah! brejeiro! Contanto que não te deixes ficar aí inútil, obscuro, e triste" [MA.1, 93].

Observações:
1.ª) Na série de sujeitos seguidos imediatamente de verbo, o último sujeito da série não é separado do verbo por vírgula:
"Carlos Gomes, Vítor Meireles, Pedro Américo, José de Alencar tinham--nas começado" [CL.1, I, 102].
2.ª) Não se usa vírgula na enunciação de numerais por extenso:
Trezentos e cinquenta e três mil quatrocentos e oitenta e cinco (353.485).

b) para separar orações coordenadas aditivas, ainda que sejam iniciadas pela conjunção *e*, proferidas com pausa:
"Gostava muito das nossas antigas dobras de ouro, e eu levava-lhe quanta podia obter" [CL.1, I, 53].
"No fim da meia hora, ninguém diria que ele não era o mais afortunado dos homens; conversava, chasqueava, e ria, e riam todos" [CL.1, I, 163].

c) para separar orações coordenadas alternativas (*ou, quer*, etc), quando proferidas com pausa:
Ele sairá daqui logo, *ou eu me desligarei do grupo*.

Observação: Vigora esta norma quando *ou* exprimir retificação:
"Teve duas fases a nossa paixão, *ou* ligação, *ou* qualquer outro nome, que eu de nome não curo" [MA.1, 52].
Se denota equivalência, não se separa por vírgula o *ou* posto entre dois termos:
Solteiro *ou* solitário se prende ao mesmo termo latino.

d) nas aposições, exceto no especificativo, principalmente quando o aposto está representado por uma expressão de certa extensão:
"(...) ora enfim de uma casa que ele meditava construir, para residência própria, *casa de feitio moderno*, porque a dele era das antigas, (...)." [MA.1, 238].
Pedro II, *imperador do Brasil*, teria gostado de ser professor.
Mas
Pedro *o Cru* passou para a história como um grande apaixonado.

e) para separar, em geral, os pleonasmos e as repetições (quando não têm efeito superlativante):
"*Nunca, nunca,* meu amor!" [MA.1, 55].

Mas
A casa é *linda linda*. (= lindíssima).

OBSERVAÇÃO: É facultativo o emprego da vírgula para marcar o complemento verbal transposto (topicalizado) quando aparece repetido por pronome oblíquo:
O lobo, viu-o o caçador.   Ao rico não lhe devo.
          ou   ou
O lobo viu-o o caçador   Ao rico, não lhe devo.

f) para separar ou intercalar vocativos; em cartas, *e-mails* e documentos não oficiais a pontuação é vária (em geral, vírgula)[2] e na redação oficial usam-se dois-pontos:
João, onde comprou esse livro?
Prezado contribuinte:
A Receita Federal informa...

g) para separar as orações adjetivas de valor explicativo:
"(...) perguntava a mim mesmo por que não seria melhor deputado e melhor marquês do que o Lobo Neves, – eu, *que valia mais*, muito mais do que ele, – (...)" [MA.1, 137].

h) para separar, quase sempre, as orações adjetivas restritivas de certa extensão, principalmente quando os verbos de duas orações diferentes se juntam:
"No meio da confusão *que produzira por toda a parte este acontecimento inesperado e cujo motivo e circunstâncias inteiramente se ignoravam*, ninguém reparou nos dois cavaleiros..." [AH.1, 210].

OBSERVAÇÃO: Esta pontuação pode ocorrer ainda que separe por vírgula o sujeito expandido pela oração adjetiva:
"*Os que falam em matérias que não entendem*, parecem fazer gala da sua própria ignorância" [MM].

Embora nas expressões de maior número de elementos possa haver uma pausa de enunciação, é preferível, em respeito à norma-padrão, estender mesmo a estes casos o **não** emprego da vírgula entre termos sintaticamente complementares (p.ex.: sujeito e predicado, verbo e complemento).

---

[2] Não se põe vírgula nas expressões interjetivas e enfáticas *sim senhor(a)* ou *não senhor(a)*, que denotam espanto, perplexidade: "A infelicidade deu um pulo medonho: notei que Madalena namorava os caboclos da lavoura. Os caboclos, *sim senhor*" [GrR.2]. Não confundir com as expressões "sim, senhor(a)" ou "não, senhor(a)", que são meras respostas afirmativas (de concordância) ou negativas (de discordância).

i) para separar o pronome relativo de oração adjetiva restritiva do termo mais próximo, já que seu antecedente é o termo mais distante:
"O juiz tem de ser pontual no exame dos dados da informação, que [isto é, *os dados*] não lhe permitam erro ao aplicar a sentença" [MAl].

j) para separar as orações intercaladas:
"Não lhe posso dizer com certeza, respondi eu" [MA.1, 183].

k) para separar, em geral, adjuntos adverbiais que precedem o verbo e as orações adverbiais que vêm antes ou no meio da sua principal:
"Eu mesmo, *até então*, tinha-vos em má conta (...)" [MA.1, 185].
"(...) mas, *como as pestanas eram rótulas*, o olhar continuava o seu ofício (...)" [MA.1, 183].

l) para separar, nas datas, o nome do lugar:
Rio de Janeiro, 8 de agosto de 1961.

m) para separar as partículas e expressões de explicação, correção, continuação, conclusão, concessão:
"(...) e, *não obstante*, havia certa lógica, certa dedução" [MA.1, 89].
Sairá amanhã, *aliás*, depois de amanhã.

OBSERVAÇÃO: Concluindo uma sequência de possibilidades, a finalização com a abreviatura *etc.* permite o uso da vírgula antes deste termo, ainda que sua ausência não constitua erro.

n) para separar as conjunções e advérbios adversativos (*porém, todavia, contudo, entretanto*), principalmente quando pospostos:
"A proposta, *porém*, desdizia tanto das minhas sensações últimas..." [MA.1, 87].

o) para indicar, às vezes, a elipse do verbo:
Ele sai agora; eu, logo mais.

p) para assinalar a interrupção de um seguimento natural das ideias e se intercalar um juízo de valor ou uma reflexão subsidiária:
"Estava tão agastado, *e eu não menos*, que entendi oferecer um meio de conciliação; dividir a prata" [MA.1].

q) para desfazer possível má interpretação resultante da distribuição irregular dos termos da oração, separa-se por vírgula a expressão deslocada:
"De todas as revoluções, *para o homem*, a morte é a maior e a derradeira" [MM].

Dois-pontos
Usam-se dois-pontos:

a) na enumeração, explicação, notícia subsidiária:[3]
Comprou dois presentes: um livro e uma caneta.
"(...) que (Viegas) padecia de um reumatismo teimoso, de uma asma não menos teimosa e de uma lesão de coração: era um hospital concentrado." [MA.1].
"Queremos governos perfeitos com homens imperfeitos: disparate" [MM].

b) nas expressões que se seguem aos verbos *dizer, retrucar, responder* (e semelhantes) e que encerram a declaração textual, ou que assim julgamos, de outra pessoa:
"Não me quis dizer o que era; mas, como eu instasse muito:
– Creio que o Damião desconfia alguma coisa." [MA.1, 174].
Às vezes, para caracterizar textualmente o discurso do interlocutor, vem acompanhada de aspas a transcrição, e raras vezes de travessão:
Ao cabo de alguns anos de peregrinação, atendi às súplicas de meu pai:
– "Vem, dizia ele na última carta; se não vieres depressa acharás tua mãe morta!" [MA.1, 75].[4]

c) nas expressões que, enunciadas com entonação especial, sugerem, pelo contexto, causa, explicação ou consequência:
"Explico-me: o diploma era uma carta de alforria (...)." [MA.1, 71].

d) nas expressões que apresentam uma quebra da sequência das ideias:
"Sacudiu o vestido, ainda molhado, e caminhou para a alcova.
– Não! bradei eu; não hás de entrar... não quero... Ia a lançar-lhe as mãos: era tarde; ela entrara e fechara-se." [MA.1, 59].
"Senti que empalidecia; minhas mãos estavam geladas. Quis falar: não pude" [MA.6].

OBSERVAÇÃO: Não configura erro o uso sequencial de dois-pontos, desde que justificado o emprego: "O pirata fugia: a corveta deu-lhe caça: as descargas trocaram-se então mais fortes de ambos os lados." [AA.2].

Ponto e vírgula
Representa uma pausa mais forte que a vírgula e menos que o ponto, e é empregado:

a) num trecho longo, onde já existam vírgulas, para enunciar pausa mais forte:
"Enfim, cheguei-me a Virgília, que estava sentada, e travei-lhe da mão;
D. Plácida foi à janela." [MA.1, 211].

---

[3] A imprensa moderna usa e abusa dos dois-pontos para resumir, às vezes numa síntese de pensamento difícil de ser acompanhada, certas notícias. *Verão: cidade desprotegida das chuvas*.

[4] Excepcionalmente, não destacamos esta citação com aspas para deixar claro o uso do sinal gráfico a que nos referimos na lição.

b) para separar as adversativas em que se quer ressaltar o contraste:
"Não se disse mais nada; mas de noite Lobo Neves insistiu no projeto (...)." [MA.1, 210].

c) na redação oficial, para separar os diversos itens de um considerando, lei ou outro documento.

Travessão
Não confundir o travessão com o traço de união ou hífen e com o traço de divisão empregado na partição de sílabas (*ab-so-lu-ta-men-te*) e de palavras no fim de linha. O travessão pode substituir vírgulas, parênteses, colchetes, dois-pontos, para assinalar uma expressão intercalada:
"(...) e eu falava-lhe de mil cousas diferentes – do último baile do Catete, da discussão das câmaras, de berlindas e cavalos –, de tudo, menos dos seus versos ou prosas" [MA.1, 138-9].

Usa-se simples se a intercalação termina o texto; em caso contrário, usa-se o travessão duplo:
"Duas, três vezes por semana, havia de lhe deixar na algibeira das calças – uma largas calças de enfiar –, ou na gaveta da mesa, ou ao pé do tinteiro, uma barata morta" [MA.1, 46].

Observação: Como se vê pelo exemplo, pode haver vírgula depois de travessão.

Pode denotar uma pausa mais forte:
"(...) e se estabelece uma cousa que poderemos chamar – solidariedade do aborrecimento humano" [MA.1, 126].

Pode indicar ainda a mudança de interlocutor, na transcrição de um diálogo:
"– Ah! respirou Lobo Neves, sentando-se preguiçosamente no sofá.
– Cansado? perguntei eu.
– Muito; aturei duas maçadas de primeira ordem (...)" [MA.1, 177].

Neste caso, pode, ou não, combinar-se com as aspas.

Parênteses e colchetes
Os parênteses assinalam um isolamento sintático e semântico mais completo dentro do enunciado, além de estabelecer maior intimidade entre o autor e o seu leitor. Em geral, a inserção do parêntese é assinalada por uma entonação especial.
Quando uma pausa coincide com o fim da construção parentética, o respectivo sinal de pontuação deve ficar depois dos parênteses, mas, estando a proposição ou a frase inteira encerrada pelos parênteses, dentro deles se põe a competente notação:

"Não, filhos meus (deixai-me experimentar, uma vez que seja, convosco, este suavíssimo nome); não: o coração não é tão frívolo, tão exterior, tão carnal, quanto se cuida" [RB].
"A imprensa (quem o contesta?) é o mais poderoso meio que se tem inventado para a divulgação do pensamento" (Carta inserta nos Anais da Biblioteca Nacional, vol. I) [CL].

Intimamente ligados aos parênteses pela sua função discursiva, os colchetes são utilizados quando já se acham empregados os parênteses, para introduzirem uma nova inserção.

Também se usam para preencher lacunas de textos ou ainda para introduzir, principalmente em citações, adendos ou explicações que facilitam o entendimento do texto. Nos dicionários e gramáticas, explicitam informações como a ortoépia, a prosódia etc., no que também podem ser usados os parênteses.

Aspas
De modo geral, usamos como aspas o sinal [" "]; mas pode haver, para empregos diferentes, as aspas simples [' '], ou invertidas (simples ou duplas) [' ,], [" „]. Nos trabalhos científicos sobre línguas, as aspas simples referem-se a significados ou sentidos: *amare* lat., 'amar' port. Às vezes, usa-se nesta aplicação o sublinhado (cada vez menos frequente no texto impresso) ou o itálico. As aspas também são empregadas para abrir e fechar citações, indicar ironia, citar título de poema ou conto, dar a certa expressão sentido particular (na linguagem falada é em geral proferida com entoação especial), ressaltar uma expressão dentro do contexto ou para apontar uma palavra como estrangeirismo ou gíria.

OBSERVAÇÃO: Escrevendo, ressaltamos a expressão também com o sublinhado, o que, nos textos impressos, corresponde ao emprego de tipo diferente:
"– Sim, mas percebo-o agora, porque só agora nos surgiu a ocasião de enriquecer. Foi uma sorte grande que Deus nos mandou.
– *Deus*...
– Deus, sim, e você o ofendeu afastando-a com o pé" [ML.1, 223].
"Você já reparou Miloca, na *ganja* da Sinhazinha? Disse uma sirigaita de *beleza* na testa" [ML.1, 102].

Quando uma pausa coincide com o final da expressão ou sentença que se acha entre aspas, coloca-se o competente sinal de pontuação depois delas, se encerram apenas uma parte da proposição; quando, porém, as aspas abrangem todo o período, sentença, frase ou expressão, a respectiva notação fica abrangida por elas:
"Aí temos a lei", dizia o Florentino. "Mas quem as há de segurar? Ninguém" [RB].
"Mísera, tivesse eu aquela enorme, aquela
Claridade imortal, que toda a luz resume!"
"Por que não nasci eu um simples vaga-lume?" [MA].

Alínea

Tem a mesma função do parágrafo, pois denota diversos centros de assuntos e, como este, exige mudança de linha. Geralmente vem indicada por número ou letra seguida de um traço curvo, semelhante ao que fecha parêntese para assinalar subdivisão da matéria tratada:

Os substantivos podem ser:
a) *próprios*
b) *comuns*

Chave

A chave [{ }] tem aplicação maior em obras de caráter científico, como pode exemplificar sua utilização neste livro.

Apêndice

Asterisco[5]

O asterisco (*) é colocado depois e em cima de uma palavra do trecho para se fazer uma citação ou comentário qualquer sobre o termo ou o que é tratado no trecho (neste caso o asterisco se põe no fim do período).

Nas obras sobre linguagem, o asterisco colocado antes e em cima da palavra o apresenta como forma reconstituída ou hipotética, isto é, de provável existência mas até então não documentada. Deve-se ao linguista alemão Augusto Schleicher (1821-1868) esta aplicação do sinal.

Emprega-se ainda um ou mais asteriscos depois de uma inicial para indicar uma pessoa cujo nome não se quer ou não se pode declinar: o *Dr.*, B.**, L.****

OBSERVAÇÃO: No estilo moderno, em geral, em que os parágrafos são curtos, as possibilidades de sinais de pontuação ficam muito reduzidas. Parece que um tipo de redação moderna, como troca de mensagens eletrônicas, faz ressurgir a necessidade de emprego desse aparato de sinais de pontuação. Eis aí um campo fértil de pesquisa dos futuros trabalhos universitários.

---

[5] Costuma-se ouvir este vocábulo deturpado para *asterístico*. *Asterisco* quer dizer *estrelinha*, nome devido à sua forma.

IV - Noções elementares de Estilística

Estilística

A *Estilística* é a parte dos estudos da linguagem que se preocupa com o *estilo*.

Que é estilo nesta conceituação

Entende-se por *estilo* o conjunto de processos que fazem da língua representativa um meio de exteriorização psíquica e apelo.

"O estilo, que é a solução para se fazer a língua da representação intelectiva servir às funções não intelectivas da manifestação psíquica e do apelo, é naturalmente levado a 'deformar' os fatos gramaticais quando por eles aquelas funções não poderiam figurar".[1]

Estilística e Gramática

A compreensão deste conceito de *estilo* se fundamenta na lição de Charles Bally, segundo a qual o que caracteriza o estilo não é a oposição entre o *individual* e o *coletivo*, mas o contraste entre o *emocional* e o *intelectivo*. É neste sentido que diferem *Estilística* (que estuda a língua afetiva) e *Gramática* (que trabalha no campo da língua intelectiva). Baralhá-las, de modo que a Estilística se "dissolva" na Gramática, é pôr em perigo duas importantes disciplinas por confundir os seus objetos de estudo.

Uma não é a negação da outra, nem uma tem por missão destruir o que a outra, com orientação científica, tem podido construir. Ambas se completam no estudo dos processos do material de que o gênero humano se utiliza na exteriorização das ideias e sentimentos ou do conteúdo do pensamento designado.

Estilística e a Retórica

Tem-se apresentado a Estilística também como a negação da antiga Retórica que predomina ainda na crítica tradicional do estilo com suas múltiplas indagações

---

[1] J. Mattoso Câmara Jr., "Noções de Estilística" in *Littera*, n.º 2, 91.

literárias, históricas, sociais, filosóficas e tantos outros domínios que na obra se espalham através do temperamento e atitude do escritor. Cabe aqui recordar as justas considerações de Amado Alonso:[2] "(...) a estilística não pretende petulantemente declarar caduca a crítica tradicional; reconhece seu alto valor e aprende nela; sabe que na análise de obras de arte nem tudo termina com o prazer estético e que há valores culturais, sociais, ideológicos, morais, enfim, valores históricos que não pode nem quer desprezar. E com a mesma se vê o que pretende e o seu valor: completar os estudos da crítica tradicional fazendo agora entrar um aspecto que estava menosprezado. E não apenas mais um aspecto, senão o aspecto básico e específico da obra de arte, o que dá valor a todos os outros. Por isso a estilística, sobre estudar temas novos, continua estudando com igual amor todos os velhos, apenas o faz do seu ponto de vista. Por exemplo, sempre se estudaram as fontes de um autor ou de uma obra, ou – o que vale o mesmo – a origem das ideias dominantes em um período literário. Porém realizou-se isso por interesse histórico, para fixar procedências. Este é o ponto de chegada da crítica tradicional. Para a estilística é o ponto de partida, e a si pergunta: que fez meu autor ou minha época com estas fontes? Para usar a velha comparação: estudando o mel, a crítica tradicional estabelece em que flores e de que campos extraiu a abelha; a estilística se pergunta: como resultou este produto heterogêneo com todas as suas procedências, qual é a alquimia, que originais e triunfantes intenções lhe insuflaram vida nova? Ou voltando à comparação da estátua: a crítica tradicional estuda as canteiras donde procede o mármore; a estilística, que é que o artista fez com ele".

Análise literária e análise estilística

Da lição de Amado Alonso se patenteia que não se há de confundir *análise literária* com *análise estilística*, pois que, trabalhando num mesmo trecho, têm preocupações diferentes e utilizam ferramentas também diversas. Em que pese à autoridade de nossos programas oficiais para ensino de Língua Portuguesa, o que deve ser, primordialmente, objeto da tarefa do professor de língua é a *análise estilística* (ainda que *elementar*, como reza a letra deste mesmo programa), e não a *análise literária*, que é da alçada do professor de Literatura. Ensinando-se a *língua* portuguesa, nada mais natural do que, num texto literário ou não, ressaltar o *sistema expressivo e sua eficácia estética* no idioma ou nas particularidades idiomáticas de um autor literário ou de um simples falante. Para a estilística, interessa tanto a depressão dos traços estilísticos da língua oral como da escrita, do falante comum e do literato. Com razão disse Vossler que na linguagem de um mendigo há gotinhas estilísticas da mesma natureza que todo o mundo expressional de um Shakespeare.

---

[2] *Matéria y Forma en Poesia*, 103-104.

Traços estilísticos

O conjunto de particularidades do sistema expressivo para eficácia estética recebe o nome de *traços estilísticos*. São numerosos os traços estilísticos – e há um avultado número deles cujo valor ainda está para ser analisado – em todos os compartimentos de um idioma.

Cabe-nos agora indagar quando uma *particularidade linguística* se nos apresenta como traço estilístico. "Já sabemos" – ensina-nos J. Mattoso Câmara Jr.[3] – "que o traço estilístico não se trata de uma maneira de dizer necessariamente pessoal; nem pelo fato de ser pessoal se tem necessariamente um traço estilístico. Esta dupla consideração é tão importante que hão de me relevar insistir um pouco mais. Para isso, peço desculpas de me citar a mim mesmo e me reportar a um pequeno artigo que publiquei há tempos na *Revista do Livro* sobre "A Coroa do Rubião": diz-nos Machado de Assis, no *Quincas Borba*, que Rubião, demente, julgando-se "imperador dos franceses" no momento da agonia, cingiu a "coroa", que não era sequer uma bacia, "onde se pudesse palpar a ilusão", "ele pegou nada, ergueu nada e cingiu nada". O emprego de *nada* depois do verbo sem se completar com um *não* antes do verbo é uma maneira anômala de expressar a negação verbal em português. E é um traço estilístico: não porque seja exclusivamente pessoal de Machado de Assis (quem nos garante que outrem já não tinha feito isto? – nem o escritor faz isto sistematicamente), mas porque nesse dado contexto o emprego de *nada* nessas condições tem um valor "estético", fazendo-nos ver dolorosamente o gesto do pobre louco, mercê do tratamento de *nada*, não como mera partícula negativa, mas como um substantivo negativo – o oposto de *alguma coisa*: a emoção do escritor e o seu apelo à nossa simpatia se comunicam através desse emprego de *nada*, que é, pois, um emprego estilístico. Ao contrário, quando José de Alencar acentuava a preposição simples *a*, exibia um uso *pessoal* da língua literária (que era um erro do ponto de vista de norma social vigente), mas não um traço estilístico, pois se circunscrevia ao domínio intelectivo (o escritor achava que assim devia escrever por um raciocínio gramatical em falso); seria, ao contrário, um traço estilístico se uma ou outra vez, apenas, aparecesse em seus textos como recurso para insistir na preposição, dando-lhe uma tonicidade excepcional."

Daí o erro dos que, pensando escrever bem, enxameiam suas páginas das chamadas figuras de linguagem (pleonasmos, hipérboles, anacolutos, metáforas, etc.). Essas figuras não se impõem "à outrance" às circunstâncias; estas é que favorecem o aparecimento daquelas para fins estéticos. Terá falhado na pesquisa estilística quem se contentar em dizer que há anacoluto no derradeiro terceto desta conhecida joia de Machado de Assis, que é o soneto à Carolina:

"que eu, se tenho nos olhos malferidos
pensamentos de vida formulados,
são pensamentos idos e vividos".

---

[3] No artigo citado.

O anacoluto ultrapassa os limites de uma simples figura, para ser um eficaz recurso estético que põe diante de nossos olhos a profunda dor do esposo que, pensando na companheira que se foi, não tem a paz interior necessária para estruturar racionalmente, intelectivamente, todo o tumulto de ideias que lhe vai n'alma.

Em suma, a Estilística é o passo mais decisivo, no estudo de uma língua, para a educação do sentimento estético e manifestação da competência expressiva.

Traço estilístico e erro gramatical

Não se há de entender que o estilo seja sempre uma deformação da norma linguística. Isto nos leva à distinção entre *traço estilístico* e *erro gramatical*.

O traço estilístico pode ser um desvio ocasional de norma gramatical vigente, mas se impõe pela sua intenção estético-expressiva.

O erro gramatical é o desvio sem intenção estética.

Campo da Estilística

O estudo da Estilística abarca, semelhante à Gramática, todos os domínios do idioma. Lembremos a lição de Bally: "Todos os fenômenos linguísticos, desde os sons até as combinações sintáticas mais complexas, podem revelar algum caráter fundamental da língua estudada. Todos os fatos linguísticos, sejam quais forem, podem manifestar alguma parcela da ida do espírito e algum movimento da sensibilidade. A estilística não é o estudo de uma parte da linguagem, mas o é da linguagem inteira, observada de um ângulo particular. Nunca pretendi (isto é para responder a umas críticas que me fizeram) que a linguagem afetiva existe independentemente da linguagem intelectual, nem que a estilística deva estudar a primeira excluindo a segunda; o que faz é estudá-las ambas em suas relações recíprocas, e examinar em que proporção se aliam para compor este ou aquele tipo de expressão".[4]

Teremos assim os seguintes campos da Estilística:

Estilística
{
1) fônica
2) morfológica
3) sintática
4) semântica
}

A ESTILÍSTICA FÔNICA procura indagar o emprego do valor expressivo dos sons: a harmonia imitativa, no amplo sentido do termo. É a *fonética expressiva* de que falamos na parte inicial deste livro.

A ESTILÍSTICA MORFOLÓGICA sonda o uso expressivo das formas gramaticais. Entre os usos expressivos deste campo lembraremos:

---

[4] *Le Langage et la Vie*, 100.

1) *o plural de convite*: põe-se o verbo no plural como que se quisesse incentivar uma pessoa a praticar uma ação trabalhosa ou desagradável. É o caso da mãe que diz à filhinha que insiste em não tomar o remédio:
Olha, filhinha, *vamos* tomar o remedinho.

2) *o plural de modéstia*: o autor, falando de si mesmo, poderá dizer:
Nós, ao escrevermos este livro, tivemos em mira dar novos horizontes ao ensino do idioma.

3) *o emprego expressivo dos sufixos* (mormente os de gradação):
paizinho, mãezinha, poetastro, padreco, politicalha.

4) *o emprego de tempos e modos verbais*, como, por exemplo:

a) o presente pelo futuro para indicar desejo firme, fato categórico:
Amanhã eu *vou* ao cinema.

b) o imperfeito para traduzir pedido:
Eu *queria* um quilo de queijo (em vez do categórico e, às vezes, ameaçador *quero*).

c) o presente pelo pretérito para emprestar à narração o ar de novidade e poder comover o ouvinte:
Aí César *invade* a Gália.

5) a *mudança de tratamento*, de um período para outro, para indicar mudança da situação psicológica entre falante e ouvinte, ou entre escritor e leitor. No soneto "Última Folha", Casimiro de Abreu chama a Deus por *Meu Pai* e ora o trata por *tu*, ora por *vós*. É que em *Meu Pai* o poeta vê Deus como seu íntimo, ligado a ele tão intimamente que lhe cabe o tratamento *tu*. Mas ao poeta Deus se apresentava também como o criador de todas as coisas, o poder supremo a quem só podia caber a fórmula respeitosa e cerimoniosa assumida por *vós*:
"'Feliz *serás* se como eu *sofreres*,
'Dar-*te*-ei o céu em recompensa ao pranto'
Vós o *dissestes*. – E eu padeço tanto!...
Que novos trances preparar me *queres?*" [CA]

6) *a criação de neologismos expressivos* com aproveitamento de todos os recursos do sistema morfológico da língua, como comprovam as formações lexicais do laboratório, por exemplo, de Guimarães Rosa e Mia Couto.

A Estilística Sintática procura explicar o valor expressivo das construções:
1) na regência, como, por exemplo, o emprego do posvérbio;

2) na concordância, como, por exemplo, na *atração*, na *silepse*, no infinitivo flexionado para realce da pessoa sobre a ação mesma;
3) na colocação dos termos na oração, na colocação de pronomes, etc.
4) no emprego expressivo das chamadas *figuras de sintaxe*.

A ESTILÍSTICA SEMÂNTICA pesquisa:
1) a significação ocasional e expressiva de certas palavras:
   Você é um *abacaxi*.
   Aquele detetive é uma *águia*.
   Essa aluna é *fera*.
   Ele tem uns *bons* sessenta anos.

2) o emprego expressivo das chamadas figuras de palavras ou *tropos* (metáfora, metonímia, etc.) e figuras de pensamento (antítese, eufemismo, hipérbole, etc.).

Apêndice

Dois exemplos de análise estilística

A título de meras sugestões aos leitores ainda não familiarizados com as técnicas da análise estilística, temos a satisfação de transcrever aqui dois excertos assinados, um por excelente mestre brasileiro, J. Mattoso Câmara Jr., e outro pelo não menos distinto estudioso português, Jacinto de Prado Coelho. Outras interessantes amostras pode o leitor curioso ver nos estudos de Augusto Meyer, Othon Moacir Garcia e uma plêiade de patrícios onde está indicada farta bibliografia especializada.

I) *Um soneto de Antônio Nobre*

O comentário de poemas será ainda, em grande parte, criação, inventiva, uma série de desdobramentos psicológicos, evocações, associações de imagens, que mostram a personalidade do leitor a colaborar com simpatia na obra do comentário. A visão de conjunto originária iluminará todo o comentário. A linguagem será encarada, segundo quer Spitzer, como floração da substância espiritual do poema. A divisão metodológica em comentário ideológico e comentário de forma não me parece justa. O poema deve ser olhado como um todo. A consideração das formas linguísticas conduzirá ao psicológico, e acompanhará o comentário da substância do princípio ao fim. O que se pretende, em primeiro lugar, é que o *eu* do leitor comungue no *eu* do poeta (e Berdiaeff mostrou muito bem a impossibilidade desta comunicação por meios que não sejam de natureza afetiva; pensar é objetivar, é separar). É claro que sem objetivação não há crítica. Mas no comentário de poemas a crítica aos pormenores deve incluir-se num estado de adesão que permaneça durante o comentário.

Tudo isto, eu sei, é muito difícil; nunca consegui realizá-lo satisfatoriamente. Dou, todavia, como exemplo, o comentário dum soneto que tentei fazer segundo a orientação exposta. Começo pela introdução à leitura:

"Antônio Nobre, não só pela concepção que teve da poesia, como pela estranha riqueza da sua personalidade, é verdadeiramente um poeta moderno. Se ainda vivesse, teria setenta e cinco anos. Talvez a sua presença nos impedisse o convívio estreito com esse rapaz triste que escreveu o *Só*, o livro mais triste que há em Portugal. A sua presença física torná-lo-ia, porventura, mais distante. Assim, porque morreu aos trinta e dois anos, ficou sempre rapaz na nossa lembrança, de olhos doces, pálido, feições finas, embrulhado numa capa de estudante, absorto como é sina dos poetas.

Quando ouvimos o tom lastimoso da sua voz, quando o sentimos tão perto, os nossos braços procuram estender-se através da bruma que separa as almas, para lhe darem finalmente, com piedade fraterna, o carinho que pediu sem receber. Continua vivo a nosso lado, continua conversando, obriga-nos, pelo tom das suas palavras, a ver o mundo como ele via, sentir como ele sentia.

Mas não era assim, pela vida subjetiva, que Nobre queria viver. Nobre foi um homem de desejo. Emigrou para um país diferente, recolheu-se no sonho da infância, chegou a bem-dizer a velha, a senhora Morte, apenas pela força do seu destino.

Antônio Nobre queria viver a nossa vida, queria ser como os outros saudável e contente. Ambicionava uma purinha de cabelo negro e boca vermelha. Confessou-nos o seu "ideal de parisiense": casa defronte do mar, sardinha ao lume, economias no mealheiro, sendo possível, e mulher e filhos. Nobre fora feito para este mundo, e só a doença o afastou dele. O seu desespero dissolveu-se numa resignação de menino suave e obediente, que se entretém com brinquedos de luxo. O seu brinquedo foi a arte. Mas não somente um brinquedo: um meio de confissão, de transmissão da sua humanidade confrangida. Por isso (pensando que ele queria viver, e que morreu tão novo, tão triste, tão só) ouviremos sempre com piedade a voz do seu lamento, e choro de quem já não espera nada, nem mesmo o ópio do regresso, pela memória, aos tempos de criança:

Tombou da haste a flor da minha infância alada,
Murchou na jarra de oiro o pudico jasmim:
Voou aos altos céus a pomba enamorada
Que dantes estendia as asas sobre mim.

Julguei que fosse eterna a luz dessa alvorada,
E que era sempre dia, e nunca tinha fim
Essa visão de luar que vivia encantada
Num castelo ideal com torres de marfim!

Mas hoje as pombas de oiro, aves da minha infância,
Que me enchiam de lua o coração, outrora,
Partiram e no céu evoam-se a distância!

Debalde clamo e choro, erguendo aos céus meus ais:
Voltam na asa do vento os ais que a alma chora.
Elas, porém, Senhor! elas não voltam mais...

Da leitura deste soneto fica-nos o travo da desilusão, a amargura de perder o que nunca mais se recupera. As metáforas, cuja finura e cuja riqueza nos impressionam, vêm transmitir uma visão encantada dos anos da meninice. Segundo o poeta, a infância é alada, tem asas, talvez porque o pensamento infantil voa a cada instante para o reino da fantasia, talvez porque a criança é um anjo, pela sua pureza, ainda visível da sua divisa.

Nobre escolheu uma flor, "um pudico jasmim", para simbolizar essa candura perdida. O jasmim é branco, de perfume penetrante, mas suave. Também as crianças têm a graça, o perfume, a brancura da alma. O adjetivo "pudico" estabeleceu, no espírito do poeta, a ligação entre a flor e a criança: ambos possuem a pudicícia, a castidade, a inocência.

Vejam em tudo isto a delicadeza da arte de Antônio Nobre. Ele pôs de lado os processos declamatórios, a eloquência romântica, os meios diretos e demasiado conhecidos. Para nos dizer que terminou o sonho da sua meninice, a alegria da visão imaculada, Nobre fala-nos da flor que também tombou da haste, do jasmim que murchou num vaso de oiro, da pomba enamorada que se sumiu no azul e nunca mais voltou (lembramos aqui as lindas asas brancas de Garrett, que ele batia para voar ao céu).

Todo o soneto é construído sobre estas metáforas brilhantes, desde as pombas de oiro às torres de marfim. Somos levados a aludir ao simbolismo de Antônio Nobre, à preferência pela magia das insinuações indiretas. Na verdade o simbolismo não passou, a princípio, duma reação contra o processo parnasiano de mostrar as coisas, francamente, inteiramente, dando-as pelo nome próprio, sem rodeio nem véu. Isso tirava ao leitor o prazer de participar na criação.

"Nomear um objeto – escrevia Mallarmé em 1891 – é suprimir três quartos do gozo do poema, que consiste na delícia de adivinhar pouco a pouco; o sonho é sugerir o objeto. O uso perfeito deste mistério constitui o símbolo: evocar lentamente um objeto para mostrar um estado de alma, ou, inversamente, escolher um objeto e tirar dele um estado de alma por uma série de decifrações". Estas palavras de Mallarmé (que foi o maior dos poetas simbolistas franceses) quadra à poesia de Antônio Nobre; notamos, porém, que, no soneto que hoje comentamos, não há imagens tão ousadas ou alucinantes que revoltem o senso comum; pelo contrário, é bem compreensível que se represente a candura da infância por uma flor branca, o mundo fantástico e hermético das crianças por um castelo de marfim.

O que parece estranho é não ser uma dor humana, dilacerante como a de Antônio Nobre, transmitida sem rodeios, no seu ímpeto de expansão, desalinhada e convulsiva. Não há dúvida de que Nobre foi sempre sincero. Desde pequeno, começou a meditar na morte, porque a esperava. Os prenúncios da tuberculose vieram pouco depois dos vinte anos. E ele, que já em criança pedia que, depois de morto, o embrulhassem num cobertor, "porque tinha medo do frio do jazigo", depois começou a ver em todas as coisas o riso macabro da morte:

Em tudo via a Velha, em tudo via a Morte;
Um berço que dormia era um caixão pr'a cova:
Via a Foice no Céu quando era Lua Nova...

Antônio Nobre foi, portanto, um poeta espontâneo. Escreveu com o sangue das suas veias. Mas não foi apenas um homem que sofreu, porque fez dos pedaços da sua dor filigranas de beleza e harmonia. Ele próprio disse uma vez: "A dor que dura sempre produz o prazer que não dura mais que um momento". Esse momento de que fala Nobre é, sem dúvida, o momento da criação poética, o momento da graça. O poeta depôs no altar da Arte a sua humanidade passageira, que sangrava. Contempla-se na própria imagem, acriançado e um pouco *dândi*, saboreando as palavras, procurando ritmos.

É notar como a palavra "lua" tem na sua poesia um halo especial de associações de imagens. As palavras recebem das outras mais próximas uma incidência de estímulos psicológicos que muitas vezes transfiguram.

Por isso "lua", nos versos de Nobre ("[...] aves na minha infância que me enchiam de lua o coração outrora"), sugere-nos o mundo saudoso e feminino do poeta, com as graças pálidas e os seus fantasmas adormecidos.

No último terceto, Nobre lança uma queixa dolorida e todavia humilde e resignada:

Debalde clamo e choro, erguendo aos céus meu ais:
Voltam na asa do vento os ais que a alma chora.
Elas, porém, Senhor! elas não voltam mais (...)

Nobre não renega o Senhor, embora tenha clamado antes de chorar. A rapidez saltitante do segundo verso, composto por palavras todas muito curtas, parece trazer o eco dos ais do poeta, vindos nas asas do vento. Voltam os ais que redobram a sua dor, mas não voltam as pombas de oiro da sua infância alada. O último verso, mais de que a chave racional do soneto, à maneira clássica, é uma frase sentimental: a primeira parte, ascendente, é um grito de alma ("elas, porém, Senhor!"); a segunda parte, descendente, é um suspiro de aceitação ("elas não voltam mais").

Antônio Nobre conformou-se, acabou por amar a sua cruz. Conseguiu tornar-se criança meiga e obediente, de olhos muito abertos, de sorriso tão triste. O sorriso de quem fala de ir viajar, sequinho, para o sol-posto; o sorriso de quem pede que componham com jeito o travesseiro, de modo que lhe faça bom encosto no caixão:

De modo que me faça bom encosto,
O travesseiro comporá com jeito,
E eu, tão feliz! Por não estar afeito,

Talvez este sorriso derive duma atitude premeditada, um último "coquetismo" de moribundo que compõe o lençol, manda abrir a janela e diz qualquer coisa infantil para distrair os outros da sua desgraça. Talvez seja a última defesa de quem teve de entregar-se todo, esfarrapado e sangrando, aos olhos da multidão compadecida".

Jacinto de Prado Coelho (*A Educação do Sentimento Poético*, 1944, pág. 65-71).

2) Um soneto de Machado de Assis

A Carolina

(...) O estilo tem um cunho nitidamente quinhentista.

Sugere-o a formulação global, linguística e rítmica, e sublinham-no certos dados concretos, como, por exemplo, o qualificativo "malferidos", aconselhado por Mário Barreto justamente por se casar ao seu ideal de restauração da linguagem clássica,[5] a já citada locução de "pensamentos idos e vividos", e a pobreza das rimas dos tercetos em -*ados* e -*idos*, onde se alinham fácil e espontaneamente particípios da 1.ª conjugação e da 2.ª e 3.ª:

Trago-te flores, – restos arrancados
Da terra que nos viu passar unidos
E ora mortos nos deixa e separados

Que eu, se tenho nos olhos malferidos
Pensamentos de vida formulados,
São pensamentos idos e vividos.

O que, entretanto, mais aí nos deve interessar é a "forma interna", isto é, o plano formal imanente no desdobramento das frases.

Para o soneto, a forma interna, assim concebida, se processa pela concatenação de ideias, ascendentes em amplitude e intensidade, até o coroamento de uma larga e culminante expressão final. É o que naturalmente estava prefigurando no microcosmo da copla esparsa, de que vimos provavelmente ter evoluído o soneto.

Em Bocage, esta estruturação chega muitas vezes ao uso de um único período, que só na parte final apresenta as suas orações capitais. Um bom exemplo é o soneto sobre a existência de Deus[6] onde vão-se anunciando os fatos da natureza comprobatórios, até se chegar à afirmação dessa existência na base desses fatos –

tudo que há Deus a confessar me obriga

– acrescentando-se o conceito de que tal existência se impõe à Razão, e não apenas à Fé, pela evidência física e pela necessidade no plano moral, o que tinha de ser o capital argumento para o iluminismo oitocentista:

E para crer num braço autor de tudo,
Que recompensa os bons, que os maus castiga,
Não só da Fé mas da Razão me ajudo.

Esse plano formal interno pode, é verdade, oferecer a variante do chamado "soneto elisabetano" (que praticou Shakespeare)[7] onde a três estrofes de quatro

---

[5] Mário Barreto, *Novos Estudos da Língua Portuguesa*. Rio, 1921; p. 364.
[6] *Obras Poéticas de Bocage*, ed. Tavares Cardoso e Irmão. Lisboa, 1902, vol. I, 234.
[7] Sobre o soneto na literatura inglesa, consultar Enid Hammer, *The Meters of English Poetry*, Londres, 1954; p. 186 ss.

versos, independentes entre si quanto à rima, se adjunge um dístico final, que resume o pensamento anteriormente desenvolvido. Neste particular, Antônio Nobre nos ilustra uma forma interna de soneto elisabetano moldado na forma externa italiana, quando disjunge pela ideia os dois versos finais do último terceto, neles resumindo todo o teor da poesia, cujo pensamento se concluíra no décimo segundo verso:

> Ó virgens que passais ao sol poente,
> Pelas estradas ermas a cantar,
> Eu quero ouvir uma canção ardente
> Que me transporte ao meu perdido lar.
>
> Cantai-me nessa voz onipotente
> O sol que tomba, aureolando o mar,
> A fartura da seara reluzente,
> O vinho, a graça, a formosura, o luar.
>
> Cantai! cantai as límpidas cantigas
> Das ruínas do meu lar desaterrai
> Todas aquelas ilusões antigas,
>
> Que eu vi morrer num sonho como um ai!...
> Ó suaves e frescas raparigas,
> Adormecei-me nessa voz... Cantai![8]

Voltando, entretanto, a "A Carolina" de Machado de Assis, examinemos-lhe a forma interna na base das considerações acima feitas.

Não temos aí, em verdade, um desdobramento de ideias cada vez mais amplas e intensas até um clímax de versos finais.

O poeta combina pensamentos cognatos e paralelos: um nos quartetos, outro no primeiro terceto, enquanto um terceiro pensamento, que é a essência do pequeno poema, se consubstancia finalmente no último terceto.

Recitemos a produção, comparando-a com o esquema assim depreendido:

A) Visita à sepultura com as ideias que acompanham esse gesto de saudade e carinho: a evocação da felicidade e a afirmação de uma lembrança e um afeto que não mais se apaga ou sequer desfalece:

> Querida, ao pé do leito derradeiro
> Em que descansas dessa longa vida,
> Aqui venho e virei, pobre querida,
> Trazer-te o coração de companheiro.
>
> Pulsa-lhe aquele afeto verdadeiro
> Que, a despeito de toda a humana lida,

---

[8] Antônio Nobre, *Só*, 3.ª ed. (Aillaud e Bertrand), 1913, p. 120.

Fez a nossa existência apetecida
E num recanto pôs o mundo inteiro.

B) Oferta de flores, como símbolo dessa saudade, que assim se concretiza num gesto ritual:
Trago-te flores, – restos arrancados
Da terra que nos viu passar unidos
E ora mortos nos deixa e separados.

C) Finalmente, o conceito de que o poeta está morto para o mundo, e a sua vida física se prolonga automaticamente pelo impulso adquirido de uma força vital que desapareceu:
Que eu, se tenho nos olhos malferidos
Pensamentos de vida formulados,
São pensamentos idos e vividos.

Mas não é tudo. Não se resume nesta análise o plano complexo do soneto.
O poeta articulou sutilmente a parte C com a parte B, tirando-a da expressão, aparentemente secundária, de que ele está tão morto quanto a sua Carolina.
Digo "aparentemente secundária", porque o termo está colocado em meio de frase e como primeiro elemento de um conjugado copulativo, em que predomina formalmente, portanto, o segundo qualificativo *separados*.
Há a intenção de provocar a perplexidade *a posteriori* do leitor, cuja atenção desliza até *separados* e, *depois* de aceitar essa ideia *self-evident*, há de retornar, sem querer, para o paradoxal adjetivo *mortos*, que o antecede. "Mortos, por quê?" Assim concentrado num novo conceito, que obviamente tem de intrigá-lo, está ele preparado para receber o impacto de pensamento final, introduzido ao último terceto por um *que* de valor causal.
Temos, assim – não um desdobramento que regularmente vai ascendendo para uma ideia ápice –, mas um primeiro pensamento concluso (a evocação da felicidade perdida e a lembrança perene da mulher amada), um segundo que o ilustra numa concretização simbólica, e, saindo de um elemento aí lançado quase ao acaso, um pensamento final, que transfigura o poema e lhe dá a substância definitiva.
É nesta forma interna e no seu contraste com o plano natural de um soneto, que me parece estar, estilisticamente, a significação da pequena joia poética que acabamos de rapidamente apreciar.

Joaquim Mattoso Câmara Jr.
(*Revista do Livro*, 1957, no. 5, p. 71-73)

V – Noções elementares de versificação

"La métrique est une science, mais c'est aussi un art. Le métricien doit connaître la technique du vers, maisil doit aussi être un homme de bon sens, avoir de la finesse et du goût" (G. Millardet, *Romania*, 43, 1914, p. 260).

Poesia e prosa

Em sentido formal, chama-se **poesia** à forma de expressão ordenada segundo certas regras e dividida em unidades rítmicas.

Prosa é a forma de expressão continuada. Embora a prosa também possa ter ritmo, aqui ele é menos rigoroso que na poesia.

Verso é o conjunto de palavras que formam, dentro de qualquer número de sílabas, uma unidade fônica sujeita a um determinado ritmo.

Ritmo é a divisão do tempo em períodos uniformes mediante os apoios sucessivos da intensidade.

Metro é o verso que, além de atender ao ritmo, se apresenta dentro de uma norma regular de medida silábica.

O ritmo, comum ao verso e ao metro, não se manifesta de maneira uniforme; por isso produz efeitos diferentes conforme a disposição das cláusulas silábicas que constituem o período rítmico do verso.

Por sua vez, um mesmo metro pode apresentar-se sob várias modalidades rítmicas.

Pode-se mudar de ritmo sem alterar o metro ou o verso, como se pode mudar de metro ou verso sem alterar o ritmo.

Como ensina Navarro Tomás, o ritmo nasce da disposição acentual, o verso depende da ação do ritmo, e o metro obedece justamente ao ritmo e à medida silábica.

Além do ritmo acentual, outros recursos suplementares contribuem para dar ao verso as qualidades de sua fisionomia e de colorido; são recursos fônicos, morfológicos e semânticos. Além da rima e da estrofe, figuram, entre outros, a harmonia vocálica, a aliteração de consoantes, o paralelismo, a anáfora, a ordem das palavras ou a valorização semântica de uma palavra ou expressão.

Por melhor que seja o verso, perderá muito de seu valor se proferido por um leitor – e até mesmo pelo seu autor – que não saiba pôr em evidência as características de sua estrutura rítmica, métrica e de seus apoios fônicos.

Pausa final. Cavalgamento

Na leitura de um poema, marca-se o final de cada verso ou final de cada unidade de verso composto (*hemistíquio*) com uma pausa, a chamada *pausa métrica*. Esta pausa métrica não passa de uma pequena interrupção, que não chega a confundir com a pausa mais demorada, resultante da entoação da oração, marcada em geral por vírgula ou outro sinal de pontuação.

Não levar na devida conta a pausa métrica, além de atentar contra o ritmo, pode converter o verso em falsa prosa.

A pausa métrica é transferida para a primeira sílaba tônica do verso seguinte, quando a unidade sintática excede o limite de um verso e, para completar-se, "cavalga" ou "monta" no verso a seguir, patenteando, assim, um desacordo entre a unidade sintática e a unidade métrica. Este fenômeno é conhecido pela denominação francesa *enjambement*, que se pode traduzir, como fez Said Ali, por *cavalgamento*. Também se usa o termo *encavalgamento*:
"Sonho profundo, ó Sonho doloroso,
Doloroso e profundo Sentimento!
Vai, vai nas harpas trêmulas do vento
Chorar o teu mistério tenebroso" [CS.1, II, 63].

Versificação

É a técnica de fazer versos ou de estudar-lhes os expedientes rítmicos de que se constituem.

"Não se há de confundir *versificação* com *poesia*. A poesia é um *dom*: nasce-se poeta. A versificação é uma arte: torna-se um versejador. Grandes poetas, como Vigny, foram medíocres versejadores. Hábeis versejadores, como Teodoro de Banville, não podem jamais ser chamados poetas" [BH.1, 431].

O **ritmo poético** que na essência não difere das outras modalidades de ritmo, se caracteriza pela repetição. O ritmo consiste na divisão perceptível do tempo e do espaço em intervalos iguais. Quando a poesia se constitui de unidades rítmicas iguais, diz-se que a versificação é *regular;* quando isto não ocorre, a versificação é *irregular* ou *livre*.

O ritmo poético utiliza recursos que nem sempre são coincidentes de idioma para idioma.

Entre nós, por exemplo, não figura a quantidade que é o alicerce da versificação latina ou grega. A rima, por outro lado, que hoje nos é tão familiar e querida, não constituía peça essencial da poesia até a Idade Média latina.

Em português o ritmo poético é assegurado pela utilização dos seguintes expedientes que se podem combinar de maneira variadíssima:
1) número fixo de sílabas;
2) distribuição das sílabas fortes (ou tônicas) e fracas (ou átonas);
3) cesura;
4) rima;
5) aliteração;
6) encadeamento;
7) paralelismo.

O número fixo de sílabas coordenado com a distribuição das sílabas fortes e fracas constitui um *metro poético* e o seu estudo recebe o nome de *métrica*.

I - Número fixo de sílabas

Como se contam as sílabas de um verso
Na recitação a contagem das sílabas se processa diferentemente da análise gramatical; nesta se atenta para a sua representação na escrita enquanto naquela se busca a realidade auditiva. No verso:

"É toda um hino: – esperança!" [CA.1, 97]

há sete sílabas para o poeta (este só conta até a última tônica) e dez sílabas para o gramático; aquele não profere o *a* final de *toda*, liga a consoante *d* a *um*, omite o *o* final de *hino* e junta o *n* à sílaba inicial de *esperança*:

É / to / d(a)um / hi / n(o): – es / pe / ran / ça
1   2   3   4   5   6   7

Só se conta até a última sílaba tônica: versos agudos, graves e esdrúxulos
Uma das orientações que distinguem a contagem das sílabas entre o poeta e o gramático, é que o primeiro, de acordo com orientação revivida (foi iniciada por Couto Guerreiro, no século XVIII)[1] por Antônio Feliciano de Castilho, no século XIX, só leva em conta até a última sílaba tônica, desprezando a átona ou as átonas finais. Daí a divisão dos versos em *agudos*, *graves* ou *esdrúxulos*, conforme terminarem,

---

[1] É interessante observar que Guerreiro optou pela contagem do verso até a última sílaba tônica por amor à brevidade, como declara, para evitar a "frequente repetição de *agudo, grave e esdrúxulo*, já que a última sílaba tônica basta para o verso ser constante" (*Tratado de Versificação Portuguesa*, Lisboa, 1784, p. 6). À semelhança dos italianos e espanhóis, a contagem antiga dos versos portugueses levava sempre em conta a existência de sílaba átona depois da última tônica (a base era o verso grave).

respectivamente, por vocábulos oxítonos, paroxítonos, ou proparoxítonos, como nos seguintes versos, todos de dez sílabas:
"O padre não falou – mostrou-lhe o céu!" [CA.1, 137]   **Agudo**
"Eu vi-a lacrimosa sobre as pedras." [CA.1, 106]   **Grave**
"Estátua da aflição aos pés dum túmulo!" [CA.1, 106]   **Esdrúxulo**

Neste livro indicaremos a sílaba métrica pelo símbolo ◡; quando for tônica poremos nele um acento tônico: ◡́.[2]

Fenômenos fonéticos correntes na leitura dos versos
Na leitura dos versos, proferimos as palavras com as junções e as pausas que o falar de todos os momentos conhece; por exagero, entretanto, tais fenômenos fonéticos costumam ser explicados como "exigência da técnica versificatória".
Estes fenômenos são: 1) sinérese; 2) diérese; 3) sinalefa; 4) elisão; 5) crase; 6) ectlipse; e podem ocorrer uns dentro do mesmo vocábulo (*intraverbais* ou *internos*) e outros pela junção de dois vocábulos (*interverbais* ou *externos*).

Sinérese ou ditongação é a junção de vogais contínuas numa só sílaba em virtude de uma das vogais passar a semivogal, no interior da palavra.
Na língua portuguesa moderna, especialmente no Brasil, é normal a sinérese interna: "a) nos grupos vocálicos átonos não finais, de segunda vogal, alta, correspondente em vocábulo derivado ou composto à vogal tônica do primitivo (ex.: *traidor*, de *trair*) ou à vogal inicial de uma das formas mínimas componentes (ex.: *vaidade*, rad. *va*-, suf. *-idade*), sendo que, fora dessas duas condições, se tem aí um ditongo sistemático (ex.: *lei-tu-ra, cau-te-la*, etc.); b) nos grupos vocálicos átonos não finais, de primeira vogal alta (ex.: *piedade, suavidade*); c) nos grupos vocálicos átonos finais, de primeira vogal átona (ex.: *glória, áscua, série, tênue*), sendo que não há primeira vogal média nesses grupos (cf. *níveo/níviu/mágoa/mágua*). A intenção estilística ou a métrica, no verso, criam frequentemente diérese nos dois primeiros casos" [MC.4, 221].

Diérese é a dissolução de um ditongo em hiato no interior da palavra.
A diérese, que é sempre interna, é fenômeno hoje raro em poesia, geralmente usado apenas para certos fins expressivos ou como expediente para dar ao verso o número de sílabas exigidas:
"Pe / sa / -me es / ta / bri / lhan / te au / ré / o / la / de / nu / me..." [MA].
   1   2   3   4   5   6   7   8   9 10 11 12

O movimento lento, proferindo *auréola* (*au-ré-o-la*) como vocábulo de quatro sílabas, parece emprestar à situação o colosso do tamanho que tem o sol, em relação à simplicidade do vaga-lume.

---

[2] O emprego antigo e ainda corrente do *macro* (¯) para as tônicas e da *braquia* (˘) para as átonas pode confundir os conceitos de quantidade e intensidade.

Sinalefa é a perda de autonomia de uma vogal para tornar-se semivogal e, assim, constituir um ditongo ou tritongo com a vogal seguinte:
"E triste, e triste, e fatigado‿eu vinha" [OB] (lido como tritongo: /wew/).

Elisão é o desaparecimento de uma vogal quando pronunciada junto de outra vogal diferente:
e fatigad(o) eu vinha (lido: /dew/) [CCh.1, 667].

A pronúncia rápida dos portugueses leva mais frequentemente à realização de elisões do que a pronúncia mais lenta dos brasileiros. Nem sempre, como no exemplo acima, a elisão é indicada graficamente:
"Mas se forçoso t'ĕ deixar a pátria" [CA.1, 125].

Note-se também que a elisão pode abarcar mais de duas vogais.

Crase é a fusão de dois ou mais sons iguais num só (↗ 338):
"Teu pensamento, como‿o sol que morre,

Há de cismando mergulhar-se‿em mágoas" [CA.1, 125].

"Durante a noite quando o‿orvalho desce" [CA.1, 144].

Ectlipse é a supressão da ressonância nasal de uma vogal final de vocábulo para facilitar a sinérese ou a crase com a vogal contígua.[3]
Ocorre com mais frequência a ectlipse no final -*em* (Homem, essa → Homessa) e na preposição *com*.
Neste último caso, é comum ser indicada por apóstrofo, porque, a rigor, a ectlipse não passa de uma elisão, considerada a palavra no seu sentido mais geral (o Vocabulário Oficial recomenda não usar apóstrofo: coa, coas, co, cos):
"Co'as tranças presas na fita,
Co'as flores no samburá" [CA.1, 116].

É preciso insistir, mais uma vez, que os fenômenos fonéticos aqui estudados só na mão do versejador são frios recursos de aumento ou diminuição de sílabas para atender às exigências da técnica versificatória; na mão do verdadeiro poeta constituem intencionais e vigorosos elementos do quadro que o artista deseja pôr diante de nossos olhos. O ritmo que devemos imprimir ao verso, acelerado aqui, com pausas acolá, é uma como harmonia imitativa das ideias que o poeta nos quer transmitir.

---

[3] "Sem isso, a sinérese, ou a crase, é anômala, porque a ressonância nasal corresponde a um travamento da sílaba e só as sílabas terminadas por vogal são propriamente *livres* e se prestam à crase ou sinérese" [MC.4, 103].

O ritmo e a pontuação do verso
Já acentuamos que nem sempre a unidade de sentido do poema coincide com os limites de sua linha, o que nos mostra o erro daqueles que leem verso fazendo longa pausa no fim de cada um deles.[4] Esta longa pausa só é lícita quando a unidade sintática o exigir ou permitir:
> "Meus Amigos, Adeus – Verei fulgindo
> A lua em campo azul, e o sol no ocaso
> Tingir de fogo a implacidez das águas;
> Verei hórridas trevas lento e lento
> Descerem, como um crepe funerário
> Em negro esquife, onde repoisa a morte" [GD.3, I, 213].

Às vezes se podem ligar fonemas de palavras separadas por algum sinal de pontuação ou, ao contrário, pode haver uma pausa sem que seja indicada por sinal gráfico adequado, como nestes versos de dez sílabas:
> "E eu, fitando-a, abençoava a vida" [CA.1, 279], lido:
> E / eu / fi / tan / do-a a / ben / ço / a / va a / vi / da
> 1   2   3   4   5   6   7   8   9   10
> "Ama-se a vida – a mocidade é crença" [CA.1, 144].
> A / ma / se͜ a / vi / da͜ a / mo / ci / da / de é / cren / ça

    1   2   3   4   5   6   7   8   9   10

Expedientes mais raros na contagem das sílabas
Ao lado dos casos até aqui apontados, há outros de menos incidência, mas que merecem nossa atenção. Lembraremos os três seguintes:

a) o movimento rítmico de um verso pode estar sob a influência do verso anterior ou do seguinte, fazendo com que a vogal ou sílaba inicial de um verso fique incorporada no verso precedente; isto vem explicar a exatidão métrica de alguns versos aparentemente errados por se apresentarem mais curtos do que deviam:
> "Chorar a virgem formosa
> Morta na flor dos anos" [CA.1, 83], que será lido:
> Cho / rar / a / vir / gem / for / mo /
>   1   2   3   4   5   6   7
> sa / mor / ta / na / flor / dos / a / nos
>   1   2   3   4   5   6   7

---

[4] "(...) na leitura da poesia em que (pondo de parte o encavalgamento) o final de verso correspondente a uma cláusula (e, significativamente, a um sintagma), não é muitas vezes marcado por um silêncio, mas por algo como a combinação de uma descida de tom com um nítido prolongamento da última sílaba tônica" [HCv.2, II, 464 n. 33].

b) o silêncio ou pausa mais forte valendo como sílaba:
"Às vezes, oh, sim, / derramam tão fraco" [GD.3, I, 68].
"O céu era azul, / tão meigo e tão brando" [GD.3, I, 45].

São versos de onze sílabas aos quais a pausa intencional do poeta (indicada aqui por /) vale por uma sílaba métrica.

c) a dissolução de um encontro consonântico pela intercalação de uma vogal (/ i / ou / e /), não indicada na escrita, fazendo da primeira consoante uma sílaba à parte, o que revela uma tendência da pronúncia brasileira corrente:
"Ninguém mais *observa* o tratado" [GD.2] – *observa* deve ser lido com quatro sílabas.
"Contudo os olhos d'*ignóbil* pranto" [GD.1] – *ignóbil* deve ser lido também com quatro sílabas.

2 - Número fixo de sílabas e pausas

O número fixo de sílabas e pausas é o principal dos apoios rítmicos do verso. O poeta tem a liberdade de não ficar, em todo o poema, preso ao mesmo metro. No poema de Gonçalves Dias, intitulado "Minha Vida e Meus Amores", ocorre uma mudança de metro muito interessante. O poeta vinha versejando em decassílabos acentuados na sexta sílaba ou na quarta e oitava:
"Outra vez que lá fui, que a vi, que a medo
Terna voz lhe escutei: – sonhei contigo! –
Inefável prazer banhou meu peito,
Senti delícias; mas a sós comigo
Pensei – talvez! – e já não pude crê-lo."

De súbito, nos versos 67 e 68 faz cair as pausas na quarta e sétima sílaba, aproximando o ritmo decassílabo do ritmo de onze sílabas, que vai aparecer nos versos 70 e 71:
"Ela tão meiga e tão cheia de encantos,
Ela tão nova, tão pura e tão bela...
Amar-me! – Eu que sou?
Meus olhos enxergam, enquanto duvida
Minh'alma sem crença, de força exaurida,
Já farta da vida,
Que amor não doirou." [MB.1, II, 127].

Na poesia "A Tempestade", Gonçalves Dias varia a medida de estrofe; a estrofe começando por duas sílabas até chegar a onze, quando retorna num movimento decrescente até voltar ao de duas sílabas. Com isto o poeta quis-nos indicar mais vivamente, conforme análise de Manuel Bandeira, uma aproximação gradual da tempestade, cuja maior fúria estoura na décima estrofe, para depois afastar-se aos poucos.

Os versos em português variam, em geral, de uma a doze sílabas, sendo raros os que ultrapassam este número. Para sua designação empregam-se os nomes gregos denotativos de número prefixados ao elemento -*sílabo*: *mono-* (um só), *dis-* (dois), *tri-* (três), *tetra-* (quatro), *penta-* (cinco), *hexa-* (seis), *hepta-* (sete), *octo-* (oito), *enea-* (nove), *deca-* (dez), *hendeca-* (onze), *dodeca-* (doze): *monossílabo*, *dissílabo*, *trissílabo*, *tetrassílabo* (também chamado *quadrissílabo*), *pentassílabo* (também dito *redondilha menor*), *hexassílabo*, *heptassílabo* (também dito *redondilha maior* ou só *redondilha*), *octossílabo*, *eneassílabo*, *decassílabo* (também chamado *heroico*), *hendecassílabo* (também chamado de *arte maior*) e *dodecassílabo* (ou também *alexandrino*, nome tirado das numerosas composições medievais que cantavam os feitos do guerreiro Alexandre, mormente o *Poema de Alexandre*, composto no século XII, por Alexandre de Bernay e Lambert Licor).

Cesura
Os versos longos, de ordinário a partir dos de dez sílabas, apresentam uma pausa interna, chamada *cesura*, para ressaltar o movimento rítmico, dividindo o verso em duas partes, nem sempre iguais, conhecidas pelo nome de *hemistíquios*. A *cesura* pode ser uma pausa menor (não indicada por sinal de pontuação), ou mais acentuada (indicada na escrita por sinal de pontuação).

Como assinala Navarro Tomás, "em qualquer ponto do verso pode ocorrer uma interrupção requerida pela sintaxe ou pela necessidade de destacar o significado de uma palavra. Estas paradas ocasionais não têm a função métrica da cesura ou da pausa" [NT.1, 28].

Versos de uma a doze sílabas
Os versos de uma, duas e três sílabas só têm uma sílaba forte (não esquecer que só se conta até a última sílaba tônica):

a) Monossílabos (raríssimos), como no seguinte exemplo:
"Vagas
Plagas,
Fragas,
Soltam
Cantos;
Cobrem
Montes,
Fontes,
Tíbios
Mantos" [FV].

b) Dissílabos:
"Um raio
Fulgura

No espaço
Esparso
De luz" [GD.4, 229].

c) Trissílabos:
"Vem a aurora
Pressurosa,
Cor-de-rosa,
Que se cora
De carmim" [GD.4, 229].

d) Tetrassílabos – apresentam os seguintes movimentos rítmicos principais:
1 –   ᴗ ᴗ́ ᴗ ᴗ́
   "O sol desponta" [GD.4, 230].
2 –   ᴗ ᴗ ᴗ ᴗ́
   "Que entre verdores" [GD.4, 230].
3 –   ᴗ́ ᴗ ᴗ ᴗ́
   "Lá no horizonte" [GD.4, 230].
4 –   ᴗᴗᴗ́ ᴗ
   "Salomé vinha" [*apud* MB.3, VI, 3242].

e) Pentassílabos – apresentam os seguintes movimentos rítmicos principais:
1 –   ᴗ́ᴗ ᴗ ᴗ ᴗ́
   "Gados que pasceis" [LC *apud* SA.3, 30].
2 –   ᴗ   ᴗ́   ᴗᴗᴗ́
   "Um ponto aparece" [GD *apud* SA.3].
3 –   ᴗ ᴗ ᴗ́ᴗ ᴗ́
   "Não sou eu tão tola" [JD *apud* SA.3].

f) Hexassílabos – apresentam os seguintes movimentos rítmicos principais:
1 –   ᴗ ᴗ́ ᴗᴗ́ ᴗᴗ́
   "Não solta a voz canora" [GD, *ibid.*].
2 –   ᴗ   ᴗ́ᴗ ᴗ ᴗᴗ́
   "Que um canto d'inspirado" [*Id., ibid.*].
3 –   ᴗ ᴗ ᴗ́ ᴗ ᴗᴗ́
   "Como é fundo o sentir" [CA *apud* SA.3, 33].
4 –   ᴗ́ ᴗᴗᴗ ᴗ ᴗ ᴗ́
   "Pois permite e consente" [LC *apud* SA.3, 32].
5 –   ᴗ́ ᴗ ᴗᴗᴗ́ ᴗ́
   "Tu já mataste a sede,
   Mate-me a sede a mim" [JD *apud* SA.3].
6 –   ᴗᴗ ᴗ ᴗ́ᴗᴗ́
   "E à luz do luar incerto" [AG *apud* MC.3, II, 149].

g) Heptassílabos – são os versos mais usados e populares em português e apresentam os seguintes movimentos rítmicos principais:
1 - ͝   ͝   ͝ ͝   ͝ ͝ ͝
   "Cresce a chuva, os rios crescem" [GD, *ibid.*].
2 - ͝ ͝   ͝   ͝ ͝   ͝   ͝
   "Fogem do vento que ruge" [*Id., ibid.*].
3 - ͝   ͝ ͝   ͝   ͝ ͝   ͝
   "Ardendo na usada sanha" [*Id., ibid.*].
4 - ͝   ͝   ͝ ͝͝   ͝ ͝
   "Como ovelhas assustadas" [*Id., ibid.*].
5 - ͝   ͝ ͝   ͝ ͝ ͝   ͝
   "Que da praia arreda o mar" [*Id., ibid.*].
6 - ͝ ͝ ͝   ͝ ͝ ͝ ͝
   "É já torrente bravia" [*Id., ibid.*].
7 - ͝   ͝ ͝   ͝ ͝ ͝ ͝
   "Grossos troncos a boiar"
8 - ͝ ͝ ͝ ͝ ͝ ͝ ͝
   "Aqui nestas redondezas" [VC *apud* MC.3, 148].

h) Octossílabos – apresentam os seguintes movimentos rítmicos principais:
1 - ͝ ͝ ͝   ͝   ͝   ͝   ͝   ͝
   "Demônios mil, que, ouvindo-as, digam" [RC *apud* SA.3, 39].
2 - ͝ ͝   ͝   ͝   ͝ ͝ ͝   ͝
   "Sabes tu de um poeta enorme" [MA *apud* SA.3, 40].
3 - ͝ ͝   ͝   ͝   ͝ ͝ ͝   ͝
   "Roxas, brancas, rajadas, pretas" [*Id., ibid.*].
4 - ͝ ͝   ͝ ͝   ͝ ͝ ͝ ͝
   "Deixando a palhoça singela" [*Id., ibid.*].
5 - ͝   ͝   ͝ ͝ ͝   ͝ ͝ ͝
   "São Bom Jesus de Matozinhos" [AG *apud* MC.3, 150].
6 - ͝   ͝   ͝ ͝ ͝   ͝   ͝ ͝
   "Querem vê-lo no seu altar" [*Id., ibid.*].
7 - ͝ ͝ ͝ ͝   ͝ ͝   ͝   ͝
   "Para ficar perto dos ninhos" [*Id., ibid.*].
8 - ͝ ͝   ͝ ͝   ͝   ͝ ͝ ͝
   "Alto, porém, tão alto soa" [RC *apud* SA.3, 40].

i) Eneassílabos – apresentam os seguintes movimentos rítmicos principais:
1 - ͝   ͝   ͝ ͝   ͝   ͝ ͝ ͝   ͝
   "E no túrgido ocaso se avista" [GD, *op. laud.*]
2 - ͝ ͝   ͝   ͝ ͝   ͝ ͝ ͝   ͝
   "Além, nos mares tremulamente" [RC *apud* MC.3].
3 - ͝   ͝   ͝ ͝   ͝ ͝ ͝   ͝   ͝
   "Da cor de uma menina sem vida" [AG *apud* MC.3, 152].

4 -   ˘´ ˘   ˘´˘˘   ˘´˘˘ ˘´
"Pobres de pobres são pobrezinhos" [GJ *apud* SA.3, 42].
5 -   ˘´   ˘ ˘´˘˘ ˘   ˘´ ˘ ˘´
"Dei-me ao relento, num mar de lua" [RC *apud* SA.3].
6 -   ˘ ˘´ ˘´˘˘ ˘   ˘´ ˘ ˘´
"Também outrora num mar de lua" [*Id., ibid.*].
7 -   ˘´ ˘˘´˘˘˘ ˘ ˘´
"Pobre lua nova, tão pequena" [AG *apud* MC.3].

j) Decassílabos – apresentam os seguintes movimentos rítmicos principais:
1 -   ˘ ˘ ˘˘´ ˘ ˘˘´˘ ˘ ˘´
"Um som longínquo cavernoso e oco" [GD, *ibid.*].
2 -   ˘ ˘ ˘˘´ ˘ ˘´˘   ˘ ˘ ˘´
"Eis outro inda mais perto, inda mais rouco" [*Id., ibid.*].
3 -   ˘˘´ ˘ ˘´ ˘˘´˘ ˘ ˘   ˘´
"Troveja, estoura, atroa; e dentro em pouco" [*Id., ibid.*].
4 -   ˘´˘ ˘ ˘˘ ˘´˘˘˘´
"Rasga-se o negro bojo carregado" [*Id., ibid.*].
5 -   ˘ ˘´ ˘˘ ˘ ˘´ ˘ ˘˘˘´
"E enquanto a luz do raio o sol roxeia" [*Id., ibid.*].
6 -   ˘ ˘˘´˘˘ ˘´ ˘ ˘ ˘ ˘´
"Das ruínas completas o grande estrago" [*Id., ibid.*].
7 -   ˘ ˘˘˘ ˘ ˘´ ˘ ˘ ˘ ˘´
"O sonho passou. Traz magoado o rim" [MB.3, 3243].
8 -   ˘ ˘ ˘ ˘˘´˘ ˘´ ˘ ˘˘´
"Magoada a cabeça exposta à umidade" [*Id., ibid.*].
9 -   ˘˘˘ ˘´˘˘ ˘´ ˘ ˘´
"Doce repouso de minha lembrança" [LC *apud* MB.3].

k) Hendecassílabos – apresentam os seguintes movimentos rítmicos principais:
1 -   ˘ ˘´˘ ˘˘´ ˘ ˘   ˘´ ˘˘´
"Nos últimos cimos dos montes erguidos" [GJ.1, 117].
2 -   ˘´ ˘ ˘ ˘˘´˘ ˘   ˘   ˘´˘˘ ˘´
"Ai! há quantos anos que eu parti chorando" [*Id., ibid*].
3 -   ˘˘ ˘ ˘˘´˘ ˘˘˘˘ ˘´
"Deste meu saudoso, carinhoso lar!..." [*Id., ibid.*].
4 -   ˘´˘ ˘´   ˘ ˘´˘   ˘ ˘´ ˘ ˘´
"Foi há vinte?... há trinta?... Nem eu sei já quando!..." [*Id., ibid.*].

l) Dodecassílabos – apresentam os seguintes movimentos rítmicos principais:
1 -   ˘ ˘ ˘´˘˘´ / ˘˘˘´ ˘ ˘˘´
"Já não fala Tupã no ulular da procela" [OB *apud* SA.3, 56].
2 -   ˘ ˘´˘ ˘´ ˘ ˘´/ ˘ ˘˘´˘˘
"E espalham tanto brilho as asas infinitas" [*Id., ibid.*].

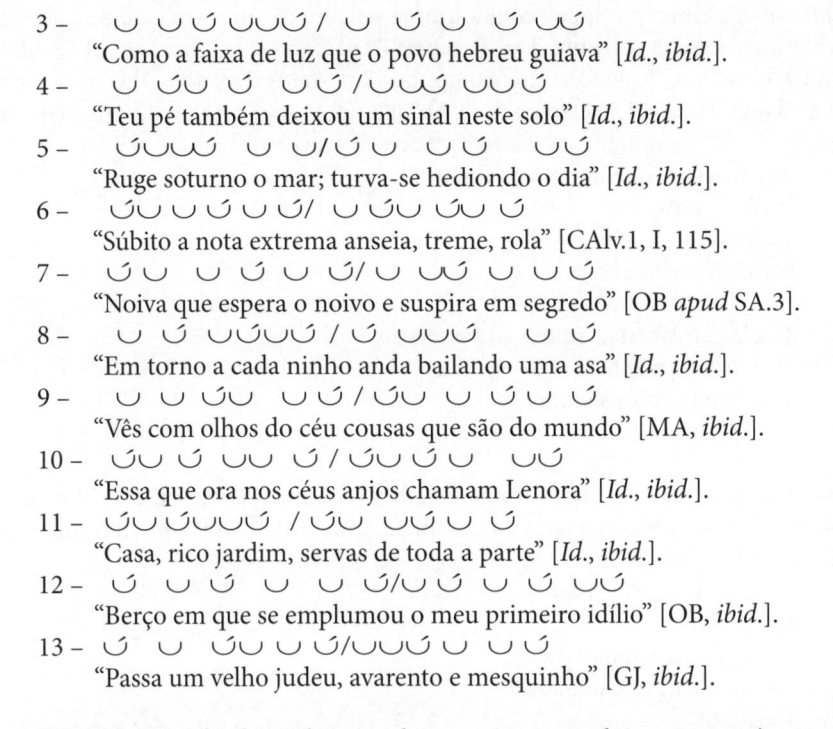

3 - ᴗ ᴗᴗ ᴗᴗᴗ / ᴗ ᴗ́ ᴗ ᴗ́ ᴗᴗ
"Como a faixa de luz que o povo hebreu guiava" [*Id.*, *ibid.*].
4 - ᴗ ᴗ́ᴗ ᴗ́ ᴗ ᴗ́ / ᴗᴗᴗ́ ᴗᴗᴗ́
"Teu pé também deixou um sinal neste solo" [*Id.*, *ibid.*].
5 - ᴗ́ᴗᴗᴗ ᴗ ᴗ/ᴗ́ ᴗ ᴗ ᴗ́ ᴗᴗ́
"Ruge soturno o mar; turva-se hediondo o dia" [*Id.*, *ibid.*].
6 - ᴗ́ᴗ ᴗ ᴗ́ ᴗ ᴗ́/ ᴗ ᴗ́ᴗ ᴗ́ᴗ ᴗ́
"Súbito a nota extrema anseia, treme, rola" [CAlv.1, I, 115].
7 - ᴗ́ ᴗ ᴗ ᴗ́ ᴗ ᴗ́/ᴗ ᴗ́ ᴗᴗ́ ᴗ ᴗ́
"Noiva que espera o noivo e suspira em segredo" [OB *apud* SA.3].
8 - ᴗ ᴗ́ ᴗᴗ́ᴗᴗ / ᴗ́ ᴗᴗᴗ́ ᴗ ᴗ́
"Em torno a cada ninho anda bailando uma asa" [*Id.*, *ibid.*].
9 - ᴗ ᴗ ᴗ́ᴗ ᴗ ᴗ́/ ᴗ́ᴗ ᴗ ᴗ́ ᴗ ᴗ́
"Vês com olhos do céu cousas que são do mundo" [MA, *ibid.*].
10 - ᴗ́ᴗ ᴗ́ ᴗ ᴗ́ ᴗ́ / ᴗ́ᴗ ᴗ́ ᴗ ᴗᴗ́
"Essa que ora nos céus anjos chamam Lenora" [*Id.*, *ibid.*].
11 - ᴗ́ᴗ ᴗ́ᴗᴗᴗ́ / ᴗ́ᴗ ᴗᴗ́ ᴗ ᴗ́
"Casa, rico jardim, servas de toda a parte" [*Id.*, *ibid.*].
12 - ᴗ́ ᴗ ᴗ́ ᴗ ᴗ ᴗ́/ᴗ ᴗ́ ᴗ ᴗ́ ᴗᴗ́
"Berço em que se emplumou o meu primeiro idílio" [OB, *ibid.*].
13 - ᴗ́ ᴗ ᴗ́ᴗ ᴗ ᴗ́/ᴗᴗᴗ́ ᴗ ᴗ ᴗ́
"Passa um velho judeu, avarento e mesquinho" [GJ, *ibid.*].

"A lei orgânica do alexandrino pode ser expressa em dois artigos: 1.º) quando a última palavra do primeiro verso de seis sílabas é grave (1.º hemistíquio), a primeira palavra do segundo deve começar por uma vogal ou por um *h*; 2.º) a última palavra do primeiro verso nunca pode ser esdrúxula. Claro está que, quando a última palavra do primeiro verso é aguda, a primeira do segundo pode indiferentemente começar por qualquer letra, vogal ou consoante.

Alguns poetas modernos, desprezando essa regra essencial, têm abolido a tirania da cesura. Mas o alexandrino clássico, o verdadeiro, o legítimo, é o que obedece a esses preceitos".[5]

3 - Rima: perfeita e imperfeita[6]

Chama-se *rima* a igualdade ou semelhança de sons pertencentes ao fim das palavras, a partir da sua última vogal tônica.

As palavras em rima podem estar no fim (*rima final*, a mais usual) ou no interior do verso (*rima interna*), podendo, neste último caso, uma das palavras ocupar a posição final.

---

[5] O. Bilac - G. Passos, *Tratado de Versificação*, 68-69.
[6] Os versos que não rimam chamam-se *soltos* ou *brancos*. Branco aqui é "uma tradução falsa, tradicionalmente aceita, do inglês *blank* 'pálido', 'sem brilho'" [MC].

Interna é a rima que se faz com a última palavra de um verso e uma palavra no interior do verso seguinte. Em *Aventura Meridiana* (*Os Amores* de P. Ovídio Nasão, 63 e ss.), A. F. de Castilho, compondo quartetos de versos alternados, de 12 e 6 sílabas, rima o 1.º verso com a 2.ª sílaba do 2.º; o 2.º com o 4.º; o 3.º com a 2.ª sílaba do 4.º; finalmente variando o verso ora grave, ora agudo:

"Era na estiva quadra! Intenso meio-dia
Pedia um respirar;
No meio do meu peito
Me deito a descansar.

Janela entreaberta, esquiva ao sol fogoso,
Repouso ali mantém;
Luz como a de espessura
Escura ao quarto vem".

A rima pode ser *perfeita* (ou com *homofonia*) ou *imperfeita* (ou com *semi-homofonia*). Diz-se *perfeita* quando é completa a identidade dos fonemas finais, a partir da última vogal tônica:

"És engraçada e formosa
Como a rosa,
Como a rosa em mês d'abril;
És como a nuvem doirada
Deslizada,
Deslizada em céus d'anil" [GD.3, 59].

Na rima perfeita, pode haver ainda identidade da(s) consoante(s) anterior(es) à vogal tônica. Para os versos inglês e alemão o fato constitui falta grave.

Diz-se *imperfeita* aquela em que a identidade de fonemas finais não é completa, insistindo-se apenas naqueles fonemas que se diferenciam fundamentalmente dos demais [CCh.2, 200]. Ocorre a rima imperfeita quando:

a) se rima uma vogal de timbre semiaberto com outra de timbre semifechado:
"Bailando no ar, gemia inquieto vaga-lume:
– "Quem me dera que fosse aquela loura *estrela*,
Que arde no eterno azul, como eterna *vela*!"
Mas a estrela, fitando a lua, com ciúme" [MA].

b) um dos finais tem um som que o outro não tem:
"Nessa *vertigem*
Amara a *virgem*" [CA.1, 194].

"As vagas *murmuram*...
As folhas *sussurram*" [AA]

Muitas vezes, a perfeição ou imperfeição da rima é relativa, conforme a pronúncia padrão. No Brasil, por exemplo, constituem rimas perfeitas as que se fazem entre certas vogais e ditongos (*desejos* com *beijos*; *luz* com *azuis*; *atroz* com *heróis*; *vãs* com *mães*; *espirais* com *Satanás*; *bondoso* com *repouso*). Em Portugal é perfeita a rima entre *mãe* e *também* (ou *tem*, etc.), prática que, por imitação literária, ocorre entre alguns de nossos poetas românticos.

c) se rima uma vogal oral com uma vogal nasal:
"De que ele, o sol, inunda
O mar, quando se *põe*,
Imagem moribunda
De um coração que *foi*" [JD *apud* CCh.1, 694].

d) se rimam vocábulos com só identidade das vogais tônicas (rima *toante* ou *assonante*).
"Além, além nas árvores tranquilas
Uma voz acordou como um suspiro" [AA].

Rimas consoantes e toantes
A rima se diz *consoante* quando é perfeita, isto é, tem os mesmos fonemas a partir da última vogal tônica do verso: *vagalume / ciúme*.
Toante (também *assonante*, de *assonância*) é a rima imperfeita, em que há apenas identidade nas vogais tônicas:
calma / cada; terra / pedra.

Disposição das rimas
Quanto à maneira por que se dispõem nos versos, as rimas podem ser *emparelhadas, alternadas* (ou *cruzadas*), *opostas* (ou *entrelaçadas* ou *enlaçadas*), *interpoladas* e *misturadas*.
Cada rima de uma estrofe é designada por uma letra maiúscula ou minúscula do alfabeto, de modo que a sucessão de letras indica a sucessão das rimas. Assim no exemplo:
"Moços, quero, entre vós, falar à nossa terra...
Somos sua esperança e o seu último amparo;
Em nosso corpo e em nosso espírito se encerra
O que ela agora tem de mais certo e mais caro" [JO.2, 159],

a distribuição das rimas é representada pelo esquema *abab* (ou ABAB) onde *a* indica a rima *-erra* (terra / encerra) e *b* a rima *-aro* (amparo / caro).

EMPARELHADAS são as que se sucedem duas a duas (o esquema é *aabbcc*, etc.):
"Numa vida anterior, fui um xeque macilento
E pobre... Eu galopava, o albornoz solto ao vento,
Na soalheira candente; e, herói de vida obscura,
Possuía tudo: o espaço, um cavalo, e a bravura" [OB.1].

ALTERNADAS (ou *cruzadas*) são as que, num grupo de quatro versos, se alteram, fazendo que o 1.º verso rime com o 3.º (e os demais ímpares) e o 2.º com o 4.º (e os demais pares). Correspondem ao esquema *abab*:
"Ora (direis) ouvir estrelas! Certo
Perdeste o senso!" E eu vos direi, no entanto,
Que, para ouvi-las, muita vez desperto
E abro as janelas, pálido de espanto..." [OB.1].

OPOSTAS (ou *entrelaças* ou *enlaçadas*) são as que se verificam em dois versos entre os quais medeiam dois outros também rimados. Correspondem ao esquema *abba*:
"Vai-se a primeira pomba despertada.
Vai-se outra mais... Mais outra... E enfim dezenas
De pombas vão-se dos pombais apenas
Raia, sanguínea e fresca, a madrugada" [RC].

INTERPOLADAS são aquelas em que, num grupo de seis versos, o 3.º rima com o 6.º, enquanto o 1.º rima com o 2.º, e o 4.º com o 5.º. Correspondem ao esquema *aabccb*:
"Eu nasci além dos mares
Os meus lares,
Meus amores ficam lá!
– Onde canta nos retiros
Seus suspiros,
Seus suspiros o sabiá!" [CA].

MISTURADAS são aquelas em que a distribuição é livre. As rimas misturadas, para lograrem êxito, requerem constância, vivacidade e sonoridade:
"É meia-noite... e rugindo
Passa triste a ventania,
Como um verbo da desgraça,
Como um grito de agonia.
E eu digo ao vento que passa
Por meus cabelos fugaz:
"Vento frio do deserto,
Onde ela está? Longe ou perto?
Mas, como um hálito incerto,
Responde-me o eco ao longe.
"Oh! Minh'amante, onde estás?..." [CA].

4 - Aliteração

É o apoio rítmico que consiste em repetir fonemas em palavras simetricamente dispostas. A aliteração nasce, em geral, de um desejo de uma harmonia imitativa.
"A juruti suspira sobre as folhas secas" [CA].

"É a perda dura dum futuro inteiro" [*Id.*].
"Vozes veladas, veludosas vozes,
Volúpias dos violões, vozes veladas,
Vagam nos velhos vórtices velozes
Dos ventos, vivas, vãs, vulcanizadas" [CS].

5 - Encadeamento

Consiste na repetição simetricamente disposta de fonemas, palavras, expressões ou um verso inteiro.

Foi recurso rítmico muitíssimo usado na poesia medieval e é frequente na poesia moderna em versos livres. Exemplos colhidos em Augusto Frederico Schmidt:
"No entanto este *motivo escondido existe*.
Não *vejo*, esta *tristeza*, da saudade da que é *sempre* a *Ausente*
Nem da sua graça desaparecida..." (repetição de fonema)

"*Pensei* em mortos que morreram entre indiferentes.
Pensei nas velhas mulheres..." (repetição de palavra)

"No princípio foi um balanço contínuo e vagaroso,
Depois foi descendo uma sombra indistinta,
Um grande leito surgiu e lençóis brancos como espuma
....
No princípio foi um balanço contínuo e vagaroso" (repetição de verso).

6 - Paralelismo

É a repetição de ideias mediante expressões aproximadas:
"O mostrengo que está no fim do mar
Na noite de breu ergueu-se a voar;
À roda da nau voou três vezes,
Voou três vezes a chiar,
E disse: '*Quem é que ousou entrar*
Nas minhas cavernas que não desvendo,
Meus tetos negros do fim do mundo?'
E o homem do leme disse, tremendo:
'El-Rei Dom João Segundo!'

'*De quem são as velas onde me roço?*
De quem as quilhas que vejo e ouço?'
Disse o mostrengo, e rodou três vezes,
Três vezes rodou imundo e grosso:

>'Quem vem poder o que eu só posso,
>Que moro onde nunca ninguém me visse
>E escorro os medos do mar sem fundo?'
>E o homem do leme tremeu, e disse:
>'El-Rei Dom João Segundo!'" [FP].

7 - Estrofação

O poema pode conter dois ou mais versos os quais se agrupam para formar uma *estrofe*.

O costume tradicional é iniciar cada verso com letra maiúscula, qualquer que seja a sua relação sintática. Pode-se, entretanto, pôr, no início, letra minúscula, conforme a sua relação sintática com o verso precedente.

As estrofes podem ser *simples, compostas* e *livres*.

SIMPLES são as estrofes formadas de versos com a mesma medida.

COMPOSTAS são as que encerram versos de diferentes medidas.

LIVRES são as que admitem versos de qualquer medida.

As estrofes de dois, três, quatro, cinco, seis, oito e dez versos recebem, respectivamente, os seguintes nomes especiais: *dísticos, tercetos, quadras* (ou *quartetos*), *quintilhas, sextilhas, oitavas* e *décimas*. As estrofes de sete e nove versos não têm nome especial.

8 - Verso de ritmo livre

"O que chamamos impropriamente *versos livres* é uma série irregular de versos que tomados em separado são regulares" [BH.1, 427].

O verso de ritmo livre não tem número regular de sílabas, versos e estrofes, nem são uniformes e coincidentes o número e a distribuição das sílabas átonas e tônicas responsáveis pelo movimento rítmico.

O verso de ritmo livre exige do poeta uma realização tão completa quanto o verso regular.

9 - Recitação ou declamação

"A recitação do verso, além dos requisitos exigidos para a da prosa, exige uma gesticulação adequada, sem exageros, um jogo fisionômico apropriado e que o recitalista não faça sentir demais a rima nem a cesura. No caso dos versos livres modernos é preciso descobrir o ritmo e a intenção que o poeta lhes quis dar" [AN.1, V, 108].

ABREVIATURA DE AUTORES E OBRAS CITADAS

[AA]   Álvares de Azevedo
[AA.1]   *Obras de Álvares de Azevedo*. Rio de Janeiro: Livraria Garnier, 1862.
[AA.2]   "Bertram". In *Os melhores contos brasileiros de todos os tempos*. Org. Flávio Moreira da Costa. Rio de Janeiro: Editora Nova Fronteira, 2009.
[AAr]   Afonso Arinos
[AAr.1] *Pelo Sertão*. Rio de Janeiro, Garnier, 1915.
[AAr.2] *História e Paisagens*. Rio de Janeiro, Garnier, 1921.
[AAz]   Aluísio Azevedo
[AB]   Andreas Blinkenberg
[AB.1]   *L'Ordre des Mots en Français Moderne*, 2 vols. Copenhague, Hørst, 1928.
[ABo]   Amini Boainain Hauy
[ABo.1] *Da Necessidade de uma Gramática-Padrão da Língua Portuguesa*. São Paulo, Ática, 1983.
[AC]   Antônio Feliciano de Castilho
[AC.1]   *Tradução dos Fastos de Ovídio*, 3 vols. Lisboa, 1862.
[AC.2]   *Quadros Históricos*. Lisboa, 1864.
[AC.3]   *As Sabichonas – Trad. do Teatro de Molière*. Lisboa, Imprensa Nacional, 1928.
[AC.4]   *Misantropo – Trad. do Teatro de Molière*. Lisboa, Imprensa Nacional, 1924.
[AC.5]   *Tratado de Metrificação Portuguesa*, 3.ª ed. Lisboa, 1889.
[AC.6]   *Sonho de uma Noite de S. João*. Porto, 1874.
[AC.7]   *Rev. Lisbonense* nº 24.
[AC.8]   *Livraria Clássica – Padre Manuel Bernardes*, 2 vols. Lisboa, 1865.
[AC.9]   *As Geórgicas de Vergílio*, 2.ª ed. anotada por Otoniel Mota. São Paulo, Cia. Editora Nacional, 1938.
[AC.10] *Felicidade pela Agricultura*. Ponta Delgada, 1849.
[AC.11] *Colóquios Aldeãos*, 2.ª ed. Lisboa, 1872.
[ACo]   Adolfo Coelho
[ACo.1] *Noções Elementares de Gramática Portuguesa*. Porto, Lemos Editora, 1891.
[ACo.2] *A Língua Portuguesa*, 3.ª ed. Porto, Magalhães-Moniz Editora, 1896.
[ACor]   Dom Aquino Correia
[ACor.1] *Discursos*.
[ACou]   Afrânio Coutinho
[ACou.1] *Correntes cruzadas*.
[ACt]   Armando Cortesão
[ACt.1] *Cartas à Mocidade*. Lisboa, 1954.
[AD]   Autran Dourado
[AD.1]   "Os mínimos carapinas do nada". In *Os melhores contos brasileiros de todos os tempos*. Org. Flávio Moreira da Costa. Rio de Janeiro: Editora Nova Fronteira, 2009.
[AE]   M. Alvar Ezquerra

[AE.1]   La Formación de Palabras en Español. Madrid, Arcos Libros, 1996.
[AF]   Antônio Ferreira
[AF.1]   Poemas Lusitanos. Lisboa, Sá da Costa.
[AF.2]   A Castro, ed. Sousa da Silveira. In Textos Quinhentistas.
[AFg]   Antero de Figueiredo
[AFg.1]   O Último Olhar de N. Senhora. Lisboa, Bertrand, 1944.
[AG]   A. Guimarães
[AGa]   Almeida Garrett
[AGa.1]   Romanceiro. In Obras Completas. Ed. Teófilo Braga. 2 vols. Lisboa, 1904.
[AGa.2]   Da Educação. In Obras Completas.
[AGa.3]   Camões, 3.ª ed. Lisboa, Imprensa Nacional, 1944.
[AGa.4]   Viagens na minha Terra, ed. Estanco Louro. Lisboa, F. Franco, 1934.
[AGa.5]   Tio Simplício. In Obras Completas.
[AGo]   Alfredo Gomes
[AGo.1]   Gramática Portuguesa, 2.ª ed. Rio de Janeiro, Fr. Alves, 1930.
[AGr]   Antoine Grégoire
[AGr.1]   Petit Traité de Linguistique. Paris, Delagrave, 1923.
[AGu]   Alcindo Guanabara
[AGu.1]   Discursos fora da Câmara. Rio de Janeiro: Livraria Editora, 1911.
[AH]   Alexandre Herculano
[AH.1]   Eurico. Lisboa, 1876.
[AH.2]   Fragmentos Literários, ed. de A. Leite. Rio de Janeiro, Sauer, 1921.
[AH.3]   O Bobo. Lisboa, 1878.
[AH.4]   Lendas e Narrativas, 2 vols. Lisboa, 1876.
[AH.5]   O Monge de Cister, ed. dirigida por David Lopes. Lisboa, Aillaud, s/d.
[AH.6]   História de Portugal, ed. dirigida por David Lopes. Lisboa, Aillaud, 1914.
[AH.7]   Opúsculos, ed. dirigida por David Lopes, 1878.
[AK]   Adriano da Gama Kury
[AK.1]   Novas Lições de Análise Sintática, 6.ª ed. São Paulo, Ática, 1993.
[AK.2]   Elaboração e Editoração de Trabalhos de Nível Universitário, 2.ª ed. Rio de Janeiro, Fundação Casa de Rui Barbosa, 1987.
[AK.3]   Normas de Editoração. Vide [AK.2].
[AL]   Emilio Alarcos Llorach
[AL.1]   Gramática de la Lengua Española, 4.ª ed. Madrid, Espasa Calpe, 1994.
[AL.2]   Estudios de Gramática Funcional del Español, 3.ª ed. Madrid, Gredos, 1976.
[ALb]   Alf Lombard
[ALb.1]   L'Infinitif de Narration dans les Langues Romanes. Upsala-Leipzig, 1911.
[AM]   Aníbal Machado
[AM.1]   Vida Feliz. Rio de Janeiro, José Olympio Editora, 1944.
[AMB]   Artur de Magalhães Basto
[AMM]   Ana Maria Machado
[AMM.1]   Tropical sol da liberdade. In Ana Maria Machado: Obra reunida, volume 1. Org. Beatriz Resende. Rio de Janeiro: Editora Nova Fronteira, 2015.

[AMM.2] *A audácia dessa mulher*. In *Ana Maria Machado: Obra reunida, volume 2*. Org. Beatriz Resende. Rio de Janeiro: Editora Nova Fronteira, 2015.
[AMM.3] *Palavra de honra*. In *Ana Maria Machado: Obra reunida, volume 2*. Org. Beatriz Resende. Rio de Janeiro: Editora Nova Fronteira, 2015.
[AMM.4] *Alice e Ulisses*. In *Ana Maria Machado: Obra reunida, volume 1*. Org. Beatriz Resende. Rio de Janeiro: Editora Nova Fronteira, 2015.
[AMM.5] *Balaio: livros e leituras*. In *Ana Maria Machado: Obra reunida, volume 2*. Org. Beatriz Resende. Rio de Janeiro: Editora Nova Fronteira, 2015.
[AMM.6] *Aos quatro ventos*. In *Ana Maria Machado: Obra reunida, volume 1*. Org. Beatriz Resende. Rio de Janeiro: Editora Nova Fronteira, 2015.
[AN] Antenor Nascentes
[AN.1] *O Idioma Nacional*, 5 vols. Rio de Janeiro, 1919. 3.ª ed. São Paulo, Ed. Nacional, 1957.
[AN.2] *O Problema da Regência*, 2.ª ed. Rio de Janeiro, Freitas Bastos, 1960.
[AN.3] *Dificuldades de Análise Sintática*. Rio de Janeiro, 1959.
[AN.4] *O Linguajar Carioca*. 2.ª ed. Rio de Janeiro, Org. Simões, 1963.
[ANb] Antônio Nobre
[ANb.1] *Só*, ed. Vitório Nemésio. Lisboa, Bertrand, 1947.
[AO] Alberto de Oliveira
[AO.1] *Mil Trovas*. Lisboa, Livraria Clássica Ed., 1945.
[AP] Afonso Pena Jr.
[AP.1] *A Arte de Furtar e o seu Autor*. 2 vols. Rio de Janeiro, José Olympio Ed.,1946.
[APa] Antônio de Pádua
[APa.1] *Notas de Estilística*. Rio de Janeiro, Org. Simões, s/d.
[APg] Antonino Pagliaro
[APg.1] *A Vida do Sinal*, trad. Aníbal Pinto de Castro. Lisboa, Fund. Calouste Gulbenkian, 1965.
[AR] Aquilino Ribeiro
[AR.1] *Jardim das Tormentas*. Lisboa, Ailland (??), 1919.
[AS] Antônio Sandmann
[AS.1] *Formação de Palavras no Português Brasileiro Contemporâneo*. Curitiba, Scientia et Labor/ Ícone, 1989.
[ASe] Albert Sechehaye
[ASe.1] *Essai sur la Structure Logique de la Phrase*. Paris: Champion, 1950. 2.ª ed.
[ASu] Ariano Suassuna
[ASu.1] *Auto da Compadecida*. Rio de Janeiro: Editora Nova Fronteira, 2005.
[AV] Pe. Antônio Vieira
[AV.1] *Sermões*, ed. fac-similada. São Paulo, Anchieta, 1945.
[AVi] Antonio Vilarnovo Caamaño
[AVi.1] *Lógica y Lenguaje en Eugenio Coseriu*. Madrid, Gredos, 1997.
[BBo] José M. Barbosa du Bocage
[BBo.1] *Poesias*. 5 vols., ed. Rebelo da Silva. Lisboa, A. Lopes, 1853.
[BC] Andrés Bello-Rufino J. Cuervo

[BC.1]   *Gramática de la Lengua Castelhana*. Paris, Roger-Chervoviz, 1903.
[BD]   Karl Brugmann-Berthold Delbruck
[BD.1]   *Grundriss der vergleichenden Grammatik der indogermanischen Sprachen*.
          I. Aufl.
[BG]   Bernardo Guimarães
[BG.1]   *Lendas e romances*. Rio de Janeiro: B.L. Garnier, Livreiro-Editor, s.d.
[BG.2]   *O ermitão do Muquém*. Rio de Janeiro: Livraria Garnier.
[BH]   Ch. Bruneau-M. Heulluy
[BH.1]   *Grammaire Pratique de la Langue Française*. Paris, Delagrave, 1937.
[BLS]   Barbosa Lima Sobrinho
[BLS.1]   *Árvore do bem e do mal*. Rio de Janeiro, 1926.
[BM]   Bertil Malmberg
[BM.1]   *La Phonétique*. Paris, PUF, 1962.
[BP]   Bernard Pottier
[BP.1]   *Linguística General. Teoría y Descripción*, trad. esp. Madrid, Gredos, 1977.
[CA]   Casimiro de Abreu
[CA.1]   *Obras de Casimiro de Abreu*, 2.ª ed. anotada por S. da Silveira. Rio de
          Janeiro, MEC-Casa de Rui Barbosa, 1955.
[CAl]   Cesar H. Alonso
[CAl.1]   *Gramática Funcional del Español*, 2.ª ed. Madrid, Gredos, 1986.
[CAlv]   Castro Alves
[CAlv.1] *Obras Completas*, 2 vols., ed. Afrânio Peixoto. São Paulo, Cia. Editora
          Nacional, 1921.
[CAz]   José Carlos Azeredo
[CAz.1]   "Revendo Análises: A descrição sintática e seu ensino". In *Língua e
          Linguagem em Questão*. Org. Maria Teresa G. Pereira. Rio de Janeiro,
          EDUERJ, 1997.
[CB]   Charles Bally
[CB.1]   *Le Langage et la Vie*, 3.ª ed. Paris, Payot.
[CB.2]   *Linguistique Générale et Linguistique Française*, 3.ª ed. Framke, Berne,
          1954.
[CBd]   Cláudio Brandão
[CBd.1]   *O Particípio Presente e o Gerúndio em Português*. Belo Horizonte, 1933.
[CBd.2]   *Sintaxe Clássica Portuguesa*. Belo Horizonte, Imprensa Oficial, 1961.
[CBr]   Camilo Castelo Branco
[CBr.1]   *A Queda de um Anjo*, ed. de P. A. Pinto. Rio de Janeiro, Org. Simões, 1953.
[CBr.2]   *Bohemia do Espírito*, 1.ª ed. Porto, Livr. Civilização, 1886.
[CBr.3]   *Correspondência Epistolar*, ed. Travessa da Queimada. Lisboa, s/d.
[CBr.4]   *Carlota Ângela*, ed. Travessa da Queimada. Lisboa, s/d.
[CBr.5]   *A Bruxa de Monte Córdova*, ed. Travessa da Queimada. Lisboa, s/d.
[CBr.6]   *O Bem e o Mal*, ed. M. Casassanta. Rio de Janeiro, Org. Simões, 1955.
[CBr.7]   *Cem Cartas*, ed. Travessa da Queimada. Lisboa.
[CBr.8]   *A Morgada de Romariz*, ed. Travessa da Queimada. Lisboa, s/d.
[CBr.9]   *A Neta do Arcediago*, ed. Travessa da Queimada. Lisboa, s/d.

[CBr.10] *Memórias do Cárcere*, ed. Travessa da Queimada. Lisboa, s/d.
[CBr.11] *Os Brilhantes do Brasileiro*, ed. Travessa da Queimada. Lisboa, s/d.
[CBr.12] *O Senhor do Paço dos Ninhães*, ed. Júlio Nogueira. Rio de Janeiro, Org. Simões, 1955.
[CBr.13] *O Vinho do Porto*, 1.ª ed. Porto, Livr. Civilização, 1844.
[CBr.14] *Justiça*, ed. Travessa da Queimada. Lisboa.
[CC] Luís da Câmara Cascudo
[CC.1] *Contos Tradicionais do Brasil*. Rio de Janeiro, Americ. Edit., 1942.
[CCh] Celso Cunha - Lindley Cintra
[CCh.1] *Gramática do Português Contemporâneo*. Lisboa, João Sá da Costa, 1984.
[CCh.2] *Estudos de Poética Trovadoresca*. Rio de Janeiro, INL.
[CCo] Carlos Heitor Cony
[CCo.1] *A volta por cima*. Rio de Janeiro: Editora Nova Fronteira, 2014. 6.ª ed.
[CCo.2] *Quase memória*. Rio de Janeiro: Editora Nova Fronteira, 2014. 29.ª ed.
[CCo.3] *Vera verão*. Rio de Janeiro: Editora Nova Fronteira, 2014. 3.ª ed.
[CCo.4] *O irmão que tu me deste*. Rio de Janeiro: Editora Nova Fronteira, 2013. 3.ª ed.
[CDa] Carlos Drummond de Andrade
[CDa.1] *O Poder*. Rio de Janeiro, José Olympio Editora, 1973.
[CF] Cândido de Figueiredo
[CF.1] *Combate sem sangue*. Lisboa, 1923.
[CFe] Caio Fernando Abreu
[CFe.1] *Onde andará Dulce Veiga?*: um romance B. Rio de Janeiro, Nova Fronteira, 2014.
[CFt] Celso Furtado
[CFt.1] *Os ares do mundo*. São Paulo: Paz e Terra, 1997.
[CG] Carlos Góis
[CG.1] *Sintaxe de Regência*, 4.ª ed. Rio de Janeiro, 1924.
[CJ] Cândido Jucá (filho)
[CJ.1] *As Categorias Gramaticais*. Rio de Janeiro, 1957.
[CL] Carlos de Laet
[CL.1] *Obras Seletas*, 3 vols. Rio de Janeiro, Fund. Casa de Rui Barbosa, 1983.
[CLi] Clarice Lispector
[CLi.1] *A hora da estrela*. Rio de Janeiro: Editora Nova Fronteira.
[CLu] Celso Pedro Luft
[CLu.1] *Dicionário Prático de Regência Verbal*. São Paulo, Ática, 1996.
[CN] Coelho Neto
[CN.1] *Apólogos*. Rio de Janeiro, Fr. Alves, 1945.
[CP] Eduardo Carlos Pereira
[CP.1] *Gramática Expositiva* (curso superior), 81.ª ed. São Paulo, Cia. Editora Nacional, 1951.
[CPi] José Cardoso Pires
[CPi.1] *O Delfim*. Lisboa: Moraes Editores, 1968.
[CR] Ernesto Carneiro Ribeiro

[CR.1]   Serões Gramaticais, 2.ª ed. Bahia, 1902.
[CR.2]   Redação do Projeto do Código Civil [Tréplica]. Bahia, Of. Dois Mundos,1905.
[CS]   Cruz e Sousa
[CS.1]   Obras Completas, 2 vols., ed. de Nestor Vítor, R. Janeiro, Anuário do Brasil.
[CS.2]   Últimos Sonetos, ed. e notas de A. da Gama Kury. Rio de Janeiro, Fundação Casa de Rui Barbosa.
[CSi]   Alberto da Costa e Silva
[CSi.1] A manilha e o libambo: A África e a escravidão de 1500 a 1700. Rio de Janeiro: Editora Nova Fronteira, 2002.
[DG]   Francisco Dias Gomes
[DG.1]   Obras Poéticas. Lisboa, ed. da Academia. 1779.
[DN]   Dag Norberg
[DN.1]   Syntaktische Forschungen auf dem Gebiete des Spätlateins und des fruhen Mittellateins. Upsala, 1943.
[DR]   Darcy Ribeiro.
[DR.1]   Maíra. Rio de Janeiro: Editora Civilização Brasileira, 1984. 7ª. edição.
[EB]   Evanildo Bechara
[EB.1]   Estudos sobre os Meios de Expressão do Pensamento Concessivo em Português. Rio de Janeiro, 1954.
[EBc]   Edouard Bourciez
[EBc.1] Éléments de Linguistique Romane, 4.ª ed. Paris, 1946.
[EBm]   Eneida Bonfim
[EBm.1] Advérbios. São Paulo, Ática, 1988.
[EBv]   Emile Benveniste
[EBv.1] Problemas de Linguística Geral (trad. bras.). São Paulo, Cia. Editora Nacional, 1976.
[EBv.2] Problemas de Linguística Geral (trad. bras.). São Paulo, Pontes, 1989.
[EC]   Euclides da Cunha
[EC.1]   Os Sertões, 2ª ed. Rio de Janeiro, Laemmert, 1903.
[EC.2]   Um paraíso perdido: reunião de ensaios amazônicos. Seleção e coordenação de Hildon Rocha. Brasília: Senado Federal, Conselho Editorial, 2000. (Coleção Brasil 500 anos)
[ECs]   Eugenio Coseriu
[ECs.1] Teoría del Lenguaje y Lingüística General. Madrid, Gredos, 1973.
[ECs.2] Sincronía, Diacronía e Historia (El Problema del Cambio Linguístico). Madrid, Gredos, 1973.
[ECs.3] Linguística Testuale. Roma, Boringhiere, 1997.
[ECs.4] Lecciones de Lingüística General. Madrid, Gredos, 1981.
[ECs.5] Principes de Syntaxe Fonctionnelle. Strabourg-Nancy, Klincksieck, 1989.
[ECs.6] Introducción a la Lingüística. Madrid, Gredos, 1986.
[ECs.7] Gramática, Semántica, Universales. Madrid, Gredos, 1978.
[ECs.8] Competencia Linguística. Madrid, Gredos, 1992.

[ECs.9]   El Sistema Verbal Románico. México, Siglo Veinteuno, 1996. Versão em parte reduzida de Das romanische Verbalsystem. Tubingen, Verlag Gunter Narr, 1976.
[ECs.10]   Tradición y Novedad en la Ciencia del Lenguaje. Madrid, Gredos, 1977.
[ECs.11]   Estudios de Lingüística Románica. Madrid, Gredos, 1977.
[ECs.12]   Principios de Semántica Estrutural. Madrid, Gredos, 1977.
[ECs.13]   "O Meu Saussure". In Confluência, 14: 33-36, 1997.
[ECs.14]   El Hombre y su Lenguaje. Madrid, Gredos, 1977.
[ECs.15]   "Fundamentos e Tarefas da Sócio e Etnolinguística". In Atas do 1º Congresso de Sócio e Etnolinguística, João Pessoa, UFParaíba, 1990.
[ED]   Epifânio Dias
[ED.1]   Gramática Portuguesa Elementar, 12.ª ed. Lisboa, A.F. Machado Editor, 1905.
[ED.2]   Sintaxe Histórica Portuguesa, 5.ª ed. Livraria Clássica Editora, 1970.
[EG]   Ernst Gamillscheg
[EG.1]   Französische Bedeutungslehre. Tubingen, Niemeyer, 1951.
[EM]   Alfred Ernout-Antoine Meillet
[EM.1]   Dictionnaire Etymologique de la Langue Latine, 4.ª ed. Paris.
[EMa]   Eduardo Martins
[EN]   Eugene Nida
[EN.1]   Morphology, 2.ª ed. Baltimore, Ann Arbor, 1961.
[EQ]   Eça de Queirós
[EQ.1]   A Cidade e as Serras. Porto, Chardron, 1921.
[EQ.2]   Primo Basílio. Porto, Chardron, 1909.
[EQ.3]   Os Maias, 2.ª ed. Porto, Chardron, 1921.
[EQ.4]   Contos. Porto, Chardron, 1920.
[EQ.5]   A Correspondência de Fradique Mendes. Porto, Chardron, 1900.
[ER]   Elise Richter
[ER.1]   Wie wir sprechen. Leipzig, Teubner, 1912.
[ES]   Eduard Sapir
[ES.1]   A Linguagem, trad. J. Mattoso Câmara Jr., Rio de Janeiro, Livraria Acadêmica.
[FB]   Fausto Barreto
[FB.1]   Antologia Nacional, 7.ª ed. Rio de Janeiro, Fr. Alves, 1915.
[FBl]   Franz Blatt
[FBl.1]   Précis de Syntaxe Latine, Paris, Ed. IAC, 1952.
[FBr]   Ferdinand Brunot
[FBr.1]   La Pensée et la Langue, 3.ª ed. Paris, Masson, 1953.
[FC]   Firmino Costa
[FC.1]   Léxico Gramatical. São Paulo, Melhoramentos, s/d.
[FDz]   Friedrich Diez
[FDz.1]   Grammaire des Langues Romanes, 3 vols., 3.ª ed. Paris, Viewew, 1874-76.
[FE]   Filinto Elísio
[FE.1]   Vidas e Feitos d'El-Rei D. Manuel, 2 vols. Porto, 1946.

[FE.2]	*Obras Completas*, 11 vols., ed. Paris, Of. A. Bobée, 1817-1819.
[FF]	Francisco José Freire
[FH]	Frederico Hanssen
[FH.1]	*Gramática Histórica de la Lengua Castelhana*. Halle, Niemeyer, 1913.
[FM]	Fernão Mendes Pinto
[FM.1]	*Peregrinação*, Livraria Ferreira Editora, 4v., Lisboa, 1908-1910.
[FP]	Fernando Pessoa
[FP.1]	*Mensagem*, ed. Ivo Castro.
[FS]	Ferdinand de Saussure
[FS.1]	*Cours de linguistique générale*. Publié par Charles Bailly et Albert Séchehaye avec la collaboration de Albert Riedlinger. Édition critique préparée par Tullio de Mauro. Paris: Éditions Payot & Rivages, 1995 [1916].
[FT]	Franklin Távaro
[FT.1]	*O Cabeleira*, 2.ª ed., Rio de Janeiro, Tip. Nacional, 1876.
[FV]	Fagundes Varela
[GA]	Graça Aranha
[GB]	Gustavo Barroso
[GB.1]	*Alma sertaneja*: Contos trágicos e sentimentos do sertão. Rio de Janeiro: Benjamim Costallat e Miccolis editores, 1923.
[GD]	Gonçalves Dias
[GD.1]	*Juca Pirama* in *Obras Poéticas*.
[GD.2]	*Tabira* in *Obras Poéticas*.
[GD.3]	*Obras Poéticas*, ed. M. Bandeira, 2 vols. São Paulo, Cia. Editora Nacional.
[GG]	Samuel Gili Gaya
[GG.1]	*Curso Superior de Sintáxis Española*, 2.ª ed. Barcelona, 1948.
[GGh]	Georges Gougenheim
[GGh.1]	*Système Gramatical de la Langue Française*. Paris, D'Artrey-D'Artrey, 1939.
[GJ]	Guerra Junqueira
[GJ.1]	*Os Simples*. Lisboa, 1920.
[GM]	Gladstone Chaves de Melo
[GM.1]	*Gramática Fundamental da Língua Portuguesa*. 2.ª ed. Rio de Janeiro, Livraria Padrão, 1970.
[GM.2]	*Excelências Vernáculas de Gonçalves Dias*. Rio de Janeiro, Livraria Padrão, 1986.
[GR]	J. Guimarães Rosa
[GR.1]	*Sagarana*, 10.ª ed. Rio de Janeiro, José Olympio Editora, 1968.
[GrR]	Graciliano Ramos
[GrR.1]	*Infância*, 5.ª ed. São Paulo, Martins Editora, 1961.
[GrR.2]	*São Bernardo*, 3ª ed. Rio de Janeiro, José Olympio Editora.
[HB]	Mª Lluísa Hernanz-José Mª Brucart
[HB.1]	*La Sintáxis. Principios Teóricos. La oración simple*. Barcelona, Editora Crítica, 1987.
[HC]	Humberto de Campos

[HC.1]   *Sombras que Sofrem*. São Paulo, Editora Jackson, 1945.
[HCv]   J. G. Herculano de Carvalho
[HCv.1] *Enciclopédia Luso-Brasileira de Cultura*. Lisboa, Editora Verbo.
[HCv.2] *Teoria da Linguagem*, 6.ª ed., I. Coimbra, Coimbra Editora, 1983.
[HCv.3] *Teoria da Linguagem*, 4.ª reimpr., II. Coimbra, Coimbra Editora, 1984.
[HCv.4] *Estudos Linguísticos*, vol. III. Coimbra, Coimbra Editora, 1984.
[HG]   Heráclito Graça
[HG.1]   *Factos da Linguagem*. Rio de Janeiro, Viúva Azevedo, 1904.
[HGe]   Hørst Geckeler
[HGe.1] *Semántica Estrutural y Teoría del Campo Léxico*. Madrid, Gredos, 1987.
[HM]   Harri Meier
[HM.1]   *Ensaios de Filologia Românica*. Lisboa, Rev. de Portugal, 1948.
[HR]   Horácio Rolim de Freitas
[HR.1]   *Princípios de Morfologia*, 4.ª ed. Rio de Janeiro, Editora do Autor, 1997.
[HS]   Holger Stein
[HS.1]   *Les Particularités de la Langue Portugaise*. Copenhague, 1944.
[JA]   José de Alencar
[JA.1]   *Sertanejo*. In *Obra Completa*, 2.ª ed., 5 vols., Rio de Janeiro, Aguilar, 1965.
[JA.2]   *O Guarani*. In *Obra Completa*.
[JA.3]   *Iracema*. In *Obra Completa*.
[JAl]   João Alphonsus
[JAl.l] "Eis a noite!". In *Os melhores contos brasileiros de todos os tempos*. Org. Flávio Moreira da Costa. Rio de Janeiro: Editora Nova Fronteira, 2009.
[JCo]   Jacinto do Prado Coelho
[JCo.1] *A Educação do Sentimento Poético*, *Coimbra*, Coimbra Edit., 1944.
[JCR]   Jacinto Corte-Real
[JCR.1] *Naufrágio de Sepúlveda*. Lisboa, Tip. Rolandiana, 1842.
[JD]   João de Deus
[JDe]   J. Deely
[JDe.1] *Semiótica Básica*. São Paulo, Ática, 1994.
[JF]   Jackson de Figueiredo
[JL]   José Lins do Rego
[JL.1]   *Riacho Doce*, 1.ª ed. Rio de Janeiro, José Olympio Editora, 1939.
[JL.2]   *Água Mãe*, 1.ª ed. Rio de Janeiro, José Olympio Editora, 1941.
[JL.3]   *Bangue*, 6.ª ed. Rio de Janeiro, José Olympio Editora, 1966.
[JLu]   José Luís de Oliveira.
[JLu.1] *Nomenclatura Gramatical Brasileira*. Rio de Janeiro: Biblioteca do Exército, 1965.
[JLy]   John Lyons
[JLy.1] *Introdução à Linguística Teórica*, trad. bras. de Rosa Virgínia M. e Silva e Helio Pimentel, revista por Isaac Salum. São Paulo, 1979.
[JM]   Júlio Moreira
[JM.1]   *Estudos da Língua Portuguesa*, 2 vols. Lisboa, 1907-1913.
[JMa]   Johan Nicolau Madvig

[JMa.1] *Grammatica Latina*, trad. de A. Epifânio Dias. Porto, Tip. M. Pereira, 1872.
[JMt] Josué Montello
[JMt.1] *O Juscelino Kubitschek de minhas recordações*. Rio de Janeiro: Nova Fronteira, 1999.
[JN] Joaquim Nabuco
[JN.1] *O abolicionismo*. Rio de Janeiro: Editora Nova Fronteira, 1999.
[JO] José Oiticica
[JO.1] *Manual de Análise Léxica e Sintática*, 6.ª ed. Rio de Janeiro, Fr. Alves, 1942.
[JO.2] *Sonetos*, 1911.
[JO.3] in *Rev. Filológica*, n.º 29, Rio de Janeiro.
[JO.4] in *Rev. Filológica*, n.º 16, Rio de Janeiro.
[JR] João Ribeiro
[JR.1] *Gramática Portuguesa*, 21.ª ed. Rio de Janeiro, Fr. Alves, 1921.
[JR.2] *Floresta de Exemplos*, 2.ª ed. Rio de Janeiro, Livraria São José, 1959.
[JR.3] *Fabordão*, 2.ª ed. Rio de Janeiro, Livraria São José, 1964.
[JR.4] *Autores Contemporâneos*, 15.ª ed. Rio de Janeiro, Fr. Alves, 1926.
[JR.5] *Seleta Clássica*, 4.ª ed. Rio de Janeiro, Fr. Alves.
[JR.6] *Cartas Devolvidas*. Lisboa.
[JRi] Júlio Ribeiro
[JS] José Saramago
[JU] João Ubaldo Ribeiro
[JU.1] *O conselheiro come*. Rio de Janeiro: Editora Nova Fronteira, 2007.
[JU.2] *Diário do Farol*. Rio de Janeiro: Editora Nova Fronteira, 2002.
[JU.3] *Miséria e grandeza do amor de Benedita*. Rio de Janeiro: Editora Nova Fronteira, 2000.
[JU.4] *A gente se acostuma a tudo*. Rio de Janeiro: Editora Nova Fronteira, 2006.
[JU.5] *O albatroz azul*. Rio de Janeiro: Editora Nova Fronteira, 2015. (Coleção 50 anos)
[JU.6] *Um brasileiro em Berlim*. Rio de Janeiro: Editora Nova Fronteira, 1985.
[JV] Joseph Vendryes
[JV.1] *Le Langage*, 2.ª ed. Paris, Albin, 1925.
[KB] Karl Brugmann
[KB.1] *Abregé de Grammaire Comparée des Langues Indo-Européennes*. Paris, 1905.
[KN] Kristofer Nyrop
[KN.1] *Grammaire Historique de la Langue Française*, V, 6 vols. Copenhague, 1935.
[LB] Lima Barreto
[LB.1] *Triste Fim de Policarpo Quaresma*, 1.ª ed. Rio de Janeiro, 1915.
[LB.2] *Vida e Morte de Gonzaga de Sá*, 1.ª ed. Rio de Janeiro, 1919.
[LB.3] *Recordações do Escrivão Isaías Caminha*, 2.ª ed. Rio de Janeiro.
[LBl] Leonard Bloomfield

[LBl.1]   *Language*, New York, Henry Holt, 1941.
[LC]   Luís de Camões
[LC.1]   *Os Lusíadas*, 2.ª ed. anotada por A. Epifânio Dias.
[LC.2]   *Rimas*, ed. anotada por A. da Costa Pimpão.
[LCa]   Lúcio Cardoso
[LCa.1]   *Crônica da Casa Assassinada*, 2.ª ed. Rio de Janeiro, Edit. Letras e Artes, 1963.
[LCi]   Luís Felipe Lindley Cintra
[LCi.1]   *Formas de Tratamento na Língua Portuguesa*. Lisboa, 1972.
[LCo]   Latino Coelho
[LCo.1]   *História Política e Militar de Portugal*. Lisboa.
[LCo.2]   *República e Monarquia*. Lisboa.
[LCr]   F. Lázaro Carreter
[LCr.1]   *Diccionario de Términos Filológicos*, 3.ª ed. Madrid, Gredos, 1968.
[LG]   Luís Guimarães Jr.
[LM]   Leonardo Mota
[LMen]   Lúcio de Mendonça
[LR]   Léonce Roudet
[LR.1]   *Éléments de Phonétique Générale*. Paris, H. Walter, 1911.
[LS]   Frei Luís de Sousa
[LS.1]   *A Vida de D. Fr. Bartolomeu dos Mártires*, 2 vol., Lisboa, 1818.
[LSo]   Luiz Eduardo Soares, Cláudio Ferraz, André Batista, Rodrigo Pimentel
[LSo.1]   *Elite da tropa 2*. Rio de Janeiro: Editora Nova Fronteira.
[LSp]   Leo Spitzer
[LSp.1]   "Le Langage-éco". In *Boletim de Filologia*, V. Lisboa.
[LSp.2]   *Attributives Gerundium* in *Zfr. Sprache und Literatur*, vol. L.
[LV]   José Leite de Vasconcelos
[LV.1]   *Lições de Filologia Portuguesa*, 2.ª ed. Lisboa, 1926.
[LV.2]   *Opúsculos*, 7 vols. Lisboa, Imprensa da Universidade.
[MA]   Machado de Assis
[MA.1]   *Memórias Póstumas de Brás Cubas*, 4.ª ed., Editora Garnier, 1899.
[MA.2]   *Várias Histórias*, 2.ª ed., Editora Garnier, 1896.
[MA.3]   *Quincas Borba*, Editora Garnier, 1909.
[MA.4]   *Dom Casmurro*, Editora Garnier, 1899.
[MA.5]   *Papéis Avulsos*, Editora Garnier, 1882.
[MA.6]   *Contos Fluminenses*, Editora Garnier, 1899.
[MA.7]   *Memorial de Aires*, Editora Garnier, 1908.
[MA.8]   *Esaú e Jacó*, Editora Garnier, 1904.
[MA.9]   *Histórias sem Data*, Editora Garnier, 1884.
[MA.10]   *Poesias Completas*. Editora Civilização Brasileira.
[MA.11]   *Balas de Estalo*, Org. Heloisa Helena Paiva De Luca. S. Paulo, Anna Bluma, 1998.
[MA.12]   *Iaiá Garcia*. Rio de Janeiro: Editora Civilização Brasileira S.A./Brasília: INL, 1975. (Edições Críticas de Obras de Machado de Assis, v. 3).

[MA.13]   *A mão e a luva*. Rio de Janeiro: Editora Civilização Brasileira S.A./Brasília: INL, 1975. (Edições Críticas de Obras de Machado de Assis, v. 6).
[MA.14]   *A Semana: crônicas (1892-1893)*. São Paulo: Editora Hucitec, 1996.
[MA.15]   *Helena*. Rio de Janeiro: Civilização Brasileira S.A., 1975. (Edições Críticas de Obras de Machado de Assis, v. 2).
[MA.16]   *Ressurreição*. Rio de Janeiro: Editora Civilização Brasileira S.A./Brasília: INL, 1977. (Edições Críticas de Obras de Machado de Assis, v. 8).
[MA.17]   *Histórias da meia noite*. Rio de Janeiro: Editora Civilização Brasileira S.A./Brasília: INL, 1975. (Edições Críticas de Obras de Machado de Assis, v. 4).
[MAg]   Martinz de Aguiar
[MAg.1]   *Notas de Português de Filinto e Odorico*. Rio de Janeiro, Org. Simões, 1953.
[MAg.2]   *Notas e Estudos de Português*, 2.ª ed. Rio de Janeiro, Fund. Getúlio Vargas.
[MAg.3]   *Repasse Crítico da Gramática Portuguesa*, 2.ª ed. Fortaleza, Casa José de Alencar – Univ. do Ceará, 1996.
[MAl]   Mário de Alencar
[MAm]   Marcos Almir Madeira
[MAm.1]   *Obra e exemplo de Oliveira Vianna*
[MAn]   Mário de Andrade
[MAn.1]   *Amar, verbo intransitivo*. Rio de Janeiro: Agir, 2008.
[MB]   Manuel Bandeira
[MB.1]   *Poesia e Prosa*, 2 vols. Rio de Janeiro, Aguilar, 1958.
[MB.2]   *Andorinha, Andorinha*. Rio de Janeiro, José Olympio Editora, 1966.
[MB.3]   Versificação Portuguesa. In *Enciclopédia Delta-Larousse*.
[MBa]   Mário Barreto
[MBa.1]   *Novos Estudos da Língua Portuguesa*, 3.ª ed., Rio de Janeiro, Presença, 1980.
[MBa.2]   *Últimos Estudos da Língua Portuguesa*, 2.ª ed., Rio de Janeiro, Presença, 1986.
[MBa.3]   *Novíssimos Estudos da Língua Portuguesa*, 3.ª ed., 1980.
[MBa.4]   *Através do Dicionário e da Gramática*, 3.ª ed., 1986.
[MBa.5]   *De Gramática e de Linguagem*, 3.ª ed., 1982.
[MBa.6]   *Cartas Persas de Montesquieu*, trad. de MBa, Editora Garnier, 1923.
[MBa.7]   *Factos da Língua Portuguesa*, 3.ª ed., 1982.
[MBa.8]   *Estudos da Língua Portuguesa*, Rio de Janeiro, 1903.
[MBe]   Pe. Manuel Bernardes
[MBe.1]   *Nova Floresta*, ed. fac-similada da 1.ª. São Paulo, Anchieta, 1945.
[MBe.2]   *Luz e Calor*, ed. fac-similada da 1.ª. São Paulo, Anchieta, 1945.
[MBr]   Michel Bréal
[MBr.1]   *Essai de Sémantique*, 3.ª ed. Paris, Hachette, 1903.
[MBr.2]   *Causeries sur l'Orthographie française*, nouv. ed., Paris, Hachette, 1893.
[MBs]   Margarida Basílio
[MBs.1]   *Teoria Lexical*. São Paulo, Ática, 1987.
[MC]   J. Mattoso Câmara Jr.
[MC.1]   *Princípios de Linguística Geral*, 4.ª ed. Rio de Janeiro, Livraria Acadêmica.

[MC.2]   Teoria da Análise Léxica. Rio de Janeiro, Aquarone, 1956.
[MC.3]   Gramática, 3.ª e 4.ª séries, Rio de Janeiro, Briguiet, 1956.
[MC.4]   Dicionário de Linguística e Gramática. Petrópolis, Vozes, 1977.
[MC.5]   Elementos da Língua Pátria, 2.ª ed., 4 vols. Rio de Janeiro, Briguiet, 1938.
[MC.6]   Noções de Estilística. In Littera, Rio de Janeiro, Grifo.
[MC.7]   Para o Estudo da Fonêmica Portuguesa, 2.ª ed., Rio de Janeiro, Padrão, 1977.
[MC.8]   História e Estrutura da Língua Portuguesa. Rio de Janeiro, Padrão.
[MC.9]   Problemas de linguística descritiva. 6.ª ed. Petrópolis: Editora Vozes, 1973.
[MC.10] Estrutura da língua portuguesa. Petrópolis: Editora Vozes, 1970.
[MG]   R. F. Mansur Guérios
[MG.1]   Tabus Linguísticos. São Paulo, Cia. Editora Nacional, 1979.
[ML]   Monteiro Lobato
[ML.1]   Cidades Mortas. São Paulo, Editora Brasileira.
[ML.2]   "O colocador de pronomes". In Os melhores contos brasileiros de todos os tempos. Org. Flávio Moreira da Costa. Rio de Janeiro: Editora Nova Fronteira, 2009.
[ML.3]   Serões de Dona Benta. São Paulo: Montecristo Editora, 2019.
[ML.4]   "O comprador de fazendas". In Os melhores contos brasileiros de todos os tempos. Org. Flávio Moreira da Costa. Rio de Janeiro: Editora Nova Fronteira, 2009.
[ML.5]   Caçadas de Pedrinho. São Paulo: Editora Brasiliense, 1971. 15.ª ed.
[MLe]   Mendes Leal
[MLk]   W. Meyer-Lübke
[MLk.1] Grammaire des Langues Romanes, 4 vols., trad. fr. de Doutrefont e Rabiet. New York, Stechert, 1923.
[MM]   Marquês de Maricá
[MM.1]   Máximas do Marquês de Maricá, ed. anotada por Sousa da Silveira. Rio de Janeiro, MEC/Casa de Rui Barbosa, 1958.
[MMa]   Maximino Maciel
[MMa.1] Gramática Descritiva. Rio de Janeiro, Fr. Alves, 1923.
[MMa.2] Lições Elementares de Língua Portuguesa. Rio de Janeiro, Fr. Alves, 1923.
[MMc]   Aires da Mata Machado Filho
[MMc.1] Nos Domínios do Vocabulário. São Paulo, Boa Leitura Ed., s/d.
[MMe]   Francisco Manuel de Mello
[MMe.1] Feira de Anexins, ed. Inocêncio, Lisboa, 1876.
[MN]   Max Niedermann
[MN.1]   Précis de Phonétique historique du latin, avec um avant-propos par Antoine Meillet. Paris: Librairie C. Klincksieck, 1906.
[MP]   Martins Pena
[MP.1]   Teatro, ed. Darcy Damasceno.
[MPz]   Marcial Morera Perez
[MPz.1] Semántica del Sistema Preposicional del Español Moderno y sus Campos de Uso. Puerto del Rosário, 1988.
[MR]   Moritz Regula

[MR.1]   *Grammaire Française Explicative*. Berne, Francke Verlag, 1952.
[MRe]   Marques Rebelo
[MRe.1] *Contos Reunidos*.
[MRl]   Miguel Reale
[MRl.1] *Variações*. Rio de Janeiro: Academia Brasileira de Letras, 1999.
[MV]   Mário Vilela
[MV.1]   *Estruturas Léxicas do Português*. Coimbra, Almedina, 1979.
[MV.2]   *Gramática de Valências: teoria e aplicação*. Coimbra, Almedina, 1992.
[NC]   Nina Catach
[NC.1]   *La Pontuaction*. Paris, PUF, 1994.
[NE]   Hans Nilsson-Ehle
[NE.1]   *Les Adverbes en -ment Compléments d'un Verbe*. Lund-Leipzig, 1941.
[NR]   Nelson Rodrigues
[NR.1]   *A vida como ela é...* Rio de Janeiro: Editora Nova Fronteira, 2012.
[NT]   T. Navarro Tomás
[NT.1]   *Manual de Pronunciación Española*, 4.ª ed. Madrid, Hernando, 1933.
[NT.2]   *Arte del Verso*, 5.ª ed. México, Málaga Editora, 1971.
[OB]   Olavo Bilac
[OB.1]   Avatar. In *Poesias*. Rio de Janeiro, Fr. Alves, 1902.
[OG]   Othon Moacir Garcia
[OG.1]   *Comunicação em Prosa Moderna*. Rio de Janeiro, Fund. Getúlio Vargas, 1967.
[OJ]   Otto Jespersen
[OJ.1]   *Negation in English and other Languages*. Copenhague, Bianco Lunos, 1917.
[OM]   Manuel Odorico Mendes
[OM.1]   *Eneida Brasileira*. Paris, Tip. de Rignouse, 1854.
[PA]   Manuel de Araújo Porto-Alegre
[PA.1]   *Colombo*. Rio de Janeiro, 1892.
[PAd]   Pedro Adrião
[PAd.1] *Tradições Clássicas da Língua Portuguesa*. Porto Alegre, 1945.
[PC]   Pinheiro Chagas
[PD]   Porto Dapena
[PD.1]   *Complementos Argumentales del Verbo: directo, indirecto, suplemento y agente*. Madrid, Arcos Libros, 1992.
[PDo]   Conde Pinheiro Domingues
[PDo.1] "Variação de Gênero em Português". In *Revista de Cultura*. Petrópolis, 1932.
[PDo.2] João Curioso [pseudônimo] *Camilo e a Caturrice dos Puristas*, I. Rio de Janeiro, 1924.
[PL]   Pacheco da Silva Jr. e Lameira de Andrade
[PL.1]   *Gramática da Língua Portuguesa*. Rio de Janeiro, 1887.
[PJ]   Pacheco da Silva Júnior
[PJ.1]   *Noções de Semântica*. Rio de Janeiro, Fr. Alves, 1903.

[PP]	Pedro Augusto Pinto
[PR]	Ernesto de Paiva Raposo
[PR.1]	*Introdução à Gramática Generativa. Sintaxe do Português*, 2.ª ed. Lisboa, Moraes Editora, 1983.
[PS]	Paulino de Sousa
[PS.1]	*Grammaire Portugaise*. Paris, Garnier, 1896.
[RB]	Rui Barbosa
[RB.1]	*Réplica*, 1.ª ed., Rio de Janeiro, Imprensa Nacional, 1904.
[RB.2]	*Oração aos Moços*, ed. de Rocha Lima.
[RB.3]	*Discurso no Colégio Anchieta*, ed. Casa de Rui Barbosa.
[RB.4]	*Parecer*, I, ed. Casa de Rui Barbosa, 1990.
[RBa]	Raimundo Barbadinho Neto
[RBa.1]	*Em Busca da Verdade da Língua*: Dois Estudos.
[RBa.2]	*Sobre a Norma Literária do Modernismo*. Rio de Janeiro, Ao Livro Técnico, 1977.
[RC]	Raimundo Correia
[RC.1]	*Poesias*. Lisboa.
[RCa]	Ricardo Cavaliere
[RCa.1]	*Pontos essenciais em fonética e fonologia*. Rio de Janeiro: Lucerna, 1995.
[RCo]	Ribeiro Couto
[RCo.1]	*Conversa Inocente*. Rio de Janeiro, 1946.
[RD]	Santa Rita Durão
[RD.1]	*Caramuru*, ed. Academia Brasileira de Letras.
[RF]	Rubem Fonseca
[RF.1]	*Bufo & Spallanzani*. Rio de Janeiro: Editora Nova Fronteira, 2011. 10.ª ed.
[RF.2]	*A grande arte*. Rio de Janeiro: Editora Nova Fronteira, 2010. 13.ª ed.
[RG]	F. Rebelo Gonçalves
[RG.1]	*Tratado de Ortografia da Língua Portuguesa*. Coimbra, Atlântida, 1947.
[RL]	C. Henrique da Rocha Lima
[RL.1]	*Gramática Normativa da Língua Portuguesa*, 37.ª ed., José Olympio Editora, 1992.
[RLb]	Rodrigues Lobo
[RLb.1]	*O Pastor Peregrino*. Lisboa, 1906.
[RLp]	Manuel Rodrigues Lapa
[RLp.1]	*Estilística da Língua Portuguesa*. Rio de Janeiro, Livraria Acadêmica.
[RLz]	Rodolfo Lenz
[RLz.1]	*La Oración y sus Partes*, 3.ª ed. Madrid, Centro de Estudios Históricos, 1935.
[RP]	Raul Pompéia
[RQ]	Rachel de Queiroz
[RQ.1]	*O Brasileiro Perplexo*. Rio de Janeiro, Editora do Autor, 1963.
[RS]	Augusto Rebelo da Silva
[RS.1]	*Contos e Lendas*. Lisboa, 1873.
[RS.2]	*História de Portugal*, 1.ª ed., 5 vols.

[RS.3]   *A Mocidade de D. João V*, 3.ª ed., 3 vols. Lisboa.
[RT]   Graça Maria Rio-Torto
[RT.1]   Sistêmica e Pragmática dos Sufixos Avaliativos. In *Rev. Portuguesa de Filologia*, vol. 21. Coimbra, 1996-7, 203-228.
[RT.2]   Operações e Paradigmas Genolexicais do Português. In *Filologia e Linguística* n.º 2, 39-60. São Paulo, Humanitas/USP, 1998.
[RT.3]   *Gramática derivacional do português*. RT et alii. Coimbra, Imprensa da Univ. de Coimbra, 2013.
[RV]   A. G. Ribeiro de Vasconcelos
[RV.1]   *Gramática Portuguesa*. Lisboa-Rio de Janeiro, s/d.
[SA]   Manuel Said Ali
[SA.1]   *Dificuldades da Língua Portuguesa*, 5.ª ed. preparada por Maximiano de Carvalho e Silva. Rio de Janeiro, Livraria Acadêmica, 1957.
[SA.2]   *Gramática Secundária da Língua Portuguesa*, 4.ª ed. São Paulo, Melhoramentos.
[SA.3]   *Versificação Portuguesa*. Rio de Janeiro, INL, 1949.
[SA.4]   *Meios de Expressão e Alterações Semânticas*. Rio de Janeiro, Fr. Alves, 1930.
[SA.5]   *Gramática Histórica da Língua Portuguesa*, 2.ª ed. São Paulo, Melhoramentos, s/d [1931].
[SA.6]   Colocação de Pronomes. In *Revista Americana*, II.
[SL]   Mário Pereira de Sousa Lima
[SL.1]   *Gramática Portuguesa*, 2.ª ed. Rio de Janeiro, José Olympio Editora, 1945.
[SLn.]   Simão Lopes Neto
[SLn.1]   *Contos gauchescos e lendas do sul*, ed. Fischer.
[SR]   Silva Ramos
[SR.1]   artigo in *Revista de Cultura* n.º 22.
[SS]   Álvaro F. de Sousa da Silveira
[SS.1]   *Lições de Português*, 6.ª ed. preparada por Maximiano de Carvalho e Silva.
[SS.2]   *Fonética Sintática*, 2.ª ed. Rio de Janeiro, Fund. Getúlio Vargas, 1971.
[SS.3]   *Trechos Seletos*, 7.ª ed. Rio de Janeiro, Briguiet, 1963.
[SS.4]   *Obras de Casimiro de Abreu*, 2.ª ed. Rio de Janeiro, MEC/Casa de Rui Barbosa, 1955.
[SS.5]   Um Verso Obscuro dos Lusíadas. In *Revista de Filosofia e de História*, tomo II. Rio de Janeiro, 1934, 374-377.
[SS.6]   Notas sobre os Pronomes Se e Ele. In *Revista de Cultura*, ano 17, jun. 1943, 265-268.
[SU]   S. Ulmann
[SU.1]   *Semántica*, trad. port., Lisboa, Fund. Calouste Gulbenkian, 1977.
[TG]   Tomás Antônio Gonzaga
[TG.1]   *Poesias*, ed. M. Rodrigues Lapa.
[TM]   Theodoro Henrique Maurer

[TM.1]   *Dois Problemas da Língua Portuguesa*. São Paulo, Cia. Editora Nacional, 1954.
[VB]   Vittório E. Bergo
[VB.1]   *Concorrência Pleonástica da Preposição com o Prefixo*. Tese de Concurso, 1945.
[VBr]   Viggo Brøndal
[VBr.1] *Théorie des Prépositions*. Copenhague, Munksgaard, 1950.
[VC]   Vicente de Carvalho
[VK]   Valter Kehdi
[VK.1]   *A Construção do Verbo Ser*. São Paulo, GEL, 1985.
[VK.2]   *Morfemas do Português*. São Paulo, Ática, 1989.
[VK.3]   *Formação de Palavras em Português*. São Paulo, Ática, 1990.
[VK.4]   Complemento Nominal: Problemas de Caracterização. In *Confluência*, 5/1993, 60-65.
[VM]   Vinicius de Moraes
[VM.1]   *Novos poemas (II)*. In *Vinicius de Moraes: obra reunida*, volume 1. Org. Eucanaã Ferraz. Rio de Janeiro: Editora Nova Fronteira, 2015
[VM.2]   *A arca de Noé*. In *Vinicius de Moraes: obra reunida*, volume 1. Org. Eucanaã Ferraz. Rio de Janeiro: Editora Nova Fronteira, 2015.
[VM.3]   *Para viver um grande amor*. In *Vinicius de Moraes: obra reunida*, volume 1. Org. Eucanaã Ferraz. Rio de Janeiro: Editora Nova Fronteira, 2015.
[VV]   Veikko Väänänen
[VV.1]   *Il est venu comme ambassadeur, il agit en soldat*. Helsinke, 1951.
[WZ]   Walther von Wartburg-Paul Zumptor
[WZ.1]   *Précis de Syntaxe du Français Contemporain*. Berne, Francke, 1973.
[YM]   Yakob Malkiel
[YM.1]   Los Interfijos Hispánicos. In *Miscelanea Martinet*, II, Canarias, 1958.

ÍNDICE DE ASSUNTOS

A

abreviação 403, 428
ação durativa 240, 243
ação intermitente 243
ação momentânea 243
ação resultativa 243
acento 98, 122
acento de insistência 98
acento de intensidade 95, 96, 97, 98
acento emocional 98
acento frásico 95
acento grave 116
acento principal 97, 98
acento secundário 96, 97, 98
acentuação 95, 107, 122
a cerca de 536
acerca de 112, 479, 536
acudir
   conjugação 269
acumulação nos elementos mórficos 380
acúmulo de preposições 332
adaptar
   conjugação 272
aderir
   conjugação 303
adjacentes 438
adjetivação de orações substantivas 499
adjetivo 128, 129, 163, 164, 165, 166, 167, 168, 173, 174
   flexão 165
adjetivos diminutivos 173
adjunto adnominal 161, 193, 219, 325, 357, 461, 462, 481, 483, 487, 489, 517, 518, 544
adjunto adverbial 203, 226, 316, 318, 356, 468, 469, 470, 471, 472, 473, 474, 477, 478, 479, 480
adjunto adverbial de adição ou inclusão 480
adjunto adverbial de assunto 479
adjunto adverbial de campo ou aspecto 479
adjunto adverbial de causa 474
adjunto adverbial de companhia 474
adjunto adverbial de concessão 480
adjunto adverbial de distribuição 478
adjunto adverbial de exclusão 480
adjunto adverbial de inclinação e oposição 478
adjunto adverbial de instrumento 474
adjunto adverbial de lugar 471, 601
adjunto adverbial de quantidade 477
adjunto adverbial de substituição 479
adjunto adverbial modal 473, 474
adjunto adverbial temporal 472
adverbialização de adjetivos 323
advérbio 127, 130, 316, 317, 354, 579, 580
advérbio e preposição 318
advérbios de base nominal e pronominal 322
advertência (oração intercalada) 511
advertir
   conjugação 303
advir
   conjugação 303
a e à (crase) 332, 338
a e há, emprego 341
aferir 268, 413
   conjugação 303
afinidade (solidariedade) 419
afixos 369
agente da passiva 250, 350, 465, 475, 608
aglutinação 372, 380, 388
agredir
   conjugação 268, 303

aguar 267
  conjugação 125, 271
alfabeto 102
alfabeto fonético 60, 69
algo
  emprego 216
algum
  emprego 216
alínea 656
aliteração 86, 671, 672, 684
alofone 64, 65, 67, 85
alomorfe 376
alterações semânticas 425, 429
alteridade 37
alternância entre adjetivo e advérbio 579
alternância supletiva 381
alternância vocálica 111, 267, 404
altura 71
a maioria de 586
anacoluto 634, 659, 660
anacoluto no relativo 224
anáfora 57, 212, 400, 632, 637, 671
análise estilística 29, 658, 663, 667
análise literária 29, 658
anástrofe 620, 637
anexo
  concordância 576
anexo predicativo 460
anomalias de linguagem 639, 644
antecipação 634
antever
  conjugação 276, 300
antitaxe (substituição) 53, 56, 57, 321, 496
antítese 430, 662
antonímia 434
antonomásia 428
antroponímia 62
antropônimo 131
a olhos vistos 578
ao mesmo tempo que 361, 535
apaniguar
  conjugação 125, 271

aparelho fonador 64, 66, 67, 80
apaziguar 89, 267
  conjugação 125, 271
apelido 131
apenso
  concordância 576
apiedar-se
  conjugação 291, 292
aposição com de 489
aposto 487, 488, 491, 492, 495
aposto circunstancial 488
aposto distributivo 488
aposto enumerativo 488
aposto referido a uma oração 491
apóstrofe 430
apóstrofo 108, 109, 111, 333, 645
a (prep.) 333, 338
apropinquar
  conjugação 125, 255, 271
à que, às que 522
arcaísmos 382
arguir
  conjugação 271
argumentos 446, 447, 448
arquifonema 85
arquilexema 417, 420, 423, 447
arquitetura da língua 59
arrizotônica 266
artigo
  classificação 128, 174
artigo definido
  emprego 174, 175
artigo indefinido
  emprego 182
artigo partitivo 183
aspas 655
aspecto 241
aspectos do verbo 257
aspergir
  conjugação 268, 269, 303
assindetismo 509
assíndeto 637
asterisco 656

até
  emprego 342
atividade 39, 40
atos linguísticos 38, 39, 60
atualizador léxico 150, 369
aumentativo 160, 393
auxiliares causativos 260
auxiliares sensitivos 260
averiguar 267
  conjugação 125, 271
avir-se
  conjugação 303
avir-se e haver-se 277, 278

B

barbarismo 535, 639
base lexical real 373
base lexical teórica 373
bem haja
  concordância 599
bilhão 229, 234, 235
braquilogia 375, 428, 607, 634, 635

C

caber
  conjugação 296
cacofonia 87, 88
cada
  emprego 217
cada um de, nem um de, nenhum de 586
cair
  conjugação 301
calco linguístico 382
campo léxico v. classe léxica 417
cantar
  conjugação 278
caracterizadores 239
cardinal 227, 230, 232, 233, 234, 235
catacrese 428
catáfora 57, 212

categoremática (palavra) 128, 129, 130, 183, 416
categorias gramaticais 127, 128, 175
categorias verbais (Jakobson) 128, 238, 239
cavalgamento 671
cavidade bucal 67, 68, 70, 71, 80, 81
cavidade nasal 81
cerca de 536, 587, 598
certo
  emprego 218
cerzir
  conjugação 268, 273, 303
cesura 412, 672, 677, 681, 686
chave 656
circunfixação 374
circunfixo 367
circunstâncias adverbiais 319, 360, 474, 630
citação (oração intercalada) 511
clareza 624
classe de palavras 127, 129
classe léxica v. campo léxico 417
classema 418, 419
classe verbal 129
classificação dos pronomes 185
cláusula 52
clichê léxico 420
clique 66, 363
clíticos 96, 97, 99, 446
cobrir
  conjugação 301
colchete 654
coletivos 132, 133
colisão 87
colocação
  sintaxe 618, 622, 624
colocação de pronomes 629, 662
colocação dos termos na oração e das orações no período 622
com
  emprego 342
combinação 402

combinação de processos de formação
    de palavras 386, 402
combinação de pronomes átonos 201
combinação e contração da preposição
    com outras palavras 332
combinações com advérbios 317
comentado 52
comentário 52
comparativo 168, 324
comparativos e superlativos
    irregulares 171
compelir
    conjugação 255, 268, 303
competência 40
competência linguística geral 40
competência linguística particular 40
competência textual 41
competir
    conjugação 268, 303
complemento agente 465
complemento de termos de regências
    diferentes 606
complemento direto 55, 448, 470,
    474, 477, 636
complemento indireto 453, 454
complemento nominal 483
complemento predicativo 456, 469
complemento relativo 468, 470
complementos verbais 50, 335, 447,
    448, 454, 465, 599
composição 382
composição do enunciado 539
composição (estruturas secundárias)
    419
composição v. lexia 383
comprazer
    conjugação 255, 296, 298
co(m) (prep.)
    emprego 331, 334
concernir
    conjugação 268, 303, 413
conclusão 243
conclusão completiva 243
conclusão objetiva 243

conclusão subjetiva 243
conclusão terminativa 243
concordância
    sintaxe 570
concordância ad sensum 570
concordância com numerais 229
concordância do pronome 579
concordância ideológica 570
concordância nominal 570, 571, 574
concordância verbal 570, 582, 584
concorrência de si e ele na
    reflexividade 201
concorrência de subordinadas 541
concorrência de termo + oração
    subordinada 543
condicional 249
conectores ou conjunções
    coordenativas 352
conector e transpositor 351
conferir
    conjugação 268, 303
congruência 41
conhecimento da língua 47
conhecimento das coisas 47
conjugação de verbo com pronome
    oblíquo átono 294
conjugação de verbo na voz passiva
    289
conjugação de verbos 252, 254, 260,
    266, 267, 268, 269, 272, 273,
    275, 276, 278, 281, 283, 285,
    287, 288, 289, 291, 294, 295,
    296, 297, 299, 300
conjugação dos verbos irregulares 296
conjunção 130, 351
conjunção condicional 356, 551
conjunção integrante 356, 513, 516
conjunções aditivas 352, 354, 508
conjunções adversativas 352, 354, 508
conjunções alternativas 352, 353, 354,
    509
conjunções coordenadas 351
conjunções e expressões enfáticas 362

conjunções subordinativas 54, 352, 355, 358, 462, 549, 558, 632
conseguir
   conjugação 303
consequência da próclise 100
consoante 70
consoante retroflexa 70, 80, 81
consoantes 91
   classificação 70, 80, 91
consoantes africadas 80
consoantes alveolares 81
consoantes alveolopalatais 81
consoantes bilabiais 81
consoantes de ligação 370
consoantes desvozeadas 81
consoantes fricativas 80
consoantes homorgânicas 81
consoantes labiodentais 81
consoantes laterais 80
consoantes linguodentais 81
consoantes mudas 103
consoantes nasais 75, 270
consoantes oclusivas 69, 80
consoantes palatais 81
consoantes sonoras 81
consoantes surdas 70, 81
consoantes velares 81
consoantes vibrantes 80, 83
consoantes vozeadas 81
constituintes imediatos 374, 386, 387, 424, 493, 494, 498
construção passiva e predicativo 467
construção reflexa 198
contagem das sílabas do verso 672, 675
contaminação sintática 594, 635
conteúdo linguístico 43
contorno melódico 356, 363, 436, 494, 495, 506, 510, 511, 569, 646
contraposição 384
contra (prep.)
   emprego 343
convergir
   conjugação 268
conversão 404
convir
   conjugação 303
coordenação distributiva 510
coordenação (parataxe) 53, 54, 55, 56, 494, 510
correto v. exemplar 58
crase 79, 89, 116, 155, 220, 226, 332, 338, 339, 340, 341, 342, 673, 674
crase facultativa 341
crer
   conjugação 296
criação de palavras 382
criatividade 37, 51
cujo(s), cuja(s)
   emprego 50, 164, 193, 194, 225, 226, 501, 517, 518, 542

D

dado
   concordância 576
daqui a 347, 472
dar
   conjugação 296
dar-se ao trabalho 203
dativo livre 348, 501
decorrência de subordinadas 540
de ele v. dele 602, 604
deferir
   conjugação 268, 303
degradação do significado (pejorativos) 432
de há 534
dêixis 184
dêixis anafórica 184, 228
dêixis catafórica 184
delinquir 89
   conjugação 125, 271
denegrir
   conjugação 268, 303

de (prep.)
    emprego 333, 343, 489
de que 521
dequeísmo 346
derivação prefixal 389
derivação sufixal 374, 389
derivação v. flexão 372, 382, 388
desaguar 267, 551
    conjugação 125, 271
desavir-se
    conjugação 278
descrição 49
desejo (oração intercalada) 511
desenvolvimento (estruturas
    secundárias) 419
designação 43, 146
desinência nominal 368
desinências 260, 368
desinência verbal 368, 630
despir
    conjugação 268, 303
determinação nominal 163
determinantes 441, 443
determinantes circunstanciais 467
determinantes de relação 239
deverbal 402
devido a 475, 550, 604
diacronia 47, 49
diafásica 45, 59
dialeto 45, 57
dialetologia 48, 63
dialeto social 45
diastrática (variedade) 45
diátese 241
diatópica (variedade) 45
dicendi 512, 513
diérese 79, 673
digerir
    conjugação 268, 303
dignar-se
    conjugação 272
dígrafo 93, 94
diminutivo 62, 145, 160, 161, 324, 393

diminutivo com valor de superlativo
    324
discurso 40
discurso direto 512
discurso indireto 512, 513
discurso indireto livre 512, 513
discurso repetido 47, 49, 458
disjunção 384
disposição das rimas 683
distribuição das sílabas 672, 686
ditongo(s) 105
divertir
    conjugação 268, 303
divisão silábica 117
dizer
    conjugação 297
dizer para 602
dois-pontos
    emprego 492, 651, 653
duração 243
dýnamis 40, 41

E

ear ou -iar 275
eco 87
ectlipse 93, 334, 673, 674
eficácia estética 658, 659
ele como objeto direto 197
elementos assilábicos 71, 84
elementos estruturais do verbo 260
elementos gregos 400
elementos latinos 371, 397, 401
elementos mórficos 368, 375, 376,
    378, 379, 380, 381, 386
elementos silábicos 71
elipse 54, 92, 630
elisão 673, 674
emergir
    conjugação 255, 268, 303
emprego da maiúscula inicial 120,
    648
emprego da preposição 335, 347

emprego das formas nominais 312
emprego de tempos e modos 304
emprego do à acentuado 338
emprego do artigo definido 175
emprego do artigo indefinido 182
emprego do infinitivo 277, 313
emprego do pronome 195
emprego do pronome pessoal pelo possessivo 207
emprego do pronome tônico pelo átono 196
emprego do relativo 608
em (prep.)
   emprego 333, 346
empréstimos linguísticos 382, 383
encadeamento 672, 685
ênclise 116, 291, 408, 624, 626, 627
encontro consonantal 83, 93
é necessário, é bom, é preciso 578
enérgeia 37, 40, 41
enfraquecimento do significado 431, 432
enlaces adverbiais 509
enobrecimento do significado 431, 432
enquanto (conjunção)
   emprego 308, 311, 361, 362, 503, 532, 538
entre (prep.)
   emprego 348
enunciado 436
enxaguar 267
   conjugação 125, 271
epíteto 423, 497
equipolência interoracional 541
érgon 40, 41
erros frequentes na conjugação 276
escrita dos numerais 235
escusa (oração intercalada) 511
especialização 163
especialização do significado 432
especificação 52
esquecimento etimológico 406
estado 240

estado da língua real e sincronia 48
estar
   conjugação 277, 283, 296
estar + particípio 244
estilística 312, 324, 434, 570, 603, 618, 639, 657, 658, 660, 661, 663
estilística da fala 62
estilística da língua 62
estilística e gramática 657
estilística e retórica 657
estilística fônica 603, 660
estilística morfológica 660
estilística semântica 662
estilística sintática 661
estrangeirismos 640
estratos gramaticais 52, 53, 57
estrofes 686
estrutura da língua 59
estrutura favorita 438
estrutura interna do substantivo 135
estrutura primária 417
estruturas de composição 419
estruturas de desenvolvimento 419
estruturas de modificação 419
estrutura secundária 417
estruturas paradigmáticas 417, 419
estruturas sintagmáticas 419
etimologia 62
etimologia popular (ou associativa) 397, 430
etiquetas e rótulos 569
etnolinguística 63
eufemismo 428, 662
eufonia 153, 171, 223, 254, 331, 573, 602, 604
eu lírico 431
evidência 241
exemplar v. correto 58
expelir
   conjugação 268, 303
expletivo 201, 321
explicação 163
explicitação léxica 441
expressão 38

expressão expletiva ou de realce 636
expressão idiomática 644
expressões de porcentagem 596
extensão do significado 431

F

fala 51
falar 49
falar v. dialeto 45
famílias etimológicas de radical latino 411
fase 245
fase continuativa 246
fase egressiva 246
fase iminente (ingressiva) 245
fase inceptiva 245
fase progressiva 246
fase regressiva e conclusiva 246
fazer
   conjugação 273, 297
fêmea 158, 167
feminino
   formação 150
fenômenos fonéticos interverbais 673
fenômenos fonéticos intraverbais 673
figuras de palavras 426
figuras de pensamento 430, 662
figuras de sintaxe 630
flexão 372
flexões do adjetivo 165
flexões do substantivo 135
fonema 84
fonema e letra 64
fonemas 37, 64, 65, 66, 67, 70
fonemas nasais 67
fonemas orais 67
fonemas sonoros 68
fonemas surdos 68
fonética 64
fonética e fonologia 59, 60, 65
fonética expressiva 86, 660
fonética sintática 99, 180, 220, 624

fonoestilística 86
fonologia 59, 60, 64, 376
fonossimbolismo 383
formação de palavras 119, 243, 375, 378, 382, 386, 402, 404, 419, 420, 421, 422, 423, 424
formação deverbal 402
formação do feminino 154, 167
formação do feminino dos adjetivos 167
formação do plural dos adjetivos 166
formação regressiva 402
forma presa 369, 381, 411, 412
formas arrizotônicas 125, 266, 272
formas de tratamento 187, 188, 573
formas nominais do verbo 251, 252, 545
formas rizotônicas 266, 268, 271, 272, 274, 381
fracionários 227, 233, 234, 235
frase 437, 567
frases bimembres 568, 569
frases unimembres 568
frigir
   conjugação 301
fronteiras silábicas 84
função dos pronomes átonos 203
função fática 431
função predicativa 52
função referencial 431
função sintática do substantivo 161
fusão nos elementos mórficos 380
futuro 248, 308

G

galicismo 177, 217, 251, 259, 309, 343, 346, 347, 473, 542, 548, 552, 603, 640
generalização do significado 425
gênero de compostos 159
gênero do adjetivo 167
gênero do substantivo 150, 151, 240

gênero do verbo 240
gênero estabelecido por palavra oculta 158
gênero nas profissões femininas 152
gêneros que podem oferecer dúvida 159
geografia linguística 63
gerúndio 240, 241, 244, 246, 247, 251, 252, 257, 258, 259, 463, 465, 508, 544, 545, 546, 548
gírias 383, 655
gradação do adjetivo 168
grafema 60, 369, 434, 645
grafia dos nomes próprios estrangeiros 162
gramática 59, 61
gramática comparada 62
gramática descritiva 59, 127, 128, 370
gramática estrutural funcional 59
gramática geral 62, 128
gramática histórica 48, 62, 373
gramática normativa 57, 59
gramática universal 62
graus de coesão de morfemas 378
graus de coesão nos grupos nominais 490
grupo de força 98, 99, 195
grupo de palavras 52
grupos oracionais 493, 494, 507, 509, 510

H

h
  emprego 102
há, havia
  emprego 538
haja vista
  concordância 595
haplologia 367, 375, 635
haver
  conjugação 283
haver de + infinitivo 259, 627, 628
haver que + infinitivo 259
haver-se e avir-se 277
heteronímia 151
heterônimos 157
hiato 79, 87, 91, 97, 105, 124, 155, 370
hibridismo 375
hífen
  emprego 110
hipálage 429
hipérbato 620, 638
hipérbole 62, 152, 428, 430, 659, 662
hiperônimo 431
hipertaxe (superordenação) 53, 54, 55, 234, 321, 325, 404, 494
hipônimo 431
hipotaxe (subordinação) 53, 54, 55, 56, 317, 318, 352, 381, 388, 493, 494, 504
história da língua 48, 49, 138, 252, 254, 388
história externa da língua 31
história interna da língua 62
historicidade 37, 38, 115
homofonia 275, 425, 433, 682
homografia 434
homógrafos 434
homonímia 264, 377, 433, 434
homônimos 38, 434

I

iar 274
idiotismo 544, 644
imergir
  conjugação 255, 268, 303
impelir
  conjugação 268, 303
imperativo 268, 269, 285, 288, 291, 293, 295, 298, 308, 312, 363
imperfeito v. presente 242
implicação (solidariedade) 419
impugnar
  conjugação 272

incluso
  concordância 576
inconsistência do gênero gramatical 151
indicativo 304
índice preposicional 497
indignar-se
  conjugação 201, 272
infinitivo 251, 313, 463, 559, 561, 562
infinitivo histórico 312, 561
infixo 367, 370
inserir
  conjugação 303
instrumentos gramaticais da determinação nominal 163
inteirar
  conjugação 272
intensidade 381
intensificação (formação de palavras) 405
intensificação gradual dos advérbios 324
intercomunicação social 36, 37
interfixo 367, 369, 371
interjeição 127, 130, 363, 568
intervir
  conjugação 276, 303
ir
  conjugação 301
ironia 430
isoglossa 36, 38, 39

J

já vão, já vai
  concordância 599
jazer
  conjugação 297
juízo de valor 42
justaposição 107, 372, 380, 388, 489, 493, 509, 510, 538, 539, 540

K

k
  emprego 102

L

langue 51
ler
  conjugação 297
leso
  concordância 576
letra 60, 64
letra diacrítica 93
letras dobradas 104
lexema 61
lexemática 415, 416, 423, 424
lexia v. composição 383
lexicologia
  seus campos 61
lexicologia da expressão 61
lexicologia do conteúdo 61
língua 31, 36, 37, 38, 39, 57
língua burocrática 45
língua comum 57, 58, 147, 152, 383
língua corrente 45
língua escrita 45
língua exemplar 58
língua falada 45
língua funcional 46, 48, 49
linguagem 36, 47
linguagem primária 47, 161, 421
língua histórica 39, 42, 44, 46, 49, 57, 58, 62, 151, 383, 416
língua literária 45, 91, 138, 143, 166, 196, 372, 388, 606, 608, 659
língua portuguesa (português) 58
língua usual 45
linguística do texto 57, 63
linguística histórica 49
locução adjetiva 164, 165
locução adverbial 318
locução conjuntiva 533, 542

locução interjetiva 364
locução prepositiva 330
locução verbal 257, 313, 314, 593, 627

M

macho 158
magoar
  conjugação 271
mais de um
  concordância 589
maiúsculas
  emprego 118
masculino 150
materialidade 37
medir
  conjugação 302
meio
  concordância 576
mentir
  conjugação 302
mesmo
  emprego e concordância 575
mesóclise 116, 291, 624, 625
metafonia 140, 141, 267, 381
metáfora 426, 659, 662
metalinguagem 47, 54, 161, 431
metátese 368
metonímia 427, 662
métrica 671, 672
metro 670, 672, 676
migrações de preposição 521, 605
milhão 229, 233, 234, 235, 581
minúsculas
  emprego 119
mobiliar
  conjugação 266, 271
modificação (estruturas secundárias) 419
modo 241
modo de articulação (fonemas) 67
modos do verbo 248
modo verbal 241

monema 52, 53, 54, 55
morfema 364, 366, 367
morfema aditivo 372
morfema derivativo 367
morfema flexional 367
morfema modificativo 367
morfema subtrativo 378
morfemática (palavra) 54, 128, 130, 416
morfema zero 379, 423
morfofonêmica 137, 154, 169, 377
morfologia 59, 61, 135
morfonêmica 368
morfossintaxe 59, 61, 421
moscar/muscar
  conjugação 272
mudança de gênero 152, 158
multiplicativos 227, 233

N

não ocorrência da preposição de 345
não ocorrência de crase 340
nem... nem
  concordância 585
nem um nem outro
  concordância 574
nenhum
  emprego 219
neologismos 382, 405, 661
neutralização v. sincretismo 376
níveis da linguagem 39
nível atual 242
nível inatual 242
nível temporal 240, 246, 247
nomenclaturas técnicas 383
nomes atemáticos 369
nomes compostos 143, 147, 164
nomes de cores
  concordância 581
nomes de grupo 132, 133
nomes em aposição 163
nomes próprios 107

norma 41, 49
norma da congruência 41, 42
norma da correção 42
norma de adequação 42
no tempo que (ou em que) 535
núcleo 441, 442
numerais cardinais 229
numeral 130
número 135, 235, 240
número do adjetivo 166
número fixo de sílabas 672, 676
número plural 135, 368, 379, 592
número singular 135, 160, 194, 504, 593, 596

O

objeto direto 161, 164, 197, 448
objeto direto preposicionado 450
objeto indireto 453
obliquar
   conjugação 125, 271
obstar
   conjugação 272, 296
obviar
   conjugação 272
omissão da conjunção integrante 516
omissão do pronome átono 565
onomasiologia 62, 416
onomástica 62
onomatopeia 86, 383, 404
opinião (oração intercalada) 511
oposição 36
oposição fonológica distintiva 64
optar
   conjugação 272
optativo 241, 249, 299, 623
o qual
   emprego 518
oração 52, 437, 566, 622
oração adjetiva explicativa 497

oração complexa 55, 193, 355, 472, 474, 493, 495, 498, 503, 506, 513, 521
oração predicativa 500
oração subjetiva 500, 514, 515
orações adjetivas 163, 310, 492, 496, 497, 501, 517, 521, 547, 651
orações adjetivas restritivas 497, 651
orações causais-explicativas 56
orações complexas aparentes 512
orações conclusivas 56
orações coordenadas aditivas 650
orações coordenadas adversativas 543
orações coordenadas alternativas 650
orações exclamativas 215, 623, 629
orações intercaladas 510, 622, 652
orações interrogativas 478, 495
orações justapostas 510, 512, 529, 538, 553
orações reduzidas 543, 544, 545, 547, 557, 565, 566
orações reduzidas concorrentes 566, 567
orações reduzidas decorrentes 566
orações reduzidas de gerúndio 508, 544, 565, 622
orações reduzidas de infinitivo 566, 567, 600, 602
orações reduzidas de particípio 545, 565, 622
orações reduzidas fixas 557
orações subordinadas adverbiais 522, 641
orações subordinadas causais 358, 537, 540
orações subordinadas comparativas 358, 502, 506, 523
orações subordinadas concessivas 359
orações subordinadas condicionais 359
orações subordinadas conformativas 359
orações subordinadas consecutivas 359

orações subordinadas finais 360, 530, 551
orações subordinadas locativas 531
orações subordinadas modais 360, 531
orações subordinadas proporcionais 360, 531
orações subordinadas resultantes de substantivação 495
orações subordinadas temporais 360
orações transpostas adjetivas 517
orações transpostas substantivas 513
ordem direta ou usual 620
ordem dos pronomes pessoais 197
ordem inversa ou ocasional 619
ordinais 230
ortoépia 88, 94, 655
ortoépia e ortografia 94
ortografia 60, 65, 94, 101
ouvir
   conjugação 302
oximoro 430
oxítonos 96, 105, 122, 673

P

padrões silábicos 84, 85
palavra 52, 100, 130, 364, 365
palavra e vocábulo 364
palavras cognatas 373, 411
palavras compostas 54, 235, 371, 372, 388
palavras derivadas 98, 116, 117, 411
palavras de sílaba tônica duvidosa 100
palavras divisíveis 386
palavras gramaticais 365
palavras indivisíveis 386
palavras lexemáticas 128, 130, 416
palavras léxicas 365
palavras primitivas 411, 412
paleontologia linguística 63
paradigma dos verbos regulares 278

paradoxo 430
para eu fazer 602
paralelismo 54, 141, 420, 424, 484, 671, 672, 685
para (prep.)
   emprego 334, 348
parassíntese 374
parataxe (coordenação) 53, 54, 55, 56, 510
parênteses 645, 654
parir
   conjugação 254, 302
parole 51
paronímia 435
parônimos 106, 275, 435
paroxítonos 96, 122, 673
particípio 251, 255, 256, 562, 580
passagem da voz ativa à passiva 315
passagem de nomes próprios a comuns 132
passividade v. voz passiva 249
pausa final 671
pedir
   conjugação 302
pedir para 600
perder
   conjugação 298
período 436, 622
permissão (oração intercalada) 511
per (prep.)
   emprego 334
perseguir
   conjugação 303
perspectiva primária 242, 246, 247, 248
perspectiva secundária 242, 244, 247, 248
pessoa 238, 240
pessoas do discurso 184, 251
pessoas do verbo 248
plano de estruturação 50
plano histórico 62, 369
plano individual 63
planos da linguagem 39

plano transfrástico e os advérbios 321
plano universal 40, 62
plenitude do significado 432
pleonasmo 606, 632, 633
pleonasmos da conjunção integrante 516
plural com metafonia 140
plural cumulativo 146
plural das palavras substantivadas 146
plural de nomes compostos 147
plural de nomes de letras 144
plural de nomes estrangeiros 143
plural de nomes gregos 137
plural de nomes próprios 143
plural dos nomes terminados em -zinho 145
plural dos substantivos 136, 166
plural indevido 147
plural nos etnônimos 147
poder
   conjugação 298, 647
poesia e prosa 670
polir
   conjugação 302
polissemia 432, 433, 434
polissíndeto 638
polivalência no falar 433
pô-lo
   conjugação 125, 294
ponto de articulação (fonemas) 67
ponto de exclamação
   emprego 649
ponto de interrogação
   emprego 648
ponto e vírgula
   emprego 653
ponto parágrafo
   emprego 648
pontuação 122, 645, 646, 647
pontuação do verso 675
pôr
   conjugação 277, 287
por (e per) (prep.)
   emprego 349

porque, por que 323
portar-se
   conjugação 278
português (língua portuguesa) 58
pós-determinantes 443, 482
posição da consoante na sílaba 85
posição do acento tônico 96
posição do predicativo 459
posição do relativo 519
posição dos pronomes demonstrativos 215
posição dos pronomes possessivos 205
posição do sujeito nas orações reduzidas 565
positivo 168
possível
   concordância 577
posvérbio 450, 451, 661
prazer
   conjugação 298
precaver-se
   conjugação 254, 276
pré-determinantes 443
predicado 52, 441, 446
predicado complexo 447, 448, 449, 451, 452, 453, 454, 456, 458, 461, 463
predicado nominal 237, 238, 457
predicado simples 447, 458
predicado verbal 237, 457, 458
predicativo 317, 456, 459, 462, 467
preferir
   emprego 525
prefixo 367, 369, 382, 389, 396, 606
prenome 131
preposição 130, 317, 325, 330
preposição como posvérbio 601
preposição e sua posição 334
preposições acidentais 331
preposições essenciais 330
presente 242, 248, 304
preterir
   conjugação 303

pretérito 248
pretérito imperfeito 305
pretérito mais-que-perfeito 307
pretérito perfeito 306
prevenir
  conjugação 268, 303
proceder
  conjugação 278
processos de formação de palavras 386
próclise 100, 291, 624, 625
produto 40
progredir
  conjugação 302
progressivo prospectivo 246
progressivo retrospectivo 246
prolexema 423
pronome adjetivo 185, 192
pronome átono 197, 202, 203, 204, 250, 251, 291, 298, 314, 565, 623, 624, 625, 626, 627, 628, 629, 631
pronome demonstrativo 116, 164, 175, 182, 189, 210, 443, 481, 491, 590
pronome de tratamento 187, 621
pronome e classificação 185
pronome indefinido 190, 216
pronome interrogativo 192
pronome pessoal 186, 195, 196, 207
pronome pessoal átono 625
pronome pessoal átono e adjunto adverbial 203
pronome possessivo 188, 204, 205, 206
pronome relativo 193, 194, 222
pronome se na construção reflexiva 198
pronomes pessoais oblíquos 186
pronomes pessoais retos 186
pronome substantivo 185
prooração 57, 321, 569
proparoxítonos 96, 123, 673
próprio

concordância 575
prosa 98, 670
prosódia 94, 100, 101, 107, 639, 655
prosopopeia 430
protexto 57, 321
provir
  conjugação 303
pseudo
  concordância 577
psicolinguística 63, 416
pugnar
  conjugação 272

Q

quais de vós, de nós
  concordância 590
qual 577
qualificação 239
quantidade 95, 381
quantificação 239
quantificador 443, 482, 504, 506, 621
que
  emprego 224, 494, 496, 517, 538
que e locuções conjuntivas 356
que excessivo 362
que, que de 590
querer
  conjugação 256, 298

R

radicais gregos 405, 406
radicais latinos 412
radical 368
radical primário 373, 374, 380
raiz 373
raptar
  conjugação 272
reação efetiva 244
reação produtiva 244
realce 320, 321, 604, 636

reaver
  conjugação 103, 115, 254, 277
recção 423, 445, 567
recitação 672, 686
redarguir
  conjugação 271
reduplicação 402, 404
referência 43
reflexiva de sentido passivo 250, 515, 593
regência
  sintaxe 367, 445, 599, 606, 608
regionalismos 383
regras de acentuação 122
regredir
  conjugação 268, 303
regressivo 402
relativo universal 224
remir
  conjugação 254, 303
renovação do léxico 382
repelir
  conjugação 268, 303
repetição 243
repetição de adjetivo com valor superlativo 173
repetição de prefixo e preposição 606
requerer
  conjugação 256, 299
resfolegar
  conjugação 266, 271
ressalva (oração intercalada) 511
restrição do significado 432
resultado 243
resultado objetivo 244
resultado subjetivo 243
reticências 645, 647, 649
retórica 648, 657
rever
  conjugação 276
rima 672, 681, 682, 683
rima imperfeita 681, 682, 683
rima interna 681, 682
rima perfeita 681, 682

rimas alternadas 683, 684
rimas consoantes e toantes 683
rimas emparelhadas 683
rimas interpoladas 684
rimas misturadas 684
rimas opostas 684
rir
  conjugação 303
ritmar
  conjugação 272
ritmo 98, 670, 671, 675
rizotônica 266
roubar
  conjugação 272

S

saber elocutivo 40, 41, 42, 43, 59, 508
saber expressivo 41, 42, 59
saber idiomático 40, 42, 47, 50, 59, 484, 508
saber (s.) 40
saber (v.)
  conjugação 299
santiguar
  conjugação 271
santo, são 100
sc
  grafia 104
se
  emprego e funções 198, 356
seguir
  conjugação 303
seleção (solidariedade) 420
sema 417
semântica 59
semântica estrutural 415
semântica estrutural diacrônica 425
semântica léxica estrutural 48
semântica lexical 62
semântica v. lexemática 109, 415
semanticidade 37
semasiologia 61, 416

semivogal 84
sem que 537
sendo que
   emprego 555, 556
sentido 43
sentido pejorativo 161
sentiendi 512
ser
   concordância 587
   conjugação 283
servidão gramatical 326, 451
servir
   conjugação 303
seu e dele para evitar confusão 204
si e ele, emprego 201
significação externa 368, 389
significação interna 368
significado 43
significado categorial 127, 128, 129, 130, 163, 237
significado da palavra 97
significado estrutural 128, 129
significado instrumental 128, 129, 130, 238
significado lexical 127, 129, 130, 164, 199, 237, 238, 260, 326, 365, 444, 447, 597
significado ôntico 129, 322, 437
significado sintático 128
signo 36
sílaba 94, 98
sílaba aberta 94
sílaba átona 71, 140
sílaba composta 94
silabada 100
sílaba fechada 94
sílaba simples 94
sílaba subtônica 97
sílaba tônica 71
silepse 570, 591, 638, 639, 662
símbolo 36
sinais de pontuação 122, 436, 645, 647
sinal 36

sinalefa 673, 674
sinapsia 383, 384
sincretismo v. neutralização 140, 376
sincronia 47, 48, 49
sinérese 79, 100, 673, 674
sinestesia 428
sinfásica 45, 46
sinonímia 403, 434, 545
sínquise 620, 638
sinstrática 45, 46
sintaxe 36, 49, 51, 59
sintaxe de colocação 618
sintópica 45, 46
sistema 51
sistema de isoglossas 39
sistema expressivo 658, 659
sistema gráfico 60, 648
só
   concordância 575
sobre e sob (prep.)
   emprego 351
sobrenome 131
sobrestar
   conjugação 277, 296
sobrevir
   conjugação 303
sociolinguística 48, 63
solecismo 639
solidariedade 419
som 60
somenos
   concordância 576
subjuntivo (conjuntivo) 308
submergir
   conjugação 303
subordinação (hipotaxe) 53, 54, 387, 493, 494, 539
substantivação de oração adjetiva 499
substantivação do adjetivo 165
substantivo 130, 490
   funções sintáticas 161
substantivo abstrato 130
substantivo coletivo 132
substantivo comum 131

substantivo comum de dois 152, 157
substantivo concreto 130
substantivo contável 132
substantivo epiceno 152, 158
substantivo não contável 132
substantivo próprio 131
substantivo sobrecomum 152, 158
substituição (antitaxe) 56, 57, 321, 496
substituição do possessivo pelo artigo definido 208
subtração nos elementos mórficos 378
sufixo 367, 369, 382, 389
sufixo nominal 151, 371
sufixo verbal 261, 371
sugerir
　conjugação 303
sujeito 52, 441, 565, 582, 583, 584, 595
sujeito oracional 596
superlativo 168, 324
superlativo absoluto 169
superlativo irregular 171
superlativo relativo 169
superordenação (hipertaxe) 53, 54, 321
suplementação nos elementos mórficos 381

T

tal, tal qual
　concordância 525, 577
taxis 241
técnica livre do discurso 49
tema 260, 369
tempo 238, 240, 241
tempo e aspecto segundo Coseriu 241
tempos derivados 263
tempos do verbo 248
tempos primitivos 263
teoria gramatical 27, 36

tepe 68, 80, 85
ter
　conjugação 277, 283, 299
ter + particípio 244
ter de + infinitivo 259
termos argumentais 443
termos integráveis 443
termos marginais 443
termos não argumentais 443
termos não integráveis 443
termos não opcionais 443, 445
termos nucleares 443
termos opcionais 443, 445
termos oracionais 195, 316, 544, 571, 620, 638
termos preposicionados e pronomes átonos 607
ter que + infinitivo 259
texto 40, 42, 52, 53
timbre 71, 90, 141, 256, 267, 268, 273, 367, 381, 382, 682
tipo linguístico 49, 51
tipologia dos sons linguísticos 67
todo
　emprego e concordância 219, 577
toponímia 62
topônimos 107, 113, 131
traço semântico 330
traços estilísticos 658, 659
transformação sintática 385
transfrásico ou transfrástico 57, 320, 321
transgredir
　conjugação 303
transposição adjetiva 496
transposição substantiva 495
transpositor ou conjunção subordinativa 355
travessão 654
trazer
　conjugação 299
tritongo 78, 79, 674
tudo
　emprego 219, 222

U

um e outro
  concordância 574
um ou outro
  concordância 574
unidades adverbiais 354, 522
unidades convertidas em preposições 328
unidades textuais 56, 353

V

valer
  conjugação 300
valores afetivos do possessivo 206
variação semântica 136
variações gráficas na conjugação 273
variantes dos elementos mórficos 375
vender
  conjugação 278
ver
  conjugação 276, 300
verbo 130, 237, 271, 273
verbos abundantes 254, 300
verbos anômalos 252
verbos auxiliares 99, 257, 258, 283
verbos defectivos 254
verbos em -ear e -iar 274
verbos em -zer e -zir 273
verbos impessoais 254, 255, 592
verbos intransitivos 418, 447, 448, 588
verbos irregulares 252
verbos nocionais 237
verbos regulares 252
verbos relacionais 237
verbos transitivos 447
verbos unipessoais 254, 255
versificação 670, 671, 672
verso 670
verso agudo 672
verso esdrúxulo 672

verso grave 672
verso livre 671
verso solto ou branco 681
vestir
  conjugação 303
vício de linguagem 639
vir
  conjugação 303
vírgula 650
visão 244
visão comitativa 244, 246
visão continuativa 244
visão global 245
visão prospectiva 244
visão retrospectiva 244
visto
  concordância 576
vocábulo e palavra 364
vocábulos átonos 99, 100, 624
vocábulos clíticos 96, 99
vocábulos enclíticos 96, 99
vocábulos expressivos 86
vocábulos fonéticos 99
vocábulos proclíticos 96
vocábulos tônicos 99
vocativo 187, 363, 437, 491, 492
vogais 88
  classificação 88
vogais abertas 272
vogais átonas 275
vogais de ligação 370, 371
vogais nasais 88, 93, 104
vogais orais 65
vogais orais em sílaba tônica 71
vogais tônicas 87, 90, 122, 124, 268, 683
vogal temática 136, 137, 138, 139, 145, 154, 155, 169, 252, 260, 261, 262, 369, 373
voz 241
voz ativa 249, 315
vozeamento (fonemas) 67, 80
vozes do verbo 249
voz passiva e passividade 249

voz reflexiva 250

W

w
  emprego 102

Y

y
  emprego 102

Z

zeugma 638

Sobre o autor

Evanildo Bechara, filólogo, linguista e lexicógrafo, é professor titular e emérito da Universidade do Estado do Rio de Janeiro (uerj) e da Universidade Federal Fluminense (uff), tendo atuado nos cursos de pós-graduação e de aperfeiçoamento para professores universitários e de ensino fundamental e médio. É membro do Comitê Científico da Associação Internacional dos Colóquios da Lusofonia (como representante da Academia Brasileira de Letras), membro da Comissão Nacional do Brasil junto ao Instituto Internacional de Língua Portuguesa (iilp), membro da Academia Brasileira de Filologia, sócio correspondente da Academia das Ciências de Lisboa, doutor *honoris causa* da Universidade de Coimbra, membro da Société de Linguistique Romane, membro da Academia Brasileira de Letras e da Comissão de Lexicologia e Lexicografia da mesma instituição e o representante brasileiro do novo Acordo Ortográfico. Em 2018, em sua homenagem, foi criada pelo Instituto de Letras da uerj a Cátedra Evanildo Bechara, com o objetivo de promover eventos sobre a língua portuguesa e estudos linguísticos no Brasil e no exterior.

Do mesmo autor, pela Nova Fronteira, conheça também:

Gramática escolar da língua portuguesa. 3.ª ed. 2019.
Bechara para concursos: ENEM, *vestibular e todo tipo de prova de Língua Portuguesa.* Com colaboração de Shahira Mahmud e Fatima Amendoeira Maciel. 2019.
Compreender e interpretar os textos: Para todo tipo de prova de Língua Portuguesa. Col. Bechara para concursos. Com colaboração de Shahira Mahmud e Fatima Amendoeira Maciel. 2020.
Conhecer a língua: Para todo tipo de prova de Língua Portuguesa. Col. Bechara para concursos. Com colaboração de Shahira Mahmud e Fatima Amendoeira Maciel. 2020.
Escrever bem: Para todo tipo de prova de Língua Portuguesa. Col. Bechara para concursos. Com colaboração de Shahira Mahmud e Fatima Amendoeira Maciel. 2020.
Português para provas e concursos: Um guia completo, atualizado e fácil de entender. Com colaboração de Shahira Mahmud e Fatima Amendoeira Maciel. 2020.
Gramática fácil. 3.ª ed. 2021.
Fatos e dúvidas de linguagem. Col. Uma vida entre palavras. 2021. vol. 1.
Análise e história da língua portuguesa. Col. Uma vida entre palavras. 2022. vol. 2.
Mestres da língua. Col. Uma vida entre palavras. 2022. vol. 3.
Novo dicionário de dúvidas da língua portuguesa. 3.ª ed. 2022.
Lições de Português pela análise sintática. 21.ª ed. 2023.
Primeiros ensaios sobre Língua Portuguesa & Fenômenos de entonação. 2023.

Direção editorial
Daniele Cajueiro

Editoras responsáveis
Janaina Senna
Shahira Mahmud

Produção editorial
Adriana Torres
Luísa Suassuna
Laiane Flores
Allex Machado

Revisão técnica
Feiga Fiszon

Revisão
Ana Grillo
Beatriz D'Oliveira
Eduardo Carneiro
José Grillo
Luiz Felipe Fonseca
Fatima Amendoeira Maciel
Thais Entriel

Capa
Victor Burton

Diagramação
Alfredo Loureiro

Este livro foi impresso em 2024, pela Coan, para a Nova Fronteira.
O papel do miolo é offset 75g/m².

Questa lettera.E.se caua del tondo e del suo quadro. La gamba grossa uol esser de le noue parti l'una. La gamba de sopra uol esser per la mita de la gamba grossa quella de sotto per simile. Quella de mezo per terza parte de la gãba grossa comme quella de mezo del .A. e la detta lettera uol esser larga meza del suo quadro & sic erit pfectissima.